剱岳
前剱
一服剱
鍋冠山
剱御前山
奥大日岳
大日岳
立山
浄土山
龍王岳
鬼岳
獅子岳
大辻山
鷲岳

立山御案内

三鍋 久雄

桂書房

はじめに

小生は、立山町で生まれました。物心つくようになって以来、毎朝、家の前に立山から流れて来る小川の水を眺め、川底の砂粒が少しづつ下流にコロ〳〵と流れている。その砂粒の中に金色にキラキラと輝く鉱物を見て、つまんでこれが金かなと思い、その清い流水で顔を洗い、頭をもたげると、真正面に立山がありました。

冬には視界のすべてが銀世界。初夏には若葉青葉の薫る山々。秋には紅葉する山、そして晩秋から冬にかけての朝凪時には、山麓一帯から真直に立ち昇る数十條の炭焼きの煙など、四季の移り変わりとともに、また、朝夕の太陽光の変化に伴って、立山は変幻きわまりない色彩を浮き立たせて来ました。この雄大な立山の姿を幼時から眺め続けてきた小生にとっては、立山は他のどんな山よりも感慨深いものであります。

小生が立山に最初に近づいたのは、昭和二十二年の小学校六年時に担任の沢井則一先生引率で希望者十数人で当時の富山地方鉄道立山線終点粟巣野駅下車、千寿ケ原・藤橋・称名八郎坂を登り弘法小屋までの日帰り往復であった。その後、新制中学校三年時には科学クラブ員約二十人と二泊三日の日程で、米一升を背負い、地獄谷雄山荘泊り一ノ越・立山・大走り登山、また地獄谷温泉の温度を竹竿の先に定点温度計を吊り下げての測定。また、大学一年時には体育授業の一つとしての三泊四日の浄土山・立山・別山・剱岳登山等が立山登山の始まりである。

立山は、立山に登らぬ人にとっても、富山平野からの眺めは実に雄大である。夏でも斑々と雪を残した姿は誠に神々しい。このような立山連峰は〝北部飛騨山脈〟である。この北部飛騨山脈を東西に二つの山並みに分けているのが黒部川である。黒部川の西側に南北方向に連なる山並みが立山連峰である。また、黒部川の東側に南北に連なるのが後立山連峰である。

立山連峰は北は僧ヶ岳（標高一八五五m）に始まり、駒ケ岳・毛勝山・釜谷山・猫又山・赤谷山・池平山・剱岳・別山・立山・浄土山・鷲岳・鳶山・越中沢岳・薬師岳・上ノ岳・黒部五郎岳、三俣蓮華岳へと続く。僧ヶ岳と三俣蓮華岳との間は直線距離で約四十五㎞である。一方、後立山連峰は、世阿弥元清作謡曲「山姥」の舞台である白鳥山に始まり、犬ヶ岳・朝日岳・雪倉山・白馬岳・唐松岳・五龍岳（後立岳）・鹿嶋槍岳・爺岳・針ノ木岳・烏帽子岳・野口五郎岳・鷲羽岳、そして三俣蓮華岳へと続く。白鳥山と三俣蓮華岳との直線距離は約六十五㎞である。

立山開山縁起によると、越中国司佐伯有若卿の越中国庁は現在の富山県魚津市と黒部市との境界を流れている片貝川河口辺にあったという。また、立山開山の佐伯有若・有頼父子が都に上り、立山開山のことを時の天皇、文武天皇に奏上したところ、勅命を下して、立山頂上東西十三里・南北三里の地を立山の霊域と定め給うたとある。

立山は古来、七十二峰から成るといわれている。その峰々が競い立った大観は、実に高さ一万尺の大屛風の観がある。この嵩高な山岳景観を日々仰ぎ見られるのは、全国広しといえどここ富山平野だけである。

以上により、拙著『立山御案内』での立山の範囲を、東は支流の布施川を含めた片貝川から早月川、そして東は常願寺川の上流域とした。

『立山御案内』を編むに当り、数多くの先人の著書を見させて頂いた。特に、立山町史上巻、同下巻、立山信仰の源流と変遷・大山町史・大山町の歴史を脇に据え、当拙著を構成した。次に、その他の主な参考とした書籍も簡単に列記する。

古事記・越中立山古文書・富山教育・大漢和辞典（諸稿）・仏教大辞典（富山房）・富山の湖沼・角川地名大辞典富山県・平凡社歴史地名辞典富山県・北日本新聞社富山大百科辞典・富山新聞社富山百科辞典・越中志微・十万分の一富山県地質図・大正新脩大蔵経・日本大蔵経・新釈漢文大系（明治書院）・日本古典文学大系（岩波書店）・新日本古典文学大系（岩波書店）。浄土三部経講義（柏原祐義）、修験全十冊（名著出版）・修験道辞典（家城準編）・梵字貴重資料集成（梵字貴重資料刊行会）・梵習悉曇種子類聚全（松本日進堂本店）・平成新編ダラニ大辞典（有賀要延編）・原色日本高山植物図鑑（牧野富太郎）・原色日本鳥類図鑑（小林桂助）・立山信仰宗教村落岩峅寺（立山町教育委員会）・五万分の一「立山」地質図幅及び説明書（地質調査所）本書では地形図を多く用いた。これらの地形図はすべて国土地理院発行のものである。

本書を発刊するに当り桂書房代表勝山敏一氏には多大なご苦労をお願いした。厚く御礼申し上げる。

令和三年　　三鍋久雄

立山御案内　目次

第二章　立山の自然

第三章　書物で見る立山……171

第四章　立山の石仏と仏教経典等……228

第一章　立山権現様

一、「山」とは

「山」という漢字は、中国古代文字の甲骨文字に[甲骨文字]・[甲骨文字]・[甲骨文字]などとある。この文字は立山を眺めて作られたと思って良い。古来、立山登拝は一方通行であり室堂を出発し、一ノ越・立山山頂の上り立・主峰・下り立。富士山形の立山の西端を上り立った所から主峰大汝山方面は山並の東側には御前沢カール壁、西側は山崎カール壁の急崖がある。現在の富士の折立だけが、二つとないただ一つの下り口であった。それでそこが「不二ノ下立」、現在の「富士ノ折立」となったと思える。立山・立山三山を甲骨文字にあてはめると図1、図2のようになる。

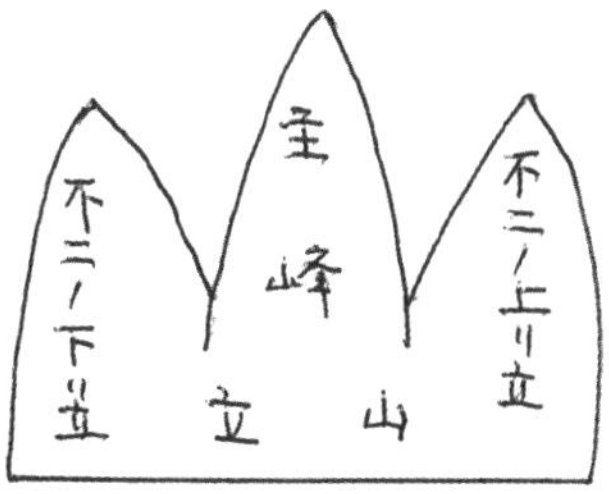

主峰　不二ノ上り立　不二ノ下立　立　山

図1．立山

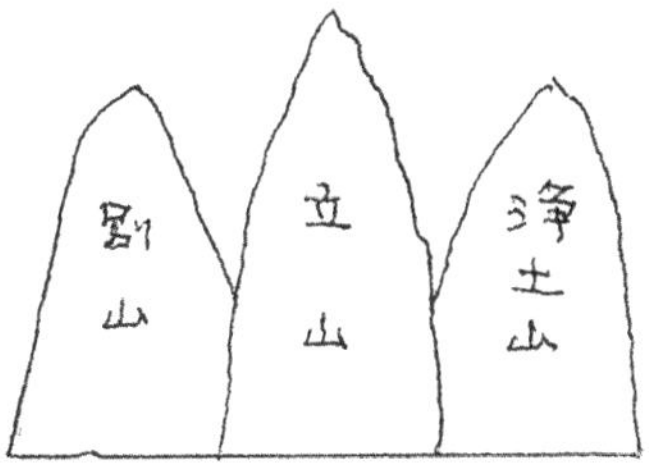

剱山　立山　浄土山

図2．立山三山

　甲骨文字の字形を見ると、山頂には広大な平坦地は存在しない。文字は山の突出する姿を象っている。凸や凹があるのが山である。山頂の周りに谷や川があって初めて山となる。さらに、「立」字は、頭を上にして、足はしっかりと大地を踏みしめてまっすぐに立った姿である。このような山、「立山」は厳めしく、堂々として、どのような風雪にも耐えている。「動かざること山の如し」であって初めて神々しく、また信仰の対象となり得るのである。立山は山の中の山なのである。

二、立山は霊山か

1．極楽浄土と地獄の見れる山

　古来、立山は神体山であり、立山権現そのものであると言われてきた。この立山権現は、インドの阿弥陀如来が、ここ立山で「立山権現」として垂迹した神仏であるといわれる（出現なさったといわれる）。極楽浄土の御本尊である阿弥陀如来が立山であると。この立山と目と鼻の距離、至近距離の所に地獄（谷）がある。ここ地獄には全国から御縁のある亡者が集まると言われてきた。

　立山では縁があれば、阿弥陀如来や、その聖衆である二十五菩薩が拝まれる。いわゆる二十五菩薩来迎である。この「御来迎」はブロッケンとも言われる。ガス（霧）の中に五色（青・黄・赤・白・黒）の虹色の円光を頂いた仏様が出現する。この御来迎は、何人いても見えるのは一つであるが、十人おれば十人分生じている。二十五人おれば二十五人分が生じている。いわゆる人が一生を終える臨終時に、蓮台を持って出現する二十五菩薩来迎である。阿弥陀如来のおいでる立山と亡者が苦を受けている地獄谷とは約二㎞の距離である。地獄と極楽浄土の二つの世界がほゞ場所で体感されるのが立山なのである。この点が古来、立山が優れた山岳霊場と言われてきた最大の理由である。

写真1．立山と地獄谷

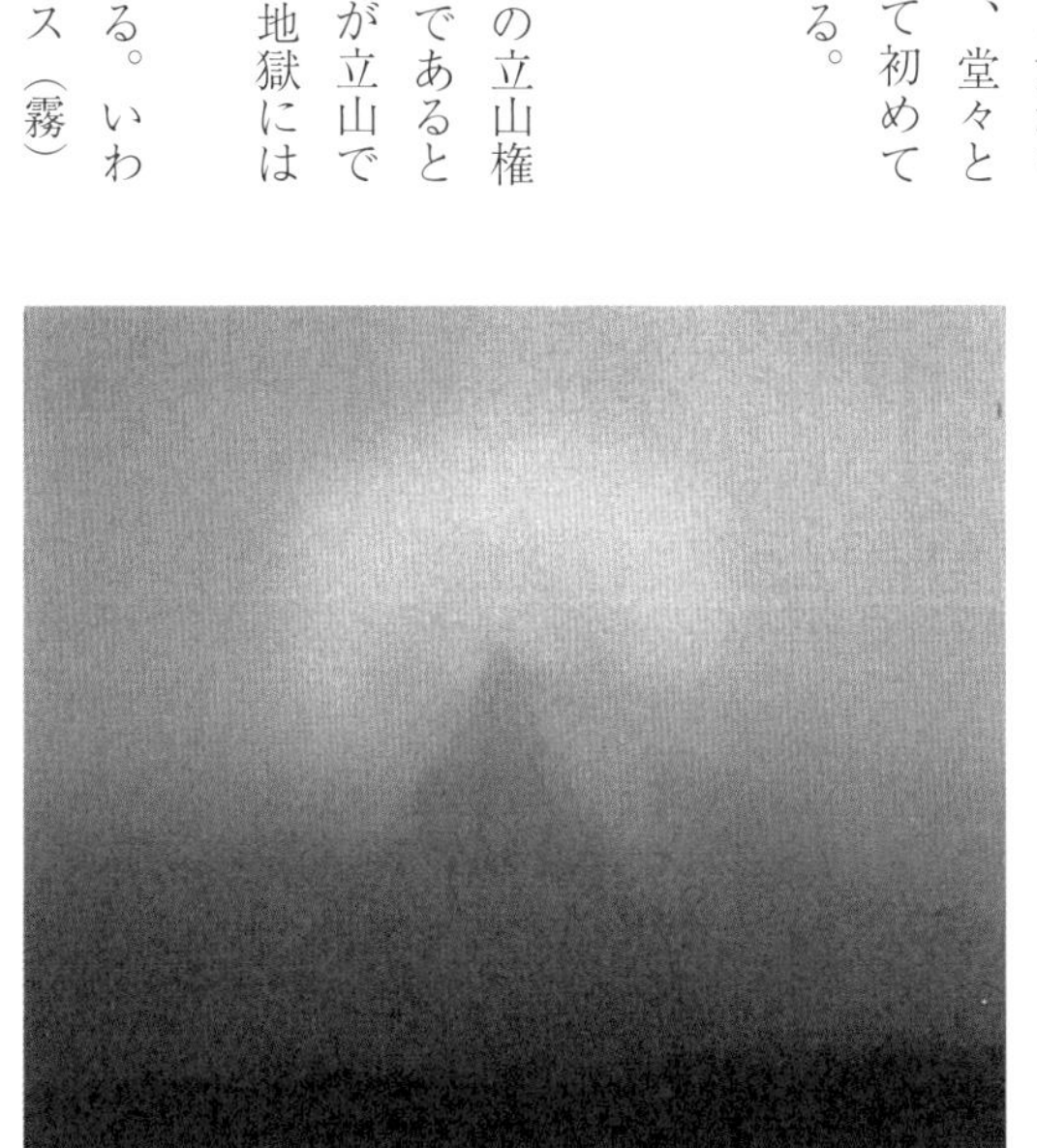
写真2．ブロッケン（御来迎）　大日岳にて

　立山山頂ではブロッケンが出現する。また、地獄谷では青白い煙が無数に立ち昇り、それぞれの下では亡者の苦しむ青い炎の鬼火があり、そこからはツーンと鼻をつく二酸化硫黄の刺激臭を発している。このように、上方に極楽浄土が見られ、また下方には地獄が手に取れるように見られる地、楞厳経の語句を借りれば、

　下見地獄上観天宮得無障礙

の地こそ、室堂平一帯である。そこには、玉殿窟等岩窟のある小山や、

人々の住む下界までも望まれる楊柳山がある。今から一三〇〇年も前に開かれた標高三〇〇〇mの立山、その山頂から約二kmの地に数多くの多様な地獄を有する山はこの世でここだけであろう。立山は霊山の代表である。

挿話(1)　仏説無量寿経と讃阿弥陀仏偈の話

このような立山にピッタリする文章が『仏説無量寿経』にある。

> 仏告阿難。無量寿仏。威神光明。最尊第一。諸仏光明。所不能及。或有仏光。照百仏世界。或千仏世界。取要言之。及照東方恒沙仏刹。南西北方。四維上下。亦復如是。或有仏光。照于七尺。或照一由旬。二三四五由旬。如是転倍。乃至照於一仏刹土。是故無量寿仏。号無量光仏。無辺光仏。無礙光仏。無対光仏。燄王光仏。清浄光仏。歓喜光仏。智恵光仏。不断光仏。難思光仏。無称光仏。超日月光仏。其有衆生。遇斯光者。三垢消滅。身意柔軟。歓喜踊躍。善心生焉。若在三塗勤苦之處。此光明。皆得休息。無復苦悩。寿終之後。皆蒙解脱。

(解説)

これを読み下すとおよそ次のようになる。

仏(釈迦牟尼仏)は阿難尊者に告げのたわく、無量寿仏(阿弥陀如来)の威神光明はあらゆるものの中で最尊で、かつ第一にして、諸仏の光明の及ぶあたわざる所である。或る時は、無量寿仏の光は百仏の世界を照す。また或る時は千仏の世界を照すこと自在である。要点を取って之を言えば、すなわち東方のガンジス河の砂粒の数ほどの仏刹(仏国土)を照らす。また、他の南西北方、四維(四隅―東南・西南・東北・西北の角)や上・下も亦かくの如し。或いは、無量寿仏の仏光があって、時には七尺を照らし、或いは一由旬(インドの里数で三十里又は四十里)、二・三・四・五由旬を照らし、その距離を倍々と増し、一仏刹土(一つの仏国土全体)を照らす。是の故に無量寿仏を無量光仏・無辺光仏・無礙光仏・無対光仏・燄王光仏・清浄光仏・歓喜光仏・智恵光仏・不断光仏・難思光仏・無称光仏・超日月光仏と号したてまつる。其れ衆生ありて、この光(無量寿仏の威神光明)に遇うもの、三垢(貪欲・瞋恚・愚痴の三毒)消滅して、身意(身体と精神・心)が柔軟になって、歓喜踊躍し、善心を焉に生ず。若し三塗(地獄道の火塗・畜生道の血塗・餓鬼道の刀塗)の勤苦(力をつくし心を労す)の處で、此の光を見たてまつれば、皆な休息することを得て、また再び苦悩することなく、寿終りての後、皆、解脱(煩悩の緊縛を解いて迷の世界を脱すること—さとること)を蒙る。

富山平野から、また立山山頂に近い室堂で、太陽が昇るずっと前から日の出を観察すると、青黒い立山の背後の空が少しずつ明るくなる。立山の色は以前と同じ青黒い色のままでありながら、太陽からの光が巉巌(山の岩石がけわしく高く鋸の歯のようなギザギザの山並)から金色の光がもれ出てくる。その姿は描かれた阿弥陀如来そのものである。そして、山の端から太陽(無量光仏)が現われると、夜空に万天輝いていた星々は見えなくなり、南・西・北方や東南・西南・東北・西北の四隅の百仏・千仏が川原や海岸にある砂粒の数よりも多くの世界をお照らしになる。

此の無量寿仏の光は、「光明の徳」という観点で中国後魏時代の曇鸞大師の『讃阿弥陀仏偈』に次のようにある。

(1)智恵光明不可量　故仏又号無量光　有量諸相蒙光暁　是故稽首真実明
(無量光仏　智恵の光明量るべからず。故に仏を又無量光と号す。以下略)

(2)解脱光輪無限者　故仏又号無辺光　蒙光触者離有無　是故稽首平等覚
(無辺光仏　解脱光輪限斉なし。故に仏を又無辺光と号す。以下略)

(3)光雲無礙如虚空　故仏又号無礙光　一切有礙蒙光沢　是故頂礼難思議
(無礙光仏　光雲無礙にして虚空の如し。故に仏を又無礙光と号す。以下略)

(4)清浄光明無有対　故仏又号無対光　遇期光者業繋除　是故稽首畢竟依
(無対光仏　清浄の光明は対あることなし。故に又無対光と号す。以下略)

(5)仏光照耀最第一　故仏又号光炎王　三塗黒闇蒙光啓　是故頂礼大応供
(光炎王仏　仏光の照耀最第一なり。故に仏を又光燄王と号す。以下略)

(6)道光明朗色超絶　故仏又号清浄光　一蒙光照罪垢除　皆得解脱故頂礼
(清浄光仏　道光明朗にして色超絶せり。故に仏を又清浄光と号す。以下略)

(7)慈光遐被施安楽　故仏又号歓喜光　光所至處得法喜　稽首頂礼大安慰
(歓喜光仏　慈光遐に被らしめ安楽を施す。故に仏を又歓喜光と号す。以下略)

(8)仏光能破無明闇　故仏又号智恵光　一切諸仏三乗衆　咸共歎誉故稽首
(智恵光仏　仏光能く無明闇を破す。故に仏を又智恵光と号す。以下略)

(9)光明一切時普照　故仏又号不断光　聞光力故心不断　皆得往生故頂礼
(不断光仏　光明一切時に普く照す。故に仏を又不断光と号す。以下略)

(10)真光除仏莫能測　故仏又号難思光　十方諸仏歎往生　称其功徳故稽首
(難思光仏　其光、仏を除きては能く測るものなし。故に仏を又難思光と号す。以下略)

(11)神光離相不可名　故仏又号無称光　因光成仏光赫然　諸仏所歎故頂礼

（無称光仏　神光離相にして名づくべからず。故に仏を又無称光と号す。以下略）

(12)光明照耀過日月　故仏号超日月光　釈迦仏歎尚不盡　故我稽首無等等

（超日月光仏　光明照耀せること日月に過ぎたり。故に仏を超日月と号す。以下略）

この世にはいろいろな世界がある。それは大きく六界（六道）に分けて地獄界・餓鬼界・畜生界・阿修羅界・人界・天界となる。立山山頂を離れること約二kmの地に、常にグツグツと音を発して硫化水素・二酸化炭素・水蒸気等のガスを噴き出している多くの地獄（噴気孔）がある。そして、古来、日本全国から無数の亡者がここに来る。その亡者達を救済するということで発展したのが、ここ立山山岳霊場であった。

挿話(2)　仏説観無量寿経の話

立山は阿弥陀如来（無量寿如来・尽十方無礙光如来）である。『仏説観無量寿経』に次のようにある。

無量寿仏。有八万四千相。一一相。各有八万四千随形好。一一好。復有八万四千光明。一一光明。偏照十方世界。念仏衆生。摂取不捨。

（解説）

読み下すと、およそ次のようになる。

無量寿仏に八万四千の相（姿）あり。一一の相におのおの八万四千の随形好あり。一一の好にまた、八万四千の光明あり。一一の光明あまねく十方世界を照らし、念仏の衆生を摂取して捨てたまわず。

挿話(3)　依観経等明般舟三昧行道往生讃の話

また、中国唐の善導大師の『依観経等明般舟三昧行道往生讃』に次のようにある。

一一光明相続照　照覓念仏往生人

（解説）

阿弥陀如来（無量寿仏）の一つ一つの光明は続々と相照らし、また照らして念仏する人を探し求めて、その人を必ず極楽へ往生させるとある。従って、人の臨終時に、腹の底から、あるいは又、口先きから「南無阿弥陀仏」という阿弥陀如来の名号が発せられると、阿弥陀如来の方から、どのような障害物があろうとも、最近岐阜県神岡町で観測されたニュートリノのように岩盤をもやす〳〵と通り抜けて迎えに来るというのが立山権現なのである。

以上のように、立山を眺め、また、立山の姿を思うだけで、すがすがしい朗らかな晴ればれとした、なんとなく嬉しい気分になることで、立山から霊気を与えられ、今日これからの生きる希望、元気な気分、いわゆる浩然の気を沸々と騰きたたせるのが立山である。立山をおいて、どこに霊山があろうか？　立山こそ霊山である。

三、**越中国守大伴宿祢家持「立山の歌」**

奈良時代に、越中国守として赴任した大伴家持は、現在の富山県高岡市伏木の国守館から毎日、朝に夕に、またフェーン現象のある南風が吹く日には一日中、富山湾の上に南北に長々と連なる立山連峰を眺めていた。そして、着任して二年目の夏、天平十九（AD七四七）年四月二十七日に次の歌を詠んだ。

立山賦一首并短歌　此山者有新河郡也

・安麻射可流　此奈尓名可加須　古思能奈加　久奴知許登其等　夜麻波之母　之自尓安礼登毛　加波波之母　佐波尓由気等母　須売加未能　宇之波伎伊麻須　尓比可波能　曽能多知夜摩尓　等許奈都尓　由伎布理之伎弖　於波勢流　可多加比河波能　伎欲吉瀬尓　安佐欲比其等尓　多都奇利能　於毛比須疑米夜　安里我欲比　伊夜登之能播仁　余曽能未母　布利佐気見都都　余呂豆余能　可多良比具佐等　伊末太見奴　比等尓母都気牟　於登能未毛　名能未毛伎吉氏　登母之夫流我祢　四〇〇〇

・多知夜麻尓　布里於家流由伎乎　登己奈都尓　見礼等母安可受　加武賀良奈良之　四〇〇一

・可多加比能　可波能瀬伎欲久　由久美豆能　多由流許登奈久　安里我欲比見牟　四〇〇二

四月廿七日大伴宿祢家持作之

写真３．高岡市雨晴からの立山連峰（写真は高岡市提供）

（解説）

この歌を現在の表記で記すとおよそ次のようになる。

立山の賦 一首并せて短歌

この山は新川の郡に有り

・天離る 鄙に名懸かす 越の中 国内ことごと 山はしも 繁にあれども 川はしも 多に行けども 統め神の うしはきいます 新川の その立山に 常夏に 雪降り敷きて 帯ばせる 片貝川の 清き瀬に 朝夕ごとに 立つ霧の 思ひ過ぎめや 蟻通ひ いや年のはに よそのみも 振り放け見つつ 万代の語らひぐさと いまだ見ぬ 人にも告げむ 音のみも 名のみも聞きて 羨しぶるがね 四〇〇〇

・立山に 降り置ける雪を 常夏に 見れども飽かず 神からならし 四〇〇一

・片貝の 川の瀬清く 行く水の 絶ゆることなく 蟻通ひ見む 四〇〇二

四月二十七日、大伴宿祢家持これを作る。

この歌は、次のようにも味わえる。

立山の長歌一首 あわせて短歌 立山は新川郡。後に上新川郡・中新川郡・下新川郡に三分割された。現在の立山町・上市町・舟橋村・滑川市・魚津市・黒部市・入善町・朝日町と富山市の一部に当たる。

・奈良の都から遠い辺鄙な地、その御名の聞える「越の国」。その越の国の越中の国には国中の至る所に、「山は？」と問えば山ほどの山があるし、「川は？」と問えば何本も何本もの数多くの河川が流れている。越中の国を統轄していらっしゃる神様、君臨しておられる新川郡の立山には、暑い夏といえどもずっと雪が降り積もったままであり、また、帯となって立山山麓をめぐっている片貝川の澄みきった川瀬には、朝夕ごとに常にたちこめている霧のように、この立山への思いは消えることなどない。巣と餌場との間を行列をなして、行ったり来たりをくり返す蟻のように、いつまでも、来る年毎に、遠くからなりと立山を振り仰いで眺めては、万代の後までの語り草として、まだ見たことない人にもこの素晴らしい立山のことを話してあげよう。噂や名前を聞くだけで心をひきつけられるように！ 越中国庁に行くと越中国を統轄していらっしゃる神体山、夏でも雪をいただいた神々しい立山を仰ぎ見られると。そして越中国を尋ねる人が蟻通うように間断なく多いと。

・立山に降り積もっている雪を、夏でも消えることのないこの雪を、冬は勿論、夏中見ていても見飽きることがない。

・片貝川の川瀬を澄きって流れている水が絶えることがないように、蟻が巣と餌場との間を行列して行き来するように、私を含めて多くの人が越中国府、また越中国に来て立山を仰ぎ見てその雄大さ、美しさを体験してもらいたいものだ。

四、越中国掾大伴宿祢池主「立山の歌」

四月二十七日に、越中国守大伴宿祢家持の歌を聞いて、その翌日、掾大伴宿祢池主は次の歌を詠んだ。

敬和立山賦一首并二絶

・阿佐比左之 曽我比尓見由流 可無奈我良 弥奈尓於婆勢流 之良久母能 知辺乎於之和気 安麻曽曽利 多可吉多知夜麻 布由奈都登 和久許等母奈久 之路多倍尓 遊吉波布里於吉弖 伊尓之辺遊 阿里吉仁家礼婆 許其志可毛 伊波能可牟佐備 多末伎波流 伊久代経尓家牟 多知氏為弖 見礼登毛安夜之 弥祢太司美 多尓乎布可美等 於知多芸都 吉欲伎可敷知尓 安佐左良受 綺利多知和多利 由布佐礼婆 久毛為

多奈毘吉　久毛為奈須　己許呂毛之努尓　多都奇理能　於毛比須具佐受
由久美豆乃　於等母佐夜気久　与呂豆余尓　伊比都芸由可牟　加婆之
多要受波　四〇〇三
・多知夜麻尓　布理於家流由伎能　等許奈都尓　気受弖和多流波　可無奈
我良等曽　四〇〇四
・於知多芸都　可多加比我波能　多延奴期等　伊麻見流比等母　夜麻受可
欲波牟　四〇〇五
右掾大伴宿祢池主和之　四月廿八日

（解説）

この歌を現在の表記で記すとおよそ次のようになる。

敬みて立山の賦に和ふる一首并せて二絶

・朝日さし　そがひに見ゆる　神ながら　み名に帯ばせる　白雲の　千重を押し別け　天そそり　高き立山　冬夏と　別くこともなく　白栲に　雪は降り置きて　いにしへゆ　あり来にければ　こごしかも　岩の神さび　たまきはる　幾代経にけむ　立ちて居て　見れども異し　峰高み　谷を深みと　落ちたぎつ　清い河内に　朝さらず　霧立ちわたり　夕されば　雲居たなびき　雲居なす　心もしのに　立つ霧の　思ひ過ぐさず　行く水の　音もさやけく　万代に　言ひ継ぎゆかむ　川し絶えずは　四〇〇三

・立山に　降り置ける雪の　常夏に　消ずてわたるは　神ながらとぞ　四〇〇四

・落ちたぎつ　片貝川の　絶えぬごと　今見る人も　やまず通はむ　四〇〇五

右は、掾大伴宿祢池主これに和ふ。四月二十八日

この歌は、次のようにも味わえる。

敬みて越中国守大伴宿祢家持の「立山の歌」に和える一首　并せて二絶

・早朝、太陽が東の山、立山から昇る少し前から立山の背面（東側）に朝日を受けている。この立山の谷々の切れ目から放射状に光をもらす、そのような立山の御姿こそ、凛凛と立ち、また神々しく、青黒い色の阿弥陀如来であり、神仏そのものなのである。千重に重なる白雲を押し分け、その白雲の上に天空高くそびえている立山、その立山には冬といわず夏といわず一年中真白に雪が降り積もっている。このお姿は太古から今日までずっと続いていたので、岩の嶮しさは何と神々しいことか。立山を構成する岩は、いったいどれほどの長い年月を重ねているのだろうか。立って見ても、坐って眺めていても、その霊妙さは計り知れない。峰はいや高く、谷は深深として清水がほとばしり落ちる川べりには、毎朝、霧が立ちこめ、夕方になれば雲が一面にたなびく。その雲のように、その神々しさに心も押しつぶされる。その霧のように思いを込めて、流れる川の瀬音のように、はっきりとあるがままにこの立山の様子を万代の後までも語り継いでゆこう。この川、常願寺川・早月川・片貝川の絶えない限りは。

・立山に降り積もった雪が夏になってもずっと消えないままであり続けているのは、この山の御心によるということである。

・高い岩峰からほとばしり落ちる片貝川の水の絶えないように、今、この神々しい山、神仏の山を見る人は、今後ずっと絶えることなく、この地に通って来るであろう。

五、大伴宿祢家持の経歴

大伴宿祢家持は祖父安麻呂（～七一四）の孫。父は旅人（六六五～七三一）である。祖父安麻呂は大納言兼大宰帥、また大将軍従二位であった。父旅人は大宰帥、大納言、従二位であった。

大伴宿祢家持（七一八～七八五）の生年には諸説があるが、大伴系図の没年六十八歳から遡ると、養老二（七一八）年生まれになるという。家持の主な経歴は次の通りである。

・天平十八（七四六）年　二十八歳。従五位下。越中守。
・天平勝宝三（七五一）年　少納言。
・神護景雲元（七六七）年　因幡守。その後、薩摩守などを経て大宰少弐。
・宝亀十一（七八〇）年　相模守。その後、伊勢守などを経て参議。
・延暦元（七八二）年　陸奥按察使鎮守将軍兼春宮大夫。
・延暦三（七八四）年　従三位・持節征東将軍。
・延暦四（七八五）年四月七日　中納言・従三位・春宮大夫・陸奥按察使鎮守将軍。
・〃　年八月二十八日　任地の多賀城、現在の宮城県多賀城市で死去。

1．続日本紀の記述

『続日本紀』延暦四年八月二十八日条に次のようにある。

中納言従三位大伴宿祢家持死にぬ。祖父は大納言贈従二位安麿、父は大納言従二位旅人なり。家持は、天平十七年に従五位下を授けられ、宮内少輔

に補せられ、内外に歴任す。宝亀の初、従四位下左中弁兼式部員外大輔に至る。十一年に参議を拝す。左右の大弁を歴、尋ぎて従三位を授けらる。氷上川継が反く事に坐せられて、免して京の外に移さる。詔有りて、罪を宥されて、参議春宮大夫に復す。本官を以て出でて陸奥按察使と為り、居ること幾も無くして中納言を拝す。春宮大夫は故の如し。（以下略）

2．大伴宿祢家持の歌二首

ここで、大伴宿祢家持の歌の中で、心に残る歌二首を挙げる。

(1)『万葉集』最後の歌　大伴家持が因幡守であった天平宝字三（七五九）年春正月一日の歌

国庁にして饗を国郡の司等に賜ふ宴の歌
・新しき年の初めの初春の今日降る雪のいやしけ吉事　四五一六

(2)昭和十年代の後半、小生が国民学校、現在の小学校時代、昭和十七年から二十年まで式典で唱った歌。

海行かば水漬く屍　山行かば草生す屍　大君の　辺にこそ死なめ　かへり見はせじ　四〇九四の一部

である。

この歌は、『続日本紀』天平二十一（七四九）年四月一日条に、奈良東大寺で左大臣橘諸兄が聖武天皇御臨席のもと、次の宣命第十三詔を読み上げた。

（前略）また、大伴・佐伯宿祢は、常も云はく、天皇が朝守り仕へ奉る、事顧みなき人等にあれば、汝たちの祖どもの云ひ来らく、「海行かば　みづく屍、山行かば　草むす屍、王の　へにこそ死なめ、のどには死なじ」と、言い来る人等となも聞こし召す。是を以て遠天皇の御世を始めて今朕が御世に当りても、内兵と心の中のことはなも遣す。故、是を以て子は祖の心成すいし子には在るべし。此の心失はずして明き浄き心を以て仕へ奉れとしてなも、男女並せて一二治め賜ふ。（以下略）

このことを越中国庁で聞いた国守大伴宿祢家持は感激して、現在の宮城県で金が産出したので、「陸奥の国に金を出だす詔書を賀ぐ歌」として、天平二十一年四月十四日に「天平感宝」と改元された翌月、五月十二日に次の歌を作った。

（前略）大伴の　遠つ神祖の　その名をば　大久米主と　負ひ持ちて　仕へし官　海行かば　水漬く屍　山行かば　草生す屍　大君の　辺にこそ死なめ　かへり見は　せじと言立て　ますらをの　清きその名を　いにしへよ　今のをつつに　流さへる　祖の子どもぞ　大伴と　佐伯の氏は　人の祖の　立つる言立て　人の子は　祖の名絶たず　大君に　まつろふものと　言ひ継げる　言の官ぞ　梓弓　手に取り持ちて　剣大刀　腰に取り佩き　朝守り　夕の守りに　大君の　御門の守り　我れおきて　人はあらじと　いや立て　思ひしまさる　大君の　御言の幸の　聞けば貴み　四〇九四

この歌は次のようにも味わえる。

大伴氏の遠い祖先の神、その名は大久米主とともに名誉を背に大君（天皇）にお仕えしてきた役目であるので、

海を行くなら水漬く屍、山を行くなら草生す屍となる覚悟を持って、大君のお側を守っての死を本望とする家柄である。決して大君をさしおいて我が身を顧みるようなことはすまい

との誓いの言葉を天下に唱えてきた大夫のいさぎよい名である。そのような名を古来伝えてきた私たち大伴氏は、その祖先の末裔なのだよ。大伴氏・佐伯氏は先祖、また、祖先の立てた誓いのままに、「子孫は祖先の名を絶やさず、大君にお仕えするのだ」と言い継いできた。この誓いを守り続ける靫を負って宮城を守る近衛の家柄であるぞ！　梓の弓を手に取り持ちて、剣大刀を腰に取り佩き、朝にも夕にも天皇の御門を守る者は、我々大伴氏と佐伯氏の外にないのだと、いやが上にもこのことを世の中に明らかにし、その思いは強まるばかりだ。天皇の御言葉のなんとありがたいことよ、承るにつけても貴いことだ。うれしくて、うれしくて、また恐縮するばかりである。今後、一層の励みになる。

宣名や、この歌にあるように、大伴氏と佐伯氏は同族である。

六、大伴宿祢池主のこと

立山の歌を詠んだ大伴池主は、生没年不詳。大伴一族として家持と親しく交流し

た。家持の越中国赴任時は「掾」（地方三等官）であった。その後、隣国の越前国掾に移った。更に、中央政府の左京（左京職）少進、また式部（式部省）少丞の職にあたった。『万葉集』に次の歌などがある。

天平十八（七四六）年八月七日　越中国守大伴家持が館に集ひて宴する歌
・天離る鄙にある我れをうたがたも紐解き放けて思ほすらめや　三九四九
天平二十一年三月十五日　越前国掾大伴宿祢池主が家持に来贈する歌
・相思はずあるらむ君をあやしくも嘆きわたるか人の問ふまで　四〇七五
天平勝宝五（七五三）年八月十二日　大伴家持・大伴池主・中臣清麿が高円の野（現奈良市）に登った時、池主が作った歌
・高円の尾花吹き越す秋風に紐解き開けな直ならずとも　四二九五
天平勝宝八年二月二十四日　太上天皇、皇太后、河内の離宮に幸行の折りに、三月七日、河内の国伎人の郷の馬国人が家にして宴する歌
・葦苅りに堀江漕ぐなる楫の音は大宮人の皆聞くまでに　四四五九
右の一首は、式部少丞大伴宿祢池主読む。

七、大伴氏・佐伯氏のこと

前述の宣命や、大伴家持の歌にあるように、大伴氏・佐伯氏は同族である。『古事記』天孫の降臨条に次のようにある。

（前略）尓に天津日子番能迩々芸命に詔らして、天の石位を離れ、天の八重たな雲を押し分けて、いつのちわきちわきて、天の浮橋にうきじまりそりたたして、筑紫の日向の高千穂のくじふるたけに天降り坐しき。故、尓に天忍日命・天津久米命の二人、天の石靭を取り負ひ、頭椎の大刀を取り佩き、天のはじ弓を取り持ち、天の真鹿児矢を手挟み、御前に立ちて仕へ奉りき。故、其の天忍日命［此は大伴連等の祖］。天津久米命［此は久米直等の祖なり］。（後略）

大伴連の祖天忍日命と久米直の祖天津久米命は、天孫ニニギノミコト外御一行が天降りされたその時、地上でお迎えをした。それ以後、ずっとニニギノミコト外御一行、またその御子孫を護衛してきたのが、大伴氏と久米氏であった。大伴家持は大伴一族の直系・統領であった。

大和政権の中枢を荷って来た大伴氏は、天忍日命から道臣命……武持（大伴氏を賜い大伴武持）―大伴室屋大連―大伴談―大伴金村大連と続く。佐伯氏は、大伴室屋大連または大伴談からの分家という。大伴室屋の大連在任はAD四五六から四九七年までの四十一年間である。また、大伴金村の大連在任は四九七から五三八年までの四十二年間であった。従って、大伴室屋から佐伯氏の分家はAD四八〇年頃、雄略天皇の御世頃と考えられている。以後、大伴氏・佐伯氏は靫負を率いて宮門を警護して来たという。靫負とは、近衛・兵衛・衛門府などの武官の総称で、靫（矢入れ）を背負って、宮城を守った者のことである。

八、類聚既験抄の立山権現

『類聚既験抄』は鎌倉時代末期、十四世紀初頭の成立といわれている。類聚既験抄は『続群書類従第三輯上　神祇部　巻第五十八』に納められている。この中に「越中国立山権現」の項がある。これは、立山縁起中で最も古い説話を伝承していると言われている。次に示す。

一越中国立山権現。文武天皇御宇大宝元　年始所建立也。相伝云。於立山狩人有之。熊射矢ヲ射立追入出處。其熊乍立矢死了。見之皆金色阿弥陀如来也。仍此山云立山権現也。顕現地獄云々。

（解説）

これは次のように味わえる。

越中国の立山権現は、文武天皇の御世の大宝元（七〇一）年に初めて建立された。相伝えていわれているのは、立山に狩人がいて、熊を矢で射たところ、その矢は命中した。しかしその熊は矢を立てたまま逃げ、やがて玉殿岩屋と呼ばれる岩窟に逃げ込んだので、その岩窟に入って見ると先の熊は胸に矢を立てたまま死んでいた。しかし、その姿をよくよく見ると、それは全身が金色に輝く阿弥陀如来であった。このようなわけで、この山を立山権現と言うのである。ここにはまた、世にもあきらかな地獄がある云々。

九、伊呂波字類抄の立山大菩薩

1．立山大菩薩顕給本縁起

『伊呂波類抄』は辞書の一種で天養年中より長寛年中（一一四四〜一一六四）までの二十余年間、絶えず増補されてきた。同種のものに『色葉字類抄』がある。また、『十巻本伊呂波字類抄』は寿永二〜正和四（一一八三〜一三一四）年の成立という。本書には「立山大菩薩顕給本縁起」がある。次に示す。

> 立山大菩薩　顕給本縁起越中守佐伯有若之宿祢仲春上日之比為鷹猟之登
> 雪高山之間鷹飛空失畢為尋之深山之次熊見射故然間笑立乍
> 登於高山笑立熊金色阿弥陀如来也体巌石之山勝名一輿腰号二輿肩字三輿頸
> 名四輿申頭烏瑟五輿時有若発菩提心切弓切髪成沙弥法号慈興其師薬勢聖人
> 自大河南者薬勢之建立三所上本宮中光明山下報恩寺慈興聖人建立者自大河
> 北三所上葦峅寺根本中宮横安楽寺又高禅寺又上巌山之頂禅光寺千柿也
> 下岩峅寺今泉也鷲巌殿温岐蓮台聖人建立円城寺胎蓮聖人建立件事一王子真
> 高権現依之康和元年造草堂中宮坐主永源与所司等徳満聖人相語建立烏瑟之
> 峯坤方一有隅見顕現八大地獄惣一百三十六義句

（解説）

これはおよそ次のように味わえる。

立山大菩薩顕れ給ふ本縁起

越中守佐伯宿祢有若卿が大宝元（七〇一）年二月上旬頃、鷹がりをしに雪のある高山に登っていると、鷹は空高く飛び去り見失った。それで鷹を尋ね求めて深山に入ると、熊に出会ったので矢で射た。その矢は熊に命中したが熊は笑って立ち、更に血をしたたり落としながら高山に登って行った。この熊は実は全身金色に輝く阿弥陀如来であった。おからだは巌石からなる岩山であって、膝を一ノ輿と名づけ、腰は二ノ輿と名づけ、肩は三ノ輿と名づけ、頸は四ノ輿と名づけ、頭のテッペンのポコッと盛り上がった部分の烏瑟を五ノ輿と申します。この時、有若は菩提心、すなわち仏道に入る決心をし、手にしていた弓を折り、髪を切って沙弥となり、法号を慈興とした。慈興の師は薬勢聖人である。大河である常願寺川の左岸、南側は薬勢聖人の建立三所である。上は本宮[*1]、中は光明山[*2]、下は法恩寺[*3]である。慈興聖人の建立は常願寺川の右岸、北側の三所であって、上は芦峅寺[*4]の根本中宮、その横に安楽寺、又高禅寺がある。又、上巌山[*5]の頂上の禅光寺は千柿（現在の千垣）である。下は岩峅寺今泉である。鷲巌殿[*6]は温岐蓮台聖人の建立である。円城寺[*7]は胎蓮聖人の建立である。件の寺（円城寺）は一王子真高権現である。之に依って康和元（一〇九九）年草堂を造る。中宮坐主の永源と所司等の徳満聖人とが相談して建立した。烏瑟の峰、大汝山の坤（西北西）の方向には一つの窪みがある。ここには八大地獄が現出している。大地獄にはそれぞれ小地獄が十六ずつ付随している。それで小地獄は十六×八＝百二十八。これに大地獄を加えると百三十六。百三十六個もの数多くの地獄がある。

＊1　本宮（神社）。常願寺川左岸には、慈興上人の師である薬勢聖人が三所の仏教道場を建立された。上は本宮、中は光明山、下は法恩寺を建立された。富山地方鉄道本宮駅の近く、富山市大山町本宮には現在立蔵社が鎮座する。立蔵社は、はじめ「本宮旧跡略図」の元本宮にあった。その後、上本宮の古屋敷字宮林に移り、更に現在の「下本宮」に遷座した。本宮旧跡略図を見ると、元本宮集落や原本宮集落一帯には立山信仰集団があり、数多くの仏教道場があった。また、現在も、仏教関係の地名が数多く残っている。

＊2　本宮の西に隣接して仏教寺院光明山、また五智山円福寺を建立した。この寺は神社「立蔵社」を維持管理をする神宮寺であった。本宮旧跡略図中の「潅頂院五智寺」であろう。富山市梅沢町来迎寺の「光明殿来迎寺縁起」によると、立山の一院として七堂伽藍完備の精舎で五智山円福寺と称し、立山権現の別当であったと伝えている。当時には、久寿元（一一五五）年光明坊林海の時、旧婦負郡萩島村に移転したという。その後、建久八（一一九七）年浄土宗開祖法然上人に帰依し、寺号を光明山来迎寺とした。佐伯有頼慈興上人の師である慈朝の五智寺は、現在の元本宮、説法ケ原にあったとされている。

＊3　薬勢聖人や、その弟子慈朝聖人は文殊菩薩の再誕とされていた。立山縁起には次のようにある。

2．薬勢上人と慈朝上人

挿話(1)　岩峅寺延命院本立山縁起

> （前略）遥尋雲土則詣緇門（黒い門？）有上人号薬勢（清凉山文殊後身）有
> 弟子名慈朝爰受戒法称慈興（弥陀再説）（以下略）

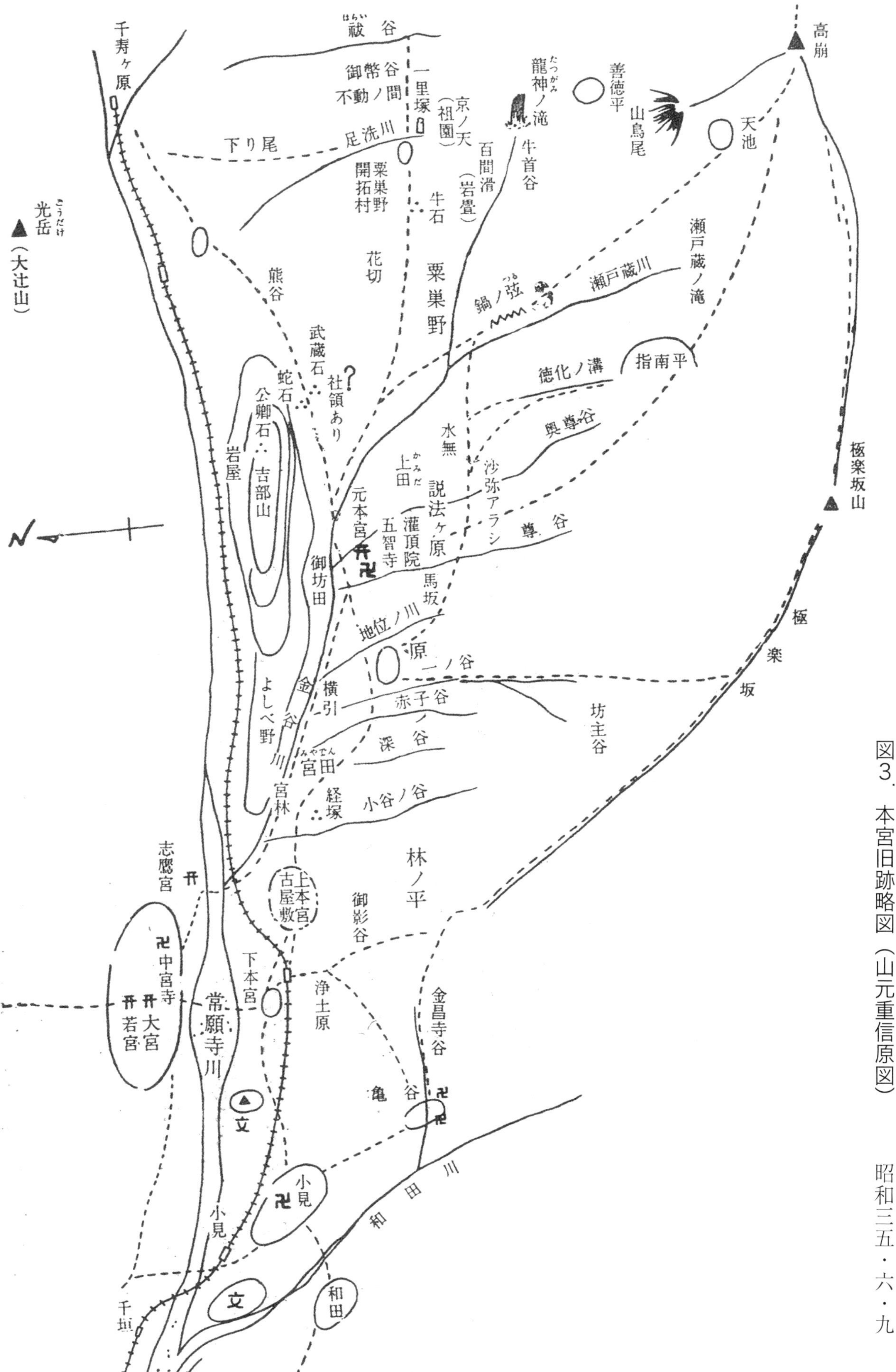

図3．本宮旧跡略図（山元重信原図）　昭和三五・六・九

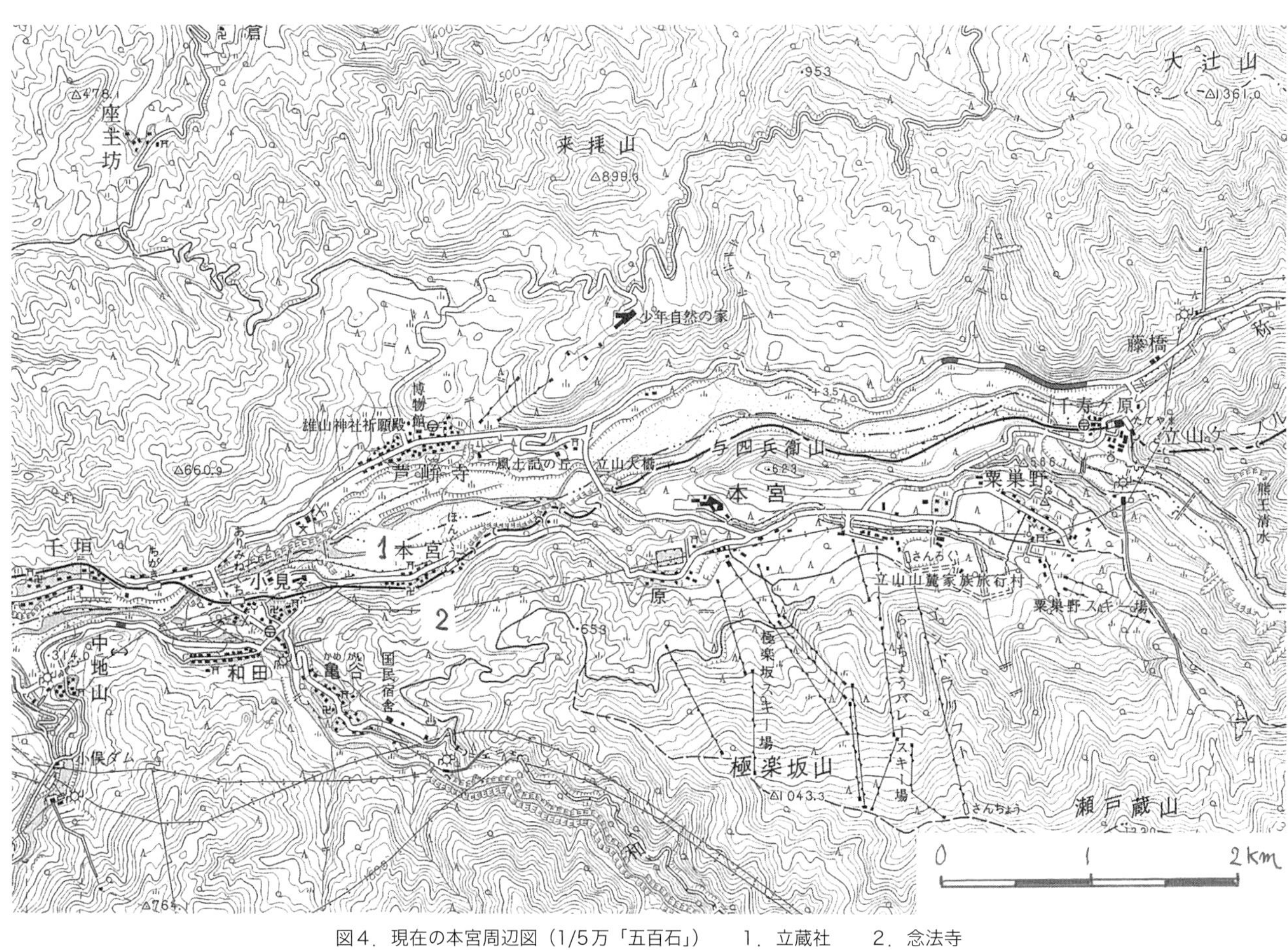

図4．現在の本宮周辺図（1/5万「五百石」）　1．立蔵社　2．念法寺

挿話(2)　芦峅寺泉蔵坊本立山縁起

（前略）吾は是れ天竺清涼山文珠菩薩後身の弟子、慈朝と名づく。遠く此の山に来って汝が来るを待つこと数百年なり。今まさに汝が本来を示さん。家は西方に在り、此の土に再誕の頼み有る故に「有頼」と名づくと云ふ。（中略）之に因って文珠付属の密法を汝が為に教授す尽未来際、観慧を励ました念念増進せしめて怠倦せざれ、既に戒法を受けて如来大慈悲の妙法を此の山に興隆し、来世の衆生を引摂するが故に、改めて慈興と称すべし（以下略）

挿話(3)　芦峅寺一山社所蔵本立山縁起

（前略）麓有一之聖跡号五智寺薬勢上人建立之地也但聞件名未知彼所遥尋雲之上則詣緇門有上人号薬勢清涼山文珠後身之弟子名慈朝爰受戒法称慈興是弥陀之再誕也（以下略）

それで、「報恩寺」は現在の富山市大山町文珠寺に、この報恩寺が所在していたといわれている。文珠寺は立山七ケ寺の一つとして三十坊とも五十坊ともいわれた数多くの坊舎があった。現在も大覚坊・妙光坊・天王坊・日蓮坊・実相坊・重田坊・頓生坊の寺跡が残るという。現在、ここ文珠寺集落には真言宗宝寿院がある。宝寿院は承久二（一二〇〇）年良舜の開山。また、集落には武部社がある。承久二年、武部の良舜僧正が諸国化度の砌、当地に留錫し、文珠寺集落西の浄地を選び一社を創建した。雪深く、一年中雪を頂く立山に面する当地から、「面白寺」と号する神宮寺を創建したのである。往古は七堂伽藍があり、僧坊が五十もあった。元亀・天正（一五七〇～一五九一年）の頃、兵火にあって焼失したが、五宇文珠堂が残った。その時に、寺の鎮守武部大明神を勧請したとある。寺宝の薬師如来は寺の背後の上野段丘に祀られていた。ここには六尺×九尺の立山遥拝堂があって、今は石造薬師如来を祀ってある。

＊4　「上は芦峅寺、根本中宮、横に安楽寺、また高禅寺あり」。伝承によれば、有頼卿はここ芦峅寺に居住し、立山を開山し、六所を統宮し、勤行修行をするために、中宮寺を創設し、嫗堂・閻魔堂・地蔵堂・大黒堂・仁王門・鐘楼堂を建立し

た。また、布橋を造り、三茎一本の芦の辺りに清浄の神地を定め、立山権現の社を建立し、立山大宮権現四十八末社、立山若宮刀尾天神二十一末社と講堂を建立したと伝える。根本中宮の横には神宮寺としての安楽寺を、また高禅寺は、「高」字があるから、来拝殿山＝来拝山に立山遥拝・奉仕のための寺院として建立したのであろう。

＊5　『立山信仰の源流とその変遷』には上厳山は、現在の富山市大山町小見と立山町千垣間の芳水橋、通称弁天橋の北の山であるという。図6・千垣駅周辺図の標高六六一・一mの山という。山頂には多くの石が並べてあるという。そして古代の祭祀神籬磐境の跡と考えられている。山頂部はゆったりした地形で、水のない干池もある。この一帯を構成する地層は岩稲累層と呼ばれている。これは新生代第三紀中新世の海底で火山噴出した溶岩や、大小さまざまな火山礫・火山砂・火山灰等からなる集塊岩や凝灰岩からなる。この地層は芳水橋や、富山地方鉄道の鉄橋下の常願寺川の河床に広く分布している。

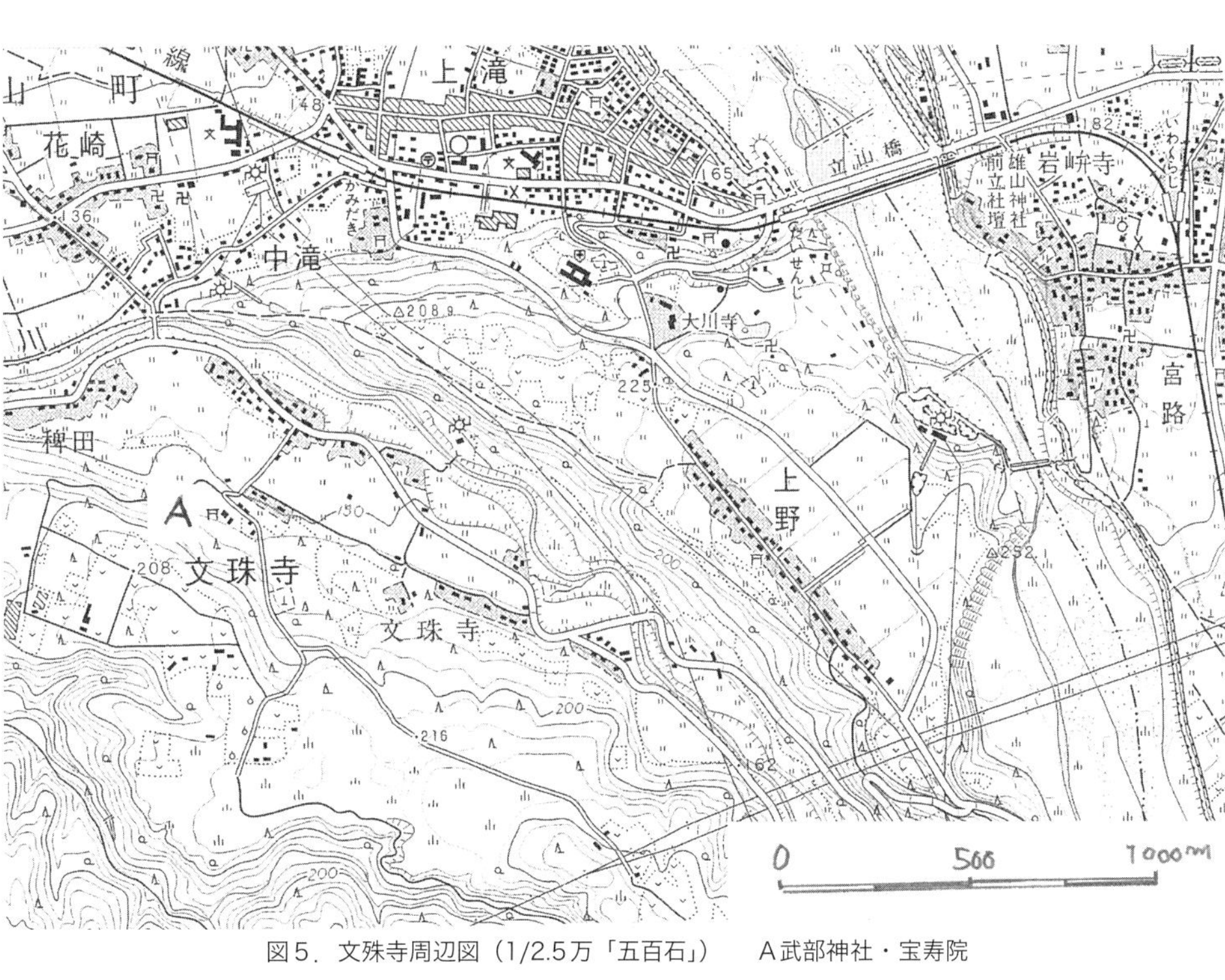

図5．文殊寺周辺図（1/2.5万「五百石」）　A武部神社・宝寿院

＊6　立山ケーブルカーの途中にある鷲岩屋の避難窟かと推定されている。温岐蓮台聖人の建立で、十二光仏の一つ、超日月光仏の安置所であった。

＊7　王子真高権現を祀っていた。芦峅寺集落の東、志鷹宮に面する不動壁、俗称円城寺壁の麓である。胎蓮聖人の建立。康和元（一〇九九）年に永源師と徳満上人が相談してここに、僧徒の学問修行の場として草堂を造った。

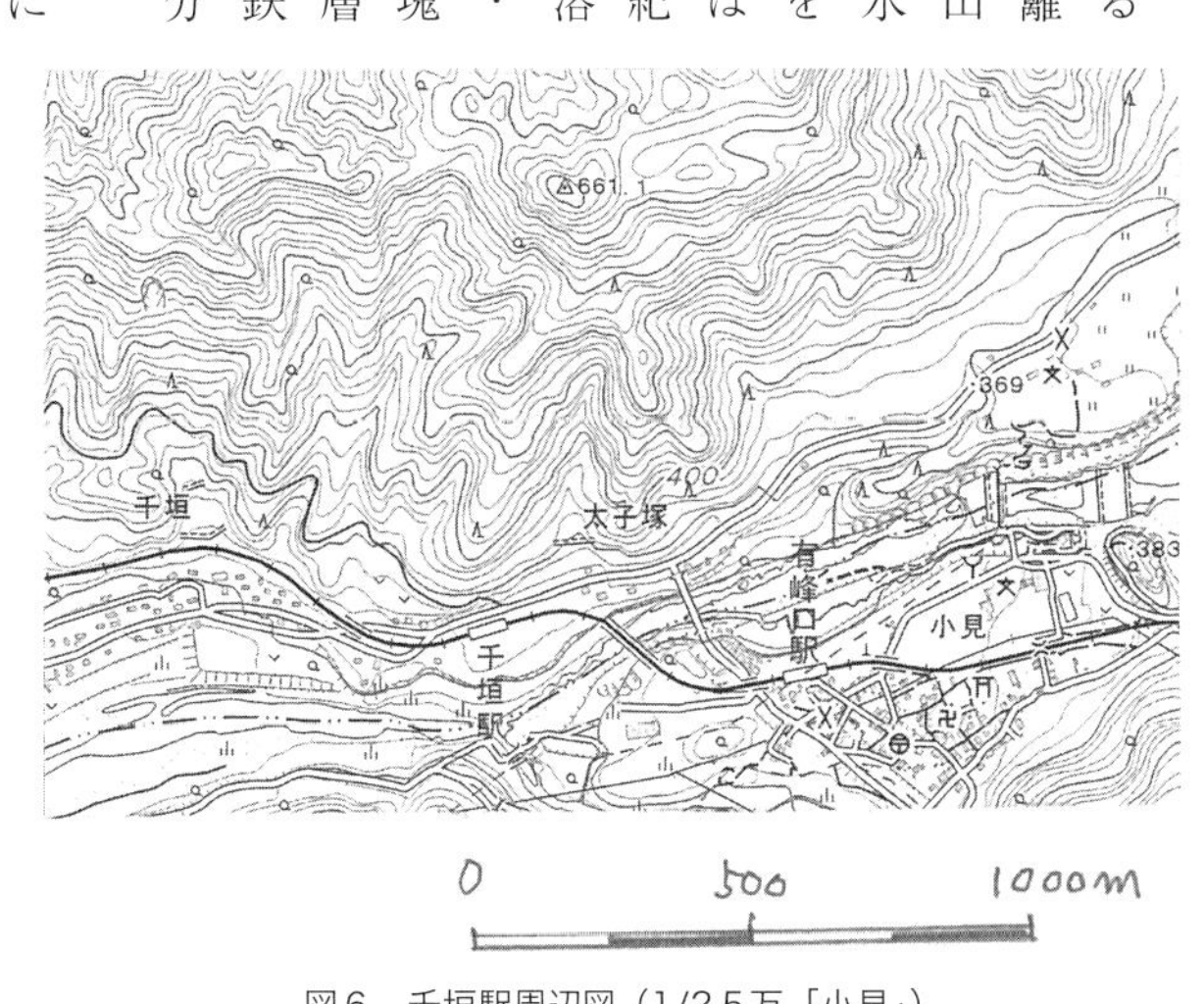

図6．千垣駅周辺図（1/2.5万「小見」）

十、神道集の立山権現

『神道集』は文和・延文（一三五二〜一三六〇）年間頃に成立した説話集である。著者は聖覚法師で、天台宗比叡山延暦寺の別院である安居院での著作である。この中の「越中立山権現事」は長文であるので分割して記す。

1．越中立山権現事

越中立山権現事

抑越中国一宮立山権現申御本地阿弥陀如来是也閑以諸仏中志淳弥陀善逝十方仏土中欣処安養界也其故何者五障迎接許既男女嫌無事況其外十念亦利益蒙更邪正不弁此則我等仏六八願在土九品差構弟子往生何疑下品云可足十二

権現王子御在即十二光仏御在也其十二光仏者一一名言可有其十二所権現者

（解説）

これは次のように味わえる。

そもそも越中の国の一宮とは立山権現と申す。その御本地は阿弥陀如来である。のどやかな諸仏や如来方の中で、志の深いことは弥陀の善逝[*1]である。十方[*2]仏土の中で、欣所は安養界[*3]である。それはどうしてか？　五障[*4]の女身を迎えても男女の別なく、嫌う事もない。いわんやそのほかおや。十念[*5]にまた利益を蒙る。更には邪生[*6]をも弁じない。これには我等が為に、仏の四十八願[*7]がある。極楽浄土には九品[*8]の差を構え、弟子の往生することは疑いはない。下品と言っても満足すべきである。十二所権現王子としておいでになる。即ち十二所光仏である。その十二所光仏にはそれぞれ次のような話がある。

＊1　仏の十号の一つ。無量の智恵で諸惑を断じ、好く彼岸、極楽浄土に逝て、苦海のこの世に還らないの意。

＊2　東・西・南・北、東南・西南・東北・西北、上・下合わせて十方。世界や宇宙。

＊3　極楽浄土。

＊4　染多い（他に感化される）・欲深い・懦弱（無気力）・嫉妬（ねたむ）・煩悩具足（心身を迷わす欲望）の五つ。また、欺・怠・瞋・恨（いかりうらむ）・怨（うらめしく思う）の五つ。

＊5　念仏・念法・念衆・念戒・念施・念天・念休息・念安般（人はもと従来する所なきを知り、亦滅の處所なきを知ることか）・念身非常・念死。

＊6　よこしまな生き方。

＊7　法蔵菩薩の願い。①無三悪趣願　②不更悪趣願　③悉皆金色願　④無有好醜願　⑤宿命智通願　⑥天眼智通願　⑦天耳智通願　⑧他心智通願　⑨神足智通願　⑩漏尽智通願　⑪必至滅度願　⑫光明無量願　⑬寿命無量願　⑭声聞無数願　⑮眷属長寿願　⑯無諸不善願　⑰諸仏称揚願　⑱念仏往生願　⑲修諸功徳願　⑳係念定生願　㉑具足諸相願　㉒還相廻向願　㉓供養諸仏願　㉔供具如意願　㉕説法如仏願　㉖得那羅延力願　㉗国土難思願　㉘知見道場樹願　㉙誦仏経法願　㉚知弁無窮願　㉛国土清浄願　㉜万物厳飾願　㉝触光柔軟願　㉞聞名得忍願　㉟女人往生願　㊱常修梵行願　㊲人天致敬願　㊳衣服随念願　㊴受楽無染願　㊵見諸仏土願　㊶具足諸根願　㊷住定供仏願　㊸生尊貴家願　㊹具足徳本願　㊺得定見仏願　㊻随意聞法願　㊼聞名不退願　㊽得三法忍願。

＊8　浄土往生には九つの品類がある。上品上生・上品中生・上品下生・中品上生・中品中生・中品下生・下品上生・下品中生・下品下生である。「上品」とは至誠心・深心・回向発願心の三心をもって、「慈心不殺・具諸戒行」「読誦大乗方等経典」「修行六念」等の行をすれば臨終時に仏菩薩の来迎を得る。「中品」は心驚動ぜず、深く因果を信ずる功徳によって来迎されて浄土に往生する。「下品」とは因果を信じ、無上道心を起す等の功徳で来迎されて浄土に往生する。また「上品」は五戒八戒をした功徳で往生する浄土。「中品」はただ一日一夜の八戒・沙弥戒・具足戒だけの功徳で往生する浄土。「下品」は親に孝養し、世の衆生に仁慈で接する功徳で極楽往生する。九品蓮台については『仏説観無量寿経』に詳述してある。

2．一社無量光仏

一社本地無量光仏是也此仏是他為利物自願心根立故此光仏心光云也又人能念仏日還憶無聖相知境相照故身光云是以往生礼讃弥陀真色如金山相好光明照十方唯有念仏蒙光触当知本願最為強云云般舟讃相好弥多八万四、一々光明照十方不為余縁光普照唯覓念仏往生人云々故無量光仏云也吉々可知。

（解説）

これは次のように味わえる。

一社とは、本地は無量光仏である。この仏は他の為に物を利し、自ら願心を根にたてまへり。故にこの光仏を心光という。また人がよく念仏するについては、思いめぐらして聖人の姿はない。知境の相を照らすが故に、また身光という。それで往生礼讃[*1]には、「弥陀の真色は金山の如し、相好の光明は十方を照らし、唯念仏ありて光触を蒙る」とある。まさに知るべし。本願最も強しと為す云云。般舟讃[*2]には、「相好いよいよ多くして八万四千なり、一一の光明は十方を照らす。余縁なさずして、光普くして唯念仏往生人をさがし求めている云々。故に無量光仏と云う也。よくよく知るべし。

＊1挿話⑴『往生礼讃偈』（善導）に次のようにある。

南無至心帰命礼西方阿弥陀仏　弥陀身色如金山　相好光明照十方　唯有念

仏蒙光摂　当如本願最為強　六方如来舒舌証　専称名号至西方　到彼華開
聞妙法　十地願行自然彰　願共諸衆生　往生安楽国

＊2挿話(2)『依観経等明般舟三昧行道往生讃』（善導）に次のようにある。

相好弥多八万四　一一光明照十方　不為余縁光普照　唯覓念仏往生人　万
行倶皆得往　念仏一行最為尊　回生雑善恐力弱　無過一日七日念　命欲終
時聖衆現　即坐華台至宝国

3．二社無辺光仏

二社本地無辺光仏也弥陀光明十方世界照有辺際無能接常光無辺事念仏衆生
無辺也何以知得阿弥陀諸仏称揚願在謂第十七願是也願即成就故三世無窮八
相十方　無量諸仏出世利生皆弥陀功能説悉名号不思議嘆即阿弥陀経六方如
来舌相出此義証雙巻経十四仏国諸仏差其旨顕大経下云仏告阿難無量寿仏光
接十方世界無辺不可思議諸仏如来莫不称嘆於彼東方恒沙仏国無量無数諸仏
菩薩衆皆悉往詣無量寿仏能恭敬供養云当知称揚仏国無辺聞法称念衆生無辺
也又一一諸仏或在世或滅後正像末等同有此義尋云称嘆何名号定諸仏功徳亦
無量者答第十七願既云称我名者諸仏咨嗟何尓耶六方恒沙如来執持名号即得
往生証十四仏国諸仏其仏本願力聞名欲往生勧当知此光明者経云念仏衆生摂
取不捨釈唯覓念仏往生人云故無辺光仏申

（解説）

　これは次のように味わえる。

　二社とは、本地は無辺光仏なり。弥陀の光明は十方世界を照す。際限ある事なく、よく接して常光無辺であるので、念仏の衆生もまた限りがない。そのようなことがどうしていえるかというと、阿弥陀諸仏が称讃する願いがあるからです。それは、仏の[*1]第十七願（諸仏称揚願）である。この願はすぐに成就するので、過去・現在・未来の三世で無窮の[*2]八相十方無量の諸仏の出世利生、みな弥陀の功徳を説き、ことごとく南無阿弥陀仏の名号の不思議さがほめられる。仏説阿弥陀経には、六方の如来出でてこの義を証明すとある。また[*3]雙巻経には[*4]十四仏国の諸仏を派遣すとある。また仏説大無量寿経下には、仏は阿難に告げて、無量寿仏の光は極まりなく十方世界に接し、無辺不可思議、諸仏如来は称嘆しないことはない。彼の東方恒沙仏国において無量無数の諸仏菩薩衆皆ことごとくお詣りに行く。無量寿仏をよく恭敬し供養すると云う。まさに知るべし。仏国を称揚し、無辺の法を聞き、称念する衆生もまた無辺である。また、一一の諸仏、あるいは在世、あるいは滅後に、[*5]正像末等同じく、この儀がある。尋ねていわく、称嘆をば何の名号と定めるか？　諸仏の功徳はまた無量であるのか？　答えは、第十七願に既に[*6]我が名を称える者を仏は喜ばれる。六方の無数無量の如来は南無阿弥陀仏の名号をとり持ちて、極楽往生のあかしとしておられる。十四の仏国の諸仏は、その仏の本願力・聞名欲往生を勧めておられる。まさに知るべし、此の光明（無量寿仏）、経には念仏衆生摂取不捨とある。また釈には念仏往生人を探し求めて必ず往生させるとある。故に、無辺光仏と申す。

＊1　諸仏称揚の願は『仏説無量寿経巻上』に次のようになる。

設我得仏。十方世界。無量諸仏。不悉咨嗟称我名者。不取正覚。

（設ひ我、仏を得たらんに、十方世界の無量の諸仏、悉く咨嗟して我名を称せずんば、正覚を取らじ）

＊2　お釈迦様が一生涯の中で経過された八種の相。一は従㆓兜率天㆒下、二は託胎、三は出生、四は出家、五は降魔、六は成道、七は転法輪、八は入涅槃。

＊3　『仏説無量寿経』のこと。これには巻上と巻下があるに由る。

＊4　唐訳には、難忍・宝蔵・無量声・光明・龍天・勝天・師子・離塵・世天・勝積・人王・勝華・発起精進の十三仏国がある。他に魏訳・漢訳・宋訳・梵本和訳がある。梵本和訳には上記の他に光明王・無畏得がある。

＊5　仏滅後に教法の行われる時期を区別して、正法・像法・末法と三分している。正法時とは「正」は「証」にして教行証の三法を具足している時期のこと。像法時の「像」は「像似」の意義であって証果を得る者なきも教行の二法はいまだに残っている時期のこと。末法時とは「教」だけがあって「行証」の欠けた末代の時期。

＊6　阿弥陀如来なら「南無阿弥陀仏」、観世音菩薩なら「南無観世音菩薩」、立山権現なら「南無立山権現」、天神なら「南無天満大自在天神」。

4. 三社無礙光仏

三社本地無礙光仏是也弥陀如来光明十方世界照障礙処無故也阿弥陀経云云彼仏何故号阿弥陀舎利弗彼仏光明無量照十方国無所障礙是故号為阿弥陀已上大経下云称彼如来名者称無量如来名也此光明照十方世界無有障礙能除十方衆生無明黒闇非如日月珠光云此文心日月光明山雲将隔東天日暮燈挑闇除西山月傾扇挙名残慕春日光和岩戸内尚暗秋月影閑居床上難漏然弥陀接取常光須弥金剛山障鉄囲大鉄囲隔事無照念仏往生人覚収称名声尋光明錦戸張珠簾前称名人不照蓬戸差十封菅薦内念仏即照故或念仏者歌曰

　御名ヲ呼フ声ヲ尋ル月影ハ　雲モ霞モサエヌナリケリ

当知此光明者経念仏衆生摂取不捨云釈唯覓念仏往生人云故無礙光明号

（解説）

これは次のように味わえる。

三社とは、本地は無礙光仏なり。弥陀如来の光明は十方世界を照らすに、ニュートリノが岩盤をも突き抜けて通るように、いかなる障礙する物もない。この故に、阿弥陀経に書いてある。彼の仏を何故阿弥陀如来と言うのか？　舎利弗は、彼の仏の光明は無量にして十方の国を障礙されることなく照らす。この故に阿弥陀と号すと。以上のことは、大経の仏説無量寿経巻下にある。「彼の如来の名を称するは無量如来を称する御名である。この無量如来の光明は十方世界を照らし障礙あることなく、良く十方衆生の無明の黒闇を取り除き、日月珠光のようなものではない。それは太陽や月は影を作るが、阿弥陀如来の光明にはさえぎる物があっても影を作らないのである。此の文章の神髄は、日月の光は山や雲があれば隔てられる。東天に日暮れれば燈をかかげて闇を除く。また、西山に月が傾けば扇を挙げて名残りを惜しむ。晩春の日は、光和して岩戸の内はなお暗い。秋の夜の月は大きく、美しくみやびやかである。だが、畳や床の上まではとどかない。しかし、弥陀接取の常光は須弥金剛山も障害とならない。鉄の囲いの隔も難なく、何もないかのように念仏往生人を照らし求めて、称名念仏の声を収めにおいでになる。光明は錦の戸張、珠の簾（すだれ）の前なりとも、称名念仏する人の前を照らす。蓬の戸を差し、戸封（とふ）の菅薦（すがこも）（十重（とえ）・二十重（はたえ）に封じた菅薦）の内でも、念仏の人を照らす。ある念仏者の歌がある。

　御名を呼ぶ声を尋ぬる月影は　雲も霞もさへすなりけり

まさに知るべし。この光明は、経には念仏衆生摂取不捨と云へり。また釈には、唯だ念仏往生人を覓（さが）し求めるとある。故に無礙光仏と号するのである。

5. 四社無対光仏

四社無対光仏是也此仏是超世本願々々成就光明故諸仏常光更対揚無物雙巻経諸仏光明接玉或仏光百仏世界照有或千仏世界照有或仏光七尺照有或一由旬二三四五由旬照有如此転々乃至一仏刹土照有私曰阿弥陀仏常光本願第十二仏光無辺際誓観経光明偏照十方世界云故無辺光仏号也凡諸仏内証外用功徳平等勝劣無云五劫間思惟発玉処光明無量願永劫程修行成処他力接取光諸仏光明及処也善導述言礼讃先序諸仏所証平等是一若以願行来収非無因縁然弥陀世尊本発深重誓願以光明名号接化十方云々此則平等無倫最上勝智成処光明名号也諸仏此智証未本願弥陀本願而成就是以弥陀光明諸仏光明対全不及物譬唯星中如明星天子又常金中閻浮檀金並似故大経仏告阿難無量寿仏威神光明最尊第一諸仏光明所不能及今云処最尊第一釈云処念仏一行最為尊超世光明名号也尤信仰足当知此光明者経云念仏衆生接取不捨釈唯覓念仏往生人云故号無対光仏

（解説）

これは次のように味わえる。

四社とは、無対光仏である。此の仏はこれ超世の本願である云々。成就の光明なるが故に、諸仏の常光は更に対揚するに物なし[*1]。雙巻経に、諸仏光明を説きたまふ。或いは仏光は百仏世界を照らす有り。あるいは千仏世界を照らす有り。或いは仏光は七尺を照らすあり。或いは一由旬二三四五由旬照らす有り[*2]。この如くに転々として、及一仏の刹土（国土）を照らすあり。私曰く、阿弥陀仏の常光本願である第十二仏（十二光仏）光は辺際なしと誓えり。仏説観無量寿経には、光明遍照十方世界なりとある。故に無辺光仏と号するなり。凡そ諸仏の内証外用の功徳は、平等にして、勝劣なしと云う。五劫[*3]の間、思惟し発し給う所の光明は無量にして、その願いは永劫の間修行して成る処の他力接取光は、諸仏の光明の及ばざる処である。善導述して曰く、往生礼讃偈[*4]の先序に、諸仏所証平等是一と言うは、若し願行を以て来し、収むれば因縁無きにあらず、然るに弥陀世尊は本は、深重の誓願を発し、光明名号（南無不可思議光如来）を以て十方を接化す云々。これ則ち平等無倫にして最上勝智の成す処の光明名号である。諸仏は此の智証を未だ本願とせず、弥陀の本願として成就する。ここをもって、弥陀の光明に諸仏の光明が対しても全く及ばないのである。例えば、星の中に明星太子（金星─暁明星・宵明星）があるようなものである。また、常の金の中に閻浮檀金の並んでいるに似ている。故に仏説無量寿経には、仏が阿難に告げて、無量寿仏の威神光明は最尊第一であって諸仏の光明のよく及ばざる所云々とある。今言う処の最尊第一とは、釈に言う処の念仏の一行は最も尊く、超世の光明名号である。最も信仰するに足れりと。まさに知るべし、この光明は、経には「念仏衆生摂取不捨」とある。また、釈には「唯覓念仏往生人」とある。故に、無対光仏と号す。

＊1　仏の説法の会坐に於て、仏に対して問答等を発し、それで仏意を撃発揚動して利益を成弁すること。また、法会に散華の式を行う時、偈を終えて後、仏法世法の常住安穏を願う偈文を挙げること。

＊2　一由旬とは帝王の一日の行程。中国里で八十里・六十里・十六里などの説がある。また中国の一里は時代によって異なるが、約四〇〇〜六〇〇m。

＊3　五劫。劫とは極めて長い時間。長い一世。

＊4　礼讃とは善導大師の『往生礼讃偈一巻』のこと。この先序の中に、次のようにある。

> （前略）又如観経云。仏勧坐観礼念等。皆須面向西方者最勝。如樹先傾倒必随曲。故必有事礙。不及向西方。但作向西想亦得。問曰。一切諸仏三身同証。悲智果円又応無二。随方礼念。課称一仏。亦応得生。何故偏歎西方。勧専礼念等。有何義也。答曰。諸仏所証平等是一。若以願行来収。非無因縁。然弥陀世尊本発深重誓願。以光明名号摂化十方。但使信心求念。上尽一形一至十声一声等。以仏願力易得往生。是故釈迦及以諸仏勧向西方。為別異耳。亦非是称念余仏不能除障滅罪也。応知。

6. 五社炎王光仏

> 五社本地炎王光仏是也此仏是智火名也世間火准此思其力不可思議也譬多年月経切積処薪積聚甚多云少以火此付決定皆悉焼尽如此喩私義非曇鸞法師略論道綽禅師安楽集天台十疑等皆同此喩用加之龍樹菩薩臨終一念百千業勝云滅罪出離事心力猛利火如毒如云已上毒者毒鼓事歟善導和尚仏法不思議力衆罪滅事釈言水能潤生火能壊事成已上先火災能物焼尽謂心徳随炎王光煩悩節焼尽事可思知弥陀果徳無上涅槃智炎王光顕称名行者照接時何罪体留何惑障可残雙巻経其有衆生遇斯光者三垢消滅身意柔軟云当知此光明者経云念仏衆生接取不捨釈唯覓念仏往生人云故方炎王光仏云。

（解説）

これはつぎのように味わえる。

五社の本地は炎王光仏である。此の仏は是れ智火の名である。世間の火に準じてこの火を思うに、その力は誠に不可思議である。譬えば、多くの年月をかけて切り積んだ薪は非常に多いといっても、少しの火で、その薪に火を付ければ短時間で必ず、みんなことごとく焼き尽くしてしまうように。此の喩えは私だけではない。曇鸞法師の略論、道綽禅師の安楽集、天台の十疑等皆同じく、此の喩を用いている。更に、龍樹菩薩は、臨終の「南無阿弥陀仏」と称える一念は百千の行にも勝るという。滅罪出離する事は、心力猛利にして火の如く、毒の如しという。已上、毒は毒鼓[＊1]の事か。善導和尚は、仏法の不思議力は衆罪を滅する事であると云う。釈に言う。水はよく生物の生命を潤して、火はよく事を壊する事をすると。先ず、火災はよく物を焼き尽くす。謂く、心徳に随って炎王の光は煩悩節を焼き尽くす事を思い知るべし。弥陀の果徳は天上にして涅槃の仏智、炎王光として顕われる。称名行者を照接する時、何れ罪は躰に留るが、何の惑障を残すべしか？　雙巻経には、其れ衆生有り。この光に遇う者は三垢[＊2]は消滅して、身も心も柔軟になるという。まさに知るべし。この光明は、経には「念仏衆生接取不捨」とある。釈には「唯覓念仏往生人」とある。故に、炎王光仏という。

＊1　忉利天の鼓に毒を塗った鼓のこと。天鼓とは忉利天にある鼓で、その音を聞くだけでも悪を慎み善を好む心が生ずる。また勇気をふるいたたせるという。また毒鼓とは雑毒薬を塗った鼓であって、人の中でこの鼓を撃つと、その音を聞く者は皆死ぬという。

＊2　貪欲・瞋恚・愚痴の三種の煩悩のこと。垢は煩悩の異様。

7. 六社清浄光明仏

> 六社本地清浄光明仏是也此仏是滅罪方取抑我等愛欲好也凡夫繋業難出愚重頓根無智煩悩賊害機也広劫多生経此機清浄義不可有所以三業熾盛罪体澄難四顛動作煩悩濁難除故也然今他力往生浄土門入観無量寿経説相見為煩悩賊

之所害者説清浄業云疏云又清浄云依下観門専心念仏往相西方念々罪除故清浄也已上衆生濁乱不清浄業弥陀他力善清浄業入対時念々罪除故清浄也曇鸞注意疏云欲明一切衆生身口意業所解行必須真実心中作已上礼讃一者至誠心云所謂身業礼拝彼仏口業讃嘆称彼仏意業専念観察彼仏凡趣三業必須真実故至誠心已上言譬浄摩尼珠此濁水置水即清浄也若人無量生死罪濁有云彼阿弥陀如来至徳無生清浄宝珠名号聞此濁心入念中罪滅心浄如法性不知云但称名他力以彼土生願即得往生已生当知此光明者経云念仏衆生接取不捨釈唯覚念仏往生人云故号清浄光仏

（解説）

これは次のように味わえる。

六社の本地は清浄光明仏である。この仏は滅罪担当である。そもそも我等愛欲好色の凡夫は、繋業難出の愚重。鈍根・無智にして煩悩賊害[*1]の機である。広劫多生を経、この機には清浄の儀あるべからず。そのわけは三業[*2]熾盛の罪ある躰、澄難（すみがたく）[*3]四顛倒作して煩悩で濁り、除き難い。そのようなわけで、今、他力往生浄土の門に入る。観無量寿経の説く相を見ると、煩悩賊のなす所の害は清浄業を説くと言う。疏に、また清浄と言う。下の観門[*4]に依り、専心に念仏し、西方を往想し、念々に罪を除く故に、清浄になる。已上。衆生が濁乱にして清浄業がならないで、弥陀他力が善く清浄業に入り対する時に、念々に罪を除く故、清浄になる。曇鸞の註意疏に言う「一切衆生身口意業所解行」を欲するには、必ずすべからく「真実心中作」という。已上。礼讃[*5]には一に至誠心（しじょうしん）という。いわゆる身業は彼の仏を礼拝し、口業は彼の仏を讃嘆称揚する。意業は専ら彼の仏を念じ観察する。凡そ三業（身口意の業）の趣は必ず、すべからく真実至誠心であること。已上。譬えば、清浄の摩尼珠[*6]を濁った水に入れると、濁っていた水は無色透明な水になる。もし、人が無量の生死の罪だらけで濁っていても、あの阿弥陀如来様の至徳清浄な宝珠の名号を聞けば、今までの濁った水、念中の罪が滅し心清らかになること法性の如し。ただ称名念仏さえすれば、他力によって彼の土、極楽浄土に生まれたいという願いがすぐにかなえられ往生できる。まさに知るべし。この光明は経には「念仏衆生摂取不捨」とある。また釈には「唯覚念仏往生人」とある。故に清浄光仏という。

＊1　煩擾悩乱のこと。有情の身心を擾乱（じょうらん）し三界（一切衆生が生死輪廻する三種の世界。欲界・色界・無色界。また、過去・現在・未来）の牢獄に繋がれて涅槃（安楽寂滅解脱の境地、また死ぬこと）を障礙する法をいう。

＊2　身業・口業・意業の悪の三業。身業には殺生・偸盗・邪婬。口業には妄語・綺語・両舌・悪口。意業には貪欲・瞋恚（しんに）・邪見。以上を十悪という。

＊3　常道に違背し、正理に順応しないこと。

＊4　観門は『仏説観無量寿経』にある。「息慮凝心」（慮を息め、散り乱れる心を一つにする）のため、禅定に入って観想することをいう。次の十三の観想がある。日観想・水観想・宝池の観・地上の宝樹観・樹間の宝地観・宝地樹宝地の宝楼閣観・阿弥陀仏の華座観・像観・真身観・観音菩薩観・大勢至菩薩観・普観・雑想観。

＊5　三心がそなわれば必ず往生を得（う）として、「一者至誠心。所謂身業礼拝彼仏。口業讃歎称揚彼仏。意業専心観察彼仏。凡起三業。必須真実。故名至誠心」とある。他の二つは深心。回向発願心とある。

＊6　摩尼とは珠玉。如意宝珠ともいう。意の求むる所に随い、皆満足させる。大智度論には、「有人云く、此宝は龍王の脳中より出ず、人此珠を得れば毒も害する能わず、火に入るも焼く能わず、是の如き業の功徳あり」とある。

8. 七社歓喜光仏

七社本地歓喜光仏是也此仏是能所共有此儀凡極楽世界菩薩聚衆三昧備六通具無明惑断中道理顕六道四聖流転衆生見自火坑免不退証沈倫凡夫併生々父母世々兄弟也十声一声定得往生念仏三昧修出離決定時何計可歓喜般舟讃万行倶廻皆得往生念仏一行最為廻生雑善恐力弱無過一日七日念命欲終時聖衆現即坐花台至宝国清浄大海死生衆遥見聖者皆歓喜已上況諸仏同体大悲也一仏所化即一切仏所化也受苦憂悩衆生見同心苦出離生死衆生見同歓喜大涅槃経一切衆生受異苦即是如来一人苦云或経仏視衆生煩悩患心苦如母念病子云仏意以如此然平等一子慈眼十声一声定得往生修行照玉豈歓喜何況本願所成弥陀善逝殊極悪最下衆生苦悩除給源也故観経第七観初釈尊除苦悩法演玉時弥陀三尊空中立光明熾盛不可具見百千閻浮檀金色不得為比已上然彼此三業不相捨離時歓喜何計又衆生歓喜於不可論所謂広劫輪廻身依此光明名号報国可往生此教此願云何歓喜堪大経下云歓喜踊躍乃至一念皆当生彼歓喜能所共之凡聖相智境相照也又雙巻経其有衆生遇斯光者三垢消滅身意柔軟踊躍善心生焉已上当知此光明者経云念仏衆生接取不捨釈唯覚念仏往生人云

（解説）

これは次のように味わえる。

七社の本地は歓喜光仏である。この仏は他と共によき所に存在するという。凡そ極楽世界の菩薩聖衆は三昧[*1]を備えて六通[*2]を具し、無明[*3]の惑を断じて、中道[*4]の理を顕す。六道[*5]四生[*6]を流転する衆生を見て火坑[*7]より免れ、不退を証する。沈倫（おちぶれる）凡夫は併せて生々の父母、世々の兄弟である。十声一声で必ず往生を得る。念仏三昧を修して、出離を決定した時には、どれ程か歓喜する。般舟讃には「万行倶会して皆往生を得。念仏の一行を廻生雑善を最高とし、一日七日を恐らくは力弱く過ごすことなく、命終わらんと欲する時は聖衆が現われることを念ずれば、聖衆が現われ、即、花台が生じ、宝国・清浄大海に至る。死生衆を遥かに見て聖者は皆歓喜する」已上。況や、諸仏は同体であって大悲である。一仏の所化は即ち一切仏の所化である。受苦憂悩の衆生を見る。心を同じくして苦を出離して、生死の衆生を見て同じく歓喜たまわらん。大涅槃経には、一切衆生は異なる苦を受ける。即ち是れ如来一人の苦という。或いは経には、仏は衆生の煩悩や患う心を見て苦とすること母が病気であるわが子を思う如しという。仏意はこの如きを以てしかり。平等一子と見る慈眼は十声一声で必ず往生が出来るという。修行者を照らし給う。豈に、歓喜すらん。何をかいわん。本願所成の弥陀善逝[*8]は、殊に極悪最下の衆生の苦悩を除き給う根源である。故に観経[*9]第一観の初めに、釈尊は苦悩を除き法を演べ給う時、弥陀三尊は空中に立ちて、光明熾盛でつぶさには見ることが出来ない。百千もの閻浮檀金色でも比較にならない。又、衆生の歓喜は論ずることが出来ない。いわゆる広劫輪廻（空間的にも時間的にも大きな中での輪廻）の身、この光明歓喜光仏に依て、報国に往生すべし。此の教の願い、何ぞ歓喜に堪えざらん。大経下[*10]には歓喜踊躍し、また一念すれば彼の極楽浄土に生ぜんと。この歓喜のよき所は隣人と共にすることである。凡聖相智の境を相い照らす。また雙巻経には、其れ衆生ありてこの光にあえば三垢消滅させ、身も心も柔軟になって歓喜踊躍して、善心が焉（ここ）に生ずる。已上。まさに知るべし。此の光明は経には「念仏衆生接取不捨」とある。また釈には「唯覓念仏往生人」とある。

＊1　訳して定・正定・正受・調査定・正心行處・正思・等持等という。心を一境に任せしめて散乱させないこと。

＊2　六種の神通力。身如意通・天眼通・天耳通・他心通・宿命通・漏尽通。

＊3　煩悩の別名。心身をまよわす欲望。心のまよい。

＊4　二辺の遍邪（極端）を離れて、不偏中正の道をいう。

＊5　天上・人間・修羅・地獄・餓鬼・畜生。

＊6　衆生の四つの生成の型。哺乳類の胎生・鳥類の卵生・虫魚亀蛙の湿生・蝉蝶の化生。

＊7　火の海のこと、焦熱地獄。

＊8　仏の徳号に十種ある。如来・応供・正遍知・明行足・**善逝**・世間解・無上士・調御大夫・天人師・仏。世尊。「善逝」とは妙往の義。無量の知恵を以て能く諸惑を断じ、世間を出過せるもの。再び迷いの生死海に堕ちないものの意。

＊9　「説是語時。無量寿仏・住立空中・観世音・大勢至・是二大士・侍立左右・光明熾盛・不可具見・百千閻浮檀金色・不得為比」

＊10　「仏語弥勒。其有得聞彼仏名号。歓喜踊躍。乃至一念。当知此人。為行大利。則是具足。無上功徳」

9．八社智恵光仏

八社智恵光仏是也此仏是十二光仏中以之根本浄土三種荘厳自此建立所謂法蔵菩薩自在仏御計無生忍悟分別浄穢過去所有皆憶念未来一切迷衆悉分別三世了遠智恵得此智分自分自覚他義有自覚智恵依覚他慈悲発此悲智依五劫間思惟四十八願此願成為永劫修行此修行依仏果得処世無上涅槃仏智分権実二智也実依権智生法性法身依方便法身成依正荘厳依廿九種広句顕故東云時真実智恵無為法身一句也況以燈闇除如智恵光以愚癡闇照本願名号光明也夫以此仏智仏也依報正法仏智也名号光明仏智也大経云如来智恵海礼讃云弥陀智願海大経云如彼如来光明智相経仏光明是智恵云当知此者経云念仏衆生接取不捨釈唯覓念仏往生人云故号智恵光仏

（解説）

これは次のように味わえる。

八社は智恵光仏である。此の仏は、今述べている十二光仏中では根本の仏である。浄土の三種[*1]の荘厳はこの智恵光仏で建立している。いわゆる法蔵菩薩、世自在王仏[*2]の御許で、無生忍[*3]を悟り、浄穢を分別し、過去の所有を皆憶念し、未来の一切の迷衆をことごとく分別し、三世了達[*4]の智恵を得る。この智恵は自分を分けて自覚する。他に義がある。それは、自覚の智恵は、覚他・慈悲によって発生する。この慈悲と智について、五劫もの長時間思惟された結果、四十八願もの数多くの願が出来た。また、非常に長時間修行をした事によって多くの仏果を得たのである。無上涅槃[*5]・仏智権実（ごんじつ）[*6]の二智である。権実に依りて智を生ずる。法性法身[*7]によって方便法身を成じ、依正荘厳に依って二十九種[*8]の広句が顕われた。故に一括していうと、「真実智恵無為法身」の一句である。況や、燈が闇を除くように、智恵の光を以て愚癡の闇を照らす。本願名号は光明である。それをもって仏も「仏智」である。名号光明も仏智である。大経には「如来智恵海」とある。往生礼讃偈には「弥陀智願海」とある。また大経には「如彼如来光明智相」とある。経には「仏光明是智恵」と。まさに知るべし。この光は経には「念仏衆生摂取不捨」、また釈には「唯覓念仏往生人」といっている。故に智恵光仏と号す。

*1　華麗に修飾すること。天親菩薩の浄土論には阿弥陀仏の浄土の荘厳を三種に分けている。一は国土荘厳、山河草木等の荘厳。二は仏荘厳。三は菩薩の荘厳。仏・菩薩は衣冠や首飾り、また家屋の内外を修飾すること。
*2　阿弥陀仏の因位に法蔵比丘であった時の本師で、世饒王仏ともいう。
*3　三忍又は五忍の一。三忍とは耐怨害忍・安受苦忍・諦察法忍。一切順逆善悪の境に於て能く忍受し安心不動なるを忍という。耐怨害忍とは人の怨情害毒を受くるも能く忍耐して返報の心なきをいう。安受苦忍とは疾病水火刀杖等の多くの苦に逼らるるも能く忍受して動かないことをいい、諦察法忍とは略して察法忍ともいい、諸法不生不滅の真理を諦察して心に妄動なきをいう。
*4　過去・現在・未来。
*5　涅槃は「滅」と直訳されると。元来の意義は物の消滅すること。
*6　権は方便権化の義。権化・権謀・権施・権宣等と熟し、実は究竟真実の義で、実録・実際等と熟し、権は為めにする所があって方便して設けたるを意味し、実は然らずして本然の相のまま究竟じて示すを意味する。
*7　仏の自性の真身を言う。これが根元的・基本的な仏身である。『遺教経』に、「自今已後、我が諸の弟子、展転して之を行ぜば、則ち是れ如来の法身は常に在して滅せざるなり」とある。法華経提婆品に「微妙の浄法身、相を具せること三十二、八十種好を以て、用いて法身荘厳せり」とある。また、真言家にては地・水・火・風・空・識の六大を以て大日法身とし、而してこの六大法身は本来色相を具し、語言以て説すとしている。
*8　二十九種荘厳のこと。極楽浄土の荘厳を二十九種に分類したもの。天親菩薩の浄土論にある。即ち国土の荘厳十七種、仏の荘厳八種、菩薩の荘厳四種、計二十九種。国土の荘厳としては清浄功徳・量功徳・性功徳・形相功徳・種々事功徳・妙色功徳・触功徳・三種功徳・雨功徳・光明功徳・妙声功徳・主功徳・眷属功徳・受用功徳・無諸難功徳・大義門功徳・一切所求満足功徳がある。仏の八種とは座功徳・身業功徳・口業功徳・心業功徳・大衆功徳・上首功徳・主功徳・不虚作住持功徳である。菩薩の四種は四種の正修業と称するもので⑴一仏土に於て身動揺せずして十方に遍じ種々に応化して実の如く修行し常に仏事を作すこと。⑵彼応化身、一切の時前ならず後ならず、一心一念に大光明を放ち悉く能く遍く十方世界に至りて衆生を教化し、種々の方便修行所作して一切衆生の苦を滅除すること。⑶彼れ一切世界に於て余りなく、諸仏会の大衆を照らして余りなく、広大無量の供養恭敬して諸仏如来の功徳を讃歎すること。⑷彼十方一切世界無三宝(仏法僧)処に於て、仏法僧宝の功徳大海を荘厳し、遍く示して如実修業を解さしむること。
*9　有情もしくは仏の所依たる果報の意。国土及び衣服資具等の果報。
*10　果報の主体である仏或いは衆生をいう。

10. 九社不断光仏

九社本地不断光仏是也此仏是相続念仏行者接取不捨故有此名尋云称名退時光明断耶不然難云既摂取不捨云何捨不照時有本願乗他力憑称一念十念得其後常不可捨離況接取二字可念若不尒者不断光名言空似如何答弥陀光明十方照事得般舟讃一切善業廻生利不如専念弥陀号念称名常懺悔人能念仏還念凡聖相知境相照即是衆生増上縁云既照智以所由疏三縁処一親縁衆生起行口常称仏即聞之身常礼敬仏即見之心常念仏即知之衆生憶念仏者仏此亦憶念彼此三業不相捨離故名親縁也已上和尚所判此若三業併弥陀於親近義無彼此三業捨離何依接取益得所以光明遍照十方世界文分処無云念仏衆生摂取不捨詞限称名人指般舟讃一一光明相続唯覓念仏往生人云悲哉弥陀光明鎮称名人尋十方照然我等三業悉捨離弥陀接取光明絶事譬月所分水求影宿如故古歌。

　アカシカタイロナキ人ノソラヲミヨ　ココロニ月ハヤトルモノカハ

当知此光明者経云念仏衆生摂取不捨釈云唯覓念仏往生人故号不断光仏

(解説)

これは次のように味わえる。

九社の本地は不断光仏である。此の仏は、相続する念仏行者を摂取して捨てず。故にこの名がある。尋ねて言う。称名をやめた暁には、光明も断つのか？　答えて、そうではない。はっきり言うが、既に摂取不捨と言っている。どうして不照時だからと言って捨てるのか？　本願に乗じて他力をたのみ、一念十念の南無阿弥陀仏を称える。その後も、ぜったい捨離はしない。いわんや接取の二字を念ふべし。若し、尓は不断光仏の名を言って、これは無駄な事だと？　答えて、弥陀の光明は十方を照らす事、息む時はない。般舟讃[*1]には一切の善業は生を廻りて利する。しからず、専念の弥陀号は称名を念じ、常に懺悔する人を能く念仏はめぐり凡聖相知境し、相い照らすとある。即ちこれ増上縁という。既に照知するゆえんの由、疏の三縁[*2]の処に、親縁は衆生業を起して口に常に仏を称すれば、仏は即ち之を聞き給う。身に常に仏を敬礼すれば仏即ち之を見給う。心に常に仏を念ずれば、仏即ち之を知り給う。衆生は仏を憶[*3]念すれば、仏もまたその衆生を憶念なさる。かれこれの三業は相捨離しないわけで、これを親縁と名付けるのである。已上。和尚の所判はこの如し。若し、三業併せて弥陀に親近の義無くば、彼此三業は捨離すべし。何ぞ、摂取の益より得べきゆえんは？　光明遍照十方世界の文分処無く「念仏衆生摂取不捨」ということばに限りて、称名の人を指せり。般舟讃には「一一光明相続照　唯覓念仏往生人」とある。悲しいかな、弥陀光明は鎮に称名の人を尋ねて十方を照らす。しかるに我業身口意の三業、悉く捨離して弥陀摂取光明絶える事、譬えば、月の水を分けて宿る影を求めるが如し。故に古歌に、

　明[*4]かし方色無き人の空を見よ　心に月は宿る物かは

とある。まさに知るべし。此の光明とは経に「念仏衆生摂取不捨」とある。また釈には「唯覓念仏往生人」とある。故に、不断光仏という。

＊1「一切善業回生利　不如専念弥陀号　念念称名常懺悔　人能念仏仏還憶　凡聖相知境相照　即是衆生増上縁」と。

＊2　阿弥陀仏の光明接取の利益上に在る親縁・近縁・増上縁を「摂取三縁」という。善導の観経疏定善義に「一に親縁を明さば衆生行を起して口に常に仏を称すれば、仏即ちこれを聞き、身に常に仏を礼敬すれば仏即ち是を見、心に常に仏を念ずれば仏即ち之を知り、衆生仏を憶念すれば仏亦衆生を憶念す。彼此の三業相捨離せず、故に親縁と名づくるなり。以下略」

＊3　＊2の後半にあり、「衆生憶念仏者、仏亦憶念衆生」

＊4　この歌によく似た歌が新古今集にある。「あかしがた色なき人の袖をみよすずろに月もやどるものかは　藤原長能　一五五八」

11. 十社難思光仏

十社本地難思光仏是也此仏是不思議智成処也教処方指相立行処口称名号事相也散心也鈍根無智凡夫為易往生道教修行勧然一生易行業目依得処果報見甚深也広高也此義口本願不思議詠更難行道教見云不弁八十八便見惑断思惑破故四悪趣思惑離八十一品内設八十品断云尚非想地一品被繋火宅出事不能然往生浄土教門就念仏修行道入此娑婆世界内一毫惑不断一分悟不開三毒具足凡夫前念命終後念即生時坐時即得無生法忍菩薩成報仏報土凡聖荘厳交瓦礫変須臾金玉成如此義思処及処非註下云荘厳清浄功徳成就者偈観彼世界相勝過三界道云故此云何不思議即凡夫人煩悩成就亦得生彼国土三界繋業畢竟不牽即是不断煩悩得涅槃分焉可思議云凡五不思議中仏法尤不思議也仏法不思議中弥陀光明者経云念仏衆生接取不捨釈唯覓念仏往生人云故号難思光仏

（解説）

これは次のように味わえる。

十社の本地は難思光仏である。此の仏は是れ不思議智の成る処である。教える所はあい指して行き立つ処、口に名号を称える事相なり、散心なり[*1]。鈍根無智の凡夫の為に、やすき往生の道を教え、修行を勧める。しかるに一生過ぎやすく、業目によって得る所の果報を見ると、甚だ深く、また高く広い。この義はただ本願の不思議とよめる。さらに、難行道の教えを見るに、曰く、弁まえず、八[*2]十八使の見惑を断ち、破る故に四[*3]悪趣の思惑を離れ、八[*4]十一品内に設い八十品を断すといえども尚、悲想地の品につながれて、火宅を出ることあたわず。然るに、往生浄土の教門に就きて、念仏修行の道に入り、この娑婆世界の内を一毫の惑いをも持たないで、一分の悟りをも開かずして、貪欲・瞋恚・思慮の三毒具足の凡夫であるままで、前[*5]念命終わりて後念即時に極楽浄土の蓮台に生まれる時には、無[*6]生法忍の菩薩となることを得る。報仏報土の凡聖荘厳に交わり、瓦礫変じてすぐに金玉と成る。これらの如くの義にとても考え及ぶところではない。註下に云う「荘厳清浄功徳成就」と。また偈には「観彼世界相勝過三界道」という。故に、ここにいう。何んぞ不思議、即ち凡夫の煩悩成就はまた、彼国土に生ずることが出来る。三界につながれたこの身といえど、それを引かずに、煩悩を断たずして涅槃を得るか？　思議すべし云々。凡そ五[*7]不思議の中に「仏法最も不思議である。その中でも弥陀の光明は」とある。経には「念仏衆生摂取不捨」とある。また釈には「唯覓念仏往生人」とある。故に難思光仏と号する。

＊1　心というものは、六塵を馳騁（ならびはし）って散動し、一處に止住しないこと。

＊2　「見惑」は見道所断惑の略。見惑を三界（欲界・色界・無色界の三。又は過去・現在・未来の三）に起る見惑を細別して八十八とする。欲界の苦諦十・集諦七・滅諦七・道諦八。計三十二。色界の苦諦九・集諦六・滅諦六・道諦七。計二十八。無色界の苦諦九・集諦六・滅諦六・道諦七。計二十八。合計八十八となる。

＊3　悪趣は悪道に同じ。地獄・餓鬼・畜生の三趣を三悪趣と言う。瞋恚に依りて地獄に、貪欲に依りて餓鬼に、愚癡に依りて畜生に趣くと定められている。此の三趣は純悪業の趣く所・また三途・三悪道とも言う。また、地獄・餓鬼・畜生・阿修羅を四趣・四悪趣という。

＊4　見惑（迷理惑）に対し修惑（迷事惑）がある。修惑の欲界の貪瞋癡慢に五趣地があり九品。色界の貪癡慢の離生喜楽地・定生喜楽地・離喜妙楽地・捨念清浄地に各九品計三十六品。無色界の貪癡慢の空無辺處地・識無辺處地・無所有處地・悲想非非想地に各九品計三十六品。合計八十一品がある。

＊5　念仏の行者、前念に命終すれば後念に直ちに彼の阿弥陀国に生ずるの意で、往生の非常に速疾なることを言う。親鸞の『愚禿鈔』（ぐとくしょう）（四五）に、「本願を信受するは、前念命終なり。「すなはち正定衆の数に入る」。即得往生は、後念即生なり。「即のとき必定に入る」と。また「必定の菩薩と名づくるなり」と」ある。

＊6　三忍とは喜忍（きにん）・悟忍・信忍を言う。阿弥陀仏を観じ、或いは其の本願を信じて得る利益である。無生法忍の別名。善導の『観経序分義』に、「見㆓彼国土極妙楽事㆒心歓喜故応時即得㆓無生法忍㆒」とある。

＊7　五種の不可思議なる事をいう。衆生多少不可思議・業力不可思議・龍力不可思議・禅定力不可思議・仏法力不可思議の五つ。一の衆生多少不可思議とは一切衆生無始已来無量無辺にして、若し一切衆生一時に成仏するも衆生界滅することなく、又一切衆生更に成仏せずとも衆生界増すことなし。二に業力不可思議とは衆生の総報業・別報業の力は不可思議にして烏（からす）は染めざるに黒く、鷺（さぎ）は洗わずして白し。是れ皆業力の然らしむるところなり。三に龍力不可思議とは龍力を以て雲を起し雨を降らし、能く一滴の水を以て四天下を潤すが如き是れ不可思議。四に禅定力不可思議とは禅定を修して神境通を発し、飛行自在を得て四天下に心遊するが如き不可思議。五に仏法力不可思議とは是に二義を含む。一には仏所説の八万四千の教法は悉く転迷開悟の法にして不可思議ならざるは無し。二には無所得の法なる禅定・智恵等総て不可思議ならざるはなし。親鸞の高僧和讃（三三）に「いつつの不思議をとくなかに仏法不思議にしくぞなき仏教不思議といふことは弥陀の弘誓になづけたり」とある。

12．十一社無称光仏

十一社無称光仏是也此仏是不可称智所成也其大旨上云如上難思光仏意業付心行所滅旨顕今無称光仏口業付言語道断旨顕三業所作異也云同光明名号甚深不思議成誠是智願名号光明言語及処非是以小経是多善根云大経是無上功徳説疏三縁処自余衆行雖名是善若比念仏者全非比校也云抑心閑我等義分案自無始今日鎮貪瞋即是身三業云随対六根貪瞋競起云凡夫犯処十悪五逆謗人謗三宝不孝父母等諸罪三界六道廿五有毎衢満塞広劫已来常没常流転無有出離之縁身也此則鈍根無智也愚癡也頑呂採也世々番々諸仏利益漏偏従冥入冥霧迷然今二尊不捨大悲忝十即十生百生念仏三昧勧此願乗此教付念仏三昧修者即不誤衆生也可思相続念仏行者一心不乱念任心声現身仏三昧可発得導和尚感禅師如設不尒称名不退光明其人不可捨光明常照光触蒙者塵労滅臨終見仏往生西方要集聖衆来迎楽処云念仏功徳運心年深之者臨寿終時大喜自生云々此時当紫雲光明興山如病室周本願所成弥陀如来諸聖衆倶立林如引接比始益彼界到預正定聚住必補処至此終益也証大菩薩遥非昨日娑婆在流転常没凡夫今日極楽生任運自在菩薩此誰力他力本願不思議也名号光明所作也故此名号光明徳力今仏為難思也光云無称也大経仏言我説無量寿仏威神光明巍々殊勝昼夜一劫尚未能尽云当知此光明経云念仏衆生接取不捨釈唯覓念仏往生人云故号無称光仏

（解説）

これは次のように味わえる。

十一社は無称光仏である。此の仏は不可称智を成せる仏である。その大旨は上に言った事である。先の難思光仏の意行の心について所滅の旨を顕す。今の無称光仏は口業について言語道断の旨を顕す身・口・意の三業所作となるなりという。同じく、光明名号は甚深不可思議なり。誠にこの智願名号光明は言語の及ぶ所ではない。以て小経（阿弥陀経）には「是れ善根多し」とある。大経（無量寿経）は「是れ無上功徳」と説く。疏の三縁[*1]の所には「自余修行雖名是善　若比念仏者全非比校也」とある。そもそも心のどこかに我等が義分を案ずると、無始より始めて今日まで貪瞋即ち身の三業を鎮めよという。随って目・耳・鼻・口・心・知の六根に対して、貪瞋は競い起こるという。凡夫の犯す処の十悪五逆[*2]、人を謗り、仏宝僧の三宝を謗り、父母には不孝等の諸罪は、三界六道廿五有[*3]の衢（辻のわかれ道）ごとに満ちふさぎて、広劫已来常没常流転　無レ有二出離縁一の身である。これ則ち鈍根無智なり、愚癡なり、頑呂を採るなり、世々当番の諸仏の利益漏れて、偏に冥より冥に入るの霧に迷ふ。然るに今、二尊（釈迦・弥陀）は不捨の大悲で、かたじけなくも（ご好意ありがたくも）十生百生の念仏三昧を勧め給う。此の願に乗じて、この教えによって念仏三昧を修する者は、即ちあやまりなき衆生である。思うべし、相続念仏の行者は、一心不乱に、念にまかせて心の声、南無阿弥陀仏を現わせば、この身で念仏三昧を発得すべし。善導和尚[*4]、感禅師の如くは、たとい近ずかずとも称名不退ならば、光明は常にその人を捨てず。光触を蒙る者は、塵労滅して臨終に見仏し、西方に往生する。『往生要集』に「聖衆楽処云。念仏の功積り、運心年深きの者、寿終時に臨んで大喜を自ら生ぜん云々」この時に当りて、紫雲光明興りて山の如し。病室をめぐれる本願所成の弥陀如来、諸々の聖衆とともに林の如くに立って引接す。此れ始めの益なり。彼界に到りて正定聚に預け住み、必ず補処[*5]に至る。此れ終わりの益と証す。大菩提は遥かにあらず、昨日まで娑婆にあって流転常没の凡夫であった。それが今日極楽に生じて、任運自在の菩薩である。これ誰の力であるか？　それは他力本願の不思議である。名号光明の所作である。故に、この名号光明の徳力は念仏が為せる難思光仏という。無称なり。大経に「仏言我説無量寿仏威神光明巍々殊妙勝昼夜一劫尚未能尽云」とある。まさに知るべし。此光明は経に、「念仏衆生摂取不捨」とある。釈には「唯覚念仏往生人」とある。故に無称光仏と号す。

＊1　親縁・近縁・増上縁のこと。また衆生縁の慈悲・法縁の慈悲・無縁の慈悲。

＊2　身体のなす悪業―殺生・偸盗・邪婬。口のなす悪業―妄語・両舌・悪口・綺語。心のなす悪業―貪欲・瞋恚・邪見（愚癡）。以上が十悪。五逆とは五種の逆罪―殺父・殺母・殺阿羅漢・出仏身血・破和合僧。

＊3　生死輪廻の迷界を二十五種に分別したもの。因によって必ず果を得、因果の亡びないことを有という。欲界・色界・無色界の三有をさらに細分したもの。四洲・四悪趣・六欲天・梵天・無想天・阿那含天・四禅大・四空處天を合計すると二十五有となる。

＊4　浄土真宗七高祖の一人。二つの事蹟を書く。⑴阿弥陀経を写すこと十万余巻、浄土変を描く三百余、所在の処堂塔伽藍壊れたるあれば皆悉く造営。三衣・瓶鉢人をして持洗させず、そして平素楽しんで乞食す。⑵微疾を得て、居室を閉じ、恰然として示寂す。寿六十九。身体柔軟にして容色常の如し。異香音楽久しくしてやすむ。時に唐高宗の栄隆二（六八一）年三月十四日なり。

＊5　「一生補処」の略。一生所繋ともいう。菩薩の最高位である等覚位をいう。僅に一生繋縛され、次に仏の位処を補う位であるので一生補処、単に補処という。『菩薩正法経』に、「不退転一生補処を得て、次に当に作仏すべし」とある。親鸞の『正像末和讃』（二八）に「真実信心うるゆゑにすなはち定聚にいりぬれば補処の弥勒におなじくて無上覚をさとるなり」とある。

13．十二社超日月光仏

十二社本地超日月光仏是也此仏是光明比挙然接取光明顕也尋云豈六欲最下光以仏光同答此分喩全喩非目連神通鷹比如観経禁父縁処時目揵連如鷹隼飛疾至王所云疏恐人神通相不知故引快喩云然日連神力一念項四天下遶事百千匝也豈鷹類事得如此比校乃衆不可引此分喩中分喩也尋云其義如何答今超日月光仏類観経日観並依正喩依正二報惣仮観也故日観処疏云三者欲令衆生誠知弥陀依正二報種々荘厳光明等内外照耀超過此日百千倍云及娑婆闇宅事触次無比方唯朗日舒耀事有相寄遠極楽指又観経水観下如億千日不可具見云宝樹観下猶如和合百億日月不可具名云依報光明尚尒況正報弥陀名号光明故超日月光云尋云能喩日月光山野河海草木土石不簡平等照処世所喩光明何別若尒者法喩不合如何答元云処分喩也但尋至偈初世尊我一心帰命尽十方無礙光如来願生安楽国云問云無礙光如来者光明無量十方国照被障礙無処此間衆生何以光不蒙照光不照処有豈障有非答礙衆生属光障非日光四天下周盲者不見之日光闇非如云十因第四光明接取遍云我等盲者日照如少分無隠常慚愧懐慎放逸恨無明病盲摂取光明見事云尋云何云盲目耶答目連所問経云我無量寿仏国説往易取易修行往生事不能及九十五種邪道事我此人無眼人名無耳人云要集経引云易往道見易修教速故要集序云夫往生極楽教行濁世末代目足也云々故称名念仏眼目無者已光接隔無縁慈接諸衆生光隔更心外非当知此光明者経云念仏衆生接取不捨釈唯覚念仏往生人云故号超日月光仏如此等十二所王子達御霊験忝事不可称計抑権現申大宝三年癸卯年三月十五日教興聖人云御示現蒙此山行向顕下

（解説）

これは次のように味わえる。

十二社の本地は超日月光仏である。此の仏は是れ光明をくらべ挙げるに、然るに摂取の光明を顕わすのである。尋ねていう。豈に（どうして）六欲[*1]最下の光で仏光に同じく？　答えては、これは分喩であって全喩ではない。目連[*2]の神通を鷹にくらべるようなものだ。観無量寿経の「禁父縁[*3]」に、目犍連鷹隼（タカとハヤブサ）の飛ぶが如くにして王の所に至る。とある。疏恐人は神通の相を知らざるが故に引きて快喩たりという。然るに目犍連の神通力は一念で四天下[*4]を遶る事、百千匝[*5]である。どうして鷹に類する如くと言うのか。これを考えるに、すなわち衆は引くべからず。これは分喩の中の分喩である。尋ねていわく、そのわけは？　答えて、ここでの超日月光仏の類は、観経の日想観[*6]並びに依正[*7]に喩えられる。依正の二報は惣じて仮観である。故に日想観では疏に三者は欲し衆生をして弥陀依正二報を識知し、種々に荘厳光明等が内外を照耀して、それを超えること太陽の百千万倍なり云々。乃ち娑婆の闇宅には事に触れて比べるものなし。ただ朗日[*8]舒だけは耀くことがあって、ともに寄りて遠い極楽を目指す。また観経に云う水観は次の如し。億千もの太陽の如くにして具に見ることが出来ない。宝樹観[*10]には猶し百億もの日月を和合するが如し、具さに名づくべからずとある。依報光明も同じ。況や正報弥陀の名号光明をや。故に超日月光といへり。尋ねていう。よく日月光に喩えるのは、山野海河草木土石をえらばずして平等にそれぞれを照らすからである。喩えば光明だけ何で区別するのか。もしくは法を喩えて合せず？　答えは、元より云う処は分喩である。ただ尋ね至るのは、偈の初めに「世尊我一心　帰命尽十方　無礙光如来　願生安楽国　云々」である。問うていう。「無礙光如来は光明無量にして十方の国を照し障礙を被る処無し。この間、衆生は何を以てか光を蒙むらざる、光明の照さざる所有り、どうして障礙あらざらんや?」。答えて、障礙は衆生に属し、光障ではない。日光は四天下に周しとも盲者は之を見ず。日光の闇には非ず。十因[*11]の第四に云うが如く、「光明接取遍」である。我等盲者は日照の少分の如く隠もなく常に慚愧し放免を懐慎している。恨むらくは無明の病で盲となり摂取の光明見ること云々と。尋ねて言う。何をか盲目と言うや。応えて目犍連所問経にある「我無量寿国は往きやすく取りやすくして修行往生すること能わず」と説いている。また、九十五種の邪道の事、私は無眼人、無耳人などという。往生要集には往きやすい道、見やすいことは修教えるは速やかなる故に。要集序に「夫往生極楽教行　濁世末代目足也」とある。故に称名念仏の眼目無き者はすでに光接の隔たりとは縁無で、慈接諸の衆生は光を隔て、更に心外にあらず。まさに知るべし。この光明は経には「念仏衆生摂取不捨」とある。釈には「唯覓念仏往生人」とある。故に超日月光仏と号す。

以上のような十二所王子達の御霊験の有難いことは称計すべからず。そもそも此の立山権現と申すのは大宝三（七〇三）年癸卯三月十五日に、教興上人が御示現を蒙りて、此の立山に行かれた時、上人に向かって顕れたり（影向された）という。

＊1　九想に依りて除くべき六種の欲楽。(1)色欲（色の白・黒・赤・黄）(2)形貌欲（細膚繊指・脩目高眉）(3)威儀姿態（容色・威儀）(4)言語音声欲（軟声・美辞）(5)細滑欲（細滑柔膚・軟肌）(6)人相欲（男・女）。また、「九想」とは貪欲を滅除する為に人の死状を観ずる九種の不浄観のこと。脹想・壊想・散想・骨想・焼想等九。

＊2　目犍連は仏十大弟子の一。仏門に入るや各地に遊行して仏の仏道を助け、神通第一といわれた。

＊3　挿話(1)『仏説観無量寿経』の初めに「禁父縁」がある。

> その時、王舎大城に一の太子あり。阿闍世と名けき。調達悪友の教に随順して父の須婆婆羅を収執して、幽閉して七重の室の内に置く。もろもろの群臣を制して一人も往くことを得しめず。国に大夫人あり、韋提希となづく。大王を恭敬して澡浴清浄にして酥密をもって麨（麦かす・ふすま）に和し、用てその身に塗りもろもろの瓔珞のなかに蒲桃の漿を盛り、密にもって王に上む。尓時に大王、麨を食し漿を飲み、水を求めて口を漱ぐ。口を漱ぐこと畢に已りて、合掌恭敬して耆闍屈山に向い、遥に世尊を礼してこの言を作さく。大目犍連はこれ吾が親友なり。願はくは慈悲を興して我れに八戒を授けよ、と。時に目犍連、鷹隼の飛ぶが如くにして疾く王の所に至る。

＊4　須弥山の周囲にある四大洲。須弥四洲ともいう。

＊5　匝はひとめぐり。瞬時の一念で百周も千周も周回をすること。

＊6　挿話(2)『観無量寿経日想観』におよそ次のようにある。

釈尊は韋提希夫人の質問に答えて、「夫人よ、汝および未来世の濁悪不善の者の為に、これより阿弥陀仏の極楽世界を見ることを教えよう。最初に、心を一筋にし、念を一処に留めて西の方を念え。その方法とは、およそ一切の衆生であって、生まれながらのおめくらでない以上、誰でも目有りの人は皆、落日の光景を観ぜよ。すなわち、第一には不動の想念をもって威儀正しく坐り、西に向かって諦かに日輪を見つめ、固く心を止めて乱さず、一心一向になって他の事を思わず、太陽がいま沈もうとして空に鼓を繋けたようになる状を観よ。そして、日が静かに餘光をとどめて西に没した後まで、目を閉じても目を開いても、両方ともに日輪の形が鮮やかに見えて忘れられぬ時は、それでこの観、日想観をなしとげられた証である。

＊7　十不二門の一。天台宗では依報・正報の不二なることを明かす法門。依報は有情若しくは仏の所依たる果報の意。正報は果報の主体たる仏または衆生をいう。

＊8　朗日舒は太陽の黄道上での運行がゆるやかなこと。太陽は天球上の黄道を一年間、約三六五日間で一周、三六〇度まわる。また、月は約三十日間で白道を一周する。太陽はゆっくり「朗」であるに対し、月は「速」。速月舒。

＊9　挿話(3)『観無量寿経水想観』におよそ次のようにある。

第一に日想観が終わったならば、次に水想観をしなさい。これは水の清く澄みきった所を見終わって明らかになったならば、次にその水が氷となったことを想わねばならぬ。そして氷の無色透明なことを観たならば、それが瑠璃であるという想念を起せ。このようにして最後に極楽の瑠璃の大地が、内外ともに徹きとおっておることを想いなさいと。

＊10　挿話(4)『観無量寿経宝樹観』におよそ次のようにある。

次に、極楽国土の宝の樹を観想せよ。一々くわしく観想して、根・茎・枝・葉・花・実の七種が処正しく栄えておる並樹を想へ。その一々の樹の高さは八千由旬もある。その樹が、どれも七宝の葉や花をそろえ、一つ一つの葉や花もいろいろの宝の色を持っておる。その色と光とは互いに入り乱れて、青い瑠璃の色からは金色の色を出し、白い玻璃の色からは紅の光を放ち、赤い瑪瑙の色からは白い硨磲の光を照らし、硨磲の色からは緑の真珠（オパール・貴蛋白石）の光を輝やかし、丹の珊瑚、黄の琥珀その他あらゆる宝珠をもって映飾としている。樹の上を仰ぎのぞめば、妙なる真珠で飾られた網が広く樹の上を覆うて、一々の樹に七重となっている。その網と網との間には大梵天王の宮殿のような五百億の妙華な宮殿がある。天人の童子がその中に居て、自然の音楽に酔うておる。童子は皆、五百億の釈迦毗楞伽摩尼宝の瓔珞をつけているが、その一つ一つの摩尼宝の光は百由旬の遠方を照らして、丁度、百億もの日月を合したようである。以上のように一本の植木を観じ終ったならば、更に並樹の一々を観じ、茎・枝・條・葉・華（花）・果を残るところなく明瞭に想いなさいとある。

＊11　一切法の因を十種とすること。［唯識宗の説］随説因・観待因・索引因・生起因・摂取因・引発因・定異因・同事因・相違因・不相異因の十因。また、涅槃師子吼菩薩品には、(1)信心具足（深く仏法衆僧是常、十方の諸仏方便示現し、一切衆生及び一闡提悉く仏性あるを信ず）。(2)浄戒具足（菩薩堅く禁戒を持し一切のためにせず、唯最上第一義の為めにする）。(3)近善友また親近善知識（善知識とは、もし能く信戒・多聞・布施・智恵を説きて、人をして受行せしむる人）。(4)寂静（いわゆる心身寂静にして諸法の甚深法界を観察する）。(5)精進（心に繋けて四聖諦を観ず。たとえ頭火燃ゆとも終に放捨せず）。(6)念具足（いわゆる念仏・念法・念僧・念戒・念天・念捨）。(7)軟語（菩薩口の四過を離れて、衆と対話する）。(8)護法（いわゆる正法を愛楽し、常に楽しんで演説し、読誦・書写し、その義を思惟し、広宣敷揚して、それを流布させる。人の書写・解説・読誦等を讃歎し、また衣服・臥具・医薬を供養する。また護法の為なら身命を惜しまず）。(9)菩薩同学（乏少する所を見れば熏鉢・染衣・瞻病の所須、衣服・飲食・臥具・房舎を乞うてこれを供給する）。(10)智恵具足（いわゆる如来常・楽・我・浄、一切衆生悉く仏性有るを観じ、また一切法を観ずるに、若しは空若しは有、常若しは無常、是の如くに二諦種々に差別するに名付く。このことも原本に「空不空　常無常　楽無楽　我無我　浄不浄」とある）。

14．十二光仏のまとめ

安居院聖覚法師は『神通集』の中で立山権現の事として、十二光仏を述べていた。この十二光仏を整理すると次のようになる。

社	十二光仏名	十二光仏の観点（曇鸞法師作の讃阿弥陀仏偈）	立山での奉斎地	その他
一社	無量光仏	智恵光明不可量　故仏又号無量光　有量諸相蒙光暁　是故稽首真実明	破山	
二社	無辺光仏	解脱光輪無限斉　故仏又号無辺光　蒙光触者離有無　是故稽首平等覚	国見	国見山
三社	無礙光仏	光雲無礙如虚空　故仏又号無礙光　一切有礙蒙光沢　是故頂礼難思議	熊雄嶽	
四社	無対光仏	清浄光明無有対　故仏又号無対光　遇斯光者業繋除　是故稽首畢竟依	根雄	

五社	炎王光仏	仏光照耀最第一　故仏又号光炎王　三塗黒闇蒙光啓　是故頂礼大応供	砂嶽	真砂嶽
六社	清浄光仏	道光明朗色超絶　故仏又号清浄光　一蒙光照罪垢除　皆得解脱故頂礼	大汝	
七社	歓喜光仏	慈光避被施安楽　故仏又号歓喜光　光所至処得法喜　稽首頂礼大安慰	別山	
八社	智恵光仏	仏光能破無明闇　故仏又号智恵光　一切諸仏三乗衆　咸共歎誉故稽首	中津原	弥陀ヶ原
九社	不断光仏	光明一切時普照　故仏又号不断光　聞光力故心不断　皆得往生故頂礼	断材御坂	
十社	難思光仏	其光除仏莫能測　故仏又号難思光　十方諸仏歎往生　称其功徳故稽首	五千原	
十一社	無称光仏	神光離相不可名　故仏又号無称光　因光成仏光赫然　諸仏所歎故頂礼	箱折	
十二社	超日月光仏	光明照耀過日月　故仏号超日月光　釈迦仏歎尚不尽　故我稽首無等等	鷲ヶ窟	

立山での十二光仏奉祀図（立山町史）は次の通り。

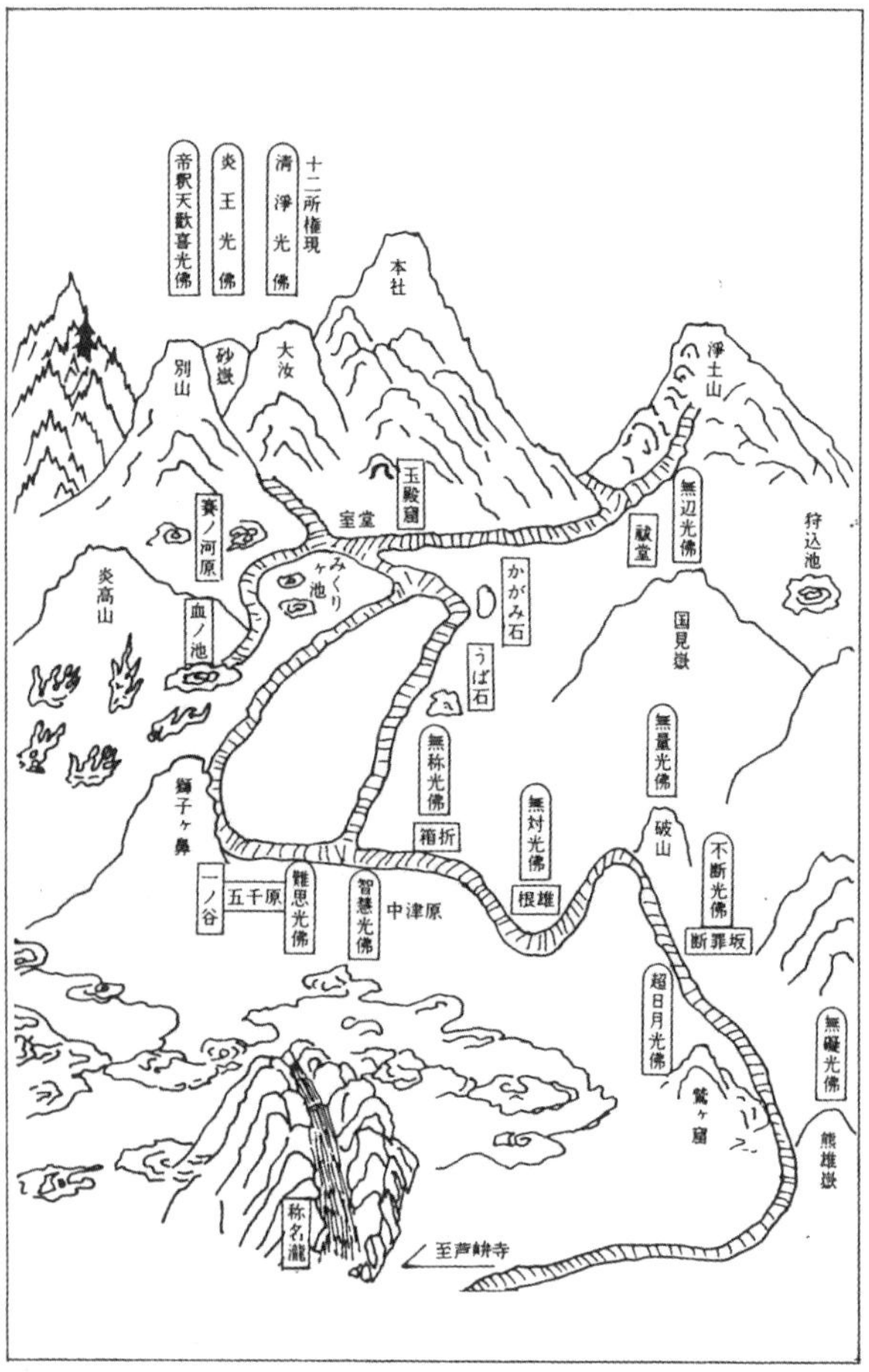

図7．十二光仏奉祀図（立山町史より）

15．立山十所王子

『立山縁起』には別に、「慈興忽ち深志を蒙り、修念弥々盛んにして月を送り、日を重ね、至心積功の間、大宝三（七〇三）年三月十五日、また微妙のお告ありて言く、我は金剛手威徳王菩薩也。我に随身と眷属数多あり。所謂十所の王子[*1]、一万の眷属、十万金剛童子あり」とあり、次の十所王子を記してある。

＊1　王子とは王様の子供の姿で示現した神仏格をいう。修験道では峰中等で修行者を守護する神仏は童子姿であると考えられている。大峯山中では八大童子、葛城山中では七大童子、熊野では主神の牟須美神・速玉神の子として五所王子があり摂津、今の大阪から熊野までの道中の安全の祈願所として、九十九（つくも）王子がある。

王子名	本地仏・菩薩	奉斎地等
第一の王子	不動明王	刀尾天神
第二の王子	炎高地蔵菩薩	日月燈明神
第三の王子	龍樹菩薩	十禅師
第四の王子	聖観音	鍬崎
第五の王子	得大勢至菩薩	炎楯雄
第六の王子	無著菩薩	湯楯雄
第七の王子	文珠菩薩	吉部文珠菩薩
第八の王子	普賢菩薩	八龍大明神
第九の王子	千手観音	湯川
第十の王子	如意輪観音	雉原

前の『伊呂波字類抄』と同じく、この『神道集』でも、目に見える立山は立山権現そのものである。立山権現は無量寿仏、また十二光仏と同じであると述べている。

十一、和漢三才図会の立山権現

『和漢三才図会』の著者は寺島良安である。別号は尚順、また古林堂。江戸時代中期の人。現在の大阪市中央区高津（こうづ）の医家であった。この地には現在も高津宮がある。医術を和気仲安に学び、大阪城入りの医師となり法橋に叙せられた。博学宏識、和漢学に精通していた。正徳二（一七一二）年、『和漢三才図会　百五巻』を脱稿した。この中に「立山権現」がある。

立山権現は長文なので、五段に分割して記す。

1. 第一段　立山権現の祭神・本殿・拝殿・末社・祭日等

> 立山権現　在新川郡
> 祭神　伊弉諾尊方五間南向　拝殿七間　末社十九棟
> 刀尾権現社即チ手力雄命也　社領五十石
> 祭四月八日　神輿七社　岩峅寺別当天台妻帯　二十四坊
> 麓大宮也自此至絶頂本社凡十三里八町

(解説)

これは次のように味わえる。本文には小文字あるも、ここでは大文字とした。ここでは、本文中の小文字部分を（　）で括った。また、注も（　）で括って入れ繁雑を避けた。

立山権現　新川郡（現在の富山県立山町に鎮斎）
祭神　伊弉諾尊（社殿は五間四方・南向）　拝殿（七間）　末社十九棟
刀尾権現社即ち祭神手力雄命也　社領五十石
祭日は四月八日[*1]　神輿七社[*2]（別当は岩峅寺。天台宗。妻帯）二十四坊

立山権現は立山山麓の大宮（里宮）である。この地より立山絶頂の峰本社まで約十三里八町、約五十三kmある。

*1　立山権現の神宮寺である岩峅寺（立山寺）の最大の行事は、四月八日の大権現祭、別名龍華会である。龍華会とは、弥勒菩薩が五十六億七千万年の後、この地上に下生して華林園の龍華樹（菩提樹）下で開く説法の会座をいう。また、出家して釈迦牟尼となった悉多太子の誕生日の四月八日に当たり、諸寺斎を設け、五色の香水で浴仏をしたという。

*2　神輿七社のこと『立山縁起』には「この日、山に至れば罪障即滅し諸願成就疑いなし」と記し、七社の神輿を据え、楽者を揃え、児の舞、法花問答等をしたとある」。四月八日寅ノ上刻に献備の加持、湯起の儀をする。次いで露払いの獅子・鉾・輪棒・法螺に続いて栃津村熊野神社の神輿を先頭に講堂めぐりを七周した。七社とは、栃津村・下田村・米道村・末谷口村・道源寺村・沢中山村・西大森村であった。七社の神輿の中で、現在あるのは末谷口村八幡社神輿ただ一基である。この神輿は桃山時代様式の神輿である。現在の姿（写真）及び復原図を示す。総高は一七〇cm。現状の総高は一四二cm・基台幅は一〇九cmである。

この神輿には三枚の棟札・納札がある。次にその棟札・修理記を示す。

写真4．末谷口白山社神輿（間野達撮影）

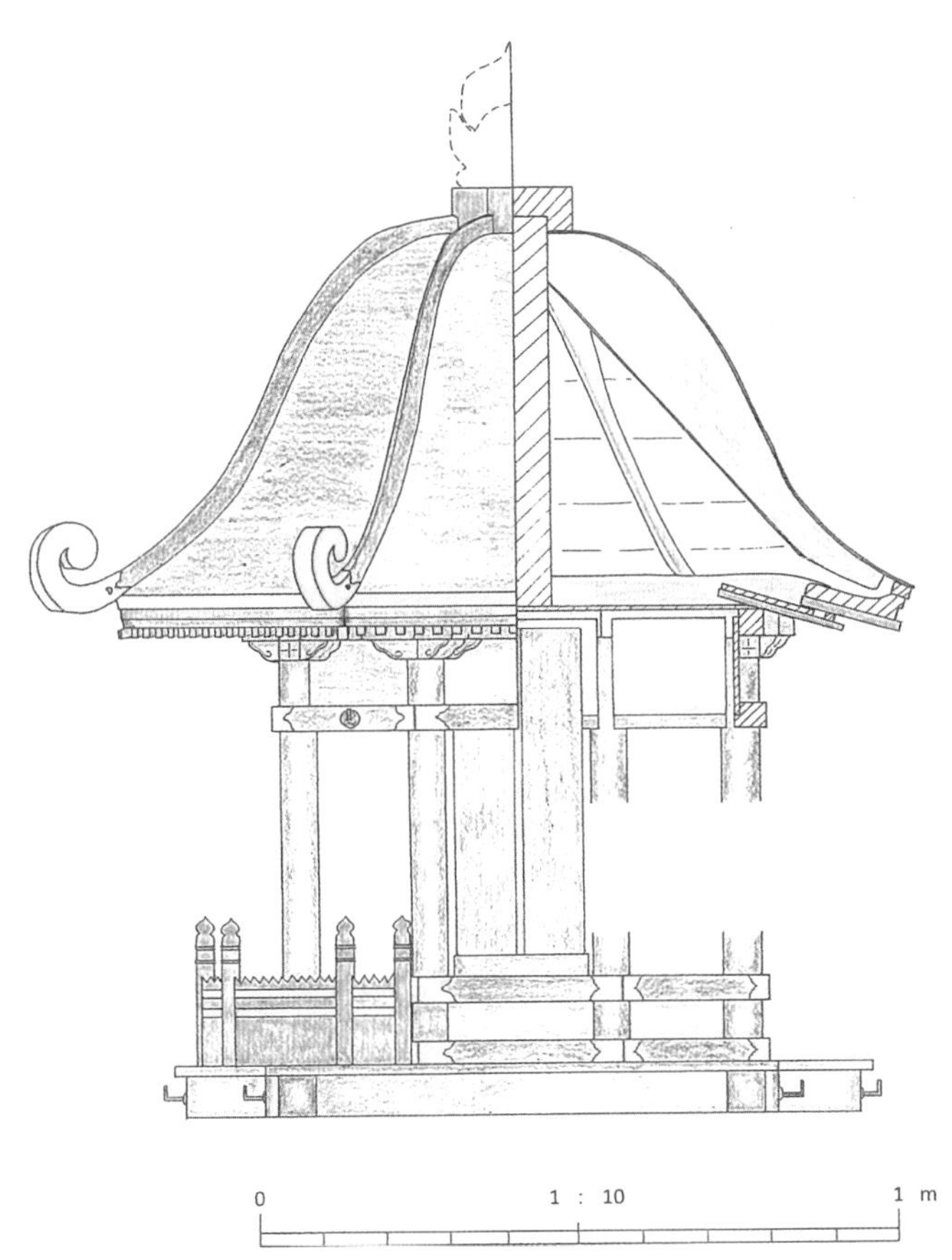

図8．末谷口白山社神輿図（間野達原図）

○棟札　1

表の銘

慶長十四年ヨリ寛文六年マデ五十年ニ成ル　社宝神輿之所立山へ上ル享此
節ニテヤ不相知　是ヨリ享保三年迄百三十年也

裏の銘

寛文六年　越中新川郡　神輿破損大工　御海九右衛門　富山西堤町　二月
吉日

＊慶長十四（一六〇九）年について。加賀二代藩主前田利長は慶長十年六月封を弟利常に譲り富山城に移り住す。慶長十四年富山城炎上により魚津城、また高岡城に移り慶長十九年五月二十四日死去。五十三歳。また、豊臣秀頼は文禄二（一五九三）年八月三日大阪城で誕生。慶長二十年五月八日大阪夏の神で敗れ、母淀君とともに自害した。よって、当神輿は桃山時代の遺風が色濃く、華麗な神輿であったと想像される。

○棟札　2

表の銘

享和三癸亥年　大工富山　杉野甚助　塗師　同所塗師六右衛門
奉修覆立山神輿執事　小西屋晋蔵
夏四月吉祥日　別当　岩峅密蔵坊智仙

裏の銘

慶長十四年ヨリ寛文六年迄五十七年ニテ成ル　寛文六年ヨリ享和三年迄百
四十年即チ都合百九十九年初山王神輿寛文ノ節　立山へ上リシト聞ユ　当
年柱ナゲシ　ケタ等仕直シ並塗箔戸張改之者ナリ

○納札

嘉永七年甲寅四月次星　願主明星坊　敬白
中山邑　沢村
施主道源寺邑　寺坪新邑
聖主天中天鋳物師沢村弥三郎、與三郎
卍伽陵頻迦声　世話人中山甚玄治左衛門　部治郎
五郎三郎　鍋太郎　宗五郎　治郎助
哀愍衆生者　奉再建神明八幡両宮御輿右氏子敬白
我等今敬礼大工棟梁鋳物師沢新村長谷川次郎三
郎、宮路村　由蔵、道源寺村　遠藤磯右衛
門、米道村　清水吉蔵

2．第二段　立山権現の縁起

彼山伝記曰文武天皇大宝元年二月十六日夜帝夢阿弥陀来枕頭曰自今令四
条大納言有若領越中国国家当安穏也覚乃勅有若為越中国司而有若卿同嫡男
有頼移住当国保伏山一日自辰巳方白鷹飛来止于卿挙喜愛育之既而有頼請於
父為鷹野遊時俄翦去東西求之而不還来於是森尻権現示現曰汝当尋辰巳方因
入奥山日既暮宿于岩間翌朝至岩倉林見一老人右提劔左持念珠曰汝所尋鷹今
在横江林也有頼問君誰乎答曰我是当山刀尾天神也而去恭礼尚入深山時猛熊
駈来将攫有頼急射之矢中熊胸流血逃入玉戸窟遂見窟中不意三尊仏像巍巍異
香芬芬熟拝之阿弥陀胸矢立血流有頼知己矢大驚旦恠之如来猶夢告曰我為済
濁世衆生現十界於此山待汝故使有若為当国主亦方便也鷹乃劔山刀尾天神也
熊乃我也汝速出家宜開当山焉有頼流随喜泪謁説法原五智寺慈朝師受戒改名
号慈興尋建立山大権現大宮及王子眷属等社焉又登嶽依小山大明神告到浄土
山拝一光三尊如来二十五菩薩蓋此大嶽形似仏尊貌膝為一越腰腹為二越肩為
三越頭為四越頂上仏面為五越

これは次のように味わえる。

彼の山、立山の伝記に曰く、文武天皇大宝元（七〇一）年二月十六日の夜、帝の夢で、阿弥陀如来が枕頭に来て曰く、今より四条の大納言佐伯有若をして越中国[*1]を領せしめば国家はまさに安穏なるべしとおっしゃった。帝はお目覚めの後、佐伯有若にみことのりをし、越中国司とされた。そして有若卿とその嫡男有頼とが越中国保伏山[*2]に移り住んだ。ある日、辰巳（南東）の方より白鷹が飛来して有若卿の拳に止まった。

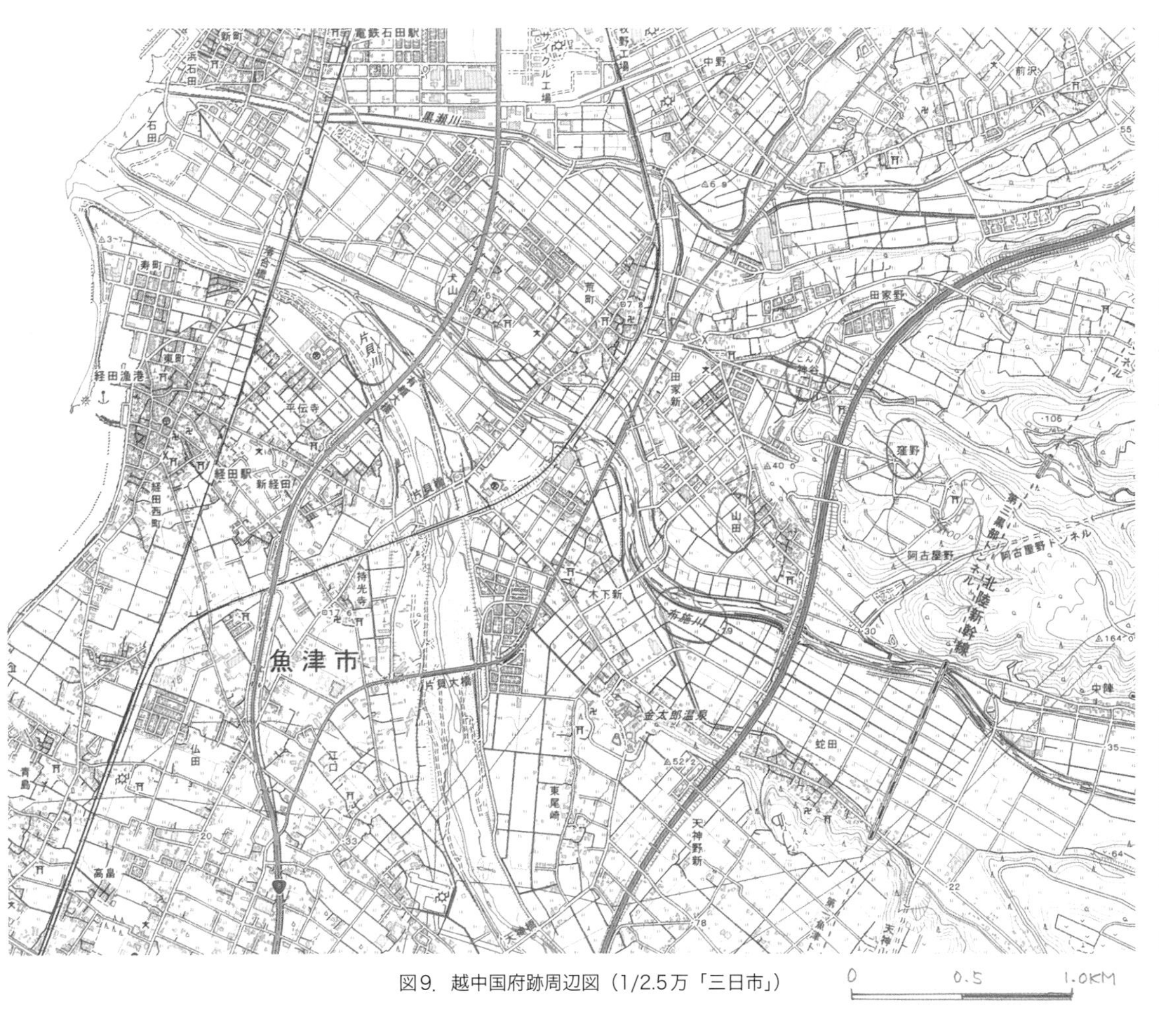

図9．越中国府跡周辺図（1/2.5万「三日市」）

有若卿は喜んで、その白鷹を愛育した。ある日、有頼が父にお願いして、その鷹と狩りをして遊んでいた時、突然白鷹はどこかに飛び去った。東西南北、あちらこちらと探し求めたが鷹は帰って来なかった。その時、森尻[*3]の権現が現われておっしゃるには「汝、まさに辰巳（南東）の方を尋ねるべし」と。有頼は鷹を求め奥山に入り、日はとっぷりと暮れたので、岩間で野宿をした。翌朝、岩倉[*4]の林に至ると一人の老人に出会った。その老人は右手に剱を持ち左手には念珠を持って、おっしゃるには「汝が探し求めている鷹は今、横江[*5]村に居る」と。そこで、有頼はその老人に「貴方はどなたですか？」と問うと、その老人は「私はこの山の刀尾[*6]天神だ」と、答えて去った。有頼は立ち去った方を向いて恭しくお辞儀をして、更に深山に入った。すると猛き熊が馳けて来て急に有頼を襲うとしたので、有頼は急いで熊を射ると、その矢が熊の胸に命中したので、熊は血[*7]を流しながら逃げて、やがて玉殿[*8]の窟に入った。有頼は熊を追って行き、その窟の中を見ると思いのほかそこに、三尊の仏様が巍巍として立ち芳香が芬芬と漂っていた。そしてその仏様を拝しつくづくよく見ると、阿弥陀様の胸に矢がつきささり血が流れていた。有頼は自分が射た矢であることを知り、大いに驚き、また不思議に思った。如来はまた、夢の如くにお告げなさるには、「私は、濁世の衆生を救うためにこの立山に十界[*9]を現わし、汝を待っていた。その為に有若を越中国主としたのである。これもあれもそうする為の方便であった。鷹は即ち剱嶽刀尾天神である。熊はこの私、阿弥陀如来である。汝、有頼は速く出家をして当山、立山を開くが良い」と。有頼は嬉しくて涙を流して、説法ケ原[*10]の五智寺[*11]の慈朝師[*12]に謁し、受戒し、名を改めて慈興と名付けた。慈興は尋いで、立山大権現の大宮[*13]及王子眷属[*14]等の社を建立した。また、嶽[*15]に登り、小山大明神[*16]のお告げに依って浄土山に到り、一光三尊[*17]の如来、二十五菩薩を拝したという。ところでこの大嶽[*18]の形は仏の尊貌（お姿）に似ていて、膝を一ノ越・腰腹を二ノ越・肩を三ノ越・頭を四ノ越・頂上仏面を五ノ越と為す。

＊1　『続日本紀』文武天皇大宝二（七〇二）年三月十七日条に

越中国の四郡を分けて越後国に属く

とある。それまで越中国であった頸城・古志・魚沼・蒲原郡を分割して越後国に入れた。越中国に残ったのは新川・婦負・射水・砺波郡であり、半数の郡が越後国となった。それまでの越中国の北限は現在の新潟県の弥彦山と長岡を結ぶ線であった。佐伯有若が越中国司着任時は、そのように広大な国のほぼ中央、それが片貝川支流の布施川右岸、現在の黒部市山田・神谷・窪野辺と考えられている。

＊２　『立山略縁起』は布施の城、『立山宝宮和光大権現縁起』は布施院、『立山小縁起』は布施之保犬山府等とある。「布施」・「布勢」・「犬山」を地図で探すと布施川、魚津市布施爪、黒部市犬山がある。犬山は「伏（ふせ）」字の「イ」の抜けた字であるので入れた。近くに黒部市阿古屋野がある。地内を北陸新幹線が通り、第三黒部トンネルがある。このトンネルと交叉して新川スーパー農道の阿古屋野トンネルがある。阿古屋野地内、北陸自動車道の東、北陸新幹線の西に阿古屋野古墳がある。越中国庁の役人等の墓であると思える。「アコヤ」を「阿家谷（あこや）」と考えて大漢和辞典を調べると、「郡県主を宮禁で呼ぶ称」とある。上記の『立山小縁起』に「志賀都四条郡主越中之守佐伯直朝臣有若」とある。この事から、当時の越中国守館の中心地は現在の黒部市阿古屋地内にあったと思う。

阿古屋野古墳群　現在残っている一基は黒部市指定文化財（史跡）になっている。平凡社版『歴史地名辞典　富山県』におよそ次のようにある。

標高九五ｍに立地。昭和一〇年頃に六基の古墳が確認されていたが、その後、開墾が進み、昭和一二年三月までには南側の五基が破壊された。北端に残る一基も半壊され、その南東部が残るのみである。昭和六〇年・六二年に発掘調査が行われた。その結果、残された古墳は、一辺約十五ｍの方墳で幅約二ｍの溝がめぐることが判明した。主体部は確認できず、遺物の出土もなく、築造時期の特定は出来なかった。ただ、消滅した五基の古墳からは、刀剣・砥石・須恵器・管玉が出土している。石室の石材は確認されていない。

この古墳は六世紀代の築造と考えられている。

越中国守大伴宿祢家持は、祖先を同じくする前任者佐伯有若が懐かしく、まっ先にここ、片貝川下流地域を巡見し。次の歌を詠んだ。

片貝（かたかひ）の川の瀬清く行（ゆ）く水の絶（た）ゆることなく蟻通（ありがよ）ひ見む　四〇〇二

そして毛勝山・釜谷山・猫又山、いわゆる毛勝三山を眺め、その高く、堂々とした山容に圧倒された。片貝川はこの毛勝三山を源流としている。また支流の布施川は毛勝三山に続く烏帽子山や僧ヶ岳（仏ヶ岳）を源流としている。

＊３　森尻権現とは、現在、中新川郡上市町森尻字湯殿五番地にある神度（かんど）神社である。『延喜式神名帳』の「神度（カムトノ）神社」。祭神は神度神・豊受気神。豊受気神はもと森尻村字横鶴の神度神社の末社であったが、明治四十四年に合祀された。「神度」について『古事記』葦原中国（あしはらなかつくに）のことむけ条に、天若日子（あめのわかひこ）の派遣に次のようにある。

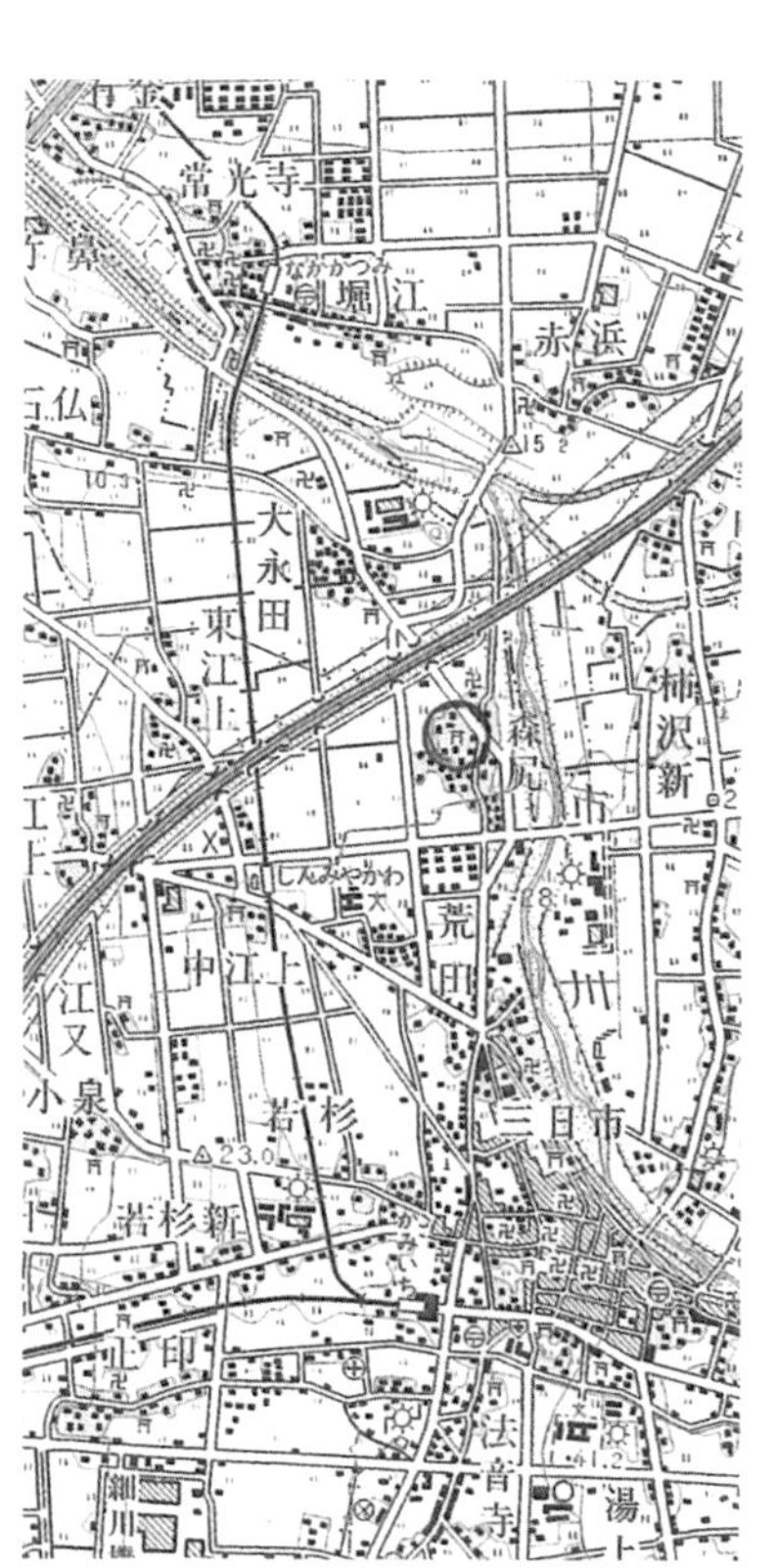

図10．森尻神度神社

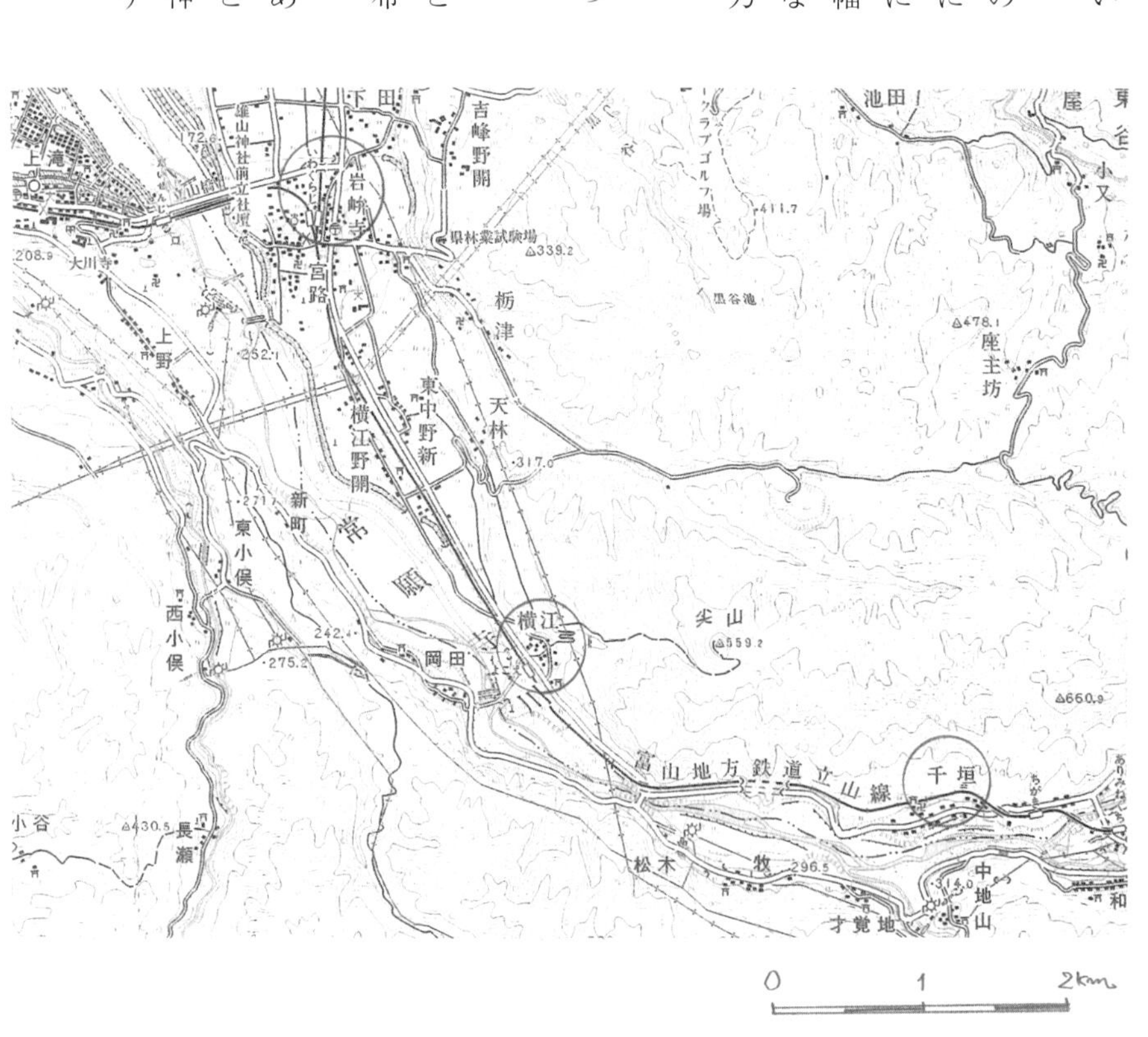

図11．岩峅寺・横江・千垣周辺図（1/5万「五百石」）

> 阿遅志貴高日子根神（大国主神の子で農耕神）大く怒りて曰りたまわく、「我は愛しき友有れば弔ひ来しのみ。何とかも吾を穢き死人に比ふる」と云りたまひて、御佩せる十掬剣（長剣）を抜きて其の喪屋（葬儀を行うまでなきがらを安置する為に建てた家）を切り伏せ、足以ちて蹶え（足でけり倒し）離ち遣りたまひき。此は美濃国の藍見河の河上なる喪山（岐阜県不破郡垂井町府中の裏山標高五十五m。山麓を揖斐川の支流杭瀬川の支流「揖斐川の孫川」相川流れている）といふ者なり。其の持ちて切れる大刀の名は大量と謂ひ、亦の名を神度剣と謂ふ。

佐伯有頼を立山開山へと導き、守護された森尻権現とは長剣「神度剣」であった。また、「森尻」の名は立山権現の霊域の北の端の森を表わす意であるという。

写真5．チングルマ

＊4　立山町岩峅寺。ここには雄山神社前立社壇がある。
＊5　立山町横江。常願寺本流から取水する用水路の分岐点のある地名であろう・
＊6　天手力雄命に同じ。神仏体山は剱嶽。インドの不動明王が垂迹した神。立山曼荼羅には剣が林立する地獄として描かれている。社殿は刀尾権現社。刀尾天神社。
＊7　熊が血をしたたり落としながら逃げた（血馳けた）所。現在の立山町千垣。
＊8　立山町芦峅寺地内室堂。
＊9　この世の中のこと。迷界昇沈の境をいう。地獄界・畜生界・餓鬼界・修羅界・人間界・天上界・声聞界・縁覚界・菩薩界・仏界の十界。
＊10・11　15ページ参照。
＊12　薬勢聖人の弟子。
＊13　立山町岩峅寺鎮座の雄山神社前立社壇の前身で、その神宮寺は立山寺。後、岩峅寺となる。
＊14　挿話(1)「立山権現の王子」王子の姿で出現した神仏をいう。例えば『法華経化城品』に次のようにある。

> ①其仏（大通知勝仏）未だ出家したまはざりし時に十六の子有り、其第一をば名を智積と曰ふ。諸子各種々の珍異玩好の具有り。父の阿耨多羅三藐三菩提を成ずることを得たまふと聞きて、皆所珍を捨てて仏の所に往詣す。
> ②尓時、大通智勝如来、十方の諸の梵天王及び十六王子の請を受けて、即時に三たび十二行の法輪も転じたまふ。
> ③尓時、十六王子、皆童子を以て出家して沙弥と為りぬ。
> ④尓時、彼仏（父の大通知勝仏）、沙弥の請を受けて、二万劫を過ぎ已りて、乃ち四衆（比丘・比丘尼・優婆塞・優婆夷）の中に於て、是大乗経の妙法蓮華、教菩薩法、仏所護念と名くるを説きたまふ。是経を説き已りて、十六の沙弥、阿耨多羅三藐三菩提の為の故に、皆共に受持し、諷誦通利しき。是経を説きたまひし時、十六の菩薩沙弥、皆悉く信受す。
> ⑤彼仏の弟子の、十六の沙弥は、今皆阿耨多羅三藐三菩提を経て、十方の国土に於て、現に在して法を説きたまふ。無量百千万億の菩薩声聞有りて、以て眷属と為せり。其二りの沙弥は、東にして作仏す。一を阿閦と名く。歓喜国に在す。二をば須弥頂と名く。東南方に二仏あり、一を師子音と名け、二をば師子相と名く。南方に二仏あり、一をば虚空住と名け、二をば常滅と名く。西南方に二仏あり、一をば帝相と名け、二をば梵相と名く。西方に二仏あり、一をば阿弥陀と名け、二をば度一切世間苦悩と名く。西北方に二仏あり、一をば多摩羅跋栴檀香神通と名け、二をば須弥相と名く。北方に二仏あり、一をば雲自在と名け、二をば雲自在王と名く。東北方の仏をば壊一切世間怖畏と名く。第十六は我釈迦牟尼仏なり。娑婆国土に於て、阿耨多羅三藐三菩提を成ぜり。

これによると、釈迦牟尼仏は、本来大通智勝仏の十六人の王子の一人であった。

修験道では、峰中などで修行者を守る神は童子形をとるとして、大峰山中に八大童子、葛城山中に七大童子を祀る。熊野では五所王子、また大阪から熊野までの道中に九十九王子を祀ってあった。ここ立山では前述の『神道集』にあるように、無量寿仏（阿弥陀）の別称の、無量光仏・無辺光仏・無礙光仏・無対光仏・炎王光仏・清浄光仏・歓喜光仏・智恵光仏・不断光仏・難思光仏・無称光仏・超日月光仏を十二所王子に祀っている。

＊15 「嶽」とは立山。立山権現の神仏体山。立山。

＊16 玉殿窟・虚空蔵窟等多くの岩窟を蔵する小山の地主神。

＊17 浄土山頂では立山カルデラから湧き昇るガスの中によくブロッケンが出現する。

＊18 挿話(2) 「大嶽の形は仏の尊貌」「立山」。即ち一ノ越―雄山―大汝山―富士の折立の山形は、椅子に腰掛けなさった御仏の姿であると。足がついている所が祓堂。昔はここで草鞋を抜いて足袋で登ったという。膝に相当するのが一ノ越、腰や腹に相当するのが二ノ越、肩に相当するのが三ノ越、頭に相当するのが四ノ越、頂上仏面に相当するのが五ノ越であるとおっしゃったとある。多くの『立山縁起』では、ここの頭は「頸」、『頂上仏面は「頭の烏瑟」とある。頭の烏瑟とは仏の三十二相の一つで、肉髻相のこと。肉髻とは頭のてっぺんの肉がポコッと涌起って、自然に髻（頭髪を真上で束ねたものの形）になっていること。この肉髻に相当する峰が大汝山である。

挿話(3) 大地山河皆如来蔵 『楞厳経』

「天目中峯和尚廣録」に次の語句がある。

楞厳会土、富楼那問、清浄本然、云何忽山河大地、此間蓋迷真起妄成立生死之因、仏答以大地山河皆如来蔵乃返妄施真破除生死之要旨也。

また、『大仏頂如来密因修証了義諸菩薩万行首楞厳経』、単に楞厳経には次の語句等がある。

① 皆如来蔵清浄本然。云何忽生山河大地。諸有為相次第遷流終而復始。又如来説地水火風本性円融。周遍法界湛然常住。

② 仏言如汝所解云何問言。諸仏如来妙覚明空。何当更出山河大地。又如金鉱雑於精金。其金一純更不成雑。如木成灰不重為木。諸仏如来菩提涅槃亦復如是。

③ 以此心成就清浄。浄心功極忽見大地。十方山河皆成仏国。具足七宝光明遍満。又見恒沙諸仏如来。遍満空界楼殿華麗。下見地獄上観天宮得無障礙。此名欣厭凝想日深久化成。非為聖証不作聖心名善境界。若作聖解即受群邪。

役行者小角は、中国山地の那岐山でイザナギ神・イザナミ神を感じられた。

佐伯有頼頼観上人、またの名、慈興上人はここ立山で阿弥陀如来を感得された。

3、第三段 雄山神社前立社壇より立山山頂峰本社まで

○岩峅寺二里○横江一里有頼射熊處○皿掛一里熊引血去處有死出山○蘆峅寺一里有坊有姥堂大宝三年卯四月十二日慈興上人老母卒于江州志賀慈興自作母像慶雲元年八月彼岸中日為葬礼法式于今然○湯川一里又名勝妙川渡藤橋行人取垢離處○美女杉一里有千手堂。有材木坂伝曰昔欲建女人堂略寄材木然其木皆一夜変石。有熊野権現。鷲窟各一社伝曰昔若狭小浜女僧名宇呂尼者壮女一人童女一人推参女人結界山故於此壮乍化成杉木因名美女杉○断罪坂一里彼女怖不進時尼尿而見其形勢大罵其地為穴深不知幾許其處名叱尿○伏拝一里於此望勝妙瀑布数十丈之大滝○桑谷一里有桑崎権現社○不動堂一里○中津原一里名弥陀原右有高山名薬師嶽其麓有温泉○国見坂一里有二道右姥懐道左市谷道若狭老尼於此遂額生角化為石名姥石其處日姥懐其角今在為宝物行市谷道則畜生原伝曰昔有奥州板割沢藤義丞者登山於此頻睡眠自変成馬且生角其角為宝物今在又森尻当山之中有智明坊者性憍慢而俄声如牛吼遂為天狗自号光蔵坊接市谷剱山刀尾権現遂出之退去時堕一瓜為宝物于今存凡市谷行道有小鏈大鏈人縋之登其鏈乃三条小鍛冶宗近所作云云獅子崙天狗所在有窟愛染明王有弘法大師護摩壇跡○室堂自此絶頂一里八町左有山名三宝崩昔飛騨小萱郷有北山石蔵者性貪欲猛悪毎殺物命害人遂自変成鬼神生尖牙隠于此為別山金剛童子所逐牙抜口噤死其牙于今在為宝物右有尾社又有天狗嶽其峯有龍神社是乃狩籠池神也有地獄道追分地蔵道毎歳七月十五日夜胡蝶数多出遊舞於此原呼曰生霊市立高卒都婆弔無縁菩提毎夏月麓二十四坊中三坊相更住居室堂登山人寓于此余月不入住参詣人亦無室堂四間五間三棟有阿弥陀聖観音地蔵三体○絶頂有懺悔坂有祓川有五色砂石五色浜有六観音堂自是右方有浄土山阿弥陀堂四尺六尺西向三尊影向山左方一越至五越各有堂一宇一處有稍暖地名曰九品行人措杖草鞋参本社

（解説）

これは次のように味わえる。

○岩峅寺[1]より二里で○横江[2]。有頼が熊を射し處。一里で○血掛[3]。熊が血をしたたり落としながら逃げた處。一里で死出[4]の山あり。○一里で蘆峅寺[5]。坊有り、姥堂[6]有り。大宝三（七〇三）年癸卯四月十二日慈興上人の老母江州志賀ノ都[7]で死去す。慈興自ら母像を作り慶雲元（七〇四）年八月の彼岸の中日（現在の秋分の日）に葬礼の法式（お葬式）を為した。今もその法事が続いている。○一里で湯[8]川。また称名川と名づく。藤[9]の橋を渡す。修行の人は垢離を取る處。○美女杉[10]。一里で千手堂[11]あり。材木坂[12]あり。伝えによれば、昔、女人堂を建てようとしてその建材をほぼ集めていた時、その建材は全部一夜にして岩石に変じたという。熊[13]野権現・鷲[14]の窟が各一社ある。伝えによると、昔、若狭国小浜の女僧の止宇呂尼と名のある者が、壮年の廿一人、童廿一人とともに強引に女人結界（禁制）の山に参詣に来た。それで山神の怒りにふれて、壮年の女はたちまち杉の木になった。それでその杉を美女杉と命名された。○一里で断罪坂[15]。また童女は怖れて進めなかった。女僧止宇呂は小便をしながらその様子を見て、大変悪口を言った。すると、そこに深さが知れない深い深い穴が出来た。それでそこを叱尿という。○一里で伏拝[16]。ここで勝妙瀑布・数十丈の大滝を望む。○一里で桑谷[17]。桑崎権現社がある。○一里で不動堂[18]○一里で中津原[19]。弥陀ヶ原という。右に高山があり薬師嶽と名づく。その麓に温泉、立山下温泉がある。○一里で国見坂[20]。ここに二道がある。右は姥[21]が懐道、左は市の谷道[22]。若狭の老尼はここで額に角が生え、石と化した。その石を姥石といい、その地を姥懐という。その角は今もあって宝物となっている。市の谷道を行くと畜生ヶ原がある。伝えでは、昔、奥州の板割沢に藤義丞という者がいて、立山に登山し、ここで非常に居眠りをして馬になった。その上、角も生えたという。その角は宝物となって今もある。また、当山の森尻に智明坊という者がいた。生まれつき驕慢で、ある時、急に牛が吼えるような声を出し、遂に天狗となり、自分で光蔵坊と名乗って市の谷に棲んでいた。劔嶽の刀尾権現がこれを逐い出されたが、退去する時に一つの爪を落として行ったという。いまもその爪は宝物として有る。およそ、市の谷に行く道には小鏈・大鏈があって、人はこれに縋って登る。その鏈は京都三条の小鍛冶宗近が作ったものである云々。天狗の居た獅子端には窟があり愛染明王を祀る。弘法大師の護摩壇跡がある。○室堂。ここから絶頂までおよそ一里八町。左に三宝崩れという山がある。昔、飛騨国小萱郷に北山石蔵という者がいた。生まれつき貪欲・猛悪で、いつも動物の命を奪い人を害し、遂に自ら鬼神となり、尖牙が生じたのでここに隠れた。しかし、別山の金剛童子に遂われ、牙が抜け、その牙を口にこもって死んでしまった。その牙は今もあって宝物となっている。右に根尾社がある。また天狗嶽があって、その峯に龍神の社がある。これは狩籠池の神である。地獄道に追分地蔵堂[23]がある。毎年七月十五日の夜、胡蝶が数多く出てこの原に乱舞する。人々はこれを生霊市と呼んでいる。高卒塔婆を立てて無縁の菩提を弔っている。毎年、夏には麓の二十四坊[24]（岩峅寺）のうち三坊が交代で室[25]堂に住居し、登山の人はここに宿泊する。他の月には人が住居せず、また参詣の人もいない。室堂は四間×五間で三棟ある。阿弥陀如来・聖観世音菩薩・地蔵菩薩の三体がある。○絶頂[26]に行く道中に懺悔坂[27]があり、五色の砂のある祓川[28]がある。そこを五色の浜という。六観音堂がある。ここから右に行くと浄土山があり、山頂に四尺×六尺、西向の阿弥陀堂がある。この山は阿弥陀三尊影向の山である。また一ノ越[29]より左に行くと五ノ越に至る。各々堂一宇ある。その中で一処だけやや暖地の所がある。そこを九品という。行人は杖・草鞋を置いて足袋姿で本社に参詣する。

＊1　［岩峅寺］　慈興上人がこの地に立山権現大宮を建立した。「立山」は立山権現＝阿弥陀如来＝伊弉諾尊。「劔嶽」は劔岳権現＝不動明王＝手力雄命・刀尾天神である。立山権現大宮の維持管理・奉斎をする寺院が神宮寺である。立山権現の神宮寺は初め立山寺であった。江戸初期頃から岩峅寺を名乗るようになった。

挿話⑴　安政飛越地震のこと

安政五（一八五八）年四月九日（日本暦安政五年二月二十六日）、飛越地震が発生した。その後、大土石流が岩峅寺前立社壇を襲った。飛越地震は神通川支流の跡津川から有峰に至る活断層「跡津川活断層」の活動によるM7.0〜7.1の規模の大地震で、立山の大鳶・小鳶・国見山・天狗山の峰々が崩壊し、常願寺川上流部の湯川や真川の流域で岩石と雪氷とで堰堤が数多く構築された。その後、この地の降水や雪氷の融解により、これらの堰堤に大量の水が湛えられた。

同年四月二十三日（日本暦三月十四日）午前十一時頃M5.7の地震が発生。それとともに常願寺川上流部で鳴動し、天然ダムの第一次決壊が起こり、大土石流が生じた。この時の土石流の瀬先（先端）は正午頃には岩峅寺、午後二時頃には富山市水橋にまで達した。この第一次決壊まで湯川と真川合流点で、立山登拝者や立山温泉の湯治客に見られていた二つの大石は立山町横江地内に達したという。

更に同年六月七日正午頃、第二次決壊が起こり、第一次以上の大規模土石流で巨大石は前立社壇西と、立山町西大森地内の現在地に達したという。前立社壇西の巨大石は赤い立山橋からも望まれる。平成十五年の計測では南北方向九・五m、東西方向八・三m、高さ三mであった。また、西大森地内の常願寺川堤防の巨大石について、立山町野村集落所蔵文書には「東大森村の西東へと流れ、大切に相成申処へ、大石流来て切口に留まり、水を除ける。則ち大石を神様と奉る。仍て御幣・神酒を献じ申す也。この大石は八間、十三間也」とある。

六月七日の加賀藩領分の土石流被害は次の通りである。

・流出家・潰家・泥流入家　一六一三棟
・死者・行方不明者　一六一人
・負傷者　八九四五人
・流出した馬　八頭
・被害を受けた集落　一三九集落

挿話(2)　安政地震山抜泥水化物口説

この大土石流の後のお盆には「飛騨越中安政地震山抜泥水化物口説」、また「常願寺川筋悲しみ節」が作られ、盆踊り等で謡われ、被災者の鎮魂をしたという。次にその佐藤武彦氏採集の一例を挙げる。

濁世末代　世が衰えて　石は流るる　木の葉は縮む　唯の一つも　当てにはならぬ　異国出入りや　地震の騒ぎ　安政五年の　戊午よ　頃は二月の　下旬の五日　夜の九ツ（夜十一時半頃）　夜半の頃に　ドンと揺り来る　地震の騒ぎ　小刻揺るぎし　そのうちに　わけて越中は　地震はひどい　田地の痛みも　家土蔵倉も　人の痛みも　数多でござる　地震その後の　出水の痛み　わけて越中は　河数ござる　小矢部　庄川神通ノ川よ　布施や片貝　常願寺川　上市早月　黒部ノ川よ　小川笹川　河数あるが　わけて神通と　常願寺川　河ノ入りをば　抜けいだし　神通川入　飛洲の山中　人も牛馬も　神通の川へ　どうと突込み

その哀れさは　出る間もなく　川中嶋と　水に瀬がいて　吠えては果てる　外に痛みは　幾千万ぞ　是は神通の　川入り話　又は出水に　常願寺川　河の源

立山なるぞ　谷は四十八　高山なるが　山のうちには　数多くござる　地獄谷やら　畜生が原　賽の河原と　いろいろなるぞ　又は大きな　池などござる　弘法大師や　有若さんは　多く大蛇の　住みなす故に　刈込池じゃと　名のつく池の　下に温泉がござる　お湯の南の　山々越せば　十里四面に　村なき所に　一村有峰　在所ノ山ヨ　谷谷その数多く　地震山抜け　川水止り　その後三月　上旬ノ十日　朝の四ツ（午前十時頃）と　おぼえし頃に　またの地震に　濁りし水は　どっと押し出し　音ハ響　鍋も茶釜も　戸障子などが　ドンドンはらはら三度鳴る　出て見て　出水の様見れば　五丈　七丈の　真石や岩が　木の葉鳴らせし　ゴトゴト鳴る様は　大きな材木　ヒノキ　クサマキ　マツの丸木は　海も河原も　寿司押す如く　それに一つの　不思議がござる　川が一度に　石間のけむり　これは不思議と　つくづく見れば　岩の中より　噴き出す煙　岩をふき割り　微塵に砕く　あまり不思議と　あきれるばかり　水の瀬に着く　あたりの獣　川の下へと　逃げ出でまして　川を荒かし　人取り喰い　これではいかんと　役所へ届け　流れ灌頂と　お経読み流し　御経の功力や　暫く失せる　山ノ抜けから　海ノ端までは　川木に死人　真石に岩よ　泥の深さは　四五丈ばかり　哀れなるかよ　用水下は　水はひとつも　あがらぬ故に　池もしみ出し　空切り干せる　あまりの悲しさ　餓鬼屋の如し　地震その後　立山見れば　炎噴き出で　岩噴き破る　ドーンドーンと　鳴る音は　十里四面に　山鳴り渡る　山の鳴るたび　大地が揺るぐ　いかがなるやと　悲しむ中に　山の村より　御触を出す　水の止りは　また大変と　命惜しくは　早逃げ去れと　それを聞くより　川下村は　家も宝も　皆うち捨てて　山へ逃げて行く　野宿をいたし　柴の庵に　鍋釜つけて　四・五十日は　餓鬼屋の如し　ついてその頃　役人方も　山の狩人　召し連れたまい　鍬崎山ちゅ高山で　水の止りを　遠眼鏡にて　水の様子を　つくづく見れば　音にも名高い　鳶ケ岳よ　山の峰より　二つに開き　南真川へ　東は湯川　広い山谷　一つの水よ　止り口をば　つくづく見れば　岩や材木　水の流れを　はっきり止める　これが来たらば　大変なると　富山城下も　新庄ノ町も　あいの村々　その数多し　もしやこの水　切れたる時は　人の痛みは　助かるまじと　原や芦峅　川淵村へ　御役所からの　結い付け聞けば　志鷹谷にて　水番付けて　もしこの水切れたる時は　くわぐゆ（しかじか）の　如くに煙を出し　見つけ次第に　合図の太鼓　下の村へと　打ち鳴らせよと　心配中に　御触れ聞くより　太鼓を吊りて　命大事と　身の用意致し　かいにうお宮の　大木などに　命助けの　揚げ家を組んで　今は早くも　切れ出す　狭いと言うて　吠えてその頃　用水普請　水の止り口　数多うござる　さてと用水　入口見れば　五丈七丈の　大きな岩が　口を開くも　人これあまた　金は小升で　計るが如し　皆んなお上の　お慈悲の沙汰で　あまたしいれば　水口開けて　水も

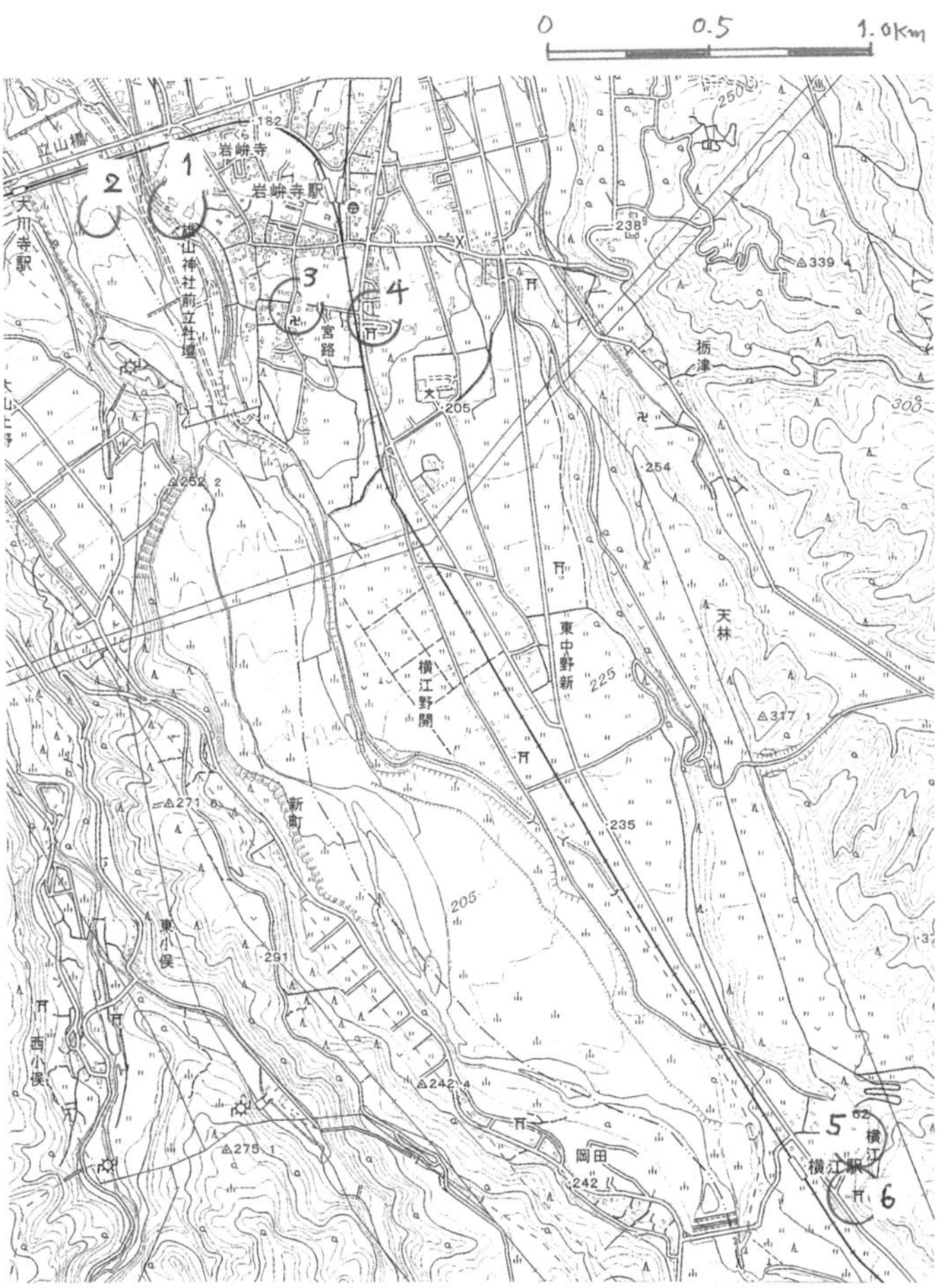

図12. 岩峅寺・横江周辺図（1/2.5万「五百石」）
1. 前立社壇　2. 巨石　3. 仏事会館　4. 道引地蔵尊　5. 石造阿弥陀尊像
6. 蔵王社

写真6. 探湯の釜（口径137㎝・高さ73㎝、弘化2年の鋳造）

少し 取り込み入れて 田地植つけ 盛りの中に ことも大変 止りし水は どうと押し出る あら恐ろしや 四月二十六日 昼八ツ（午後二時）頃に 上滝村の 細口先へ 水の高さは 二十丈ばかり 川に餘りて 突き出す時は 木萱や竹木 田地も家も 人も牛も馬も 犬猫までが 哀れなるかや 流れた人は皐月早乙女 苗持ちながら 馬は馬鍬を 仕懸たなりで いぢやけらしさの 赤子などは つぶらの中にて にこにこ笑い 親は膚肌えに 腰巻しめて 顔を見合わせ 流れた姿 どんと鳴る音 何事やらと 家を飛び出て 村上見れば 立木なびかせ 押し来る水よ 家の屋根にて 両手を上げて 大きな念仏 助けてくれと 泥にまみれて はて行く凄さ それを見る人 狂気の如し 家内子供の 手を引き合わせ 泥に追われて 逃げ行くうちに 足は弱うなる 眼はたちくらむ 親は子を捨て 子は親捨てて 西に東に 逃げ行くうちに 水の瀬先は 矢を射る如く 死する姿は 幾千万ぞ 河の普請の 人足などは 川の鳴る音 仕事に焦り 出水来るとは 夢にも知らぬ 岩や材木 泥巻きたてて

どうとうちかけ 一度に流れ 常の水なら 泳ぎもせしが 浮きつ沈みつ助けてくれと 河原一同に 呼ぶその声は 阿鼻焦熱の 責苦にまさる 水の流れは 半時餘り 哀れなるかよ 泥中島に 人の呼び声 高泣き声よ それを聞く人 手に汗にぎり つれに渡るも 泥深ければ 一両日は 呼び声すれど 絶え果ててゆく 哀れな姿 言うて儘せぬ 哀れな話 家の流れや 津波なんどは 秋の葉の 散りたる如く 田地持ちたる 御長老さんも 昨日は御旦那 今日は乞食よ 残る禄とて 着替も持たず 一家親類 流れし所なれば

顔を見合わせ 涙を流し つらやこわやと 悲しむばかり 家がなければすまいもならず 禄がなければ 商売ならず 山のお寺や 城下の寺の 御堂や御庭に おし込み奉たり 凌ぐ姿の 哀れさ中に 水は止まるは また大変と 町も城下も 用水下は 如何なるやと 悲しむばかり 心中はくどき それにつまびく 我らが心中 地震お水の 如くでござる 愚痴の地震は 身震いいたし 瞋恚のうらみで 一度にくずれ 貪欲泥で 水口止める 慈悲や情は 一切出ず 愚痴の大水（多枝原） 八万四千 六根具足は 谷谷までが 止まりっきりで 一度に出し原の 山中は 人知らぬども 上滝細口 突き出る時は愚痴の大水 貪欲泥よ 瞋恚の巌は 炎を噴きて 我も我もと 出るその時は

神も仏も 飛び去るなり 愚痴や貪欲 瞋恚の起り 未来後生の 田地を荒らし 慈悲や情の 家土蔵流し 頓証菩提の 宝もすたる 昨日は善人 御長老さんよ 今日は三界 六道に迷う さても奇妙な コロリの病 一目千両は 女中さん方も 鬼と組むよな 元気な人も 又は長老の 一人の旦那「死」の字嫌いの 神道頼み この世極楽 頼みは人よ 逃げられぬこと ころりの病 さても目出度い お慈悲がござる 無量寿世界 阿弥陀の御国 不老不死にて 楽しみばかり 聞けば親里 おいらんさんよ 昼夜六時の 日月さんも 朝の六ツは この世の出生 平生後生者衆は 昼九ツに 西に傾く

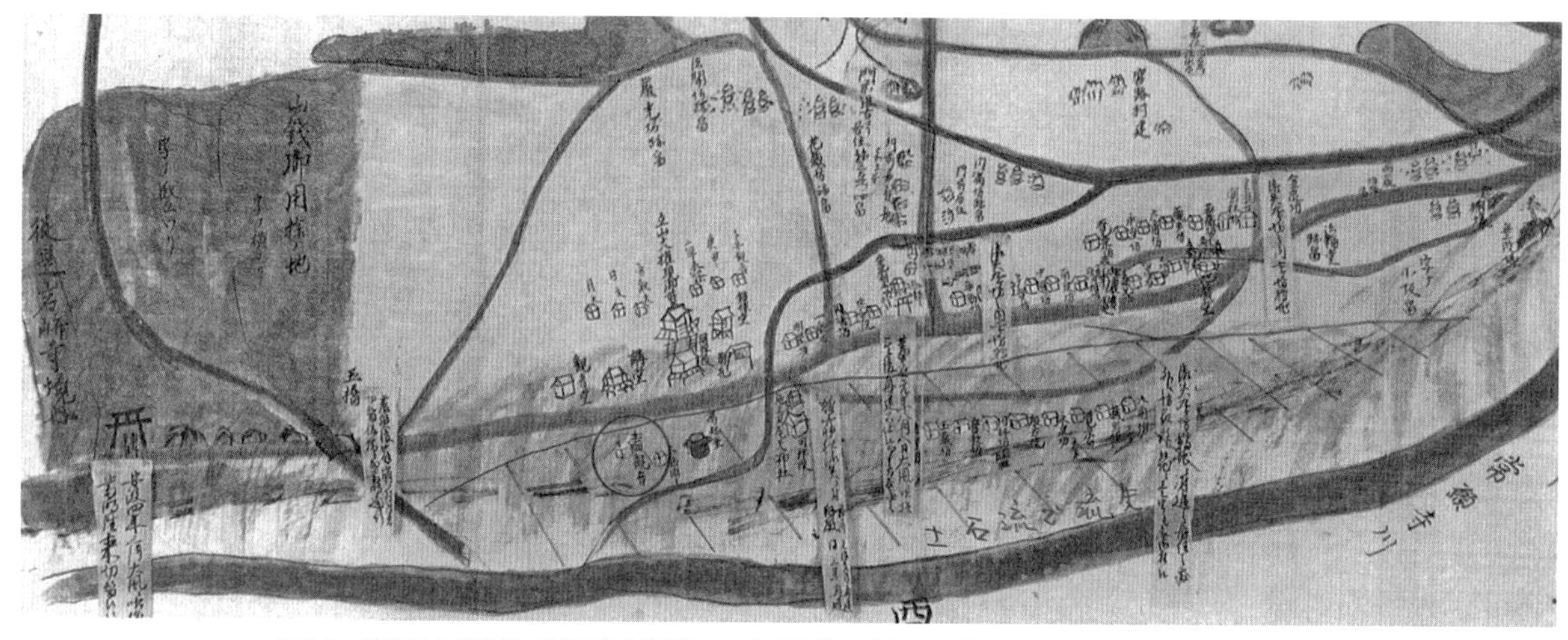

図13．岩峅寺文書絵図（江戸時代後期）　○が今様に歌われた十一面観音？　\\\\\部は流出部

入日の姿　凡そ三百六十日も
又は諸神や　所菩薩さんも　皆
んな浄土は　おつらいさんよ
受けた凄さは　只おいおいと
道を来たわけ　頼みの人は　一
生補処とは　今この人よ　やが
て浄土は　一蓮托生　やんれい

以上

ここで述べた土石流は、岩峅寺雄山神社前立社壇西端下にあった広い境内、そこにあった地主刀尾天神社・湯起釜・十一面観音や衆徒九坊等を流失した。

図13はそのことを示す『岩峅寺文書絵図』である。この時の土石流で常願寺川の河底が周辺の田畑よりも約十ｍも高くなり、いわゆる天井川となった。

挿話(3)　現在の雄山神社前立社壇

現在の雄山神社前立社壇には、鎌倉時代源頼朝建立といわれる本殿がある。この本殿の祭神は伊弉諾尊・手力雄命。拝殿があり、そこには加賀藩主二代前田利長室玉泉院奉納の石造狛犬一対がある。境内には弘化二（一八四五）年三月、加賀藩主前田斉泰公寄進の探湯の釜（湯

写真7．前立社壇本殿

写真8．大土石流による巨石（前立社壇前河原）

写真9．宮路仏事会館

写真10．宮路道引地蔵尊

写真13．横江蔵王社の五輪塔

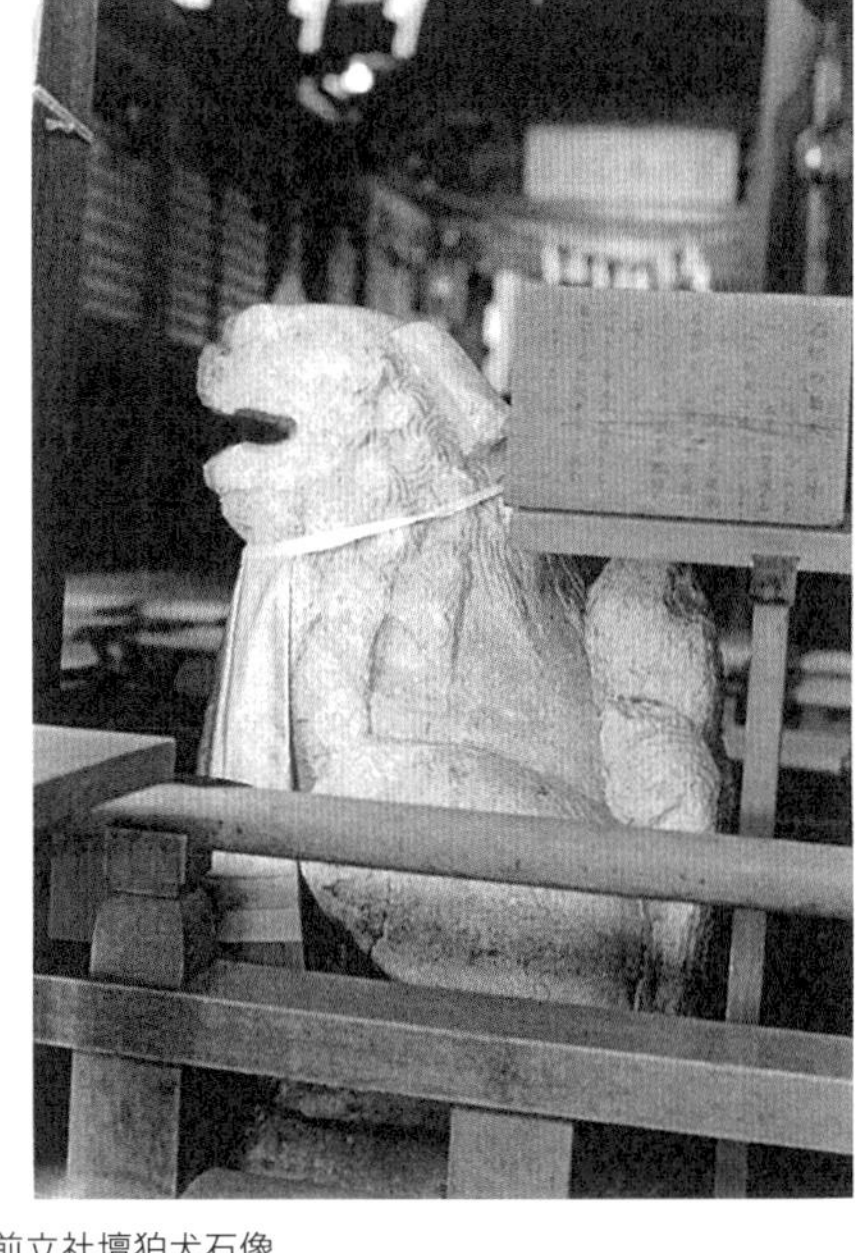

写真11・12．前立社壇狛犬石像

起釜）がある。この探湯の釜ははじめ二個あったが、一個は安政五年の大土石流で流出したという。現在の釜も昭和二十年代には本殿南側にあった。また、明治初の廃仏毀釈で数多くの仏教遺物が移動した。現在、近くで見れるものには、宮路仏事会館で見れる石仏、富山立山公園線道路の宮路神明宮近くで西面する丈六（約五m）の地蔵尊等がある。

＊2［横江］立山町横江。この集落の鎮守は蔵王社である。昔、役行者小角が奈良県金峰山や大峰山で千日間練行をして蔵王権現、又の名は金剛蔵王権現を感得した。立山開山の佐伯有頼はこの蔵王社辺で立山蔵王権現を感得したのであろう。また、こ

写真14．横江蔵王社

写真15．横江蔵王社壁画

写真16．横江石造阿弥陀三尊立像

写真17．横江駅前石像

写真18．千垣白山社

写真19．千垣白山社と大銀杏

写真20．千垣の五番札所観音石像と不動明王石像

写真21．千垣五輪石塔

こが『立山縁起』にある有頼と熊と出合った地であるので、立山蔵王権現社を建立した。後世、名称が長かったので単に「蔵王社」となったものであろう。この神社拝殿外側の左右上部に美しい彩色壁画があり珍しい。境内には五輪石塔がある。近くには矢きずの石造阿弥陀三尊立像を納めたお堂がある。また、富山地方鉄道横江駅前にも石像が数体もある。ここにも立山禅定道が通っていたのであろう。

＊3［血掛］血掛は『立山縁起』には、佐伯有頼が射た矢の命中した熊は点々と血を落としながら逃げた所。現在、そこには白山社が鎮座する。『神社明細帳』には、「大宝年中、越中国司佐伯有頼公、立山を開き給ひし時、此の地にて熊を射、矢は月の輪に当たり、血を流しつつ嵬峩たる神領に導かれ給へり、のち有頼公、芦峅寺に永住し給ひ、顧みて此の故を心に深く感じ、その染りたる土を堆積して千本の木を以て四囲に垣し、千垣社と称えて鎮祭し給へり（後略）」とある。この白山社境内には幹周八四六cm・樹高三十五mの大銀杏（雄株）や杉巨木二本がある。白山社上手の古い銀杏の下に西国三十三番札所観世音菩薩霊場第五番札所河内国葛井寺の石造千手千眼観音像と不動明王坐像がある。また白山社下手、村はずれ近くに古い五輪石塔や五劫思惟坐像がある。

＊4［死出の山］［付三途の川・芦峅寺庚申塚］人が死んで、その人の霊があの世まで行く間、すなわち四十九日間のことを中有、また中陰という。すなわち極楽浄土への旅路で必ず越えなければならない嶮山も死出の山という。『拾遺和歌集』に伊勢の歌として「しでの山こえてきつらん郭公こひしき人のうへかたらなん」がある。死出の山は難所で、七日間も必要とする難所で、草鞋と杖が必要である。次の七日間で渡る川が

写真22．「三途の川」石

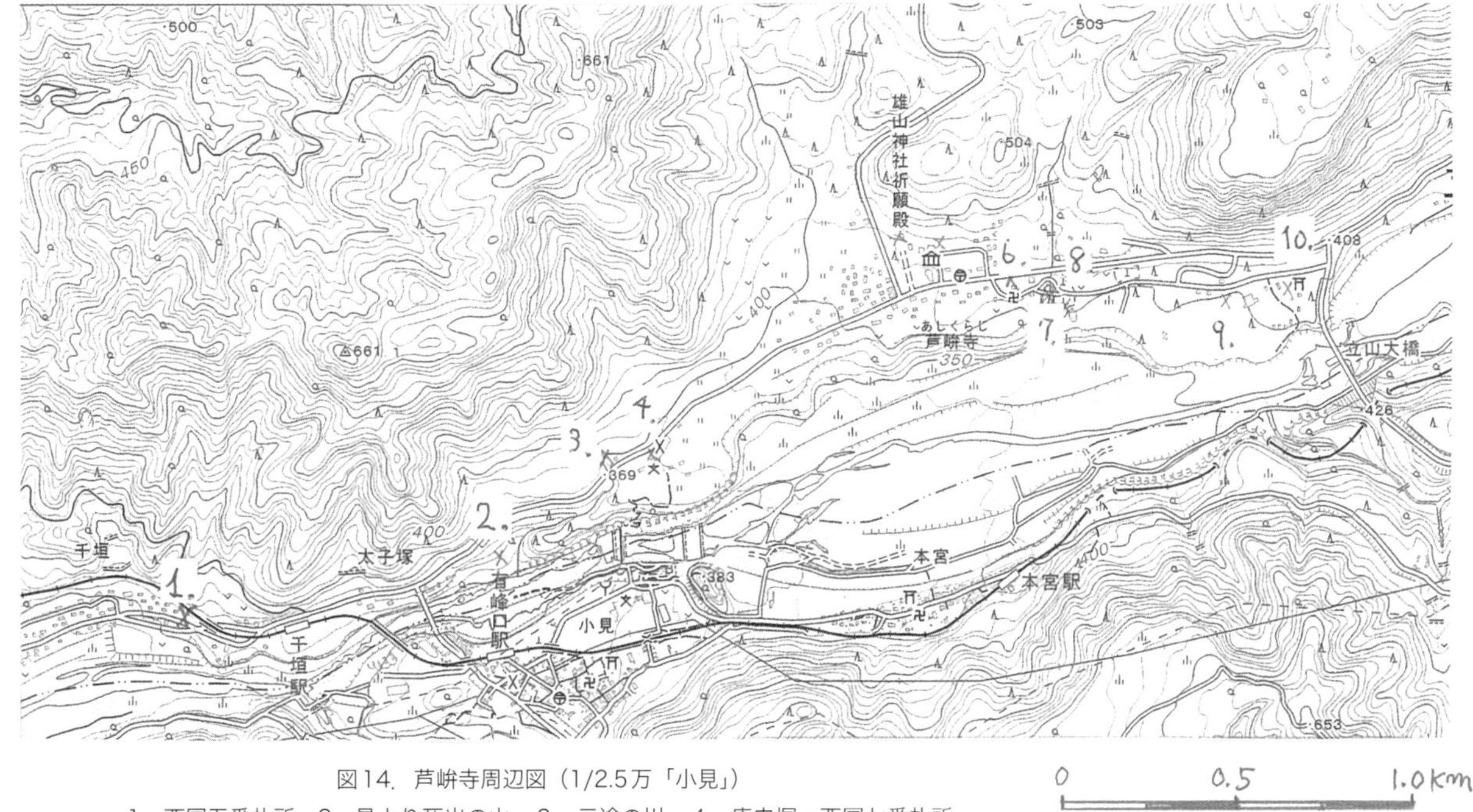

図14．芦峅寺周辺図（1/2.5万「小見」）

0　0.5　1.0km

1．西国五番札所　2．是より死出の山　3．三途の川　4．庚申塚・西国七番札所
5．雄山神社祈願殿　6．閻魔堂　7．姥堂川・布橋　8．媼堂跡・六地蔵磨崖仏
9．嶋家住宅　10．志鷹宮

写真24．芦峅寺庚申塚の六地蔵

写真23．芦峅寺庚申塚青面金剛像

写真26．芦峅寺庚申塚の晩翠句碑

写真25．芦峅寺庚申塚の石仏

「三途の川」。三途の川の手前の閻魔庁で、生前の罪業の軽重が判断され、①浅い水瀬 ②深い水瀬 ③橋での渡河の方法が言い渡されるという。西行法師の歌に「ものおもふなみだややがてみつせがは人をしづむるふちとなるらむ」がある。ここ立山には「三途の川」として、①旧立山芦峅寺小学校横の小川 ②芦峅寺地内布橋の架かる姥堂川 ③藤橋の架かる称名川の三つあるという。①の旧立山芦峅寺小学校横の河岸段丘崖の段丘礫層中に巨石があり、「此処三づ川 是ヨリしでの山」と彫れてある。この巨石は常願寺川に転落のおそれがあったので、現在、立山博物館前庭に移してある。芦峅寺集落へのコレラ菌、今日の新型コロナウイルスなど病原体や悪霊の侵入の見張り役として、旧立山芦峅寺小学校横に庚申塚がある。塚には主尊青面金剛の他に、六地蔵や菩薩等多

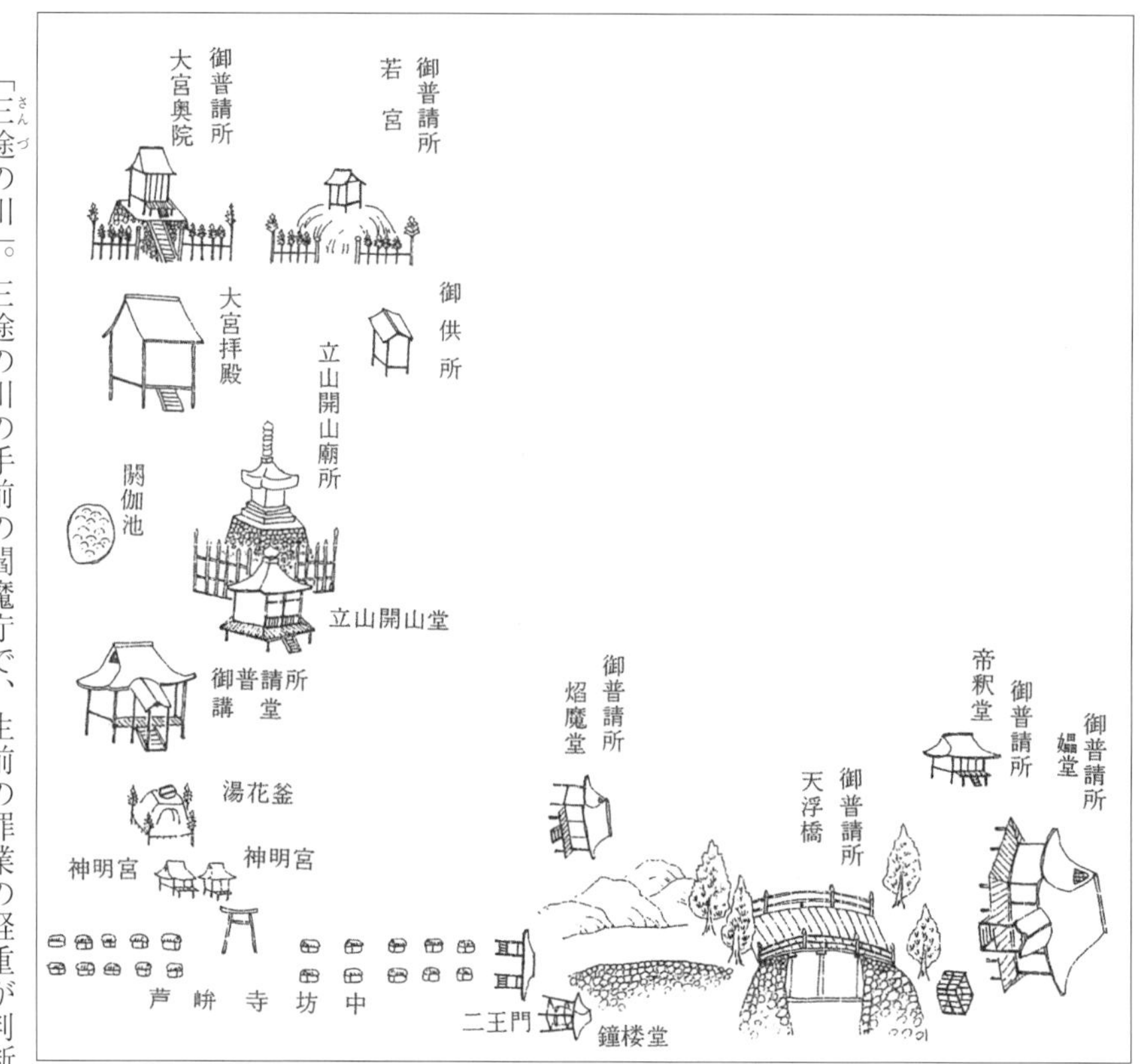

図15．芦峅寺諸堂配置図（立山町史上巻より）

写真28．立山開山御廟

写真27．芦峅寺祈願殿の大石灯籠

写真30．立山開山堂

写真29．若宮社殿

図16. （町文）芦峅寺雄山神社若宮社殿復原図（上野幸夫原図）

くの石像がある。庚申塚横には、西国観音霊場第七番大和国岡寺の如意輪観音石像がある。

＊5　［芦峅寺］昔は芦峅（又は倉）寺、また、立山仲宮寺、江戸時代には芦峅寺と呼ばれていた。『立山略縁起』では、大宝二年立山開山慈興上人が芦峅を入定の地と定め、媼堂、講堂、御前立の権現両宮、閻魔堂、帝釈堂、大門、仁王門、地蔵堂、大黒堂、鐘楼堂、大宮、刀尾天神若宮等を造立し、「立山仲宮寺」と称したという。石川県金沢市の市立図書館蔵の加越能文庫古図に次のようにある。

立山大権現
大宮
立山大権現　若宮
拝殿
若宮
御供所
若宮御輿
本社大宮御輿
立山両座主（芦峅寺衆徒）
芦峅寺神主中
岩峅寺
御供二僧
芦峅寺衆徒中
立山開山
廟　所
閼伽池
（権現御供水）
同
開山堂
芦峅寺三十三坊
講堂
（阿弥陀如来
観音・勢至
此三体
安置）
岩峅寺二十四坊
立山権現本社
大宮御輿
岩峅寺二十四坊
内二僧御供番
露払陰陽師
立山権現本社
大宮座主（芦峅寺衆徒）
同若宮御輿
立山権現若宮座主
（芦峅寺衆徒）
湯花釜鍋
（立山両大権現御宝前）
芦峅寺輿守百姓
芦峅寺衆徒神主
往　来

図17．芦峅寺権現の祭礼図（立山町史上巻より）

写真31．芦峅寺大宮社殿

現在の雄山神社祈願殿では、正面の鳥居をくぐり抜けて行くと左側に社務所がある。更に進み赤い欄干のある橋を渡ると左右に立山火山の溶結凝灰岩製の大灯籠がある。これは元禄年製で佐伯大隈守寄進のもの。右の道を進むと正面に立山開山慈興上人の墳墓がある。更に進むと岩盤上に若宮社殿がある。若宮社殿は文治元（一一八五）年鎌倉幕府の命で建造したという。現在、「天正十年三月吉日造立」と書かれた棟札がある。若宮に戻り更に進むと開山慈興上人坐像を安置する開山堂がある。更に右の坂を登ると祈願殿がある。これは江戸時代までは大講堂であった。明治初期に、神明造りの神殿を併設し祈願殿とした。更に進むと大宮に行く。大宮の祭神は伊弉諾命と佐伯有若。若宮の祭神は手力男命と佐伯有頼。祈願殿の祭神は伊弉諾命と手力男命である。

＊6　［姥堂］立山では「媼堂」と書かれた。芦峅寺文書四に、文正元（一四六六）年六月三日付の神保長誠書状に「うば堂」がある。

奉寄進　越中国葦峅堂吏　合拾貫文
右此祈足者　祖母堂・地蔵堂・炎魔堂三ケ所（以下略）

祖母堂（媼堂）・地蔵堂・炎魔堂三所の堂を一体として、これら三所堂造営資金として十貫文を寄進している。媼堂は、芦峅根本仲宮の中枢をなすものであった。図15には姥堂川の左岸、東側には媼堂があり、姥堂川の右岸、西側に閻魔堂が

写真32．念法寺梵鐘

ある。閻魔堂側は人界、媼堂側は天界であった。人界には閻魔堂（地獄）を、天界に媼堂（浄土）を配置し、朱塗の橋（天ノ浮橋）で結んでいた。これから考えると「姥堂川」は、また「三途川」となる。媼堂は現在ないが、梵鐘は常願寺川をはさんだ対岸、富山市大山町本宮の念法寺にある。梵鐘は明治初期に移った。写真では「南無御媼大日如来」の文字が見れる。媼堂があった時には、堂内厨子には本尊として、三躰の媼尊像が奉斎されていた。厨子の西脇壇上には、日本六十六か国一国一躰、六十六躰の媼尊像が安置されていたと伝える。『芦峅中宮御媼尊縁起』では、「媼尊は左の御手に五穀を納め、右の御手に麻の種子を持って出現。（中略）十方に五穀を植えて群生の丹田（たんでん）を生養し、麻を万里に拡めて、以て一切衆生の身体をつつむ。依って媼尊大悲の人力を以て、天地人の三徳を顕て、さらに妙用止むることなし云々」とある。また、『布橋潅頂勧進記』に、「ものすごい御媼三尊天神地祇の降誕にして、一切衆生百穀万物の母なり。本地は、法報応の三身にして、則ち大日・弥陀・釈迦にして、諸仏菩薩の母一切仏法の本主なり」とある。ここ芦峅寺では、万物創造の神として、また立山開山の母としての信仰が非常に強い。現在、いくつかの媼尊像は閻魔堂にある。毎

写真33．媼堂川・伝不動明王像

写真34．閻魔堂の仏（左）媼尊・元講堂本尊脇士（中）媼尊・初江王坐像（右）司令半跏像・元講堂脇士

写真36．閻魔堂

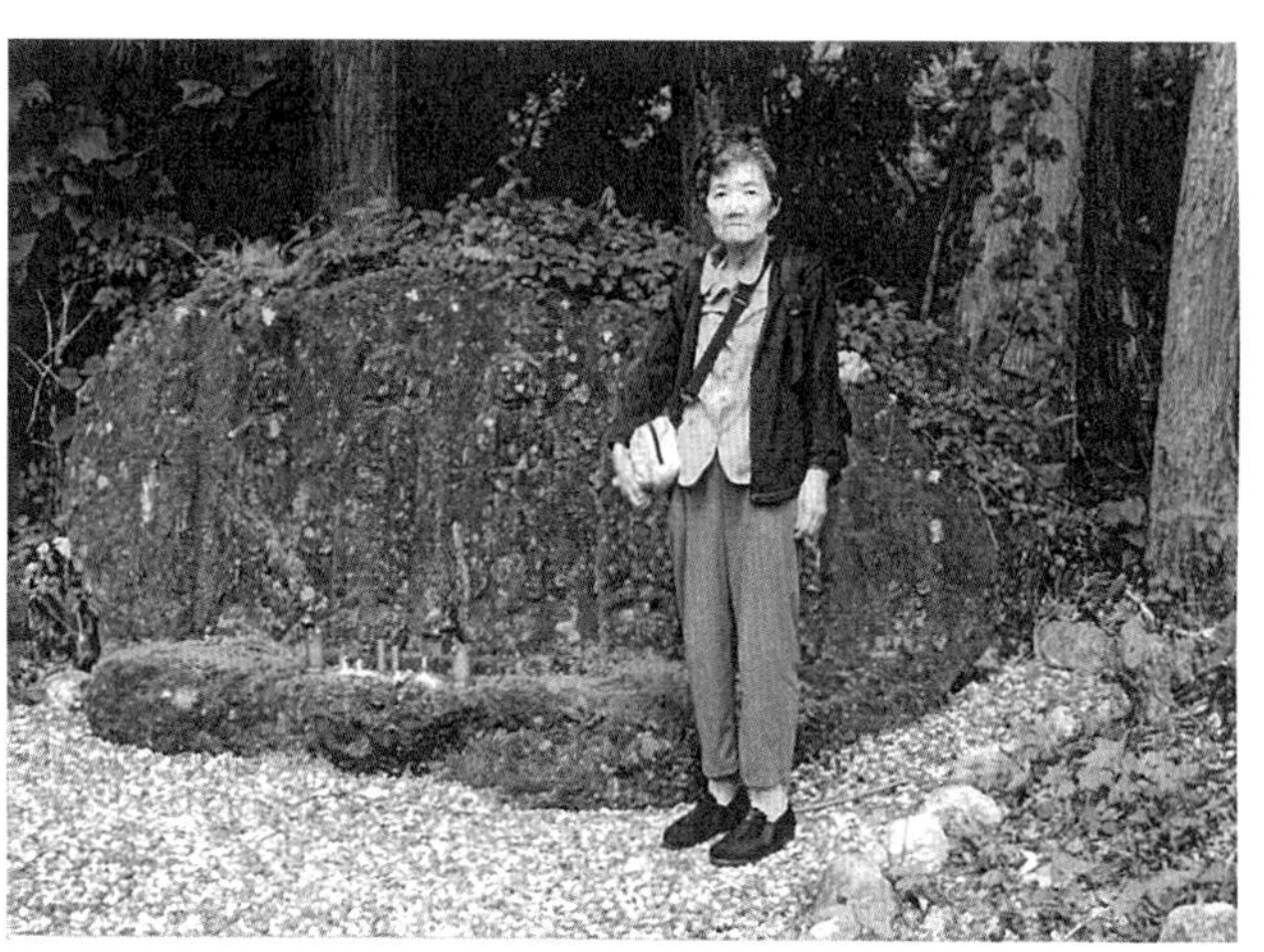
写真35．磨崖の六地蔵石仏

年二月に、嫗尊の御召替の行事がある。

秋の彼岸の中日、秋分の日には布橋潅頂会がある。この法会は次のようであった。「諸国からの女人の信者は先ず閻魔堂（幽界）に入り、十王の審判を受ける。すべての罪を懺悔して汚れを払った信者は、白経帷子の死装束を着けて目隠しをして嫗堂川に架かる天ノ浮橋（布橋）を渡り嫗堂（浄土界）に入る。そこで衆僧の勤行があり、やがて夕陽で立山が赤く輝く頃、東正面の板唐戸がパッと押し開かれ、遥かに崇高な立山の雄姿を目にし、参詣者に、諸仏の止住する浄土に来たことを実感させていた。嫗堂跡近くには、立山博物館遙望館があり、今日、嫗堂の役をしている。その近くに磨崖六地蔵の石仏がある。閻魔堂には現在、閻魔王坐像・初江王坐像・泰山王坐像・司令半伽像、更に芦峅寺講堂本尊阿弥陀如来の脇侍であったと伝えられる観世音菩薩立像・大勢至菩薩立像、そして嫗尊坐像数体等がある。閻魔堂のめぐりには宝篋印塔や天正時代在銘の一石五輪塔、また多数の大小石仏がある。閻魔堂から天ノ浮橋へ行く坂道を「明念坂」という。この坂にも石仏・石塔が多くある。その一例として六地蔵がある。天ノ浮橋の下にも伝不動石仏がある。遙望館を右に見ながら進むと善道坊や国重要文化財の嶋家住宅がある。更に進み右に折れるとカモシカ園、前進すると有馬家住宅があり、そのうしろに志鷹宮がある。この志鷹宮周辺には、昭和三十年代には縄文土器片や石斧が多く散在していた。芦峅寺に佐伯一族が住む前に、この地が志鷹一族の居住地であったといわれている。

＊7 「江州」江州は近江国。現在の滋賀県。志賀郡は現在の大津市。佐伯一族が壬申の乱、六七二年の功労者であったであろう。それでそれまで大津京であった地が佐伯氏、佐伯有若の父親に与えられたものと推定される。慈興上人の母が死去されたので、この地、立山根本中宮で母君のお葬式を挙行した。この行事がその後の布橋潅頂法会に発展したものであろう。

＊8 「湯川・称名川」湯川は立山温泉を源とする川。その後、真川と合流し現在の常願寺川となる。称名川は立山や地獄谷を源としている。ともに温泉水を集め流すので「湯川」と言ったのであろう。称名川には日本一の落差の大滝、称名滝があるのでその名が付いた。

＊9 「藤の橋」フジやクズの蔓で綱を作り、それに籠を吊るして渡る「籠の渡し」であったこともあるという。ここの藤橋は江戸期には「黒部川愛本の刎橋、神通川富山の船橋、立山往来称名川の藤橋」として、越中の三橋と呼

写真37．天ノ浮橋（布橋）

写真38．閻魔堂前宝篋印塔

写真39．閻魔堂前一石五輪塔

写真40．明念坂の六地蔵

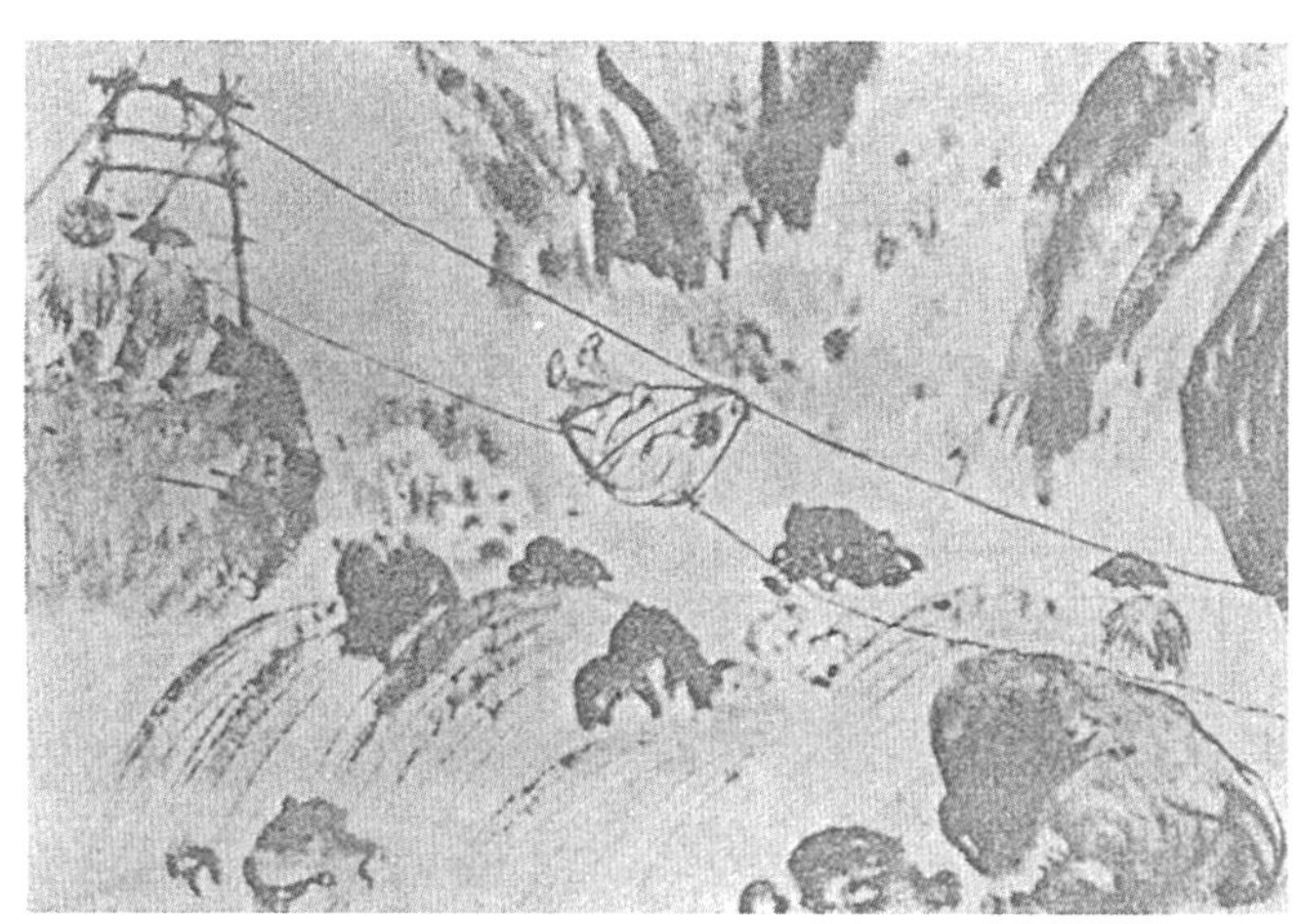

図18.「雨の立山」（挿絵）

写真41．嶋家住宅（国重要文化財）

ばれた。この藤橋は称名川北岸の巨岩に二条の藤蔓を張り、これに板を吊るして通行したという。現在の橋は昭和四五年竣工。長さ一〇九・五m、幅七m。

明治三十八年、山田孝雄が立山に登った時の紀行文『雨の立山』に次の挿絵がある。また、福島県飯坂温泉には十本もの綱を張った「十綱橋」があった。『千載和歌集』に次の歌がある。

みちのくのとづなのはしにくるつなのたえずも人にいひわたるかな　親隆

綱の数の少ない藤橋の例として次の古図がある。この藤橋の図は立山曼荼羅にも描かれている。

常願寺川は安政五年の大土石流で、河床が十m以上も上昇したと思える。また、昭和年代には瀬戸蔵堰堤（図20の2）が構築された。しかも、称名川の河床はもともと、称名滝滝壺底の連結したものと思って良い。このように考えると、少なくとも安政五年以前の称名川、藤橋付近の河床は十m以上は、現在より低下していたと考えるべきであろう。瀬戸蔵堰堤の下流には金雲母・石墨を含んだ結晶質石灰岩の岩盤（図20の1）が露出している。この岩盤と同じ岩石の岩盤が、藤橋の両岸に露出していたので、その岩盤に、フジやクズのつるで作った綱を巻きつけて吊り橋を作ったのであろう。

立山曼荼羅には藤橋の右岸側に老女（奪衣婆）がいて、三途川を渡る亡者の衣類をはぎ取って松の木に懸けた場面がある。藤橋までが現世。藤橋を渡りきると天界（来世）と考えられていたので、ここで水垢離をしたという。

藤橋北側（右岸）の崖（4）下には歌碑があ

図19．藤橋を渡る古図

写真43．美女平周辺の杉巨木

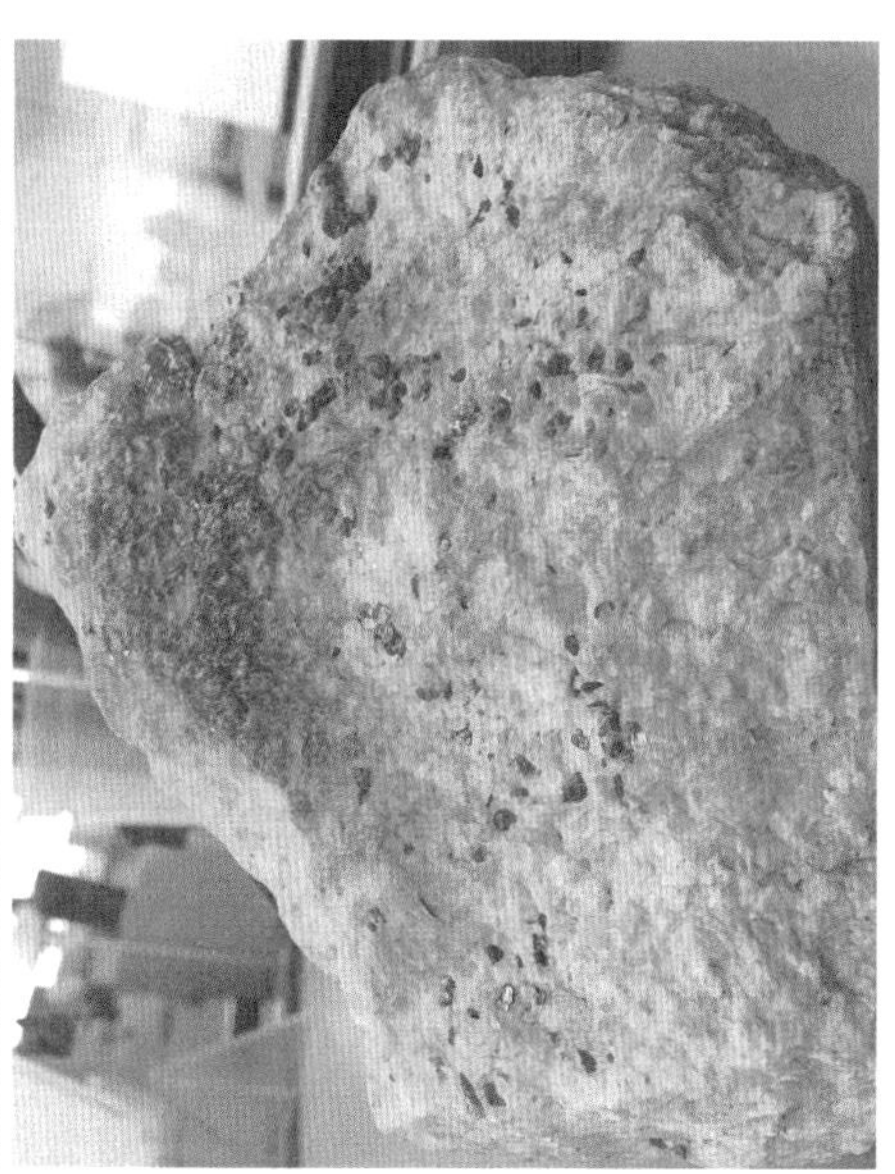

写真42．結晶質石灰岩（黄金石、点点は金雲母）

る。道元禅師が立山登拝時に詠まれた歌という。

　立山の南無とからめし藤の橋ふみはづすなよ弥陀の浄土へ

昭和四十四年八月の線状降雨帯による連日の豪雨による洪水で、歌碑や隣接する大小二体の石造地蔵尊は流失した。現在の歌碑は二代目。

＊10［美女杉］今日、二代目美女杉と呼ばれる杉。タテヤマスギの巨木が立山ケーブルカーを上った美女平駅周辺一帯（11）で数多くの杉の巨木が見られる。しかし人の手が入る以前には現在の藤橋周辺から美女平まで連続して巨大すぎの美林が形成されていたのであろう。立山縁起や立山曼荼羅に出る杉には宇止呂尼とともに来た美女が杉になったという美女杉、同じく童女が杉になったという禿(かむろ)杉、鍋をかぶったような形の鍋冠り杉、また夫婦杉がある。

＊11［千手堂］藤橋のフジ綱をくくりつけた結晶質石灰岩は日本最古の岩石といわれる飛騨変成岩類の岩石である。この岩石は乳白色の方解石が主で、中に約五mm程の黄褐色に輝く金雲母が入っている。この金雲母を黄金かと思われ、それの散見する坂を「黄金坂」、その岩石を「黄金石」と呼ばれていた。この岩石のもう一つの特徴的な鉱物が石墨である。石墨は鉛筆の芯や乾電池の炭素棒の原料である。常願寺川の対岸、富山市大山町小原の千野谷鉱山が石墨（黒鉛）の鉱山である。現在は休山中であるが、日本最大規模の黒鉛鉱床がある。

写真44．美女平周辺の杉巨木

写真45．美女平周辺の杉巨木

　さて、現在の藤橋でなく安政五年の大土石流発生以前の藤橋を渡ると少し左に進み、そこから黄金坂の急坂を登り、更に険阻な草生坂を登ってようやく現在の立山ケーブルカー立山駅前広場に着いたという。ここには「ゆのまたの千しゅ堂」（7）があった。「ゆのまた」とは湯川（常願寺川）と称名川が合流する所。落ち合う所、の意である。この千手堂は一間四方で、本尊は千手観音である。駅前広場には西国十三番札所近江国石山寺の二臂如意輪観世音石像がある。また熊王清水の霊水も引かれている。

＊12［材木坂］（9）まっ黒な岩石で、径二〇～三〇cmの六角形また五角形、長さ五〇cm、また一mとさまざまな大きさ・形の柱状の角閃石輝石安山岩がある。標高約七〇〇～八〇〇mに分布する新生代第四紀に噴出した立山火山初期流出の溶岩である。この岩石は、ここ立山ケーブルカーの第一トンネルと第二トンネルの間や、歩道の材木坂、有料道路の桂台と美女平の間等で見られる。

＊13［熊王権現］黒い岩石、材木石が作る岸壁を熊王権現と見立て、岸壁上部の巌窟に熊王権現社を造営し、そこに無量寿仏の一、無礙光仏とその垂迹の熊王権現を奉斎した。また、この安山岩壁から熊王清水と呼ばれる霊水が湧出し、下に小池を作っている。材木石溶岩の下に旧河道の砂礫層が存在するので、熊王清水はこの砂礫層に関係するとも思われる。昔は、熊王清水を熊王権現社で販売していたと言う。現在は立山ケーブルカー終点「美女平駅」や下の立山駅広場に引かれ生活用水として利用されている。

＊14［鷲の窟］立山ケーブルカー上部に、今日、避難窟となっているものが昔の「鷲の窟」と思われている。鷲の窟とは、インドの釈迦が鷲の住む山上で説法をされたその山を霊鷲山と言う。次の歌がある。

・霊山の釈迦のみまへにちぎりてし真如くちせずあひ見つるかな　大僧正行基　拾遺和歌集　一三四八

・けふぞしるわしのたかねにてる月をたにがはくみし人のかげとは　皇后宮権大夫師時　金葉和歌集　六三六

　ここは立山開山慈興上人が造営されたもので、無量寿仏の一、超日月光仏が祀られていた。元和七（一六二一）年の立山寺惣中からの加賀藩寺社奉行宛書状には、「わしのいわ屋と申而(もうして)、立山権現之材木奉行ニ而候(てそうろう)、こ連(れ)ニ

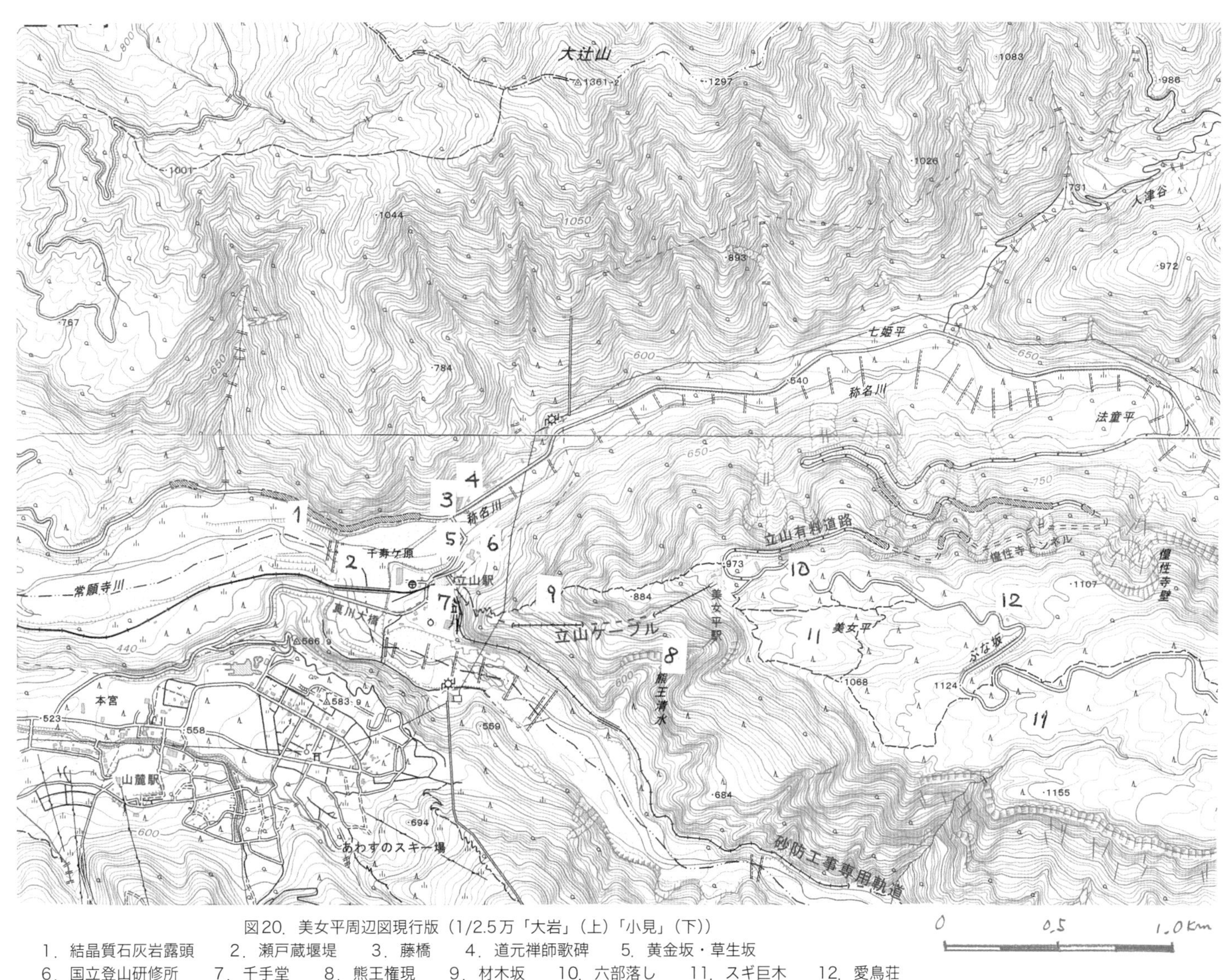

図20．美女平周辺図現行版（1/2.5万「大岩」（上）「小見」（下））

1．結晶質石灰岩露頭　2．瀬戸蔵堰堤　3．藤橋　4．道元禅師歌碑　5．黄金坂・草生坂　6．国立登山研修所　7．千手堂　8．熊王権現　9．材木坂　10．六部落し　11．スギ巨木　12．愛鳥荘

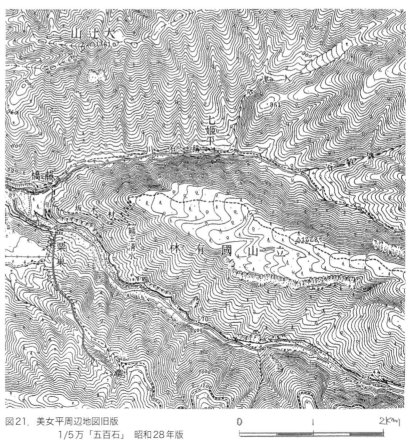

図21．美女平周辺地図旧版
1/5万「五百石」 昭和28年版

よってさい木坂と申なし候」とある。

＊15 ［断罪坂］美女平駅前に二本のタテヤマスギがある。これを美女杉二世と称している。この杉の根元に西国第十七番札所六波羅蜜寺の十一面観音石像がある。そこからバス道を登ると左側に急崖がある。ここを「六部落しの嶮」（10）という。更に登ると断罪坂がある。ここに昔、禿杉（かむろすぎ）があった。名前の由来は、この坂では登拝者すべての、今まで作り続けた罪障が悉く断滅するという。開山慈興上人はここに不断光仏を祀った。この坂の下には老尼とともに来た壮女が美女杉となり、この坂では童女が、手足が動かくなくなったので、「我此の御山で生きながら名顕わして杉となり、来世にその悪名を残し、参詣人の哀れみの法号南無阿弥陀仏を得て、その縁で極楽往生したいものだ」と言って、生きながら、髪を八方へ乱

し、禿杉になったという。また、老女はその様子を見て悪口を言いながら小便をしたので、その跡が深い穴となった。この穴を「叱り尿り」という。ブナ坂の手前の左側上に「愛鳥荘」（12）がある。また最近までは道をはさんだ向かい側に「愛山荘」があった。これは、ここは立山有料道路の工事を請負った佐藤組の社長佐藤助九郎の建設による。ブナ坂を登りきった所にブナ小屋があった。更に登り刈安谷の谷頭に滝見台「伏拝み」がある。

＊16「伏拝み」現在の滝見台（16）。ここではバスの中から称名滝が遠望される。西国二十番札所穴太寺聖観音石像や荻原井泉水の「滝を落し全山木の葉をおとしおわり」の句碑がある。

＊17「桑谷」（17）常願寺川に流入する桑谷は弥陀ヶ原溶岩台地を長く侵食している。その桑谷の谷頭（18）に「中室（なかむろ）」がある。ここは早朝、芦峅寺の宿坊を出発して最初の最後の休憩地であった。昔は中食の接待所があり、疲労者や病人は宿泊させた。紀行文にもその記載がある。次の休憩所・宿泊所は室堂。

＊18「不動堂」上（かみ）ノ子平には下（しも）ノ子平と同じ樹種のキタゴヨウ・タテヤマスギ・ネズコなどの巨樹が庭園状に点在する。その中にはいわゆる禿杉（かむろ）のやや大きい

写真46．歩道材木坂の材木石

写真47．立山ケーブル沿の材木石

写真48．愛鳥荘

写真49．称名滝とハンノキ滝

ライチョウ（夏羽）　手前♂、奥♀

写真50．愛山荘

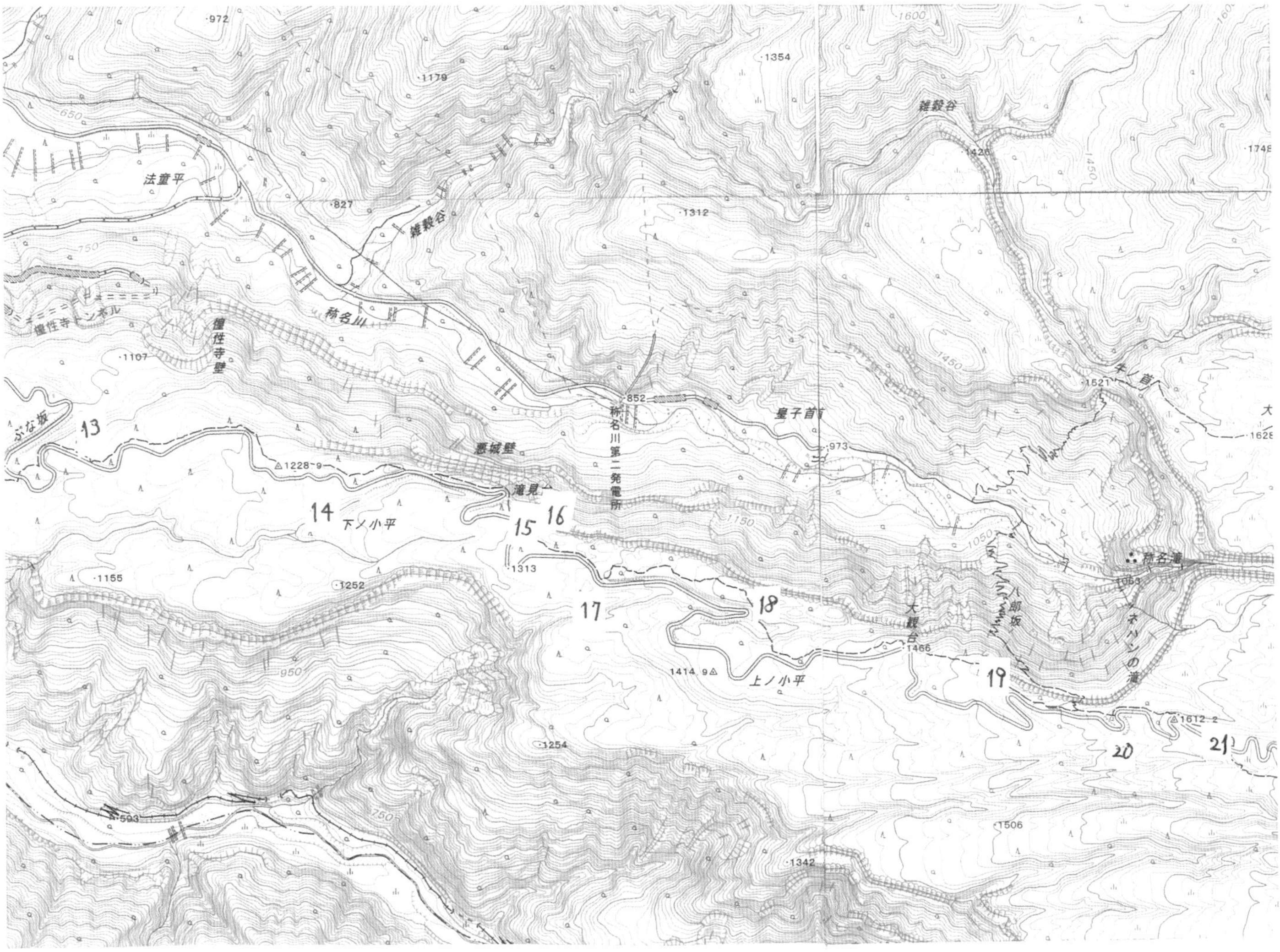

図22．1/2.5万　現行版 弥陀ヶ原図「大岩・小見・剣岳・立山」
13．ブナ小屋跡　14．刈安谷　15．刈安坂　16．伏拝み　17．桑谷
18．中室跡　19．禿杉　20．不動堂跡　21．弘法小屋跡

0　0.5　1.0km

鍋冠（なべかむ）り杉や夫婦杉の名のスギもある。更に登ると、八郎坂への分岐点に着く。この八郎坂は、八丁坂とも呼ばれたが、大正十三年頃ガイドの佐伯八郎等によって開発された。この八郎坂から見る称名滝は素晴らしい。途中の休憩所ではラムネなど売っていたものである。この分岐点には旧版地図にもある滝見小屋、また下の称名滝駐車場近くに、写真の称名小屋があった。滝見小屋跡辺から少しバス道路を登ると、右側に不動堂跡（20）がある。前記の加賀藩寺社奉行への書状には「不動堂之社と

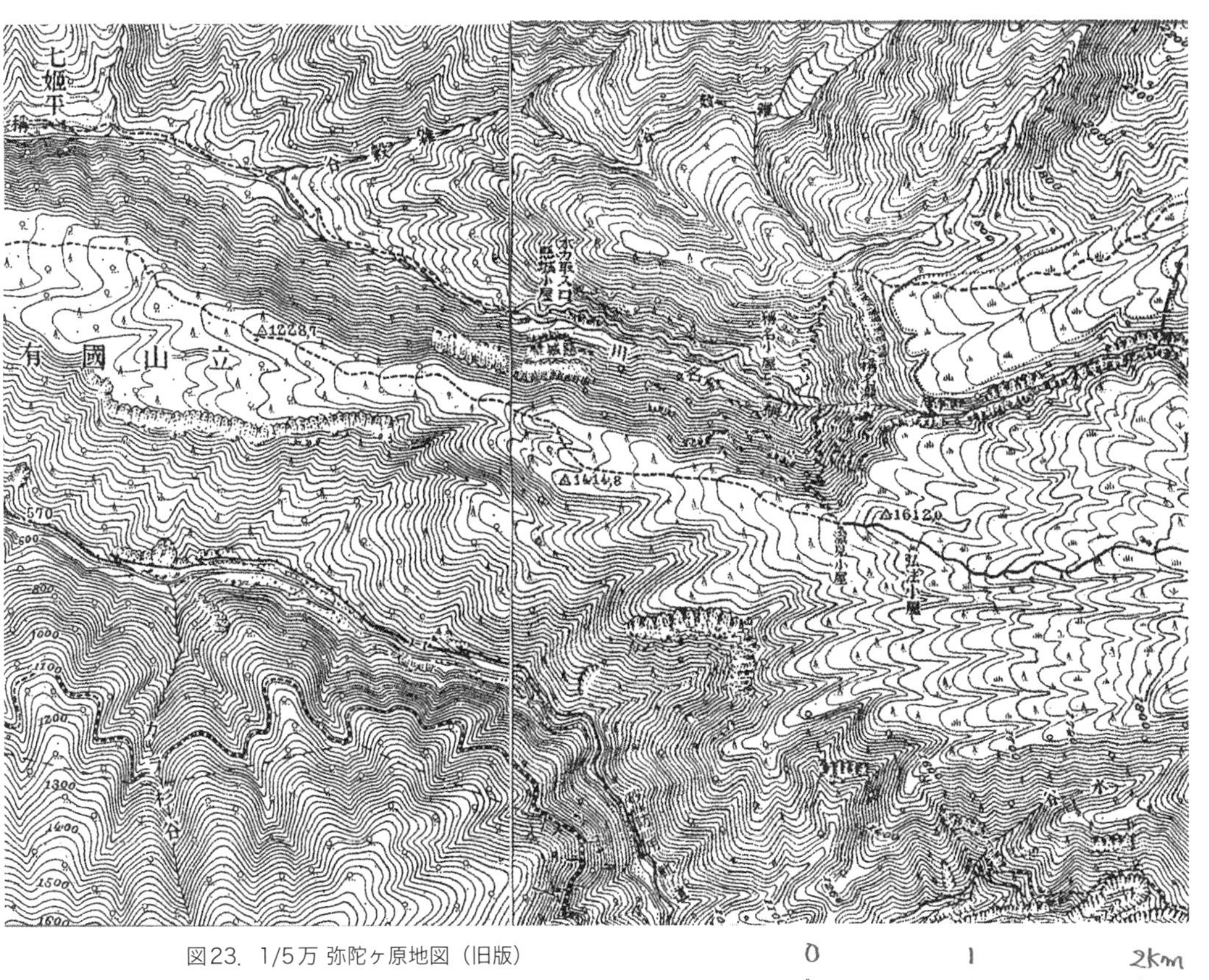

図23．1/5万 弥陀ヶ原地図（旧版）

0　1　2km

写真51．旧弘法小屋（吉秋功提供）

写真53．弥陀ヶ原　A弥陀ヶ原ホテル　B薬師岳

写真52．旧称名小屋（吉秋功提供）

写真54．弘法清水（高島氏清掃中）

は、一間四方ニテ御座候」と。また「不動堂の前殿、三間四方之堂ニテ御座候」とある。また、『岩峅寺文書一三八』には、

①正徳元（一七一一）年に尾州知多郡渡内村自得が十両寄進で建直しをしている。

②鍋二つ、椀五具を高岡戸出町又八が寄進している。

これらから不動堂には期間中、係が常駐していたことがわかる。

＊19［中津原］不動堂跡辺からは広い弥陀ヶ原高原となる。ここは又マガヤ－イワイチョウ群落からなる高山湿原。少し登ると弘法小屋跡（21）。ここには弘法大師ゆかりの弘法清水がある。写真は清水の清掃中の高島正氏。地図の（22）は追分。ここには二十五番札所御岳清水寺十一面千手観音石像がある。隣の浮彫地蔵石像の光背には「右湯之道　左立山道」とある。更に約五〇〇m進むと現在の追分（23）。この辺に追分小屋があった。ここでは立山道は一ノ谷道と姥ケ懐道に分岐していた。二十六番札所一乗寺聖観音石像（台座のみ）と浮彫地蔵石仏がある。地蔵石仏光背には「右うばがふところ道　左一ノ谷道」とある。昭和初年には一ノ谷道・うばがふところ道・美松道・湯ノ道・弘法道の五叉路であったが、昭和二十八年版地図では「うばがふところ道」はなくなっている。前記『岩峅寺文書一三八』には「中津原地蔵堂寄進　富山石倉町岩峅屋　仁右衛門」とある。

＊20［国見坂］追分から姥石を通り鏡石に行く道。天狗山の山麓を通る道。大正二年版の地形図（図28）を見ると、登っては下り、下っては登るを何度もくり返す苦しい道である。立山登拝では一般に「上り一ノ谷道、下り姥ケ懐道」であった。

＊21［姥ケ懐道］追分から姥石を見て鏡石に達する道。立山登拝路では

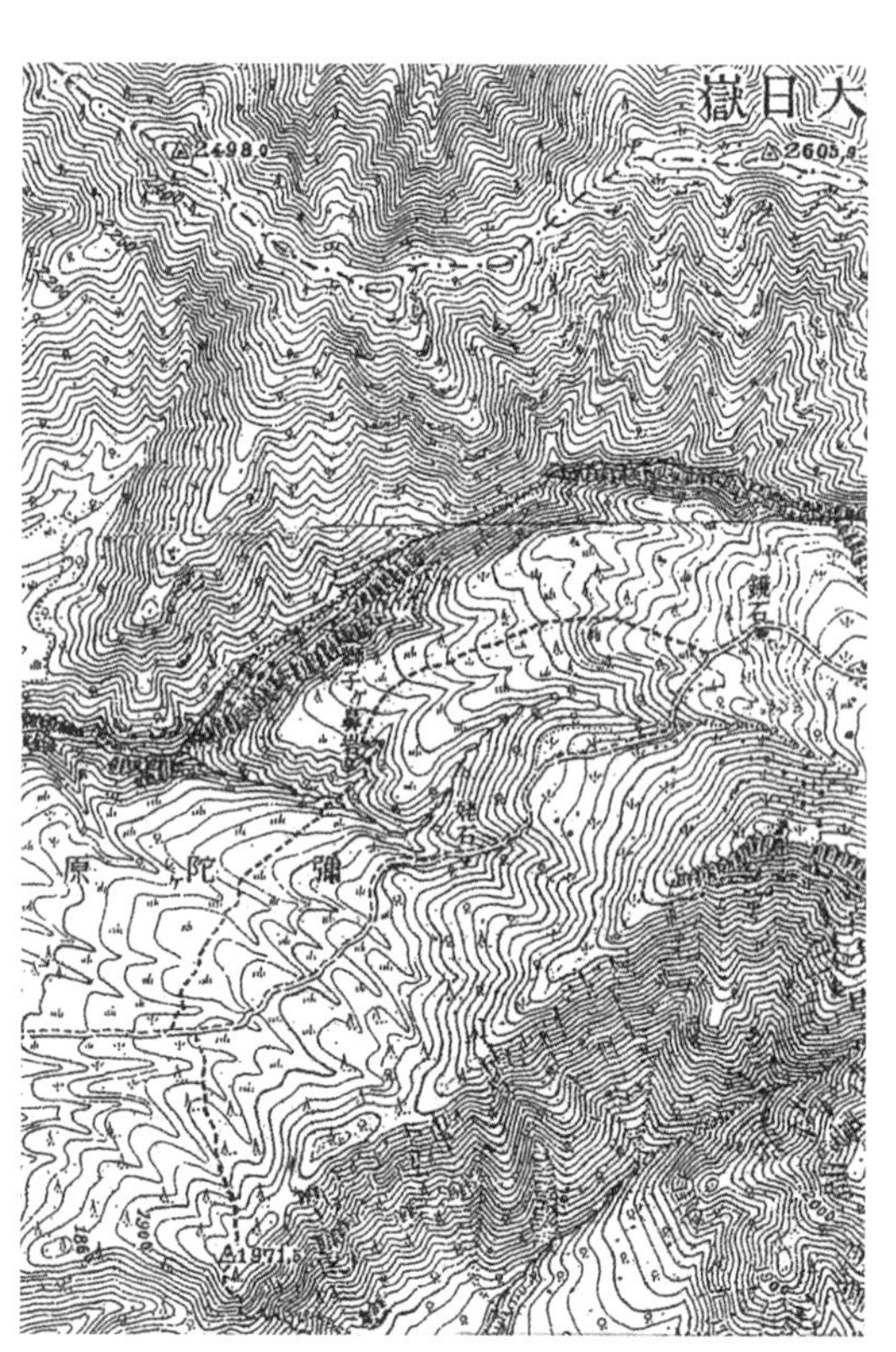

図24．姥ケ懐道（1/5万「立山」大正二年版）

一般に下山道にあたる。追分小屋跡近くには、中津原堂（23）があり、立山開山慈興上人が智恵光仏を祀られた。この中津原堂から姥石にかけては、天狗山から吹きおろす冷風が来なく、暖かなので「姥ケ懐」の名がある。古歌に、「恋の山繁き小笹を踏み分けて入りそむるより濡るる袖哉」があるという。また、若狭国小浜の老尼長良がここまで来たが、目がくらみ、手足が動かなくなり、「我は五障△1三従△2の罪深きとも　持参の鏡は神の御正体であり」と言って、その鏡を遠くに投げた。その鏡が石となったものが現在の鏡石であると伝える。そして老尼長良は額に角が生じ石となった。それがここの姥石だという。昭和三十六年の石田茂作博士の調査では、姥石の高さは五尺八寸・幅九尺・奥行八尺であった。またこの姥石上に「天明三（一七八三）年　右うばがふところ」在銘の地蔵菩薩石像がある。『立山道名所』『越中道の記』には、姥石の形を評して「女のうつむきに成たる形」とあるという。姥ケ懐道の終点に鏡石がある。この鏡石は高さと左右の幅はともに七尺、奥行五尺の自然石。立山火山活動の第三期火山活動の終わり頃に発生した溶岩泥流中の転石の一つである。鏡石の正面は平面ではあるが正面やや右に人工的と思われる丸い凹みがある。この凹みに鏡がはめ込まれたとか、種子が刻んであったのではなかろうかと言われている。

△1　五障は、成仏するための障害。①女性がもっている五種の障害（障礙）で梵天王・帝釈天・魔王・転輪聖王・仏身とはなり得ないこと。②修道上の五つの障礙で煩悩・業・生・法・所知のこと。

△2　三従は女性（婦人）が従うべき三つの道。①家にあっては父に従い　②嫁しては夫に従い　③夫の死後は子に従うこと。よく似た言葉に「三障」がある。これは①貧瞋痴の惑による煩悩障　②五逆・十悪の業による業障　③地獄・餓鬼・畜生の性の苦による業障のこと。

＊22　「市ノ谷道」（一ノ谷道）ここ立山の姥ケ懐道には姥石があり、一ノ谷道には天空高く突出した獅子ケ鼻岩がある。姥石を女性の象徴とすれば当然、獅子ケ鼻岩は男性を象徴している。『立山縁起』に「立山大権現は伊弉諾命・伊弉冉命之

図25．姥石スケッチ（石田茂作博士写生より）

写真55．鏡石

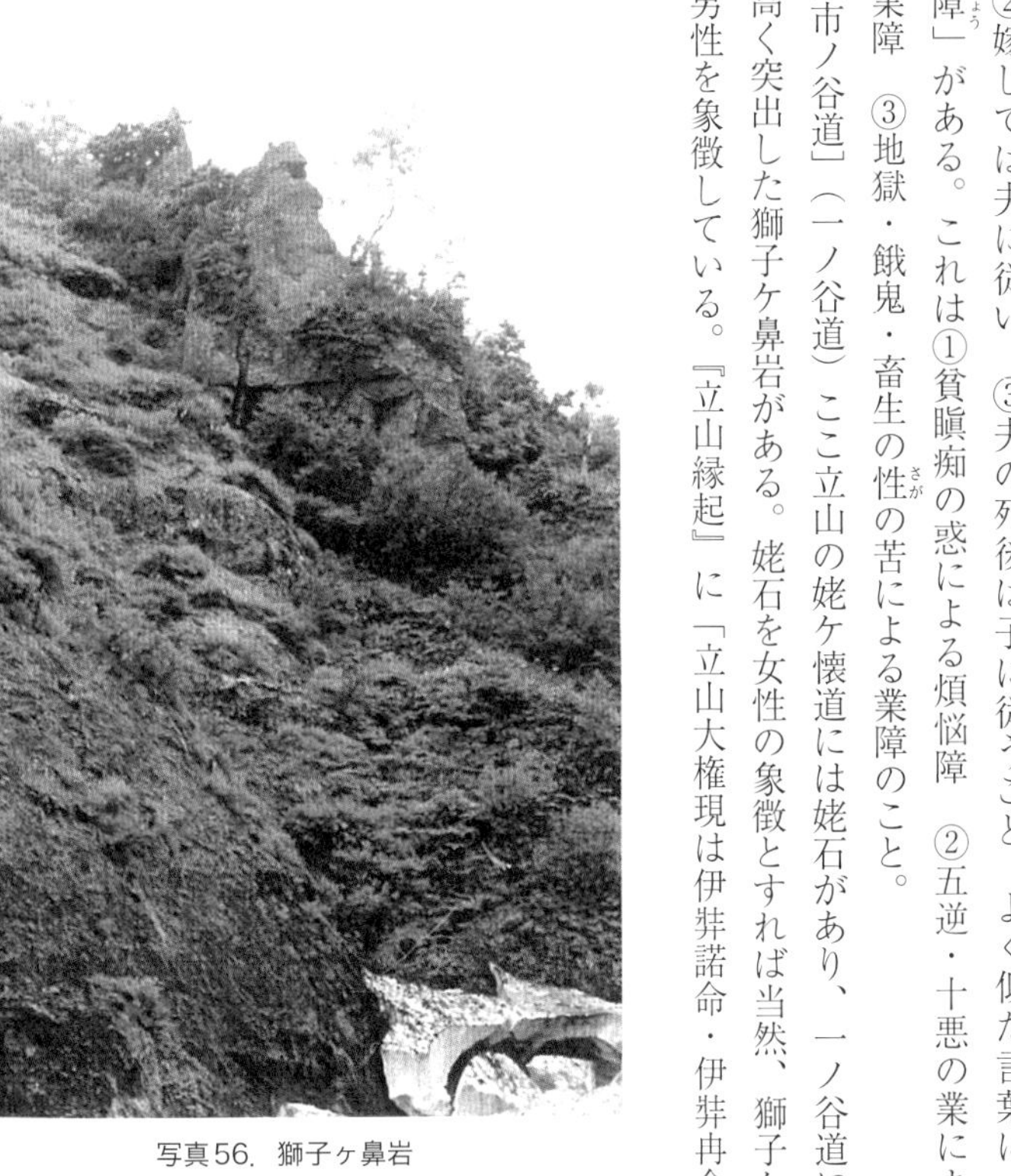
写真56．獅子ヶ鼻岩

写真57．役行者石像

霊体、一切男女の元神なり」「立山大権現は伊弉諾命・伊弉冉命の霊廟にして則陰陽交受の根源、衆生流出之本土也」等とある。また、『古事記』国生み条にある男性優先ということで、獅子ケ鼻岩を通る一ノ谷道が「上り道」、姥石を通る姥ケ懐道が「下り道」となったと考える広瀬誠説がある。さて、現在の弥陀ケ原バス停からは木道の散策道が整備されている。ここでは追分小屋跡から出発する。小屋跡から約二〇〇m進むと「ハリノキ谷」（24）がある。名前の由来は、この谷にミヤマハンノキが多いによる。「ハンノキ」はもと「ハリノキ」の訛したもの。このハリノキ谷がやがて、落差五〇〇mの「ハンノキ滝」となって、称名川に合流する。このハリノキ谷を下り、上るとまた同じ標高の高原である。数多くのガキノ田が周辺一帯にある。ガキノ田は死後、苦界の餓鬼道に堕ちた人が空腹を満たすため、ここの小さな池、それに苗を植えて食料を得る田の意である。ハリノキ谷から約五〇〇m進むと深い谷がある。二ノ谷（25）である。ハリノキ谷から二ノ谷の間が「五千原」。名称の起源としてはガキノ田の少し大きいのが五つあれば、「五池原」。それが変化して五千原とも考えられる。ここに開山慈興上人が難思光仏を奉斎されていた。先の書付状に「ち（池？）原と申候而、一間四方之堂本そんハ観音ニテ御座候」とある。更に直線距離で六～七〇〇m進むと一ノ谷である。この地に一ノ谷堂があった。岩峅寺文書一三八には「一ノ谷堂　施主天正寺村重右衛門」「一ノ谷堂本尊弘法大師安置　富山来迎寺」「一ノ谷喚鐘壱ツ　西水橋浜町平次郎・宗右衛門」がある。また加賀藩への書付状には「いちの谷と申候て、九尺四方の堂有、これ立山之かいさんにて、ごまを御たき被成堂にて御座候」とある。

さて、一ノ谷の対岸に獅子ケ鼻がそびえている。この岩壁を登るために、京都三条の名工小鍛冶宗近が作ったという大小二つの鎖、大鎖・小鎖がさがっていたという。現在は替わりの鎖やロープである。それにすがって登ると獅子ケ鼻である。獅子ケ鼻の右に大きな巌窟があり、奥に役行者石像がある。また、背後の一穴には木造小堂があり、中に木造弘法大師坐像・不動明王石像・丸彫地蔵石像を安置する。ここに弘法大師坐像を安置するわけは、この獅子ケ鼻岩上で大師が百日間護摩供養をされた故事による。また周辺には弘法大師ゆかりの扇掛松や衣掛松があったと伝える。

＊23［追分地蔵堂］図27の昭和二十八年版地図の鏡石と地獄谷の間のほぼ中間点に、黒線路と点線路の四叉路がある。ここから地獄谷に直行する道が始まるので、ここに「地獄追分堂」（寄進富山海老町桶屋弥治兵衛）があった。先述の書付書に「追分の地蔵堂これも九尺四方、極関地ごくの、とかにヨリをいわくるミちニ御座候」とある。鏡石から室堂に至る間に「下市場」「大谷」「上市場」なる地名がある。昔はどこを指したものか不明であるが、国文学者山田孝雄は天狗平、現在の天狗平山荘のある一帯を「下市場」、「大谷」は国見岳や浄土山からの水を集める「雪の大谷」、大谷を再び登った地獄谷側の所を「上市場」としていると。ここの大谷一帯はチョウ類の生息に適する気候であり、また食草が豊かであり、雪深い大谷の雪がようやく消え、越冬したサナギが一斉に羽化し、七月十三日の夕方、現在の八月十三日の夕方、精霊迎えの夕方が一年一度の買物をしておいでる如く様であるので、「上市場」「下市場」の名がついたのであろう。あるいはまた、お盆の十五夜満月とともに一晩中賑わうのか。

△岩峅寺延命院の『立山手引草』におよそ次のようにある。「国見ケ岳、立山開山佐伯有頼公慈興上人は無辺光仏を奉斎された。その理由は、この山で大己貴命が影向されて有頼に、我れ此山にて無辺の国を観察する故に国見ケ岳と名づく。とのたまえば有頼公もあまねく世界を見おろし、幻化の分野を観知し玉へ、五蘊の空しき事は水の泡の争うが如しと思し召して、帰館の栄花も何ぞ常ならんと心安らかにならせ玉フ故に、先づしばらく御休息し玉フ」。このようなことがあって立山開山を深く心に決心されたのかと思う。

＊24［岩峅寺二十四坊］岩峅寺には二十四坊がある。貞享三年の文書によると次の通り。常住坊・一乗坊・円城坊・千光坊・密蔵坊・覚乗坊・無動坊・中道坊・明星坊・般若院・蔵生坊・円林坊・円光坊・玉蔵坊・玉林坊・延命院・実教坊・多賀坊・惣持坊・実相坊・永泉坊・財知坊・六角坊・南泉坊。

＊25［室堂］『和漢三才図会』成立時の正徳二（一七一二）年時には間口五間、梁行四間の建物が三棟あって、阿弥陀如来・聖観音菩薩・地蔵菩薩を奉斎していた。しかし、現在は二棟。国指定重要文化財である。室堂は元和三（一六一七）年前田利長夫人玉泉院が再興。現存する北棟の棟札に「宝暦二（一七五二）年加賀藩主前田重熙の寄進」とある。この室堂は神仏体山立山権現に向かって並建された木造平屋造である。明治初年までは室堂の東正面に小さな鳥居があったと伝えるので、室堂は立山権現の拝殿の機能をもっていたと考えられている。

室堂には露座の石仏が群在していた。羅漢・閻魔・十王・地蔵・役行者や宝篋印塔の部分などがあった。中には十五世紀頃と考えられるものもあった。現在はコンクリートのお堂に納めてある。室堂の前の道を少し左に下ると玉殿窟があ

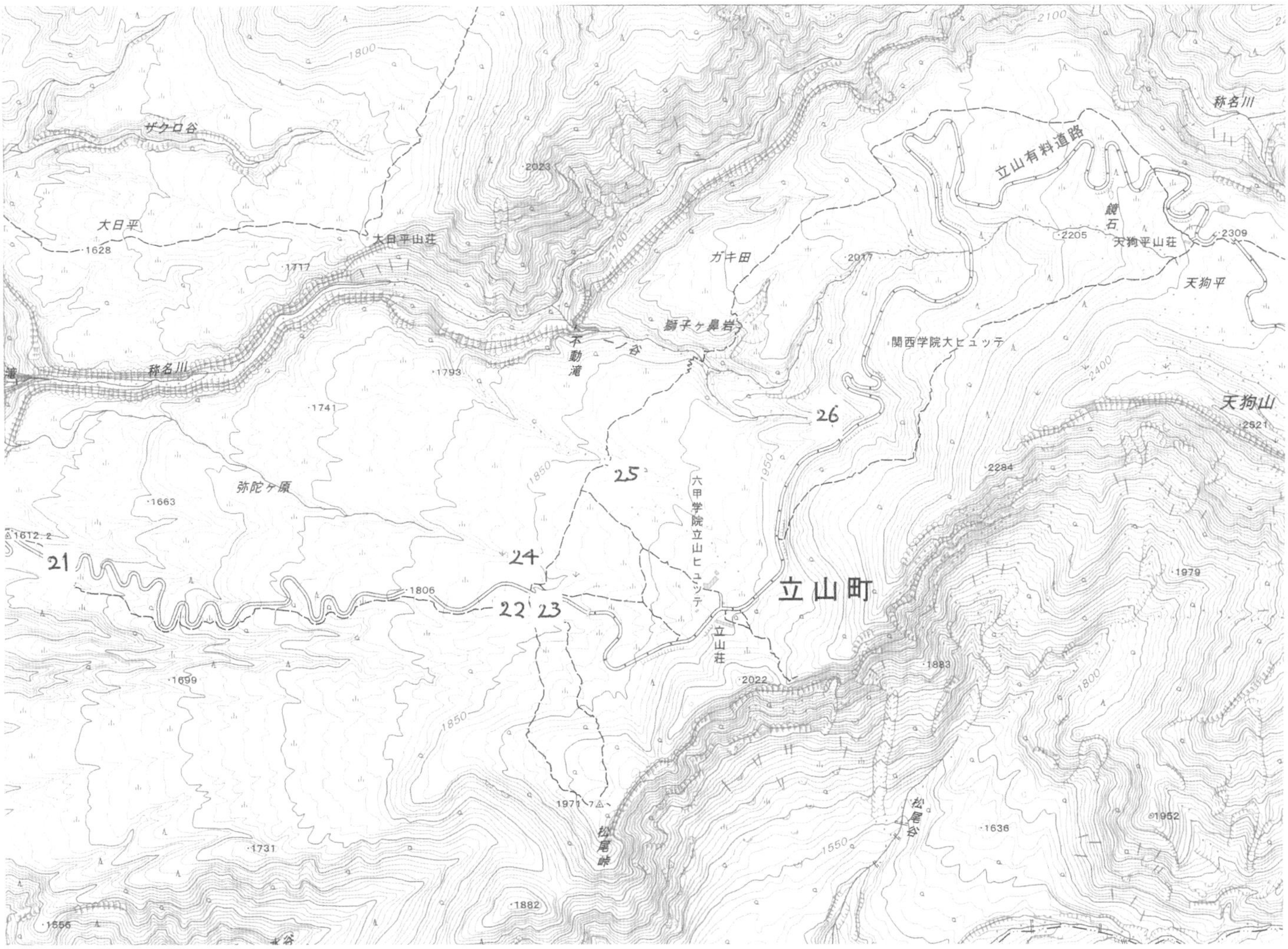

図26. 1/2.5万 現行 弥陀ヶ原地図「立山」

21. 弘法小屋跡　22. 追分小屋跡　23. 中津原堂跡　24.ハリノキ谷　25. 二ノ谷　26. 姥石

0　0.5　1.0km

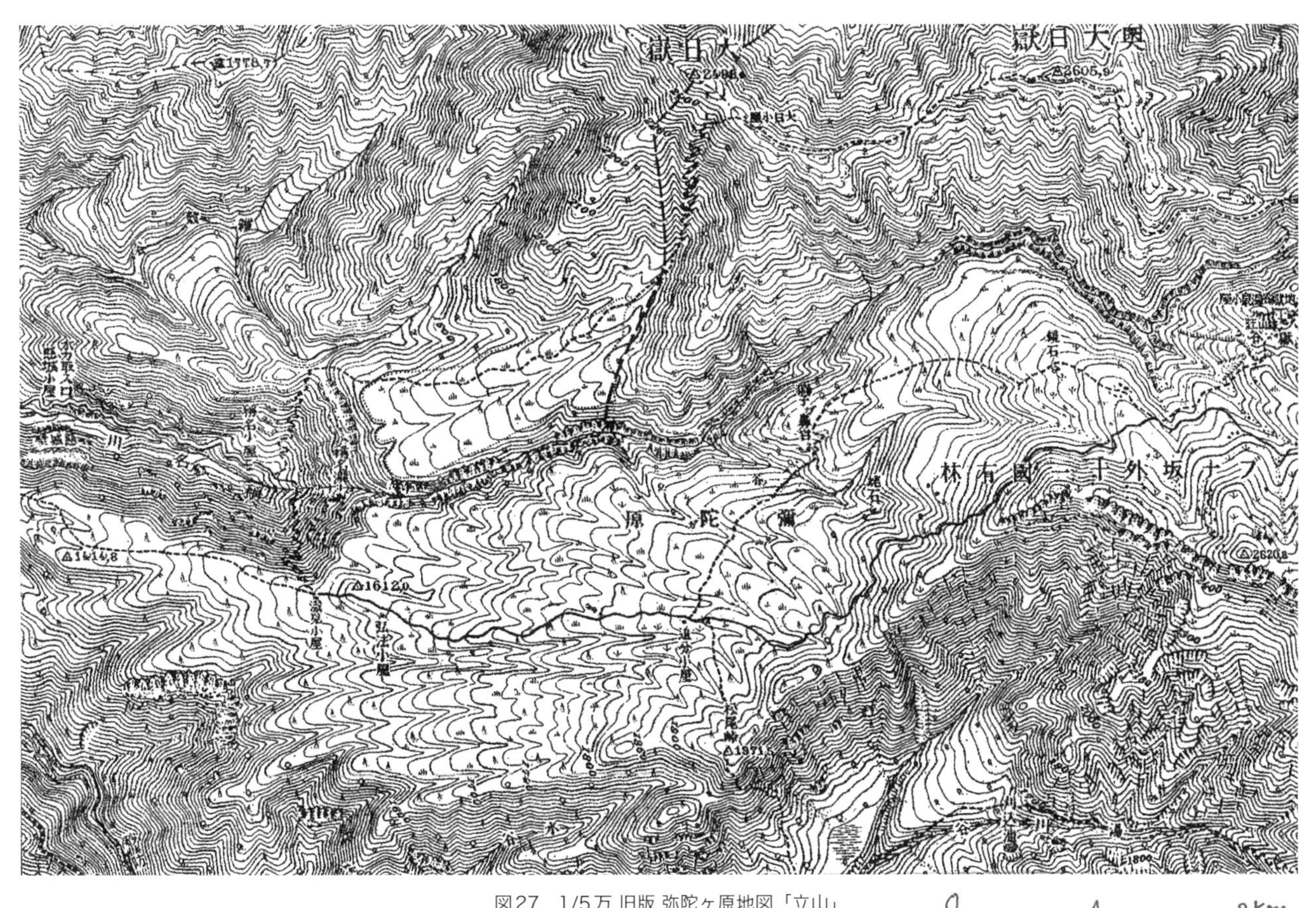

図27. 1/5万 旧版 弥陀ヶ原地図「立山」

0　1　2km

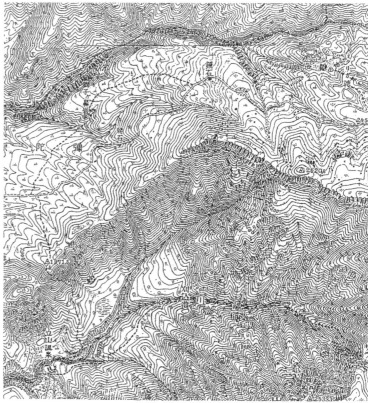

る。ここには来迎の滝がある。また玉殿方向に下りないで東に約三〇〇m下りると、小高い丘の上に西国三十三番札所谷汲山華厳寺十一面観音石像がある。

　貞享三（一六八六）年岩峅寺文書には室堂に数多くの物品が寄進されている。そのいくつかを記す。

・銀百目　室堂莚料　加州大乗寺月舟和尚
・金一両一歩　室堂灯明料　加州大乗寺卍山和尚
・室堂飯器　六十七　木村与兵衛・長左衛門・源左衛門
・弘法大師尊像　江戸南蔵院
・錫杖　京黒谷　誓永
・鍋ニ升たき　西番村甚左衛門
・室堂十六羅漢　十王石仏
・室堂前石灯籠壱本　願主富山津田祐悦・三日市寺嶋屋仁兵衛

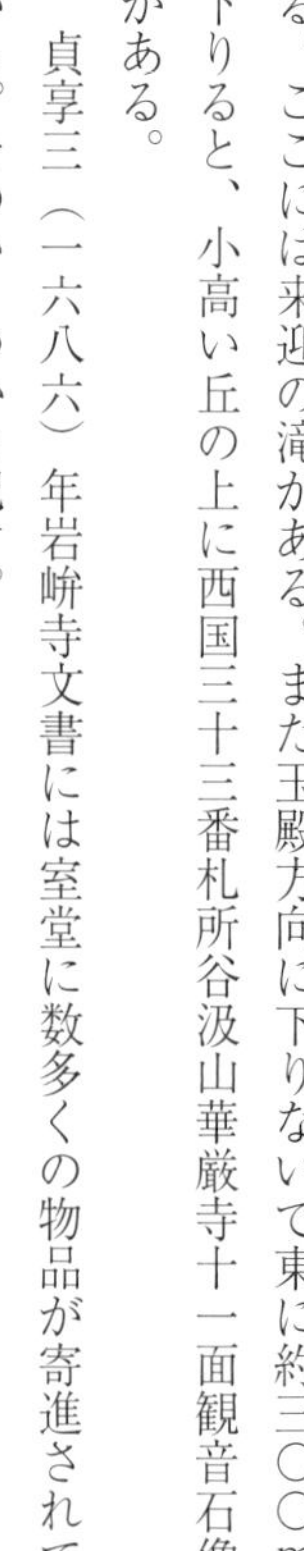

図28. 大正2年版 1/5万「立山」
姥石鏡石地図

0　1　2km

写真58. ガキノ田

写真59. 獅子ヶ鼻窟の不動明王像

写真60. 獅子ヶ鼻頂上　遠くは弥陀ヶ原ホテル

写真61. 獅子ヶ鼻の小堂

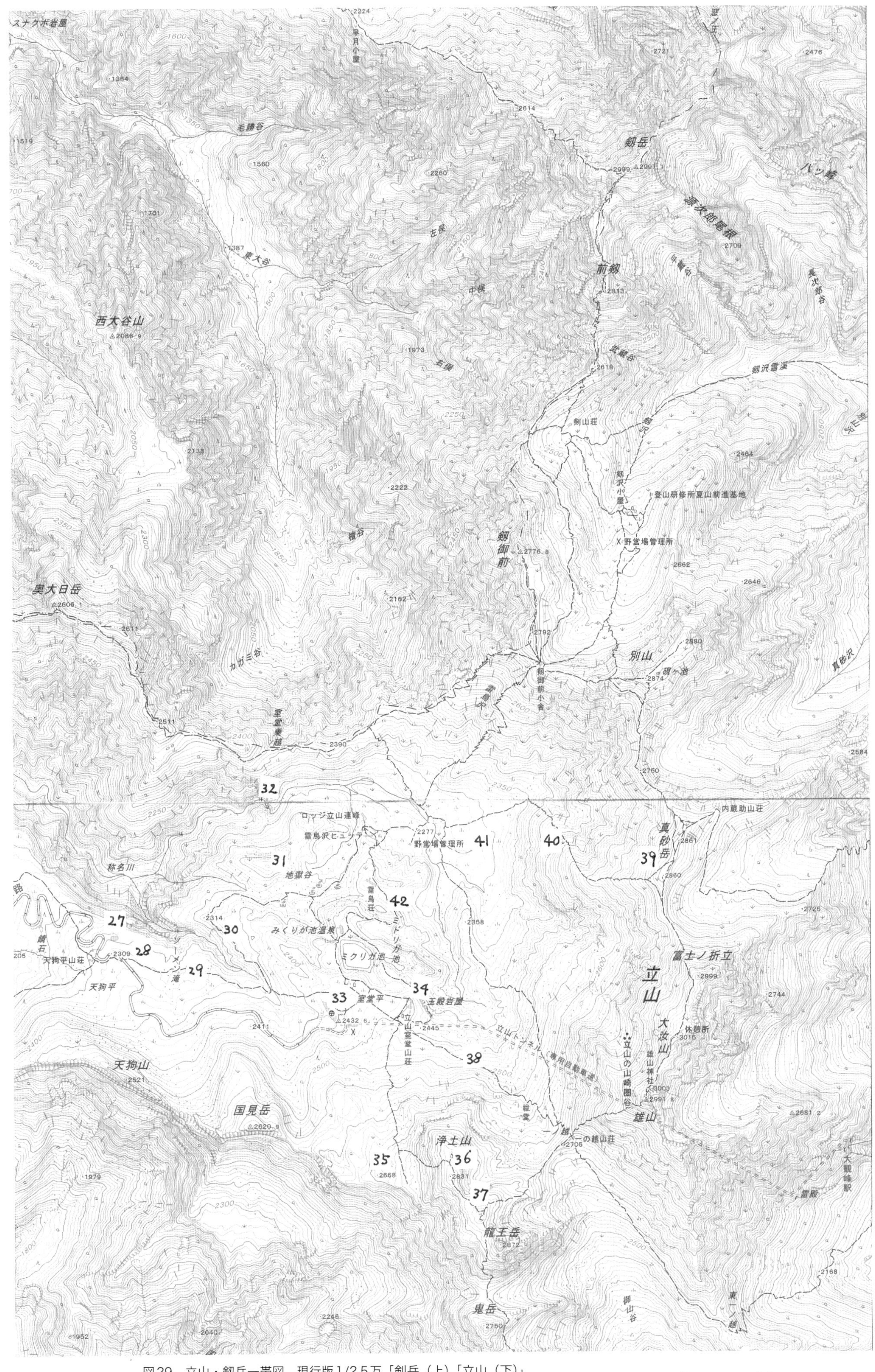

図29．立山・剱岳一帯図　現行版1/2.5万「剣岳（上）「立山（下）」

27．立山高原ホテル　28．地獄追分堂跡（推定）　29．下市場跡（推定）　30．上市場跡（推定）
31．伽羅陀山　32.ツバクロ滝　33．室堂ターミナル　34．小山　35．室堂山　36．阿弥陀堂跡
37．浄土山社跡　38.懺悔坂　39.大走り　40.小走り　41．賽ノ河原　42．リンドウ池

写真63．室堂（国重要文化財）

写真62．室堂（左・室堂山荘・右室堂）

写真65．室堂石仏堂

写真64．石仏堂と宝篋印塔（部分）

写真67．玉殿窟と室堂（右は大日岳）

写真66．西国三十三番札所石仏（正面奥一ノ越山荘）

写真69．玉殿窟

写真68．虚空蔵窟

・室堂磐子　壱つ　砺波郡東中村　利助
・室堂夜灯壱対　砺波郡戸出村　竹村屋茂兵衛
・湯釜壱ツ　江州大津屋　絹屋治良兵衛

また、同文書「玉殿」には

・地蔵　唐金　玉殿窟に奉納　加州妙慶寺唱阿和尚・加州極楽寺忍阿和尚

がある。

室堂の東崖に玉殿がある。玉殿は玉殿窟と虚空蔵窟と二つある。玉殿窟は越中国人の宿泊、虚空蔵窟は他国の登拝者用であったという。玉殿を含む室堂平一帯や地獄谷・ミクリガ池等が水蒸気爆発前は広く室堂山からの溶岩流で形成されている。室堂山溶岩は板状、厚さ二～五cmの板状節理をしている。このため、玉殿も人の手で板状節理を取り除くことで窟内が広くされたのであろう。また、玉殿に小さな滝がある。これを来迎の滝と呼ばれ、朝、虹が出来るという

＊26［絶頂］通常は、室堂を出発して、下山後、また、室堂で宿泊する登山は先ず、室堂から南へ約一kmゆるやかな上り坂を室堂山二六六八mを目指して登る。そして浄土山・立山・別山に行き、大走(おおばし)り・小走(こばし)りを下って室堂に帰る「三山めぐり」「三山駈け」であった。トリカブトやミヤマアキノキリンソウ・クルマユリなどの高山植物が美しい。登り切った所が浄土山北峰。地図のΩ記号が日露戦役戦死者供養碑である。石積で囲われているのが阿弥陀堂。昭和三十年代に再建されたが積雪・風雨のため廃墟となった。少し離れて浄土山社（祭神天日鷲命・長白羽命）、これも廃墟。浄土山北峰から二～四〇〇mで浄土山。ここに富山大学立山研究所がある。少しで浄土山の本当の頂上と言うべき標高二八七二m龍王岳。眺望は雄大である。浄土山は立山曼荼羅では日輪を描き、二十五菩薩来迎が描かれ、地獄に対する阿弥陀如来のおいでる極楽浄土であった。前述の岩峅文書に次のものがある。

・浄土山峯堂　富山才田屋　三右衛門
・浄土山前堂　富山吉野屋　弥三右衛門
・浄土ノ山水上堂　加州金沢墨屋源五・米屋重兵衛他
・浄土山喚鐘　壱ツ　金沢観音町屋文治郎

＊27［懺悔坂］浄土山の北側山腹を捲くように登る。登拝者は今日まで造りに作った罪過を懺悔して祓堂に至る坂道。現在は切石を敷きつめた道ではあるが、所々に、長短の雪渓があり難儀する道。

＊28［祓川］懺悔坂を登ると祓所川(はらえどがわ)がある。この清水で心身を清め、祓堂で神主

写真70．立山雄山神社峰本社から剣岳まで（浄土山より）

写真71．浄土山から鬼岳・五色ヶ原・薬師岳・槍穂高

写真72．龍王岳頂上

写真73．祓堂

によるおはらいを受けた。昔はここで草鞋を抜き、足袋で登ったと伝える。先述の古文書に祓堂寄進として次の三件がある。三回も再建されたということか。また、ある時、三人の寄進で再建されたこと。

・祓殿堂寄進　加州金沢　天徳院和尚
・祓堂　　富山　与四右衛門
・祓堂　　岩峅　観音講中

＊29「一ノ越～五ノ越」浄土山から下る道と、懺悔坂を上る道が落合う所が「一ノ越」である。先に「大嶽形似尊貌膝為一ノ越腰腹為二ノ越肩為三ノ越頭為四ノ越頂上仏面為五ノ越」とある。各越（輿）には小祠があって石仏を安置してある。一ノ越の石仏は室町期という。昔は三ノ越には鉄鎖があり、それから上は一歩毎にあえぎ、五歩も登れば一休みしたと伝える。四ノ越にも六尺程の長さの鎖があり、五ノ越は最もけわしく鉄鎖を命の頼みにして登ったという。

　三ノ越の登山道から右に入った左側の大巌石に「東宮御歌」がある。

　　立山の空にそびゆるをゝしさにならへとぞ思ふみよのすがたも

が刻まれ、その由来を記した銅板がはめ込まれてある。これは昭和天皇が皇太子の時、大正十四年一月の歌会始に披露された歌である。小生の小学校時、運動場に全校生徒整列してよく歌った歌である。この地がまた、休憩に適する場であるので「九品」の名がある。九品とは上品上生・上品中生・上品下生・中品上生・中品中生・中品下生・下品上生・下品中生・下品下生であり、すべての衆生である。すべての衆生の休憩に適する地であろう。五ノ越には一等三角点。標高二九九一・八mがある。その前に峯本社の社務所がある。古くは頂上付近は人間の居住を許さぬ聖域であり、神職・社僧といえども室堂で寝泊まりをしていた。そして、毎朝登拝者を導いて絶頂に参上していた。ただ、風雨を避ける為の岩室はあったという。戦後すぐの昭和二十年頃に初めて木造社務所が建造され、昭和四十年、アルペンルート開設にあわせて、現在の鉄筋コンクリートの社務所となった。先述の岩峅寺文書中の関係寄進を次に挙げる。

一ノ越関係
・一ノ輿宮　高岡　宝円寺和尚
・一ノ輿堂之再興　施主　加州金沢野町二丁目酒屋　善左衛門
・一ノ越堂　滑川綿屋　九良兵衛
・一ノ腰喚鐘　壱ツ　上滝村　大川寺

二ノ越関係
・二ノ輿堂　道金屋　五郎右衛門
・二ノ輿堂　大津　藤左衛門
・二ノ越堂　射水郡東老田村　重左衛門

三ノ越関係
・三ノ輿　金沢西川立町　池田屋　長太郎
・三ノ腰鐘　壱ツ　今石動　西嶋屋　与右衛門

九品関係
・九品ノ堂　加州金沢　天徳院和尚
・九品堂　金沢　五郎右衛門
・九品ノ堂　施主　加州金沢野町二丁目酒屋　善左衛門
・九品釣鐘一口　金沢木新保　石浦屋　孫三郎
・九品堂　玉林坊　良覚

四ノ越関係
・四ノ輿　施主　加州金沢野町二丁目　酒屋　善左衛門
・四ノ腰喚鐘　壱ツ　善名村　孫兵衛

五ノ越関係
・五ノ腰銅堂棼前立不動堂　金沢紙屋　嘉兵衛

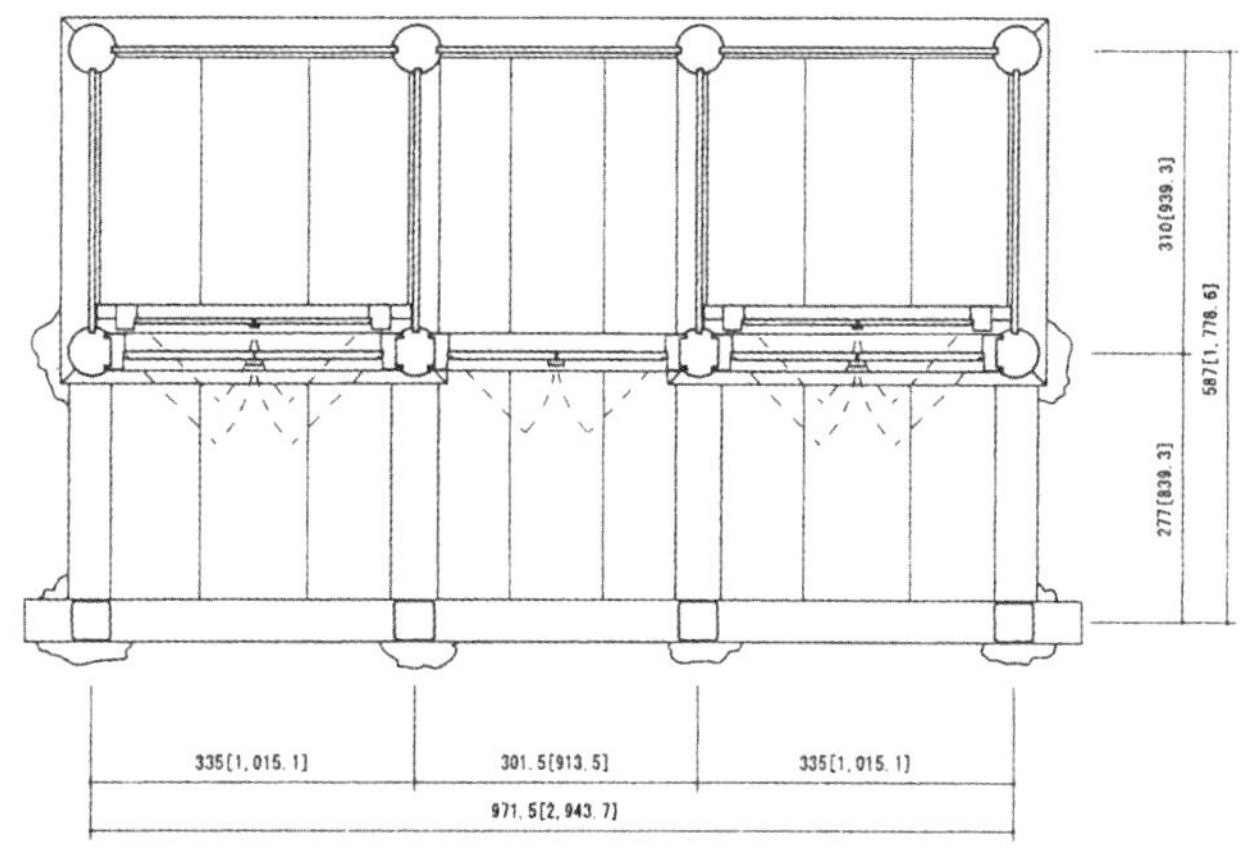

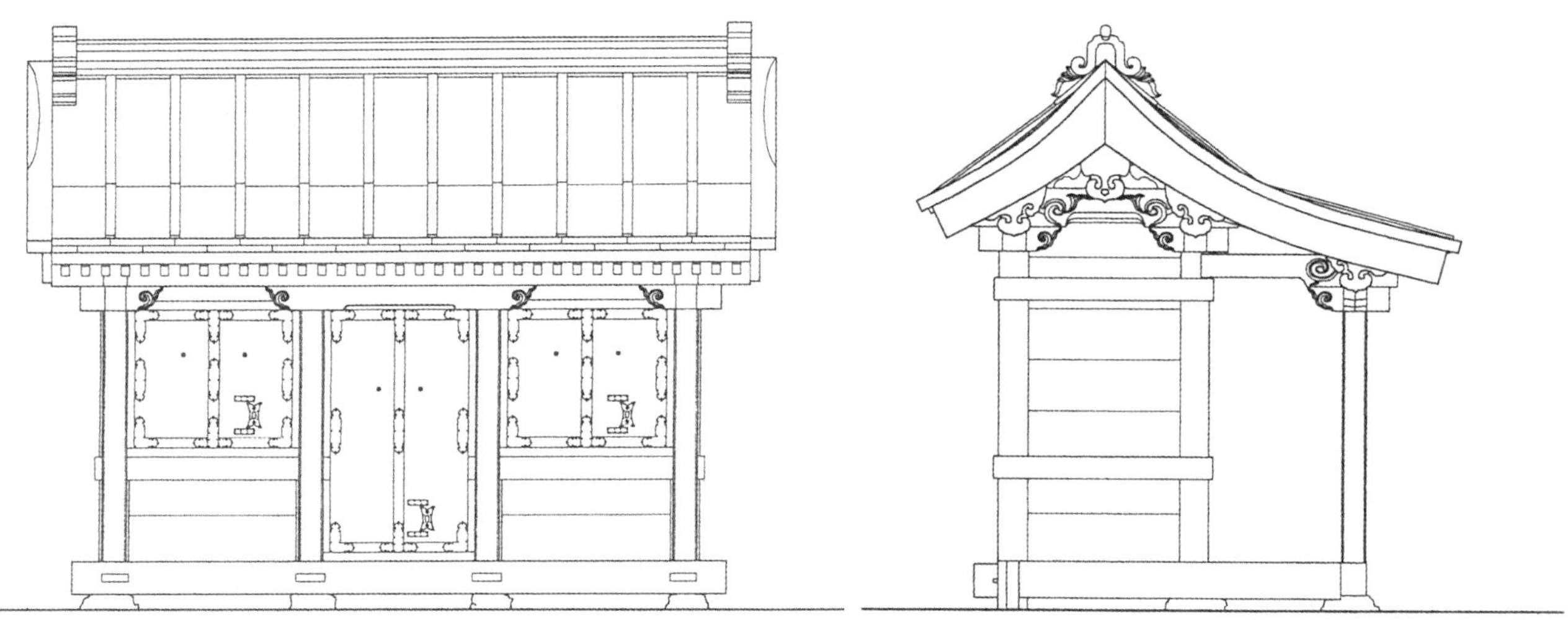

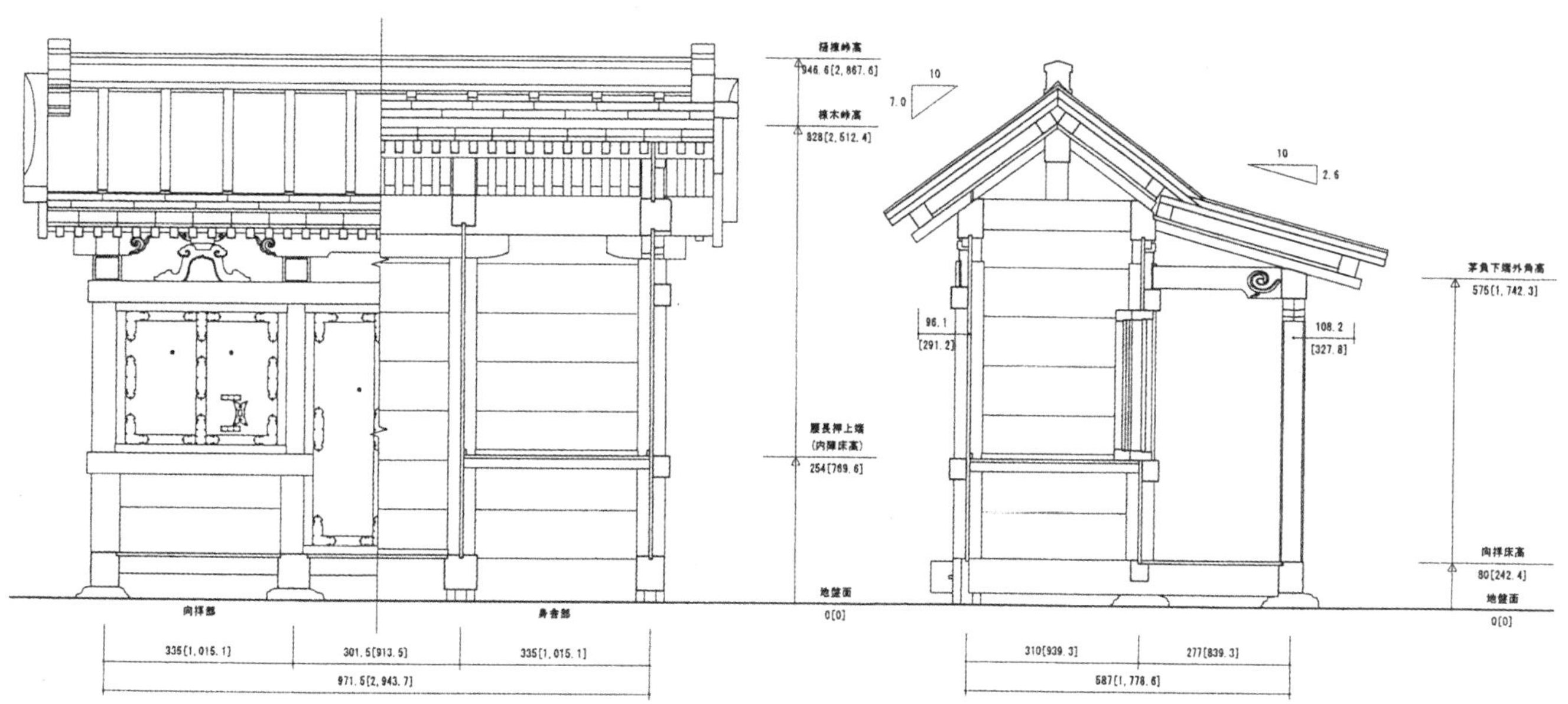

図30．浄土山 阿弥陀堂復原図（上野幸夫原図）

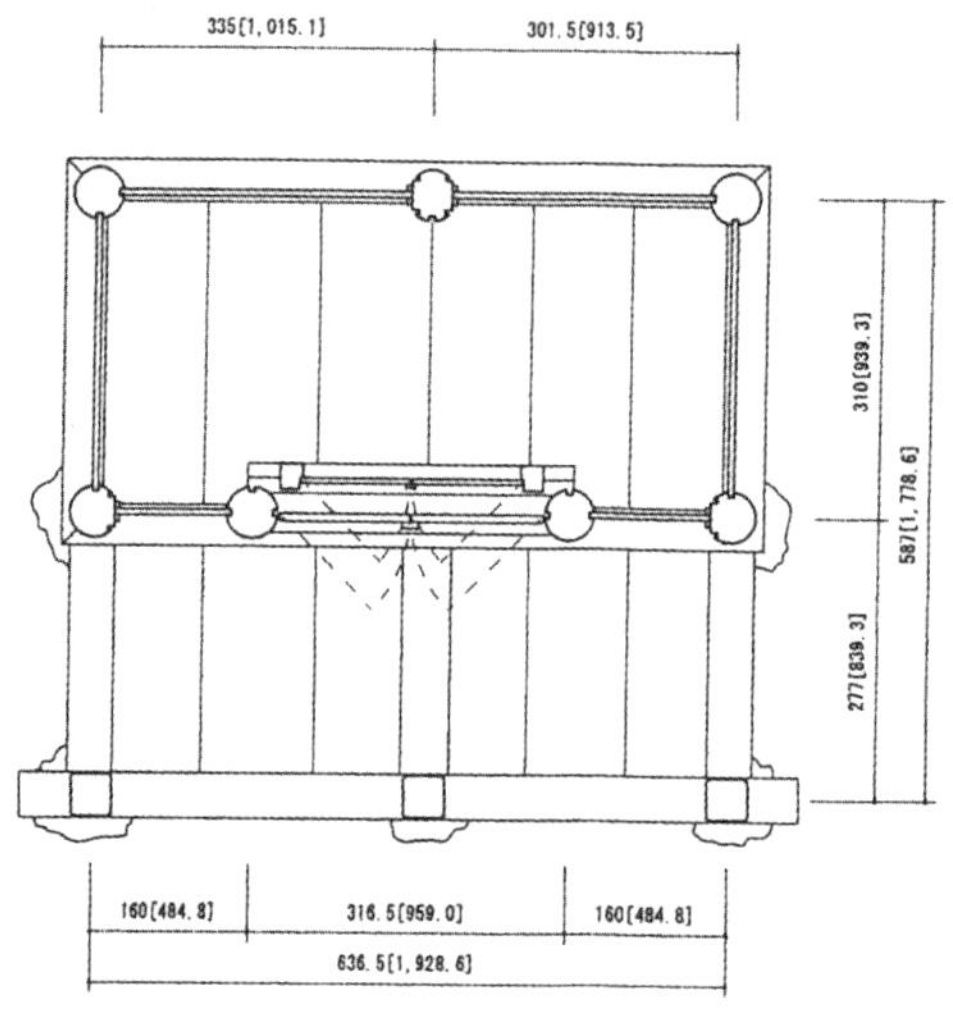

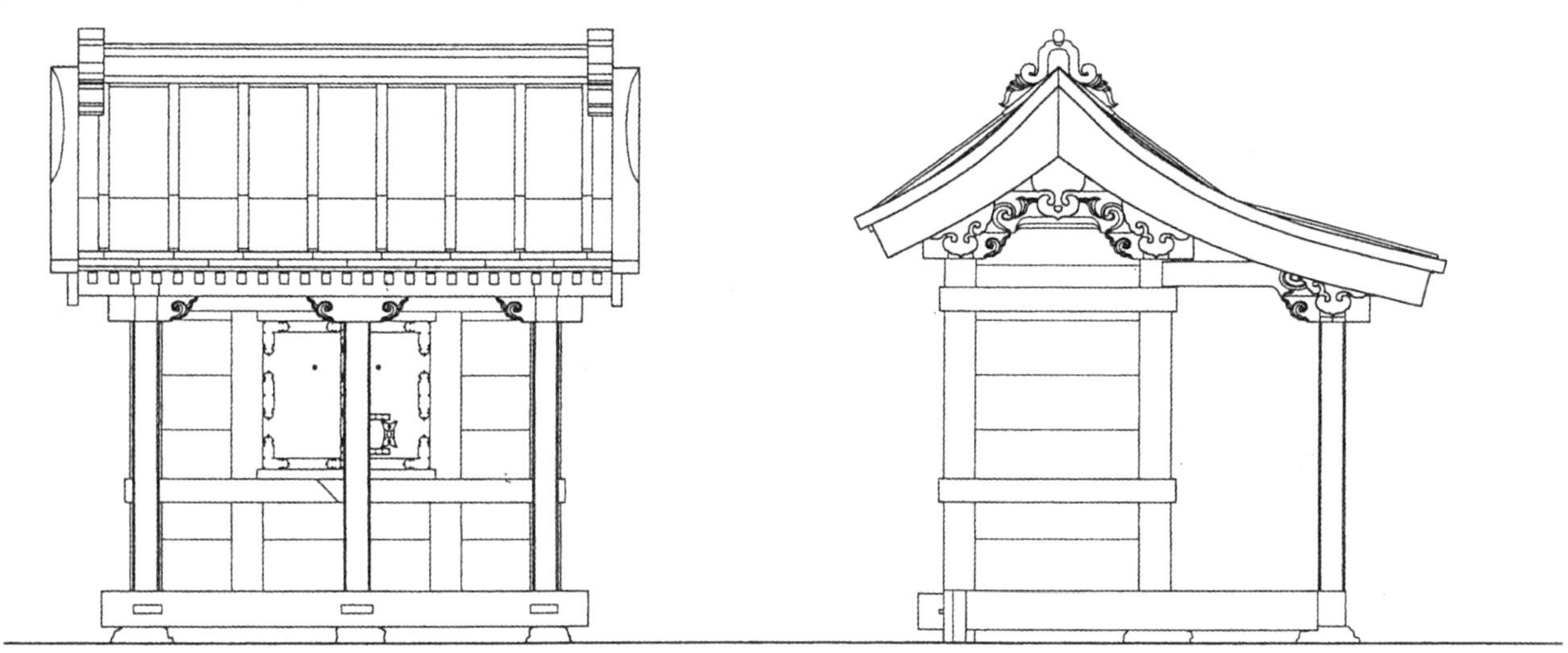

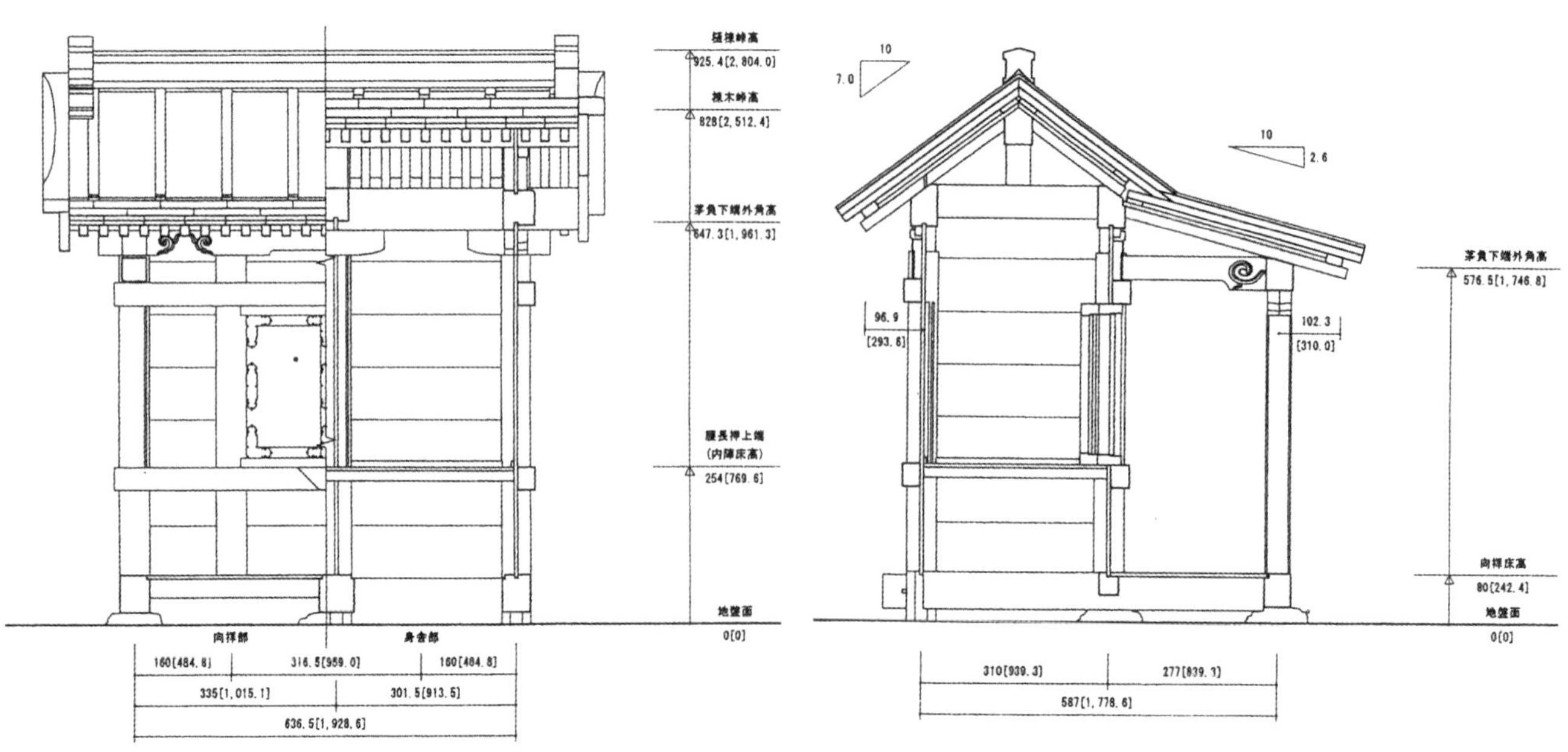

図31．浄土山社復原図（上野幸夫原図）

写真74．一ノ越社

写真75．二ノ越社

写真76．三ノ越社

写真77．四ノ越社

写真78．五ノ越社

写真79．峰本社

4．第四段　立山山頂峰本社・本尊・什物

本社（六尺×一丈三尺　南向）白砂庭（六尺×九尺　右方有奉納堂）

本尊阿弥陀如来[*1]（垂迹伊弉諾尊）　不動明王（垂迹手力雄尊）

付者
- 有頼所持刀（無銘）　蟇股鏃[*2]（有頼射熊之矢根）
- 錫杖（行基菩薩奉納之）　鬼牙一[*3]（北山石蔵之口牙）
- 角二[*4]（若狭老尼之額角）　駒角[*5]（藤義丞化馬生角）
- 天狗爪[*6]（光蔵坊之手爪）　天銭三文（外異国之古銭数多）

〔解説〕

峰本社は六尺に一丈三尺。南向きである。前庭は白砂で六尺に九尺である。その右の方に奉納堂がある。

本尊は阿弥陀如来である。日本国に垂迹されて「伊弉諾尊（いざなぎのみこと）」。ここ立山では立山大権現である。もう一方（ひとかた）は不動明王である。日本国に垂迹されて手力雄尊（たぢからおのみこと）。ここ立山では劔岳権現。またの名は地主刀尾天神（ちぬしたちおてんじん）である。

什物（宝物）としては、

(1)開山佐伯有頼公所持の大刀。無銘である。

(2)蟇股鏃。佐伯有頼公が現在の立山町横江の蔵王社辺りで熊を射られた時の矢尻。

(3)錫杖。役行者開山の美作国菩提寺を、天平時代に再興した行基菩薩が、慈興上人開山の立山権現様に奉納した錫杖である。

(4)鬼牙。現在の岐阜県飛騨市神岡町小萱の北山石蔵がここ立山で悪事を重ねたので、口の中に牙が生じ、別山の金剛童子に追われ、自分の牙で命を落とした。

(5)女人禁制のおきてを破って立山に来た、若狭小浜の老尼止宇呂が姥懐まで来たが、動けなくなった。額に鬼のように二本の角が生じた。体は現在も姥石のままであるが、角は宝物となって峰本社にある。

(6)現在の東北地方、秋田県大館市板沢（？）の藤義丞が一ノ谷道の畜生原で、しきりになまけて、居眠りをしていて馬に変じ、角まで生じた。その角が宝物となっている。

(7)天狗の爪一つ。現在の富山県上市町森尻の神度神社の智明坊が一ノ谷に来ていたが、生来人をばかにして勝手なふるまいをしていたので、ある時、急に牛がほえるような声を出し天狗になった。そして光蔵坊と自称して一ノ谷に住んでいたがある時、剱岳刀尾権現に追われ、一ノ谷を出て行く時に手指の爪一つ落した。その爪が宝物となっている。

(8)天銭三文。天銭とは星の名である。『晉書　天文志』に、「塁壁陣西北有二十星一、曰二天銭一」（塁壁陣の西北に十星有り。天銭と言う）。塁壁は城壁で「とりで」。天銭とはとりでを守護する銀白色の空に輝く星、しかも十個の星。ここでは立山峰本社を守護するお賽銭。それは銀銭である。『日本書紀』天武三（六七四）年三月七日条に、「銀始めて当国（対馬国）に出でたり。即ち貢上る」とある。また同書天武十二年四月十五日条に、「今より以後、必ず銅銭を用ゐよ。銀銭を用ゐること莫れとのたまふ」とある。この時の銅銭を富本銭という。また、それ以後の銀（銭）は無文銀銭であった。宝物の銀銭は天武天皇朝の銀銭であったろう。

先述の岩峅寺文書による峰本社関係寄進に次のものがある。

・御本社御供三方壱対　能州輪嶋　敷木屋　新右衛門
・御本社御戸張紺地金襴二張　水橋宿　与四郎
・御神酒鈴　壱向　金沢小立野　片岡伝右衛門

5．第五段　立山山頂より別山・賽の河原・玉殿窟・地獄谷等

○別山（自本社五十町）　後光石　橋立石　白山権現堂　折立富士権現　蟻唐渡　砂嶽炎王光仏　行者反　抱石（以上皆嶮難道）　別山帝釈天（六尺×二間堂　本地大日如来　前有硯水之池）　自別山出室堂（五十町）
大走　小走　賽河原（有地蔵堂）　玉殿窟（阿弥陀）　右有来迎滝　八所小窟　胎内潜　蓮華岩　楊枝嶽　美久里池（周五十町池有地蔵堂）　伽羅陀山　地獄谷（有地蔵堂）　八大地獄（各有十六別處）共百三十六地獄　血池（水色赤如血）　處處猛火燃　起罵詈号泣声聞人潰肝　北有剱山（山腰有石塔呼曰不思議石塔）　岩石峙如鋒刃険阻不可言　万葉

たち山に　降おける雪を　とこなつに　みれどもあかずかんからならし　家持

△按伝記中雖有近恠談者諸悪莫作神仏之方便詰者還愚也夏月雪消潔斎可登（岩峅蘆峅之峅字無所見然自古用来之）

（解説）

○峰[*1]本社より五十町で別山に至る。途中に後光石・橋立石・白山権現堂、折立には富士権現社がある。更に進むと蟻唐渡り・真[*2]砂岳の炎王光仏・行者反し・抱石等があり険難な道である。[*3]別山には帝釈天を奉斎する六尺×二間の堂がある。本地は大日如来である。帝釈堂の前に硯水の池がある。別山より室堂に至る道のりは五十町。大走り・小走り・賽[*4]の河原・玉[*5]殿窟がある。玉殿窟の奥には来迎の滝、八所の小窟、胎内潜・蓮花岩・楊枝嶽そして美久里の池がある。美久里の池の周囲は五十町、池に地蔵堂が有る。更に進むと伽[*6]羅陀山・地[*7]獄谷に至る。地獄谷に地蔵堂がある。地獄には八大地獄があり、それぞれに十六の別處（小地獄）がある。別處の地獄の数は八×十六＝一二八。八大地獄八ツを加えると合計百三十六地獄となる。別に血[*8]ノ池地獄がある。水の色は赤く血のようである。地獄谷の所々では猛火が燃え立ち、罵詈、口ぎたなく相手をののしったり、大声で泣く声のよう聞こえるので聞くだけでも恐ろしい。地獄谷のはるか北に剱[*9]岳がある。山腹に石塔が有り、不思議の塔と呼ばれている。剱岳では岩山が刀の鋒刃のように峙ち、その険阻の様は言葉では表現出来ない。万葉集に、

たち山に降りおける雪を常夏にみれどもあかずかんからならし　家持

がある。

△思うに、伝記中には本当とは思えない怪しい話もあるが、諸悪を莫くすための方便

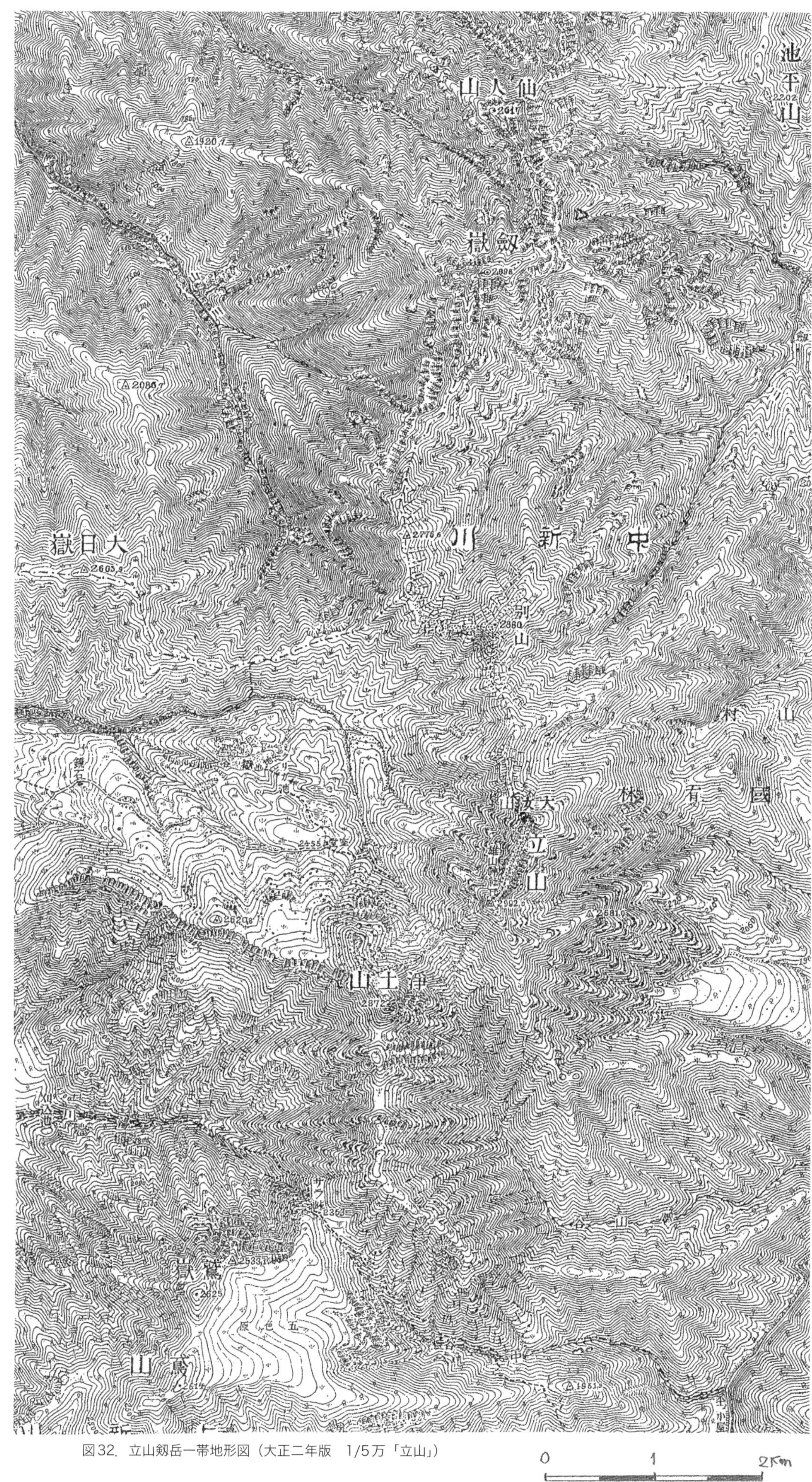

図32．立山剱岳一帯地形図（大正二年版　1/5万「立山」）

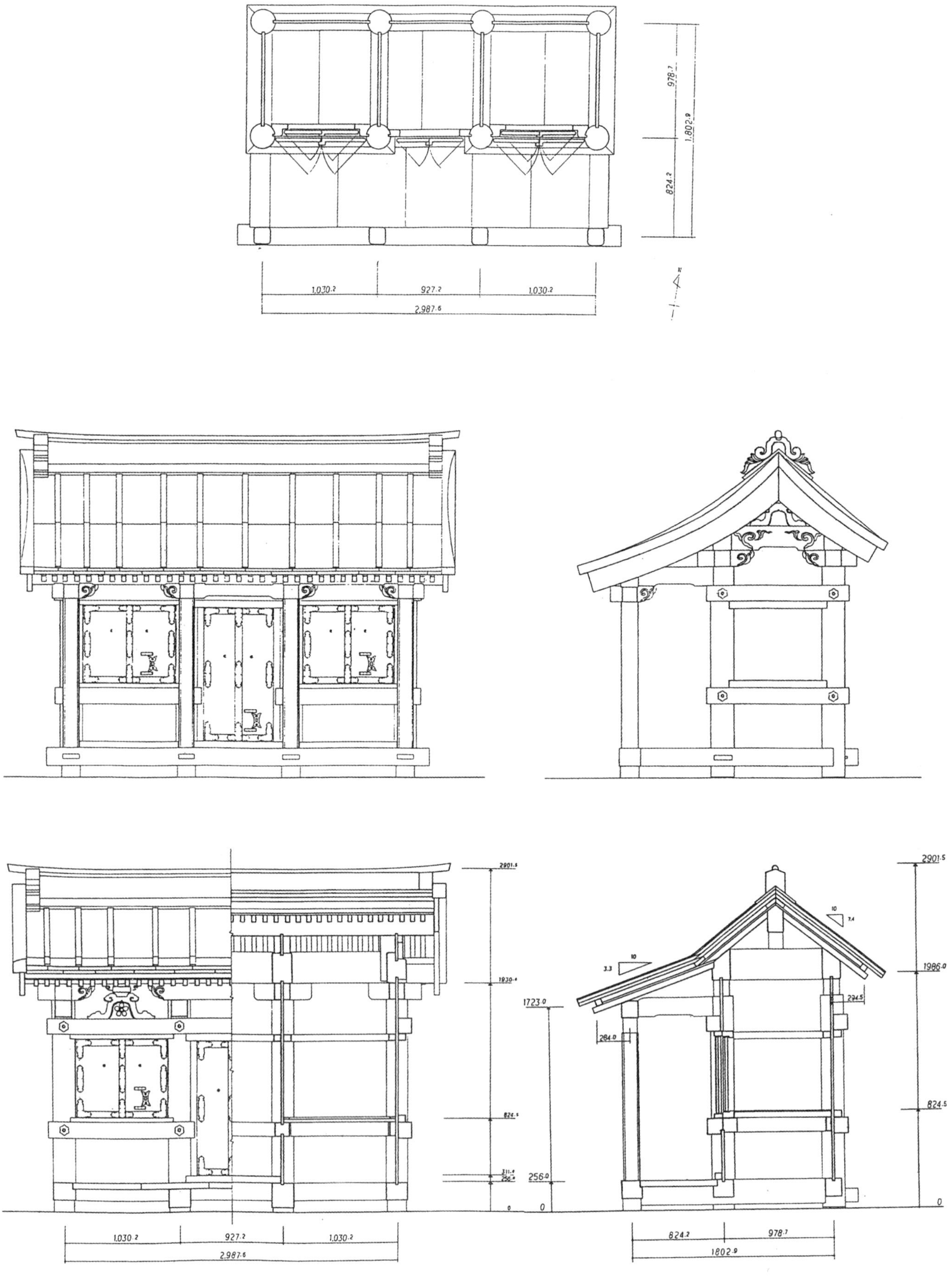

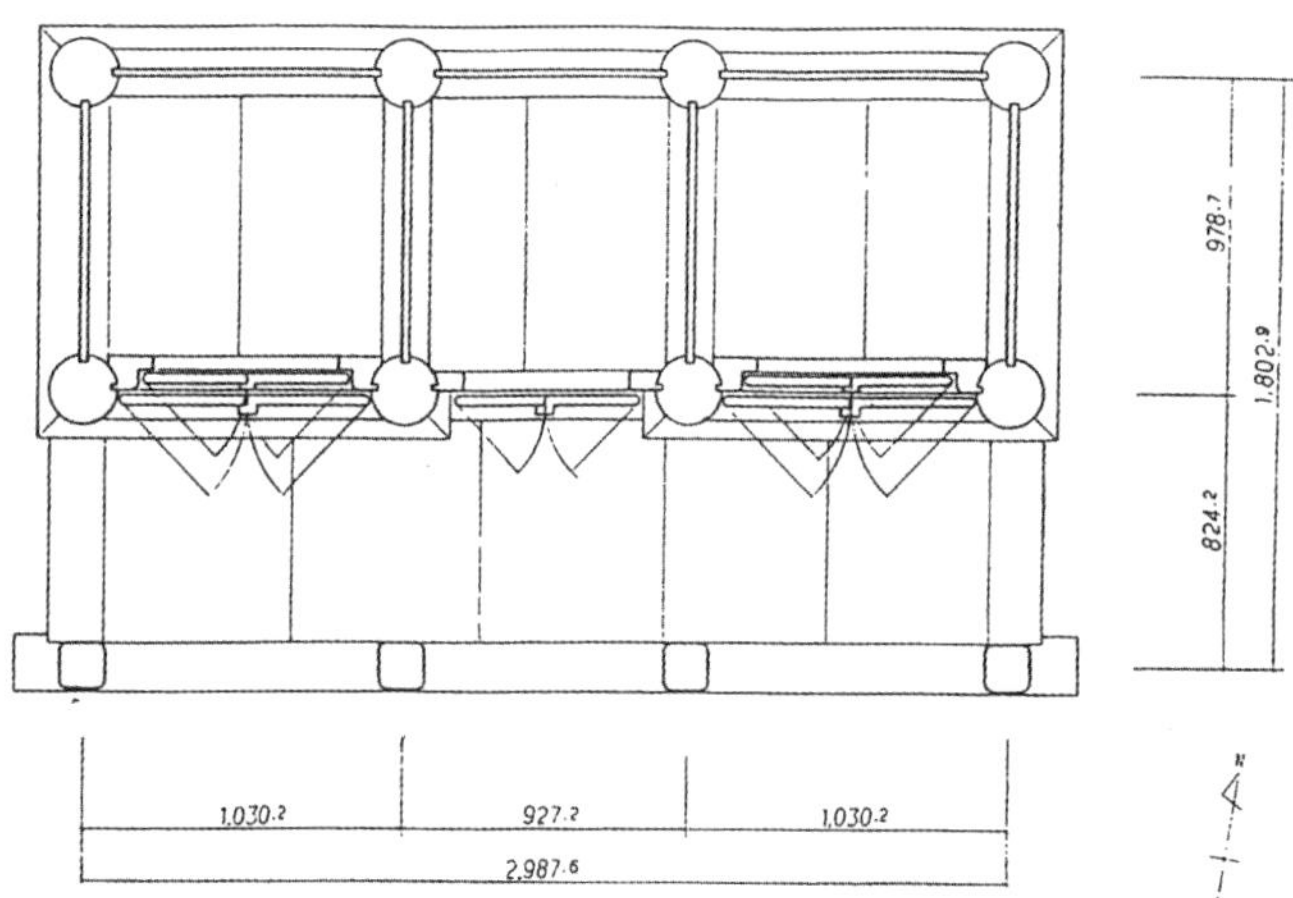

図33. 雄山神社峰本社寸法図（上野幸夫原図）

なのである。これを詰るのもまた愚かなことであろう。夏に雪が消えてから、身を清めて登るのが良い。岩峅・芦峅の「峅」字は辞書には見当たらない。しかし、この地では昔からこの字を用いて来た。

＊1　［峰本社より別山］まで五十町ある。その間に後光石・橋立石・蟻唐渡・行者反・抱石とあるが、現在どれが何石かは不明。白山権現堂は立山曼荼羅に、大汝山に堂社があるので、その堂社である。何故白山なのか？　それは藤原京時代や奈良時代には「加賀の白山」はない。大体、加賀国もない。現在の小矢部市に接する石川県は「越前国」であった。白山とは、冬の降雪が多く積り、夏まで、そして一年中雪のある山が白山であった。しかも、山の雪が深ければ深い程、夏に水枯れがなく、平地の農作物が豊かに育つのである。現在でも、静岡県伊豆半島に白山神を奉斎する白山堂がある。これは天城山を信仰するお堂である。大汝山の白山権現堂に奉斎されていただろう神像が、国指定重要文化財　銅造立山神立像である。台座を含めると丈五四cm、法身丈四八・五cmがある。この尊像は立山一山の中の現立山町米道地内にあった大田寺の僧の発願で鋳造し奉斎した。折立富士権現も、現在の富士の折立に奉斎されていた。

＊2　［砂嶽炎王光仏］現在の真砂岳。ここに十二光仏の炎王光仏が奉斎されていた。現在、頭部の欠けた石造不動明王立像がある。この山は新期花崗岩で構成されているので、風化しやすく、表面一帯は風化砂でおおわれている。それでこの名がある。また、大きな石がないので歩きやすい。この真砂岳から賽の河原に下る道が大走り・小走りである。名前の通りと思い勢い良く走ると、石があっても急に止まれないので用心が必要である。

＊3　［別山］山頂に帝釈天を祀るお堂がある。お堂の前に「硯ケ池」がある。水のある池と、墨を刷る岡（雪渓）を硯に見立てたものである。夏の終わりになると小さくなる。現在も雄山神社の神僧（衆徒）方は、祭事関係にはこの水を使っている。亡者の衣装である経帷子や脚絆の経句や護符その他の製作等に硯ケ池の水を使う。経帷子を死者が着ると生前の罪が消えて地獄の責め苦をまぬかれ、極楽に行けるという。立山経帷子は、立山開山慈興上人の母が無間地獄に堕ち苦しんでおられる夢を見て、一千三六〇反、これは地獄の数の十倍もの布をもって供養し、その布で経帷子を作って母の骨瓶にかぶせて埋葬したところ、地獄から出て極楽往生されたと伝えられる。

別山関係寄進、先述の岩峅寺文書に次の一つがある。

・別山堂　発起　南泉坊

＊4　［賽の河原］真砂岳や別山の山裾には石ころばかりが堆積して、小さい扇状地を作っている。現在の雷鳥沢野営場やその対岸一帯である。大雨が降るごとに大石・小石が運ばれる。現在の浄土川の氾濫による。このように大石・小石のある河原が賽の河原の物語の場となる。この賽の河原は、小児が死ぬと行くべき地獄という。室町期の小説『富士の人穴草子』に次のようにあるという。

ここに河原あり。此の河原に二つ三つ七つ八つ十二十三ばかりの稚き者共が幾千万とも数知らず並んでいた。その河原の稚き者が石の塔を組み上げて置けば悪風いでて吹き散らす。それを集めて組まんとする所に、かたわらより火焔出でて石も河原も焔に燃えければ稚き者共焔の苦しみで悲しみ逃げようとすれども逃げきれなくて、お父さん、お母さんと呼べどもその効果もない。遂には焔の為に身体が焼けて白骨だけとなる。その後、そこに地蔵菩薩がおいでになって、散乱している白骨をかき集め、かき集めして、「現在未来衆白骨　慇懃付属如来意　智根不調堕在諸悪道」という文をお称えになると、元の小児の形になりにけり（中略）娑婆にて親の胎内に宿り、九月の程の苦しみを母にさせて親となり子となりて、その報恩もせずして死にたる者がこの苦しみを受けてはや九千歳なり。

賽の河原の起りは、現在の京都市南区西河原町・洲崎町・上河原・下河原の地という。この地は鴨川が桂川に合流する所で、昔は山城国伊都郡佐比里と呼ばれ、長く火葬の地「佐比の河原」であった。立山には『賽の河原地蔵和讃』がある。

挿話(1)立山賽の河原地蔵和讃

帰命頂礼立山の　賽の河原の物語り
きくにつけても哀れなり　二つや三つや四つ五つ
十にも足らぬみどり子が　賽の河原に集まりて
父上こいし母こいし　恋し恋しと泣く声は
この世の声とは事変わり　悲しさ骨身を通すなり
幼き子らの所作として　河原の石をとり集め
小さき廻向の塔を組む　一つ積んでは父のため
二つ積んでは母のため　三つ積んではふるさとの
兄弟我身と廻向して　昼は独りで遊べども
日も暮あいの其の頃は　地獄の鬼が現われて
やれ汝らは何をする　娑婆に残りし父母は

写真81．大汝山頂

写真80．雄山（右） 大汝山（左）

写真83．別山頂上

写真82．真砂岳・別山・剱岳

写真86．剱山荘と剱岳

写真85．銅造立山神像

写真84．真砂岳の不動明王石像

写真88．硯ヶ池

写真87．硯ヶ池

追善供養の勤めなく　親の嘆きは汝らが
苦言を受ける種となる　我を恨むること勿れ
くろがね棒を突き立てて　積みたる塔をおし崩す
其のとき能化の地蔵尊　ゆるぎ出でさせ給ひつつ
汝らの命は短くて　冥土の旅に来るなり
娑婆と冥土は程遠し　吾を冥土の父母と
思ふて明暮頼めよと　幼きものを御衣の
裳の内にかきいれて　哀れみ給ふぞ有り難き
いまだ歩まぬ嬰子を　錫杖の柄に取りつかせ
忍辱慈悲の御肌に　いだき抱えて撫でさすり
哀れみ給ふぞ有り難き　帰命頂礼立山の
南無や河原の地蔵尊　　以上

賽ノ河原関係寄進、岩峅寺文書に次の一件がある。

・再開の川原堂　金沢　市兵衛

＊5　［玉殿窟］挿話⑵玉殿窟　『立山縁起』や私説を加えて少し述べる。

立山開山佐伯有頼は、熊が有頼の射た矢を胸に立てたまま玉殿窟に逃げ込んだので、これで熊を仕留められたと思い、玉殿窟の中の様子をうかがうと、なんとなく心良い芳香がし、自分が射た矢を胸に受けて血を流しておいでになる阿弥陀如来が立っておられ、その横に不動明王も立っておられる。そして阿弥陀如来、は有頼に向かって

「頼むだけの効果がある、頼み甲斐のある人が備前国（現在の岡山県）にいる」ということを聞き探した所、大納言佐伯有若の息子であることを知り、貴君をここ、立山に向かわせる方便として、文武天皇の夢枕に出現したり、貴君の父を越中国司にしたり、鷹となり、熊となって、今、ようやく貴君と会うことが出来、非常に嬉しく思ふぞ。私、阿弥陀の願いは、この立山のことを越中国人に、また日本国人に知らせることによって、立山のあることを知り、立山を目で見ることにより、またこの立山に登ることによって、その人の気持ち・心を豊かにし、大きくして、明日への希望が持てるようにし、悪事をすることなく、一人一人の人生を豊かにし、皆んな仲良く元気な日々を送ってもらいたい一心である。ここ立山を開くことを、頼み甲斐有るという名の貴方にお願いしたくて、今までいろいろな事をしてきた。有頼は、私のこの思いを聞いてくれるかな？　私のこの胸の矢傷は生命には支障がないぞ。

と言われた。すると、佐伯有頼は阿弥陀如来のお言葉に感激して、すぐに、「立山の開山　一生懸命やってみます」と申し上げて、持っていた弓の弦を切り、矢を折った。そして一旦は下山し、父に山中のことをお話し、父と共に上京し、文武天皇に立山山中でのことを奏上し、立山の霊域を定めていただいた。帰国すると佐伯有頼はここ、玉殿窟を宿として、ハイマツほか松類の実や葉を食べ、また松類の樹脂をなめ一千日もの間、立山を下りることなく山こもりを続け、開山の方法を考えたという。この間には剱岳、薬師岳を含む立山で七十二峰をすべて踏破されたのであろう。そして、下山されたのは二十九歳であったとある。

岩峅寺文書の玉殿関係の寄進は次の一件である。

・地蔵　唐金　加州妙慶寺　唱阿和尚

＊6　［伽羅陀山］地蔵菩薩の浄土。地獄谷の北西部に接する小山。標高二三八〇m。地獄谷の標高は約二三二〇mであるので、比高約六〇mの小山。山頂に石仏等を納めるコンクリート製収納堂がある。

岩峅寺文書の伽羅陀山関係　伽羅陀山関係寄進は次の二件

・加羅多山堂　加州金沢　墨屋源五、米屋重兵衛他

・加羅陀山堂修復針代　金沢川原町　押野屋市兵衛

＊7　［地獄谷］挿話⑶地獄谷　地獄谷には数多くの地獄がある。地獄とは、衆生、人々が自分で造った悪業によって入る地下の牢獄という。地獄の種類は八熱地獄・八寒地獄・孤地獄の三種ある。

⑴八熱地獄　単に八大地獄と言う。等活・黒縄・衆合・叫喚・大叫喚・焦熱・大焦熱・無間（阿鼻）の八区隔があって、どれにも苦悩の相に従って名前がある。そしてそれにつき従う地獄として十六の別処（小地獄）がある。合計すると一三六所。

⑵八寒地獄　寒風のため皮膚が巻縮まる頞部陀・尼剌部陀の地獄。寒風のため口舌麻痺に声の異常なる頞哳吒・曜々婆・虎々婆の地獄。寒風のため皮膚ただれ蓮華様となる嗢鉢羅・鉢特摩・摩訶鉢特摩の地獄。

⑶孤地獄　独一地獄又は辺地獄とも言われ、一定の区隔はない。時に江河に近く、また山間や曠野、地下、空中等に散在する地獄。

また、経によって地獄は様々であるが『長阿含経』には、黒砂・沸屎・五

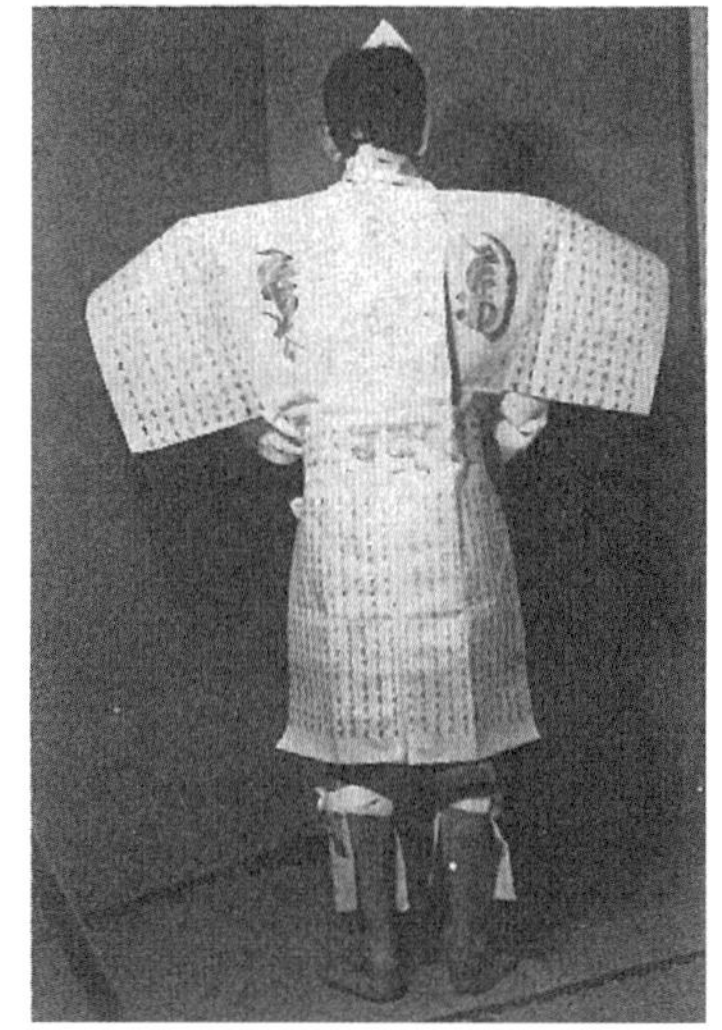
写真89．経帷子

右

迷故三界城

滅罪真言

悟故十方空

写真90．脚絆

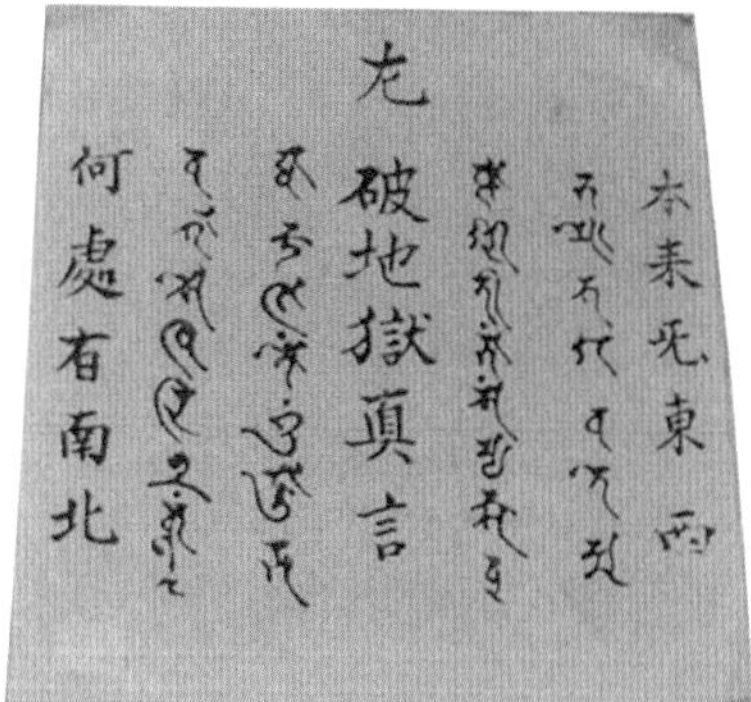
左

本来无東西

破地獄真言

何處有南北

写真91．脚絆

写真92．護符

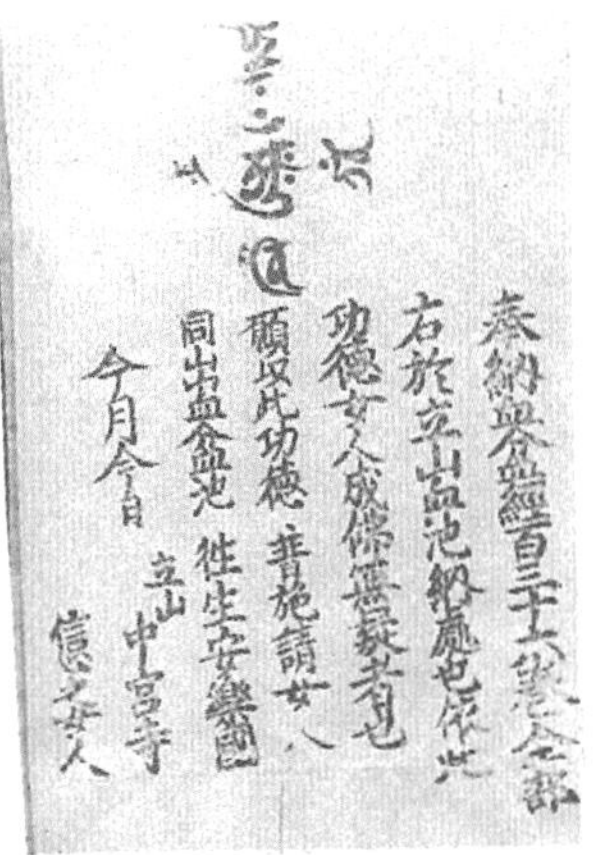
奉納血盆經百三十六巻全部

右於立山血池納處也依此

功徳女人成佛無疑者也

願以此功徳 普施諸女人

同出血盆池 往生安樂國

今月今日 立山中宮寺

信[illegible]女人

写真93．血盆経

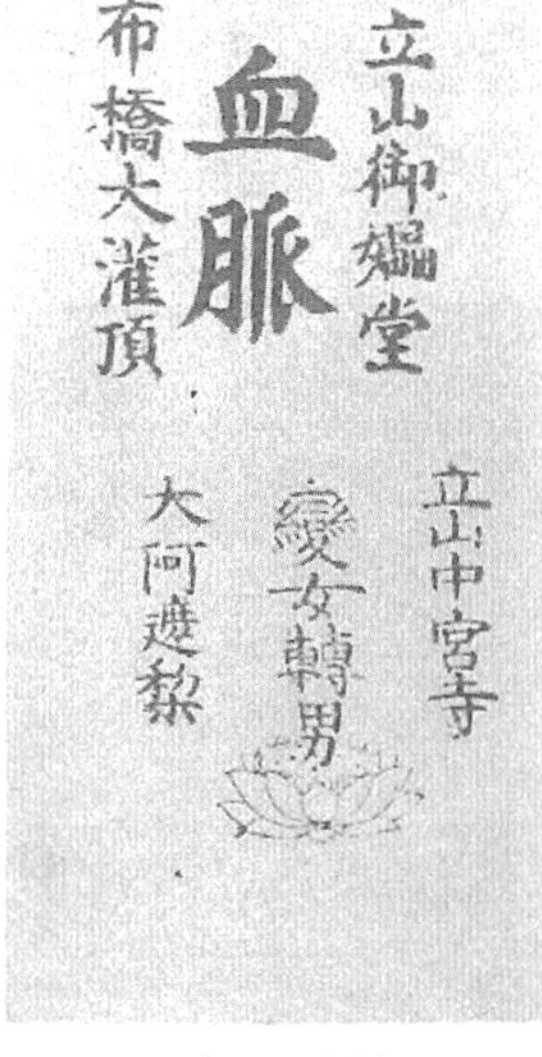
立山御媼堂

血脈

布橋大灌頂

立山中宮寺

變女轉男

大阿遮梨

写真94．血脈

写真95．秋の立山（上）、浄土川（下）

写真96．賽の河原の六地蔵

写真97．伽羅陀山の石仏

写真98．伽羅陀山の石造物

写真101．地獄谷の六地蔵

写真100．地獄谷の六地蔵

写真99．地獄谷の六地蔵

写真104．地獄谷の六地蔵

写真103．地獄谷の六地蔵

写真102．地獄谷の六地蔵

写真107．みくりが池

写真106．地獄谷遠望

写真105．地獄谷の石仏

写真109．地獄谷の石仏散乱地

写真108．地獄谷の石仏

写真111．地獄谷の六地蔵

写真110．地獄谷の六地蔵

写真113．剱岳

写真112．血ノ池

写真115．剱岳頂上

写真114．剱岳

百釘・飢・渇・一銅釜・多銅釜・石磨・膿血・量火・灰河・鉄丸・釿斧・犲狼・剱樹・寒氷の十六地獄がある。立山では江戸時代になると登拝者を意識して百姓地獄・鍛冶屋地獄・油屋地獄・紺屋地獄・団子屋地獄などの職業地獄名となった。また爆裂火口に水の溜まって出来た「みくりが池」も地獄の一つ、「八寒地獄」と呼ばれている。

抑々、地獄はなぜあるか。経に次のようにある。

常に老・病・死の三天使をして人間を遊行せしめ、衆生命終わらせる時、造る所の悪業の為に獄卒これを伴ひて閻魔王所に詣る。王乃ち罪人に対して誡めて云く、汝自ら放逸にして身口意の諸業を修むること能わず、罪過は悉く汝の造る所、父母の過に非ず、兄弟の過に非ず、乃至天帝・先祖・僮僕・沙門・婆羅門の過に非ず、老病死の三使は常に汝に教えて業報を受くるの期あるべきに以てせり。斯くても汝之を覚らずして悪業を造れり。汝自ら苦を受けざるべからずと。と言って亡者によく納得させて後、獄卒に引かれて大地獄に送られるのだという。

岩峅寺文書の地獄谷関係寄進は次のようである。

・六道堂　加州金沢　墨屋源五　米屋重兵衛他三名
・谷地蔵堂　加州金沢　墨屋源五　米屋重兵衛他三名
・谷ノ地蔵堂　京升屋　源仁
・地獄谷地蔵堂　金沢性海院　定尾貞心
・地獄谷喚鐘壱ツ　西館村　次助
・地獄谷中尾堂建直代金二両　大坂戦場金田町　家主　金兵衛
・みくりが池地蔵堂　加州金沢　墨屋源五　米屋重兵衛他三名

＊8　［血ノ池］挿話⑷血ノ池　立山で特徴的であるのは血ノ池地獄である。血ノ池は赤色の酸化鉄（帯黄赤色の顔料であるベンガラ）が堆積しているので赤く見える。室堂平のエンマ台から雷鳥沢への下り口、右下にある。昔は一面に赤い大きな池であったが、下の堰が切れ、数個の小池が見られるだけである。この赤い池を、血ノ池地獄に見立てている。女性の死者のほとんどがこの池に堕ちると言われた。ここで獄卒に「さあこの池の水を飲み干せ」と言って頭をおさえられ責め続けられるという。池には如意輪観音堂があった。この堂は一間四方で、女性の血盆経を経める堂でもあった。また、ここで大施餓鬼法要したり、血盆経壱千巻供養をしたりして、女人成仏を手助けしたという。岩峅寺文書中の血ノ池関係寄進は次の通り。

・血ノ池堂　氷見町仁兵衛
・血池如意輪観音　江戸牛込御納戸町講中　左官　六兵衛
・血ノ池地獄喚鐘　壱ツ　舟見村　大工　清兵衛

＊9　［剱岳］剱岳はその堂々とした姿から立山を代表する山の一つである。また、日本を代表する岩山である。特に雪を頂いた剱岳の姿はヒマラヤの八〇〇〇m級の岩山にも劣らない山であり、山岳人は勿論、日本人すべてが一度は登ってみたいと思わせるあこがれの山である。そして剱岳権現の神仏体山である。一方、俗人を寄せつけない、いかめしい姿から地獄の一つ、刀山、剱樹山、また太い長い針の山として恐れられ、そのような絵柄として立山曼荼羅に描かれてある。

挿話⑸江戸期の立山登拝日程の一例

以上で、『和漢三才図会　立山権現』を閉じるが、これによると江戸時代の立山登拝は次のようなものであった。

一日目

芦峅寺宿坊を仲語の引率で早朝出発。藤橋―熊王清水―材木坂―桑崎権現社―不動堂―中津原―一ノ谷―獅子ケ鼻―鏡石―室堂（泊）

二日目

室堂―室堂山―浄土山―一ノ越―峰本社―大汝山―真砂岳―別山―大走り―小走り―賽の河原―室堂（泊）

三日目

室堂―玉殿窟―来迎ノ滝―八所ノ小窟―胎内潜―美久里ノ池―地獄谷―大谷―下市場（追分地蔵堂）―姥石―中津原―不動堂―桑崎権現社―材木坂―熊王清水―藤橋―芦峅寺宿坊（泊）

挿話⑹立山曼荼羅集成図の一例

次に、江戸時代の立山曼荼羅に、この経路がどのように描かれていたか？　数多くの立山曼荼羅から、これはと思われる場面を切り出して構成してみた。

タテヤマウツボ

十二、『立山信仰の源流と変遷』（佐伯幸長）で見る立山縁起

明治期に雄山神社々司となり、再挙復興に努力した栂野安輝は、諸国に赴く生き残りの衆徒らに、「立山は立山大神鎮座の霊山にて、山上は大神の荒魂、芦峅は奇魂、岩峅は幸魂の神留りますところなりと唱導せよ」と教え込んでいたという。芦峅寺相真坊佐伯十百作誠賢老人や、若き日に栂野社司より神道講習を受けた吉祥坊佐伯外治老人は、

穂の宮[*1]　神籬の宮[*2]　磐境の宮[*2]
荒魂の神地[*3]　奇魂の神地[*4]　幸魂の神地[*5]
法身仏影現の山[*6]　応身仏影現の山[*7]　報身仏影現の地[*8]

があると話していた。

＊1 〔穂〕采の俗字。采は稲穂。『説文』に、采、采成㆑秀、人所収者也、从㆓爪禾㆒。采は禾（稲）の高く出る部分、稲穂の部分で、人の収穫するものなり。爪と禾を合わせた会意文字である。禾（稲）の秀が成れば人は指爪でつみ取ることを表わす。

＊2 〔神籬〕〔磐境〕『日本書紀　神代下　第九段』に、高皇彦霊尊が天児屋命・太玉命に対して、「吾は天津神籬及天津磐境を起し樹てて、当に吾孫（天津彦火瓊瓊杵尊）の為に斎ひ奉らむ」とある。神籬は神の降臨の場所として特別に作る場所。ヒは雲、モロはモリと同じで神の降りる山の意。ヒモロキは神社の意ともいう。磐境はイワクラの意。高い岩の台。司霊者が祭儀時にその上に坐して祭儀を行う場。

＊3 〔荒魂〕荒魂は勇武・猛健などの徳を司る霊魂。『日本書紀　神功皇后摂政前紀九月条』に、「和魂は王身に服ひて寿命を守らむ。荒魂は先鋒として師船を導かむとのたまふ」とある。

＊4 〔奇魂〕あやしい、すぐれる、ひそかな霊魂。

＊5 〔幸魂〕人に幸を与える霊魂。『日本書紀　神代上　第八段』に、「吾は是汝が幸魂奇魂なり」とある。

＊6 〔法身仏〕法身とは仏三身の一、仏法を悟った身。仏の真身。『涅槃経』離㆑無離㆑有、所謂法身。法身仏とは法性を悟った者、すなわち仏。

＊7 〔応身仏〕応身仏とは真如と相応する仏身の意。釈迦・弥勒などは如来の応身である。機縁に応じて化現した仏身。すなわち応身の如来。

＊8 〔報身仏〕善行の功徳の報いによって、万徳円満の如智を具有して現われた仏。

『法華文句　九』に、「法身如来、名㆓毘盧舎那㆒、此翻㆓遍一切処㆒。報身如来、名㆓盧舎那㆒、此翻㆓浄満㆒。応身如来、名㆓釈迦文㆒、此翻㆓度沃燋㆒。」とある。

1. 岩峅寺『延命院本立山縁起』

> 鷹者滄天垂翅、而納五鈷剱岳（剱御山是也）（不動明王）熊者青巌流血、而入万仭宝窟（玉殿岩屋是也）身此窟者　我所射之矢　誤金色阿弥陀如来御胸

とあり、そのほか、剱御山は刀尾天神、五鈷剱岳とか、熊は立山権現の化身なりとか随所に出ている。小山明神は本体は大日如来にして立山権現の家司なりとも記されている。そしてこの縁起の末尾に嘉永六年月日とある。

2. 芦峅寺『権教坊本立山縁起』

> 高山に登り、岩座に向ひ玉ふに熊鷹一度に彼玉殿の窟に入、熊は生身の阿弥陀如来と現し、鷹は大聖不動明王と現われ玉へは　と。

3. 芦峅寺『相真坊本立山縁起』

> 嗚呼不思議なるかな、窟の内外光明輝々として六合[*]に通れり、有頼公驚き窟の内を窺へ玉へは、麓に於て熊に射玉ひし箭は金色生身の弥陀仏の胸に逆立、血汐染々と流れあり、鷹は則ち大聖世尊不動明王と現われ玉ふ　と。

＊天地と四方のこと。『荘子　斉物論第二』に、「六合之外、聖人存而不㆑論。六合之内、聖人論而不㆑議」（天地四方の外のことは聖人はそのままにしておいて大綱も説かない。また、天地四方内のことは聖人は大綱を論じるだけでこまかい意見を言わない）とある。

4. 芦峅寺『泉蔵坊本立山縁起』

> ・鷹滄天垂翅　納五鈷之剱嶽（剱御山是也）彼熊責岩流血　入万仭宝窟

図34　立山曼荼羅集成図
この集成図は立山博物館開館二十周年特別企画展図録『綜覧立山曼荼羅』より作成

（玉殿窟是也）窺此窟　我先射所之矢　金色弥陀如来御胸誤在之
・然則立山大権現化熊　而為貧瞋癡罰之験　刀尾天神化鷹　驚愚痴妄迷群類
・刀尾天神　即是立山和光権現大行事也　小山明神是大権現阿字本性家司也

（解説）
・鷹はどこまでも広がる青空に舞い昇り、五鈷の剱岳、五鈷・五股金剛杵のように数多くの岩峰の並び立つ剱岳へと飛び去った。一方の熊は、岩山をよじ登り、血を流しながら、非常に高く、また深い岩窟にかけ込んだ。これが玉殿窟である。この玉殿窟内をうかがって見ると、なんと、私、佐伯有頼が先に射た矢が金色の阿弥陀如来の御胸につきささっていた。
・しからば、この貧瞋癡の私の心をためすために立山権現が方便として熊となって現われ、また愚痴妄迷のこの目を覚ます為に刀尾天神が鷹となって現われたのだ。
・さて、刀尾天神は即ち「立山和光権現の大行事*1」である。また、小山明神は、これまた「立山和光大権現阿字本性*2（＝阿弥陀如来）の家司（いえづかさ）*3」である。この考えは私佐伯有頼が出生以来ずっと備前国、現在の岡山県に住んでいたからこそ、この地に来て敏感に感じた思考である。それは中国山地は東西に長く連なっているが、ここ立山連峰は、長く南北方向に連なっているからである。

挿話⑴「大行事」について『荀子　子道篇』に次のようにある。

入孝出弟、人之小行也。上順下篤、人之中行也。従ㇾ道不ㇾ従ㇾ君、従ㇾ義不ㇾ従ㇾ父、人之大行也。（中略）孝子不ㇾ従ㇾ命乃敬、故可二以従一而不ㇾ従、是不子也。未ㇾ可二以従一而従、是不衷也。明二於従不従之義一、而能致二恭敬忠信端愨一、以慎二行之一、則可ㇾ謂二大孝一矣

（解説）家に在っては親に孝行を尽くし、家の外にあっては長者に対して悌道（ていどう）、年長者には従順で良く仕える。このようなことは人の「小行（しょうこう）」である。上は君父に対して従順に、下は卑幼に対して慈愛であるのは、人の「中行」である。正直に従うのであって、君命だからという形式に従うのでなく、正義に従うのであって父命だからという形式に従うのではないというのは、これこそ人の「大行（たいこう）」である。（中略）命令に従えば親を禽獣の行いに陥らせることになり、命令に従わなければ親を美しく修飾することが出来るという場合に。子が親の命令に従わないのは恭敬（きょうけい）、慎んで敬うことである。当然従うべき場合に従わないのは子としての道に外（はず）れた者であり、又、従ってはならない場合に従うことは真心（まごころ）のないことである。従と不従の筋道を明らかにし、恭敬・忠信・端愨（たんかく）の心を極め、これによって慎重に行っていけば、これこそ大孝（たいこう）と称すべきものであろう。

『荀子』に、「大行」は「大孝」とある。また、「大孝」について『孟子　離婁章句』に次のようにある。

孟子曰、天下大悦而将ㇾ帰ㇾ己。視二天下悦而帰一ㇾ己。猶二草芥一也。惟舜為ㇾ然。不ㇾ得二乎親一、不ㇾ可二以為一ㇾ人。不ㇾ順二乎親一、不ㇾ可二以為一ㇾ子。舜尽二事ㇾ親之道一、而瞽瞍底ㇾ豫。瞽瞍底ㇾ豫、而天下之為二父子一者定。此之謂二大孝一。

（解説）孟子がいうには、「天下の者が、皆大いに自分に喜んで帰服しようとしている。このことは、人として最も望ましいことである。そうであるのに、天下の者が、皆喜んで自分に帰服して来るのを視（み）ていても、あたかも雑草か、あくたのように軽く見ていた。このようであったのは舜帝だけであった。親に気にいれられないような人間は、本当の人間だとは見なすことは出来ないし、また親にしたがわれないような子は、本当の子とは考えられない。舜もそう思っていたのであろう。それで、舜はただ一心に親に事（つか）える道を行い尽して、その結果、あれほど善くなかった父親の瞽瞍（こそう）でも舜に感化されて、ついに喜ぶようになった。この一途（いちず）な瞽瞍でも、子供達は舜帝のように親に良く事（つか）え、また親達は瞽瞍のように子の真心（まごころ）を喜び、子をいつくしむようになった。このように、瞽瞍が喜ぶようになって、天下の父と子の間柄のあり方・法則がきまったのである。そうだから、これを「天下の大孝」というのである。

ただ大孝の人のみが生涯、親を慕うものである、とある。また同じく『孟子告子章句下』に次のようにある。

公孫丑問曰、高子曰、小弁、小人之詩也。孟子曰、何以言ㇾ之。（中略）小弁之怨、親ㇾ親也。親ㇾ親、仁也。固矣夫、高叟之為ㇾ詩也。曰、凱風何以不ㇾ怨。曰、凱風、親之過小者也。小弁、親之過大者也。親之過大而不ㇾ怨、是愈疏也。親之過小而怨、是不ㇾ可ㇾ磯也。愈疏、不孝也。不ㇾ可ㇾ磯。亦不

孝也。孔子曰、舜其至孝矣。五十而慕。

（解説）孟子の弟子公孫丑が問うて言うに、「斉の人高子が『小弁の詩、大人でなく小人の作った詩にちがいない』と言ったが、本当でしょうか？」と。そこで孟子が答えていうには「それはどのような点から言うのか？」（中略）小弁の詩が親を怨んだのもこれと同じで、親の過失のあまりにもひどいのに思いあまって怨んだのであって、それはそれで親を親しむ心の現われである。この親を親しむということが、仁のあらわれなのである。それだから、高子は小弁の詩を小人の作と言うのは、高子の詩の解し方は、誠にせまく、こちこちである。そこで公孫丑は更に問うて言った。「あの凱風の詩はなぜ親を怨まないのでしょうか？」。孟子が答えるには「凱風の詩の方は、親の過失が小さいものであり、小弁の詩の方が親の過失が大きいからである。親の過失が大きいのに怨まないので、そしらぬ顔をしているということは、いよいよ親を疎遠に取り扱っていることになる。親の過失が小さいのに、これを怨むのは、川の中の大石に激流がぶつかってしぶきを飛ばしているようなもので、うっかりふれることも出来ない。親をいよいよ疎遠にすることは不孝ではあるが、うっかりふれることも出来ないというように、すぐ激するのも不孝である。孔子は「舜こそこの上なしの孝行者である。それは、五十歳になっても親を慕い、自分が親に愛されないことを怨んで、旻天（秋の空。一般に天・空）に向かって号泣したのだ」と言っている。

ここに出た「小弁」は『詩経　小雅』にある。この詩は八章から成るが、最後の第八章のみを次にあげる。

莫高匪山　莫浚匪泉　匪の山より高きこと莫く、匪の泉より浚きこと莫し
君子無易由言　耳属于垣　君子も言を易ふること無し、耳垣に属く
無逝我梁　無発我笱　我が梁に逝くこと無かれ、我が笱を発くこと無かれ
我躬不閲　遑恤我後　我が躬閲られず、我が後を恤ふるに遑あうんや

（解説）あの山よりは高いものはなく、あの泉より深いものはない。同じように、君子、視霊も言葉を変えるようなことはないし、垣根で盗み聞きでもしていたように、すべてを知っている。私の簗に近づかないで、私の竹で編んだ漁具を開かないで。私の視霊よ、降臨して下さい。私のこの身は世間様に受け入れられず、先々のことを憂える暇もない。

子は両親に、孫は祖父母に、そして子孫は祖先の霊を祀るように、神体山剱岳の刀尾天神は、親神仏である立山和光権現にとっては孝行息子であろう。巉巌たる剱岳の雄姿からすると、血気盛んな孝行息子である。

「大行事」については、『類聚既験抄』「日吉七社御事　号山王権現」におよそ次のようにある。

・大宮　御本地天迦　　二宮　本地地主　　聖真子　本地阿弥陀
八王子　千手　　客人　十一面、白山也　　十禅子
三宮　普賢　　これ上七社という
・下八王子　虚空蔵　　王子宮　文殊　　早尾　不動
大行事（事？）毘沙門　　女聖女　如意輪　稲荷　　気比　又観音
小禅師　龍樹　　これ中七社という
・悪王子　愛染王　　石滝　弁才天　　新行事　持国天又吉祥天
剱宮　不動　　牛御子　大威徳　　若宮
護国　　これ下七社という

中七社中に大行事、下七社中に新行事がある。
下七社の剱宮の本地は「不動明王」とある。

挿話(2)「阿字本性」について

梵字の「ア」は本来不生・本有常住という。宇宙は無の空間ではない。万物を生み出す「如意宝珠」であり、また「空如レ蔵」であって、「限りない生命を蔵した空」であって、始まりもなく、また終わりもない。この大宇宙、主容未分の大生命から私たちの太陽系も、私たち一人一人の生命も出生したのである。このようなことをしている生命の恩人、それが立山権現であり、そのような事を執り行っているのが小山明神である。

挿話(3)「家司」について

「家司」親王・摂関・公卿・職事の三位以上の家政を掌る者の総称で、今の家令の如しという。『史記　漢高祖本記』に次のようにある。

六年、高祖五日一朝二太公一、如二家人父子礼一。太公家令説二太公一、天無二

二日一、土無二二王一。今高祖雖レ子人主也。太公雖レ父人臣也。奈何令三人主拝二人臣一。如レ此、則威重不レ行。後高祖朝。太公擁レ篲迎レ門却行。高祖大驚、下扶二太公一。太公曰、帝人主也。奈何以レ我乱二天下法一。於是高祖乃尊太公為二太上皇一。心善二家令言一、賜二金五百斤一。

（解説）漢帝国の六（BC二〇一）年のこと。漢の高祖劉邦は五日に一度は父君（大公）にお目通りして挨拶をしていた。これは一般家庭の父親と子の礼儀と同じであった。ある日、太公に仕える家令（執事）が太公に言うには、「天に二つの太陽はなく、地上に二人の王様はいません。現在、漢皇帝はあなた様の子ではありますが、漢帝国万民の主であります。あなた様、太公は皇帝の父親ではありますが、人臣の一人であります。どうして人主に人臣を礼拝させてよいものでしょうか？ そのようになさいますと、皇帝の重厚な権威は天下に行われなくなります」と。もっともな忠告をした。その後、皇帝がたずねると、太公は竹箒を持って道をきれいにし、門まで出迎え、うしろじさりをして敬意を表わした。高祖はビックリして、車から飛び降りて太公をささえた。太公は、「皇帝は万臣の人主です。どうして、私が父だからと言って、天下の法を乱してよいでしょうか？」と言った。これはもっともだと高祖は思った。そして父親、太公を尊んで「太上皇」の尊号を上って、ますます子としての礼を尽くされたとい。そして、心中に家令の言ったことは、誠に良い事であったと思い、家令に褒美として金五百斤、一斤は一六〇匁、六〇〇gであるので三〇〇kgもの金を与えた。

小山明神は立山権現の家令であるという。現在の雄山山頂は、立山権現と剱岳権現（刀尾天神）を遥拝する祭の庭であった。祭礼時には山の幸、海の幸、また里の幸をお供えする祭壇の場であり、そこの長官は小山明神であった。伊勢神宮では、祭神天照大御神の杖となってお仕えする「御杖代」となる斎王がおいでた。この例と同じく、ここ立山では立山和光大権現と剱岳権現の杖となってお仕えする斎王の役をされたのが小山明神であり、その事務所・祭壇や拝殿が現存の峰本社の元の姿であったであろう。

挿話(4)　立山と剱岳との関係

次に、剱岳の剱岳権現（刀尾天神）は神仏体山立山権現、本地阿弥陀如来に対する大行事とは何か。『古事記　天の石屋戸こもり』におよそ次のようにある。

天照大御神は速須佐之男命のわるさに恐れられて、天の石屋戸を開き、中に入られた。そして戸を閉ざしておこもりになられた。すると、世の中が全部暗くなった。このような暗い日が何日も続いたので、やっと芽を出したばかりの植物が成長しないばかりか枯れ、神人の食べ物ばかりでなく動物の食べ物もまったくなくなった。それで、世情が悪くなったので、数多の神々が天の安河の河原に集まり、高御産巣日神の子、思金神に善後策を考えさせた。そして、天の石屋戸の前で、天宇受売命は天の香具山の聖なる日陰蔓を襷にかけ、聖なる真拆葛を髪飾りにして、天の香具山の笹の葉を束ねて手に持ち、天の石屋戸の前に桶を伏せて踏み鳴らし、神がかりをして胸の乳を露出させ、裳（スカート？）の紐を陰部までおし垂らした。すると、数多くの神々が、この世、高天原中に鳴り響く程の大きな声で笑った。

石屋戸内の天照大御神は、この笑い声をお聞きになって、私がいないことがどうして嬉しいのかと不審にお思いになり、天の石屋戸を細目にあけて、天宇受売に「この世が暗いはずなのに、どうしてあなたが舞い、神々が笑うのか？」と尋ねられた。天宇受売命は「あなた様よりも、もっと立派な神がおられるので喜び、笑い、歌舞をしているのです」と申し上げた。このように申し上げている間に、前もって準備していた榊につけた八咫鏡を差し出したので、ますます天照大御神は不思議にお思いになって、戸から少し身をのりだして鏡に写ったお姿をのぞき見された。丁度その時、かねての計画通り、石屋戸の脇に隠れ立っていた天手力雄命が大御神の御手を取って外へお導き出し申し上げた。

挿話(5)　富山での日の出時刻等の年周変化

さて、私達のこの地球は自転しながら公転し、一年間約三六五日で太陽のまわりを一周している。地球の自転軸は公転面に垂直ではなく、約二三・五度傾いている。そのために日の出時刻・日の入り時刻が年周変化し、四季が有り、日の出・日の入りの位置が変化する。冬至が過ぎると、実際はまだ遅くなるが、日の出時刻が日毎に早くなると考える。また、太陽の昇る方向は一年中東ではあるが、冬至の日は最も南寄りの位置であり、次第次第に北に移り、やがて夏至になると最も北寄りになる。そし

月　日	日の出時刻	日の入り時刻	昼の時間	備　考
三月二十二日	五時五十三分	十八時四分	十二時間十二分	春分の日頃
六月二十日	四時三十七分	十九時十三分	十四時間三十六分	夏至の日頃
九月十八日	五時三十五分	十七時五十五分	十二時間二十分	秋分の日頃
十二月二十七日	七時二分	十六時四十二分	九時間四十分	冬至の日頃

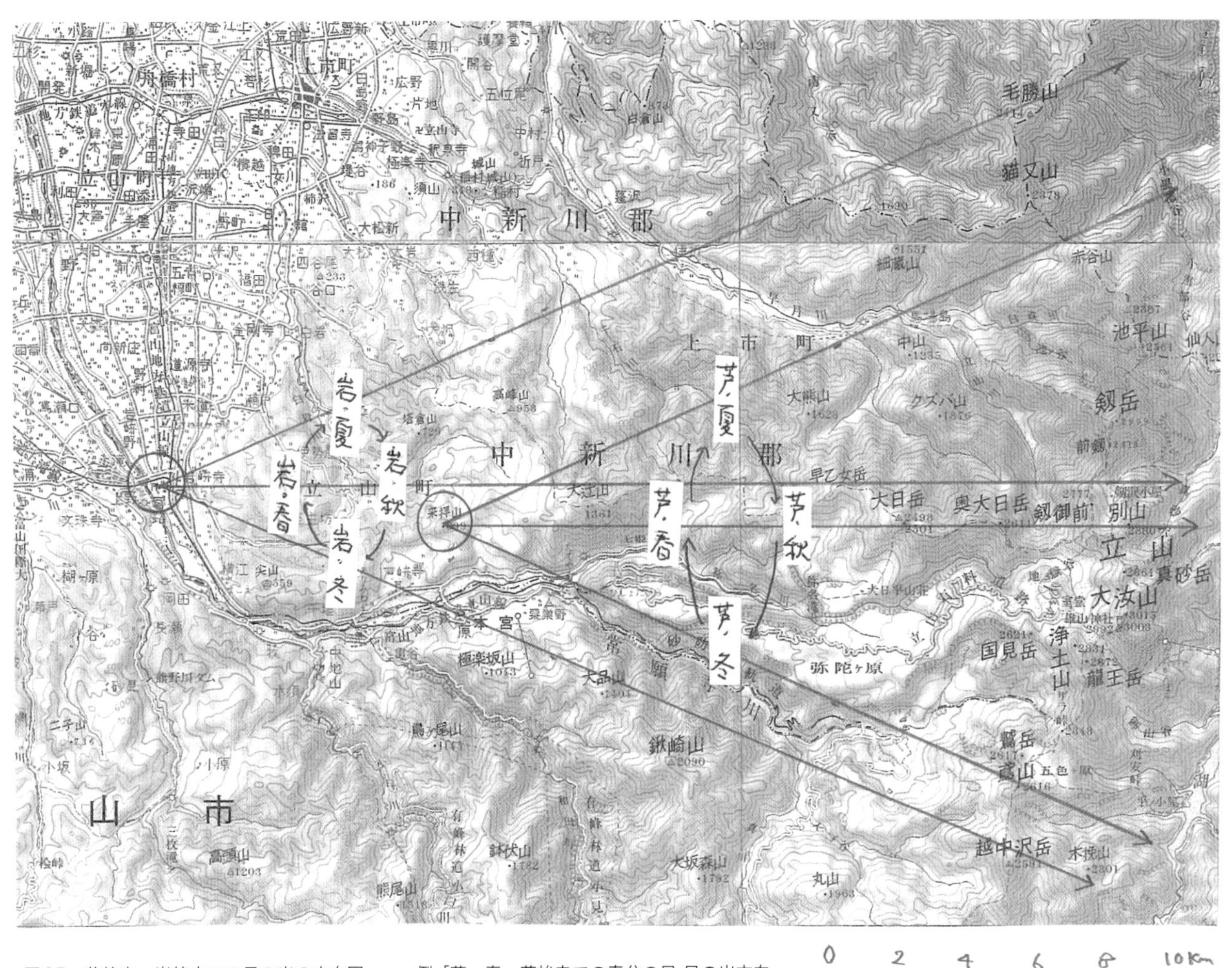

図35. 芦峅寺・岩峅寺での日の出の方向図　例「芦・春」芦峅寺での春分の日 日の出方向

0 2 4 6 8 10Km

て、日の出時刻も最も早くなる。少し古いが『平成二十三年　理科年表』の富山市の富山気象台の日の出・日の入り時刻等を示す。富山平野在住の人にとって実際体験する時刻とはかけ離れている。なぜなら立山から大きく離れておれば比較的この時刻になるが、立山山麓の人にとっては高い山の陰になるので非常に遅くなる。そのような不公平？　をなくすために、高山を比較的平坦にならした面であるジオイド面からの日の出時刻・日の入り時刻が理科年表で示してある。

芦峅寺地内にある来拝山（標高八九九ｍ）から太陽の昇る位置を観察すると、冬至の日は最も南で、獅子岳・鷲岳辺から日の出があり、一年で最も遅い。春分の日や秋分の日、即ち彼岸の中日には真東に当たる大日岳から太陽が昇る。それで「大日岳」の名がある。そして夏至の日には、劔岳辺から太陽が昇り、一年間を通じて最も朝早く昇る。冬至の日から次第に日の出は早くなる。初めは次第次第に寒くなり雪深い冬であるが、約一～二ケ月間雪深い冬を辛抱強く我慢をし、またその間に春になってからの各種準備をしている。

また、暖かい春となると植物が芽生え、栽培植物の種子を蒔く。それまた、芽を出し葉を出し、やがて花が咲く。そして実を充実させる。このような自然の営みを進めていただくのは、すべて太陽が冬至から夏至にかけて、南の山から北の山、剣岳へと日の出位置を変化する、この一事によっている。このような一事を、ただ一生懸命、自分の使命として尽くしているのが劔岳だと昔の人は思った。劔岳は太陽の手助けとして北に引き寄せている。そのことで、日の出が早くなる。劔岳こそ、『古事記』にある、天の石屋戸を押し開き、天照大御神を神々のいる庭におつれした手刀雄命なのだ。

日の出位置が変化するのは先述のように、地球の自転軸が地球の公転面に対し、約二三・五度傾いている為に生ずる現象であるが、昔の人の目には、日の出位置が劔岳の方に移動する一事から、冬から春、春から夏が来るのは劔岳権現（垂迹不動明王）のお力による、太陽（垂迹阿弥陀如来）を親とする劔岳が、ただ太陽の昇るのを手助けしているように見え、剣岳は孝行息子であるというので剣岳に「大行事（大孝事）」の名がついたのである。

５．芦峅寺一山社蔵本立山大縁起

『立山大縁起』は長文の漢文で綴られているので、ここでは、話の順序上、簡単に一応開山伝説を記したいとして、次のようにある。

大宝元年のことである。第四十二代文武天皇が或る夜の夢に、「今、越中の国に争乱絶えず、四条大納言佐伯宿祢有若をして治めしめば即ち平安となるであろう」と夢をみられた。間もなく勅命によって越中守に任ぜられた有若は、一族を伴なって都をたち、日を重ねて加越国境の倶利伽羅山（砺波山）にさしかかった時、紺青の空の一角から一羽の白鷹が舞い下って、思わず差し出した有若の拳にひらりと止まった。見れば全身白銀に輝き眼は鋭く世にも稀なる美しい鷹である。有若は殊のほか喜び勇んで「我、越中に入らんとする時この奇端を得たるは、誠に神の恵である。終生治国の象徴として大切に飼育しよう」と言って、一族を励ました。有若の政庁は新川郡の保伏山にあった。朝夕政治を怠らず悪者を退け産業を振興したので、住民は大いに善政を喜び、国中は太平を楽しんだ。有若は年来子供がなく大変さびしい生活を送っていたが、夫婦共に東方の神山に心願を立てて祈っていたところ或る夜、枕もとに神立ちがあり、「我は刀尾明神である。汝らに一子を授ける。生まれたならば有頼と名付けよ」との御告げを聞いた。夫婦にはやがて一人の男子が出生し有頼と名付けられた。有頼は父母の愛情を一身に集めて健やかに成長し立派な少年となった。十六歳になった夏の或る日、父が何よりも大切にして飼っている白鷹を借りて鷹狩りに出たいと父に申し出た。しかし父はどうしても許してくれない。仕方がないので父に隠れて、ひそかに鷹を持ち出し野に放った。ところがどうしたのか急に羽ばたいて大空に舞い上がり、辰巳（東南）の方向を指して飛び去ってしまった。有頼は驚いて彼方此方を尋ねたがわからない。一里行き二里行き遂に道に迷ってしまったが、勇気を出して更に進んで行くと、岩を積んだ神座（岩峅）があり、前方に大川（常願寺川）が流れて対岸（現在の鷹止りの景勝）に松林のある所に出た。ふと一本の大松を見ると、何としたことか狂気の如く探し求めている白鷹がその枝に止まっているではないか。有頼は喜んで大声を挙げて呼ぶと白鷹は嬉々として飛び去り、まさに有頼の手にとまろうとした一瞬時、側の竹やぶから一頭の大熊が躍り出た。鷹は驚いて再び大空に飛び上り、熊はやにわに逃げ出した。有頼は怒って弓をひきしぼり、はっしと熊を撃てば矢は月の輪の横に当たり、血を点々と垂らしながら走り去った。有頼は更に後を追って山に分け入り、行けども行けども鷹も熊も見えない。力を落として悲しみながら、それでも猶お、とぼとぼと行けば広々とした山原に出た。そこには沢山の池があり、アシが生い茂って池の中に神座（芦峅）があり、その側らに白髪を垂れ長杖を持った三人の老婆が待っていた。老婆は有頼に向かって「汝の尋ねる白鷹は東の山にいる。汝が行けば必ず得られるが、その山は川あり坂あり、道もなく最も難儀である。汝もし勇猛心と忍耐力があり、あくまで初一念を貫かんとするならば登れ。苦しみ厭うて途中で挫折するようならば早々にここより立帰れ」と教えさとした。

有頼は老婆の言葉に感謝し、勇を鼓して行ったが大きな清流（称名川）が遮って渡ることが出来ない。思案にくれていると沢山の山猿が出て来て、藤をもって橋を架けた（藤橋）。幸いと喜んで行くと一頭の黄金の鹿*が前を塞ぎ、有頼はその毒気に当たって倒れた（黄金坂）。その時、薬師岳の神が現われて「汝、倒れたるままに手に当たる草を採りて口に入れよ」と告げた。有頼が苦い草を口に入れると忽ち心気さわやかとなり病気は治ってしまった（草生坂）。それから谷を渡り壁を伝い、嶮しい山坂をたどること七日七夜、ついに山上の高原（弥陀ヶ原）に立った。四方を囲る山々は八葉蓮華の花の如く去来する雲や霧も全く此の世のものとは思えない。原には一面に花咲き乱れて一本の木もない。巨岩は積み高成して天柱（獅子ケ鼻？）となり、夏なお千歳の雪が谷々を埋めつくしている。有頼はそら怖ろしい心にむち打って一歩一歩ふみしめ登り、ふと先を見れば我が探し求める白鷹は天をかけり、憎っくき黒熊は地を走り不思議や共にそろって岩屋にかけ入った（玉殿岩屋）。有頼は大いに喜び「ああ艱難辛苦のかいがあった。今こそかの熊を仕留めて、鷹を得て帰ろう」と刀を抜いて一歩岩屋に踏み込めば、これは何ごとぞ。暗黒の洞窟とは思いのほか、光明燦然と五彩（青・黄・赤・白・黒）に輝き、幽香芬々として極楽の霊境である。奥の正面には阿弥陀如来と不動明王尊がならび給い、しかも我が射し矢が阿弥陀如来の胸に打ち立って血は傷ましく流れている。有頼は大いに驚き、夢のような心地の中にも次第に己が犯した大罪の恐ろしさに身は、わなわなと打ち振るい、嘆き悲しみ「如何なる前世の宿業か、かかる大罪犯して、至尊の聖身を傷つけまいらせ、せめてもの申しわけにも」と、刀を逆さにして我が腹をかき切ろうとした時、両尊はこれを押し止めて有頼に告げて申されるには、「我らは濁世の衆生を救わんがために十界（地獄・餓鬼・畜生・修羅・人間・天上・声聞・縁覚・菩薩・仏の十種の世界）を此の山に現わして山を開けるのを待っていた。その間、すでに百劫（インドでは一劫は梵天の一日の長さ、人間では四億三千二百万年という）を経た。この立山は峰に九品の浄土（阿弥陀仏の極楽浄土に上品上生・上品中生・上品下生・中品上生・中品中生・中品下生・下品上生・下品中生・下品下生の九等の品位あるという。観無量寿経にある）を整え、谷に一百三十六地獄の形相を顕わし因果の理法を歴然と証している。我らは汝を得て此の山を開かんと待つこと久しきものがある。汝の父有若をして当国の司たらしめたのも我らである。畜生の姿を借りて汝をここに導きしも亦我らである。汝の名を顧みよ。頼み有りと申すではないか。阿弥陀如来は即ち伊邪那岐神の本地にして、不動明王は即天手力雄神の本地である。汝、切腹など思いもよらず、これより直ちに当山を開け」と有り難くも教え賜ったのである。時に大宝元年七月二十五日の未明であった。

　有頼は地にひれ伏して拝み奉り、即座に髪を切り弓を折り、身を捧げて立山を開くことを誓い、直ちに下山してこの事を父有若に告げた。更に父とともに都に上り朝廷に奏上せしところ、文武天皇の御叡感浅からず、勅命を下して立山頂上東西十三里、南北三里に亘って霊域を定め給うた。有頼は同行者と共に道を切り開き橋を架け室所を建てて、全国諸人の参詣禅定に当て、絶頂に神霊本社を建てて本宗とした。有頼は慈朝上人に戒を受け、薬勢上人らと力を合わせて大河（常願寺川）の南北に六所の霊所を建立し、自ら座主として六所を統管し、居を芦峅寺に定めて立山修験道を完成し日本三霊山の根基を定め、八十三歳の長き生涯を立山のために努力精進した。天平宝字三（七五九）年六月七日生きながら龍象洞に入定し、土の底より鐘の音の聞ゆること七日に及びしと伝えられる。慈興上人有頼の辞世の歌は

　なにわがた芦の葉毎に風おちて　よし苅る舟の着くは彼の岸

である。

＊［鹿］鹿がなぜ出現したか？　鹿の体表は褐色の中に白い斑点がある。ここ藤橋一帯には飛騨変成岩類中の結晶質石灰岩がある。この岩石は白色の方解石が主であるが、中に黄褐色の金雲母と黒色の石墨を点々と含んでいる。この岩石の配色と逆の配色の動物として鹿を出したものか？
更に次のようにある。

吾、この山に禅定すること一千八十箇日成満す、伏して願はくは来世衆生の為に禅定引接の中宮を造らしめんと欲す、則ち上人二十九歳にして慶雲元（七〇四）年九月二十九日玉殿窟より麓の本宮龍象洞に下り、吾が留身の勝地を卜せんが為に一七日定に入る。即ち神託有りて曰、是より川北に清涼たる平原有り、其の所に一水廻りて西に流る、辺りに三茎の葦一本生ひ出づ、其の中は垂跡入定留身の勝地なり、上人翌日往て見れば彼の地景即ち告の如くにて違ふことなし、速かに神宮を鎮座し本尊を安置し一実の秘法を護持せしめ、更に龍華三会（弥勒菩薩成道の時龍華樹・菩提樹の下で行われる三回の説法）の暁を待たんと欲す。終に講堂を結び自作の神体を置き、精舎を造りて十方の群生を引接す、吾が寿命すでに尽せば三茎の池の辺りに入定すべし、若し滅後末法の中に悪王強賊等、吾が山を誹謗しもし霊験無くんば、焼香散華し我が形像を動かし、其の面に向けば必ず霊験有るべし、遺属の弟子等、忘失することなかれ、然れば神は人の敬に依りて其の威光を増し、人は神の加護を以て其の運いよいよ栄えん

　慈興上人有頼は、ここ立山を、神仏接見の山、信仰修行の山、また入って修行すべき山、登って神仏の御手に懐かれる山、極楽を見る山また地獄を見る山、大自然を讃美する山、大自然の洗礼を受ける山として開山したという。そして、立山に来て霊験がなければ、

i開山堂安置の我が像に焼香散華し我が像を動かし、我が像の顔を見れば必ず霊験があるべし。

ii神仏は人の敬に依って其の威光が増し、またその人は神仏の加護を得てその人の良き方への運が栄える。

　立山権現は私達富山平野の住民に不可欠の生命の水をお与え下さっている神であり、この水で作物を生育させていただくお陰で、例えば毎日の御飯を初め呉羽梨、加積林檎が実り、豊富な地下水でおいしい酒の仕込みができる。また、栄養分満点の伏流水が富山湾底で湧出することによってプランクトンが豊富に発生し、それを餌とする白エビ・エッチュウバイ、またカワハギ・ブリ・ホタルイカなど海の幸が豊かになっている。更には雪融けの冷たい水が月を仰いで流れる急流である早月川や片貝川の流入によって日本一顕著といわれる蜃気楼まで発生させていただいている。まだある。それは台風や地震の被害も少ない。立山の東側の長野県で大きな台風被害が生じても、富山は台風知らずということもある。

以上のことなど思い出して、立山権現に対し、敬いの心、感謝の思いを持つことが大切だという。その思いを持つことによって霊験をさずかり、いつか良い事があると教えている。

十三、『立山信仰の源流と変遷』（佐伯幸長）で見る佐伯有頼の法系

慈興上人佐伯有頼の法系についての記述を見る。

1．伊呂波字類抄

> （上略）法号慈興、其師薬勢上人（下略）

2．和漢三才図会

> （上略）有頼随喜涙、謁説法ケ原五智寺慈朝師、受戒シ改名、号慈興（下略）

3．岩峅寺延命院本立山縁起

> （上略）遙尋雲上、則詣緇門、有上人、号薬勢清涼山文殊後身、有弟子、名慈朝、爰受戒法、称慈興弥陀再誕（下略）

（解説）（上略）はるかに雲の上に尋ね、黒い門に向かってつつしんで進んで行くと一人の上人がおいでになった。その上人は薬勢上人と呼ばれ、中国清涼山[*1]の文殊菩薩の後身である。薬勢上人には一人の弟子が有って慈朝上人である。有頼は慈朝上人から戒法[*2]を受け慈興と称した。慈興は阿弥陀如来の再誕と言われた（下略）。

＊1　［清涼山］清涼山の名前の由来は『華厳経疏』に「以三歳積二堅冰一、夏仍飛雪、曽無二炎暑一、故名清涼」（毎年、堅い氷が積り夏には雪が飛ぶので炎暑がない、それで清涼の名がある）である。この清涼山は中国山西省五台県の山で五台山とも呼ばれる。ここは仏教の一大霊地であって文殊菩薩の霊験が感得される事で遠くインドにも知られており、寺院が百ケ寺にものぼる。

＊2　［戒法］仏弟子に授けるいましめ。五戒は在家の人の受持すべき五種の制戒で不殺生戒・不偸盗戒・不邪婬戒・不妄語戒・不飲酒戒である。八戒は不殺生戒・不偸盗戒・不婬戒・不妄語戒・不飲酒戒・不香油塗身戒・不歌舞・不観聴戒である。その他十戒、具足戒等がある。

4．芦峅寺　相真坊本立山略縁起

> （上略）茲に前非を悔み既に自害せんと決せしに、此時、薬勢上人、爰に来り、神丹[*1]を与え服すれば、皮肉緩みて朗らかに身心悩を忘れける。此時薬勢上人口に呪文を唱えつつ、弾指[*2]三度し玉へば、白頭比丘顕れて左の御手に宝録修[*3]、右の御手に三衣[*4]を持、美笑含ての玉わく、吾こそ天竺五台山文殊菩薩の弟子、慈朝上人と申なり。（下略）

＊1　［神丹］現在も神丹なる丸薬がある。神薬なるチューブ入り薬があるが、神仏の霊薬。『本草　神丹』に、味辛温有二小毒一、主三万病有二寒温一、飛金石及諸薬合成、服レ之長生神仙とある。

＊2　［弾指］指を弾き鳴らすこと。法華経に「諸仏謦欬（せきばらい）の声及び弾指の声、普く十方の国に聞こえて地皆六種に動す」。新訳華厳経に「時に弥勒菩薩前みて楼閣に詣り弾指して声を出せば其門即ち開く、善財に命じて入らしむ」。観無量寿経に「仏後に随従して弾指の頃の如くに彼国に往生す」などとある。

＊3　［宝録修］道家の符録（未来を予言した書物「未来記」）

＊4　［三衣］比丘衆が着る三種の衣服。僧伽梨（大衣）・鬱多羅僧（七条衣）・安陀会のこと。

5．芦峅寺泉蔵坊本立山縁起

> 吾は是れ天竺清涼山文殊菩薩[*1]後身の弟子、慈朝と名づく、遠く此の山に来って汝が来るを待つこと数百年なり。今まさに汝が本来を示さん、家は西方に在り、此の土に再誕の頼み有る故に有頼と名づくと言う。（中略）之に因って文殊付属の密法を汝が為に教授す尽未来際、観慧[*2]を励まし念々増進せしめて怠倦せざれ、既に戒法を受けて如来大慈悲の妙法を此の山に興隆し、末世の衆生を引摂するが故に、改めて慈興と称すべし（下略）

＊1　［文殊］梵語曼珠室利の音訳。妙徳、又は吉祥の義。法身・般若・解脱の三徳をそなえた菩薩。普賢と相対し釈迦牟尼仏の左側に在って智慧を司る。その像は蓮華に坐し、また獅子に乗って、頭に五髻を結び、右手に智剣を持ち、左手に蓮華を持っている。文殊菩薩は中国山西省の清涼山（五台山）に一万の菩提とと

もに住するという。

＊2　［観慧］観は『説文』に「観、諦視也。つまびらかに視きわめる」。『釈文』に「観、示也」。『漢書　厳安伝』に「以観二欲天下一。あきらかに示す」などとある。慧は通常はちえ・さとい・あきらか・かしこい。仏教では「さとり」。事理を分別し疑を断ずる作用、また、空理に通達する作用。智の有為の事相に達するの意に対して、慧は無為の空理に達することという。『大乗義章　十』に「観達為レ慧」とある。

6. 芦峅寺一山社蔵本立山縁起

> （上略）麓、有一之聖跡、号二五智寺一、薬勢上人建立之地也、但開二件名一未レ知、彼所遙尋二雲之上一、則詣二緇門一有二上人一、号二薬勢一、清涼山文珠後身之弟子、名慈朝、爰受戒法、称二慈興一、是弥陀之再誕也（下略）

以上の例を挙げて『立山信仰の源流と変遷』に次のようにある。

> 以上列記の例を見れば、佐伯有頼は薬勢上人の弟子、慈朝上人から戒法を授かり慈興上人と称した。ここに出る薬勢上人・慈興上人の事蹟は一切不明であるが、神丹を与えて蘇生させたとか、文殊付属の密法を授けたとか、雲上に上り去るとかを見れば、とに角、役の小角に類する山岳錬行の修験行者であったことは察せられる。有頼公が立山を開くに当り、既に入峰して山中の聖地に修法を続けていた是らの先輩行者について受戒修行したことは当然のことと思われる。

十四、『立山信仰の源流と変遷』で見る雄山神社峰本社と芦峅祈願殿・岩峅前立社壇

1. 神社本庁本神社名鑑

昭和三十九年一月十日神社本庁発行『神社名鑑』に次のようにある。

> 雄山神社
> 祭神天之手力男命　宝物佐伯有頼木像（重文）・前立社壇本殿（重文）
> 宮司佐伯幸長　権宮司佐伯静雄
> 由緒沿革　雄山権現（タテヤマ）または立山権現とも称せらる。地方の名祠で、後世気多・高瀬等と共に一宮とせられ、鎮座は極めて古く、万葉にも見え、始め立山の山岳信仰に発したものと思われる。社伝によれば、大宝元年佐伯有頼受戒して慈興と改め、大権現大宮及び王子眷属等社を建立すとも、又大宝三年釈教勧請すとも伝える。寛平元（八八九）年八月従四位下に陞、延喜（九〇一～九二二）の制小社に列す。（後略）

2. 『立山信仰の源流と変遷』

立山信仰の源流と変遷に次のようにある。

> 明治四年の著作である栗田寛の神祇志料には左のように祭神が記載されている。
> 「巻十五
> 雄山神社、今立山に在り立山権現といふ。蓋し伊弉諾尊を祀る」と。そして、神名帳考証、三才図会、万葉集、新川県式社調書、土人伝説などを参酌したことが付記されている。
> 大日本史神祇志には
> 「伝言祀、伊弉諾尊及天手力雄神」
> と見え、特撰神名帳にも同じく
> 「伊弉諾尊及天手力雄命」
> とある。
> （中略）
> さて、ここまで書いてみれば明らかになるであろう。申すまでもなく、古文献一切は立山権現は熊を化身とした本地阿弥陀如来、垂迹伊弉諾尊であり、その山は立山である。刀尾天神は鷹を化身とした本地不動明王、垂迹手力雄命であり、その山は剱岳である。（後略）

3. 古事記　淤能碁呂島の聖婚

インドの仏、阿弥陀如来が日本のここ立山では立山権現と呼ばれる。この立山権現は、日本の全国的には天地人創生の神、伊弉諾尊である。『古事記　伊耶那岐命と伊耶那美命』淤能碁呂島の聖婚の条に次のようにある。

> 是に天つ神諸の命以ちて、伊耶那岐命・伊耶那美命二柱の神に、「是のた

だよへる国を修理り固め成せ」と詔りて、天の沼矛を賜ひて、言依さし賜ひき。故、二柱の神、天の浮橋に立たして、其の沼矛を指し下ろして画きたまへば、塩こをろこをろに画き鳴して、引き上げたまふ時、其の矛の末より垂り落つる塩累なり積りて島と成りき。是れ、淤能碁呂島なり。
其の島に天降り坐して、天の御柱を見立て、八尋殿を見立てたまひき。
（後略）

このようにして、淤能碁呂島をお作りになり、その島に天降りして淡路島・隠岐島・筑紫島（九州）・壱岐島・対馬・佐渡・本州と国生みをされた。次いで神生みとなって、海の神・湊の神・風の神・木の神・山の神・火の神等の神を生まれた。伊耶那岐命・伊耶那美命二神が力を合わせてお生みになった島は十四嶋、お生みになった神は三十五神もある。

4．古事記　伊耶那岐命の禊祓

同書「伊耶那岐命の禊祓条」には次のようにある。

是に左の御目を洗ひたまふ時、成れる神の名は、天照大御神。次に右の御目を洗ひたまふ時、成れる神の名は、月読命。次に御鼻を洗ひたまふ時、成れる神の名は、建速須佐之男命。

伊耶那美命が火の神をお産みになった時に火傷をなさった。その火傷が原因でお亡くなりになった。伊耶那岐命は伊耶那美命を尋ねて黄泉国を訪問された。その時にけがされた御身の禊をされた時に、多くの神々が生まれた。その中に、天照大御神（太陽）・月読命（月）もあった。

現在の立山山頂峰本社は、立山権現（伊弉諾尊）と剱岳権現（手力男命）を併祭した社殿である。峰本社のある標高三〇〇三m雄山は立山権現・剱岳権現を遥拝祈願する「祭の庭」である。この祭の庭からは立山権現の御内陣である大汝山が右に、剣岳権現の剱岳が左に拝せられるので、社殿内の両権現の座もそのようであろう。

5．峰本社・玉殿窟・祈願殿・前立社壇

芦峅中宮寺、岩峅立山寺、現在の芦峅寺の雄山神社祈願殿、岩峅寺の雄山神社前立社壇について少しく話す。

立山権現は、先に記したように「神仏体山立山」そのものであり、その本地は阿弥陀如来である。刀尾権現または刀尾天神は「神仏体山剱岳」であり、その本地は不動明王である。また、剣岳権現は立山権現の孝行息子で、親神立山権現に孝養を尽くす大孝事（大行事）である。

雄山山頂は小山明神の勤務地であって、日々、立山権現が御内陣で平穏にお過ごしなさるように、また、衆生の種々の願いをお伝えしたり、立山権現からの御指示を受けている。小山明神は立山権現に奉仕する家司（家令）で、住所は玉殿窟（又は室堂）である。

6．神宮寺―中宮寺と立山寺

次に、峰本社は雪深く高い岩山に鎮座するために、信者や住民の利便性から里宮が造営された。それが現在の芦峅寺祈願殿や岩峅寺前立社壇である。創建時から両権現の祭祀とともに本地仏も祭祀されたので、「芦峅中宮寺」「岩峅立山寺」と呼ばれていたという。このように、神社に属する寺院を「神宮寺」という。「宮寺」とも称され、ここに居住して神社の事務管理を掌り、また仏事を修する者を「社僧」という。明治維新の廃仏毀釈の時に神宮寺は悉く廃止されたが、稀に残った、元神宮寺もある。平安時代には本地垂迹説が盛んに行われ、神仏相資けて国土安穏であるのだとのことで諸国の名神・霊社には神宮寺が設けられた。また、大寺の境内にも鎮守社が設けられ、崇仏と敬神とは両立すると考えられていた。文献での古い例としては『文徳実録』文徳天皇斉衡二（八五五）年五月条に次のようにある。

四日。詔。能登国気多大神宮寺。置常住僧。聴度三人。永々不絶。
五日。詔。越前国気比大神宮寺。御子神宮寺。置常住僧。聴度五人。心願住者亦五人。凡一十僧。永々不絶。

次に、神宮寺はなぜ神社に併設されたか?

⑴推古天皇十二（六〇四）年四月三日に十七条憲法が作られた。

第一条　以和為貴、無忤為宗。[*1]（以下略）
（和なるを以て貴しとし、忤ふること無きを宗とせよ）
第二条　篤敬三宝。々々者仏法僧也。（以下略）

（篤く三宝を敬へ。三宝とは仏・法・僧なり）

＊1 ［以和為貴］『礼記 儒行』に次のようにある。

儒有博学而不窮、篤行而不倦、幽居而不淫、上通而不困、礼之以和為貴、忠信之美、優游之法、慕賢而容衆、毀方而瓦合。其寛裕有如此者。（儒者には次のような人々がおる。博く学んでも止まる所がなく、実行に努めてもなまける所がなく、人に知られずに居ても言行が乱れず、仕えて高官に任じられても、その職を果たすに少しも困らない。そして礼の効果をより知り、礼を用いて人々を和合させ、忠信の美徳を重んじ、寛大で余裕ある心境を理想とし、賢者を尊び民衆を愛し、時としては厳格主義を捨てて和合・調和・協調を取るのである。以上のような、努めて人を愛し寛裕を重んずる人がおる）

『論語 学而』に「礼之用和為貴」（礼の運用というものは、調和が大切である）とある。

(2) 推古天皇十五年二月一日の詔勅に次のようにある。

曩者、我が皇祖の天皇等、世を宰めたまふこと、＊1天に跼り地に蹐みて、敦く＊2神祇を礼びたまふ。（以下略）

＊1 『詩経小雅 正月』の第六章に次のようにある。

謂天蓋高　不敢不局　天を蓋し高しと謂ふも　敢へて局せずんばあらず
謂地蓋厚　不敢不蹐　地を蓋し厚しと謂ふも　敢へて蹐せずんばあらず
維号斯言　有倫有脊　維れ斯の言を号ぶは　倫有り　脊有り
哀今之人　胡為虺蜴　哀し今の人　胡為れぞ虺蜴のごとくするや

（解説）天は高いと言うものの、今の世ではどうしても身をかがめて渡らないわけにはいかない。地は厚いと言うものの、今の世ではどうしても抜き足差し足で歩かないわけにはいかない。今、私（推古天皇）がこのように叫ぶ言葉には、誠に道理があるのに。哀しいことよ今の世の人は、どうして蜥蜴のように潜み隠れなければならないのか？と。この世を生きていく為には、考えぬいた上にも、石橋をたたいて用心して渡らなければならない。

＊2 ［神祇］天神地祇を略したもの。天神は天上においでになる神、地祇は大地にお住まいになる神、あまつ神と国つ神。天神は昊（そら・天）天上帝を主とするが、外に日月星辰・司中・司命・雨師等がある。地祇は后土（中央の土地）を主とするが、ほかに社稷（土地の神と五穀―例えば米麦粟黍豆の神）・五祀（家で行う祭で春は戸、夏はカマド、秋は門、冬は道路、土用は中霤―室の中央のことで古代、卿大夫の家では土神をここに祀っていた）・五嶽などがある。日本では天神は高天原の神、即ち天照大御神・豊受大神など。また、地祇は国土の神、即ち大物主神・大国魂神など。

仏教伝来によって、日本古来の神々と、新来のインドの仏・菩薩との融和・共存、いわゆる神と仏とを結びつける考え、「仏・菩薩が衆生摂化の方便として神祇となって現われる」という本地垂迹説がおこってきた。『東大寺要録 巻第一 本願章第一』に次のようにある。

天平十四年十一月三日。右大臣正二位橘朝臣諸兄。為勅使参入伊勢大神宮。天皇御願寺可被建立之由。所被祈也。爰件勅使帰参之後。同十一月十五日夜。示現給布。帝皇御前玉女坐。而於金光底宣久。当朝ハ神国ナリ。尤可奉欽仰神明給也。而日輪者大日如来也。本地者盧舎那仏也。衆生者悟解此理。当帰依仏法也止云布。御夢覚給之後。弥堅固御道心発給。始企伴御願寺給也。謂東大寺是也。已上

（解説）これはおよそ次のように味わえる。

天平十四（七四二）年十一月三日。右大臣正二位橘朝臣諸兄を勅使として伊勢大神宮に参入させ、聖武天皇が御願寺の建立なさる由を祈願させた。この件について、勅使の帰参後の同年十一月十五日の夜、御祭神の玉女、天照大御神が聖武天皇の前に現われて、金色の光を放ちながら申されるには「当朝、大和国は神国である。もっとも神明、神をうやまい仰ぎ給うべきである。して、日輪、太陽は大日如来である。大日如来の本地は盧舎那仏である。衆生は此の理を悟解（理解・会得）すべし。そして、まさに仏法に帰依すべしなり」とおっしゃった。聖武天皇は夢からお目覚めになった後、ますます仏法帰依のお心を固くされた。この後、くだんの

御願寺、天皇御勅願の東大寺建立の企画をなされた。こうして建立されたのが東大寺である。

日本は神国である。太陽は日本も照らしている。日本では太陽のことを大日如来と呼ぶ事がある。仏法発生のインドでは盧舎那仏と呼ばれている。だから盧舎那仏を本尊とする寺を建立するのは良いことだと天照大御神がおっしゃったという。

＊　盧舎那は毘盧遮那・毗盧舍那・遮那といわれる。また、遍一切處・光明遍照ともいわれる。『新釈華厳経巻六　如来現相品』に、「各々共に毘盧遮那如来の所に来詣して、親近供養す（中略）毘盧遮那仏は能く正法輪を転ず」とあると。また、『大日経巻一　住心品』に、「毘盧遮那如来加持の故に（中略）而も毘盧遮那は一切の身業、一切の語業、一切の意業、一切の處、一切の時、有情界に於て真言道句法を宣説す」とあると。また、華厳宗では毘盧遮那・盧舎那、また釈迦牟尼は同一仏身の異称である。菩提樹下で悟られた釈迦は一大法身舎那十身、十仏兼備の仏身である。十仏とはいろいろあるが、『旧華厳経巻二十六　十地品』には、衆生身・国土身・業報身・声聞身・辟支仏身・菩薩身・如来身・智身・法身・虚空身とある。

十五、立山開山慈興上人佐伯有頼公

1. 芦峅寺泉蔵坊本立山宝宮和光大権現縁起

当山禅定濫觴者、神祇五代之開基、伊弉冉伊弉諾尊霊廟、則陰陽交愛根源、衆生流出之本土也、既御神自天浮橋上天降八識田中、変化七劫色相、易地神五代之和光、建立我国秋津島、於濁世百王交塵、劫初現四生八天生長御神子等、当正豊葦原四方夷、漏伊勢国郡之数村、尓時天上間原神禅定八百万諸神達現、昼夜二時影向、納受十界生死魂魄是日域、号一切生死惣政所、故此山名五常堅固之立山、所謂御垂跡者手力雄尾大臣、刀尾天神也、為五戒指南棟梁、顕其本地者、極楽教主弥陀如来、高住龍花会、待後五百光之隠顕、麓守都率寂光天厳戸云云、抑抑、大宝元年辛丑二月十六日、志賀京四条郡主越中守佐伯有若之朝臣、始庁府也、同二年九月十三日、嫡男有頼公二十六才而、当新川郡入于布施院、検田之時、父鷹申請数日検田之間、彼鷹俄指南、遙山翥、初舞麓、後掩翅、遊峯通声（鷹待峯也）、然間、聞鈴呼彼餌置鷹待（鷹待之峯是也）、弥弥翅峯飛谷更不還来、此事之由令達申之時、父勘気而曰、我鷹不持来者、全不可向顔云云、而有頼公大驚、尚入深山、朝志鷹払霧、夕敷衣臥雪（志鷹峯也）、爰値熊放矢、熊乍矢立登高山（熊追嶽也）、則追鷹影并尋熊跡、尚到高山（小山獄是也）、遙窺岩山、四十九窟在之、或分仙洞之霞求之（仙人窟是也）、亦石塔在之、凌竜山之雲尋之（竜王嶽是也）、竜神数多、而鷹滄天垂翔、納五鈷之劔岳（劔御山是也）、彼熊責岩流血、入不仭宝窟（玉殿窟是也）、窺此窟、我先射所之矢、金色之弥陀如来御胸誤在之、忽抛弓箭、合掌、切捨鬢髪、低頭紅涙、無限、不思議也哉、金色尊像速隠、而生身阿弥陀如来新奉拝、則蒙于冥加之教勅、有頼公宿善薫内、信頼発外、蓋是浄戒木刃持、生仏行欲全躰也、此現白頭聖曰、吾是天竺清涼山文珠菩薩後身弟子、名慈朝、遠来此山、待於汝来数百年、今当示汝本来、家在西方、此土再誕之有頼故名有頼、依前放矢胸誤、金色阿弥陀汝全躰而、抛弓箭切鬢髪、則金容已隠去、亦親奉拝生身仏、汝本師、西方阿弥陀如来影向教勅也、因之、文珠付属之密法、為汝教授、尽未来際励観慧、念念増進而豈不怠倦、既受戒法、如来大慈悲之妙法興隆此山、来世衆生引摂故、改而可称慈興、汝所生者此観音妙法蓮華台、汝護持所之第一実際教法者、得大勢至悲願也、此山境成往者釈迦如来説法会坐、故有五智五仏窟、又有四十九窟、弥勒菩薩竜華三会之下生所也、如是教授巳、慈朝聖人雲上登去、爰以慈興上人益感歎伏膺、信修無懈怠、撰奇峯、楊柳嶽即時窟中入定、従十月朔日不断読誦法華、弥陀念仏無怠、文珠菩薩付属之秘法修練無倦、同月廿八日暁、五智宝窟震動、高声微妙而告曰、我是小山大明神、本躰者三世常住浄妙法身大日如来、汝知之否、自此東在泰獄、其山立相即弥陀妙躰、相好具足、所謂膝名一ノ挙、腰名二ノ挙、肩名三ノ挙、額名四ノ挙、鳥瑟名五ノ挙（是則地神五代之五智五仏本地也）、慈興忽蒙深志、修念弥弥盛而、送月重日、至心積功之間、同三年三月十五日亦有微妙告言、我金剛手威徳王菩薩也、我随身之眷属有数多、所謂十所王子、一万眷属、十万金剛童子、十二光仏八大童子也、先十所王子者、第一王子刀尾天神、本躰不動明王、第二王子日月燈明神、炎高、地蔵菩薩、第三王子十禅師、竜樹菩薩、第四王子鍬崎、聖観音、第五王子炎楯雄、得大勢至菩薩、第六王子湯楯雄、無著菩薩、第七王子、吉部文珠菩薩、第八王子八竜大明神、普賢菩薩、第九王子湯川、千手観音、第十王子雉原、如意輪観音也、十二光仏者、一大汝、十二所権現清浄光仏、二砂嶽、炎王光仏、三別山、帝釈天歓喜光仏、四中津原、智慧光仏、五断材御坂、不断光仏、六鷲窟、超日月光仏、七五千原、難思光仏、八箱折、無称光仏、九破山、無量光仏、十熊雄嶽、無礙光仏、十一根雄、無対光仏、十二国見、無辺光仏、是則弥陀示現十二光仏也、森々林木、離々異草、悉吾眷属所居也、于時、改元慶雲初年甲辰卯月八日、此玉殿窟出定、忽紫雲靉靆感見弥陀三尊御来迎、上人恭礼伏膺、自高声南無西方極楽化主阿弥陀如来三声、則尊影如雲蔵、因茲、上人亦起心行之微趣、而入定、満一七日、暁有奇異之告曰、我在此山雖経百劫、衆生未知、従今我与慈興共誓願、救度衆生、汝不知乎、従是当乾有一隈顕八大地獄、其数有一百三十六地獄一切衆生之群類等、皆自是生而造罪業、又無不堕此地獄、若修微少之善根輩者、厚障消煙、重苦受軽、永転生死之苦報、終令到浄土云云、上人承告密以、山嶽雖為峨々、峯移九品浄土、十界真相無隔、谷現八大地獄、猛火猶似紅、赫々叫喚雷鼓共峙耳喧、都此顕示善悪之因果不二義、邪正一如之瑞相也、然則立山大権現化熊、而為貧瞋癡罰之験、刀尾天神化鷹、驚愚癡妄迷之群類、各各有一万眷属、左方文珠菩薩、十方金剛童子、右方普賢、以上薩埵也、又不老不死之雷鳥充満山谷、而施薬衆生常翩翩焉、上十二光仏弥陀之化仏、八大童子不動之随身、刀尾天神、即是立山和光権現大行事也、小山明神是大権現阿字本性家司也、又此山半腹有七重滝、号称名滝、不断水鼓動六字之名号、堅固菩薩心発起之本躰、則不動明王也、自尊嶽、迦楼羅王大明神、垂跡多聞天、本地薬師如来、竜王嶽、雲雷音王仏、剱御山、刀尾天神、五鈷剱嶽、地獄谷、地蔵菩薩、玉殿窟、吉祥天也、従越中参詣宿者、虚空蔵窟、自信州登山之宿者、獅子無畏観音窟也、稲葉嶽十一面普照観音、雷電嶽丈夫天人観音也、但此峯為躰乎、嶮巌重畳、而刀利天雲可取手、幽谷沈々、而風輪際可踏足、翠嶺高々鷲峯之法、今接我山碧水清冷流西不絶、尓釈尊之教在此谷、一度踏此峯者、永離三塗之鉄網、二度呑此山水者、必座七宝荘厳之蓮台矣、依此観之、吾於此山禅定者一千八十箇日、成満、伏願、欲為末世衆生令造禅定引接之中宮、則上人二十九歳、同年九月廿九日、自玉殿窟下麓本宮竜蔵洞、為卜吾留身之勝地、一七日入定、即有神託曰、従是川北有清涼平原、其所一水廻西流、辺三茎之蘆一本生出、其中垂跡入定留身之勝境地也云云、上人翌日往見、彼地景則如告、無違矣、速鎮座神宮、安置本尊、欲護持一実秘法、更待竜華三会之暁、集結講堂、置自作三尊神躰、造精舎、引接十方群生乎、吾寿齢已尽、三茎之池辺可入定、若滅後末法中、悪王強賊等、誹謗吾山、来而狼藉、則我形像忽可動、猶无霊験者、焼香散香、而動吾形像、向其面、必可有霊験、遺属之弟子等勿亡失云云、然間、神者依人之敬其威光増、人者以神之加護其運弥弥栄、豈当山神徳、和光同塵、一切衆生、平等利潤、天下泰平、国土安穏、百穀成就、而常恒利物之守護垂故、奉唱立山和光大権現、依開峯縁起、敬白

維和銅二歳中春、因信心之人熱望、縁由之、大綱記録、而為末世童蒙、納宇此芦峅之宝庫矣

朝臣佐伯之苗胤、立山開峯禅定之始祖、勅許中宮精舎住務、阿遮梨慈興大上人、謹併書之

干時文政第十二年、丑仲冬吉日、高野山華蔵院北陸道遊行一化之砌、当山仮住　七年之暁、偶答熟望之輩、拝覧旧本、間々有写誤難句義弁、故一二改正書之　竜渕法即在判

天保二卯年八月大吉旦

泉蔵教舎宝庫不出　弟子鑁竜書之

（解説）この『泉蔵坊本立山宝宮和光大権現縁起』はおよそ次のように味わえる。

当山、立山禅定の源―始まりは神祇（天つ神・地の神）五代の開基である伊弉冉尊・伊弉諾尊の霊廟、則ち、この二神の陰陽交愛の根源が衆生流出の根本であった。この二神は天の浮橋より八識田（八尋もある広い宮殿）に天降になり、非常に長い時間の見ることの出来るいっさいの物の色や形を変化し、地神五代[*1]の和光をおだやかにし、我が国、秋津島を建国し、濁った世の多くの塵に交わり、劫の初めには四生（胎生・卵生・湿生・化生）八天を現わし、御神子（地神五代に続く神子神武天皇以下の天皇）等を生長させ、豊葦原（日本国）四方を正し、伊勢国郡の数村を初めとして、ここに天つ神高間の原に禅定し、八百万諸神達を現わし、昼も夜も、その神々を拝し、十界（地獄・餓鬼・畜生・修羅・人間・天上・声聞・縁覚・菩薩・仏）生死の魂魄（精神と肉体）をこの日本国に納め受け、この伊勢神宮を一切生死の総政所と名付けた。この故に、この山、立山を五常[*2]堅固の立山と名付けた。いわゆる御垂跡は手力尾大臣、刀尾天神である。この刀尾天神は五戒（不殺生・不偸盗・不邪淫・不妄語・不飲酒）指南の棟梁（頭・首領）である。その本地とする所は極楽教主弥陀如来である。高く、龍華会[*3]に住して今後五百劫之隠顕を待つ。麓には都率寂光天巌戸を守る云云。

さて、大宝元（七〇一）年辛丑二月十六日、近江国志賀京四条郡（現在の大津市）主越中守佐伯有若朝臣が布施、現在の富山県魚津市と黒部市境界の片貝川河口

近くに越中国庁を開設した。大宝二年とあるが、大宝一年の九月十三日、有若の正妻の息子有頼公、二十六歳が越中国新川郡布施院に入った。国守有若の検田の間の数日間だけ父の鷹を借り請けたいとお願いし鷹狩りをしていた。すると鷹は急に南の山を指して飛び去った。初めは麓を舞い、後には峯に一休みをして声を通わした。この地を鷹止りの景勝という。そのような時には、鷹のつけている鈴の音を聞いたり鷹を呼んで餌を置いて待っていた。この地をまた鷹待の峯という。そうこうしていると、鷹は峯に飛び谷を飛んで行き帰ってこなかった。この事を有頼は使用人を通じて父国守に報告した。すると父は怒って、「私の大切な鷹を持って帰らない者には会わない云云」と言った。このことを聞いた有頼は非常に驚き、鷹を尋ね求めて深山に入った。朝には鷹を求めて霧を払い、夕には着衣を敷いて雪上に寝た。ここが志鷹峯である。ここで、突然大きな熊に出会ったので矢を放つと、その矢が熊の月の輪に命中した。しかし、熊はその矢を立てながら高山へと逃げ去った。ここを熊追嶽（黒い安山岩の材木石のある熊王嶽?）。そして、鷹の姿を求め、熊を追い、また尋ねて、現在の天狗平から下市場、大谷を通り雷鳥平キャンプ場辺から、称名川の上流である浄土川をさか上って行くと、右手に高山があった。この高山が小山嶽である。岩石から構成される小山嶽をよく見ると、四十九もの数多くの岩窟が見えた。そして霧の中を進むと仙人の住む岩窟があった。更に進むと石塔もあった。そして龍山の雲を押し分けて石塔のある山を尋ねた。これが龍王嶽である。そこには龍神が数多く住んでいた。そして鷹は青空に高く翔け上がり五鈷杵のように何本もの杵が立つような姿の剱岳に去った。これが剱の御山である。そして胸に矢を立てた熊はというと、血を流しつつ岩山をつたって、広く、高い、そして奥深い宝窟に入った。これが玉殿窟である。有頼は、この玉殿窟をそっと見ると、自分が先に射た矢は、金色の阿弥陀如来の御胸に誤って有る。それですぐに弓と箭を投げすてて、ひざまづいて合掌し、すぐに鬢髪（耳ぎわの毛や頭の毛）を切りおろし、頭を下げて血の涙（悲しい涙）を流すこと限りなし。そうしている間に不思議なことに、金色の阿弥陀如来がいつのまにか消えて生身の阿弥陀如来が目の前に現われたので、有頼は五体投地の礼拝をしていると、いつの間にか神仏の教勅（お告げ）を受けた。すると、有頼公には前世に行った善根功徳があったので信願（信仰と発願の二つ）を体外に発した。すると、それはあたかも有頼公が浄戒（清浄なる戒行、菩薩の戒行）木劍を持った生き仏のような信願が有頼の体全体から現われた。すると、有頼の目の前に白髪頭の老年の聖人が出現して言うには、「私は天竺清涼山文珠菩薩後身で、名は慈朝である。遠く中国から来て此の立山で貴殿を待つこと数百年もたった。その貴殿がここ立山に来たので、貴殿がなすべき事を伝える。実は私の家は西方極楽浄土にある。この日本で誕生の貴殿の名は『頼み甲斐有る』を意味する有頼である。それで、先に放った矢が誤って胸につきささったが、金色の阿弥陀如来は実は貴殿であった。そこで弓箭を投げ、また鬢髪を切ったので、金色の阿弥陀如来はこの場から去ったが、今、親しく礼拝している生身の仏は、貴殿の先生である西方極楽浄土の阿弥陀如来が影向して教えているのである。また、それで文殊菩薩じきじきの密法を貴殿の為に教える。貴殿は、今後いつまでも観察と智恵を励まして、一心に怠倦せず、戒法を学び如来大慈悲の妙法をこの立山に興隆し、来世の衆生を引摂するが故に、改めて慈興と名のるべし。汝が生ずる所の者は観音妙法蓮華台である。汝が護持する所の第一実際の教法者は、得大勢至菩薩の悲願とする所である。此の立山山境はゆくゆくは釈迦如来説法の会座となる。そのようなことで、ここに五智五仏窟[*4]がある。また四十九もの岩窟がある。弥勒菩薩の龍草三会の下生の地である」。以上のような教えが終わって慈朝聖人は雲上に登り去られた。

このようなことがあって、私、慈興はますます感激し服膺（このような事を心にしっかり止めて片時も忘れず、深く信じ）し、懈怠もなかった。

ここで佐伯有頼は一旦下山し、国司である父佐伯有若に立山山中での出来事の一切の報告をした。勿論その中には、あの白鷹は刀尾天神剱岳権現であった事、山中で出会った熊は阿弥陀如来、立山大権現であったことも。父は鬢髪をおろした慈興上人有頼と共に現在の奈良県橿原市にあった藤原宮に参上し、立山山中での出来事を文武天皇に奏上した。すると、天皇から立山の霊域を定める勅許があった。慈興上人は越中国に帰国した。

帰国した慈興上人は立山に入り、長期の禅定期間中に必要とする松の実・樹脂・松葉を採取し玉殿窟等の岩窟にたくわえた。そして、玉殿窟ほか多数の岩窟のある小山の、浄土川をはさんだ対岸の奇峯、楊柳[*5]（川柳と柳）嶽を選び、禅定に入った。同年十月一日からはハイマツの実を食べ、その樹脂をなめ、また葉を食べながら連続して法華経を読み続け、南無阿弥陀仏とお念仏をなまけることなく唱え続けた。また、文珠菩薩の秘法修練をあきることなく続けた。すると十月二十八日の早朝に五智宝窟が震動して、高声ですぐれたおごそかなお告げがあった。それは、「私はここ小山の小山明神である。本躰は三世（過去・現在・未来）の間、ずっと住み続ける清らかな法身の大日如来である。貴殿はこのことを知っているか？ この五智宝窟の東に泰山嶽（ゆったりとした極めて大きく広い山―今の立山）があ

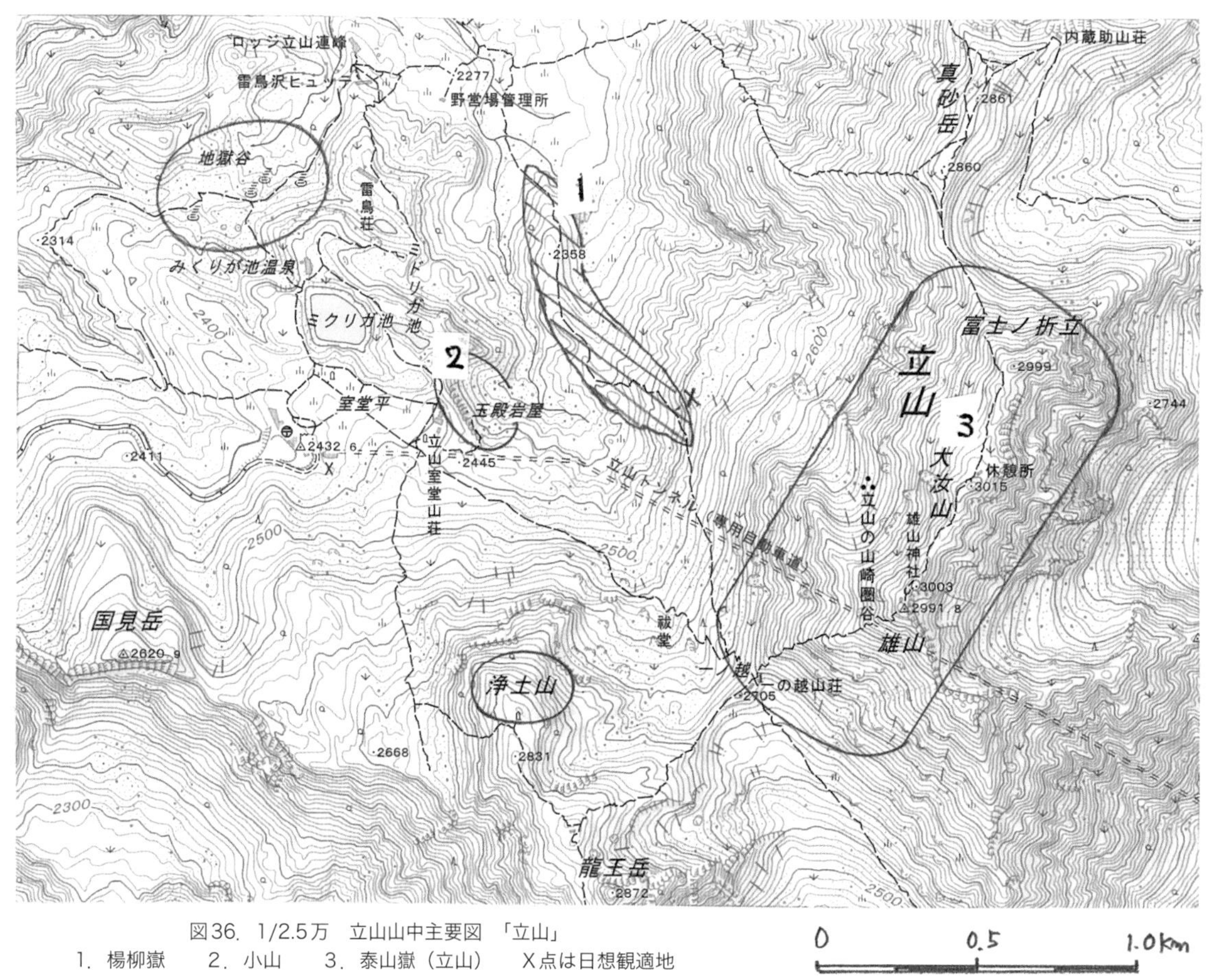

図36. 1/2.5万　立山山中主要図 「立山」
1. 楊柳嶽　 2. 小山　 3. 泰山嶽（立山）　 X点は日想観適地

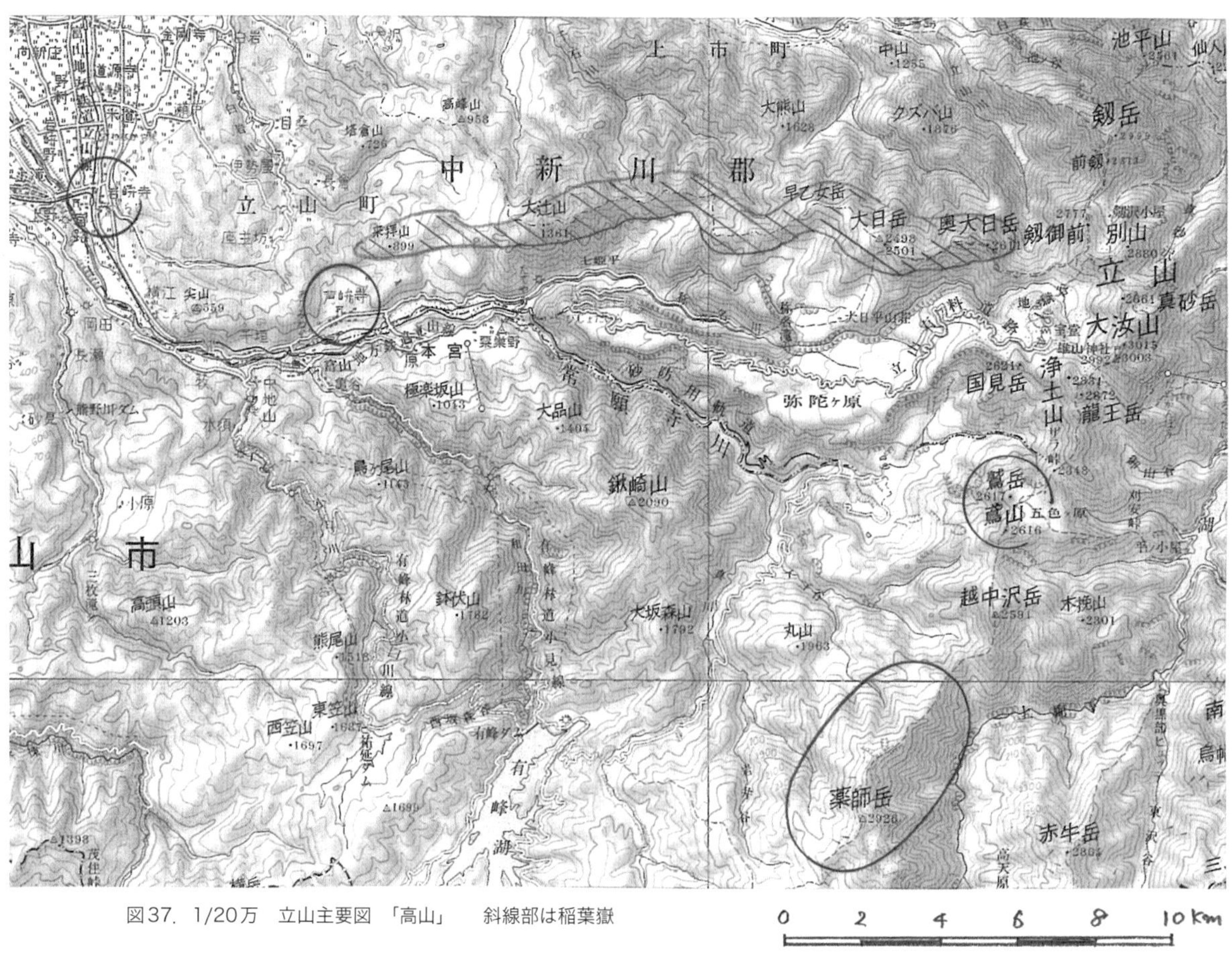

図37. 1/20万　立山主要図 「高山」　 斜線部は稲葉嶽

る。その山の立っているお姿は、これ即ち阿弥陀如来のお体であって相好（顔のかたち・姿態・様子）がすべてそなわっている。いわゆる膝は一ノ越、腰は二ノ越、肩は三ノ越、額は四ノ越、頭のテッペンの烏瑟は五ノ越である。これは即ち、神祇五代の五智五仏の本地である」このことを聞いた慈興上人はその深い志を受けて、修行する思いが益々深くなり、月を送り日を重ねた。このように熱心に修行を重ねているうちに早くも大宝三年三月十五日となった。その日にまたすぐれた、尊いお告げがあった。それは、「私は金剛手威徳王菩薩である。私につき従う眷属は数多い。それはいわゆる十所王子、一万の眷属、十万の金剛童子である。また、十二光仏と八大童子である。

先ず、十所王子とは

第一王子	刀尾天神	本体は	不動明王
第二王子	日月燈明神	〃	炎高・地蔵菩薩
第三王子	十禅師	〃	龍樹菩薩
第四王子	鍬崎	〃	聖観音
第五王子	炎楯雄	〃	得大勢至菩薩
第六王子	湯楯雄	〃	無着菩薩
第七王子	吉部文珠菩薩	〃	文珠菩薩
第八王子	八龍大明神	〃	普賢菩薩
第九王子	湯川	〃	千手観音
第十王子	雉原	〃	如意輪観音

また、十二光仏とは、

一、大汝	十二所権現	清浄光仏
二、砂嶽		炎王光仏
三、別山		帝釈天・歓喜光仏
四、中津原		智恵光仏
五、断材御坂		不断光仏
六、鷲窟		超日月光仏
七、五千原		難思光仏
八、箱折		無称光仏
九、破山		無量光仏
十、熊雄嶽		無礙光仏
十一、根雄		無対光仏
十二、国見		無辺光仏

である。これは阿弥陀如来示現の十二光仏である。森々たる林や木、離々なる高山植物のすべては私の眷属である。

時に、改元によって慶雲となった最初の年、七〇四年四月八日、慈興上人有頼は玉殿窟、また楊柳嶽から外に出ると、すぐに紫色の雲がたなびいてきて、そこに阿弥陀三尊の御来迎を感じ取ったので慈興上人は、うやうやしく礼拝、服膺（心にしっかりとめて、この事を片時も忘れず）し、そして自然に大声で「南無西方極楽化主阿弥陀如来」と三度唱えると、阿弥陀三尊の御姿は雲のように消えた。その後、慈興上人は再び修行の為に玉殿窟に入り禅定に入った。禅定すること七日目の早朝に、不思議なお告げがあった。それは、「私は、この立山に居ること百劫もの長い時間が経過したが衆生は未だに知らない。それで、今から私は慈興と二人で、衆生を救い極楽に往生させようと思う。慈興は知っているか？ ここ玉殿窟[*6]の乾方向（北西方向）の一隈に八大地獄がある。地獄の数は一百三十六もあって、一切の衆生群類はこの地獄から生まれて、罪を造り、またこの地獄に堕ちない者はいない。一切の群類はこの地獄から生まれ、死んだらみんなこの地獄に帰ってくる。しかし、ほんの少しの善行をした者だけが、厚い罪業も煙のように消え、重い苦しみも軽くすみ、永遠に生死の苦報を転じて、遂には浄土に往生させるようにすべし云云」と。

慈興はこのお告げを受けて、一人静かに考えると、立山は誠に峨峨たるけわしい山ではあるが峯には九品の浄土があり、十界の真相には差別はなく、谷には八大地獄を現わして猛火激しく燃えて真赤であり、一切衆生の群類は大きな声で叫ぶこと雷鳴のようで、その声がいつまでも止まっている。これらはすべて善悪の因果の二つとない顕われであり、邪正一如（邪と正は同一）という瑞相である。然れば、立山大権現は熊となって貪瞋癡の証拠を示し、刀尾天神は鷹となって愚癡妄迷の群類を驚かし、目をさまさせた。熊と鷹にはそれぞれ一万の眷属（手下・配下・親族）がある。また、立山大権現の左方においでの文珠菩薩[*7]には十万もの金剛童子がつき従っている。一方右方の普賢菩薩[*7]も同じである。以上は薩埵（仏の次の階級の人で、慈悲の心で衆生を救済する菩薩）である。また、不老不死の雷鳥は山や谷に充満して、衆生に万病に効能のある薬を施し、常に身軽に飛び交っている。

先述した十二光仏は阿弥陀如来の化仏である。また八大童子[*8]は不動明王の随身である。刀尾天神[*9]、即是立山和光権現大行事也　小山明神是大権現阿字本性家司也。

また、立山の中腹に七重の滝がある。称名滝という。水は絶えることがなく、常に

南無阿弥陀仏　南無阿弥陀仏と鼓動しているので、衆生に堅固な菩提心を起させている。この滝の本躰は不動明王である。自尊が嶽[*10]は迦楼羅王大明神である。垂跡は多聞天であり、本地は薬師如来である。龍王嶽は雲雷王仏の座である。剱御山（剱岳）は刀尾天神、五鈷杵の剱岳である。地獄には地蔵菩薩がおいでになる。玉殿窟には吉祥天（毘沙門天王の妹で、衆生に幸福を与えるという美しい女神）がおいでになる。越中国内から参詣する人達が宿泊するのは虚空蔵窟である。隣の信州国よりの登拝者の宿泊するのは獅子無畏観音窟である。稲葉嶽[*11]には、十一面普照（大日）観音がおいでになる。雷電獄（安政五年の飛越地震で大崩壊した現在の鷲岳鳶山一帯にあった大鳶山であろう）には丈夫天人観音がおいでになる。ただこの峯の躰とする所は、嶮巌重畳として刀利天の雲に手が届きそうだし、谷は奥深くてもの静かで、細い尾根筋の風輪際を注意深く進むべし。その翠の嶺は高々として鷲が峯之法（鷲峰山）で、今我が山、立山に接し、碧水は清らかに西に流れており絶えない。

以上、述べたように釈迦如来の教えは立山の谷々にある。また、一度立山の峰に登った者は永久に三途之鉄網の苦しみから離れられる。また二度もこの立山に登り立山の水を呑んだ者は、必ず、間違いなく七宝で荘厳された蓮台に座するのである。私、慈興はここ立山で禅定すること一千八十日の修行を完全に終了した。その間に立山七十二峰をすべて隈なく登りつくした。また八千八谷の隅々まで見終わった。私の今後の願いは、ここで来世の衆生の為に禅定し、衆生を極楽に済度する為に、中宮を造りたく思う。この時、慈興上人は二十九歳で、慶雲元（七〇四）年九月二十九日であった。そして玉殿窟より山麓の本宮龍蔵洞に下り、今後、留まるにすぐれた土地を卜なう為に一週間の禅定に入った。丁度一週間後に神仏のお告げがあって、「ここ本宮より常願寺川の北の対岸に、実に清涼な平原がある。その地では河が西流し、あたりに三茎の蘆が一本生えている。そこが慈興の垂跡入定留身するにすぐれた土地である云云」と。慈興は翌日、その土地に行って見ると、その地はお告げ通りで、一点の誤りもなかった。

そこで、すぐに神宮を鎮座し、本尊を安置し、秘法を護持して、更に龍華三会の早晩を待ちたいと思った。そして講堂を建立し、自作の三尊の神躰を安置し、僧堂を造営し、十方の衆生を教化した。慈興は自分の寿命がすでに尽きんとしていることを自覚し、三本の蘆の生える池の近くで入定しようと思い弟子達に、「若し、私の死後、悪王や強賊がこの立山の悪口を言ったり、ここ立山に来て狼藉（乱暴なこと）をしたら、この木像、立山開山坐像を動かし、それでも霊験がない時には、焼香散華して私の木像を動かし、私に向かって居れば、必ず霊験があるぞ！　このことを忘れるでないぞ！」と念を押された。そしてまた、「神は人が尊敬することで神の威光が増し、その人はまた、神の加護で良き方へと運がいよいよ栄えるのである。立山権現の神徳は、和光同塵　一切衆生　平等利潤　天下泰平　国土安穏　百穀成就であって、常に永久に衆生を御守護なさるが故に、立山和光大権現と唱えたてまつるのだ」と。

以上で立山開山縁起を終える。敬って曰す。

これは和銅二（七〇九）年二月　信心の人の熱望によって、立山開山の大綱を記したものである。朝臣佐伯之苗胤、立山開峯禅定の始祖　慈興上人

*1　［地神五代］皇統の始祖とされる五柱の神の時代。⑴天照大御神　⑵天忍穂耳命　⑶天津日高日子番能迩々芸命　⑷天津日高日子穂々手見命　⑸鸕草葺不合命（神武天皇へ続く）

*2　［五常］人の常によるべき五つの道。五教⑴父子の親・君臣の義・夫婦の別・長幼の序・朋友の信、⑵父の義・母の義・兄の友・弟の恭・子の孝、⑶仁・義・礼・智・信、⑷五行　木火土金水

*3　［龍華会］弥勒菩薩が龍華樹（菩提樹）下で法を説き人を度す法会を開いたこと。初会・二会・三会あったので龍華三会の名がある。

*4　［五智五仏］⑴法界体性智　中央大日如来、⑵大円鏡智　東方阿閦如来、⑶平等性智　南方宝生如来、⑷妙観察智　西方阿弥陀如来、⑸成所作智　北方不空成就如来

*5　［楊柳嶽］中国山西省に柳谷・柳山がある。柳谷は「柳穀」の意で太陽の没する谷とある。地図の×点では、南に鍬崎山・極坂山が東西に連なり、北は大日連山が来拝山まで東西に連なり、その間に、天狗平・大日平、そして富山平野へと続く細長い低地が続き、やがて日本海へ至る。このように細長く、太陽の没する谷を「柳穀」という。柳は「聚」の意で諸色の聚まる處。太陽の没せんとする時は、その色は赤く、他の美色をも兼ねるといわれる。×点は日想観の最適地。

*6　［汝不知乎、従是当乾有一隈顕八大地獄、其数有一百三十六地獄一切衆生群類等、皆自是生而造罪業、又無不堕此地獄、若修微少之善根輩者、厚障消煙、重苦受軽、永転生死之苦、終令到浄土云云］ここが立山信仰の特色である。一切衆生、生きとし生けるものはすべて立山の地獄で生まれ、死後再びこの地獄に返ってくる。そして地獄の責め苦を受ける。しかし、生前に立山登拝した者、布橋潅頂会に参加した人、血ノ池地獄血盆経の納入者、また死後、経帷子を着、経脚絆

をした人、また立山護符をつけている人は極楽往生が出来るという。

＊7 ［文殊菩薩・普賢菩薩］ 釈迦牟尼の脇侍。文殊は獅子に集まり、左側に侍し、普賢は白象に乗り右側に侍す。文殊は智・慧・証をあらわし、普賢は理（理智）・定（定慧）・行（行証）をあらわし完備円満にする菩薩。

＊8 ［八大童子］ 不動明王の使者の八童子⑴慧光菩薩 ⑵慧喜菩薩 ⑶阿耨達菩薩 ⑷指徳菩薩 ⑸烏倶婆誐菩薩 ⑹清浄比丘菩薩 ⑺矜羯羅菩薩 ⑻制吒迦菩薩

＊9 刀尾天神、剱獄権現は立山和光権現の大行事であるとは先述の通り、立山権現即ち阿弥陀如来（＝太陽）は冬至から夏至にかけて日照時間、即ち昼の時間を長くして植物の生育を助け、すこやかに芽が出て葉が出て花が咲き、やがて多くの実を稔らせよう。そしてそれらを食する各種動物達の腹を満たしてやりたいと思っておいでになる。その為には日の出の位置を北方、剣岳の方に少しずつ移動させなければならない。この阿弥陀如来の願いを察して太陽を少しずつ北に、剣岳の方に引き寄せているのが剱岳であると慈興上人が感じ、剣岳を太陽の孝行息子、大行事と申された。また、玉殿窟など多くの岩窟を持つ小山は、古来、立山の西にある。小山の東は立山権現を拝する地、雄山であり立山権現の祭の庭に相当する。小山明神はその地の長官であり、登拝者の願いを聞いて立山権現に伝え、立山権現からの伝言を登拝者に伝えたり、また立山での祭事をつとめる主催者である。小山明神に仕えるのが芦峅寺・岩峅寺の衆徒であろう。

＊10 ［自尊が嶽］ 漢字の意味から見ると、自分が自分を尊び高める。自分の品位を落とさないこと。自重である。『礼記 表記』に「不自尚其事、不自尊其身。倹於位而寡於欲、譲於賢、卑己而尊人、小心而畏義、求以事君。」（君子は自分の仕事に誇らず、自分の徳に驕らず、その地位に慎んで欲を起こさず、何事も賢者に譲り、自分を抑えて人を尊び、充分に用心して義務に怠りなく、こうした心がけで君上に仕えようと欲する）とある。立山・剱獄から少し離れ、高度は少し劣るが大きさは剱岳や立山よりははるかに大きい。高度・姿のまさっている立山には従っているが自分の品位を高めている山。それは薬師獄である。

＊11 ［稲葉嶽］ 奥大日岳から西へ来拝山まで東西約一六㎞もある山並みが大日連山である。芦峅寺からは春分の日と秋分の日、いわゆる彼岸の中日には、ちょうど真東に当たる大日岳から朝日が上るので大日岳の名がある。この山から朝日が上るようになると春の農作業の開始。その後は日の出の位置が日毎に北へ移り、日中の時間が長くなり植物が生育する。そして最北に達した夏至の日からは、日の出位置が日毎に南に移り秋分の日、九月二十日頃になると稲の収穫時期となる。春、イネの種子を蒔く時期、秋イネの米を収穫する時期を知らせてくれる山である。また、大日連山は稲の葉のように東西に細長い山並みであるので「稲葉山」の名がついたのであろう。

2．芦峅寺泉蔵坊本芦峅中宮御媼尊縁起

この『芦峅御媼尊縁起』は芦峅寺泉蔵坊本立山縁起の一つである。従って前記の『立山宝宮和光大権現縁起』と同時期に書かれたものである。

底本である昭和五八年六月発行「山岳宗教史研究叢書17 修験道史料集（I）五来重編」（名著出版）には、

○原本は芦峅泉蔵坊所蔵で、袋とじ冊子仕立ての「立山大縁起三巻」あり。「立山縁起」のほか、次の「芦峅中宮御媼尊縁起」と「神分」とを加えて三巻となる。

とある。

当御媼尊縁起は長文であるので九つの段に分けて紹介する。

芦峅中宮御媼尊縁起

⑴第一段 夫媼者、天地未開…

夫媼者、天地未開、空々寂々、而仏祖神明之無名、衆生未露、而無名無字之本也、爰于過久遠之昔、然燈毘婆尸仏奉申、已到好盛国転輪聖王[*1]頃、地水火風之性徳相続、而以立空王殿、是五行[*2]徳名天神七代[*3]始、為国常立命、一切諸仏衆生之母、為万法之主、五行合成、梵天帝釈四大天王示現、既陰陽相分、而第七代伊弉冉伊弉波命、初作須弥二柱、陰陽清濁隔離於天地、而日輪和光、降誕此土、地神第一天照大御神等御子出生、至地神五代[*4]、其時御媼尊神徳、此芦原辺降誕、而出現媼形、左御手五穀納、右御手執持麻種子、而衆生之心内八識[*5]之田中生長、神徳変作無所不至、故名大円鏡智、万徳円満之田地、十方五穀[*6]植、生養群生之丹田、麻万里弘[*7]、裹一切衆生之身体、依以媼尊大悲之神力、顕天地人之三徳、更妙用無上云云。

＊1 ［転輪聖王］ 古代印度の理想的国王。正義をもって世界を治める王。身には三十二の相をそなえ即位時に天から輪宝を感得するという。

＊2 ［五行］ ①天地の間に循環し停息しない木・火・土・金・水の五つの元素。

これを万物組成の元素とする。②仁・義・礼・智・信。③仏教では布施・持戒・忍辱・精進・止観

＊3［天神七代］地神五代の前に、この国を治めたという七代の天神。日本書紀では国常立尊・国狭槌尊・豊斟渟尊の三代が独化神三代、泥土煮尊・沙土煮尊、大戸之道尊・大苫辺尊、面足尊・惶根尊、伊弉諾尊・伊弉冉尊の偶生神時代。合わせて七代である。

＊4［地神五代］神武天皇以前の皇統の祖神。天照大神・天忍穂耳尊・瓊瓊杵尊・彦火火出見尊・鸕鷀草葺不合尊の五代である。

＊5［八識］意識作用の八種をいう。眼識・耳識・鼻識・舌識・身識・意識・末那識・阿頼耶識のこと。

＊6［五穀］人が常食とする穀物の五種。米・麦・粟・黍・豆。黍と稗が入れ替わることもある。

＊7［丹田］臍の下の下腹部に相当する。ここに力を入れると健康になり、勇気がわいてくるといわれている。

・およそ次のように味わえる。

芦峅中宮御媼尊縁起

それ、媼尊とは、天地未だ開けず、空々寂々として、仏祖神明これ名もなし。衆生はいまだ現われずして名もなく、字もない時である。ここに、過去久遠の昔、燃燈毘波尸仏と申したてまつり、また好盛国転輪聖王の頃に至り、地水火風（空）の性の徳相が続き、空王殿を建て、五行の徳を天神七代の始めだと名づけて、国常立命とした。一切諸仏衆生の母をまた万法の主とした。かくて五行を合成して梵天帝釈四大天王を示現し、既に陰陽の二つに分かれて、第七代伊弉冉伊弉波命という須弥の二柱の神を作る。これが陰陽の初めでありその後、清濁天地と隔離して、日輪は光を和らげたのでこの土に降誕した。やがて地神の第一の天照大神が出生する。ちょうどその時、御媼尊の神徳が、この芦原のあたりに降誕して媼形で出現した。その姿は左の御手に五穀を納め、右の御手に麻の種子をとり持ちて、衆生の心の中に八識の田を生長し、神徳変作して至らざる所がなかった。故にこの田を大円鏡地、万徳円満の田地と名づける。そして十方に五穀を植え、群生の丹田を生養した。また、麻を万里に拡め一切衆生の身体を裹ませた。このように媼尊の大悲の神力が天地人の三徳となって顕われ、更にこのような妙田の拡がりはとどまることがなかったと云云。

(2) 第二段　抑芦峅御媼尊者、天地開闢…

抑芦峅御媼尊者、天地開闢之後、此所有不動山、亦経於九万八千劫、難越有海、謂三茎之池、自是流分川、名三途之大河、此池岸芦芽一本出生、葉落形日本之真、而成万物種子、現此世界故名豊芦原国、是我朝始、為神祇之宗源、天神七代之命、此所一体分身、而以媼之形現三尊之体、沙土煮命・大戸間辺尊・惶根尊是也、如次法報応三身而、大日如来・阿弥陀如来・釈迦如来三仏是也、不動明王堅固菩薩心之妙体故、都而如来慈悲誓願之本心也、此三尊即是天神七代之＊三摩耶形之神徳而、則立山大権現之本師也、今此所示現、一切衆生之群類、生死之魂魄、教導示三仏内証、実救度之大誓願也、故此号生死惣政所、亦有恒河水、地獄・餓鬼・畜生之三悪道流落、故名三途川、是三茎之池流水者、三界之女人悉具足、己々胸之間有之、此水常鎮流積、永成苦海。

＊［三摩耶］三昧ともいう。密教では仏の本誓をいう。また別に平等、除障、驚覚を兼ねるという。

・およそ次のように味わえる

そもそも、芦峅の御媼尊は天地開闢の後はここ不動山に有り、また九万八千劫を経て、越え難き海がある。これを三茎の池という。この三茎の池より流れ分かれる川を三途の大河という。この三茎の池の岸にアシが一本の芽を出して、それが葉落ちてこの日本の本当の形となった。そこによろずの植物の種子をまいたらこの国が現われたので「豊芦原国」と名がついた。これが我が日本国のはじまりであり、神祇之宗源である。天神七代の命と同じ時に、天神の分身として媼之形をしてこの芦峅に現われたのが御媼様三尊である。そのお名は沙土煮尊・大戸間辺尊・惶根尊の三女神である。

これは次のように法報応三身の身であって、大日如来・阿弥陀如来・釈迦如来の三仏である。不動明王は堅固な菩提心の妙体であるので、すべてが如来慈悲誓願の本心である。この三尊は天神七代の三摩耶の形の神徳であって、則ち立山大権現の本師である。今、この所に示現して一切衆生の群類や生死の魂魄を教導して、三仏の内証を示している。まことに救度の大誓願である。故に、ここを生死の惣政所と号するのである。また、恒河の水が有って、地獄・餓鬼・畜生の三悪道に流れ落ちている。故にこの流れを三途の川という。この三茎の池から流れ出る水は、三界の女

人がすべて具足していて、それぞれの胸の間にあり、この水は常にとこしなへに流れ流れて長く苦海となる。

(3)第三段　現在温気其身結成故…

現在温気其身結成故、今世悪念之人者、来世必可堕三悪道、若信修善根者、習気消滅故、未来速現変成男子形、今生得安穏自在果福、子孫繁昌、可為衆生随願、何況、利証現罰、亦是誰造所之罪過耶、適難生生人界、亦難偶逢仏縁、七代之神徳百王之子孫相続、三身[*1]五仏[*2]之縁結、而諸仏菩薩同体同居相好乍移我身、此度不求仏道何時得出離生死之二路、依是開山上人発六根清浄之大願、御媼大日如来三身及本朝六十六箇国当、則六十六体御媼尊像、并帝釈・四大天王・閻魔法皇等尊像奉安置此芦峅、為救一天四海之衆生、大慈悲之方便也、故大円鏡智八尺之鏡本尊之前立置、依此理現、罪料之軽重計給、一切有為之法如幻夢泡影、如露亦如電光、此鏡面向移応作如是観、御媼詠曰、

　浪高くわたる瀬もなしふねもなし　昨日も今日も人はこへえつつ

＊1　［三身］仏身の格位によって三種に分割した。それぞれを三仏ともいう。法身とは真如の理体。報身とは因位の無量の願行に酬報した相好荘厳の身。応身とは衆生の機感に応じて現じたる身。

＊2　［五仏］密教での両界曼荼羅の中央の大日如来と、東方の阿閦如来、南方の宝生如来、西方の阿弥陀如来、北方の不空成就如来をいう。

・およそ次のように味わえる。

現在は温気がその身を形成している。そして悪念の人であれば来世には必ず三悪道に堕ちるぞ。もし仏を信ずる善根の人であれば、悪念に染まっていても消滅するので、来世はすみやかに男性として生まれ変われる。そしてまた、この世では安穏自在の果福を得る。子孫も繁昌する。だから、衆生よ、随順でいなさい。いかにいわんや、利証厳罰、これ誰の造る所の罪過によるか。たまたま生まれ難き人間の世に出て、あい難き仏縁にあい、七代もの神徳、百王子もの子孫があい続き、三身五仏の縁を結び、諸仏菩薩と同体であるのですぞ。同居の相好を自分の身に移して、今の世に仏道を求めないならば、いつ生死二路を出離するのですか？　このようなことで、開山慈興上人は六根が清浄になるような大願を起こされて、御媼大日如来三身、およびわが日本国六十六箇国に配当して、六十六体の御媼尊像、ならびに帝釈、四大天王、閻魔法皇等の尊像をここ芦峅に安置たてまつられた。一天四海の衆生を救わんとされたのは、大慈悲の方便である。故に大円鏡智八尺の鏡を本尊の前に立て置き、この理性によって罪科（つみとが）の軽重を測り給う。一切有為の法は幻夢の泡影の如くであり、露の如く、また稲光の如しという。この鏡に向い、本当にこの如くだとの観をしなさい。御媼様詠じて曰く、

　浪高く渡る瀬もなし舟もなし　昨日も今日も人は越えつつ

(4)第四段　未知衆生彼所、開山慈興上人…

未知衆生彼所、開山慈興上人之御母、於志賀都[*1]空成給矣、倩顧其厚恩上人母之往生魂魄之在所尋極、発起大願、則如夢倶生神告曰、正汝母血池之底堕在、遙其中尋給、則慈興上人如告、趣六道三途水上血池、尋見所、先一疑心血池者、嫉妬之念常起不信仏法、亦何事疑起人、此地獄落、二邪見血池者、慳貪之心起、人不施財宝、悪事取成、又対男為腹立、悪口我儘吐、女身持狼藉形態乱、而背五常[*2]六親[*3]他人疎人此地獄落、三自熱血池者、是造八大地獄罪人落也、牛頭馬頭阿放羅刹云鬼共、以鉄箸抜目抜舌串耳、身砕逼、片時無隙、都女人此三地獄難逃、其訳者、第一女人皆生子為業也、其年令其産屋時、血水不浄流出、一天日月之曇成、穢地成剱、懸堅牢地神之頭、終洗山川四海恒河之鱗虫毛物迄、皆此煩悩不浄之波被犯、人間為毒、天人龍神共五衰[*4]三熱[*5]之患成、如是以不浄、汚于三世諸仏法性之心月、而一月七度、一年八十四日也、嫉妬邪念之水猶如四大海、不浄恒河之波高、日月失光、無明深夜闇成、其過天然之道理、而血池罪人苦患、更以難計難逃者也、先八寒[*6]氷堅閉、寒責苦難喩、寒制之響答天、罪人串身骨、七度皮劇思也、水底者邪見剱生並、実阿梨樹[*7]枝如剱也、又此池焼、日夜六度、八熱[*8]湯成、其罪人自業之不浄煮涌、而八寒八熱地獄、其身逼無限、是即十万億土海云是也。

＊1　［志賀都］近江国志賀郡にあった天智天皇の都大津京。

＊2　［五常］儒教での人が常に守るべき五つの道。①仁・義・礼・智・信　②父子の親。君臣の義・夫婦の別・長幼の序・朋友の信。

＊3　［六親］六種の親族。父・子・兄・弟・夫婦。また、父・母・兄・弟・妻子。また、一切の血族・姻族は六親眷族という。
＊4　［五衰］欲界の天人が命尽きんとする時に示す五つの哀亡の姿。衣服垢穢・頭上華萎・身体臭穢・腋下汗流・不楽本座。経典で差がある。
＊5　［三熱］龍や蛇が受ける三つの苦悩。熱風・熱砂で身が焼かれること、悪風が吹いて衣服が奪われること、金翅鳥に捕食されること。
＊6　［八寒］八寒地獄のことで死者を寒さと氷で苦しめる八種の地獄。
＊7　［阿梨樹］牧野植物図鑑に、「なし（ありのみ）」とある。そして、「ナシ」の語源は不明。有の実はナシを〝無し〟にかけ、忌み嫌って反対のアリの名をつけたものとある。

・およそ次のように味わえる。

いまだ衆生はかの所を知らず、開山慈興上人の御母は近江国志賀の都で死去された。慈興上人は、しみじみとお母様の厚き御恩を思われて、お母様の魂魄のある所をたずね極めようとの大願を発起された。すると夢のように倶生の神が告げて言われるには、たしかに汝が母は血の池の底に堕ちておられる。遠くの血の池を尋ねなさいと。そこで慈興上人はそのお告げに従い、六道三途の川上に当たる血ノ池に行き、そこを尋ね見ると一つには血ノ池は嫉妬の念を常に起こし仏法を信じない、また何事につけても疑念を起こす人はこの地獄に落ちる。二つには血ノ池とは慳貪の心を起こし、人に財宝を施さず、また悪事をなし、男に対して腹を立て悪口我がままを言い、女の身でありながら狼藉をして形態を乱し、五常に背き六親や他人をうとんずる邪見な人はこの血ノ池地獄に落ちる。三には、この血ノ池地獄は八大地獄を造る罪人の落ちる地獄である。牛頭馬頭阿放羅刹と云う鬼共は鉄箸で目を抜き舌を抜き耳を串にさし、身を砕きにせまりて片時も隙がない。すべての女人はこの三つの地獄は逃れ難い。その理由は、第一は女人はみな子を生むことを業とする。その年令に達し、出産時には血水の不浄が流れ出るので、一天日月が曇る。そして地をけがして剱となり堅牢地神の頭にかかる。ついには山川四海恒河の鱗虫獣までを洗う。みなこれは煩悩不浄の波に犯されて人間では毒となり、天人龍人には五衰三熱の患となる。このように不浄で、三世諸仏の法性の心月を汚すこと一月に七度、一年には八十四日に及ぶ。嫉妬邪念の水はなお四大海の如く、不浄な恒河の波は高くして、日月は光を失い、無明深夜の闇と成る。その間違いは、天然の道理にして血ノ池の罪人の苦しみはさらに計り難く、また逃れ難きものである。先ず八寒の氷は堅く閉じ、寒ぜめの苦しさは喩えがたい。寒制の響きは天にとどき、罪人は身や骨を串ざしにされて七度も皮をさかれる思いがする。水底には邪見の剱が生え並び、実に阿梨樹枝の剱の如くである。また、この血ノ池が焼かるること日夜六度もあり、八熱の湯となる。そこの罪人は自業の不浄に煮え涌きて、八寒八熱地獄がその身にせまること限りがない。これは、すなわち十万億土海というのである。

(5)第五段　此流川有三滝、亦有橋…

此流川有三滝、亦有橋、傍有高十六万由旬枇蘭樹[*1]、此木下人頭神・短田童子所坐也、前破梨鏡鮮、而娑婆衆生昼夜所造善悪之作業、微塵程不漏、札文書留置、其品軽重計、而地獄為追落也、惣罪人、先趣六道辻、至死出山路、極闇地獄・等活地獄・羅刹地獄・刃剱地獄也、銀山鉄山壁打合、剱植並、刃生立、刀天降下、串頭砕身、其山高一百十六万丈也、此主者閻魔大王、下三途嫗坐、則善人見忽化黒闇天女、咲含父母之如赤子愛也、倩案趣意、善行不漏書留、鏡面札文明故、其時念善心、都率雲上縁結、速可趣往生浄土之道、亦悪業罪人向時、三途嫗眼赫、譬如日月又如猛火、則件札文読上、其声響天、百千雷電同時如轟、揺大地勢者、三千界之地震猶勝、罪人任引悪鬼、唯啼々此橋本来、川面見為渡不見橋、為越無舟、潜水底無底、水面青流早如射箭、河浪嶮々高、如覆屏風、暫立留、無常殺鬼呵嘖以鉄杖、指立進入、其時向之岸在化生美女、招是為渡、彼橋笹蟹之糸[*2]細不見、棟桁成火焼上、又浪間撰滄渡時、黄虵白蛇赤火虵赤火蛇、三毒虵毒龍、皆我々吐猛火責来、又水底沈者、川岸悪鬼集、以鉄鉤引掛、亦追入追逼、其后大盤石之上置、亦邪見之浪荒来、五体寸々打砕、冥途之鳥飛来、嘴如剱打鳴、喰肉抜筋砕骨、其外数多猛獣集喰責有様、暫苦患難休矣漸閻魔大王庁参着、彼嫗宣者、汝等罪人、娑婆生出時、骨肉借父母、身皮我授于汝所之衣[*3]那巾也、雖骨肉裹以白乳生長其身、未報其大恩、慳貪疑悪日夜不止、不供養仏法僧、神社仏閣参詣而一心懺悔心更無之、他人親子讒言而汚霊場大罪、此札文明也、依不撰貴賤高下、不倚僧俗老少、背父母之意、不用師匠主君之命、不恐三宝大恩、已為神仏祖師之供具、不捧金紗白布一尺、却嘲笑仏祖之掟、汝任私欲、貯財宝、而九夏三伏[*4]之炎天、牛馬奴婢雑人厚責遣殺、玄冬白雪之寒、己恣重衣好艶色求美食、従類囲繞身余耽栄楽、日夜誇任己自由、他人歎聞心不思、空過去、此来今龍愛之眷族一人無付貯置財宝眷族、如何今更汝助乎、却是所責罪業之種因也、皆是我授置所衣食者、今速可還宣、傍在合破衣翁鬼来、罪人之従頭爪先足之裏至、剱以身皮七十五度剥取、青黄赤白色々、紅葉塊之着衣、碧々緑袖之長短、幾千万敷不知、剥取如山也、如此枷責之悩劔難苦、亦熱湯入猛火、責伏無透間

＊1［枇蘭樹］バクチノキの異称。房総半島以西の暖地に生える常緑高木。樹皮が灰褐色、鱗片状になって脱落し、そのあとの幹の肌は、紅黄色となる。九月頃総状花序を出し小白花を密集して開く。翌年の夏、楕円形の紫黒色の果実をつける。

＊2［笹蟹］細蟹とも書く。蜘蛛の異称。

＊3［衣那］臍の緒。

＊4［九夏］夏季九〇日間のこと。

＊5［三伏］夏至後の第三庚の日を初伏、第四庚の日を中伏、立秋後の第一庚の日を末伏という。初伏から末伏の間が極暑期に当たる。

・およそ次のように味わえる。

この川には三つの滝がある。また橋がある。その傍に高さ十六万由旬の枇蘭樹がある。この木の下には人頭神・短田童子の坐所がある。前には常に破梨の鏡が鮮明に娑婆衆生が昼となく夜となく造る善悪の作業を微塵ほどももらさず写し出し、それを札文に書き留め置き、その行動の軽重を計って地獄に追い落とすのである。惣じて罪人は、先ず六道の辻に行き、死出の山路に到れば、極闇地獄・等活地獄・羅刹地獄・刀剱地獄である。銀山鉄山の岩壁が打ち合い、剱を植え並べ、刃が生い立ち、刀が天より降下し、頭を突きおりて身を砕く。その山の高さは一百十六万丈もある。ここの主人は閻魔大王で、下には三途の媼が御坐る。すなわち善人を見れば黒闇天女と化して、咲を含み父母が赤子を愛すが如くである。つらつらその考え・目的を案ずるに、善行はもらさず書き留め鏡面や札文に明らかであるので、その時に善心を念せば都率雲上の縁を結び、すみやかに往生浄土の道にゆくべし。また、悪業の罪人が行くと三途の媼の眼が赫とさかんになる、譬えば日月の如く、また猛火の如くなり、くだんの札文を読み上げる。その声は天まで響き、百千の雷電が同時に轟くようだ。大地を揺する勢は三千回の地震よりも大きい。悪人は悪鬼に引かれてただ泣き泣き橋まで来て、川の面を見て渡ろうとするが橋は見えない。越えようとする舟もない。水底にもぐるにも底もない。水面の青い流れは早く矢の飛ぶように速く、河波は高く、屏風をひっくり返すようである。しばらく立ち留まろうとすると、無常の殺鬼どもが責め立て鉄杖で川を指して追い立てる。その時、川の対岸には化生の美女がいて、この人を招くので川を渡ろうとするが、その橋のクモの糸よりも細い橋も見えず。棟桁が火になって焼け上り、また浪間をえらんで川を渡ろうとすると黄虵白蛇赤火虵赤火蛇、三つの毒虵青龍、皆我々を猛火と共に責めに来る。また、水底に沈めば川岸の悪鬼どもが集まり鉄の鉤に引きかけて、また追い入れ追いせまる。その後は大盤石の上に置いて、また邪見の浪荒れ来りて、五体をこなごなに打ちくだいて冥土の鳥が飛び来て、嘴を剱の如く打ち鳴らし肉を喰い、筋を抜き、骨を砕き、その他数多くの猛獣集まり喰い、責める有様、しばらくも苦慮の休まることはない。そして、漸く閻魔大王庁に到着すれば、かの媼の言うには、汝等罪人ども、娑婆に生まれ出る時、骨肉は父母に借り、身皮は我が汝に授けた衣那巾である。骨肉つつみ、白乳を以てその身を生長するといえども、未だその大恩にこたえていない。慳貧疑悪の日夜はとどまらず、仏法僧を供養せず、神社仏閣に参詣して、一心に懺悔する心はまったくない。他人親子の悪口をして、霊場を汚す大罪はこの札文に明らかである。よりて、貴賤高下を撰ばず、僧侶老少によらず、父母の意に背き、師匠主君の命を用いず、三宝の大恩を恐れず、すでに神仏祖師の供具の為に、金紗白布一尺も捧げずして、かえって仏祖の掟をあざ笑い、汝が私欲に任せて、財宝を貯えて九夏三伏の炎天にも牛馬奴婢雑人を厚く責め、つかい殺し、玄冬白雪の寒きには己が恣に衣を重ねて艶色を好み、美食を求め、従類に囲繞して身に余る栄華にふけり、日夜誇り、おのが自由にまかせて、他人のなげきは聞くとも心に思わず、空しくすぎ去る。ここに来て今、寵愛の眷属は独りも付くこと無く、貯え置きし財宝・眷属は、如何にして今更に汝を助けんや。却りてこれ責める所の罪業の種因である。皆これ我が授け置く所の衣食は、今すみやかに返すべしという。傍の合破衣翁鬼来りて、罪人の頭より爪先や足裏に至るまで剱で身の皮を七十五度もはぎ取った。青黄赤白色々、紅葉、塊の着衣や、碧々たる緑袖の長いもの短いものなど幾千万敷か知らず。剥ぎ取ったものが山のようになった。このような枷の責の悩、劔難の苦しみ、また熱湯猛火に入れられたりの責め苦が次々に来て、すき間がない。

⑹第六段　日暮心消果　漸死出之山…

日暮心消果、漸死出之山路通、而地蔵菩薩之御前参着、合掌跪、如何六道能化地蔵尊、大慈大悲之御誓、我等助可給、深歎悲皃、地蔵菩薩宣者、吾是雖衆生苦代誓願、汝罪科常随身、倶*生神記置、今此鏡顕善悪、故娑婆一

念之業障成迷雲、闇一天、煩悩之波強、而汚神様、以此難遁、今暫難救、苦患全是非他人所成力、応汝自業患観者、親如是其中母苦患奉見、不堪悲歎。

＊［倶生神（ぐしょうじん）］インドの神であった。人の誕生時からいつもその人の両肩にあって、その人の行動の善悪を記録するという男女の二神。男の倶生神は左肩にあって善業を、女の倶生神は右肩にあって悪業を記録し、閻魔法皇に報告するという。

・およそ次のように味わえる。

日も暮れ心も消え果てて、ようやく死出の山路を通り地蔵菩薩の御前に到着する。ひざまづいて合掌し、六道能化の地蔵尊、大慈大悲の御誓願の地蔵尊、我等を助け給うべしと、深く歎き悲しんだ。すると地蔵菩薩のおっしゃるのには「吾れはこれ、衆生の苦に代ると誓願を立てているとはいえ、汝の罪科は常に汝の身に随う。倶生神が記し置いて、今この大鏡に善悪を顕わしている。だから娑婆一念の業障は迷雲となって一天を闇にする。煩悩の波は強く神仏を汚す。だからお前のしてきた罪科はのがれ難い。今しばらく救い難い。苦患は全く、これは他人のした所の力ではない。お前の自業の患だと見るべきである。以上のようなことを見ている中に、慈興上人の母上の苦患の様をも見られ、上人は悲歎された。

(7)第七段　慈興上人励孝心之志…

慈興上人励孝心之志、秘密法会修行、欲令父母之魂魄成仏、則三界六道衆生度脱之方便起也、往昔目蓮尊者之悲母、今慈興上人之実母、一子出家功徳及七世、如来之金言雖非喩須弥大海、今上人之母沈血池、亦偶仏縁直成仏、偏是一仏成道観見法界、草木国土悉皆成仏経文、明鏡之的証以、顕此所也、然三世諸仏如来、六道之衆生悉済度、令往生浄土、何疑乎哉。

右和銅六年七月十六日、血池之辺構霊場、而金銀以楼、七宝以在荘厳、五色玉砂敷而千僧供養、則血盆経百三十六巻一部定量、三十三部頓書写、亦八万四千本率都婆建立、以比聖徳太子之八万四千宝塔修行、供養百味之珍菜抽丹誠、于時血池沈罪人與亦一々地獄落罪人、共開眼聞耳、挙手足如夢浮上、其良縁者、華厳法華諸宗僧侶集会、各励法力故也、天龍八部與人非人、皆見開龍女成仏之唱、慈興上人母血池辺速顕如意輪観音、血池上生蓮華、天垂宝冠、十方照光明、微笑給、其外地獄罪人、忽顕我真相、綿連到浄土之岸、得成仏之旨、偏見一見率都婆永離三悪道之如来之金言、平等利益、何以偽哉、依生者自此生、死者亦帰此。

・およそ次のように味わえる。

慈興上人は孝心の志をはげまし秘密法会を修行して、父母の魂魄を成仏せしめんと思われた。そこで三界六道の衆生を度脱させる方便を起こされた。昔は目蓮尊者の悲母、今は慈興上人の実母、一人の子供が出家することによってその功徳は七世に及ぶという。如来のおっしゃることは深く大きいこと、須弥の大海に喩えられるといえども、今、慈興上人の母が血ノ池地獄に沈んでおられるが、その仏縁に会われるという。すぐに成仏することは、偏にこれ一仏成道観見の法界、草木国土悉皆成仏の経文は明鏡である的証を持って此の所に顕われる。そうであるので、三世の諸仏如来、六道の衆生を残すことなく済度して浄土に往生させられるということには全く疑念が生じない。

右は和銅六（七一三）年七月十六日、血ノ池のほとりに霊場を構え、金銀の堂舎を建て、七宝で荘厳し五色の玉砂利を敷き、千人もの僧が供養をした。則ち、血盆経百三十六巻を一部と定めて三十三部を急いで書写し、また八万四千本の率都婆を建立し、聖徳太子の八万四千宝塔を習って修行し、百味の珍菜を供養して真心を示された。すると血ノ池に沈んでいた罪人と、各地獄に落ちていた罪人が共に眼を開き、耳に聞こえて手足を挙げ夢のように浮き上がってきた。このような良き縁が得られたのは、華厳宗法華宗その他の諸宗の僧侶が大集合してそれぞれ法力につとめたからによる。天龍八部や人非人もみな龍女成仏の唱えを聞いた。慈興上人の母上はというと、血ノ池のほとりに早やばやと如意輪観音として顕われた。血ノ池の上には蓮華が生じ、天からは宝冠が垂れ下がり、十方には光明を照らし、如意輪観音はほほえんでいらっしゃる。その他の地獄の罪人は、忽に各自の真相を顕わし、次（つぎ）次（つぎ）と浄土の岸に到着して仏となった。これはひとえに率都婆永離三悪道という如来の金言、平等利益にほかならない。このことから、衆生は血ノ池地獄から生まれ、また、死後は血ノ池地獄に帰るのである。

(8)第八段　因茲、立山者一切衆生号生死…

因茲、立山者一切衆生号生死物政所、峰自標九品之浄土、又麓芦峅者十方女人成仏之霊場故、天然御孎三尊、法報応之三身、降臨出現、而濁世末代之凡夫済度第一金窟也、時慈興上人蒙于閻魔法皇告、同七年仲春頃、遂禁裏参内、謹奏開立山開峯之奇瑞并芦峅御媼三尊降誕之由来、殊勝之景地、暨末代衆生為救、上人留身入定之旨趣、忝元明天皇御勅感不少、而則拝領大上人之御綸旨、亦為天下泰平国安利民、奉請数万町之永代御供田并布橋大潅頂執行之御綸命、而同年七月十六日帰於此芦峅、則撰秋彼岸中日、奉為御勅願、従閻魔堂至御媼堂之間、以白布橋掛渡、両堂捲玉簾、以金襴錦懸流戸張法被、以綾紗為荘厳之善美、以金銀瑠璃令尽庭儀之宝幢幡蓋、則輝於天地殊勝也、其後両堂橋并大宮若宮之社壇諸伽藍以下八十末社之勧請、悉皆依御勅願再建成就、中講堂弥陀如来・観音・勢至、慈興上人一刀三礼之自作也、此芦峅為体乎、後生之市立町、而横三筋、竪一筋之道定、即是十王之王一字学、亦三界唯一心十方空現一理標相故、中辻立大塔、戒定恵共真如不変、一物所作之義也、霊宝為勝乎、釈尊八相成道、弥陀九品浄土、金胎両部秘密大曼荼羅等、上人数日木食精誠之自筆也、不思議哉、上人一日観念之床、熱田大明神現告曰、三途妄迷之輩、今欲此山之秘法布橋大潅頂結縁信仰、奉供養財法施白布、清浄一心之励志、運手足、引導修善之綱取連、同業授戒、布橋無障参詣輩者、諸善根成就故、速無始罪業消滅、而得現在之果福、到未来永劫不退之彼岸大縁、上人可観見云云。

・およそ次のように味わえる。

以上のことによって、立山は一切衆生の生死の物政所と呼ばれる。峰にはおのずと九品の浄土を標示し、また山麓の芦峅は十方の女人成仏の霊場であって御媼三尊として如来の法報応の三身が降臨出現して濁世末代の凡夫救済第一の金窟である。慈興上人は閻魔法皇のお告げを受けられ、同七年仲春の頃、宮中に参内され、謹んで立山開峯の時の霊妙な瑞相や芦峅御媼三尊降誕の由来、立山が殊勝な景勝地であること、そして末代まで衆生を救済する為に芦峅で留身入定したい趣旨を奏聞された。すると、恐れ多くもかたじけなくも元明天皇の御勅感が少なくなくて、慈興上人は御綸旨を拝領された。また、天下泰平国安利民の為に数万町歩の永代御供田并に布橋大潅頂執行の御綸命を請い奉りて和銅七年七月十六日ここ芦峅寺に帰られた。そして秋の彼岸中日を撰んで御勅願のおん為に、閻魔堂より御媼堂に至る間、白布で橋掛け渡し、両堂には玉簾を捲き、金襴錦で戸張法被を懸け流し、綾紗を以て荘厳の善美をなし、金銀瑠璃でまた庭儀の宝幢幡蓋を尽くして、天地を輝かして殊勝であった。その後、両堂・布橋并に大宮若宮の社壇諸伽藍以下八十末社の勧請をすべて御勅願に依りて再建成就した。中でも講堂の阿弥陀如来・観音菩薩・勢至菩薩は慈興上人ご自身の一刀三礼の自作である。この芦峅が立山信仰の霊場の形態がととのったので市立ち町にするため、横に三筋、竪に一筋の道を定めた。これは、十王の「王」の一字を学んで、また三界ただ一心にて十方空に一理を現わす姿である。故に中辻に大塔を建立し、戒定恵共に不変である如く、また一物の所作の義でもある。次に釈迦八相の成道、弥陀九品の浄土、金胎両部の秘密曼荼羅等は、上人が数日間木食精誠されての自筆である。不思議なるかな、上人がある日、観念の床に、熱田大明神が現われて告げて曰く、三途の妄迷の輩が、今この山の秘法布橋大潅頂の結縁を結びたいと欲して、財施法施白布を供養奉納せりと。そこで清浄一心の志を励まし、手足を運び引導修善の綱に取り連なり同行授戒して布橋を障りなく参詣する輩は、諸(もろもろ)の善根を成就する故にすみやかに無始の罪業消滅して、現在の果福、そして未来永劫不退の彼岸に到る為の大縁である、と上人が観見す可しと云云。

(9) 第九段　如神託、上人乍床上坐、一心三観…

如神託、上人乍床上坐、一心三観一念三千之観解忽開、而十方浄土中諸仏菩薩同座、而得成道観智悟、則退座、従是毎歳秋彼岸中日法式、暨年中毎度勅宣祈願、朝夕三時之秘法無怠、昼夜十方界女老若或僧侶、如蜂起群集、如蟻道参詣連綿矣、年々歳々上人不思議之行状、加持力、又此山神仏霊験難算数、于時天平宝字二年六月十三日申尅、上人寿齢八十有三歳而我加持力有限云云、

　なにはがた芦の葉毎に風落て　よし苅る舟のつくは彼の岸

辞世詠吟、而三茎之池辺、安置自他之真像、即肉身不変永入定、異香馚々放十方、群類為遺言曰、廟前永金剛杖指置、此杖出枝葉、於末代繁茂、是則当山静謐、仏法興隆之瑞相可知、末世弟子等可敬可信云云、

　御媼堂大縁起

・およそ次のように味わえる。

御神託の如く、慈興上人は床に坐しながら一心三観、一念三千の観解をたちまちに開けて十方浄土の中に諸仏菩薩と同座された。そして成道観智の悟を得てすぐに退座された。それから毎年秋の彼岸中日の法式、暨(および)、年中行事の勅宣御祈願や朝夕三

時の秘法を怠ることなくおこない、また一方昼となく夜となく参詣する十方からの男女老若、僧侶が蜂起の如くに群集し、蟻の道の如く参詣する者が絶え間なく長く続いた。年々歳々慈興上人の不思議の行状や加持力、またこの立山の神仏の霊験は多く数え難い。時に天平宝字二（七五八）年六月十三日申の刻の夕方三時頃に慈興上人は御とし八十有三歳の時、自分の加持力もこれまでと申されて、

　なにはがた芦の葉毎に風落ちて　よし苅る舟のつくは彼の岸

と辞世を詠吟され、三茎の池のほとりに自作の真像を安置し、肉身永く不変の定に入られた。その時、異香は芬々として十方に放たれ、群類に遺言として、墓の前に私の金剛杖を差し置きなさい。その金剛杖から枝葉が生え、末永く繁茂するであろう。そして立山は静かでおだやかであり、仏教もますます栄える瑞相ともなろう。このことを皆信じ、仏法を敬いなさい云云。敬(うやま)って白します。

　以上御媼堂大縁起

3．芦峅寺泉蔵坊本神分

芦峅寺泉蔵坊本『立山大縁起三巻』は、立山宝宮和光大権現縁起・芦峅中宮御媼尊縁起・神分で構成されているので、ここに「神分」を紹介する。

抑上梵天・帝釈・四大天王・閻魔法王・[*1]五道冥宮・[*2]太山符君神・司命・司録・倶生神、上堅牢地神・[*3]難陀・抜難陀・内海外海龍王・龍衆、殊別立山三社権現、当所神祇倍増法楽、為威光一切之神分、般若心経磬一丁、大般若経同一丁、為三国伝燈釈迦牟尼宝号同一丁、殊為伽藍安穏阿弥陀宝号同一丁、別今日檀那為子孫繁昌大聖不動明王同一丁、謹敬白一代教主釈迦牟尼如来・極楽化主弥陀種字・観音・勢至・地蔵尊・寸高貴徳王菩薩・摩訶薩、言今信心之大施主大日本国北越中州新河郡下山庄立山芦峅寺於媼堂道場、各励[*4]三業清浄[*5]懇志、抽無[*6]二丹誠、厭三途極悪苦患、生弥陀浄土願、爰有橋、金銀瑠璃弥陀来迎橋、自善人外不渡、二愚痴衆生為渡、謂石橋、依因果軽重、此橋見[*7]篠蟹糸細、三極悪重罪輩、是雖金銀銅鉄橋、段々微塵砕落、縦広四十由旬沈淵底、此橋端高有一万由旬木、名謂[*8]枇欄樹、此木本有鬼神、名破衣翁鬼、則三途川号媼御前、汝生始時、我成祖母、三尺之衣那巾着、未知其恩、不報衣食価間、今着物剥取、掛此木枝、見因果軽重、誠三尺巾雖軽、業因重依梢付地、哀哉、其業道見鏡難遁、爰有三之山、一者死出山、二者剱葉林山、三者鉄枝林山謂、先剱葉林山者、岩石皆成剱、通足裏、鉄枝林山者、草木至迄成熱鉄柱、炎油煮身、第一死出山者、有化生鬼、男通時者、成美人、女人通時者化美男、引見真心、少掛念輩者、妄念有是被搦、切身断筋骨微塵打砕再似死、依是名死出山、其后赴仏殿、広三寸四十里道、其内大鉄山小鉄山有之、道敷剱、従虚空呵責刀輪降下、為行両山打合押血流如大河、故三途河、又名内河津、左右有大樹、枝二鳥住居、壱者抜目鳥、二者謂無常鳥、彼鳥告云、汝化旧里示化後、愚未覚知、抜目咶肉、毒蛇毒龍充満、是三途者、見思・塵沙・[*9]無明河、即三之流也、高位果満之人成共、迷則三道流転、此大苦難遁、悟則華中蓮台為勝用、殊御本尊辱花蔵世界密厳国荘厳、建立光明殿、衆生令済度給、冥途之道程考、里数十万八千里也、[*10]洗十悪業苦、煩悩無明之雲晴、[*11]三従五障去[*12]八邪、忽可至彼土、爰能化地蔵尊大悲之願力深、而大河小河掛橋、渡一切衆生、故仏前瑠璃橋、神前玉橋、然間祇園精舎[*13]阿育大王云人、天台山石橋以白布厳立敷三百六十端、布橋掛渡兜率天登給、

御本尊誓願曰

　造作五逆罪　　常念地蔵尊
　遊戯諸地獄　　決定代受苦

此分之意者、仮五逆罪者成共、念我者代其苦誓給、何況、今日大施主励信心、修諸善根、今此霊場参着、而[*14]七宝荘厳玉之台幡鉾立並、布橋掛渡、従淵蓮花開出、[*15]九品之台打乗、弘誓舟指棹、紫雲靉靆、影向弥陀如来二十五之菩薩、彼岸成就、而安養浄土導給、此川之流音者、

　一切衆生　悉有仏性　如来常住　無有変易

唱也、一度此橋渡人者、常破利之鏡無曇照天地、明三世諸仏師、大日如来示現、放[*16]四十二之光明、無二無三之輩、一念発起菩提心、入念仏三昧之門、合掌歓喜殿、往生安養浄土、無疑者也、

　南无極楽化主弥陀菩薩
　南无能化尊地蔵大菩薩
　南无抜苦與楽観音宝号
　願以此功徳　普及於一切
　我等與衆生　皆共成仏道

以上

＊1　［五道冥官］五道は五悪趣に同じ。五悪趣とは天・人間・畜生・餓鬼・地獄をいう。冥官は閻魔法王庁の役人。

＊2　［太山符君］中国の泰山の山神。人の寿命や福禄を司る神として道家で祭る。仏教と習合して閻魔王の書記、また地獄の一王という。日本では本地は地蔵菩薩であるという。

＊3　［難陀］①釈迦の異母弟。釈尊に従って得道す。難陀尊者。②八大龍王の一。跋難陀龍王と兄弟で、併記される。曽て目連に教化され、仏に帰し、仏法の守護神となる。

＊4　［三業］身業・口業・意業の総称。

＊5　［懇志］親切にゆきとどいた志。

＊6　［丹誠］まことの心。

＊7　［篠蟹］蜘蛛。

＊8　［枇欄樹］バクチノキ。

＊9　［無明］真理に暗いこと。

＊10　［十悪］仏教では身口意の三業によって造る十種の罪悪。身業では殺生・偸盗・邪淫。口業では妄語・綺語・悪口・両舌。意業では貪欲・瞋恚・邪見。

＊11　［三従五障］三従とは、婦人の一生を三期に分けてその従うべき者を示した教。幼時は親に従い、嫁しては夫に従い、老いては子に従う。五障とは①女人が持っている五種の障礙。梵天王・帝釈天・魔王・転輪聖王・仏身となり得ないと。②修道上の五つのさわり—煩悩・業・生・法・所知の五つの障礙。

＊12　［八邪］八つのよこしまなこと。邪見・邪思惟・邪語・邪業・邪命・邪方便・邪念・邪定。八正道—正見・正思惟・正語・正業・正命・正精進・正念・正定—の逆。

＊13　［阿育大王］紀元前三世紀頃、インドのマガダ国のマウリヤ王朝第三代の王。インドを統一し仏教を保護した。第三回仏典結集をしたという。

＊14　［七宝］七種の宝物。金・銀・瑠璃・玻璃・硨磲・珊瑚・瑪瑙。

＊15　［九品の台］九品は上品上生・上品中生・上品下生・中品上生・中品中生・中品下生・下品上生・下品中生・下品下生。それぞれの品位に対するお迎え用、または浄土用の蓮台、略して「九品の台」という。

＊16　［四十二之光明］梵字は四十二字ある。大品般若経巻五広乗品に、阿字より茶字に至る各字門を説いた後に、「茶を過ぐれば字として説くべきなし、何を以ての故に、更に字なきが故に、諸字は無礙、無名にして亦不滅なり、亦説くべからず、示すべからず、見るべからず、書すべからず、須菩提当に知るべし、一切諸法は虚空の如し、須菩提、是れを陀羅尼門と名づく、所謂阿字義は若し菩提摩訶薩、是れ諸字門印、阿字印なり」と云うとある。これによると、梵字四十二字の放つ光明を四十二の光明と呼ぶのであろう。

・およそ次のように味わえる。

そもそも上には梵天・帝釈・四大天王・閻魔法王・五道冥官・太山符君神・司命・司録・倶生神、下には堅牢地神・難陀・抜難陀・内海外海の龍王・龍象、別に別して立山三社権現、当所の神祇倍増法楽、威光の為に、一切の神分、般若心経、大般若経、三国伝燈の為に釈迦牟尼宝号、殊に伽藍安穏の為に、阿弥陀宝号、別しては今日檀那子孫繁昌の為に、大聖不動明王、謹みうやまって一代教主釈迦牟尼如来・極楽化主弥陀種字・観音・勢至・地蔵尊・寸高貴徳王菩薩・摩訶薩に曰す。言く、今、信心の大施主大日本国北越中州新河郡下山の庄立山芦峅寺媼堂道場に於て、各々三業清浄の懇志を励まし、無二の丹誠でもって三途の極悪の苦患をいとい、阿弥陀如来の浄土に生まれんことを願う。ここに橋がある。金銀瑠璃弥陀来迎の橋、善人より外は渡らず、二つには愚痴の衆生を渡す為の橋は石橋である。因果の軽重によってこの橋はクモの糸よりも細く見える。三には極悪重罪の輩の渡る橋、これは金銀銅鉄の橋であるが次第に微塵にくだけ落ちて縦に深く四十由旬の淵底に沈む。この橋の端に一万由旬の木がある。名前は枇欄樹。この木の根元に鬼神がいる。破衣翁鬼という。則ち三途の川では嫗御前と言う。お前が生まれた時、私は祖母となって三尺の衣那巾を着せてやったのに、いまだその恩を知らない。衣食の代価の支払いをしない間は、今、着ている着物をはぎ取り、この枇欄樹の枝に掛け、因果の軽重を見ると。誠に三尺の巾は軽しといえども、業因の重さにより枇欄樹の枝が地についた。哀れなことだ、その今までの業道が鏡に出るので、逃れ難い。また、ここに三つの山がある。一つには死出の山。二つには剱葉林山、三つには鉄枝林山という。はじめに、剱葉林山とは岩石がみな剱となり足の裏を通す。鉄枝林山とは草木の一本一本に至るまで熱鉄の柱となり、その油炎は身を煮る。第一の死出の山とは、化生鬼がいて男が通る時には美人となり、女人の通る時には美男となって、その心の動きを見て、少しでも念を掛ける輩は妄念ありと見て搦とり、身体を切り、筋を断ち骨は微塵に打ち砕き、再び死するに似たり。これによって、死出の山の名がある。その後、仏殿に行く。行く道は広さ三寸、長さ四十里ある。その道中に大鉄山小鉄山があり、道には剱が敷かれ、空から呵責の刀輪が降り下り、進もうとすると両方の山が打ち合って、押すので血が流れて大河のようである。故に、三途の川の名がある。また内河津と名づける。左右に大樹がある。枝には鳥が住んでいる。一つは抜目鳥、二には無常鳥という。この鳥の言うには「なんじ旧里を化して化後を示す。愚にして未だ覚知せず。よって目を抜き肉を舐るぞ」と。また毒蛇毒龍が充満している。この三途というは、見思・塵沙・無明の河の三つの流れのことである。高位果満の人であっても迷えばこの三道に流転する。この大苦は遁れ難い。悟れば則ち華中蓮台に勝因を為す。殊に御本尊はかたじけなくも花蔵世界密厳の国を荘厳し光明殿を建立し、衆生を済度せしめ給う。冥途の道程を考えるに、里数は十万八千里である。十悪の業苦を洗い、煩悩無明の雲も晴れて三従五障八邪を去り、すぐに彼の土に至るべし。ここに、能化の地蔵尊の大悲の願力深くして、大河小河に橋を架け一切衆生を渡す。故に仏前には瑠璃の橋を、神前には玉の橋を渡す。然る間、祇園精舎阿育大王という人が、天台山の石橋に白布を三百六十端もおごそかに立て敷きて布橋を掛け渡し、鬼率天にお上りになったという。

御本尊の誓願に曰く

造作五逆罪　常念地蔵尊
遊戯諸地獄　決定代受苦

此の文意は仮に五逆の罪の者となるとも、我（地蔵菩薩）を念ずる者には、その苦を代ると誓い給う。何をか況や。今日、大施主の信心を励まし、諸善根を修す。今、この霊地に七宝荘厳の台（高く建てた堂塔）に幡鉾を立て並べ、布橋を掛け渡し、淵より蓮華開き出で九品の台に打ち乗り、弘誓の舟の棹を指し、紫雲靉靆、弥陀如来二十五之菩薩影向して、彼岸を成就して安養浄土に導き給い、此の川の流れる者は

一切衆生　悉有仏性　如来常住　無有変易
（一切の衆生にはことごとく仏性がある。如来が常にすみ、やすく変わることあることなし）

を唱ふ也。

一度この橋を渡る人は、常にガラスの鏡に曇りなく天地を照し、三世諸仏師を明す。大日如来示現して、四十二の光明を放ち、無二無三の輩を一念で菩提心を発起させて念仏三昧の門に入る。歓喜殿（歓喜園は忉利天の帝釈天居城の庭園、または釈迦降誕のルンビニ園の庭園、そこにある堂舎か？）に合掌し、安養なる御浄土に往生すること疑い無き者である。

南无極楽化主弥陀菩薩
南无能化尊地蔵大菩薩
南无抜苦與楽観音宝号
願以此功徳　普及於一切
我等與衆生　皆共成仏道

以上　合掌

4．佐伯有頼の二十六歳以後のこと

上記の泉蔵坊本立山宝宮和光大権現縁起と芦峅中宮媼堂尊縁起によると、

① 大宝元（七〇一）年二月十六日　越中国守佐伯有若卿が越中国庁を始めた。
② 大宝二（七〇二）年九月十三日　嫡男有頼　二十六歳が鷹狩をした。
③ 大宝三年十月一日　楊柳嶽の窟で入定。
④慶雲元（七〇四）年四月　弥陀三尊の御来迎。
⑤慶雲元年九月廿九日　一千八十日の禅定の満行。有頼二十九歳。

などとある。しかし、一年間の日数を三六〇日、禅定日数一〇八〇日からすると、
②は「大宝元年九月十六日　嫡男有頼　二十六歳が鷹狩をした」に。
③は「大宝元年十月一日　楊柳窟で入定」にすべきである。

その後、「中宮媼堂尊縁起」に、
⑥ 和銅七（七一四）年仲春（二月）「遂禁裏参内、謹奉聞立山開峯之奇瑞并芦峅御媼三尊降誕之由来、殊勝之景地、及末代衆生為救上人留身入定旨趣」とある。そして「天下泰平、国安利民」の御綸命を請けて、同年七月十六日芦峅に帰っておられる。

その後は立山霊域を出ることなく、立山開山一筋の人生を送り、天平宝字三（七五九）年六月七日、八十三歳の時、芦峅神奈備龍象洞に入り、同月十三日申の刻（夕方午後四時頃）遷化された。

5．佐伯有頼の誕生から、二十六歳までのこと

慈興上人佐伯有頼の二十六歳以後のことは以上の通りである。それでは、佐伯有頼は誕生から二十六歳で越中国に来るまで、どこで誕生し、どこで成長し、どこで何をしていたか？　このことを示す資料が、現在の岡山県久米郡美咲町定宗四〇三番地にある、天台宗岩間山本山寺にある。

(1)岡山県岩間山本山寺年表

西暦	邦暦	歴史
七〇〇年頃		役の行者小角が当地で修行
七〇一	大宝元年	佐伯有頼（頼観上人）出家し、新山寺建立
七五〇年頃		鑑真来山し、本山寺と改名す
一一一〇	天永元年	現在地に移転、真道、古道両上人が本堂、講堂など建立
一一三二	長承元年	漆間時国夫妻、嗣子祈願参籠
一三三五	建武二年	宝篋印塔建立（国指定重要文化財）
一三四四	康永三年	六角舎利塔建立
一三五〇	観応元年	現・本堂建立（国指定重要文化財）
（以下略）		

(2)岩間山本山寺資料『歴史と現状』

当山は今から一三〇〇年の昔、役の行者・小角が修行した跡といわれ、大宝元年佐伯有頼がこの山で狩りをして奇瑞を観じ、出家して頼観と号し、寺を建てて新山寺と名づけた。今、金毘羅神をまつる東南の山頂である。それから五十余年後、唐の高僧・鑑真が来て、名を本山寺と改め、大いに伽藍を興したという。

平安時代も盛りをすぎたころ、戦乱のため荒廃したが、そのころこの山へ来て狩りをした、久米師真が霊瑞を見て出家し、名を真道と改めて、専ら本尊に仕えていた。同じころに弓削師古が材木を求めて、この山に霊木を発見し、出家して古道といい、仏師にたのんでこの霊木で十一面観音像を刻ませた。以後、真道と古道の両師が協力して復興に努め、天永元年現在地に移転、本堂・講堂・三重塔・多宝塔・鐘楼・鎮守社・仁王門等々を建てた。これから寺は栄えて、百二十坊と称せられた。長承元年稲岡ノ庄（久米南町・誕生寺）の漆間時国夫妻が、参籠して嗣子を授け給えと祈り、願いがかなって生まれた勢至丸が、後に出家して比叡山で仏教の奥義を究め、浄土宗の開祖・円光大師法然上人（源空）となったのは、有名な伝説である。（以下略）

(3)金刀比羅山のこと

岩間山本山寺資料「歴史と現状」に、

当山は今から一三〇〇年（前）の昔、役行者・小角が修行した跡といわれ、大宝元年佐伯有頼がこの山で狩りをして奇瑞を感じ、出家して頼観と号し、寺を建てて新山寺と名づけた。今、金毘羅神をまつる東南の山頂である。

とある。

佐伯有頼がこの地で奇瑞を感じ、標高四七九・六mの金刀比羅山の山頂に新山寺を創建したという。そもそも金比羅山とはどのような山なのか？

仏教辞典の「金毘羅」には、

中印度王舎城の守護神、又は薬師十二神将并に般若守護十六善神の随一。象頭山に宮殿ありて之を祀る。金毘羅童子は千頭千臂の童子などとある。また「王舎城」には、中印度マガダ国上代の首府。その東方には耆闍崛山並に城外に竹林精舎があるとして、王舎城旧址略図がある。この図中に、王舎城のすぐ南東に「毘布羅山」がある。ここが王舎城そして、仏教守護神金毘羅童子の定位置だる。また、「耆闍崛山」は釈迦説法地として有名な霊鷲山である。

このような仏教にとってとても意義ある山名をつけた人は誰であるか？　それは筆者としては、この地で最初に修行をした役行者小角であると思われる。そして、ここに小祠を設置したものと思われる。一見、普通の低山として、何ら変化のないこの山に狩りに入り、金毘羅神を祀る小祠を見て、佐伯有頼は発心し、頼観と名を改め、ここに新山寺を創建したのであろう。

図38　王舍城舊址略圖

6．「頼観上人」は慈興上人の前名

今から一千三百年以上も前に、現在の岡山県久米郡美咲町に、立山開山慈興上人佐伯有頼と同姓同名の頼観上人が住んでおり、しかも、頼観上人は新山寺を立山開山より以前に開創していたとある。この頼観上人佐伯有頼は立山開山慈興上人佐伯有頼と同一人物であると考える根拠、理由を次に挙げる。

⑴『古事記』について

① 『古事記　天孫降臨』の話

天孫降臨につぎのようにある。

> 故、爾に天津日子番能邇々芸命に詔らして、天の石位を離れ、天の八重たな雲を押し分けて、いつのちわきちわきて、天の浮橋にうきじまりそりたたして、竺紫の日向の高千穂のくじふるたけに天降り坐しき。故、爾に天忍日命（大伴連等の祖）・天津久米命（久米直等の祖）の二人、天の石靭を取り負ひ、頭椎の大刀を取り佩き、天のはじ弓を取り持ち、天の真鹿児矢を手挟み、御前に立ちて仕へ奉りき。

（解説）天孫日子番能邇邇芸命は、天児屋命（中臣連らの祖）・布力玉命（忌部首らの祖）・天宇受売命（猿女君らの祖）・伊斯許理度売命（作鏡連らの祖）・玉祖命（玉祖連らの祖）の五つの部曲の族長を従者としてひきつれて、高天原の岩の神座を離れ、天空に幾重にもたなびく雲を押し分け、途中、天の浮橋から空に浮いている島に威勢よくお立ちになって、そこから九州の日向の高千穂の霊峰に天降りなさった。その時に、大伴連等の祖先である天忍日命と久米直等の祖先である天津久米命の二人が頑丈な靭を背負い、頭椎の大刀を腰に下げ、聖なる櫨弓を手に持ち、聖なる真鹿児矢を手に持って天孫の御前に立ってご先導申し上げた。

その後、この二人は天孫御一行の安全に気配りしながら先導した。天孫御一行はその後、いろいろな力を蓄えられ東国を目指して少しずつ前進された。

② 『古事記　神武東征』の話

神武東征に次のようにある。

> （前略）即ち日向より発たして、筑紫に幸行でましき。故、豊国の宇沙に到りましし時、其の土人、名は宇沙都比古・宇沙都比売の二人、足一騰宮を造りて大御饗献りき。其の地より遷移りまして、竺紫の岡田宮に一年坐しき。亦其の国より上り幸でまして、阿岐国の多祁理宮に七年坐しき。亦其の国より遷り上り幸でまして、吉備の高島宮に八年坐しき。（以下略）

図39．本山寺位置図（1/2.5万「柵原」）

（解説）いったい、どこの地であれば、平穏に天下の政治が出来るだろうか？　とのちの神武天皇である神倭伊波礼毘古命が、その同母の兄の五瀬命と御相談された。そして、東の方に都の地を求めようということになり、早速、日向[*1]を出発し、筑紫国においでになった。途中、豊国（のち豊前国・豊後国に二分）の宇沙[*2]にお着きになった時、その国の土豪で名を宇沙都比古・宇沙都比売という夫婦が足一騰宮を造って一行をお迎えし、御馳走を差し上げた。更に、その地からお移りになって筑紫の岡田宮[*3]に一年間御滞在になった。また筑紫国から移りお上りになって安芸国の多祁理宮[*7]に七年間御滞在になった。その国から更に移りお上りになって、吉備国の高島宮[*5]に八年間御滞在になった。

＊1　［日向］宮崎県には縄文時代・弥生時代・古墳時代など各時代の遺跡が多い。なかでも西都原古墳群には県下最大の男狭穂塚・女狭穂塚をはじめ大小三百基もの古墳が点在する。景行天皇も日向国高屋宮に六年間も滞在なさった。

＊2　［宇沙］大分県宇佐市南宇佐に宇佐八幡宮がある。当社は全国四万社もある八幡宮の総本宮である。創立については、『国造本紀』に「宇佐国造。橿原（神武）朝。高魂尊孫宇佐都彦命定賜国造」とある宇佐国造に関係する。祭神は豊国は帰化人秦氏の勢力範囲であったので、秦氏の祖神「弥秦」が「八幡」と訛ったという説など多い。また、「足一騰宮」は山をめぐる寄藻川の山側斜面に建造し、風通しを良くした涼しい行宮であろう。

＊3　［岡田宮］福岡県遠賀郡芦屋町芦屋に、祭神神武天皇他の神武天皇社がある。由緒は神武天皇東征の御時軍船を集め給いし行宮の霊跡にして即岡田宮なりとある。

＊4　［多祁理宮］広島県安芸郡府中町宮の街の多家神社。祭神神武天皇。由緒は、神武天皇御東征の頃は海潮此の丘の麓を洗い、船舶の碇泊には最高適地であったと。天皇初めて此の江、府中大川の湊に御着船になり、御上陸遊ばされ森の中の人に、「汝は誰ぞ」と宣せられたによって「誰曽の森」となり「多祁理宮」に訛したとか。別名に「埃宮」がある。

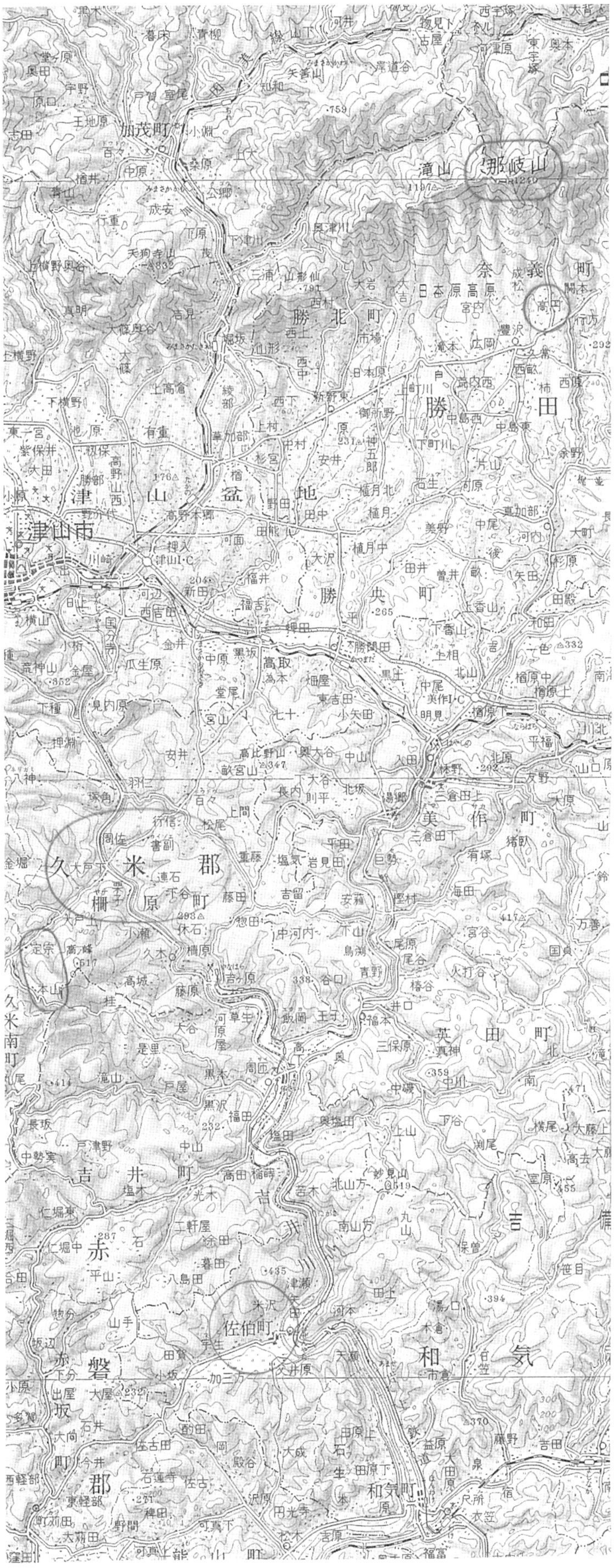

図40．佐伯有頼関係地図（1/20万「姫路」）

＊5 〔高島宮〕岡山県笠岡市神島外浦から南方海上を三洋汽船で約二km行くと高島がある。島は東西に長く約二km、幅約一km。島には高島神社がある。神社東の山上に高島遺跡がある。

天孫迩々芸命が天降りされた時、大伴連らの祖である天忍日命と、久米直等の祖である天津久米命が出迎えた。その後、ずっと天忍日命・天津久米命の子孫がまた、迩々芸命の御子孫をお守りして来た。そして今、大伴家持の歌にあるように、大伴・佐伯らが、神倭伊波礼毘古命、後の神武天皇の御東征にもずっとつき従いお守りしていた。『古事記』にあるように日向国を出発され、豊国・筑紫国・安芸国を経て吉備国高島宮にお着きになった。吉備国高島宮には八年間も御滞在になった。その間、軍船、兵器、その他農耕具等の御準備をされた。大伴・久米氏も当然、八年間滞在した。その間、この土地でご縁もでき、その子孫の中にはこの地に定住した者もあり、土地を開発した。『和名類聚抄』には、美作国、現在の岡山県に久米郡がある。また前に滞在した安芸国に佐伯郡がある。

『続日本紀』の称徳天皇天平神護二年（AD七六六）五月二十三日条に、

（前略）藤野郡は、地是れ薄埆にして、人尤も貧寒なり。公役を差し科すること、途に触れて忩劇なり。山陽の駅路を承けて使命絶えず、西海の達道を帯びて迎送相尋けり。馬疲れ人苦しみて交存済せず。加以、頻りに旱と疫に遇へり。戸纔に三郷にして、人少く役繁し。何ぞ能く支弁せむ。伏して乞はくは、邑久郡香登郷・赤坂郡珂磨・佐伯の二郷、上道郡物理・肩背・沙石の三郷を割きて、藤野郡に隷けむことを」といふ。

（解説）

藤野郡は地はやせており、住民は貧寒である。しかも、公役が多い当地は山陽道の駅路に当たるのでその任務が絶えない。更に、西海道に至る要路にもあるので藤野郡三郷（郷又は里は古代の地方行政区の単位で、人家五十戸であった。三郷で一五〇戸）では住民が少ないのに公役が多すぎる。それでお願いですが、邑久郡の香登郷、赤坂郡の珂磨・佐伯の二郷、上道郡の物理・肩背・沙石の三郷を藤野郡に入れたい。

このように、当時は佐伯郷があった。平成の町村合併前には岡山県和気郡に佐伯町があった。この佐伯町一帯が佐伯郷であった。佐伯町の西南端に佐伯峠（現在は赤磐市）がある。万葉集に次の歌がある。

佐伯山卯の花持ちし愛しきが手をし取りては花は散るとも　七―一二五九

⑵佐伯有頼の生誕地

立山縁起によると、佐伯有頼は大宝元（七〇一）年、二十六歳の時、越中国に来た。越中国に来る少し前に、備前国久米郡で、二十六歳の若さで新山寺を創建したという。このことから、佐伯有頼の生誕は天武天皇三（六七五）年。おそらくは母の生家、備前国久米郡主久米氏統領の家で誕生した。旧久米郡であった現在の岡山県津山市宮尾に、久米氏の氏寺があり、七世紀後半創建と考えられている久米廃寺がある。久米廃寺の続きの台地に久米郡衙跡（推定）がある。久米郡主の邸宅はこの近くと推定され、この地で佐伯有頼は誕生したであろう。

⑶佐伯有頼と役行者小角との接点

先述の「5―⑶金刀比羅山のこと」で、岩間山本山寺は、はじめ佐伯有頼頼観上人の開創とした。頼観上人が開創した新山寺は金刀比羅山の山頂に創建されとある。何故に山頂に創建したか？　前述したように、役行者小角が山頂に小祠を設置していたので、有頼は奇瑞を感じた旨と書いた。

このことが、有頼と小角の第一の接点と思う。次に、岡山県と鳥取県境に那岐山の菩提寺がある。これが第二の接点である。

では現在の奈良県、昔の大和国葛城地方で誕生した役行者小角はなぜ現在の岡山県に縁があるか？　次に考える。

佐伯有頼の少なくとも、心の師と考えられる役行者小角は、現在の奈良県御所市茅原の金剛寿院吉祥草寺の地で、舒明天皇六（六三四）年正月一日に誕生したという。佐伯有頼に先立つこと四十一年も前である。役小角の父親は出雲加茂氏の出身で、小角の誕生後、出雲国に帰国したという。小角は成長するにつれ、父恋しさに、現在の岡山県久米郡を通る出雲街道を通って何回もこの久米郡に来たことであろう。

役行者は葛城山麓を本拠とする上加茂氏の出身という。カモ氏は「加茂」・「鴨」と書かれる。カモ氏はもともと鉱工業を主とする氏族で、製鉄・製銅その他を業としていた。例えば、砂から砂鉄を採取して製鉄をし、その鉄で鍬・鋤・鎌等の農具を製作したり、刀や槍の穂先等の武具を製造し、大和政権の拡張に大いに貢献したことであろう。現在の津山市内には岡山県苫田郡加茂町があった。岡山市で瀬戸内海に注ぐ吉井川の支流加茂川や倉見川・堂ケ原川が流れ砂鉄が採取されていたであろう。また、この地に大和国（奈良県）と出雲国（島根県）を結ぶ街道が通り、役小角の宿泊地でもあったであろう。この地の真東には中国山地の高峰、標高一一九六・五mの滝山や標高一二五五mの那岐山*があり、役行者小角は、その山々に魅せられ那岐山を開いて山頂に那岐大明神社を建立した。現在、那岐山南麓の奈義町宮内集落の不老山には宮内神社がある。祭神は伊邪那美命、旧村社。『東作誌』には「冊大明神を前身とする」とある。また『美作国神社資料』には「もと那岐山頂にあったが、参詣に不便なことから諾尊（男神）を成松村に、冊尊（女神）をここに移した。神領は是宗・宮内成松・高円など諸村に八町余りあった。宮内神社境内には稲荷小二社・杉御前社・十面観音堂があった」とあるという。

また、同じく那岐山南麓の奈義町成松集落には諾神社がある。祭神は伊弉諾神、旧県社。当社も初め那岐山頂に鎮座し、奈義大明神と称し、勝田郡の総鎮守であったが、のち山麓の不老森に遷宮し、諾大明神と改称したという。大正八年、同地が陸軍演習場となる為、現在地に移る。また、那岐山大神宮に伊弉諾尊が降臨されたので、三穂太郎が不老森に遷宮したとも伝える。『三代実録』貞観五（八六三）年五月二十八日条に「美作国従五位下天石門別神、奈美神、大佐々神並授従五位上」とある。

平凡社『鳥取県　歴史地名事典』に、那岐山についておよそ次のようにある。

鳥取県八頭郡智頭町と岡山県奈義町との境にそびえ、標高一二四〇・三m。氷ノ山後山那岐山国定公園に含まれる。鳥取県側からは「ナギノセン」と呼び、岡山県側では西方に連なる滝山（一一九六・五m）、広戸仙（一〇七五・五m）、山形仙（七九一・一m）を含め「横仙」という。また、山頂に那岐大明神（那義大明神）が祀られており、現在、智頭町大背字宮本に鎮座する那岐神社はこれを遷座させたものと伝え、岡山県奈義町成松にも同様の所伝がある。また、これとは別に、那岐神社には、伊弉諾尊の胴、十日市村の若一王子権現の手、宮原村（現用瀬町）の葦生大明神の足、美作関本村（現岡山県奈義町）の三穂大明神（通称頭さん）の頭を祀った社と言い伝えられており、那岐山の山岳信仰圏を示していると考えられる。

この那岐山の山頂に奈義大明神・冊大明神を祀る社があった。それが後世、山麓に住む氏子の都合で祭神を離し、別々に集落に祀ったという。ここ富山県立山町に鎮座する雄山神社前立社壇の祭神は伊邪那岐命とある。那岐山を例とすると、芦峅寺の雄山神社祈願殿は姥尊の関係からみて、祭神は伊邪那美命が考えられる。そして、立山山頂の峰本社の御祭神として、伊邪那岐命・伊邪那美命の両神であったのであろう。

*「那岐山」山頂一帯は白亜紀火山岩類「那岐山火山岩」で覆われている。その分布は南北の幅が約五km、東西の長さ約十七kmである。大部分は輝石安山岩溶岩・カンラン石輝石安山岩溶岩およびそれらの火砕岩類から成る。斑晶としては斜長石・輝石及びカンラン石が含まれ、普通輝石以外は非常に変質しているという。

那岐山は山の南の住民、北の住民にとっては生命の水を供給してくれる山であると同時に、また日夜眺めても素晴らしい山で、『三代実録』清和天皇貞観五年五月二十八日の条に「美作国従五位下奈義神授従五位」とあり神位があがっている。備前国では「奈義山」、因幡国では「那岐山」と書かれるこの山は素晴らしい姿であって歌にも詠まれている。江戸末の備前岡山の歌人平賀元義に次の歌がある。

・並々に思ふな子ども水尾の御書（三代実録）に載れる神の御山ぞ
・真白なる奈癸の高根の春の雪誰やも人か観ずて過ぐべき
・立ちかへり又も見てしが奈義山の時雨に濡れて紅葉の色

(4)岡山県高貴山菩提寺のこと

役行者小角は、那岐山山頂に奈義大明神・冊大明神を祭る社殿を建立し、その神宮寺として山腹に菩提寺を建立したという。この菩提寺について『和漢三才図会　菩提寺』に、「開基　役行者　鑑真和尚再興也」とある。また、『美作風土記略』に、「岩間山菩提寺。開基役行者。鑑真再興」とあるという。また、現在の『菩提寺参拝のしおり』に次のようにある。

（菩提寺）その草創は、持統天皇（四一代）朱鳥六（六九二）年、役小角神変大菩薩が名木の神山（那岐山）に霊地を求め、この地に修験道場を開き、後に天平年中、聖武大皇（四五代）の勅願によって行基菩薩が自ら十一面観音像を刻んで中堂に安置し、元明天皇（四十三代）の菩提所として開基され（以下略）

これらの事から、『岩間山本山寺　歴史と現状』にある通り、若き佐伯有頼は、役の行者を師と仰ぎ、役の行者小角が修行を積んだ跡を尋ね歩いた時、金刀比羅山頂で奇瑞を感得し、出家し、頼観と号して、そこに新山寺を創建したのであろう。

そして、この新山寺を完備しようとしていた時に都の父、大納言佐伯有若卿からすぐに帰京せよとの案内を受けた。越中国に行くのは、父越中国守におくれること約半年、旧暦九月、新暦では十月、越前国と越中国との国境、砺波山、現在の倶利伽羅山で大和でも、中国山地でも見なかった新雪をいただいた、高さでも大きさでも比較することの出来ない雄大な立山を目にし、気絶しそうな程に感動し、心の中に立山開山の使命感が湧き上がったのであろう。

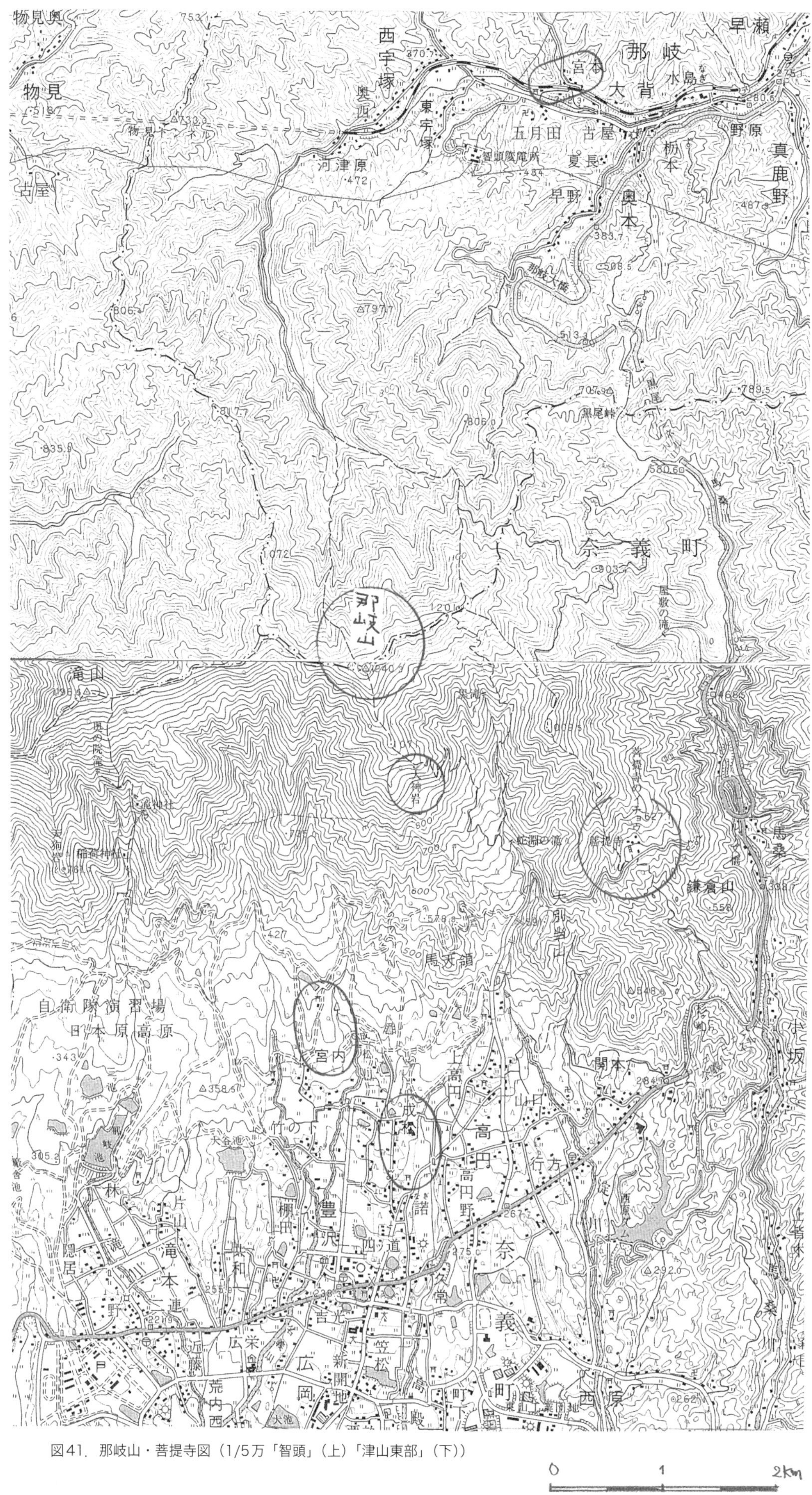

図41. 那岐山・菩提寺図（1/5万「智頭」（上）「津山東部」（下））

更に、鳥取県東伯郡三朝町門前の三徳山三仏寺について、『和漢三才図会』に、

三徳山三仏寺　在葦原近處　開基　役行者　寺領百石　坊舎三箇寺

とある。

7．慈興上人ゆかりのもの

(1)立山開山　木像慈興上人坐像について

次に、現在、立山町芦峅寺の雄山神社祈願殿には国指定重要文化財、木造慈興上人坐像がある。この像は丈八七・九cm。杉材・寄木造の彩色像であったようであるが、今では素地が露出して、素木造り（しらきづくり）のように見える。手は内縛（ないばく）の金剛合掌挙印を結び深山幽谷の雨雪にたたかれ、滝にうたれ、岩窟に籠って修行した聖僧の面影を遺憾なく表現されている。

手の内縛の金剛合掌挙印とは十指を交叉し、十指を悉く掌内に在らしむ。右手の五指を左手の五指の上に在らしむと。両手については、次のような分担がある。

（右手）外　般若　悲　実　智　慧　観　金剛界　智

（左手）内　三昧　慈　権　福　定　止　胎蔵界　理

十指については五大・五智・五蘊・五善根・五仏頂の役割があるという。

指	五大	五智	五蘊	五善根	五仏頂	
					右手	左手
大指	空	識	慧	輪	禅	慧
頭指	風	行	定	蓋	進	方
中指	火	想	念	光	忍	願
無名指	水	受	進	高	戒	力
小指	地	色	信	勝	檀	智

また、慈興上人像の顔には笑みを含み、唇は逆への字である。このような像はいろいろあると思うが、法隆寺金堂の釈迦三尊像に見られる。特に左脇侍が豊かである。更には、法隆寺百済観音像や夢殿の救世観音像のお顔などが思いおこせる。これらの尊像のお顔の表情やお姿を見ると、身業（殺生・倫盗・邪婬）、口業（妄語・綺語・両舌・悪口）、意業（貪欲・瞋恚・邪見）の三業のすべてが消滅したお姿なのであろ

写真116．木造立山開山慈興上人坐像

写真117．法隆寺金堂銅造釈迦三尊像（岩波書店「法隆寺」より）

写真118．法隆寺救世観音像（岩波書店「法隆寺」より）

写真119．法隆寺百済観音像

う。慈興上人は、この像を自刻されるはるか以前に、法隆寺に参詣され、この像を自刻されたのであろう。

(2) 御定書　禁法十六ケ条

立山開山慈興上人有頼公作といわれるものがある。それは次の『御定書　禁法十六ケ条』である。

立山開山慈興大上人御定書　禁法十六ケ条

一、諸々行人潔己身心、無占穢可修法。
一、験迅速者、在当人一念堅、祈願時不可有余念。
一、法門擁護者、可在一心真心、若真時自興隆仏法、可生諸善法。
一、興隆仏法者、護法王天不離其室、永修功徳、福深滄海。
一、身如聚沫、気雖如雲、以一心一念、発明事々、自潤身燿今騰古驚群、不可失此心常。
一、具得信心、等石堅、不可有散心。
一、向人莫起瞋恚、亦莫発狂言。
一、向人不可吐悪口悪言。
一、好与人不可私語、招疑基也。
一、知音不知音共不可許人心。
一、於干法門、強而不可懸不審。
一、在尊前相戯弄、出非法語、勿使俗人生軽笑多過、観尊像不可敬。
一、修学尊前奉仕、不可解怠。
一、許女犯雖叛仏戒、依立蔵権現託開之、不可有毀犯斎戒。
一、就于万事、不可弁人是非、有人若弁他是非、其座中急々可抽身。
一、入門須当択友与親師、成徳立身、身没名不朽。
右、当山信奉輩者、可守此趣也

立山中宮寺

（解説）

「禁法十六ケ条」。してはいけない事の十六ケ条。

一、「諸々行人は己が身心を潔くし、点穢もなく法を修すべし」。修行を心掛けた人は先ず自分の身体と精神をきれいにし、一点の穢（けがれ）もなく、法（人の守るべき道）を勉強しなさい。

一、「験の迅速は、当人一念堅きにある。祈願時は余念有るべからず」。修行の効果を高めるには当人のその事に打ち込む意義込みが第一。神仏に祈願する時は、一心に祈願すべし。

一、「法門擁護は、一心真心にあるべし。もし真時なれば自ずと仏法興隆し、諸善法生すべし」。立山信仰を擁護したい者は、先ずその真心がある事である。そうであれば自然に立山信仰が興隆し、諸々の善き人の守るべき道が生じてくる。

一、「仏法を興隆する者は、護法王天其の室を離れず、永く功徳を修し、福は滄海深し」。仏法を盛んにする者は、仏法を擁護する王天で、仏法擁護することから離れず、永くその功徳を修すれば、福は広大の海のように深くなる。

一、「身は聚沫の如し、気は雲の如しといえど、一心一念を以て、事々発明すれば、自ずと身は潤い今を輝き、古きを騰げ群を驚かし、この心常を失すべからず」この身は泡の集まったもの、心は雲のように不安定なものであるが、一途の思い、専心の思い、集中心で諸事を開き明らかにすれば、自然に心身が豊かになり、今を輝かし、古事を伝えて群集を驚かせる。この事を忘れてはならない。

一、「信心を具得し、石の堅きに等しくば、散心有るべからず」立山権現様を信ずる心を欠点なく得て、その信心が石のようにかたく、岩盤のように動きゆれることなく、心を集中すべきである。

一、「人に向かって、瞋恚を起こすなし、また狂言を発するなし」人に対してはいかりの心を起こしてはいけない。また、道理に反する言葉を発してはいけない。

一、「人に向かって悪口悪言を吐くべからず」悪口・悪言はともに「わるくち、悪語・悪口」である。『礼記　祭義』に次のようにある。

> 壱出言而不敢忘父母、是故悪言不出於口。忿言不反於身。不辱其身、不羞其親、可謂孝矣。（壱たび言を出して、敢て父母を忘れず、是の故に悪言、口に出さず、忿言―いかる言葉・うらむ言葉―身に反らず。其の身を辱めず、其の親を羞めず、孝と謂ふ可しと）

また、『法華経　常不軽菩薩品』に次のようにある。

> 尓時仏告。得大勢至菩薩摩訶薩。汝今当知。若比丘。比丘尼・優婆塞。優婆夷。持法華経者。若有悪口。罵詈誹謗。獲大罪報。如前所説。（その時、仏、得大勢至菩薩摩訶薩に告げたまはく、汝、今当に知るべし。若し比丘、比丘尼・優婆塞、優婆夷の法華経を持っている者を、若し悪口・罵詈―ののしる・口ぎたなく悪口を言う―誹謗―悪口をいいたてる―すること有らば、大いなる罪報―罪の報い・返し―を獲んこと、前に説く所の如し）

一、「好んで人と私語すべからず、疑を招く基なり」好んで、ひそひそ話をしてはいけない。疑われる基になる。

一、「知音不知音ともに人の心に許すべからず」心の底まで知り合った友、そうでない友、ともに人の心はわからないもの。

一、「法門に於ては、強て不審をかけるべからず」立山信仰、立山教団内で、わざわざ不安に思ったり、疑いを受けるようなことはしない。

一、「尊前にあっては相戯れたり、非法語を出し、俗人をして軽笑多過を生ぜしむことなかれ。尊像を観て敬を加えるべし」立山権現様の前では、友ともてあそびあいたわむれたり、仏教以外の話をし、俗人を笑わせるようなことをしてはいけない、立山権現や仏・菩薩をしっかり見て尊敬の思いを増加しなさい。

一、「学を修め尊前に奉仕し、懈怠するべからず」立山教学、宗教について学問を深め、御本尊に奉仕をすることをなまけることならず。

一、「女犯を許すは仏戒に叛するといえども、立蔵権現の神託によってこれを開く、斎戒を毀犯あるべからず」妻帯を許すといえども、これは立蔵権現の神託に依るもので、ものいみする行動をこわしたり、おかすことには当たらない。

一、「万事に就きて、人の是非を弁ずるべからず。人有りてもし他の是非を弁ずればその座中、急々に身を抽くべし」万事について、人の是非、正しいとか悪いと言ってはならない。人の中に居て、若し他の人の是非を言う話が出れば、早々と退出しなさい。

一、「入門すれば須からく友と親師を択ぶべし。徳成り身が立ち、身没しても名は不朽」立山教団に入門すればぜひとも友だちとしたしむ先生、自分の思いに合った先生を択ぶことだ。徳が身について立身―立派な人となり、身体は死んでも名は不朽である。

「右、当山信奉の輩は、此の趣を守るべきなり」右のことは、立山権現信奉者は上の志す所を守るべきである。

(3)立山開山慈興上人直伝『立山神伝秘法』について

佐伯幸長氏の父が、子息幸長の為に『立山神主口伝書』として伝えた立山密法「八科八法」（仮称）があるという。それを次に紹介する。

立山開山慈興上人直伝　立山神伝　秘法

第一科　禊祓式
一、物忌之事　二、斎戒之事　三、六根清浄之事
四、天津金木及湯之事　五、振幣八方祓之事　六、振魂之事
七、身禊之事　八、天鳥船之事

第二科　祭事式
一、招神之儀　二、献供之儀　三、祝詞之儀
四、魂串之儀　五、御幣之儀　六、神楽之儀
七、御鈴之儀　八、鎮魂之儀

第三科　内観式
一、調体之法　二、息吹之法　三、長世之法
四、岩戸開之法　五、眠心之法　六、抽心之法
七、観心之法　八、信心之法

第四科　卜占式
一、方相家相之伝　二、手相骨相之伝　三、字相人相之伝
四、五行之伝　五、太占之伝　六、審神之伝
七、狐狗狸之伝　八、神宣之伝

第五科　修法式
一、神水之秘法　二、九字切拳印之秘法　三、引目及鳴絃之秘法
四、護摩之秘法　五、盟神探湯之秘法　六、鳴動霊威之秘法
七、十種神宝之秘法　八、禁厭十種之秘法

第六科　錬行式
一、白刃不加之行事　二、火炎渡行之行事　三、断食洗心之行事
四、滝下荒行之行事　五、結伽扶坐之行事　六、柴燈玄軌之行事
七、廻峰行事　八、六道行事

第七科　神仙式
一、不動金縛之秘法　二、天狗飛切之秘法　三、万里飛行之秘法
四、天眼通達之秘法　五、火遁水遁之秘法　六、化身換身之秘法
七、悪魔一倒之秘法　八、霊界往来之秘法

第八科　神理式
一、唯一大元之大事　二、二象因果之大事　三、三器之大事
四、御柱之大事　五、種物之大事　六、三洗之大事
七、病理凶理之大事　八、三清之大事

(4)慈興上人の兄弟・子息

慈興上人の兄弟や子息について触れる。『立山信仰の源流と変遷』には次のようにある。

i　文化十二（一八一五）年五月十四日寺社奉行宛の文書に、

「社人之儀ハ開祖在俗之兄弟ニ有置有米と申、両人、立山雄山神社を奉祭、則有髪ニ而社職相務メ、其所謂を以、累族今社人ニ類族相増、剃髪仕候者は衆徒ニ成、在髪之者ハ社人職相務候与承伝仕候、社人之奉祭所ハ雄山神社、則立山権現ニ御座候而、御一体ニ候得共、両部を以雄山神社を衆徒ニ而ハ立山権現与奉崇候」

とある。

ii　泉蔵坊バン禅老師から聞いた話として、

伝承として、有頼様には在俗の兄弟が何人も居られたと聞いている。然し、有頼公は在地修験の長者で俗風妻帯されたが、法体修験の御姿である。六坊の伝承では有頼公に三人の男子が居り、長男有胤は法体修験となって泉蔵坊慈泉となり、次男有寿は同じく永蔵坊（後の大仙坊）弘順となり、三男は同じく有澄を日光坊光智となって夫々創坊した。それから実相坊、龍泉坊、金泉坊が分家創坊した。これを六坊といって長官別当職の家柄であったが、後に玉泉坊と等覚坊を加えて長官別当八家と称した。（後略）

とある。

(5)立山大廻峰

立山には古来、大廻峰があった。立山大廻峰の出発点及びゴール点は立山寺（岩峅寺）であった。そのルートは、

立山寺―芦峅寺―礼拝殿山―大辻山―早乙女山―大日嶽―剱御前山―別山―真砂

嶽―大汝山―雄山―浄土山―龍王嶽―鬼嶽―五色ケ原―越中沢嶽―薬師嶽―有峰―祐延山―中地山―文珠寺―立山寺であった。剱岳には登頂せず、また、大日嶽岩屋では七日間も修法をするのが定法であった。持参するものは、ソバ粉と生味噌だけであった。

この大廻峰に関する記録や文章はないが、伝承では大廻峰をすると法績が飛躍し、権大僧都法印を授けられたと伝える。

十六、役行者小角について

初めに、役行者についての記述を挙げる。

1. 続日本紀の記事

『続日本紀』文武天皇三（六九九）年五月二十四日条。

役君小角、伊豆嶋に流さる。初め小角、葛木山に住みて、呪術を以て称めらる。外従五位下韓国連広足が師なりき。後にその能を害ひて、讒づるに妖惑を以てせり。故、遠き処に配さる。世相伝えて云はく、「小角能く鬼神を役使して、水を汲み薪を採らしむ。若し命を用ゐずば、即ち呪を以て縛る」といふ。

（解説）

役君小角が伊豆国に配流された。小角は初め奈良県と大阪府の境の金剛山地、葛城山に住み、神仙的行業、空を飛んだり水上を走ったりや、孔雀王呪法*、人を縄でしばった如く身動きできないようにしたりして人を思いのままに行動させたりなどの密教的行業をすることで有名であった。ある時、外従五位下の韓国連広足の先生でもあった。後に、小角の才能が悪い方に発揮されて、だれかが「小角は数多くの人を、あやしくまどわした」と、小角をおとし入ろうとして事実ではない小角の悪口を言った。そのことが原因で、小角は伊豆国に配流された。世間の評判として、「小角はよく鬼神を使用して、自分の生活用水を汲ませたり、囲炉裏や風呂用の薪を採取させていた。もし、小角の命令に従わなければ、孔雀王呪法などで、身動き出来ないようにしていた」と伝えられた。

＊『大孔雀呪王経巻上』に次のようにある。

（前略）阿難陀彼孔雀王。曽於一時忘。不誦此大孔雀呪王而為擁護。遂與衆多孔雀婇女。従材至財従山至山。而為遊戯耽姪愛著。放逸昏迷入山穴中。以安處、捕猟怨家伺求其便。遂以鳥羅縛孔雀王。被怨繋時憶本正念。如前訶句誦大孔雀呪王。於繫縛自然解脱。眷属安隠至生住處。復更説此陀羅尼呪曰

南謨仏陀也　南謨達摩也　南謨僧伽也　南謨蘇跋拏　婆薩寫摩瑜利　曷囉慎若
南謨莫訶　摩瑜利褢　仳地亭夜反　囉慎若而夜反　羅慎若而嚢反　怛姪他　悉睇蘇悉
睇　謨折儞木察儞　木帝毘木底　阿末麗毘末麗　涅末麗班達亭黠　矖　忙揭励
呬闌若揭鞞　曷喇怛娜揭鞞　跋姪矖　蘇　跋　姪　麗　三曼頞跋姪矖薩婆頞他上
婆但儞鉢囉摩頞他　婆但薩婆捺他婆但儞　薩婆忙揭羅　婆但儞　末捺死　摩捺死
莫訶摩捺死　頞歩　帝頞室歩　帝　頞卒子律反　帝頞喇逝　毘喇　誓　毘　末
麗　阿密嘌帝　阿末麗　阿末喇儞　跋囉蚶火甘反謎　跋囉蚶摩　莎入　麗　哺嗶泥
去哺嗶拏　曼奴喇剃　阿密嘌頞　僧侍伐儞　室喇　跋　姪　麗　旃姪　矖　旃達
鉢喇娩　蘇利褢　蘇利耶千帝　鼻多婆褢　蘇伐泥　去　跋囉蚶摩　蘿屣生鼓反　跋
囉蚶摩寿率帝　薩跋怛囉　阿鉢底喇帝　莎訶　南謨薩婆　仏陀喃　莎悉底　我名
某甲并諸眷属。所求願満常為擁護。寿命百歳得見百秋忽止輸止　具　止母　莎
訶

2. 日本霊異記の記事

詳しくは『日本国現報善悪霊異記　上巻』第二十八話に、

孔雀王の呪法を修持ちて異しき験力を得て現に仙と作り天を飛ぶ縁

がある。

役優婆塞は、賀茂役公、今の高賀茂朝臣といふ者なり。大和国葛木上郡茅原村の人なり。自性生れながら知りて博く学びて一を得たり。三宝を仰信ひて之れを以ちて業とす。毎に庶はくは、五色の雲に挂りて沖虚の外に飛び、仙の宮の賓と携りて億載の庭に遊び、蕊蓋の苑に臥伏して養性の気を吸噉はむとねがふ。所以に晩年四十余歳を以ちて、また巌窟に居て葛を被松を餌ひ、清水の泉に沐みて欲界の垢を濯き、孔雀の呪法を修習ひて證に奇異しき験術を得。鬼神を駆使ひて自在を得、諸の鬼神を唱して、催して曰はく「大倭国の金峯と葛木峯とに、橋を度して通はむ」といふ。是にみな愁ふ。藤原宮に宇御めたまひし天皇の世に、葛木峯の一語主大神託き讒ぢて曰はく「役優婆塞天皇を傾けむことを謀る」といふ。天皇勅して、使を遣りて捉らせたまふ。なほ験力に因りて、輙く捕られず。故に其の母を捉る。優婆塞、母を免れしめむが故に出で来りて捕らる。すなはち伊図

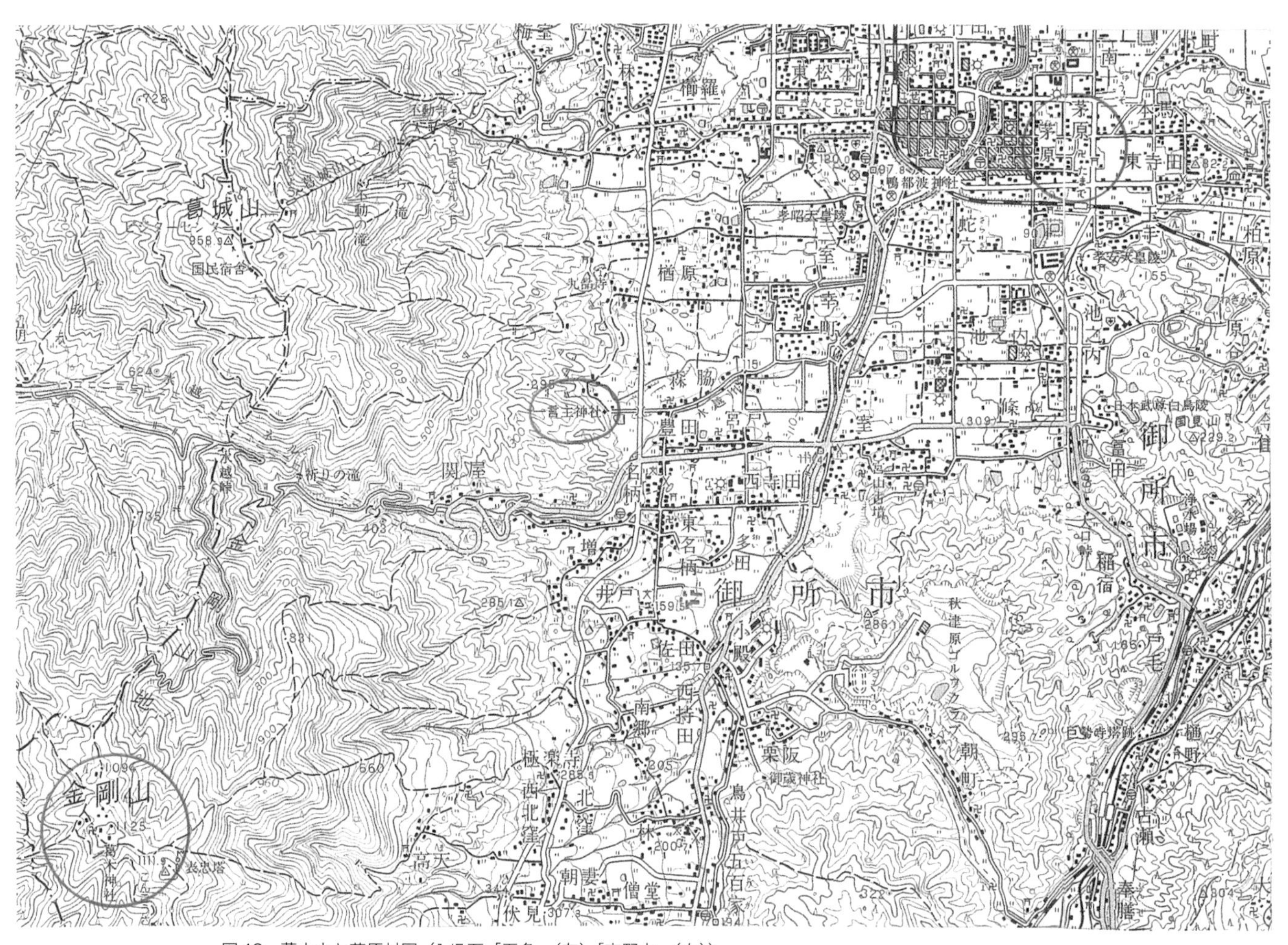

図42．葛木山と茅原村図（1/5万「五条」（左）「吉野山」（右））

の嶋に流す。時に身は海の上に浮び、走くこと陸を履くが如し。体は万丈に踞り、飛ぶこと翥ぶ鳳の如し。昼は皇の命に随ひて嶋に居て行ひ、夜は駿河の富岻嶺に往きて修ふ。然うして庶はくは斧鉞の誅を宥され天朝の辺に近かむことをねがひて、故に殺る剣の刃に伏ひて、富岻の表を上る。「斯の嶼に放たれて憂へ吟ふ間、三年に至る。是に慈の旨を垂れたまへ」とまうす。大宝元年歳の辛丑に次るとしの正月に、天朝の辺に近かしめられ、遂に仙に作りて天に飛ぶ。吾が聖朝の人道照法師、勅を奉り法を求めて大唐に往く。法師五百の虎の請を受け新羅に至る。其の山の中に有りて法花経を講く。時に虎衆の中に人有りて倭語を以ちて問を挙ぐ。法師「誰れぞ」と問へば「役優婆塞なり」と答ふ。法師我が国の聖人なりと思ひて、高座より下りて求むれども無し。彼の一語主大神は役行者に呪縛せられ、今の世に至るまで解脱かれず、其れ奇しき表を示すこと多数にして、繁きが故に略はくのみ。寔に知る、仏の法の験術の広く大なることを。帰り依まばかならず證を得む。

＊『日本国現報善悪霊異記』は、『日本霊異記』と呼ばれる。上・中・下の三巻からなる。著者は景戒である。大和薬師寺に住じ、延暦十四（七九五）年十二月、伝燈位に補せられた。唯識をはじめ、法華、涅槃、大般若等の諸教論に通じ、梵字も好くしたという。『霊異記』は弘仁年間（八一〇～八二三年）頃の作といわれている。

3．類聚既験抄の記事

『類聚既験抄』「葛木一言主明神石橋事」として役優婆塞が次のように描かれている。

役優婆塞者。本是大和国葛上郡茅原郷人也。今改姓成高賀茂氏也。着藤衣。松葉為食。三十余年誦孔雀明王咒。難行苦行。大験自在。駈聚一切鬼神。令駈住。爰於金峯山。葛木山峯西行。□□於両山□召集諸国之鬼神。令渡橋之時。金峯山蔵王権現。乃勝咒力且作始之。葛木一言主明神又始作之。□□行者□吾面尤尤醜陋也。□夜間作之。行者迫一言主明神云。昼尚ゝ倦□□夜御作之哉。早速可作渡。迫之神。于時一言主不□行者迫。□譏言於王宮□。優婆塞擬傾皇位云々。爰国言依宣旨。追捕行者。不□王令。

依咒験力。不被捕之。捕行者母被入獄。于時行者為済□。至于獄門。自称其名。被□□。而藤原宮郷宇文武天皇白鳳三十七年二月十日。被流遣伊豆大島。爰行者昼随王命故□□孝順母。夜修行駿河国富士峯也。送日月者也。而一言主猶説申云。雖被流遣。不従王命。修行諸国ヲ。早速可教致罪也云々。公家信用其讒□。遣於勅使於彼島。可被殺罪候由。白鳳五十二年十二月二十五日、即勅使到来彼島。與□於行者可切殺云々。欲□□時。抜刀雖向之。不拒□□勅条。度鳥居而気後殺刀□左右肩及面背等触三度御告。即返與使□云。今早 可殺之云々。勅使受取其刀見之者有文。写取紙見之。互於田上明神云々。表文之。驚惶言上待天裁云々。勅使不切之。奏聞天皇。々々召博士令読之。其文曰。天皇可慎哉。是非凡夫。□□住賢聖也。早免殺罪。速迎城都□等重司令主従云々。爰免殺罪。□□欲也。尊聖之處、行者含□□咒力纏 一言主明神以□宝九年辛丑正月一日。母子共一鉢。渡大唐。自爾以降。縛葛木一言主明神。辛苦未免讒言自在□□。行者得怨讎而于今未免脱者也。件彼者。大唐国三十人仙人中第三仙人也。自在飛行之行者也。以何知之者。日本国御門。為求法□道照*大徳渡大唐□時。催五百聖衆。請引新羅子。講法花之時。神仏毎日集□□由。其仙人中以和音□□人来之。道照法師問云。以日本国□□問誰人哉。仙人答。我是日本国大和州金峯葛城両山并駿河富士峯等修行役優婆塞是也。道照従朝座下。礼拝喜悦。□回訊推譲交談云。我依有座衆生之心。渡来於此国。雖然含恨太山跉跰。他国遂無序。尚不忌本郷。三年一度。□金峯葛木富士峯等。即護代々天皇。但一言主明神□□脱云々。件行者於大唐駈□□矣。所謂龍神夜又乾闥婆阿修羅伽楼緊那羅摩護羅天神也。此□ツトス。又須弥山四方各有四鬼王。四角各鬼神。上者各有二鬼神王也。并是ヲ云二十八部神也。昼夜守護行者云々。

或物語云。昔巨勢ノ大徳ト云有験僧有之。一言主明神被繫縛給。読心経奉法楽之。即繫縛解タリ。而実有音云。三祇神□□巨勢□小大徳ト云。

□□

寔二有之時。如元被□□

仍一言主不奉法楽心経

*〔道照〕（六二九―七〇〇）法相宗の祖。河内国丹比郡生。元興寺で出家したが、白雉四（六五三）遣唐大使に従って渡唐し、玄奘三蔵を慈恩寺に訪い、その弟子となる。また禅をも学び、斉明天皇六（六六〇）帰国。法相宗を広める。また井戸・道・橋などの工事をする。中でも宇治大橋は有名。文武天皇四年三月死去。七十二歳。遺命により門弟等栗原で荼毘す。日本火葬の始めという。

4．役行者本記の記事

『役行者本記』は、大宝元年行者滅後二十四年目の、神亀元（七二四）年、役子義元優婆塞（三祖）が書いたとある。内容は出生・系譜・奇特・経歴・潅頂・建物・形像・語説・系譜・終焉とあり、生涯を追って漢文で書かれている。次にいくつかの抜き書きをする。

①出生は舒明天皇六（六三四）年甲午正月元旦、現在の奈良県御所市。大和国葛城上郡茅原郷矢箱村加茂氏の家で誕生した。誕生時に一枝の花を手に持ち、生来よく言葉を発した。

②小角の父は大角。大角の家は代々声韻の曲にすぐれていたので「大角」。また、「字二大角一此云二腹笛一。小角此云二管笛一。只呼曰二小角一。此家者是雅楽之君也。又能秀二征戦之勇一矣」とある。

③小角の系譜は素佐之男尊に始まる。

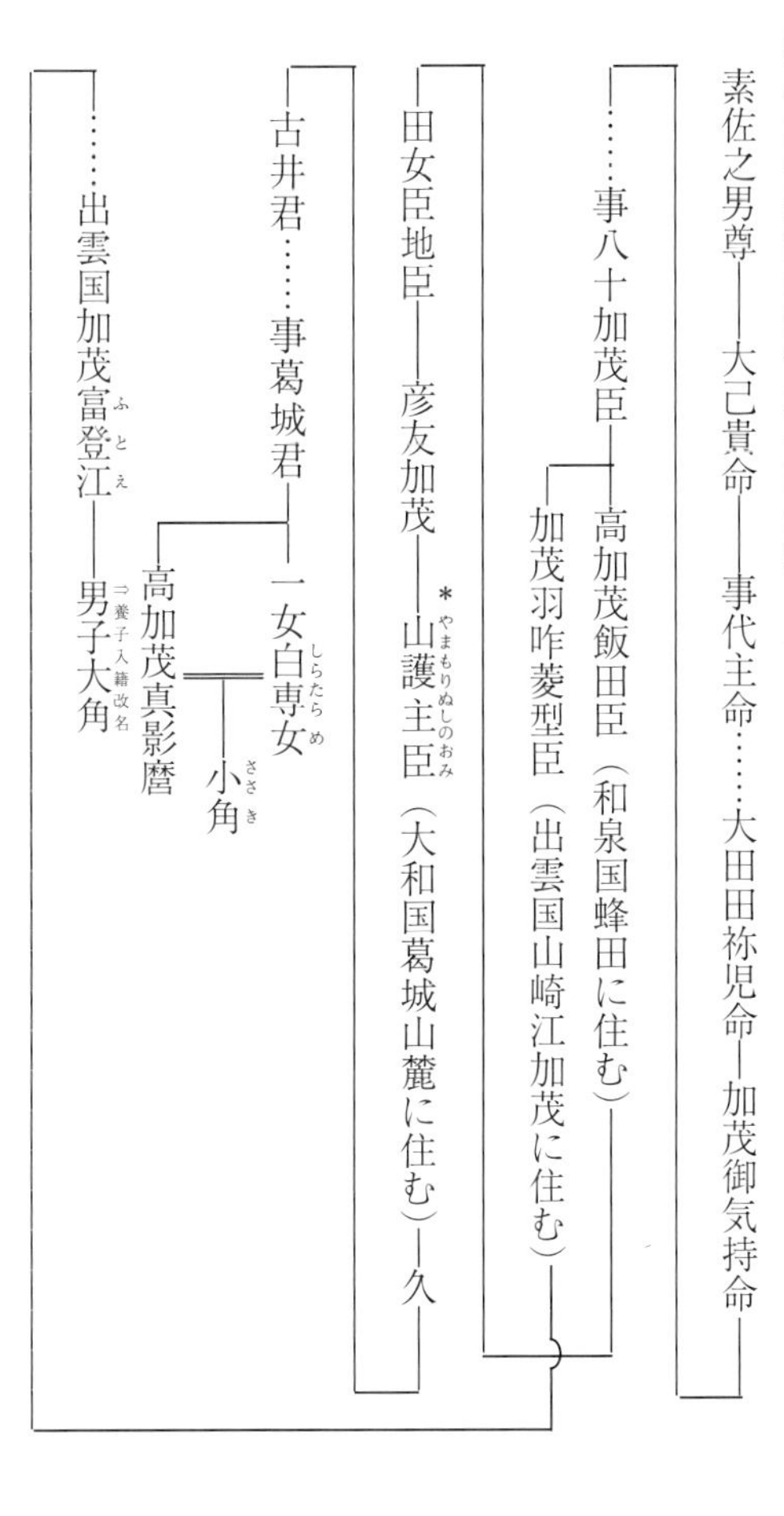

*山護主臣は「高加茂姓」を賜り「君号」氏を命ぜられ、高加茂山護主君と号した。

④小角の誕生後、大角は離別して出雲国に帰り、数人の子が有るという。小角を「役」と名のるのは、小角は鬼神を役使する故「役君」と称した。だから役公は

誤りである。

⑤小角の経歴に、

天智帝十（六七一）年、小角三十八歳。五月。上野赤城山に到る。下野二荒山、越後伊夜彦山、越中立山、加賀白山、若狭越智山、近江日枝山。山城愛宕山等を経歴し四十余日にして金峰に還る。

⑤にあるように、三十八歳の小角は立山に来ている。しかし、これは立山山頂ではなく、山麓であったであろう。現在の富山市大山町本宮の与四兵衛山ではなかろうか。そこは説法ケ原と呼ばれ、いつの頃からか五智寺があった。役君小角が来山した時にあり、一沙弥がおり、この沙弥が小角の教化を受け、慈朝と号したのであろう。

役小角は、この時に立山の素晴らしさ、その神々しさに心打たれたことを思い出し、備前国、また後の美作国で出会った頼観上人佐伯有頼に話したのかも知れない。松の実・樹脂・葉を命を維持する薬として、これらを食し、葛や藤を着ていた役小角こそ薬勢上人であろう。

5．役行者和讃

役行者和讃

敬礼シ奉ル熊野金峯山　胎金両部ノ諸薩埵
因果定慧ノ曼荼羅ハ　行者ノ出世ヲ顕現ス
唯仏與仏ノ位ニテ　互ヒニ主伴トナリ玉フ
自行ニ化他ヲ先トシテ　専ラ衆生ヲ済度セリ
月氏西天妙ナルモ　一念発起ノ縁ニヨリ
日域東土ヲ鑒ミテ　七生マデニ化生セリ
金杵ヲ夢ニ見シ人ハ　行者ノ母儀トナリ玉フ
金剛不壊ノ御身ニテ　誕生アルゾ目出タケレ
竹馬ニ鞭ヲウツトキモ　螻蟻ヲ蹈モイタハリキ
雲車ニ脂ヲサストキモ　降雨モ御衣ヲ濡サズ
悉達太子ノ発心ハ　十九出家マシマシキ
役行者ノ難行ハ　十七入峰シ玉ヘリ
身体衣ノ立居ニハ　小篠ノ露ノ色ヲソヘ
枝葉ノ扉ソノ明暮ニ　峰ノ嵐モ音信レシ
坐禅ノ床ノ紅葉ヲ　錦ノ茵ト重ネ敷キ
岩屋ノ内ノ青苔ハ　翠ノ座具トノベシケリ
法起菩薩ト号シテハ　葛木抖擻ニ功ヲ積ミ
役行者ト称シテハ　大峰修行ニ身ヲシホル
捨悪持善ノ意ニテ　悪鬼モ来リ跪ヅク
邪正一如ノ姿ニテ　山神袖ヲヒルガヘス
三世ノ諸仏随喜シテ　金剛童子トナリ玉フ
二上ノ蔵王ト諸トモニ　抖擻ノ人ヲ憐愍ス
慈尊ノ出世ニ非レバ　千基ノ石塔顕レズ
現在入定シ玉ヒテ　立石仙人新タナリ
南山飛滝ノ砌リニハ　曠劫化生ノ機縁ニテ
最初ノ行者ト成玉ヒ　不動尊ト顕現ス
位ハ十地ノ菩薩ニテ　抜苦與楽ノ指南ナリ
心ヲ四海ニ廻ラシテ　済生利物尋伺セリ
箕面寺ニハ弁才天　龍樹ト号スル時モアリ
罪障懺悔ノ霊地ニテ　貴賎ノ市ヲ常ニナス
内証五智ノ方便ハ　思量分別及バレズ
外用四弘ノ誓願ハ　希代未聞ノ次第ナリ
既ニ鵄王ノ未来記ニ　金剛山ヲバ載玉フ
頗ル鷲嶺ノ西方ハ　菩提ノ峰トハナリニケリ
湌霞臥嵐百箇日　人跡絶タル峰続キ
難行苦行三僧祇　鳥モ音セヌ山ナレバ
清見原ノ天皇モ　吉野ノ奥ニ御幸シテ
行者ノ加護ニ酬テゾ　終ニハ帝位ニ備ハリキ
葛木山ノ明神ハ　深谷不退鳴動ス
讒諂迷暗積リツツ　果シテ自業ノ苦輪ナリ
飛滝ノ法水拝スレバ　碧落懸カニ雨下テ
嶺嵐波浪ヲ翻ヘシ　無始ノ罪垢ヲ濯クナリ
補陀落他所ニ非レハ　生身補處ノ菩薩ナリ
行者ノ門人タル者ハ　誰レカ彼ノ地ニ臨マザル
抑役ノ優婆塞ハ　大権薩埵ノ化身ニテ
実相真如ノ月澄テ　和光利物ノ影清シ

超世ノ悲願坐セバ　明神仏陀モ諸トモニ
南山修行ヲ縁トシテ　無上菩提ヲ成シ玉ヘ
南無大悲役行者大菩薩

今歳属役公祖一千百周之造諱　*勅賜神変大菩薩之号。是以私記及讃中之
宝号亦不可不改也。乃旁加黒圏以便持読。庶遠孫肅乎莫忽矣
寛政己未春二月赤城沙門僧牛再識於洛東積善蘭若

*寛政十一（一七九九）年正月二十五日、光格天皇から神変大菩薩の贈名を賜うにより、同年二月、赤城沙門僧牛再が作ったもの。

6．役行者小角の思想

最後に、大正一二（一九二三）年七月発行の隔月発行誌『修験』に次の文章があるので紹介する。

(1)「役行者及其教理（一）」牛窪弘善師はその自序で次のようにある。

伝教、弘法以前、百五十年に出でて、無上大乗秘密真言の教法を受持し、苦行精神、神通無礙、仙府を優遊し、鬼神を駆使し、本邦の高山大川を跋渉して、足跡殆ど遍きものは誰ぞ、実に修験道の嚢祖神変大菩薩其人なり。深山幽谷の荊棘を拓き、藪林原野の荒蕪を除き、似て妙法の蓮子を下植し、或は芙蓉の霊峰を踏破して不二の理観を心蓮台上に指示し、その密教伝道師として普く諸国を遊化するや、済民弘教の傍、到る處棒莽を闢き道跡を通じ、物質的文明の率先者として社会的利益に貢献せしこと極めて大なり。大士一代の行化を按じ其行状を察するに、仏教伝播の先駆者たると共に、仏教各派に渡りての嚢祖たるの地位を占めんとす。その開創に係る名刹中、現時、天台、真言（新、古）、浄土、日蓮の諸宗に跨り、加うるに神社を以てす。称して日本の龍猛と云ひ日本宗教の開祖といわんも誇称たらざるべし。

(2)「修験道の今昔を偲ひて（一）」岩本光徹師では次のようにある。

修験道は役行者の開創し給える所にして、我国仏教中に於て最も古きもので、同じ仏教と云い条、余程風変りの宗旨なる事は世人の知る所であろう。

爰に我国仏教最初の開拓者大功労者を挙げよと言わば、誰人も第一は聖徳皇太子、第二は役行者を推すであろう。聖徳太子は仏教渡来後早くも経典の蘊奥を究め給い、国を治め民を利するは此教に過ぎたるはなしとし、専ら之を推賞闡布せられ、遂には十七条憲法の発布となり、茲に仏教は純然たる国教と成りました。役行者は稍や遅れて出られた方でありますが、釈尊苦行の跡を追い、山岳修行によりて仏法の真髄を体験し、熱烈なる信仰と溢るるが如き慈心を以て、聖徳太子宣教の御志を継承し、専ら化導に熱中し、瞬時も休息する所なく、東奔西走日も足らぬ有様で在った。聖徳太子は上流方面の開教者であれば、役行者は民間宣布の大功労者と云う可きであります。

其教義としては、日本固有の神道と西天より渡来の仏教とを巧に取捨融合して、神仏両道の一致点を見出し、それを人意に投ずる様教えられた所に妙味がある。その説くに本地垂迹を以てせられたので、即ち日本に於て神と称し、西天に於て仏を唱ふるは、名は異れどもその本体は一である。我国に於て神と称せらるるは皆国家の大偉人にして、我等迷界の衆生を救わむ為に出現せられた救世主であって、所謂仏の変化して出られたものである。故に仏は神の本地即ち本体にして、神は仏の垂迹であると教えるのである。

且又法界唯心の原理により、「諸法は心より生じ衆願は行に依て成ず」。何事も言論よりは実行である。況んや覚道の大義に於ておや。大なる目的を達せむには必ず辛酸苦痛も之を忍ぶべし、大なる歓喜は大なる辛酸の後にあり。心身を錬磨し悉地成就に至らむには山林に抖擻するを最上とすとし、自ら現に之を行い以て其功果をも示された。

十七、岩峅寺今泉について

『伊呂波字類抄　十巻本』に、「慈興上人建立者自大河北三所上葦峅寺根本中宮横安楽寺又高禅寺又上巌山之頂禅光寺千柿也下岩峅寺今泉也」とある。ここの最後にある「岩峅寺今泉」の場所について考える。

1．『泉』字の成り立ち

今泉の「泉」字は、「白」と「水」二字の合字である。その意味は「白い水」である。泥や粘土で黒く、黄土色に濁った水ではなく、無色透明な水である。そのような水が絶え間なく流れ来るようになった土地。それが「今泉」である。言い換えると、最近、新しく用水路が構築され、立山からの無色透明な、清き水が絶え間なく来るようになった土地。そこに岩峅寺（立山寺）が建立された。その水こそ、立山権現様にお供えするにふさわしい水なのである。

2. 農業用灌漑用水について

『日本書紀』第十代崇神天皇十（BC八八）年九月一日条に次のようにある。

> 大彦命を以て北陸に遣す。武渟川別をもて東海に遣す。吉備津彦をもて西道に遣す。丹波道主命をもて丹波に遣す。因りて詔して曰はく、「若し教を受けざる者あらば、乃ち兵を挙げて伐て」とのたまふ。

大彦命は第九代開化天皇の兄、武渟川別は大彦命の子、吉備津彦は第七代孝霊天皇の皇子であり第八代孝元天皇の兄、丹波道主命は第九代開化天皇の孫である。

崇神天皇は大彦命を北陸道に、武渟川別を東海道・東山道に、吉備津彦を西海道（今の山陽道）に、丹波道主命を丹波（後の丹波・丹後）に派遣された。そして、その詔りに、

若し、教えを素直に受けない者があれば、兵を挙げて伐て。もし、教えることに従わない者、大和政権に従わない者があれば殺せと。ここで言う教えの中には、それまでソバ・アワ・ヒエなどを主食としていた日本古来の住民に、原野を開墾し、灌漑用水を開削させ、イネの種子を与え、また水稲栽培の技術の奨励も含まれていたのであろう。

このようなことをあれこれ思うと、用水の開削は相当古くから行われていたと思える。慈興上人の時代でも人口増加につれて水田の開発、それに伴う古い用水の改修、又は、新しい用水も開削されていた。その一つが今泉なのである。

田畑の灌漑用水路は、奈良時代よりもっと古い時代に渡来系の秦氏が、現在の京都市を流れる桂川に長大な堰堤を築いて用水路に水を揚げ、新田を広く開発したという。その位置が、京都市の名所、渡月橋の辺りであった。その名残りとして、この辺の桂川を大堰川（大井川）とも呼ばれた。

それでは、大宝元年という大昔に、この地に灌漑用の用水路が存在していたか？灌漑用の用水路が大昔から存在していたことを示す文書がある。それは『古事記　天照大御神と須佐之男命』の条で、次のようにある。

> 尓速須佐之男命白于天照大御神、我心清明故、我所生之子得手弱女。因此言者、自我勝云而、於勝佐備、離天照大御神之営田之阿、埋其溝、亦其於聞看大嘗之殿屎麻理散。

（解説）

そこで速須佐之男命は天照大御神に申されるには、「私の心は清らかで邪心がありませんので、私が生んだ子はかよわい女を得たのです。誓約の結果がこのようになったので、当然私が勝ったのです」と申して、須佐之男命は勝ちに乗じて荒々しく振舞い、天照大御神が耕作する田の畔を壊したり、灌漑用の溝（用水路）を埋め、更に、大御神が新米を召し上がる神殿に大便をし、それをまき散らしたとある。これによると、弥生時代の初期にはもう水田もあり、田を潤す為の用水路もあった。

日本の安土時代、天正十（一五八二）年五月、羽柴秀吉が備中国岡山高松城を攻撃の時、高松城の周囲に足守川から攻撃用の用水路を掘り、城の下流には堤を構築して水攻めにして下したという。この時の水攻めのお手本が『史記』（史馬遷著・BC九一年成立）に次のようにある。

（秦始皇本記第六）二十二年、王賁攻レ魏。引二河溝一灌二大梁一。大梁城壊。其王請レ降。盡取二其地一。（二十二年、王賁、魏を攻む。河溝を引きて大梁に灌ぐ。大梁、城壊る。其の王降らんを請ふ。盡く其の地を取る）

これは次のように味わえる。秦の始皇帝の二十二（BC二二五）年のこと。秦の王賁が魏国を攻めた時のこと。黄河から掘り割りで水を引き、魏国の都の大梁城に注いだ。それで、大梁城は崩壊した。それで魏国王の假が降参を願い出たので、魏国は消滅し、領土はすべて秦国が取り上げた。このように、灌漑用水は、古来、農業だけではなく戦争にも使用されていた。

3. 秋ケ島用水路について

岩峅寺文書　二七三番に次のようにある。

> 口上書付を以、御願申上候
>
> 拙僧共所持御高之元根ハ、往古当山門前拾九軒御座候節、明応年中（一四九二－一五〇〇）より当山領地水向寄ニ開田仕居候之所、時移り而、佐々成政御治代ニ罷成、右之者共開田ニ付候哉、岩倉村与相改ル、其内四百五拾俵立山権現江御寄進被成、（中略）御三代（前田利家・利長・利常）様共権現様神領高之節、以諸役御免許、被為仰付置。然處、寛永十七年（一六四〇）ニ秋ケ嶋用水出来ニ付、夫々分新開所与相成（中略）殊ニ番水等之

節ハ、下モ川請水之内ニ而も、権現堂火除水として、三尺之戸口水御引渡、尤受水井下タ流レ、則御田地潤沢与相成、其之上権現御建立等之諸堂社ハ、拙僧共ニ火元締方厳重ニ相心得、何歟水方仕抹ハ於当山ニ、御世話申訳ニ
（以下略）

天保十二年（一八四一）六月　　岩峅寺　目代

十村　神保助三郎様

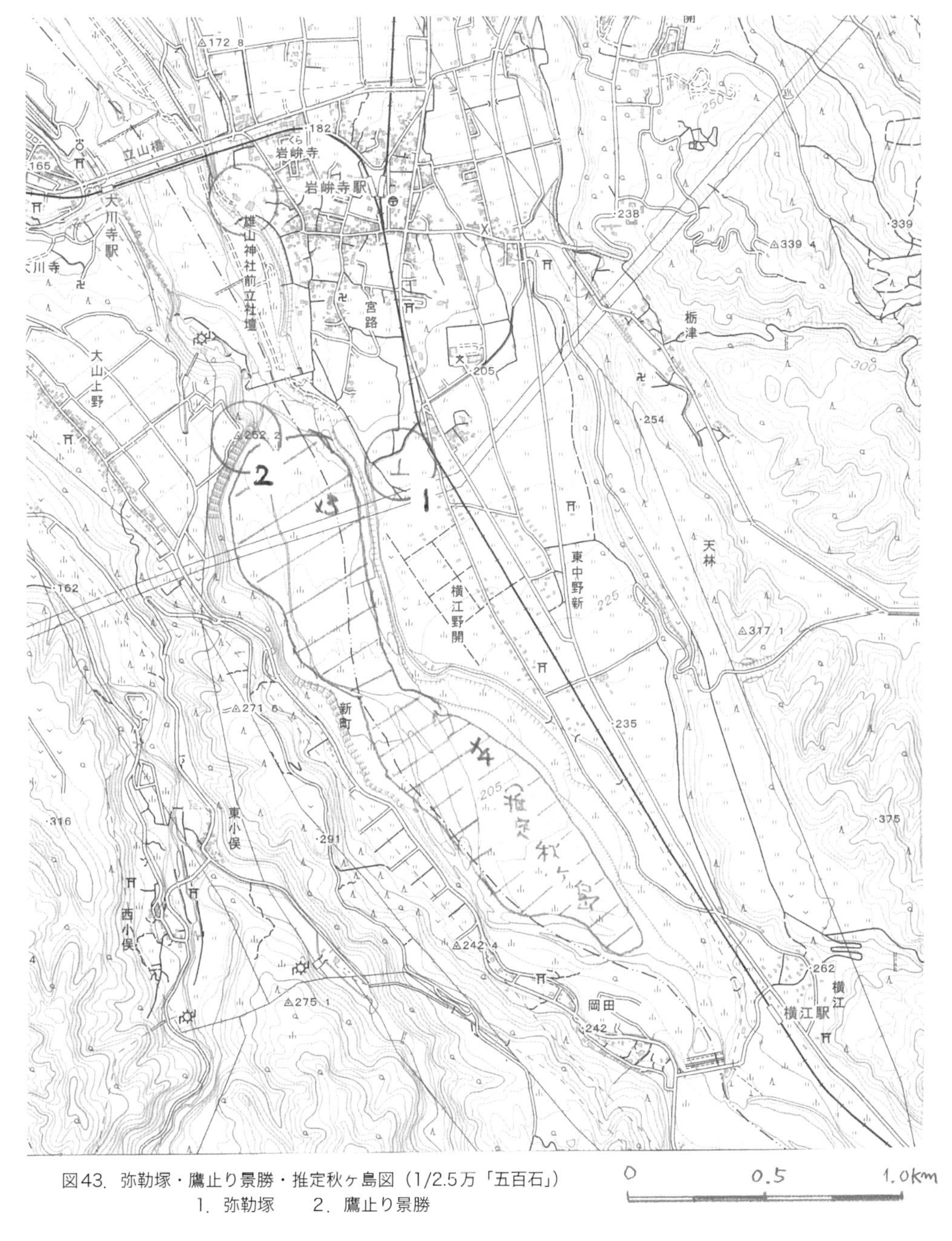

図43. 弥勒塚・鷹止り景勝・推定秋ヶ島図（1/2.5万「五百石」）
1. 弥勒塚　2. 鷹止り景勝

この文書に、

①明応年中より岩峅寺（立山寺）神領での水田開発が進んで来た。

②寛永十七年に秋ケ島用水が開削された。

③秋ケ島用水から立山権現堂の火除水の取水のため、用水路に幅三尺の取水口を作った。

などとある。

岩峅寺文書二七四番に次のようにある。

「用水取入之押」

其地有来の水場所江、用水を掘申ニ付、社火除水・御供水等指支趣、被及断相窺候所、用水之内を以、有来之水分取入不指支様、可被致候。以上。

天保十二年六月　　永原求馬・篠原織部

立山岩峅寺　別当中

この文書は、加賀藩の寺社奉行が、立山岩峅寺別当に、「立山権現社の火除水（防火用水）や御供水の採水箇所に新用水を掘削したので、今後は、その水を新用水から分水すべし」と伝えたものである。

これら二つの文書から、立山権現にお供えする水、御神水は地中から滾々と湧き出る水でなくともよかったことがわかる。筆者の児童期には、川に向かって小便すると、「川の神様の罰が当たる」と教えられた。川の流れは神聖なものであった。

「秋ケ島の名は、現在もここに広く存在する中洲であろう。最大の幅は約四〇〇m、長さは約二・三kmにも達する長瓢箪形の中洲である。しかも、ここの河原の砂礫層は薄く、所々で基盤の新生代第三紀層の栃津層が露出している。約十年前には図四三の3・4などからはステゴロフォドン象の足跡化石が発見されている。安政年間の大土石流発生以前は砂礫のある中洲でなく、東側と西側に常願寺川の分流を持つ岩盤から構成の島、瓢箪形の秋ケ島であったのでなかろうか。現在ここの広大な中洲には秋ともなれば一面にアキグミの実が赤く色づくのである。熊も、晩秋ともなれば、このグミの実を求めて来て、腹を満たし、

それでようやく冬眠に入れるという程である。筆者は、たまたま十二月に入ってからこの現在の秋ケ島に行ったが、まだ冬眠前の熊が居て驚いたことがある。この中洲「秋ケ島」の北側を北西流する河道に堰堤を築き、水を揚げたものと考えられる。この秋ケ島用水は非常に古いものであり、何回も改削・改修が重ねられ、現在の常願寺川東西合口用水へと発展したものである。改削・改修工事の中の一つが、寛永一七（一六四〇）年の改削であった。

4. 弥勒塚について

常願寺川常東常西合口用水路沿いに「弥勒塚」がある。ここでの立山連峰の眺望は実に素晴らしい。真南に来拝（殿）山、大辻山、前大日岳、大日岳、奥大日岳等が重なって見える。更に右には、鬼岳、獅子岳と続く。また、立山本峰の左に真砂岳が見える。山の中腹には弥陀ヶ原も望まれる。

この地は、立山開山慈興上人佐伯有頼が、かつて、鷹を探していた時に、対岸の鷹止りの景勝の松の木から、その鷹が有頼に語りかけた地である。更に、ここから少し行った所が、熊と突然出合った所でもある。ここに現在、石造弥勒菩薩像がある。

弥勒菩薩とは、阿弥陀如来の次に、仏弟子を育てる仏の代表である。『仏説観弥勒菩薩上生兜率天経』に次のようにある。

（上略）仏告優波離。仏滅度後。比丘比丘尼優婆塞優婆夷。天龍夜叉乾闥婆阿脩羅迦楼羅緊那羅摩睺羅伽等。是諸大衆。若有得聞弥勒菩薩摩訶薩名者。聞已歓喜恭敬礼拝。此人命終如弾指頃即時往生。如前無異。但得聞是弥勒名者。命終亦不堕黒闇處辺地邪見諸悪律儀。恒生正見眷属成就不謗三宝。仏告優波離。若善男子善女人。犯諸禁戒造衆悪業。聞是菩薩大悲名字。五体投地識心懺悔。是諸悪業速得清浄。未来世中諸衆生等。聞是菩薩大悲名称。造立形像香花衣服絵蓋幢幡礼拝繋念。此人命欲終時。弥勒菩薩放眉間白毫大人相光。與諸天子雨曼荼羅花。来迎此人。此人須臾即得往生。値過弥勒頭面礼敬。未挙頭頃便得聞法。即於無上通得不退転。於未来世得値恒沙沙等諸仏如来。仏告優婆離。汝今諦聴。是弥勒菩薩於未来世当為衆生。作大帰依處。若有帰依弥勒菩薩者。当知是人於無上道得不退転。弥勒菩薩成多陀阿伽度阿羅訶三藐三仏陀時。如此行人見仏光明即得授記。仏告優波離。仏滅度後四部弟子天龍鬼神。若有欲生兜率陀天者。当作是観

写真120. 弥勒塚と立山連峰（「立山信仰宗教村落—岩峅寺—石造物等調査報告書」より）

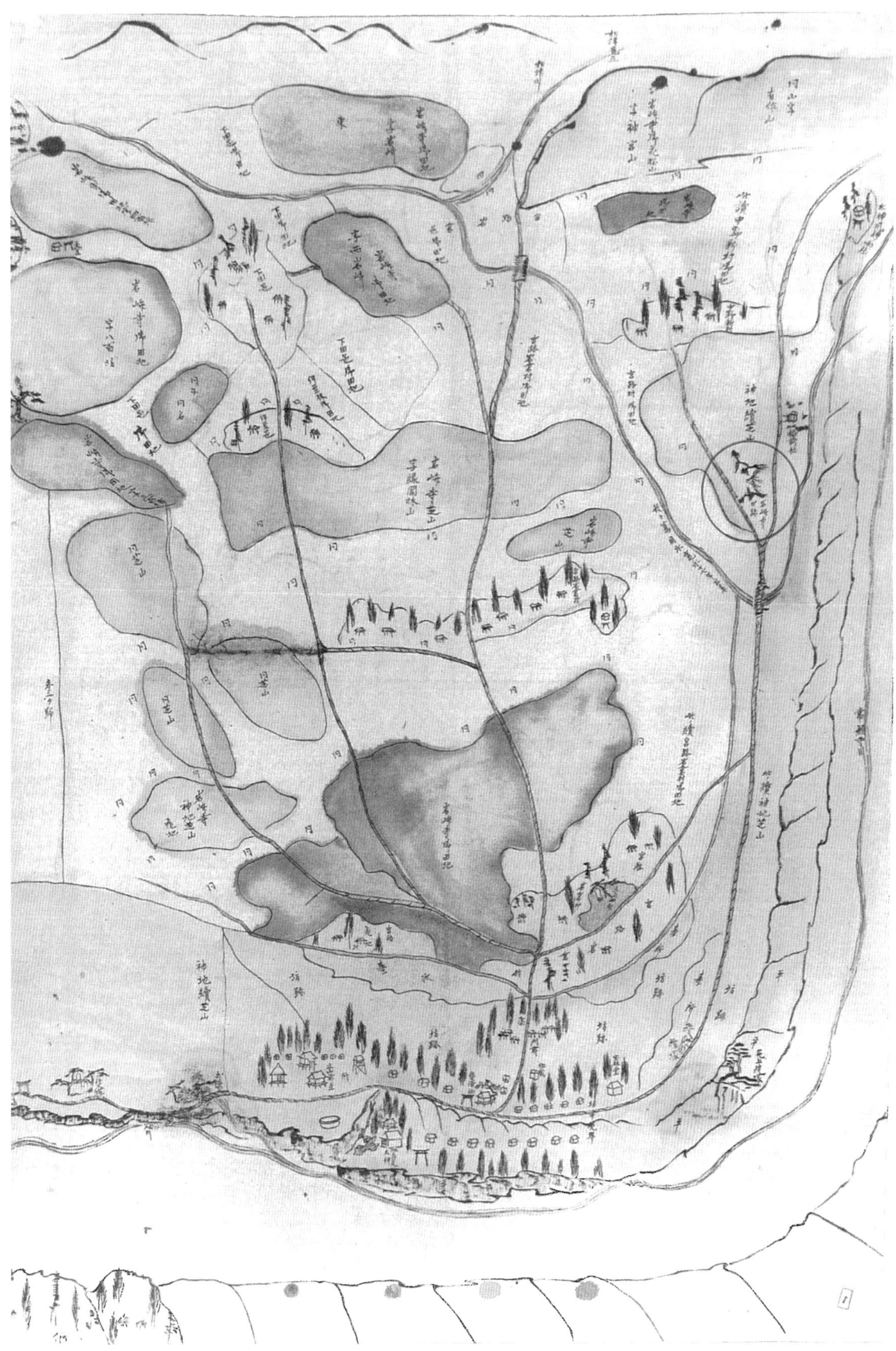

図44．越中立山岩峅寺古文書絵図（岩峅寺旧跡）

繋念思惟。念兜率陀天持仏禁戒。一日至七日。思惟十善行十善道。以此功徳廻向願生弥勒前者。当作是観。作是観者。若見一天人見一蓮花。若一念頃称弥勒名。此人除却千二百劫生死之罪。但聞弥勒名合掌恭敬。此人除却五十劫生死之罪。若有敬礼弥勒者。除却百億劫生死之罪。設不生天未来世中龍花菩提樹下亦得値遇発無上心。（下略）

お釈迦様が生前、この世の衆生を菩提樹下その他で説法され衆生を済度しておいでになった。そのお釈迦様が西方極楽浄土の教主となられたので、弥勒菩薩は欲界六天（下から四王天・忉利天・夜摩天・兜率天・化楽天・他化自在天）の兜率天の内院に住し、五十六億七千万歳を経て、釈迦牟尼に次いで八相成道（釈迦牟尼仏一代の化儀、従二兜率天下一・託胎・出生・出家・降魔・成道・転法輪・入涅槃）をし、菩提樹（龍華樹）下に坐し、広大心を成就し、自然に仏道を得られたという。

今まで、現在の弥勒塚の地で、立山寺本尊としておいでた立山権現（阿弥陀如来）が新しい岩峅寺の地に移られたので、今までの立山寺の地に、立山権現（阿弥陀如来）に次いで、、この地に弥勒菩薩が上生されて、仏弟子を集め四諦（苦諦・苦集諦・苦尽諦・苦出要諦）等の説法をしておられる。しかも、一般にいわれている阿弥陀如来のおいでる西方極楽浄土の方を向いておいでになる。また、その方向には、かつて鷹が止って声をかけていた鷹止り景勝が望まれる。

この地は、立山本峯が仰ぎ望まれる。弥勒塚は旧立山寺の本堂や納骨堂の跡であったであろう。

5. 立山寺跡

以上のことなど思って、立山町文化財調査報告書第三三冊『立山信仰宗教村落─岩峅寺─石造物等調査報告書』付図中の「越中立山岩峅寺古文書　絵図⑧」中に、（弥勒塚）岩峅寺旧跡を発見した。（前頁図44）

6. 立山寺（現雄山神社前立社壇）の現在地への遷座時期

それでは、立山寺が現在の弥勒塚の地から現在地に移った時はいつか。

越中国新川郡は天正一五（一五八七）年六月まで佐々成政の領地であった。佐々成政は肥後国四五万石に転封後は、豊臣秀吉領であった。文禄二（一五九三）年以後は、前田利家・利長領となった。その後、加賀藩の常願寺扇状地の開発計画に伴う秋ケ島用水、その他の用水改削計画に伴い、立山権現が新たな社地へと遷座された。その時とは、現在の前立社壇本殿内陣の大扉の金具に、

御厨子戸平奉為造営　羽柴肥前守利長公逆修善根
慶長八癸寅年六月吉日　越前国今西郡住人
上田小膳謹言

とある。この慶長八（一六〇三）年六月吉日が、新岩峅寺の完成の日である。また、この日が御神体遷座であり、それに合わせて七社御輿も新造されたのであろう。

7. 岩峅寺への改名

現在の前立社壇西の常願寺川右岸に分布する地層を見ることは出来ない。しかし、昭和三十年代までは、河原に下ると、前立社壇の境内に接する南から北まで高さ五～六mで新生代第三紀中新世～鮮新世の砂岩を主とする音川累層が連続して露出していた。その崖には所々に穴があり、かつての用水をあげていた。

地層からは径一〇cmにも達するクロサワホタテやフジツボ、シャミセンガイなど多くの化石が採取された。この化石を含む砂岩層を主とする音川累層と同じ地層（岩盤）が、現在の前立社壇本殿にもわずかながら顔を出していたのであろう。祈願殿の若宮社殿は中新世の集塊岩の岩稲累層の岩盤上に建立されたので「芦峅」の名があるように、ここ前立社壇では砂岩の音川累層の岩盤上に建立されたので「岩峅」の名がついたのであろう。

☆補遺一

雄山神社峯本社と浄土山の阿弥陀堂は同形同大の構造という。このことからすると、浄土山の阿弥陀堂には、立山に向っての右室には阿弥陀如来像が安置され、左室には不動明王像が安置されていたであろう。また、雄山神社峯本社の右室には、阿弥陀如来の垂迹の伊弉諾尊、左室には不動明王の垂迹の剱岳権現（または天手力雄命像）が安置されていたであろう。

（関連P63・68）

イワカガミ

第二章　立山の自然

一、立山は何故にこの地にあるか

日本列島には標高三〇〇〇m級の山々の連なる山脈は中部地方にしか存在しない。その山脈とは飛騨山脈、木曽山脈、赤石山脈である。

飛騨山脈には槍ヶ岳三一八〇m、大喰岳三一〇一m、北穂高三一〇六m、涸沢岳三一一〇m、奥穂高岳三一九〇m、大天井岳二九二二m、立山三〇一五m、剱岳二九九九m、薬師岳二九二六m、黒部五郎岳二八四〇m、白馬岳二九三二m、水晶岳二九八六m等がある。木曽山脈には駒ヶ岳二九五六m、空木岳二八六四m、三沢岳二八四六m、南駒ヶ岳二八四一mがある。また、赤石山脈には仙丈ヶ岳三〇三三m、北岳三一九三m、間ノ岳三一八九m、東岳三一四一m、荒川岳三〇八六m、赤石岳三一二〇m、聖岳三〇一三mがある。

飛騨山脈、木曽山脈、赤石山脈のある位置は図四五の通りである。この図を見ると、これら三山脈は飛騨山脈を先頭にして、雁行状、白鳥や雁が南から北へ平行状態に斜めに並んで飛んで行く、「雁行状」に配列している。

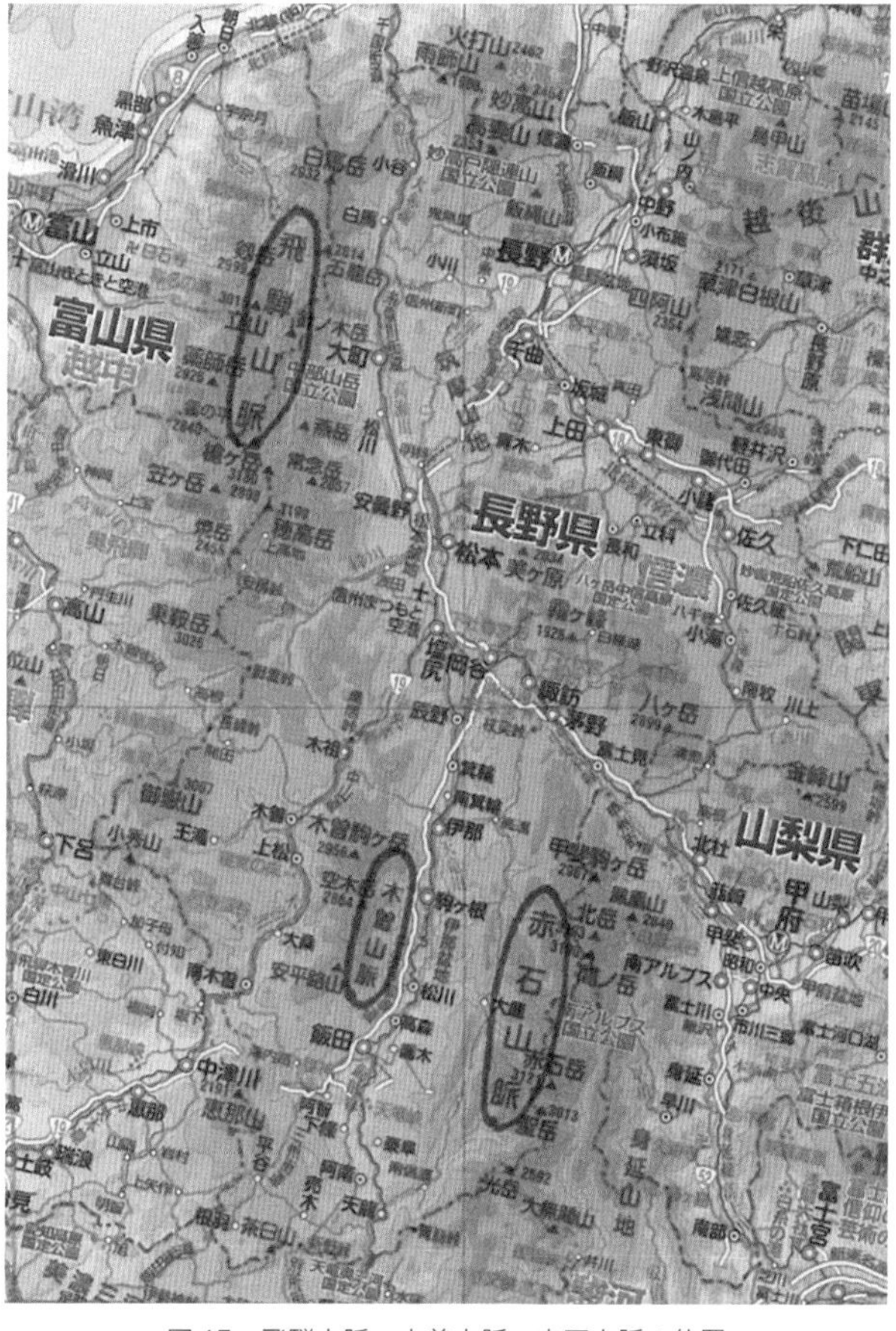

図45．飛騨山脈・木曽山脈・赤石山脈の位置

飛騨山脈の北に続く日本海には、図四六で示すように富山舟状海盆と呼ばれる舟底状低地が南北に長く続いている。更には図四七で示すように富山舟状海盆の北には日

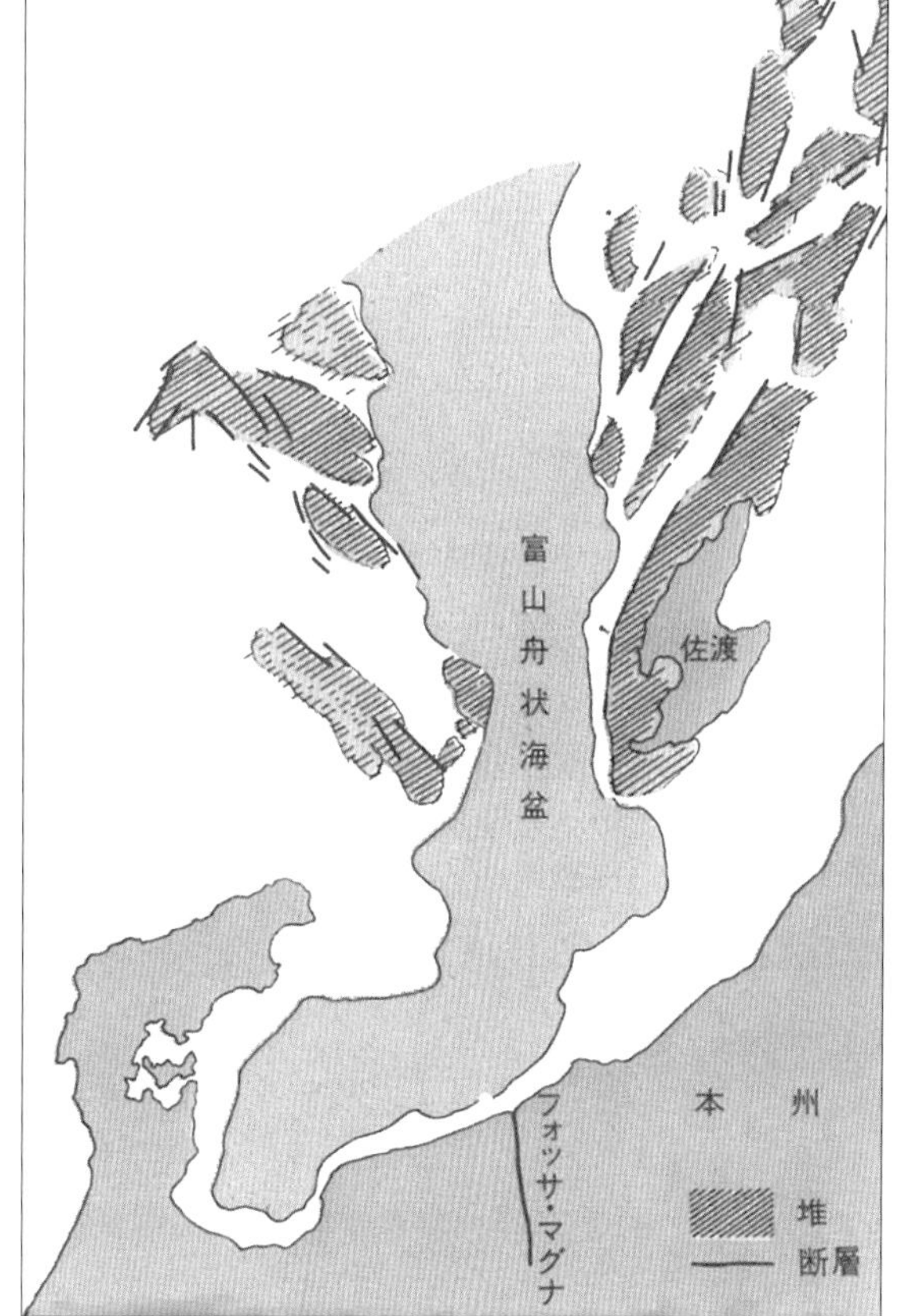

図46．富山舟状海盆と糸静線
堆とは海底の高まり
（「日本近海海底地形誌」より）

図47．富山湾深海長谷（「日本近海底地形誌」より）

本海中央部に達する富山深海長谷が続き、南の陸地へは糸静線（糸魚川静岡構造線）と呼ばれる大断層帯へと続いている。

糸魚川静岡構造線上の諏訪から南、また南西方向に中央構造線が延びている。また、フィリピン海プレートの北への移動により、その沈み込み帯が伊豆半島の東には相模トラフが、伊豆半島の西には駿河トラフがある。これら糸魚川静岡構造線、中央構造線、赤石構造線、駿河トラフ等を記入したのが図四八である。

また、フィリピン海プレートの沈み込み開始は第三紀中新世後期の約七〇〇万年前頃という。その後、丹沢地塊の衝突付加があったという。そして、現在の伊豆地塊の衝突開始は一〇〇万年前という。また、糸魚川静岡構造線の周辺一帯は、本州全体としては太平洋プレートの日本海溝への毎年約一〇cmの沈み込みにより東方からの大き

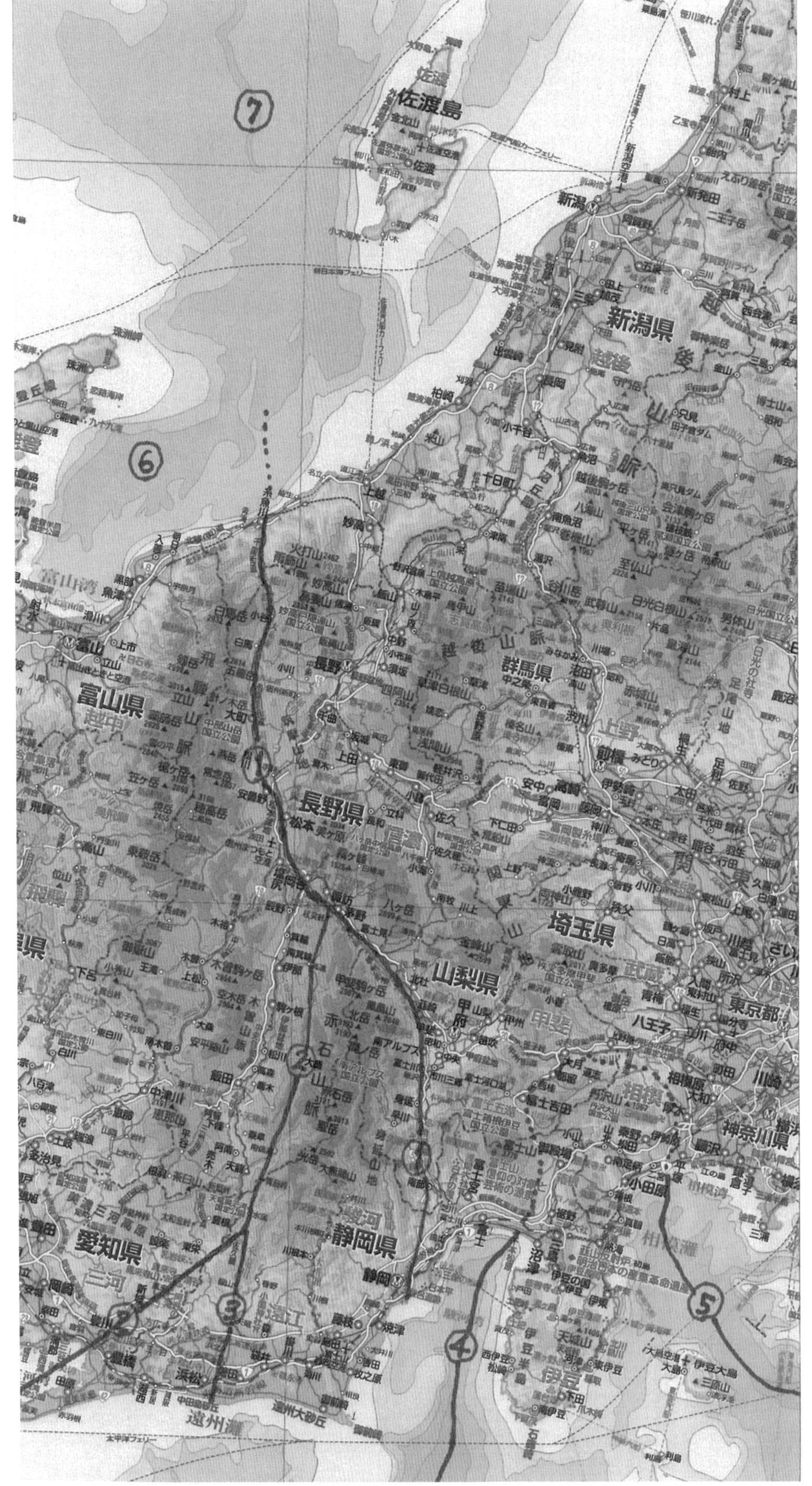

図48．山脈と構造線
①糸魚川ー静岡構造線　②中央構造線　③赤石構造線　④駿河トラフ　⑤相模トラフ　⑥富山舟状海盆　⑦富山深海長谷

な圧力を常に受け続けている。また西に大きく拡がるアムールプレートからはその反作用として、西方から同程度の大きさの圧力を受け続けている。言い換えると、この地域は全体として、常に強い東西圧縮を受け続けてきたことになる。図四九は本州のプレート区分図である。

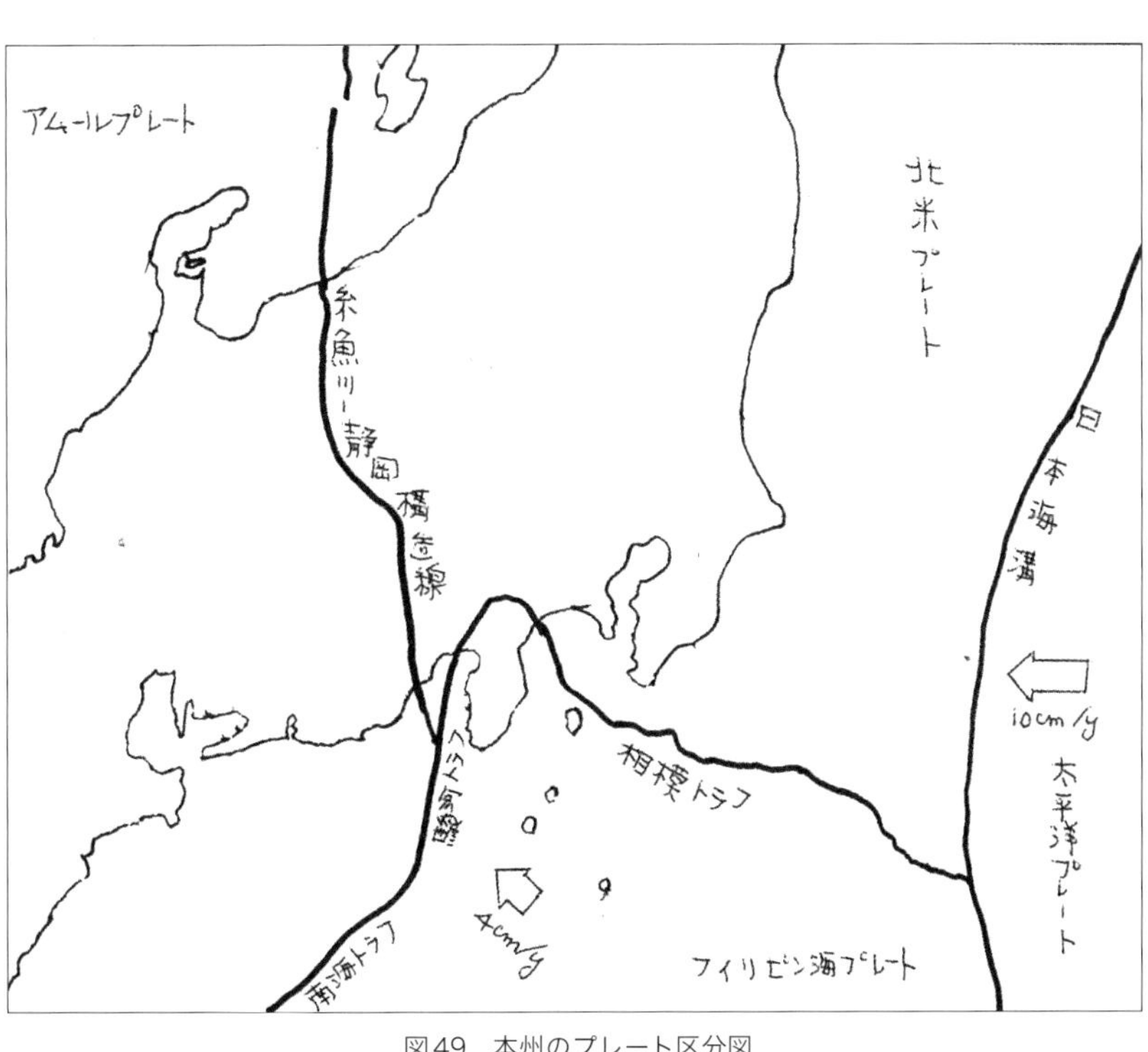

図49．本州のプレート区分図

図五〇は北部飛騨山脈形成推定図である。

A．東西からの圧縮力が加わる。

B．東西両方向からの圧力により浮力が加わり、撓曲が起きる。

C．更に撓曲・隆起が進行し、南北方向の裂け目が生じ、やがて黒部河へと発展する。

D．浮力により地下深部の圧力が低下し、岩石の溶融点が低下する。また、沈み込んだ太平洋プレートからの水の供給によりマグマが発生する。またこのマグマの貫入により一帯が隆起する。隆起が起これば風化侵食作用が進み、侵食の輪廻が進み、現在の壮年期地形の立山が形成された。

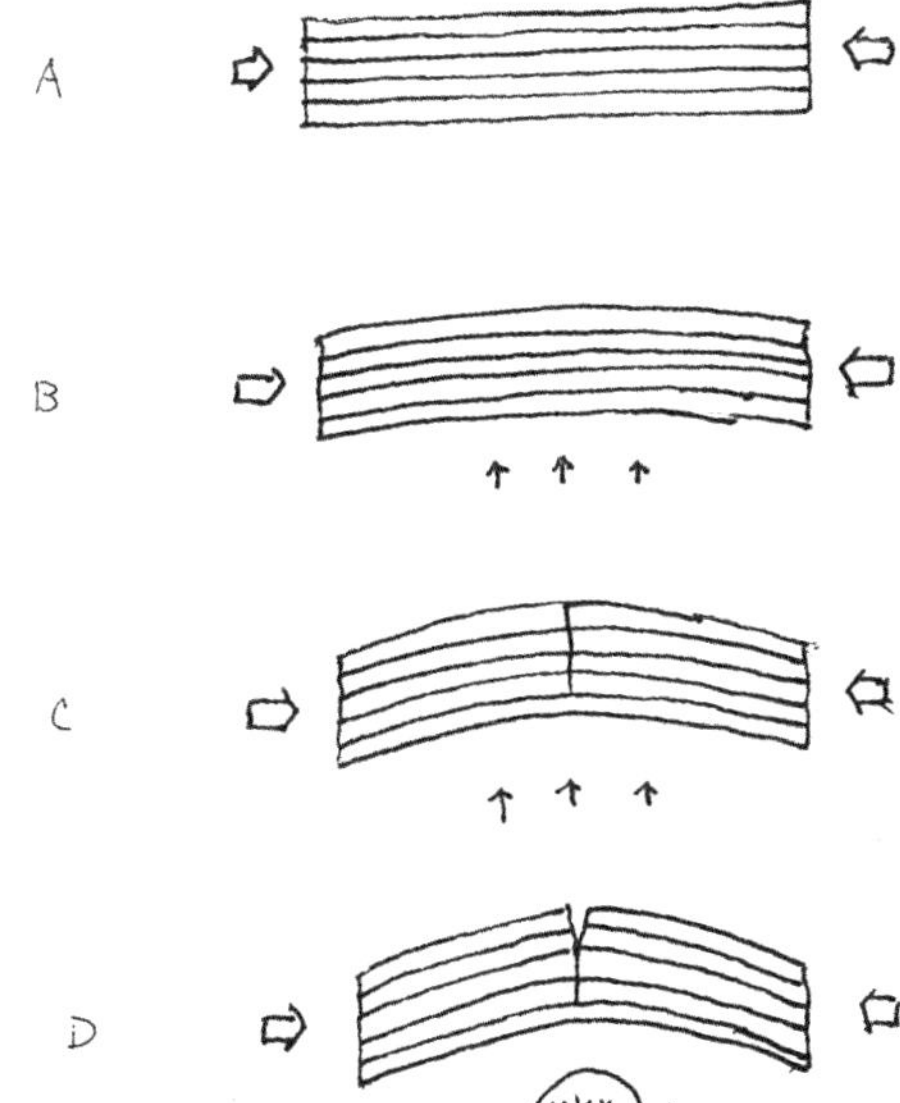

図50．北部飛騨山脈形成推定図

A．東西圧縮　B．東西圧縮により浮力が作用し撓曲が生じる

C．更に隆起・撓曲が進行し、南北方向の亀裂（黒部川の芽）が生じる

D．浮力により、圧力低下し、岩石の融点が低下、また沈み込んだ太平洋プレートからの水の供給により、マグマの発生。またマグマの貫入により隆起。現実には隆起が起きれば風化・浸食がより激しくなる。

⇨⇦：東西圧縮　↑↑↑：浮力　（図）：マグマ

赤石山地では明治期以来の水準測量によって、年間四㎜以上の隆起速度が判明している。また、飛騨山地では、今から一〇〇万年前にマグマ溜が固結して形成された世界で最も新しい滝谷花崗閃緑岩が、標高二〇〇〇m以上の地上に露出している。ここ日本列島のマグマ溜頂部の例として、岩手県の岩手山西部の地熱開発掘削で海水準面下二〇〇〇mに存在することが知られている。これらのことから滝谷花崗閃緑岩が、この一〇〇万年間に五〇〇〇m隆起したことが想像される。一〇〇万年間で五〇〇〇mの隆起とは、一年間では五㎜の隆起ということになる。

また、立山は『梁塵秘抄』で、

験仏の尊きは　東の立山　美濃なる谷汲の彦根寺　志賀長谷石山清水　都に
真近き六角堂　　四二八

と詠まれている。立山は数ある観音霊場中の第一であった。なぜか？　それは日本有数の高山であった。更に、その高山である立山と目と鼻、わずか約二㎞しか離れていない所に地獄があった。立山では仏の御来迎が見られ、地獄谷では数多くの地獄が見られ、極楽と地獄の両方が体験された点にある。

二、地形概観

立山連峰は毛勝山二四一四m・釜谷山二四一五m・猫又山二三七八mのいわゆる毛勝山三山にはじまり剱岳二九九九m・立山三〇一五m・薬師岳二九二六m・三俣蓮華岳二八四一m等からなる。また、後立山連峰は白鳥山一二八七mにはじまり犬ヶ岳一五九三m・朝日岳二四一八m・白馬岳二九三二m・唐松岳二六九六m・五龍岳二八一四m・鹿嶋槍ヶ岳二八八九m・針ノ木岳二八二一m・野口五郎岳二九二四m等からなる。立山連峰と後立山連峰を併せた山が北部飛騨山脈であり、これが奈良時代に、現在の高岡市伏木にあった越中国府から眺められた。越中国司大伴家持は高く、またながながと屏風のように立つ「立山」を連日眺め、この神々しい立山を深く味わった。

地表面が風化作用や侵食作用で幼年期から、壮年期・老年期・準平原へと変化していく過程を「地形の侵食輪廻」という。これはまた、山の誕生から消失までの一生のことである。

ここ立山連峰をよく眺めると、ほぼ二八〇〇m前後の高さで水平に並んでいる。しかも別山・浄土山・太郎平等では山頂部に平坦面がある。これらの平坦面をつないだ面が、この一帯の侵食輪廻の開始期である。この面がいわゆる隆起準平原である。この隆起準平原が風化作用や侵食作用で幼年期地形を経て、現在もっともけわしい地形である壮年期地形を表わしている。

また、弥陀ヶ原や五色ケ原、また少し遠くの雲の平等の平坦面は、新期（第四紀）の火山活動で形成されたものである。

立山地域の森林限界は二四〇〇m前後であり、それより上部には雪食作用等による崖錐や崩積土が多く見られる。剱岳の八ツ峰、浄土山の龍王岳では一枚岩が発達しており、氷霜作用の存在を表わしているという。

標高二五〇〇m以上の剱岳から浄土山にかけてや、薬師岳・水晶岳・白馬岳には現在から六―一・五万年前にあった氷河時代の一時期であるウルム氷期の氷河で形成された圏谷（カール）が存在する。また、一部には現在氷河が存在する。

三、地質概観

一二七頁（折り込み）は一九九二年に発行された「一〇万分の一富山県地質図」（部分）である。

その後、通商産業省工業技術院地質調査所で原山智・高橋浩・中野俊・苅谷愛彦・駒澤正夫による五万分の一「立山」地域の地質調査結果として、五万分の一「立山の地質図」及び説明書が二〇〇〇年に発刊された。この説明書には図五一に示す立山地域の地質概略図がある。

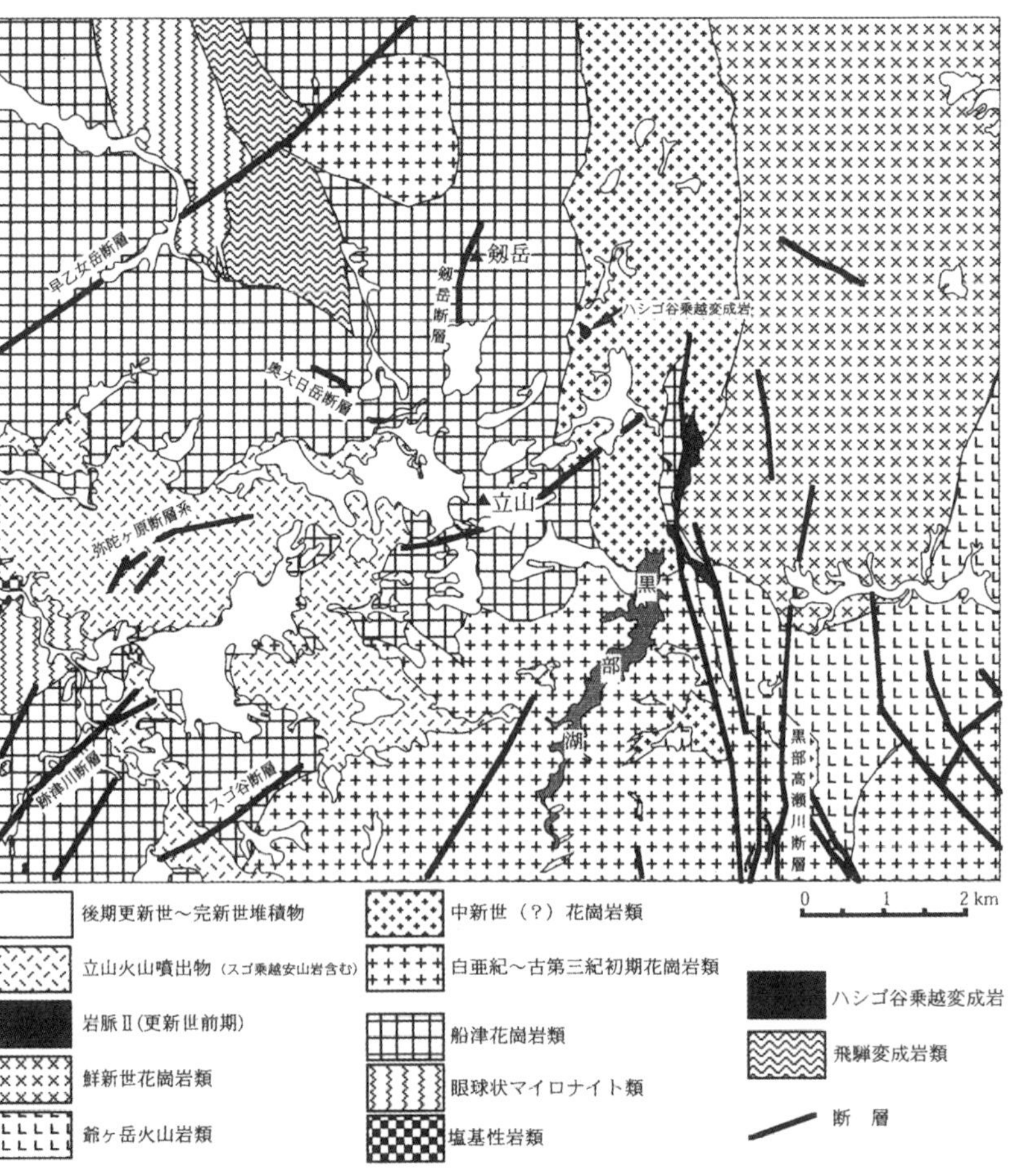

図51．立山地域の地質概略図（五万分の一立山地質図説明書より）

この地質概略図が示すところの各岩石の意味するところを、「五万分の一立山地質図説明書」で図示すると、図五二「地質総括図」のようになる。

この地質総括図中の鮮新世花崗岩類中の黒部川花崗岩について、同説明書に次のようにある。

① 黒部川花崗岩の分布は、黒部川と後立山連峰とに挟まれた地域を中心に分布しておる。北限は祖母谷、南限は赤沢岳・針ノ木雪渓・扇沢にかけての範囲にある。南北約一八km、東西幅六kmの南北に細長いバソリス（底盤）岩体である。

(Ma)	地質時代				層序
	新生代	第四紀	完新世		後期更新世・完新世堆積物（氷河堆積物・崖錐堆積物） 立山火山噴出物 ― 第4期・第3期・第2期 スゴ東越安山岩 ― 第1期
0.01			更新世	後期	
				中期	
				前期	岩脈Ⅱ（Fs）
1.78		新第三紀	鮮新世		鮮新世花崗岩類：黒部川花崗岩（Gt・Gke）、十字峡閃緑岩（Dj）、大沢花崗斑岩（POS） 爺ケ岳火山岩類：流紋岩（Jr）、安山岩（Ja）、溶結凝灰岩（Jw）、凝灰岩（Jt）
			中新世		中新世花崗岩類：黒部別山花崗岩（Gt、Gke）、阿曽原峠花崗閃緑岩（Pas）、小スバリ沢花崗岩（Gsb）
23.3		古第三紀	後期		白亜紀後期～古第三紀前期花崗岩：奥黒部花崗岩（Goa,Gok）、有明花崗岩（Ga,Gab）、劔岳花崗岩（Gtm,Gtp）、御山谷花崗岩（Goy）、冷沢花崗閃緑岩（Gts）、大白沢花崗岩（Go）、木崎流紋岩（Wk）
			前期		
65.0	中生代	白亜紀	後期		
			前期		
146		ジュラ紀	後期		
			中期		船津花崗岩類：毛勝岳花崗岩（Gkc）、早月川花崗岩（Gkl,Ghm）、大熊山花崗閃緑岩（Gdo,D）
			前期		
208		三畳紀	後期		
			中期		眼球状マイロナイト類（Gmb,Gmh）
			前期		塩基性岩（Df,Gb）
245	古生代	二畳紀			飛騨変成岩類（Hc,Hp.Hm,Hf）　　はしご谷乗越変成岩（Mh）
290		石炭紀			↑変成作用　　↑変成作用 飛騨外緑帯原岩
		先石炭紀			飛騨帯原岩

図52. 地質総括図（・記号は図54、図61の地質図に対応 ・五万分の一立山地質図幅説明書を改変）

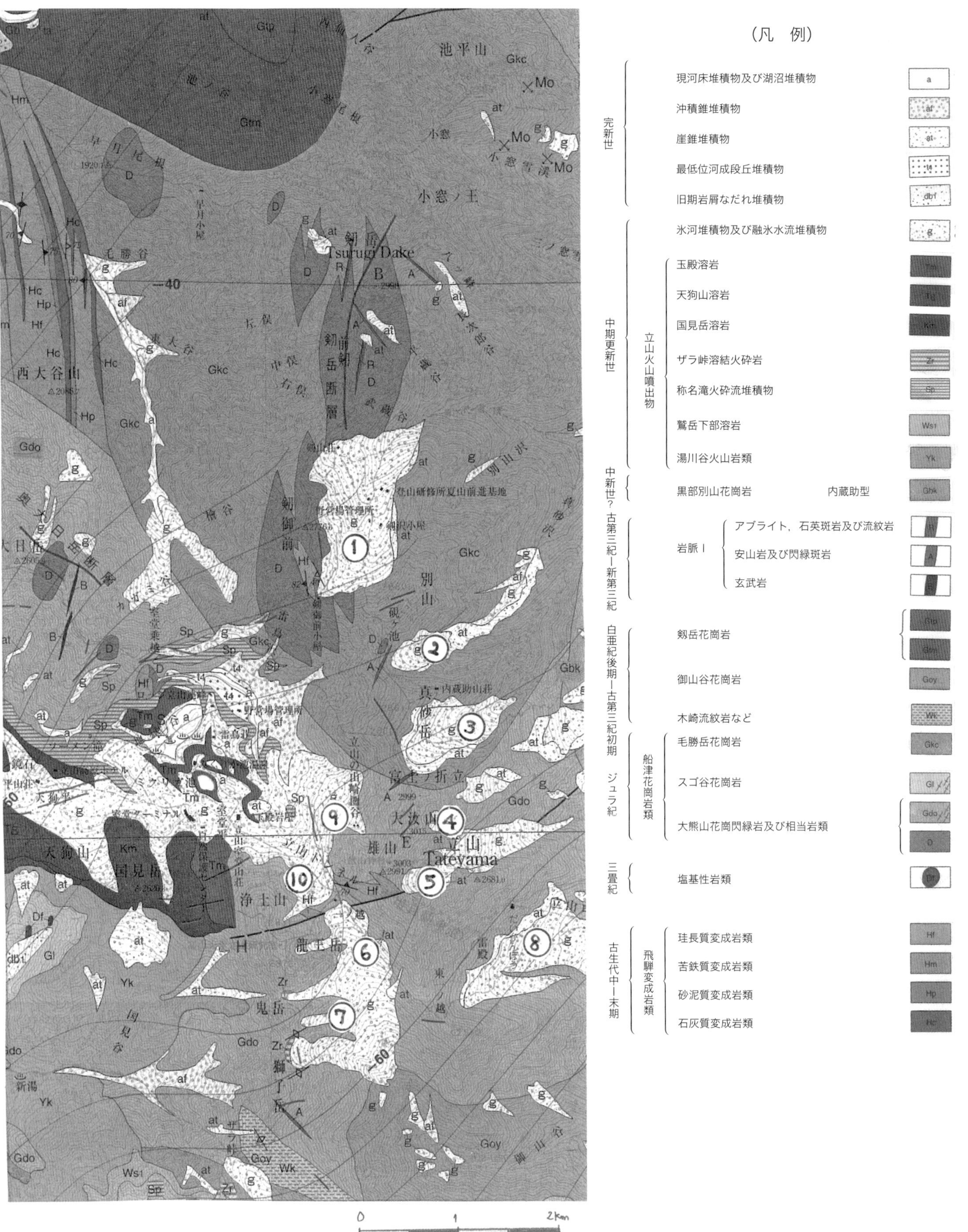

図54. 立山・剱岳周辺地質図（五万分の一「立山」地質図より一部改変）

MO：モリブデン　　S：硫黄

①剱沢カール　②真砂沢カール　③内蔵助カール　④大汝カール　⑤御前沢カール　④⑤で猿股カール
⑥御山谷カール　⑦懸垂氷食群　⑧タンポ沢カール　⑨山崎カール　⑩浄土カール

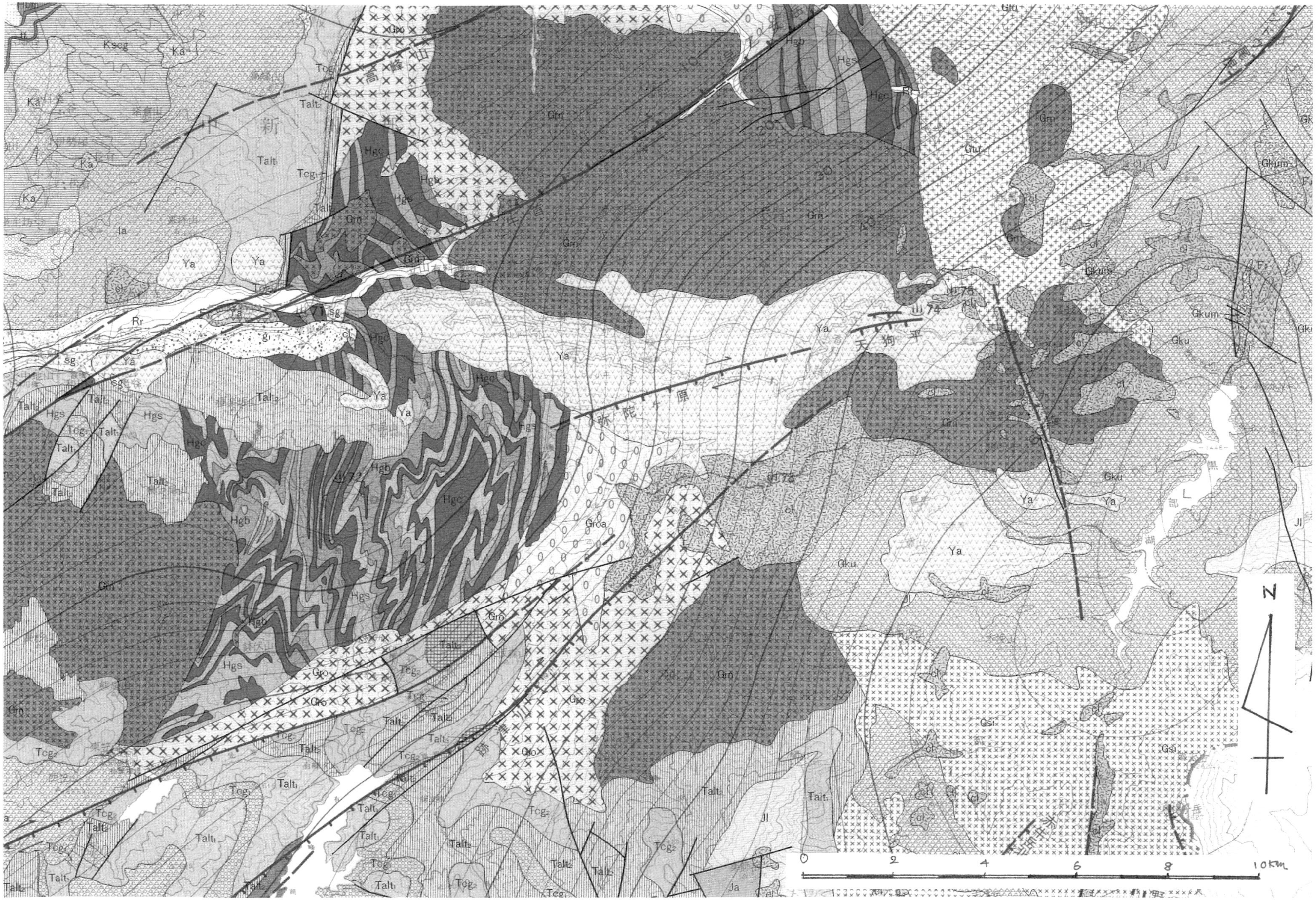

図53．立山地区の地質図（十万分の一富山県地質図より）

記号	凡例	地層名等	地質時代
cl	崖錐・崩積土		新生代 第四紀 完新世
Ya	立山火山岩		新生代 第四紀 更新世
tf	山田中凝灰岩		新生代 新第三紀中新世
Ia	安山岩質溶岩・安山岩質角礫凝灰岩	岩稲階	新生代 新第三紀中新世
$Talt_1$	礫岩砂岩頁岩互層	手取層群 跡津川階	中生代 白亜紀
Tcg_1	礫岩層	手取層群 跡津川階	中生代 白亜紀
TaH_2	礫岩砂岩頁岩互層	手取層群 長棟川階	中生代 白亜紀
Tcg_2	礫岩層	手取層群 長棟川階	中生代 白亜紀
$Talt_3$	砂岩礫岩互層	手取層群 東坂森階	中生代 ジュラ紀
Jl	薬師岳火山岩		
Ja	爺岳火山岩		新生代 古第三紀
Gku / Gkum	黒部川花崗岩・ミロナイト		新生代 古第三紀
Fr	北アルプス火山岩		新生代 古第三紀
Gsi	北アルプス花崗岩	新期花崗岩類	中生代 白亜紀
Gtu	劔岳花崗岩	新期花崗岩類	中生代 白亜紀
Grn	花崗岩類	飛騨新期深成岩類	中生代 白亜紀
Groa	眼球片麻岩	飛騨古期深成岩類	
Gro	花崗岩類	飛騨古期深成岩類	先中生代
Hgc	晶質石灰岩	飛騨片麻岩類	先中生代
Hgs	砂泥質片麻岩	飛騨片麻岩類	先中生代
Hgb	塩基性片麻岩・角閃岩	飛騨片麻岩類	先中生代

② 変形構造からして左横ずれを伴なう急傾斜な東側上昇のセンスが読みとれる。こうした変位センスは北アルプスの隆起の運動を示すと推定され、黒部川花崗岩が冷却途上にある鮮新世～更新世初頭にかけて黒部川の東側のブロックが上昇したことを示す重要な証拠である。

③ 黒部川花崗岩の地質時代

試料産地	標高	測定鉱物	年代（Ma＝百万年）	測定者
祖母谷温泉	七六〇ｍ？	黒雲母	一・〇±〇・三	緒方外
仙人ダム	八七〇ｍ？	黒雲母	一・〇±〇・三	緒方外
扇沢	一四九〇ｍ？	全岩	一・一±〇・六	緒方外
鹿島槍ケ岳山頂	二八九〇ｍ	黒雲母	一・二±〇・二九	内海外

年代測定されたそれぞれの花崗岩が、地下深所のマグマ溜で固結されたその時が、現在から何年前であるかを示している。マグマから黒雲母又は全岩を形成した時代は更新世である。祖母谷温泉や仙人ダムの黒部川花崗岩は、古く見積もると今から一三〇万年前、遅くても七〇万年前である。また、標高二八九〇ｍの鹿島槍ケ岳山頂の花崗岩は古く見積もると一四九万年前、新しく見積もると九一万年前に、マグマから硬い岩石になった花崗岩である。

それでは同じ黒部川花崗岩であるのに、なぜ高所の岩石の年代が古く、低所の岩石の年代が新しいのか？　それは沸騰した一つの釜の水の温度でも、火を止めれば表面から冷却する。これと同じく一つのマグマ溜であっても地表に近い所から温度が低下し、鉱物が析出し、やがて全体が固まり岩石となるのである。前述したように、マグマ溜頂部の例として、岩手県の岩手山西部の地熱開発掘削で海水準面下二〇〇〇ｍに存在することが知られている。このことから、百万年前に海水準面下二〇〇〇ｍで固結した岩石が、現在、標高約三〇〇〇ｍの鹿島槍ヶ岳山頂に存在する事実からして、黒部川花崗岩はその形成から一〇〇万年の間に五〇〇〇ｍも隆起したことを示している。この地域の年間隆起量は五㎜となる。

四、立山剱岳周辺の地形地質

立山剱岳周辺の地形地質として、『五万分の一立山地質』の一部（改変）を示す。次に、この地域での二～三を記す。

1. 氷食地形

第四紀更新世は別名、氷河時代と呼ばれる。この氷河時代は始まりから終りまで連続して寒冷な時期が継続していたのではない。寒冷な時期と比較的温暖な時期とが交互にあった。寒冷な時期を氷期、比較的温暖な時期を間氷期と言った。ヨーロッパアルプスでは四回の氷期があり、古い方からギュンツ氷期・リス氷期・ミンデル氷期・ウルム氷期と言う。

ここ立山にも氷河時代に形成された地形としてカール（圏谷）と懸垂氷食谷とがある。立山で今日見られる氷食地形は多くはウルム氷期のものという。カールは圏谷とも呼ばれる。氷食地域の谷頭部、または山腹斜面に見られる椀状で、一方に開いた谷である。「カール」はオーストリア東部の方言に由来する。半壊状ないし馬蹄形状の急斜面をなすカール壁と緩傾斜のカール底から成る。

剱御前山から獅子岳に至る山稜の東面には剱沢カール・真砂沢カール・内蔵助カール・大汝カール・御前沢カール・御山谷カール・タンボ沢カールや懸垂氷食群がある。山稜の北側には浄土カールがある。また山の西側には山崎カールがある。また、薬師岳には四つのカールがあり、どれも富山平野からは見えない。

図五四を見ると、氷食地形は山稜の東側に多い。その理由は、太陽の日射しは午前中は山稜の東斜面に、午後は山稜の西側に強く当たる。しかも、午前よりも午後の気温は一般に高いので、午前中よりも午後に融雪が進む。

また、この地は偏西風帯に位置している。雪は空から鉛直に落下すれば、どこでも同じ降雪量・積雪量を示すが、西から東方に風が吹くこの地、日本では、鉛直に落下すれば山稜の西側に降る雪でも東側に落下する。それで、西側よりも東側の降雪量・積雪量が多くなるので、山稜の東側で氷食地形が多く形成される。南斜面と北斜面とでは日射量は南斜面が多いので、南斜面では氷食地形は出来にくい。剱沢カール・浄土カールはともに北斜面である。

このような意味でも、山稜の西側に位置する山崎カールは注目に値する。

(1)山崎カール

山崎カールは明治三七年、東京帝国大学教授山崎直方が立山を訪れ発見した。山崎カールは、室堂平から細かく観察される。富山市の富山地方鉄道電鉄富山駅の改札口からも見られる。

山崎カールの形成時に氷河で削られた岩片、氷堆石（モレーン）の分布は標高二五〇〇ｍ・二六〇〇ｍ・二七〇〇ｍの三段に分布している。標高二五〇〇ｍの氷堆石は山崎カール形成時の中で最も寒冷な時期に形成された。標高二六〇〇ｍの氷堆石はそ

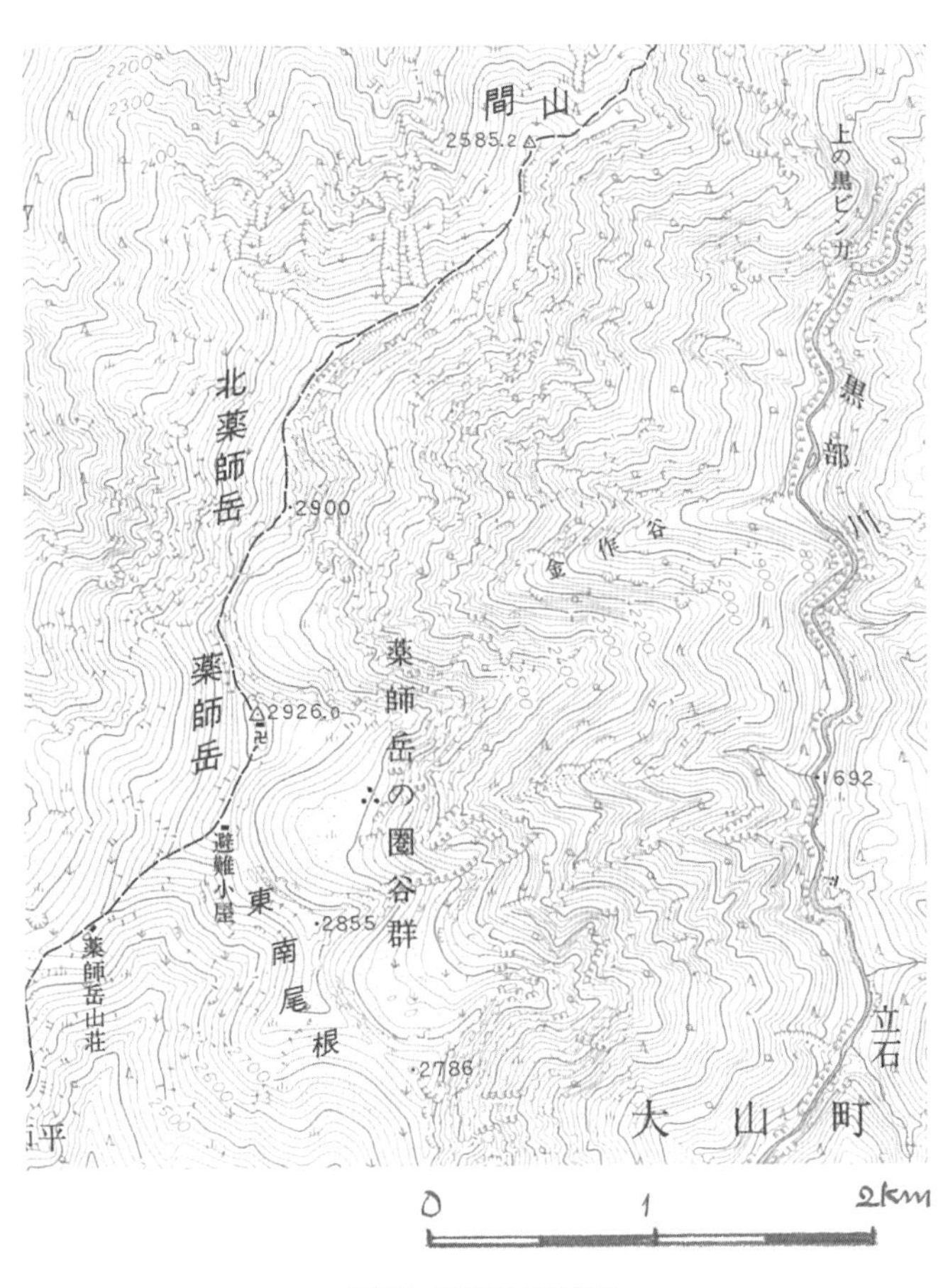

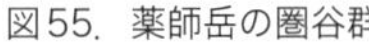

図55．薬師岳の圏谷群

写真121．薬師岳のカール群

れより、年間平均気温が少し上昇した時のもの、標高二七〇〇ｍの氷堆石は更に上昇した時のものである。この最後の時期に形成したカールの中央に、高さ数ｍの岩峰、ローソク岩がある。これは、この岩峰の両側に氷河があり、そこだけがいずれの氷河からも侵食されずに残ったのである。ローソク岩は立山山頂の雄山神社峰本社の社務所横からも見下ろせる。

また、室堂平は立山火山の玉殿溶岩で出来ている。この玉殿溶岩で構成された室堂平のあちらこちらに白っぽい花崗岩質の大きな岩石が点々と見られる。この岩石は大汝山・雄山、また浄土山を構成する岩石である。山崎圏谷を形成した寒冷期よりも一時代前の、より寒い寒冷な氷期に、氷河に乗ってこの地に運ばれた石で、「迷子石」と呼ばれるものである。

(2)薬師岳カール群

国指定特別天然記念物、薬師岳カール群は、薬師岳東南尾根（標高二八五五ｍ）より二九二六ｍ薬師岳本峰―二九〇〇ｍ北薬師岳と連なる稜線の東側に四個、南北に並んでいる。

南の第一カール（南稜カール）のカール底の標高は二六〇〇ｍ、カール壁の高さは一〇〇ｍある。第二カール（中央カール）は南北約六〇〇ｍ、カール底は二七〇〇ｍ、カール壁の高さは二〇〇ｍもあり、最大のカールである。カール底には多くの岩塊（モレーン）があり、岩石氷河をなしている。第三カール（金作谷カール）は南北約五〇〇ｍ、カール底の標高は二六五〇ｍ、カール壁の高さは一八〇ｍで、雪渓を滑って岩塊が「M」字又は「S」字に並んでいるのが特徴。この金作谷カールは四つのカールの中で最も均整がとれたカールという。北端にある第四カールはカール壁が崩壊しあまり保存がよくない。

この薬師岳圏谷群は富山平野からは見えない。最適の見物地は、黒部川の対岸、標高二七六四ｍの赤牛岳である。

2．小黒部モリブデン鉱山

立山剱岳周辺地質図の右上の池の平山周辺に「Mo」記号がある。これが小黒部モリブデン鉱山（休山中）である。鉱石は輝水鉛鉱。化学組成はMoS_2。鉱床は池の平山二七〇〇ｍを中心として大窓雪渓から小窓雪渓にわたる小黒部川源頭一帯の地域で、その標高は二〇〇〇～二三〇〇ｍの高地。鉱床は輝水鉛石英脈である。大正元年に鉱床を発見。池の平鉱山事務所は池の平小屋に隣接していた。大正五年から七年にかけての従業員は約一〇〇〇人もいた。大正五年の輝水鉛生産量は全国の一七％。大正六年は約六〇％にも達した。大正七年以降は休山・再開をくり返したが現在は休山中。鉱石を産する岩石は船津花崗岩類の毛勝岳花崗岩である。

３．飛騨変成岩類

飛騨変成岩類は地質図の左上方の西大谷山に比較的広く分布する。その他では立山一ノ越の近辺や室堂乗越・剱御前小屋付近に分布する。これら小規模に分布する飛騨変成岩類は、船津花崗岩類の大熊山花崗閃緑岩の貫入時にマグマに取り込まれたことによる。マグマに取り込まれた岩石を捕獲岩（ゼノリス）という。その時にマグマの高熱とマグマ中の鉱液とで、取り込まれる以前にあった岩石、それを構成する鉱物の組成が変化して、新しい岩石である変成岩となる。

一ノ越下の祓堂からの懺悔坂の左脇の岩石中で時には、一辺五㎜程のサイコロ状の空洞—黄鉄鉱という鉱物がとけ去った空洞を発見したり、一ノ越から浄土山に約一〇〇m登った一帯に黒褐色岩石が散乱している。この黒褐色の岩石中に時々黒く輝く金属光沢の鉱物や長石・ザクロ石等を発見することがある。これらは変成鉱物であり、それを含む岩石は中生代にまた変成された飛騨変成岩類なのである。

五、弥陀ヶ原・地獄谷・室堂・立山カルデラ周辺の地質

１．立山火山

弥陀ヶ原・立山カルデラ等を形成した火山を「立山火山」という。標高三〇一五mの大汝山、その左右にある雄山や富士の折立等は中生代ジュラ紀の船津花崗岩類で構成されている。立山火山は現在より約二〇万年前に、常願寺川の上流にある立山温泉を中心とする火口から溶岩や火山灰・軽石・火山礫等を噴出した火山であり、その溶岩台地は立山室堂・天狗平・弥陀ヶ原や五色ケ原で見られる。

一九五八年に、富山新聞の復刊十周年記念事業として称名滝総合学術調査が行われた。その調査結果の発表が一九六二年にあった。この中で深井三郎は立山火山の変遷図を発表した。

また、称名滝総合学術調査の火山班であった山崎正男・中西信弘・宮田輝雄はその後も立山火山の調査研究を継続し、一九六六年金沢大学紀要で「History of Tateyama Volcano」を発表した。これによると「立山火山の歴史」はおよそ次のようである。

第Ⅰ期　成層火山の形成　一三±二万年前

材木坂の材木石や、桂台からの有料道路の細谷の橋から上部に露出。カルデラ内でも観察できる。第Ⅰ期の岩質は角閃石両輝石安山岩を主とした溶岩と火山砕屑物の噴出を繰り返し、成層火山が形成された。

図56　立山火山の変遷図　深井三郎原図　一九五六
①第Ⅰ期　成層火山の生長
②第Ⅱ期　火砕流の大量噴出とカルデラの生成
③第Ⅲ期　天狗国見の溶岩の噴出
④現在の地形

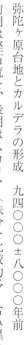

第Ⅱ期　弥陀ヶ原台地とカルデラの形成　九四〇〇〇±八〇〇〇年前

前期は軽石流を、後期はスコリア（鉄分を比較的多く含み黒っぽい色をした軽石）流を多量に反復噴出し弥陀ヶ原を形成。最大の厚さは五〇〇m前後にも達する溶結凝灰岩層を形成した。その後、火口を中心に陥没カルデラを形成した。第Ⅱ期の岩質は黒雲母角閃石普通輝石紫蘇輝石安山岩である。

第Ⅲ期　鐘状火山の形成

カルデラの周辺に溶岩流・降下火砕物・軽石流等を噴出し、後カルデラの鐘状火山を形成した。末期には泥流が発生した。国見岳や天狗山を形成する岩石は石英黒雲母紫蘇輝石角閃石安山岩（石英安山岩）である。

第Ⅳ期　室堂周辺での水蒸気爆発
現在のミドリガ池・ミクリガ池・地獄谷等での水蒸気爆発によって、爆裂火口が形成された。地獄谷では現在も温泉活動や噴気活動がある。

また、その後、立山火山岩の年代測定として次の値がある。

第Ⅰ期　〇・一三±〇・二Ma。「Ma」は百万年。〇・二六±〇・一七Ma

第Ⅱ期　〇・〇九四±〇・〇〇八Ma

第Ⅲ期　国見岳溶岩　〇・〇三±〇・〇一Ma。玉殿溶岩　〇・〇四七±〇・〇〇九Ma

山崎らの第Ⅰ～Ⅲ期の岩石分布図は次の五七図である。

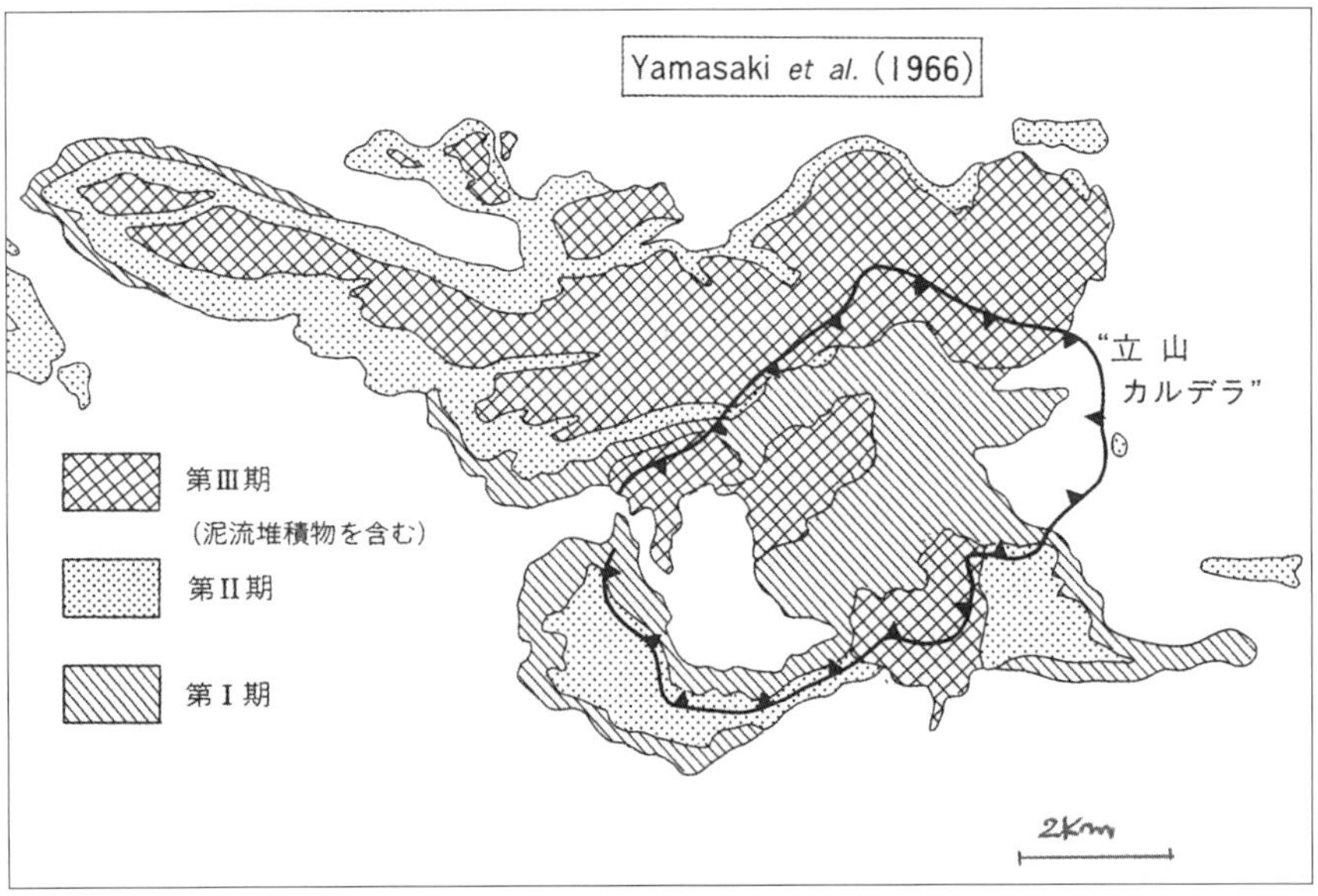

図57．山崎・中西・宮田（1966）の立山火山岩の分布
（五万分の一立山地質図幅説明書より）

次に「五万分の一立山地質図幅説明書」から、放射年代に基づく立山火山の区分図を示す。

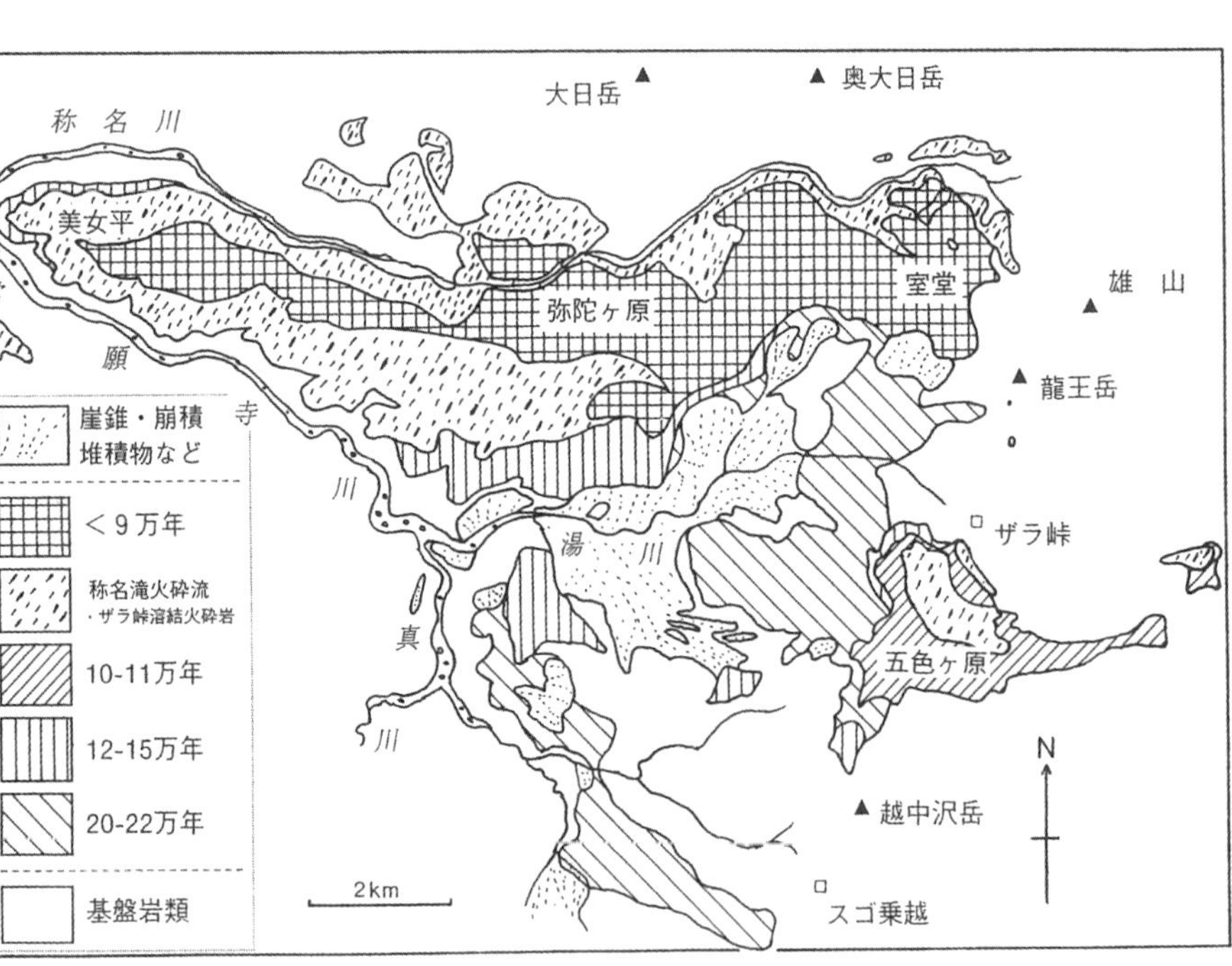

図58．放射年代に基づく立山火山岩の区分
（五万分の一立山地質図幅説明書より）

山崎等の立山火山岩区分の第Ⅰ期岩石の年代に〇・一三Ma、〇・二六Maの存在すること。また図五八からして、五万分の一立山地質図幅では山崎等の第Ⅰ期を第1a期と第1b期に二分している。それが図五九である。

そして、第Ⅳ期に、水蒸気爆発が室堂平及び現在の地獄谷周辺で多発した。下図は爆裂火口の分布図である。

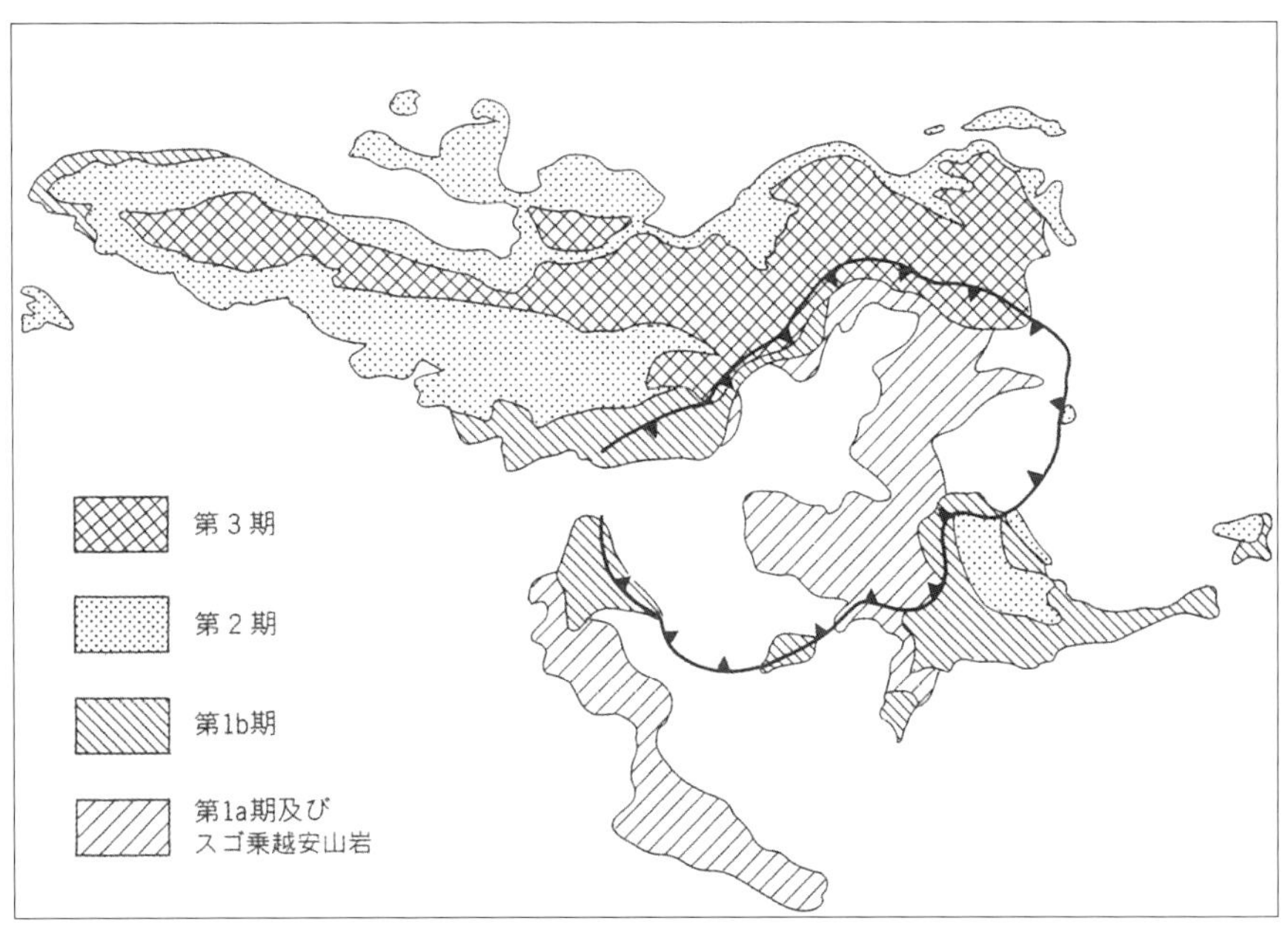

図59．立山火山岩の活動期区分
（五万分の一立山地質図幅説明書より）

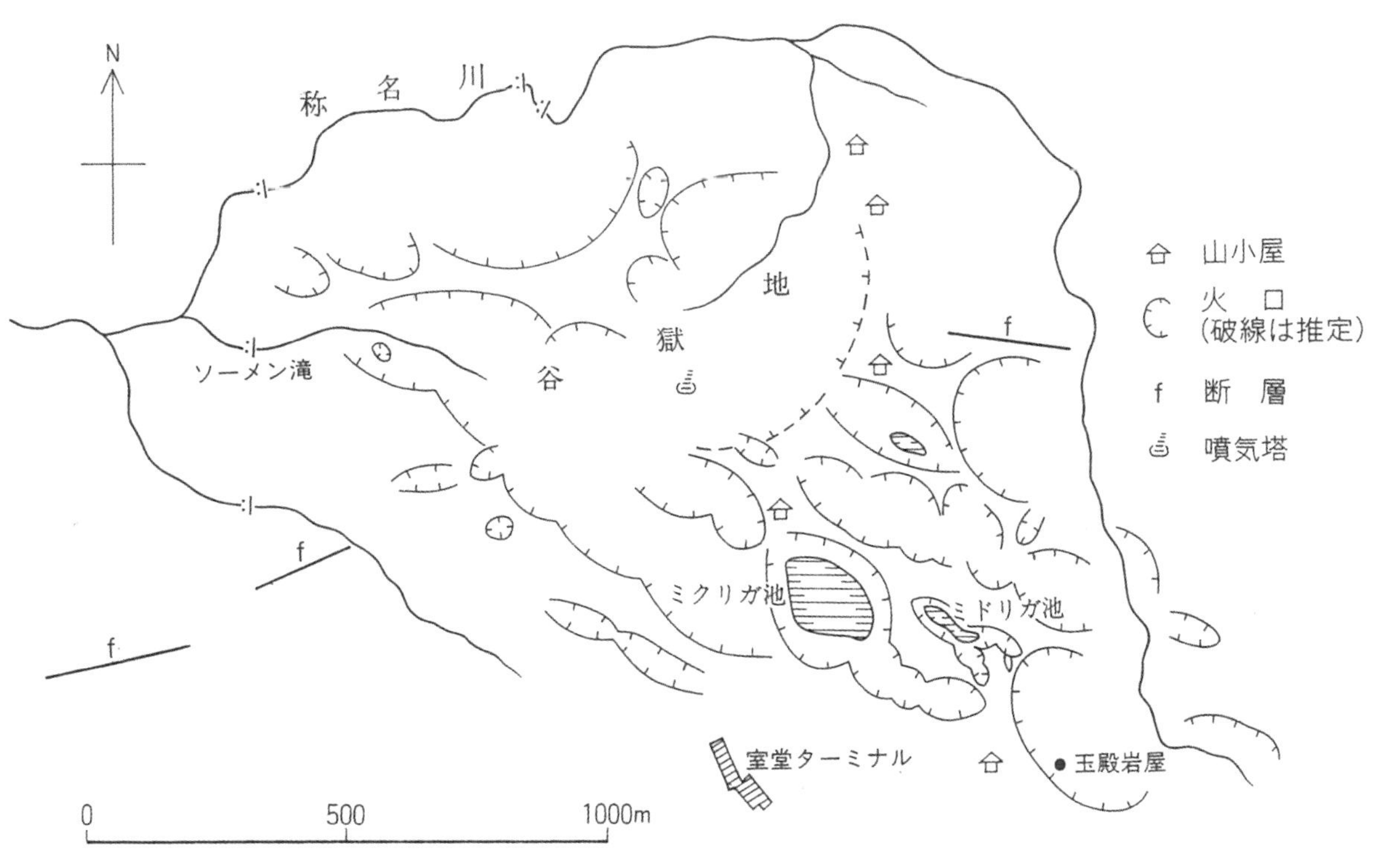

図60．爆裂火山の分布図
（五万分の一立山地質図幅説明書より）

2．立山火山関連地質図

五万分の一立山地質図幅から立山火山関連部分を示す。

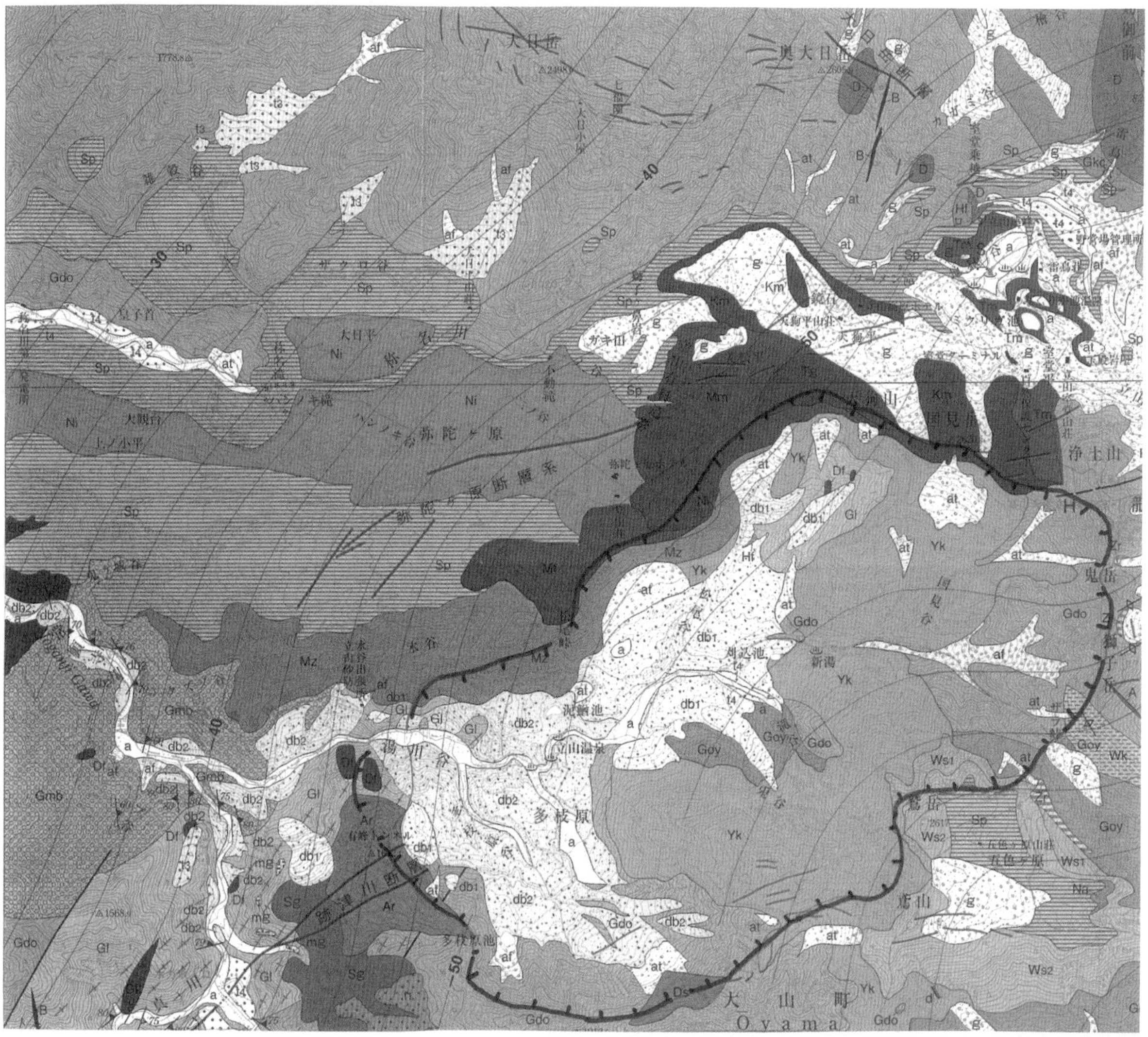

図61．立山火山関連地質図（五万分の一地質図幅より。一部改変）

0　1　2Km

時代			地層・岩体	記号
第四紀	完新世		現河底堆積物及び湖沼堆積物	a
			沖積錐堆積物	af
			崖錐堆積物	at
			新期岩屑なだれ堆積物（1858年鳶崩れ）	db2
			最低位河段丘堆積物	t4
			旧期岩屑なだれ堆積物	db1
	後期更新世		低位河成段丘堆積物	t3
			真川湖成層	Mg
			氷河堆積物及び融氷水流堆積物	g
			高位河成段丘堆積物	h
	中期更新世	立山火山噴出物	玉殿溶岩	Tm
			天狗山溶岩	Tg
			国見岳溶岩	Km
			美松平溶岩	Mm
			松尾峠溶岩	Mt
			二ノ谷溶岩	Ni
			ザラ峠溶結火砕岩	Zr
			称名滝火砕流堆積物	Sp
			中ノ谷溶岩	Na
第四紀	中期更新世	立山火山噴出物	鷲岳上部溶岩	Ws2
			鷲岳下部溶岩	Ws1
			水谷溶岩	Mz
			多枝原谷溶岩	Ds
			有峰トンネル溶岩	Ar
			岩脈III	d
			湯川谷火山岩類	Yk
			スゴ乗越安山岩	Sg
	前期更新世		岩脈I	
古第三紀初期－白亜紀後期			御山谷花崗岩	Goy
			木崎流紋岩など	Wk
ジュラ紀	船津花崗岩類		毛勝岳花崗岩	Gkc
			早月川花崗岩	
			スゴ谷花崗岩	Gl
			大熊山花崗閃緑岩及び相当岩類	Gdo, G
三畳紀			眼球状マイロナイト類	Gmb, Gmh
			塩基性岩類	Df
古生代中－末期	飛騨変成岩類		珪長質変成岩類	Hf

立山カルデラ

この地質図には立山火山噴出物として、湯川谷火山岩類・岩脈・有峰トンネル溶岩・出枝原谷溶岩・水谷溶岩・鷲岳下部溶岩・鷲岳上部溶岩・中ノ谷溶岩・称名滝火砕流堆積物・ザラ峠溶結火砕岩・二ノ谷溶岩・松尾峠溶岩・美松平溶岩・国見岳溶岩・天狗山溶岩・玉殿溶岩と十六もある。さらに、立山火山活動第1a期と同年代を示すスゴ乗越安山岩もある。これらの火山噴出物の前後関係を示すのが下図である。

チョウゲンボウ ♂

ホシガラス

火山噴出物	時期
噴気活動（地獄谷）、温泉活動（地獄谷・立山温泉） 地獄谷縞状硫黄堆積物 爆裂火口群の形成	第４期（３万年以降）
玉殿溶岩 天狗山溶岩 国見岳溶岩 美松平溶岩 松尾峠溶岩 二ノ谷溶岩	第３期（３～９万年）
称名滝火砕流堆積物　ザラ峠溶結凝灰岩	第２期（９～10万年）
中ノ谷溶岩 鷲岳上部溶岩 材木坂溶岩　水谷溶岩 鷲岳下部溶岩 有峰トンネル溶岩　多枝原谷溶岩	第１ｂ期（12～15万年）
岩脈 スゴ乗越安山岩　湯川谷火山岩類	第１ａ期（20～28万年）

図62．立山火山噴出物の前後関係
（五万分の一立山地質図幅説明書より改変）

六、地獄谷

地獄谷は立山火山活動の第4期の活動である。水蒸気爆発によって形成された爆裂火口である。水蒸気爆発が起こる以前には、ここ地獄谷一帯は、現在の室堂や室堂山荘のある所と同じく、玉殿溶岩層がほぼ水平に覆い浄土川の対岸にまで達していたと想定されている。地獄谷の北の山、標高二三五〇mの山、地蔵菩薩の浄土である伽羅陀山の頂上にはかつて水平であった玉殿溶岩の板状節理が、ほぼ垂直に立った状態で

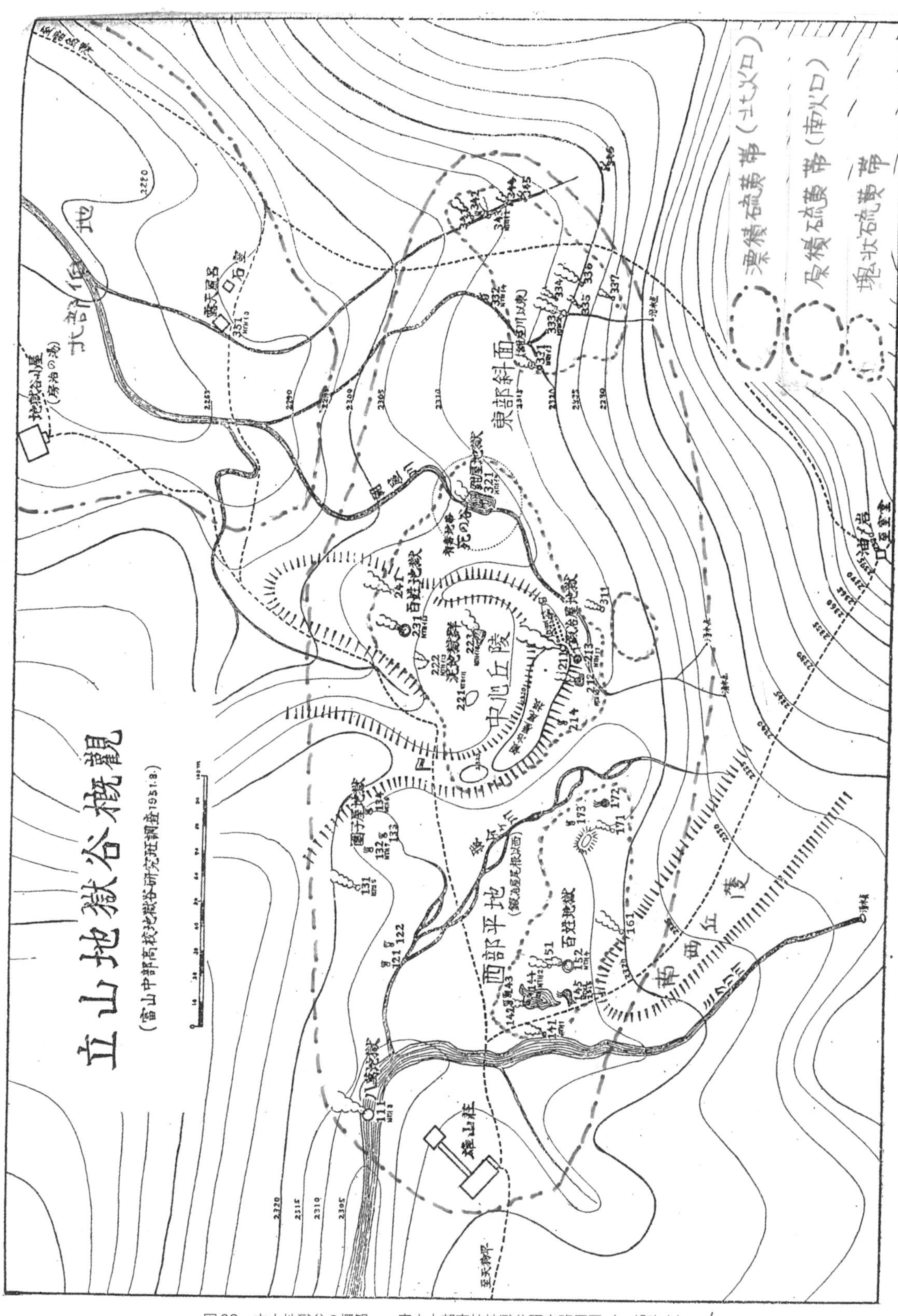

図63．立山地獄谷の概観　富山中部高校地獄谷研究班原図（一部改変）

突きささっている。

現在、ここ地獄谷で観察される主なものは、

(1)地獄谷縞状堆積物

(2)噴気活動と温泉活動

(3)硫黄

である。

1．地獄谷縞状堆積物

この項は、富山教育昭和三五年六月号「地獄谷にみられる湖沼堆積物　藤井昭二」による。

この堆積物は今はなくなった房治小屋（地獄谷温泉小屋）や金沢大学医学部立山診療所の建っていた台地の下部に分布している。黒色粘土と白色粘土が一組となり、リズミカルな美しいこまかな縞状堆積物が写真のように発達している。

房治小屋や金沢大学診療所の標高は二三〇五mであるので、ある時代に、ここに標高約二三〇五mの湖水面を持った湖が存在した。堆積の当時はこの湖は、現在の紺屋川が雷鳥沢に流れ落ちる所がふさがれて出来ていた。それがある時期に破壊され、そこに湖のあったことの名残りとして、現在、縞状堆積物が見られる。

縞状堆積物の青灰色または黒色層（非常に薄い層なので葉層と言う）、黒色葉層の厚さは〇・一～二㎜の薄い層で、細シルト～粘土からなる。また、白色から黄白色の白色葉層の厚さは〇・一～二〇㎜で粗～細粒シルトの葉層との互層から出来ている。一般的に青灰色の部分は白色部に比較して、薄いのが特色である。また、青灰色部と白色部を一対とした時、その厚さは不定である。一九五七年の矢後一夫によると、遊離硫黄は六三・五～八四・〇七%、二酸化硅素は二八・〇～六・五二%である。

0　10　20　30cm

写真122．地獄谷縞状堆積物
（五万分の一立山地質図説明書より）

また、一九五七年の市川渡によると、青灰色部には次の三種の珪藻が見られる。

・Pinnularia brunii (Grun) Cleve var. amphicephala (A.Mayer) hust　多
・Melosira islandica O. Muell　稀
・Caloneis bacillum (Grun) Cleve　稀

黄白色部にはPinnulariaだけが僅かに入っているという。

もと金大医学部診療所台地の露頭の幅は約五m、縞状堆積物の厚さは約一・五mである。この他の所としては、雄山荘跡付近でも見られるが露頭は小さい。

2．噴気活動と温泉活動

このことについて昭和二四年から約一〇年にわたる矢後一夫の研究があり、次の発表がある。

・昭和二四年　立山地獄谷の研究（附高校教師の研究方向私見）
・昭和二六年　立山地獄谷の調査　富山教育
・昭和三四年　立山地獄谷の研究（第二報　理化学会）
・昭和三五年　立山山系湖沼群の研究六
　　　　　　地獄谷にみられる湖沼堆積物と地獄谷温泉　富山教育

がある。これらの矢後一夫の研究成果を編著者なりに次のようにまとめた。

a　矢後一夫は富山県立富山中部高校地獄谷調査研究班を指導し、先ず、図六三に示す地獄谷概観図を作成した。

b　地獄谷には雄山荘・地獄谷小屋（房治の湯）の二つの温泉小屋がある。佐伯房治は湯元三三一より温泉を引き昭和二四年地獄谷小屋を開設した。また、立山観光協会は湯元一四四・一四五より温泉を引き昭和二五年に雄山荘を開設した。このことにより、特に紺屋地獄（三二一）の流出口（「死の谷」）の名で危険視されていた）は四〇℃前後の入浴適温のため、ここで誤って入浴し、硫化水素や二酸化炭素のために中毒死する者が毎年いたが、その後は大きく減少した。

c　地獄谷の位置　地獄谷は立山（大汝山・雄山）の西・北方二五〇〇mの標高二三〇〇mの地にある。この谷間に東西七〇〇m、南北三〇〇mの長楕円形である。北側は花崗片麻岩から構成されている。その他の所は安山岩で構成されている。この地獄谷には主たる噴気孔は一〇、温泉は二五散在している。但し、温泉といっても、多量の湧出をみる様な温泉は一つもないのであって、流出又は湧出をみる様な温泉は、

(i)ミクリガ池から岩盤を浸透して漏出する水が噴気孔に注いで温泉となる（東部斜面群及び西部平地群中の八万地獄）

(ii)ミクリガ池漏出水による浅在地下水が噴気孔にふれて生じた（西部平地群の大部分及び東部斜面群の露天風呂）

(iii)流出せぬものは雨水等が噴気孔に溜って出来た（中心丘陵群及び西部平地群の百姓地獄）

と思われる。泉質は水の供給状態と、その泉をたたえている岩石土質によって異なると考えられる。

d　地獄谷内の河川　地獄谷には名前のある河川としてミクリ川・振分ケ川・紺屋川の三川がある。ミクリ川には大量に湧水する個所が一、紺屋川及びその支流には湧水点が四ケ所確認されている。これら湧水の源はすべてミクリガ池からの漏れによるとされている。

e　地獄谷の成り立ち　地獄谷の堆積物は南部地獄谷は原積硫黄、北部地獄谷は漂積硫黄である。このことから地獄谷は二つの爆裂火口、即ち、早く活動を止めた北火口と、現在も活動している南火口より成ると考える。或る時代は、南火口は湖水中に盛んにガスを噴出する大温泉となり、析出する硫黄やその他の不溶分はガスで撹拌されながらその場所に沈積するとともに、一部は静かな湖水となっている北火口に流れ込んで層積したものと思われる。南湖水は堆積物の厚さが二五m以上になっていたと思われるが、現在はカジヤ尾根及び南西丘陵にその名残りを止めている。

　両湖水の溢水口は次第に拡大され、湖水は干上がり、今は北に紺屋川、西にミクリ川が堆積物を流し去りつつある。

f　噴気について　地獄谷の噴気は多量の水蒸気と硫化水素、二酸化炭素が主成分である。噴気孔は東西四〇〇m・南北一〇〇mの狭い地域に散在しているが、その成分組成は第一表の如く一定している。

此分析試料は外部へ噴出しているガスについて行ったものであるが、噴気道にある原噴気中には、なお塩化水素や二酸化硫黄のガスを含んでいるものと推定される。それは次の理由による。

(i)温泉（No.三五一露天風呂）の分析表は第2表AのようにCl^-・SO_4を含んでいる。噴気は厚さ約一〇〇〇mの安山岩層を通過してくるので、その成分を伴なってくると考えられる。安山岩は第2表Bに示すように、その金属成分は温泉中のカチオン（陽イオン）とほぼ一致する。しかし、Cl^-のSO_4^{2-}は上記の安山岩組成には含まれていない。従ってCl^-やSO_4^{2-}は噴気中より来るものと考えられる。

SO_4^{2-}は噴気中のSO_2が

$$SO_2 + H_2O \rightarrow H_2SO_3$$

$$2H_2SO_3 + O_2 \rightarrow 2H_2SO_4$$

の反応によって生ずるであろう。

(ii)噴気孔や塊状硫黄帯の割目から時折り融けた硫黄が溢れ出ることがある。特に多い例は昭和二六年七月にカジヤ地獄から約一〇㎥溢れ出ている。これは噴気道において

$$2H_2S + SO_2 \rightarrow 2H_2O + 3S$$

の反応のためであろう。

　この硫黄質溶岩流の流れ出す温度は約四〇〇℃と考えられる。空気にふれると自然発火する。夜間にこれを見ると青い炎がメラメラと燃える「地獄火」のようである。

(iii)温泉中に多量のCl^-が存在することは、噴気によるものと考えられるが、更に、第

第1表
立山地獄谷噴気成分

地獄番号	CO_2 cc/l	H_2S cc/l	
131	70	71.2	大フン気孔 ダゴヤジゴク
211	28.3	18.6	大フン気孔 カジヤジゴク
215	78	45	小フン気孔　カジヤジゴクの西下にあり
231	26	45	スリ鉢型 泥状泉中より噴出
321	28.3	54.9	コウヤジゴク 多量の河水中に噴出
342	9	40	黒色泥状泉中に噴出

第2表
温泉成分と安山岩成分

A 温泉(351)成分	mg/l	B 安山岩成分	%
K^+	294	K_2O	0.65
Na^+	640	Na_2O	4.67
Ca^{++}	331	CaO	5.87
Mg^{++}	38	MgO	7.22
Fe^{+++}	282	Fe_2O_3	6.90
		FeO	6.81
Al^{+++}	371	Al_2O_3	12.75
SiO_2	329	SiO_2	51.11
H_2S	9	TiO	1.28
Cl^-	3058	P_2O_5	0.03
SO_4^{--}	6947	H_2O	1.68

3表の如くCl^-の多い温泉では、その量がH^+とほぼ当量をなしていることから、噴気中にHClの存在することが推定される。

g　析出物について　噴気孔の周囲には鮮黄色の斜方硫黄が結晶となっている。水中に噴気している所や湧泉では、その状況により種々の大小形状の硫黄の粒子と、その他の不溶分（主として珪酸・硫化鉄）が存在している。図2及び第4表を参照されたい。

硫黄は硫化水素が空気にふれて

$$2H_2S + O_2 \rightarrow 2H_2O + 2S$$

の反応で生ずるのであろう。

第3表

温泉中のH^+及びCl^-濃度（グラムイオン/l）

地獄番号	名称	年次	H^+	Cl^-
H^+とCl^-とほぼ当量のもの				
152	百姓	25	0.129	0.125
〃		27	0.078	0.074
〃		28	0.073	0.074
231	スリ鉢	27	0,220	0.290
212	雄カジ	25	0.108	0.075
〃		27	0.045	0.030
〃		28	0.048	0.043
H^+に比しCl^-の少いもの				
213	雌カジ	25	0.076	0.034
〃		28	0.040	0.016
134	ダゴヤ	25	0.023	0.004
〃		27	0.013	0.002
〃		28	0.011	0.0005
172	大安	27	0.011	0.001
173		27	0.010	0.002

Fig 2　立山地獄谷各温泉析出物の粒形

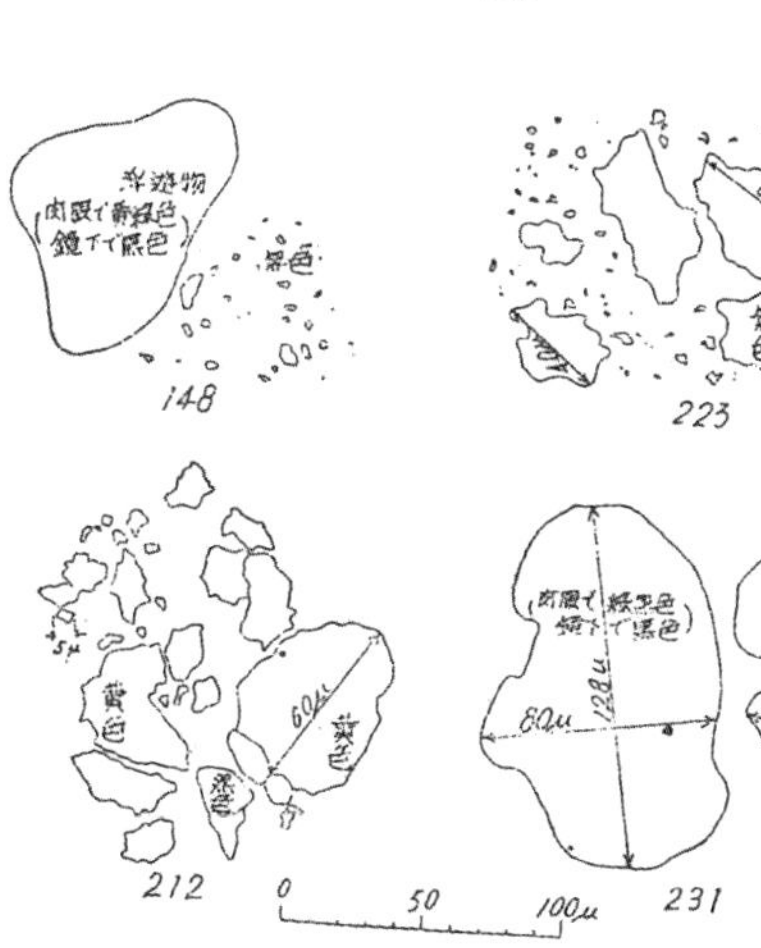

第4表　析出物の粒子

温泉の外観	地獄番号	粒の大きさ ミクロン	泥状物の乾燥したときの状態	備考
青白河中泉	111, 351	1ミクロン以下		泉はきれいな青白色
白濁湧出泉	141, 148	1−10	白色固形	此他に100～200μの丸味ある粒子が浮遊又は沈澱している
灰白泥状泉	112, 214	1−30	灰白色固形	50～90μの粒も少しある
灰黒泥状泉	223	1−60	灰白色固形	粒子の形状大小全く不定
黄白泥状泉	212	5−60	黄白色崩れ易い固形	5μ以下の粒子が殆んどない
緑黒泥状泉	213	1−100	黄灰色崩れ易い固形	泉中に塊状の凝集物あり
スリ鉢型緑黒泥状泉	152, 231	50−130	緑黒色サラサラした粉末	丸味を帯びた大きな粒
黄緑泥を盛り上げている泥土噴気	151	50−200	黄灰色サラサラした粉末	粒は鏡下でも黄色である

（粒は大部分硫黄のようであるが石英と思はれる小さな粒もみられる）

多量の河水中では粒子が大きく凝集することが出来ずコロイド状で流れ去る。これが青いきれいな色となる。すり鉢型に泥状物を周囲に盛り上げて突沸している泥状泉では粒子が大きく成長し、かつ擦られて丸味を帯びるもののようである。

h　堆積物について　既述のように析出する硫黄が珪酸・珪酸アルミニウム・硫化鉱等の不溶分と共に、地獄谷一帯に堆積しているのであるが、堆積物は年月と共に、次第にその組成や凝集状態を変える。

第5表に示すように、温泉析出物にくらべて粘土状堆積物の硫黄含量は少なく、北東低地に漂積された層状堆積物や岩石化したものは、著しく硫黄含量が少ない。岩石化したものの、すき間には一～数cmの不規則な層をなして硫黄がぎっしりと結晶していることや、岩石化したものは灰白色（主として珪酸）で、ところどころに黒い斑状部分（硫化鉄を多く含む）があること等から考えると、堆積物中、移動し易い硫黄が押し出され、凝集力の大きい珪酸が岩石化し、硫化鉄も次第に押し出さ

第5表
堆積物の組成

堆　積　物	遊離硫黄	結合硫黄	無水珪酸
231附近泥状物	93.92	0.5	2.63
151附近泥状物	93.52	1.53	2.78
211カジヤ噴出熔融硫黄	89.73	1.58	6.85
212中の凝集塊	61.65	3.75	13.25
中心丘陵縞状粘土	58.65	4.70	23.41
上小滝附近斑状粘土	31.82	6.53	42.13
上小滝の岩	3.57	4.3	73.25
北東低地層積物　Ⅰ	8.22	6.19	62.37
〃　Ⅱ	3.19	1.74	69.54

れてゆくもののようである。

以上の調査研究からして、立山地獄谷温泉・噴気孔は(i)西部平地群 (ii)中心丘陵群 (iii)東部斜面群に分けられる。その特徴並びに個個の地獄について第6表に示す。

(i)西部平地群　温泉は泉型、泉質ともに種々あるが、少量あて湧出するものが多い(一三二・一三四・一四一・一四二・一四三・一四四・一四五・一四六)、乳黄色に硫黄を析出するもの(一四四・一四五)、ほぼ透明なもの(一四一・一四二・一四三)、流水中で噴出するもの(一一一)、百姓地獄(一五二)はスリ鉢型泥状泉である。

噴気孔の大きなものは二個(一三一・一三三)、百姓地獄(一五二)と同質の泥中より噴出するもの(一五一)一個と、二二分間歇の小型噴気孔一個(一三二)がある。

(ii)中心丘陵群　温泉は流出せぬ泥状泉(二一二・二一三・二二一・二二二・二二三)多く、これ等は強酸性で塩素量も多い。噴気孔では、カジヤ地獄(二一一)はその突出した形と、猛烈な噴気とで地獄谷の象徴である。他にスリ鉢型の間歇五三分間歇の噴気孔(二三一)と、大形噴気孔(二四一)とがある。

(iii)東部斜面群　温泉は流水中に噴出し、乳黄色の硫黄を析出する(三二一・三三一・三三三・三四三)、露天風呂(三五一)のみ静かな湧出泉である。紺屋地獄(三二一)付近は凹地をなしH_2S・CO_2等が滞留するので、死の谷と呼ばれ毎年犠牲者が出ている。噴気孔の大きなものは二個所(三四二・三四四)ある。

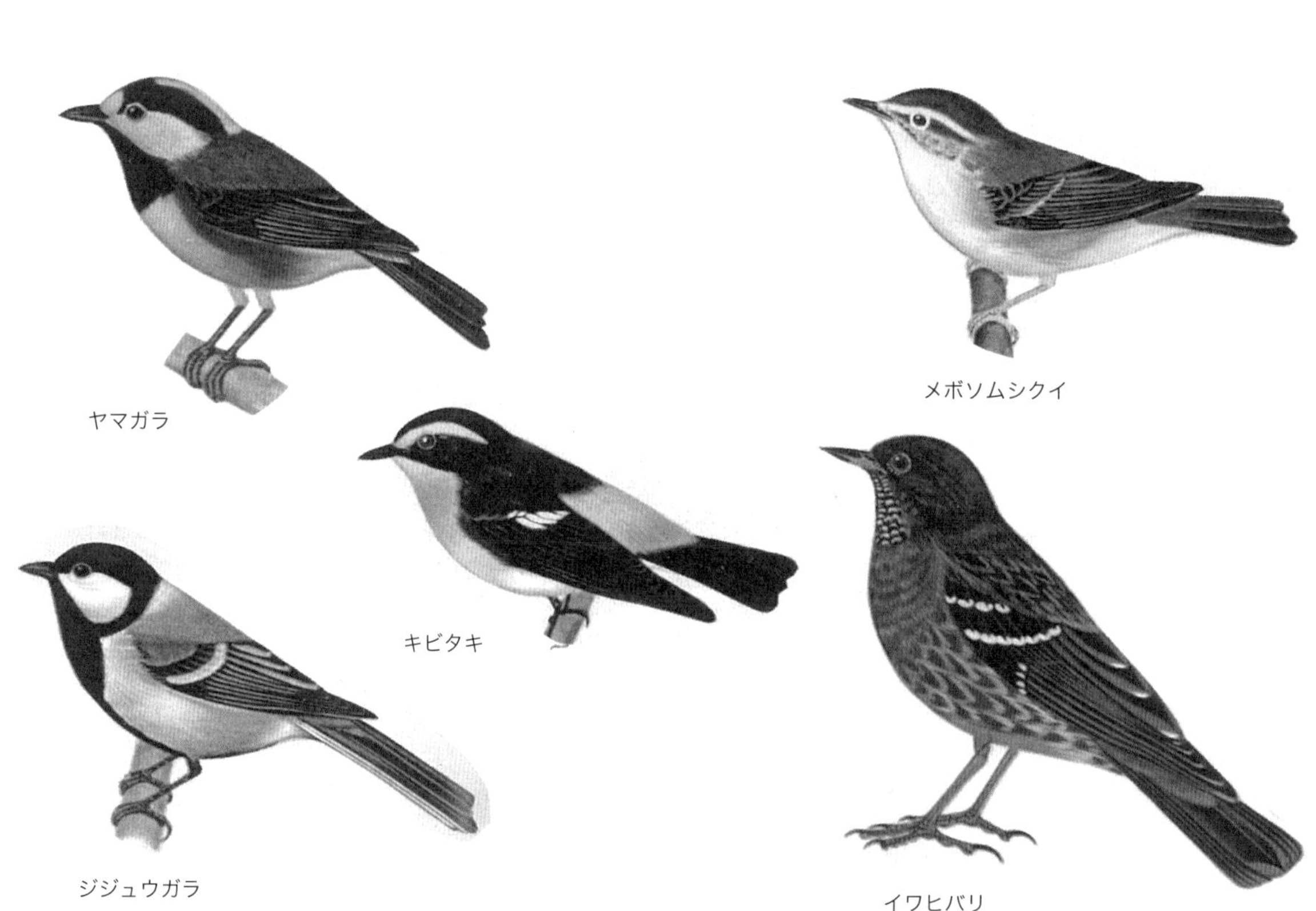

第6表　立山地獄谷温泉・噴気孔調査表

分類番号			国立病院標識	種別	面積 m²	泉量 m³	流(湧)出量 l/sec	温度 °C						比重 (15°C)	PH					H+ グラムイオン/l	クロール mg/l	硫化水素 cc/l	泥量 g/l	備考
大群別	小群別	番号						1948 昭和23年	1949 24	1950 25	1951 26	1952 27	1953 28		49 24	50 25	51 26	52 27	53 28					
西部平地群 100	110	111	8	河中泉				11				水外 88	90	1.002	4.2				3.8	0.004	35	5.6	0.2	八万地獄
		112		灰白湧出泉									87	1.005						0.004	11	1.0		1953 生ず
	120	121		透明泉							61	63	62	1.001			3.3							
		122		透明泉							54	86	83	1.002			3.2							
		123		透明泉							71	71	70	1.002			3.2							
		124	7	透明泉									76											
	ダゴヤ群 130	131	5	大噴気孔				92	76	89	79	89	90		2.2									
		132		透明小湧出泉						84	87	85.5	91.5		2.2		2.9		3.0					1950年のみ間カツフン気(22分
		133		カニアワ泉				81		87	80		89.5	1.001			2.9	2.6	3.1		71	4.49	52.2	
		134	6	黒い湧出泉	2.1	0.637	0.1	83	89.9	77	72	84 88	80.5	1.003	2.4	2.6	2.8	2.4	2.8	0.011	18	2.24		
	140	141	1	突沸透明泉	0.4	1.05	0.2	95	85.3	91	90.5	90	91	1.000	2.0 2.8	2.6		2.4	3.6	0.0105	355	1.68		
		142		噴気孔						90	91		85									-		
		143		透明泉						86	83		82	1.0005				2.8			71	212		
		144	2	白濁湧出泉	25.0	50.0	1.0	73	75.1	62	43	68	65.5	1.0005	1.2	1.2		4.0	3.8	0.004	71	6.7		1950年よりミクリ川の水を導入雄山荘湯元となる。よつて温度濃度共に低下す
		145	3	黄白湧出泉	8.0	6.0	0.6	76	75			26	35	1.0005	1.8	1.8		4.2	4.0	0.004	71	1.79		同上（ミクリ川の水は146 145 144 の順に導かれ水管にて雄山荘に通ず）
		146	9	透明湧出泉				87	85.2						2.2									上の通路となり1950年以後殆んど消滅の状況
		147		透明湧出泉															2.8					
		148		白濁湧出泉															2.8					
	150	151		泥土噴気				90		88		92												飲食物の煮炊に適す1953に至り休止
		152	4	スリ鉢泥状泉	4.7	14.0		92	87.4	86		89	90	1.008	1.2	1.2		1.2		0.073	2630	2.24	49.2	百姓地獄　突沸激し
		153		泥土噴気									91											1953突然 151 北東に生ず
	160	161		大噴気孔				92		95		113	110											
	大安群 170	171		噴気孔				90				90		1.003				2.4		0.0195	355	1.12		
		172		黒色泥状泉				86				82		1.002				2.4		0.015	35	2.8	36.0	
		173		黒色泉				81				81.5		1.002				2.8			71	4.49	27.9	
中心丘陵群	鍜屋群 210	211		カヂャ大噴気				110		94		114	112										0.6	カヂャ地獄
		212	10	黒色泥状泉	10.0	8.5		77	89 93	80	90	79	79.5	1.006	1.2	1.2		1.2	2.8	0.0485	1542	4.45	20	雄カヂ
		214		黒い孔下に透明泉	0.15	0.075		90			63	63	64					1.2	3.0	0.038	1210	4.49	6	
		215		小噴気孔																				
		216		灰色泥状泉															3.0					
		217		湧出泉																				1953 生ず
	220	221	イ11	黒色泥状泉				81	86.4	88	83	85	89	1.004			4.6	1.0	2.6		3320	2.24		泉量減少の傾向
		222	イ12	黒色コロイド状泉				81	88	86	83	92	90	1.005	1.2	1.2	1.9	2.9		0.288	10550	2.46	153	著しいコロイド状泉　泉量次第に減じ噴気盛となる
		223	イ10	黒色大泥状泉	9.0	9.0		78	83.2	82	81	84	80.5	1.003	1.2	1.2	2.8	1.2	2.8	0.033	159	1.68	25	
	230	231	イ13	スリ鉢泥状泉				101		90	87	89	89	1.006			2.9 1.2	0.8	2.0	0.22	1047	2.24	190	モトカンカツフンキ(1948 15/10秒 1950 53〜54/分 1951フタが吹き飛ばされ突沸泥地獄となる)
	240	241		大噴気孔				90			96		91											
		251		透明湧出泉					89.6	87					1.2									
		252		〃																				
		253	イ6	〃																				
		254	イ1	〃																				
東部斜面群 300	310	311		噴気孔				90			90	92	91	1.006			3.8	2.8						噴気の横に小泉あり
		312		湧出泉								58	57	1.000				5.0			161	3.36		
		313		透明湧出泉									61.5	1.002										1分間に37回突沸（1952）1953年も同じ
	320	321	イ5	青白河中泉	4.5	79.0	6.0	78	45.8	40	49		39	1.001	3.2	3.6	4.2	4.2	4.0	0.004	35		1.64	紺屋地獄（死の淵）
		322		透明湧出泉																				
	330	331	イ3	大噴気流水泉	2.4	0.73	1.0	88	78.1	82	87		83	1.000	2.8	3.0	4.3	5.2	3.8		1.0	11.7		突沸　房治湯元
		332	イ4	透明湧出泉			0.03	67	50		51		51				2.8							
		333	イ2	大噴気流水泉	0.75	0.15		86	83.4	83	85	69	75	1.001	2.6	3.4	2.9	4.8	3.6		35	3.9		突沸
		334		小噴気孔																				
		335		小噴気孔				79					75											
		336		大噴気孔				91		91	87	86	87	1.000				3.8						
		337		小噴気孔				84		95	89		85											
		338		微噴気群								64	65	1.001				2.6				8.9		
	340	341		噴気孔				87			86						3							1953年 342 と通じ泥状泉となる
		342		黒色泥状泉							82	76	84.5					2.8	1.2	0.012	106	3.36	73.1	
		343	イ1	流水泉	1.6	0.32	2.0	80	76		71	65	75	1.002	2.8		3.3	4.0	3.4					突沸
		344		弱噴気孔				89					85											
		345		弱噴気孔				86					83											
		346		弱噴気孔																				
	350	351	イ0	乳白湧出泉	3.75	3.0	0.7		43			36	40	1.003	1.0	1.2	2.7		2.6		930	44.9		露天風呂

3. 硫黄

江戸時代、加賀藩は火薬原料等のため地獄谷で硫黄を採掘していた。『岩峅寺文書二二三』に次のようにある。

立山地獄谷ニ有之候硫黄、掘出候ハヽ、御国産に茂相成候間、右掘出方書付相勤度旨、新川郡下青出村平四郎願書指出候ニ付、立山衆徒不致納得候而ハ、難相成儀ニ付、衆徒納得方等之儀、被申含候様、先達而申達候之處、衆徒手前被相糺、壱ケ年雑用銀二貫四百目宛云々

（文政七年）四月十九日　御算用場

富田外記殿

七、温泉

1. 地獄谷温泉

地獄谷温泉は、立山禅定道が開かれて以来、ずっと継続利用されてきたと考えられる。地獄谷には数多くの温泉があるが、昭和四五年版富山県地質図説明書をもとに書く。

温泉名	泉質	泉温（℃）	pH	出版年
雄山荘	酸性硫化水素泉	五一・〇	二・四	昭和四五年
房治の湯	単純酸性泉	四三・五	二・四	〃
	酸性硫化水素泉	七〇〜七五	二・八	〃
	酸性硫黄泉	七六・五	二・八	〃
百姓地獄	酸性含硫黄硫酸塩化物泉	八一・〇	二・〇	平成四年
みくりが池温泉	酸性単純硫黄泉	五二・〇	四・〇	〃

また、『立山高原並に地獄谷温泉の温泉気象学的研究　第二回報告』（今堀　肇・中川静雄）には、総括として、

地獄谷温泉は標高二三〇〇米、本邦最高の温泉であって、高山療養地として好適の地と考えられる立山高原中にあって環境はよく、景観は雄大、泉量豊富、泉温高く利用価値の高い温泉である。

又、日本屈指の強酸性泉で、Cl^{-}、HSO_4^{-}、SO_4^{2-}、Al^{3+}、Fe^{2+} 硫化水素等を多量に含有し、火山性温泉の全特徴を見えるものから、単に弱性硫化性水素泉に過ぎぬものまで、泉質に各種の段階があり、温泉学的にも実に興味の多い温泉である。

尚、強酸性・高温・有毒ガス等のため利用に当たっては慎重に調査研究を要するのであって、今後更に研究を続行する予定である。

とある。

2. 立山温泉

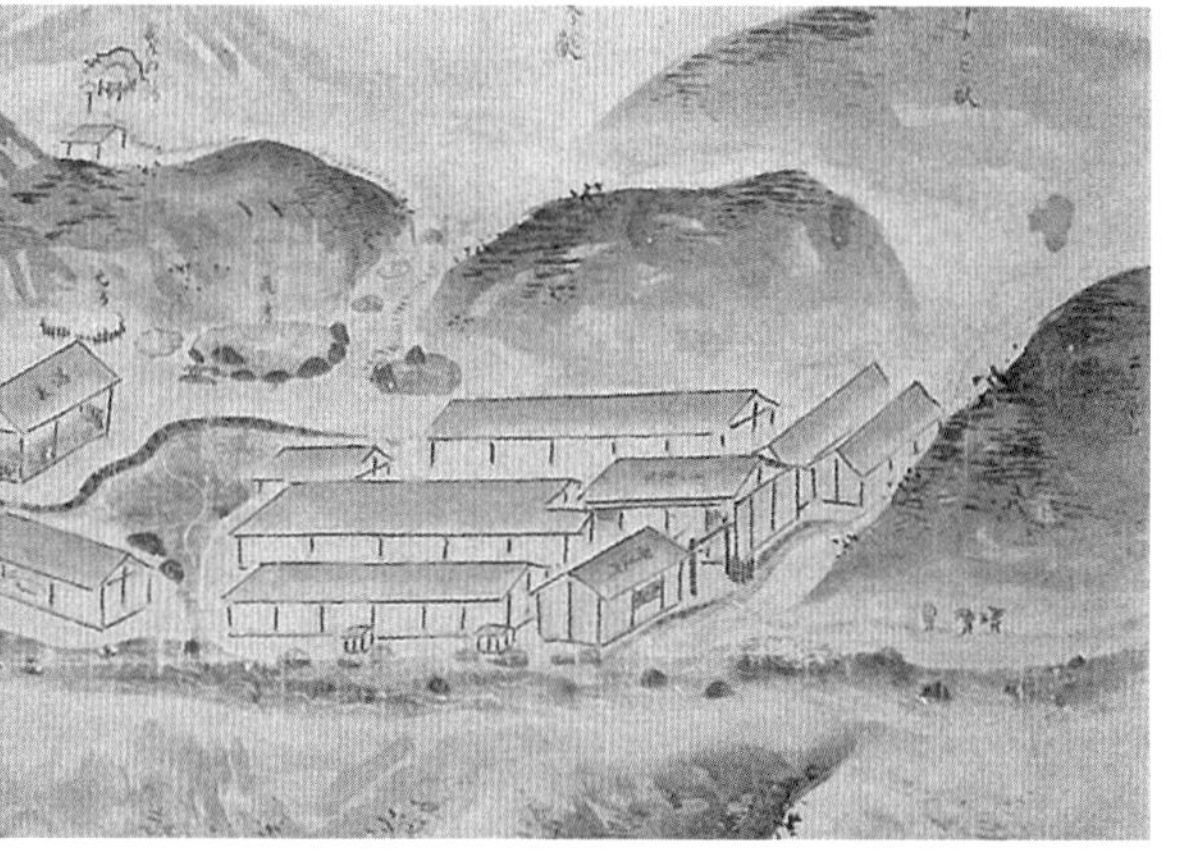

図64. 立山温泉古図

立山温泉は天正一二（一五八四）年、富山城主佐々成政が針ノ木峠を経て、浜松の徳川家康と対面する為に、この立山温泉の地を通り発見したとの伝承がある。その後、安永年間（一七七二〜一七八〇）、岩峅寺衆徒によって開湯され、文政九（一八二六）年、新川郡利田村、現富山県中新川郡立山町利田である深美（深見）六右衛門がその事業を引き継いだ。その時、医王山薬師堂を再建し、『霊宝由来記』を作った。その要旨はおよそ次の通りである。

立山の麓多枝原の名湯は雲埋行客の跡といわれ、山深く人里離れた所であったが、加賀藩主の厳命によって新道を作ったので男女貴賤を問わず群がり集まり病気を治すこと神仏の如し。これは薬師如来の慈悲であると皆が感激した。そこで御堂を再建して医王薬師如来の恩沢を感謝したいと藤田玄達（医師）が願っていた。

そして、摂州大坂堂島の富田久兵衛は瑠璃の御玉、高岡の羽広氏は行基作薬師如来像・恵心作阿弥陀如来像等の

奉納があり安置し、これで深美家年来の宿願満足せりと歓喜踊躍し、歴代万劫温泉の嶽に安置し尊敬仕え奉るものである。

立山カルデラ内の立山温泉は安政五（一八五八）年の飛越地震による大トンビ山・小トンビ山等の大崩壊で一変した。復活後も、大洪水で流され、温泉施設は今はない。

深見家には文政年中絵と思える温泉絵図がある。これには門があり、左に御役所小屋、右に元締小屋があり、出入りを取締っている。薬師堂・元湯・滝湯・屋根付の温泉・宿泊小屋（多数）。山の向こうには佐々内蔵助湯、さらにはトンビ嶽・小トンビ嶽の記入がある。

大正六年七月二四日より一〇回、富山日報に白門生が『立山温泉遊記』を連載している。それには、

・立山温泉の源泉は湯岸（湯川）右岸の低き処にあり、これを樋で左岸に導き、さらに水車仕掛けのポンプで高浴場に送っている。

・源泉では湯煙がもうもうと立ち上がっている。岩石の間より流れ出る湯の量はすこぶる豊富で、その大部分は湯川に捨ててある。湯の出る付近は熱くて跣足では歩けぬ。聞くところによると、この湧泉地はもと湯川の左岸にあったが、安政年間の大鳶山崩壊で今の右岸になった。

などとある。昭和四五年版富山県地質図説明書には次のようにある。

温泉名	泉質	泉温（℃）	pH
湯の川温泉	単純泉	八七・六	七・三

3. 仙人温泉　付仙人窟・石仏・ヒカリゴケ

仙人温泉は黒部川支流の仙人谷上流部にある。昭和四五年版富山県地質図説明書に次のようにある。

温泉名	泉質	湧出量	泉温（℃）	pH
仙人の湯	含緑礬酸性泉	一二〇ℓ／分	八〇〜九五	三・〇

温泉の効能としては、

浴用　筋肉痛・リューマチ・神経痛・皮膚病

飲用　貧血症

などと、現地の湯舟の横に書いてある。

ここ仙人の湯のそばに、大きな岩盤を屋根にした、畳一〇畳程の岩屋がある。岩屋

写真123　仙人窟

写真124　仙人温泉

写真125　仙人窟内

写真126　仙人窟内石仏

と岩屋内のヒカリゴケ、石造阿弥陀如来坐像はともに黒部市指定文化財である。『宇奈月町誌』に次のようにある。

仙人岩屋（石くつ）とその中の石仏は、立山をめぐる山岳信仰の貴重な遺跡・遺物である。所在地は辺鄙な深山であり、かつ峻険の地であることから、岩屋とその近辺は修験者の宿所及び行場であったと考えられる。

岩屋は花崗岩の一枚岩を屋根とする自然洞であるが、前方は人工築造によるものである。窟内の中央に安置された石仏は、ほぼ正方形の切石板の正面に厚肉彫りの阿弥陀如来坐像である。摩滅はあるものの肉髻、通肩の衲衣、定印の印相、それに蓮台には魚鱗葺の蓮弁も認められる。おそくとも南北朝時代までにはつくられたものであろう。なお石質は凝灰質砂岩である。

窟内に生えるヒカリゴケは、高さ五～八㎜、葉状左右二列、シダの葉のようになっている。胞子が発芽して伸び、レンズ状細胞の中の葉緑体が外からの光を受け淡黄色の光を反射する。岩屋内の地上や、岩壁一面に群生している。

南北朝時代といえば、『太平記』の時代、後醍醐天皇の第九皇子恒良親王。立山には恒良親王ゆかりの地名がある。称名川沿いの七姫平・法童平・惶性寺壁、山では早乙女山がある。恒良親王は修験でもあり、ここ立山一帯を特に好まれて修行を重ねられたのかもしれない。仙人窟内の石造阿弥陀如来坐像を、修験の行者は里で彫り、石像を背にして錦織りなすこの地に来て、この岩屋に安置し、自分の安全・極楽往生を願うと同時に、今後、立山にあこがれてこの地を訪れる修験者の安全や国家の平安をも祈願したのであろう。

八、湖沼

立山山中の湖沼について、その概略を昭和三四年『富山教育』の「古文献に現われた立山山系の湖沼」（広瀬　誠）におよそ次のようにある。

古くから立山信仰の中心であった地獄谷付近に血ノ池（血ノ池地獄）がある。昔は名前の通り真赤に煮えくりかえり、子を産まなかった女、あるいは難産で死んだ女が堕ちる地獄とされ、立山縁起曼荼羅の類には必ずこの池が描かれている。この熱池に手をひたすと、肌が赤く染まって容易にとれなかったと古書にある。明治三十六年の書物に「もと轟々たる音ありしが、数年前より熄みたり」とあって、活動がとまり、その後、静かな冷たい池となり、水色も赤いとはいえなくなった。現在はリンドウ池と呼ばれている。

リンドウ池の南に美久里ガ池・緑ガ池両湖が並んでいる。二つとも龍の住む池として恐れられている。特に美久里ガ池は深く大きく、夏も雪を浮かべているので氷地獄・八寒地獄といわれた。昔修行者がこの池を侮って泳いだところ、龍に引きずり込まれたとの伝説がある。

古くは美久里ガ池・緑ガ池の名称が現在と反対だったらしく、元禄一三（一七〇〇）年の絵図には、上（東）の池が美久里ガ池、下（西）の池が緑ガ池となっている。ミクリガ池は立山神の御供水の池という意味のようであり、緑ガ池は水色の印象に由来する名であるので、現在と反対の方が適切である。それが、ある時、下の池を御供水の池にしたので、名前も替わったのであろう。

上の池、現在の緑ガ池について文化九（一八一二）年水の涸れた記録がある。また、昭和六年にも水が半減し泥色に変じたとの記録がある。大正一五年の調査では褐色湖、戦後の調査では緑色湖になっているので、この池は、水量・水色ともに変動の激しいことがうかがわれる。

天保六（一八三五）年加賀藩の学者上田作之丞の『老の路種』には、美久里ガ池の水が湖底から漏れて地獄谷へ川となって流れ出ていることが観察されている。杉木有一は貧栄養湖である点に注目して「寒池ニテ生類有ルトハ見エズ」と書いている。

明治初年ナウマンが初めて火口湖と認めた。大正一五年に中村道太郎がゴムボートを浮かべて調査している。

標高二八八五mの別山頂上には硯ガ池がある。別山は地獄信仰上重要な地で、帝釈天が人々を裁判する場所と考えられ、今も池の傍に帝釈天の祠がある。池の底が硯のようになっている。

硯ガ池のすぐ下にもう一つ池があり、古文献にはない池で、最近スズリにちなんでスミ池（植木忠夫教授命名）と呼ばれている。

立山カルデラの湯川谷には幾つもの池がある。古刈込池は悪龍を封じ込めた恐ろしい池と考えられ、霊山立山における重要な存在として曼荼羅にも描かれているが、元禄（一六八八）以前水が涸れてしまった。しかし、文政・天保（一八一八―一八四四）頃、水が溜って湖水を再現したことがあるようですが、その後また水がなくなり、現在は大きな湿原となっている。伝説では、悪龍が害をなしたので、池に経文を投じて祈ったところ、龍は法力に負けて池もろともに雲となって昇天し、その跡が湿原と化したと伝えられる。

もとの刈込池が消滅して後、湯川対岸の火口湖を新しく刈込池と呼んでいる。これが刈込池第二世である。今は湿原と化した刈込池第一世は、文化八（一八一一）

年の絵図には、「池の大きさ五十間四方」（周囲三六〇ｍ）とある。

刈込池第二世の奥に新湯地獄（新湯）がある。この池は初め、孫池あるいは孫刈込と呼ばれる冷たい池であったが、一八五八年安政大地震の際、突然熱い湯に変わったといわれている。安政の立山地震は跡津川断層の活動によるが、火山活動をも誘発したことが想像される。当時の記録として、富山の町から立山湯川谷の奥に噴煙の立ち昇る図がある。明治二六年ウェストンはこの熱池を「湯のたぎる輝かしい青い水」と呼んで注目している。

この池は湯ガマ（湯の花や玉滴石などの沈殿物や鉱物の結晶）を採集するため業者が西の壁の一角を破壊したので、その後、湯量が減したという。

新湯地獄の奥に彦池という小池のあったことが古地図にあるが、その所在は不明である。この付近に大きな山崩れの跡があるので、それで埋まったものと思われる。

松尾池も多枝原池も古文献には記載がないので、安政五年の大地震で出来た池と思われる。大鳶山地震絵図には多枝原付近に「此辺に狩込ノ池程ノモノ出来」と書いた付箋が貼ってある。

松尾池の別名をドジョウ池と言うが、ドジョウは全然いない。大地震で池が出来た当時の泥沼のような印象からドジョウを連想して名づけたのかもしれない。

剱岳の東方池ノ平に剱池がある。文化頃（一八〇四―一八一八）の絵図に単に「池有」と記入してあるが、江戸時代末頃（一八六〇頃）の絵図には、はっきりと「剱池」名が記載されている。小黒部谷から剱沢へ越える山間交通の要路に当たっていたので割合早くから知られていた。大正二年吉沢庄作氏がこの池を再発見され、昭和六年この池のサンショウウオを調査され、氏は剱池を仙人池の名で発表されたが、「仙人池」は別にある。

仙人池は剱池の東、仙人峠の向こう側にある。仙人谷からは南北朝時代の石仏が発見されており、古くから霊山剱岳を尊崇する修験者達が入り込んでいたので、仙人池や仙人湯の存在も知っていたにちがいない。しかし、秘密的修行だったためか古記録は残っていない。大正一五年登山家冠松次郎氏によって発見命名されている。（以下略）

1．餓鬼の田

餓鬼の田は、弥陀ヶ原から天狗平にかけて点在する約二八〇〇個にも達する小さな池、池塘である。大日平にも点在する。餓鬼の田の大きさは一～八㎡程のものが多い。また、一㎡未満のものから一五〇㎡のものまで大小様々である。

餓鬼の田辺にはキダケミズゴケ・ワタミズゴケ等が生育し、田圃のアゼのように盛り上がっている。また、出来た池の中にはミヤマホタルイ・エゾホソイ・カワズスゲ・ダケスゲ等の植物があり、その様子が早苗を植えた稲田に似ているので、罪を犯して地獄の餓鬼道に堕ちた亡者が、飢えをしのぐために耕作し、田植えをした田圃に見立てて、「餓鬼の田」と呼ばれている。

『立山略縁起』には、春と秋の彼岸の日に、弥陀化仏菩薩がここ弥陀ヶ原に集まり、田の作業をし、音楽を奏し、舞って精霊を慰めたので「精霊田（しょうらいだ）」とも呼んだとある。

餓鬼の田の周囲には、ミズゴケの他に、モウセンゴケ・イワイチョウ・ナガホノワレモコウ・ワタスゲ・チングルマ・ヤマトキソウ等の植物が生えている。

昆虫にはカオジロトンボ・ルリボシヤンマなどトンボ類、クモマツマキチョウ・ヒメキマダラヒカゲ・コヒョウモン・ベニヒカゲなどのチョウ類が見られる。池中にはプランクトン・ツヅミモなどの藻類が生息している。

餓鬼の田一帯は寒冷気候の為に、枯死した植物は微生物等に分解されないので、年々堆積し、泥炭化している。

写真127．餓鬼の田

2．ミクリガ池

標高二四〇五ｍの室堂平にある。池は長径二四六ｍ・短径一六〇ｍ。最大深度一五ｍの卵形。水蒸気爆発で形成された爆裂火口に水が溜ったもの。池には動物プランクトンのミジンコ類、植物プランクトンのケイ藻類、その他では、プラナリア・ヒメゲンゴロウ・コセアカアメンボ・カワゲラ幼虫等が生息する。『富山教育　植木忠夫』には、動物プランクトンと湖底泥土中の珪藻類の資料がある。

ミクリガ池は夏でも雪を浮かべているので「氷地獄」「八寒地獄」の名がある。八

第7表　ミクリガ池の動物性プランクトン

1.	Daphnia longispina（O. F. MULLER）ハリナガミジンコ	R
2.	Daphnia pulex（DE GEER）ミジンコ	R
3.	Chydorus sphaericus（O. F. MULLER）マルミジンコ	C
4.	Cyclops vicinus（ULJANIN）キクロップス　ヴィチヌス	R

（右端に示すCは、Common，RはRareの略）

第8表　ミクリガ池湖底泥土中から見出された珪藻類

市川渡（1957）による。CはCommon，RはRareの略。

1.	cymbella hebridica（GREGORY）GRUN.	C
2.	Eunotia suecica　A. CLEVE.	R
3.	Eunotia valida　HUST.（？）	R
4.	Epithemia sp.	R
5.	Hantzshia amphioxys（EIIR.）GRUN. fo. capitata O. MULL.	R
6.	Pinnularia hemiptera（KTZ）RABIL.	C
7.	Pinnularia viridis（NITZSCIT）EIIR var. rupestris（HANTZSCIT）CLEVE	R
8.	Pinnularia appendiculata（AGARDH）CLEVE.	C
9.	Pinnularia borealis EIIR.	R
10.	Pinnularia borealis EIIR. var. brevicostata HUST.	R
11.	Pinnularia microstauron（EIIR.）CLEVE. fo. diminuta GRUN.	R
12.	Stauroneis anceps EIIR.	R
13.	Eunotia Iunaris（EIIR.）GRUN	R

図65．ミクリガ池の珪藻

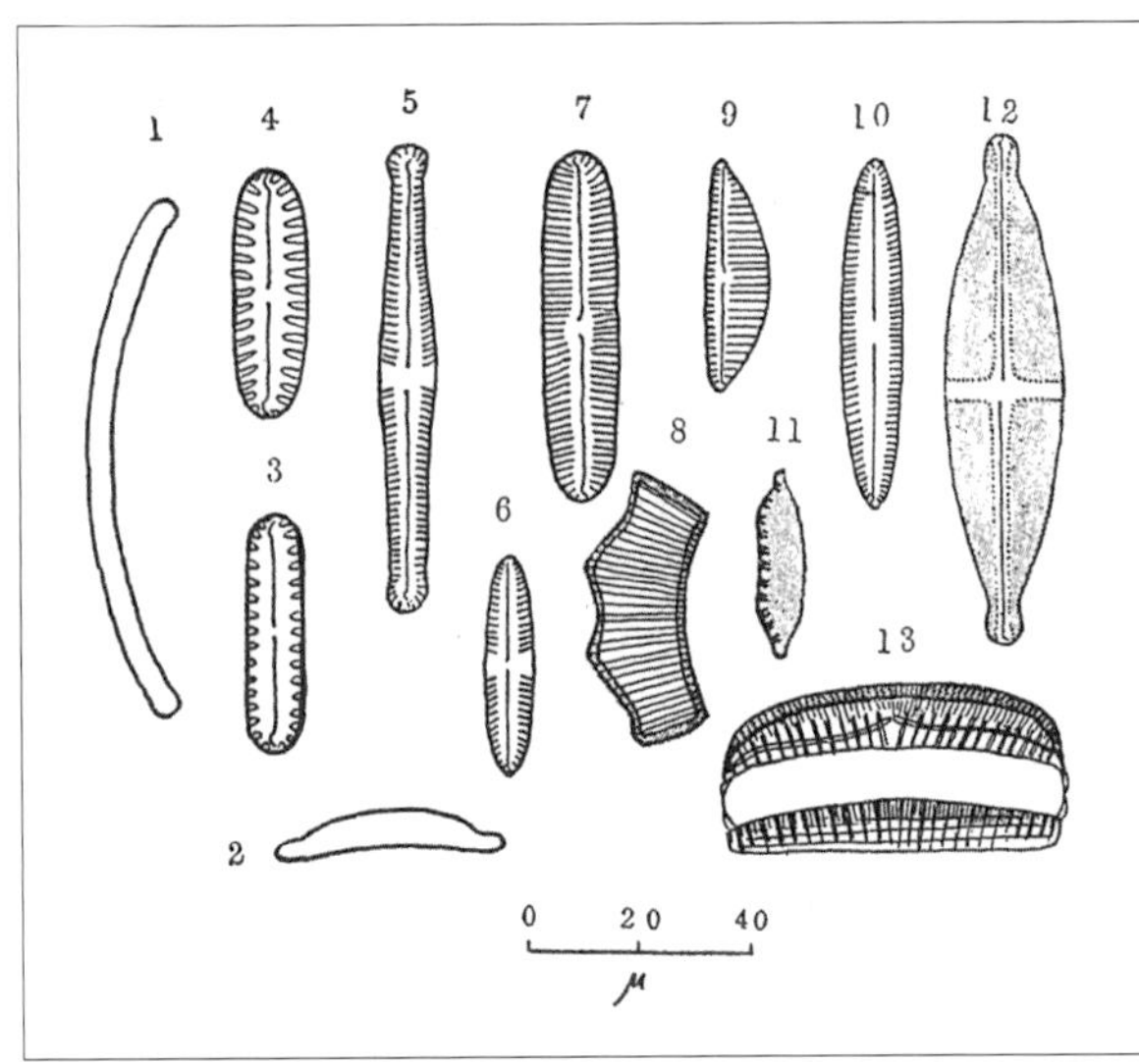

（　）内の数字は、右表の学名番号

1（13），　2（3），　3（10），　4（9），　5（8），　6（11），　7（7），
8（2），　9（1），　10（6），　11（5），　12（12）　13（4）

月一二日から七日間、ここで地獄供養が行われ、法華経を読誦しながら池をめぐったので「ミクリガ池」の名がある。また、「ミクリ」は「御厨」で立山権現の御水、また食物調理用の水のある意ともいわれる。

元和三（一六一七）年の夏、越前の小山の法師が立山に参詣し、室堂司掌の案内で地獄谷を巡検した。そして、最後にミクリガ池に来た。その時、司掌の延命坊は、地獄の形相から人の世の罪を説き、またミクリガ池、八寒地獄の恐ろしいことを話した時に、小山法師はカラカラと笑い、

八寒地獄とはこのように小さい池か、越前では百姓達の種漬け池程度の

と言ったところ、延命坊は、

それは面白い。種漬け池とならばここで泳ぐことなど平気であろう。拝見したい。

これを聞いた小山法師は、すぐに裸になり、口に懐剣をくわえて入水し、池を一周して岸に上ったので、延命坊は、

あっぱれ、あっぱれ。されど越前では種漬け池に懐剣をくわえて入るの？

と申したところ、小山の法師は、さればもう一度と、剣を捨てて水中に飛び込み、池を三めぐりした時、身体は湖心に吸い込まれ見えなくなったという。その後、この池は三繰ケ池となったともいう。「種漬け池」とは、秋に収穫したイネの種子を四月に入ると、約一週間清水につけて、発芽しやすいようにしてから苗代に蒔く。この時に、水につける小さな池が種子漬け池である。

3．ミドリガ池

地獄谷爆裂火山群の一つである。爆裂で生じた火口に水がたたえられて生じた火口湖。標高二四三〇mの地にあり、長径一四三m、周囲三二一m、表面積約四二〇〇㎡のサツマイモ形の池。水の色は一九五二年は緑色であった。周囲のミクリガ池ではハイマツ群落があり、その下にコケモモ群叢が見られたのに対し、ミドリガ池の周囲ではイワイチョウ群落が目立っている。池には動物プランクトンのヤツナギ・ミジンコ、植物プランクトンの珪藻が生息している。池の沿岸帯や北西部にある排水口付近にはプラナリア・コセアカアメンボ・ヒメゲンゴロウやトビゲラ・カワゲラの幼生が生息している。湖辺にはヒキガエルもいるという。

第9表　ミドリガ池の動物性プランクトン

1.	Dinobryon setularia EHRENBERG　ヤツナギ	C
2.	Daphnia pulex（DE GEER）ミジンコ	R
	同上　Ephippium	R
3.	Alona quadrangularis（O. F. MULLER）シカクミジンコ	R
4.	Chydorus sphaericus（O. F. MULLER）マルミジンコ	C
5.	Cyclops vicinus（ULJANIN）キクロップス　ヴィチヌス	R

（右端に示すCは、Common，RはRareの略）

4．リンドウ池

この池も立山火山活動第4期の水蒸気爆発で生じた火口に水がたたえられた池。池の周囲に紫色花のオヤマリンドウ、濃青紫色花のミヤマリンドウ、青紫色花のタテヤマリンドウが多いのでこの名がある。

5．血ノ池

血ノ池の浄土川への流れ口が、以前はもっと高かったので大きな池であった。尾根筋から眺めると水の色が赤く見えたので「血ノ池」の名がある。しかし、現在は流れ口が低くなり、乾燥化が進み、イワイチョウ・エゾホソイなどの植物が侵入し、餓鬼の田に似た大小約一〇個の水溜りと化した。池底には赤色の鉄分があるので、血の池の名残りを止めている。

『立山町史』に、血ノ池についておよそ次のようにある。

　血盆経略縁起に次のようにある。

　血ノ池は広さ八万四千由旬、鉄梁・鉄柱など百三十件の責め道具がある。女人が地獄の苦痛を受けるのは、女人が娑婆にありし時、月に七日の月水を流し、一年に八十四日、また安産流産の時、不浄の下血を以て諸神諸菩薩を汚す。これは一代の中、幾百日の不浄である。（中略）血ノ池地獄には糸より細き業の橋が架けられ、獄卒が多くの罪人を責め寄せ、罪人に向かって、この橋を渡り無事向こうの岸に至れば、成仏ができると告げる。しかし受苦より逃れんがためにこの橋を渡ろうとすれば、橋は細く、しかも罪業が重い罪人の身であるために、必ず真中より切れて、血ノ池に身体がおちることは必定で、鬼達は前より一層鉄鎚で呵責するという。

立山の僧達は、古来、ここ血ノ池地獄の付近に戒壇を設け、毎年七月一五日に総出仕の上、女人成仏のための大施餓鬼法要を行うとともに、血盆経一千巻の供養を執行し、諸国から奉納された女子の名前を血脈に記入し、「某女菩提の為」と一つ一つ丁寧に読み上げ、血ノ池地獄に投ずる。この功徳によって堕女人は如意輪観音菩薩の霊験を蒙り、血ノ罪障は一切消滅するとともに、女人は苦界から離脱し、血ノ池地獄を出て極楽浄土に往生ができ、また、重い業のある女人に対しては、観世音菩薩が代わってその苦しみを受けるとも説いたという。

6．硯ケ池

硯ケ池は標高二八七四mの別山南峰にある。硯ケ池は木曽御岳、一の池（標高二九

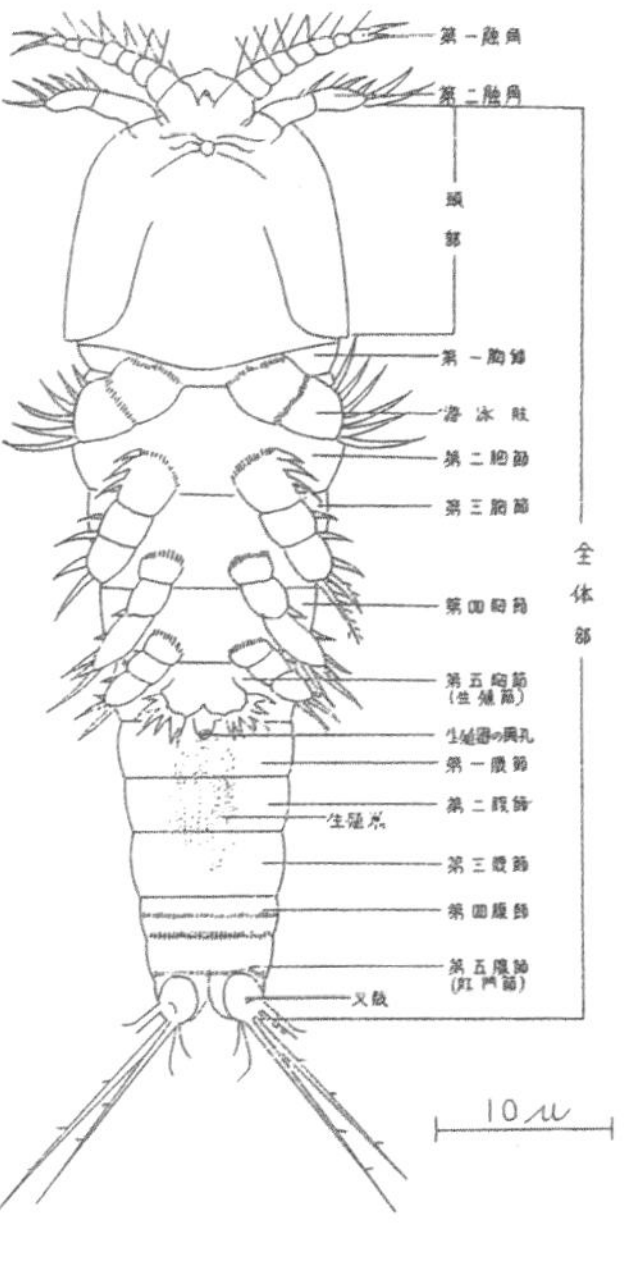

図66．Moraria sp.（♂）腹面図（佐伯泰正，1954）

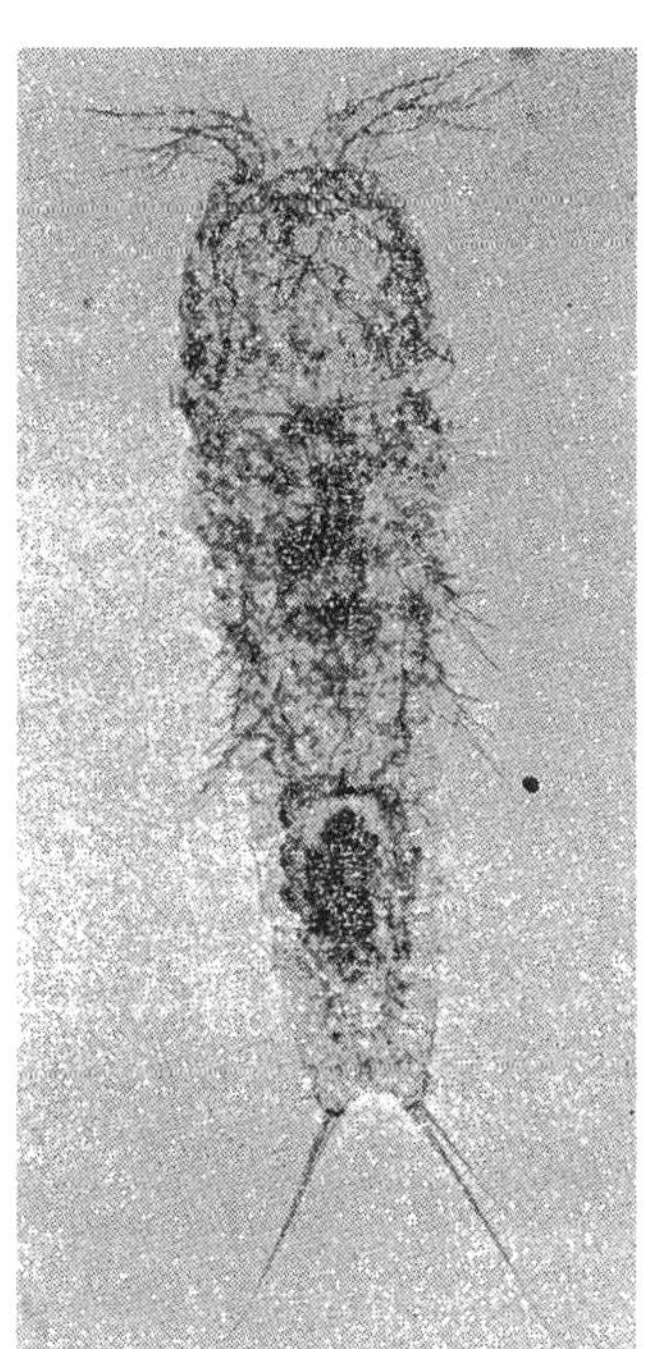

写真130．Moraia sp.（♂）の顕微鏡写真（別山スズリガ池産）

（『富山報告』（植木忠夫）より）

写真128．硯ヶ池

写真129．硯ヶ池

八〇ｍ）、二の池（二九〇五ｍ）に次いで日本第三位の高山湖である。雪渓のない時は卵円形で長径約一〇ｍ、短径約五ｍ、周囲三八ｍ。最深三〇㎝程である。写真のように雪渓の量によって変化する。雪渓が多い時期には硯のように見える。水のある所は硯の「池」、雪渓の所は硯の「陸（おか）」である。

一九五三年八月二三日、湖水内でモラリア属に属する動物性プランクトンの珍種が発見され、富山大学植木忠夫教授によってマタテヤマケンミジンコと命名された。体長は約〇・五㎜、尾部にケンを持ち、規則正しい刺毛の列が特徴である。一九二七年七月、木曽御嶽三ノ池（二七二〇ｍ）で、オンダケトビケラが多数発見され、以来ここが日本最高地点の湛水産動物の生息地といわれていたが、硯ケ池はその高度を更新した。

硯ケ池のある別山は、立山曼荼羅絵解きに、次のようにある。

別山　帝釈天の御在山ニシテ、即チ歓喜光仏ナリ、大ヒ也池アリ、清浄ニシテ誠ニ天水甘露ナリ、帝釈天ノ硯リ水ノ池ト云、大権現ノ示現ニ依テ、此ノ所ニ有頼様具足ヲ納メ置玉フナリ、御カミヲ洗ヘ玉フ所アリ、然レハ則此ノ帝釈天ハ欲界六天三十三天ノ主也、六天トハ四天王天、夜摩天・都央天・楽変化天・他化自在天・忉利天、此忉利ハ梵語、此ニハ三十三ト云、是須弥山ノ頂ニ四ツノ峰アリ、一峰ニハ八天ツツ有テ三十二天トナリ、此ノ三十二天ヲ四角四面ニ並ヒ立テ、帝釈天其ノ中ニ居玉フヲ善現天ト云、是デ三十三天ニなるなり、此ノ楽ハ喩ユベキガタキ、故ニ殊勝殿トモ、又喜見城トモ云ナリ、然ルニ此ノ帝釈天、我々ヲ哀ミ、歓楽一切衆生ニ得セシメント思召テ、此ノ別山ニ立チ給ヘテ、子ナキ者ニハ人種を授与、子孫を守り、人民を悉ク適悦シメ玉フナリ。

また、帝釈天は左右に十大天子を伴なって守護させ、その十大天子は万民の善悪・邪正を察知し、それらを書いて帝釈天歓喜仏に報告をする。その報告書を書く墨汁を作る硯が「硯ケ池」でもある。立山一山の衆徒は、諸国檀那廻りに持参する経衣には、梵字の経文が全面に木版印刷されている。この時の墨汁も硯ケ池の水を使用していたし、現在も立山では、「硯ケ池」の水を使うという。

7．仙人池

標高二〇八〇ｍ、仙人池ヒュッテ前にある。この池に行くには剱沢大雪渓を下り、真砂沢ロッジ前からは南股を北に進む。二股で三ノ窓雪渓と小窓雪渓の水を併せた北股川に架かる吊橋を渡り、仙人峠に登る。仙人峠では写真のように雲海に浮ぶ夕映えの後立山連峰が素晴らしい。特に正面の、堂々とした鹿島槍ケ岳の双峰が良い。

さて、仙人池は、氷河によって形成されたカールを、氷河末端に堆積した堆石堤で囲まれた部分に、水がたたえられて形成された氷河湖と考えられる。秋になると立山の紅葉は美しい。中でも、仙人池での剱岳は素晴らしい。朝日に照らされた剱岳の峰々と池面に映える剱岳本峰と八ツ峰の姿は絶景である。

池の直径は約三〇ｍ。最大深度は約二・五ｍ。池にはヤマヒナガケンミジンコが多く生息するので、プランクトンネットが赤くなる。これは、このミジンコの体中の赤い色素によるという。池の中には島があり、イワイチョウ、シダ類、スゲ類が生息している。

ハクサンコザクラ　チシマキキョウ　イワイチヨウ

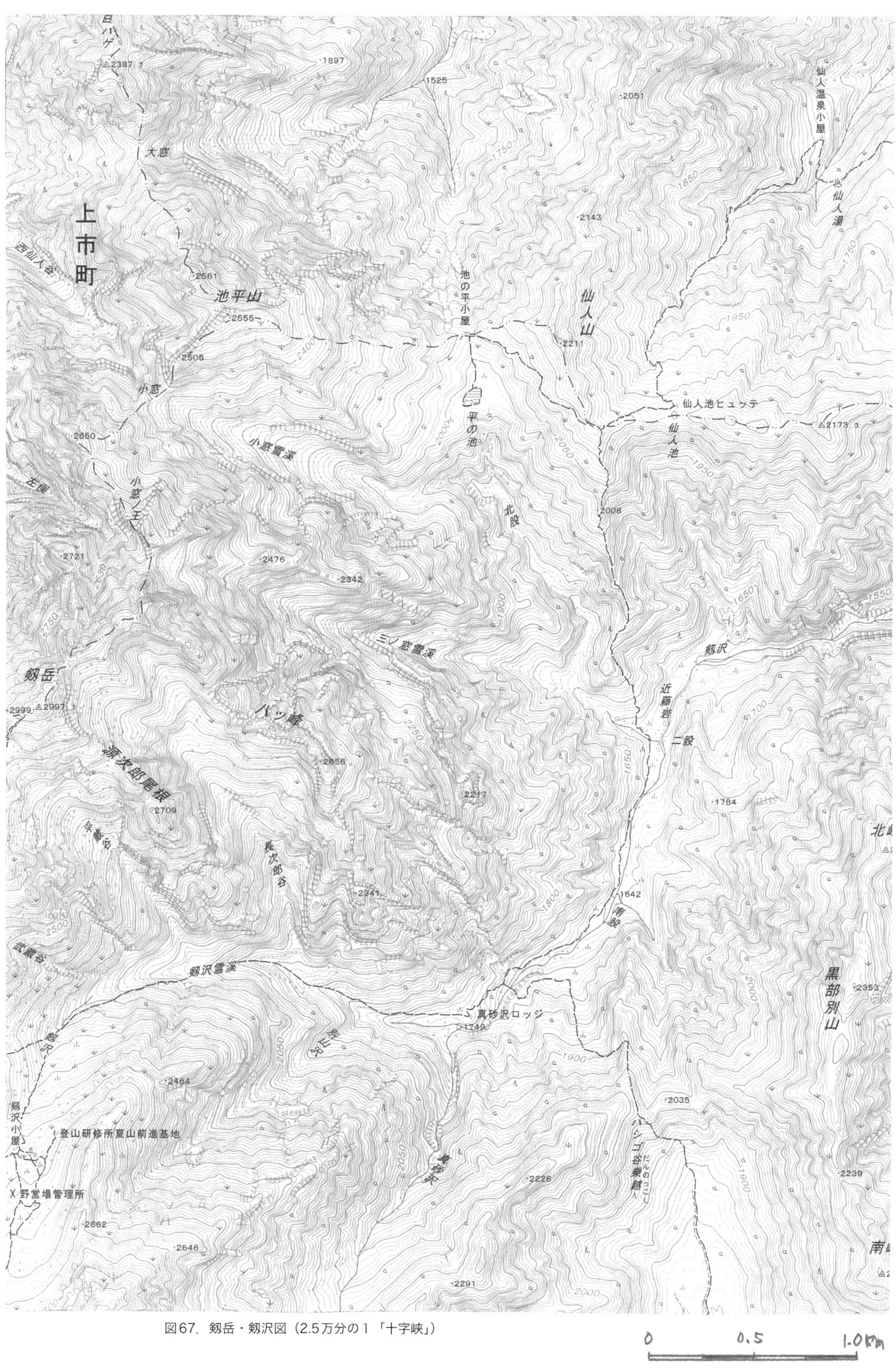

図67．剱岳・剱沢図（2.5万分の１「十字峡」）

写真131．仙人池と剱

写真130．北股川の吊橋

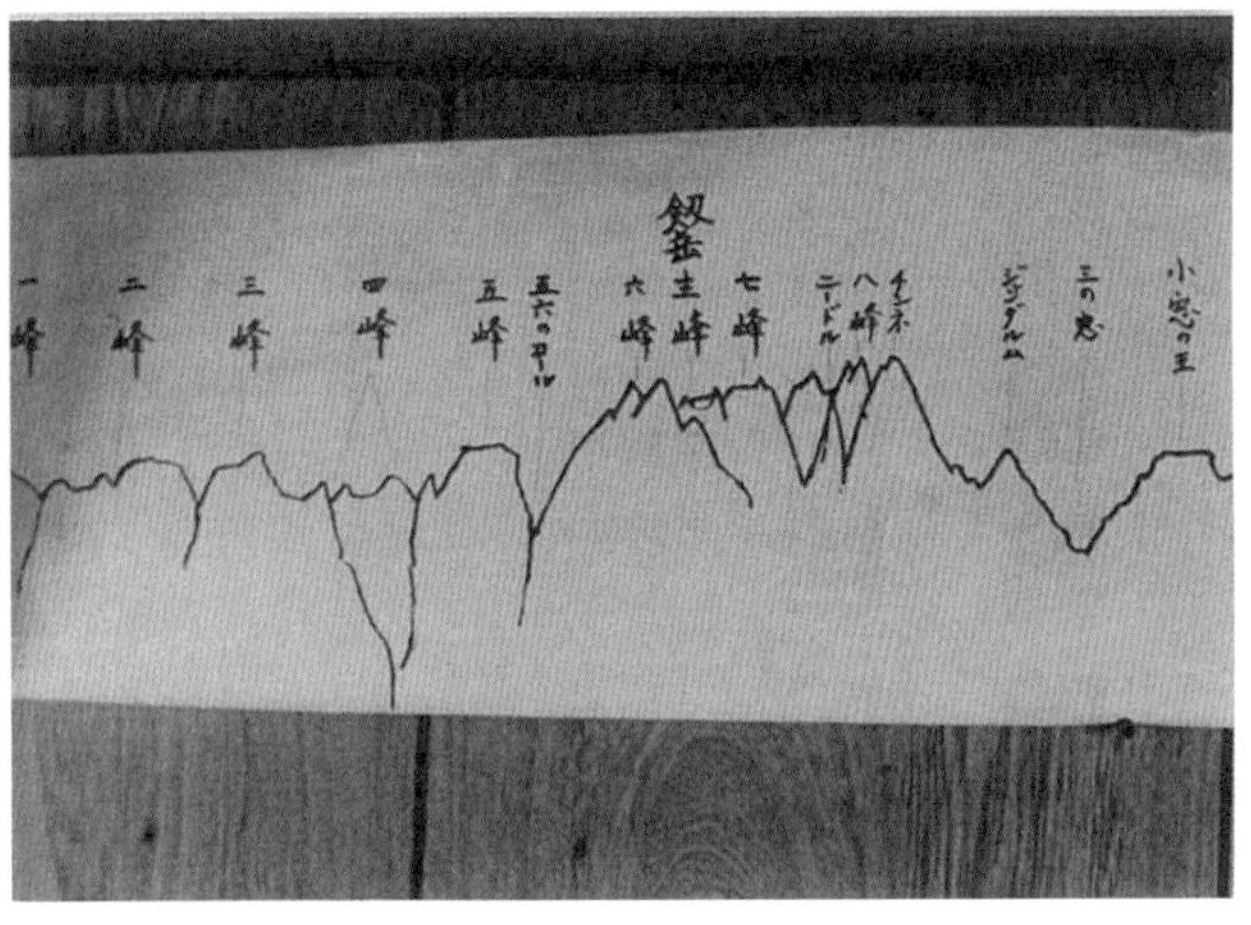

図68．剱の峰々図（仙人池ヒュッテにて）

写真132．後立山連峰（仙人峠より）

8．平の池

平の池の標高は一九八〇m。剱沢の北股上部にある。二股から北股を北西に登ると小窓雪渓に至る。その途中で北に登ると平の池に至る。

平の池は稜線の南斜面にあり広い。その面積は室堂平のミドリガ池程である。池の南側に東西約一五〇mのモレーンの堆石堤が出来たので平の池が誕生した。平の池は氷食作用で出来た氷河湖である。ただこの池への水の供給地面積が狭いので、写真のように貯水量が減少すると、底が現われていくつかの池に分化する。長い年月、そのような状態が継続すると池底にも植物が生育し、現在のように数個の餓鬼の田が誕生した。

池にはクロサンショウウオ・トビゲラ・ヤゴなどの小動物が見られるという。

写真133．平の池
『越中山河覚書Ⅱ』（安井一朗より）

9．古刈込池

この項は『富山教育』（植木忠夫・広瀬　誠）による。

「刈込池の名は、古文献には狩籠池・狩込池・駆籠池などと記され、悪龍・悪蛇を追い集め、これを法力で、勝手にその池から出られないようにとじ込めた池という意味がある。和漢三才図会や古文献・古絵図類を調べると、現在立山カルデラで刈込池と呼ばれている池とは、全く別の刈込池が存在していたことがわかる。

例えば、「越中国立山異変図（安政五年）」。杉木有一の「安政大地震　大鳶小鳶山

山崩大水淀見取絵図」、石黒信由の「三州測量図籍（天保六年）」には、どれにも湯川南岸の現在の刈込池とは全く別に、湯川北岸に「古刈込池」と記されている。五万分の一「立山」地形図の、立山湯泉と現在の刈込池とのほぼ中間の北岸で、松尾坂と松尾谷との間辺に、極めて緩傾斜の広々とした湿原の記号が記されている。この地、地図の○印の地が「古刈込池跡」であって、長径約三〇〇m、短径約二〇〇m、ほぼ楕円形で、湖岸の周囲は約七〇〇mの湖が存在していたことがわかる。標高約一四一五mである。

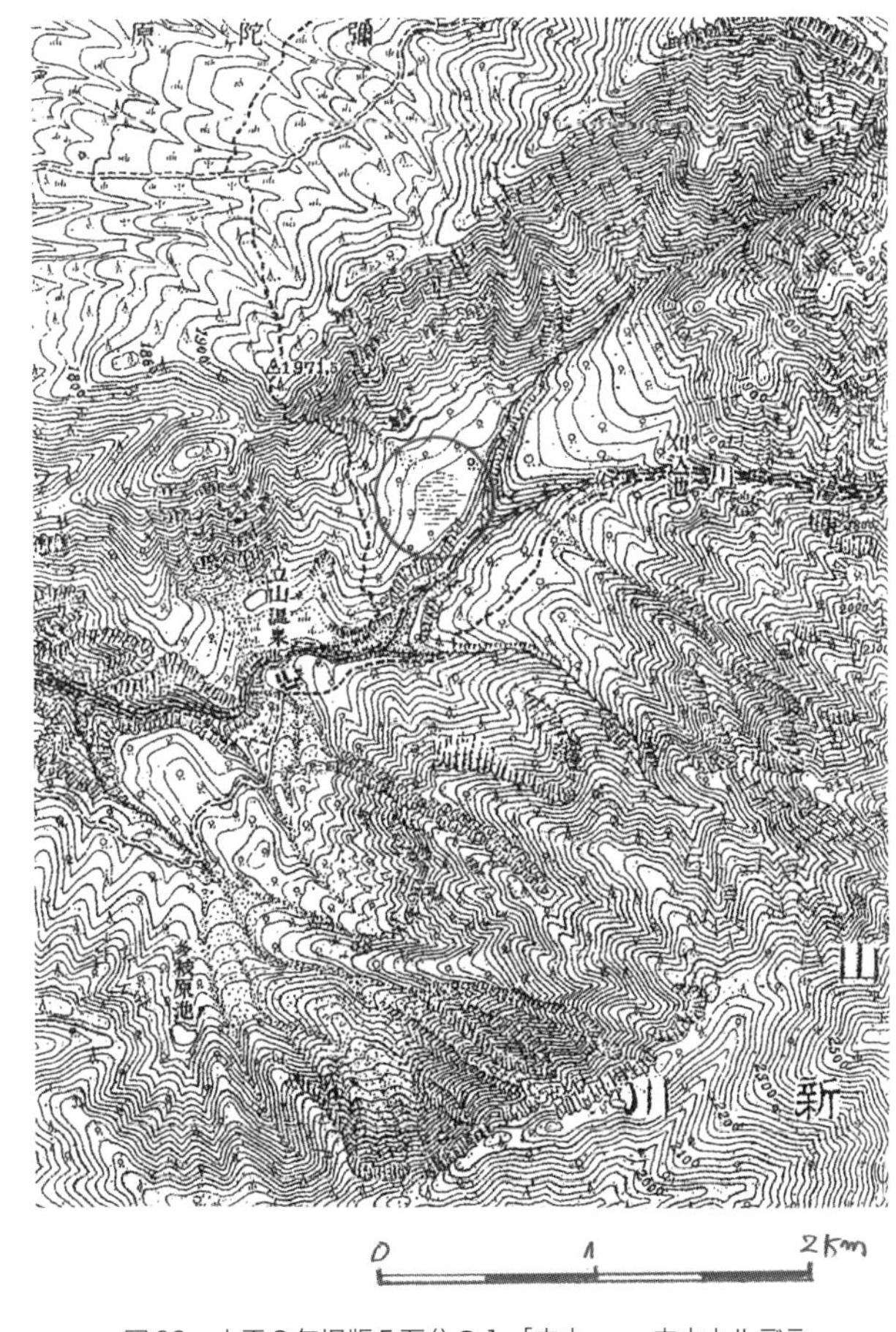

0　1　2km

図69．大正２年旧版５万分の１「立山」　立山カルデラ

立山カルデラ内では地形の変化が激しい。例えば標高一四五〇mにある多枝原池が一九二六年の中村道太郎の調査では最深部は一七mもあったが、それから二六年後の植木らの調査では六・六mと、約三分の二も浅くなっている

このような事実から、この地が古刈込池跡であった。この古刈込池は元禄期（一六八八年）以前に一度消滅している。それが文政天保（一八一八—一八四四年）の頃に再び水が溜り、一時的に湖沼となったが、安政五年の飛越地震で湯川全体が湖水となって水没し、後、湯川の支流である松尾谷が湯川に合流する付近で湖岸が崩壊し、そこが排水口となり、湖水が流出し、水が渇いて湖底が湿地帯となったと思われる。

この湿地帯の表層部（第一層）の土壌中には種子植物や蔵卵器植物の根にまじって

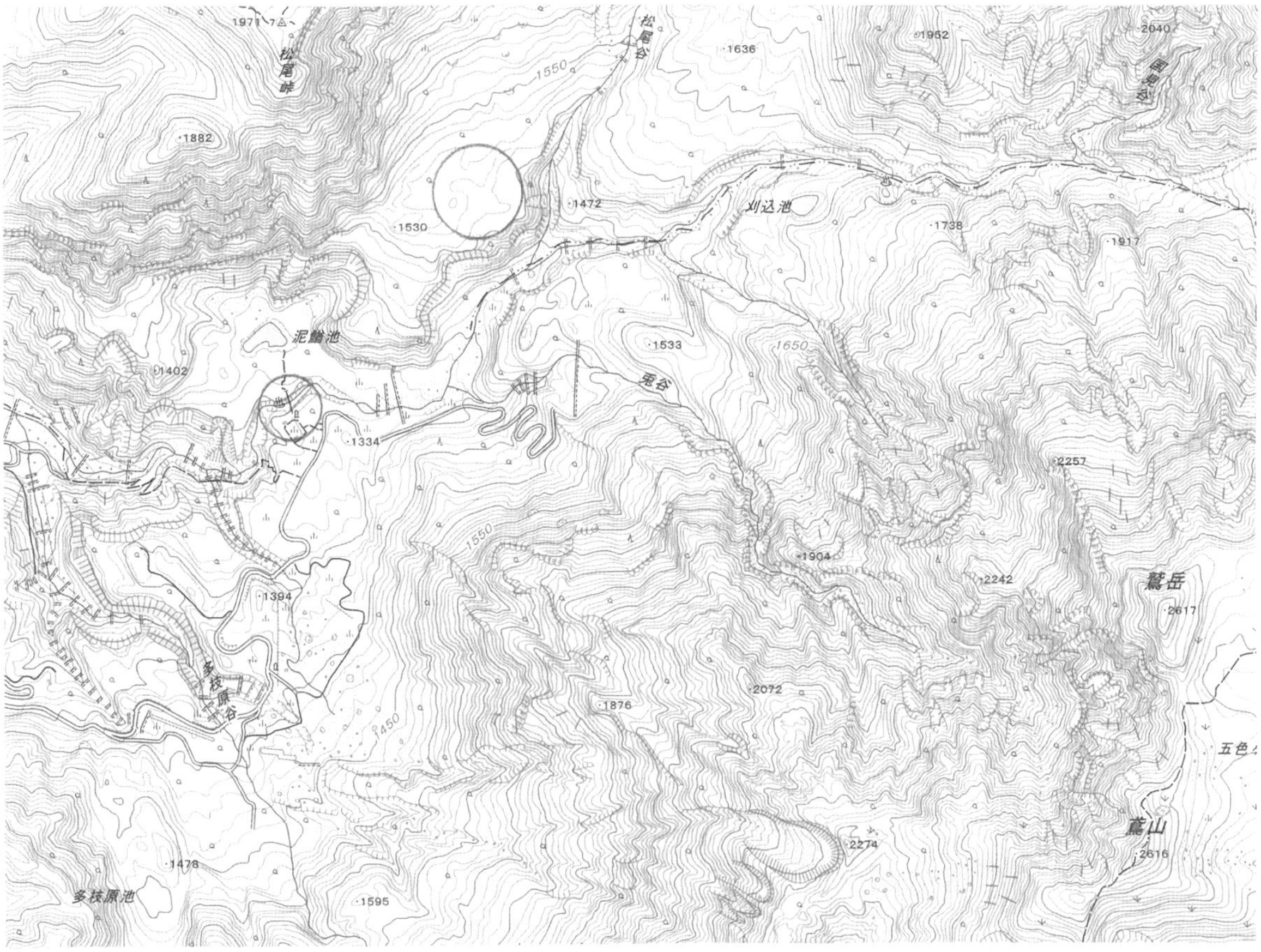

図70．現行　2.5万分の１「立山」　立山カルデラ

0　0.5　1.0km

写真134．
松尾峠山腹より古刈込池の湖址（写真中央部の湿地草原）を望む。写真上方の白線部が松尾谷の流れ。
（『富山教育』（植木忠夫・廣瀬誠より））

珪藻類の
　Cymbella, Eunotia, Navicula
鞭毛類の
　Trachelomonas volvocina
　Trachelomonas oblonga
などが多く見られる。他に黄金藻類や珪藻類の
　Synedra, Pinnularia, Neidium,
　Cyclotella, Surirella
が若干見られる。

表層部から約一〇cm以下の第二層と、その下層部である第三層には、微小石と微小土塊が混在している。ここにも種々の微生物が見られる。すなわち、

第二層では珪藻類のSynedra. Cyclotella. Nitzshia、鞭毛類のTrachelomonas volvocinaが見られる。第三層からは珪藻類のSynedra. Cyclotella. Naviculaや鞭毛類のTrachelomonas volvocina. Tr. oblonga、それに黄金藻類の殻が少々見られる。

以上のように、表層部（第一層）と第二層・第三層に見られる淡水産微生物の種類、またその個体数に差異が見られるということは、この古刈込池は長い年月の間に何回も出現したり消滅したりした証拠ではなかろうか。

古刈込池跡である湿地帯の松尾谷に面する地域は、やや低位にあるので、この部分に人工的に堤防を築き、松尾谷の川水を導入し、湯川谷方面に排水口を作り、流入口と排水口のある人工湖としたならば立山山系最大の湖沼となろう。さらには湖水の水質や水温など調査の上で、近くの泥鰌池での好い経験もあるので、ニジマスの稚魚の放流もしたい希望があるとある。

微生物の調査は京都大学大津臨湖実験所の各位、また同定は同所日下部有信氏にお願いした。（昭和三四・一〇・四）

10．刈込池

現刈込池は湯川の左岸、南側の新湯の西約四〇〇mの地、標高一五七五mにある。

刈込池の長径は約一三〇m、短径は八〇m。卵形をしており、最大水深は一一m。成因には水蒸気爆発による火口湖説と、せき止湖説とがある。植木忠夫・藤川　浩によると、刈込池には動物性プランクトンとしては次の四種のみが観察されている。しかし、その個体数は豊富であるとある。

一、Holopedium gibberum Zaddach　ホロミジンコ
二、Daphnia longispina (O. F. Muller)　ハリナガミジンコ
三、Acanthodiaptomus pacificus Burchhadt　およびその幼生
四、Alona offinis (Leydig)　シカクミジンコの一種

この中で、Acanthodiaptomus pacificusは立山地内ではここ刈込池でしか見つかっていない。この他に、二〜三㎜の大きさのドブシジミを数個体採集した。

両生類ではモリアオガエルとクロサンショウウオの幼生が沿岸部で多数見られた。また、湖辺にはヒキガエルが多くいる。

植木・藤川らの調査後に、ここ刈込池がイワナが放流されたので、時にはその魚影が見られるという。

写真135．湖面に周囲の潅木を映す刈込池
（『越中山河覚書Ⅱ』（大野豊より））

古刈込池のことと思うが、『芦峅寺一山文書　七九』に次のようにある。

立山狩籠池与申ハ、大権現龍神狩籠置被成、岩峅寺支配仕池ニ而御座候。先年御郡方より雨乞数度被仰付、相勤申候ニ付、当年永日照耕作日損仕候故、当月十日ニ御郡方十村より、先格之通、立山狩籠池ニ登、雨乞可仕旨被仰付、衆徒之内上下六人、狩籠池ニ為登申候所云々

寛永六（一六二九）年八月十八

日

ここ狩籠池には雨神・龍神をとじ込めてある。また雨乞いの場所でもあった。

写真136. 多枝原池

(『越中山河覚書Ⅱ』(大野豊より))

11. 多枝原池

立山カルデラ内の池。小鳶爆裂火口内の南端に位置する小火口湖である。その標高は一四五〇m。長径は約一六〇m、短径は約一三〇m。

この池には一九二六年の中村道太郎の研究調査がある。それから二六年後の一九五二年八月、植木・藤川・平田が調査した時には、湖底の形が大変化していた。中村の調査では、巾着(きんちゃく)形であった湖面のスムースな形態が、図のように、相当に出入りの多い湖岸となり、最大深度も一七mあったのが、今回は六・六mと浅くなっていた。水色は青色湖から緑色湖へと変化し、さらに、水の透明度も九mあったものが、その水も混濁し、わずかに二mしかない。

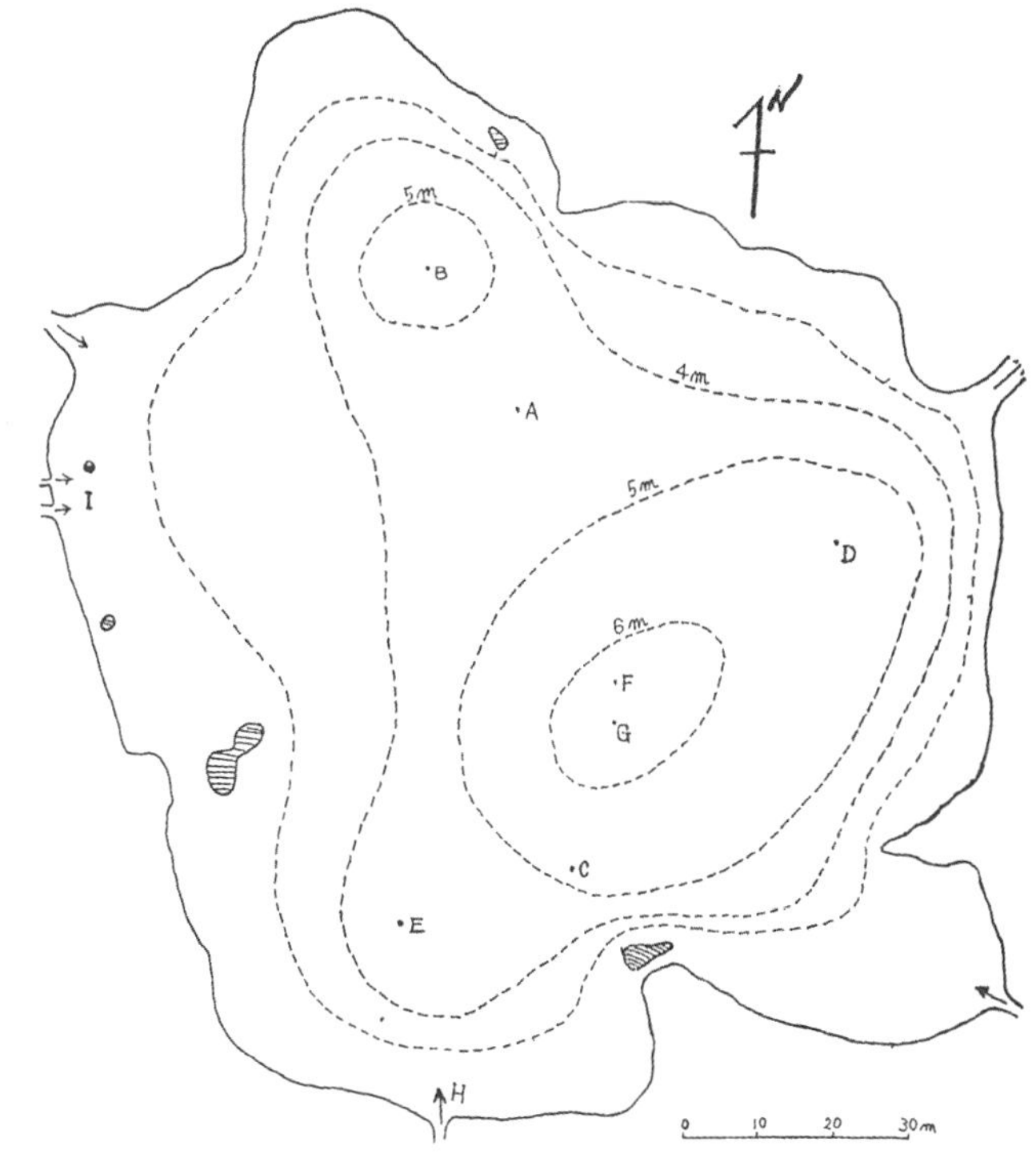

図71. 多枝原池の等深図

(『富山教育』(藤川・植木・平田より))

多枝原池に生息するプランクトンは、『富山教育』(植木忠夫・藤川　浩・平田卓一郎)の研究によると下の通りである。また、池内にはクロサンショウウオや放流されたフナが生存しており、周辺の木の枝にはモリアオガエルの卵塊が多数あるという。

タテヤマキンバイ

第10表　多枝原池産プランクトン目録

A. 動物性プランクトン

原生動物門・鞭毛綱・渦鞭毛目

1. Peridinum willei HCTTFEL - KAAS

少

輪形動物門・クルマムシ綱

2. Keratella quadrata O. F. MOLLER
3. Notholca labis GOSSE.

節足動物門・甲綱殻・橈脚目

4. Cyclps vicinus ULJANIN.

多

B. 植物性プランクトン

葉状植物門・珪藻綱・中心目

Fam. Coscinodiscaceae

1. Melosira italica (EHR) KUTZ.

葉状植物門・珪藻綱・羽状目

Fam. Eunotiaceae

2. Eunotica pectinalis (KUTZ.) RABH. var. minor (KUTZ.)

RABIL.Fam. Fragilariaceae

3. Tabellaria flocculosa (ROTH) KOTZ.
4. Tabellaria fenestra (LYNGB.) KOTZ.
5. Meridion circulare AGARDH var constricta (RALES) VAN HEURCK.
6. Fragilaria construens (EHR) GRUN. var. bivoidis (EHR) GRUN.
7. Fragilaria pinnata EHR.
8. Fragilaria sp.

Fam. Naviculaceae

9. Navicla pupula KUTZ.
10. Pinnularia macilenta (EHR) CLEVE.

少

11. Pinnularia major (KUTZ.) CLEVE.
12. Pinnularia microstauron (EHR.) CLEVE var. Brebissonii (KUZT) HOST.
13. Cymbella helvetica KUTZ.
14. Cymbella ventricosa KUTZ.
15. Cymbella rupicola GRUN.

少

16. Gomphonema acuminatum EHR. var. coronata (EHR.) W. SMITH.
17. Gomphonema longiceps EHR. var. subclavata GRUN.

Fam. Nitzschiaceae

18. Nitzschia palea (KUTZ) W. SMITH. ?

12. 泥鰌池（松尾池）

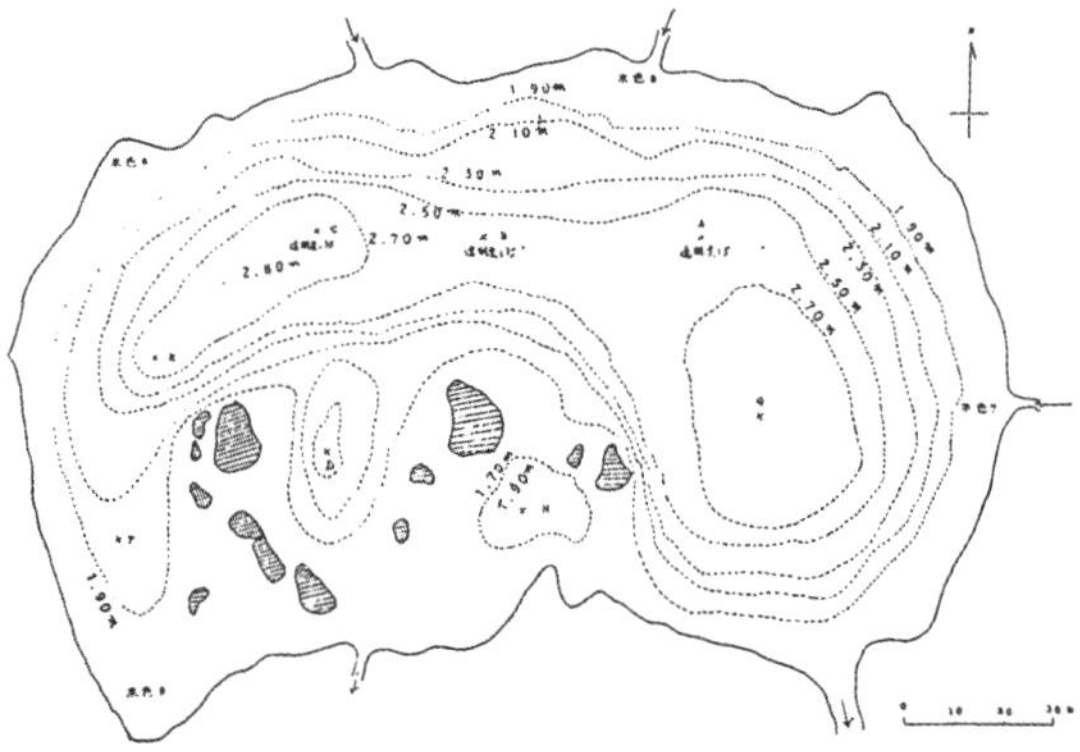

図72. 泥鰌池の等深図
（『富山教育』（植木忠夫・藤井昭二・平田卓郎・藤川浩より））

写真137. 立山温泉客のどじょう池のボート遊び
（『大山の歴史』より）

立山カルデラ内の池。標高一三一〇mにある。この池は、安政五年の飛越地震の時に形成されたという。大地震で大規模な山崩れが生じ、水をせき止めて生じた「堰止め湖」という。その形は現行の二万五千分の一地形図「立山」とは形はだいぶ異なるが、上の等深図は一九五二年植木忠夫・藤井昭二・平田卓郎・藤川　浩の調査図である。この時は長径約二〇〇m・短径約一〇〇m、湖岸線の長さは五五〇mであった。泥鰌池には大小一五個の島があった。池の流入口は松尾峠側に二ケ所、東側に一ケ所ある。

湖水の色は、池全体が同一色ではない。池の北西部の流入口付近は藍色、北東部では緑色、南西部の水の停滞している所では黄色である。このように同一色でないということは、水がいくつかの塊をなし、混ざり合っていないことが原因と考えらえる。

泥鰌池の動物プランクトンは、橈脚類の　Cyclops vicinus (ULJANIN)、Diaptomus pacificus Burckhardt などが見られる。また、輪虫類の Polyarthra trigla Ehrengerg と Notholca labis Gosseが見られる。植物プランクトンではMelosira sp. Ulothrix spなどを産する。

一九五二年の植木・藤井・平田・藤川の泥鰌池の化学成分の分析結果、水温、pH、溶存酸素量等の諸条件を検討された結果、一九五五年八月に、体長六cmのニジマスSalmo irideus Gibbonsを約二五〇〇尾放流された。その四年後の調査では、その体長が五〇～六〇cmに成長していた。さらに体長二～四cmの二世のニジマスが多数いることが確認されている。

泥鰌池には、その後に持ち込まれたフナやドジョウも生育している。

ここ泥鰌池は立山温泉前に位置していたので、営業時は温泉客の絶好な散策遊園であった。

13. 立山新湯

立山新湯は標高一六二〇mにあり、直径約三〇mで、ほぼ円形をしている。爆裂火口湖と考えられている。湯の表面温度は約七〇℃、pHは約三。強酸性温泉水である。湖周がそそり立っているので危険で、詳細な調査は不可能という。

北西隅に人工的にこわされた、排水口がある。『富山教育』（藤井昭二・植木忠夫・平田卓郎・藤川　浩）によると、一九五四年八月には、排出口からの排湯量は毎秒約3ℓであった。明瞭な流入口はないが、湖面を見るとほぼ湖心の三点から熱湯が湧出していることがわかったという。一九〇四年の吉沢庄作の記述によると、湖心には倒木が見られた。このことから立山新湯の深さは深くても五m位という。

写真138. 立山新湯
（『五万分の一「立山」地質図説明書』より）

立山新湯は、もとはただの池であったのが、安政の地震で湯が湧き出したと伝えられる。吉沢庄作の観察では、明治の初めまでは間歇泉であったという。

ウォルター・ウェストンは明治二六年、この立山新湯を見て次のように書いている。

湯川という急流におりて、その左岸を辿ってゆくと、熱湯のたぎっている不思議な池があった。周囲は三〇〇ヤードで、まるい形の池の岸に硫黄の堆積した露頭がある。その水は目のさめるような青い色をしているが、一八五八年の安政大地震までは氷のように冷たかったという。（『日本アルプスの登山と探検』青木枝朗訳）

写真139．玉滴岩
（『深見家祖先の軌跡』より）

立山新湯には国指定天然記念物「玉滴石」が産する。玉滴石はタンパク石の一種で、その化学組成は$SiO_2 \cdot nH_2O$である。ここの玉滴石は岩石の表面に皮殻状に産出したり、粒状で産出する。江戸時代から明治期にかけて、立山温泉経営者であった深見家の標本は粒状である。この粒状の玉滴石は「山姥の握り飯」と呼ばれていた。『越中国誌　第五巻』（杉木有一）に次のようにある。

雲根志ニ越中立山ハ其奥深クシテ登山スル人稀ナリ、近年地獄廻リト云フニ居リテハ種々ノ怪異ナル事アルヨシ。或人此処ニ至リテ、大石ノサケヤブレタルヲ見タリ其石中ニ此物アリ案内セシ男ニ尋ヌルニ稀ニ川ヘ流レ出る事アリ、俚俗山姥ノ握リ飯ト云フ。其形飯ヲ握リタルガ如ク数万粒塊ヲナセリ。白色玲瓏トシテ大ナルハ指頭ノゴトク小ナルハ麻ノ実ノ如シ円ニシテ甚美ナリ。安永元（一七七二）年辰九月濃州三宅氏ヨリ得タリト云々。

九、滝

滝とは、河川の瀬の傾斜の急な所を勢いよく、流れる水を言うという。また、高い崖から流れ落ちる水のことで、この場合は「瀑布」とも呼ばれる。称名滝・剱大滝は瀑布ではなかろうか。また、侵食力の大きい急流に、侵食力の小さい支流が注ぐ所には懸谷が出来、流水が滝となる。

1．称名滝と『平家物語文覚上人』

称名滝は称名川の滝である。この「称名」と言う名は、この滝の発する音が、あたかも「南無阿弥陀仏」とお念仏を唱えている声に聞こえたので名付けられたといわれている。この称名滝は立山火山の第二期の活動による厚さ約五〇〇mにも達する主に、溶結凝灰岩層にある。称名滝は写真のように、ハンノキ滝（又はネハンノ滝）とともにアルファベットのV字形をして滝壷に落下している。

称名滝の上流「称名上ノ廊下」は弥陀ヶ原を深さ約一五〇mも侵食し、その出口から一斉に三五〇mを落下してはいない。四段に区切って落下する。上から順に一段目の落差は上流の瀑流三〇mを含めて七〇m、二段目は五八m、三段目は九六m、四段目は一二六m。合計三五〇mである。しかし、最近、滝の侵食・崩壊で滝は後退し、

写真140．①梅雨期

写真141．②融雪期

称名滝

写真142．③大雨警報中

四段目は少し変化している。

称名滝を落下する水の流量は毎秒〇・五～二トンという。また、融雪期や梅雨期など豊水期には一〇〇トンに達するという。写真①は梅雨末期の大雨警報発令中のもの、②は融雪期のもの、③は①と同じ二〇一一年七月三一日大雨警報発令中の称名バス駅中の中継テレビ映像である。この時は四段目の滝とハンノキ滝が一体となって落ちており、毎秒一〇〇トン以上とも見える。

鎌倉時代初期、傑僧文覚上人は熊野那智滝で荒行をしたと、『平家物語』（文覚荒行）に次のようにある。そして、この文覚上人はここ立山でも修行をしたとある。修行地としては第一に称名滝、第二に不動滝等が考えられる。

抑かの頼朝と申は、去る平治元年十二月、父左馬頭義朝が謀反によって、年十歳と申し永暦元年三月二十日、伊豆国蛭島へ流されて、二十余年の春秋をおくりむかふ。年ごろもあればこそありけめ、ことしいかなる心にて謀反をばおこされけるぞといふに、高雄の文覚上人の申す、められたりけるとかや。

彼文覚と申は、もとは渡辺の遠藤左近将監茂遠が子、遠藤武者盛遠とて、上西門院の衆也。十九の歳道心おこし出家して、修行に出でんとしけるが、「修行といふは、いかほどの大事やらん、ためいてみん」とて、六月の日の草もゆるがずてッたるに、片山のやぶのなかにはひり、あふのけにふし、あぶぞ蚊ぞ、蜂・蟻なんどいふ毒虫どもが身にひしととりついて、さしくひなんどしけれども、ちッとも身をもはたらかさず、七日まではおきあがらず、八日といふにおきあがッて、「修行といふは、これ程の大事か」と人にとへば、「それ程ならんには、いかでか命もいくべき」と言ふあひだ、「さては安平ござんなれ」とて、修行にぞ出でにける。

熊野へ参り那智ごもりせんとしけるが、行の心みに、聞ゆる滝にしばらくうたれてみんとて、滝もとへ参りける。比は十二月十日余りの事なれば、雪降りつもりつららゐて、谷の小河も音もせず。嶺の嵐吹きこほり、滝のしら糸垂氷となり、みな白妙におしなべて、よもの梢も見えわかず。しかるに文覚滝つぼにおりひたり、頸ぎはつかッて慈救の呪をみてけるが、二三日こそありけれ、四五日にもなりければ、こらへずして文覚うきあがりにけり。数千丈みなぎり落つる滝なれば、なじかはたまるべき、さッとおし落されて、かたなのはのごとくに、さもきびしき岩かどのなかを、うきぬしづみぬ五六町こそ流れたれ。時にうつくしげなる童子一人来ッて、文覚が左右の手をとッてひきあげ給ふ。人寄特の思ひをなし、火をたきあぶりなンどしければ、定業ならぬ命ではあり、ほどなくいき出でにけり。文覚すこし人心ち出で来て、大のまなこを見いからかし、「われ此滝に三七日うたれて、慈救の三洛叉をみてうど思ふ大願あり。けふはわづかに五日になる。七日だにも過ぎざるに、なに物かここへはとッてきたるぞ」と言ひければ、見る人身のけよだッてもの言はず、又滝つぼに帰り立ッてうたれたりけり。

第二日といふに、八人の童子来ッてひきあげんとし給へども、さんざんにつかみあうてあがらず。三日といふに、文覚つひにはかなくなりけり。滝つぼをけがさじとや、みづらゆうたる天童二人、滝のうへよりおりくだり、文覚が頂上より、手足のつきさき、たなうらにいたるまで、よにあたたかにかうばしき御手をもッて、なでくだし給ふとおぼえければ、夢の心ちしていき出でぬ。「抑いかなる人にてましませば、かうはあはれみ給ふらん」ととひたてまつる。「われはこれ大聖不動明王の御使に、矜羯羅・制吒迦といふ二童子なり。「文覚無上の願をおこして、勇猛の行をくはたつ。ゆいてちからをあはすべし」と、明王の勅によッて来れる也」とこたへ給ふ。文覚声をいからかして、「さて明王はいづくに在ますぞ」。「都率天に」とこたへて、雲井はるかにあがり給ひぬ。たな心をあはせてこれを拝したてまつる。さればわが行をば、大聖不動明王までも、しろしめされたるにこそとたのもしうおぼえて、猶滝つぼに帰り立ッてうたれけり。まことにめでたき瑞相どもありければ、吹くる風も身にしまず、落くる水も湯のごとし。かくて三七日（二十一日）の大願つひにとげければ、那智に千日こもり、大峰三度、葛城二度、高野・粉河・金峰山・白山・立山・富士の嵩・伊豆・箱根・信乃戸隠・出羽羽黒、すべて日本国残る所なく、おこなひまはッて、さすが尚ふる里や恋しかりけん、宮こへのぼりたりければ、凡とぶ鳥も祈落す程のやいばの験者とぞ聞えし。

称名滝の第四段目、最後の滝の滝壷の直径は約五〇ｍ。深さは底知れず。となればいかに文覚上人といえども、ここ称名滝では修行は無理であろう。

『立山峰宮和光大権現縁起』（泉蔵坊本）に、

此山ノ半腹ニ七重ノ滝有リ。称名滝ト号ス。不断ノ水ハ六字之名号ヲ鼓動シ、堅固菩提心発起之躰ハ則不動明王也。

とある。称名滝と称名川とが刻んだ称名川下の廊下は、大辻山から一望できる。

2. ハンノキ滝

ハンノキ滝は弥陀ヶ原を流れるハンノキ谷の滝である。ハンノキ谷は、現在の弥陀ヶ原バス停を約一㎞、バス道路を戻った所の十字路である追分から一ノ谷、獅子ケ鼻への道を約一〇〇ｍ進んだ所の谷の、ハンノキ谷を流れる水が作る滝であるので「ハ

写真143. ハンノキ滝（中央・大雨警報中）

写真144. 不動滝

ンノキ滝」の名がある。

落差は約五〇〇mで、称名滝より長いが水量は小さい。その為に、水量の大きい称名滝の轟音にかき消されて、ハンノキ滝そのものの音は識別出来ない。

ハンノキ滝は「ネハンノ滝」とも呼ばれ、地図にその名がある。「涅槃」は仏教では釈迦入滅。心解脱を言う。また、nirvānaは「滅」の意。元来の意義は物の消滅することである。『大毘婆娑論巻十三』に、

若し一燈涅槃することあれば即ち之を記して一燈滅する。とある。nirvānaは吹き消すこと、静寂なること、又死滅することなり。

などと『富山房大仏教辞典』にある。

ネハンノ滝は、左の血気盛んな称名滝に対して水量が非常に少ない。特に、九月から一一月には消え入りそうな、寂滅寸前の滝である。水流は白糸のようにかぼそかったり、途中で途切れた包帯を垂れ下げた姿に見えたり、また音を全く発しない音なしの滝なのである。音なしの滝はネハンノ滝なのである。

3. 不動滝

不動滝は、標高二五二一mの天狗山を源にし、クネクネしながら獅子ケ鼻岩南側を西流し、やがて称名川に注ぐ長さ約五kmの一ノ谷に懸かる。この一ノ谷から、本流の称名川に注ぐ位置にある。不動滝はいわゆる懸谷である。称名川の侵食力が大きいので、谷を深く刻む。一ノ谷の侵食力が小さいので浅い谷しか刻めない。それで出来たのが不動滝である。不動滝の落差は約一三〇m・幅約二〇mである。この不動滝は弥陀ヶ原からは見えないが、対岸の大日平山荘辺からは良く見える。

文覚上人はこの不動滝で修行をしたのであろう。文覚上人の最初の修行地那智滝も落差一三〇m。不動明王影向の那智滝、ここの不動滝にも不動明王が影向されたであろう。

4. ソーメン滝

写真145. 称名峡谷とソーメン滝

ミクリガ池からもれ出る水を主に、地獄谷辺の水を集めて下るミクリ河が作るソーメン滝は、落差約一三〇m・幅約五mである。途中の岩盤が下流側へ、中国梁時代の禅僧で、七福神の一神である布袋和尚の腹のように出ている。その上を落下する水が、光を受けて、ソーメンが流れているように見えるので、「ソーメン滝」の名が付いた。

ソーメン滝は、古くは地獄の責苦（せめく）から赦免された亡者が出所する出口というので「赦免滝（しゃめんだき）」と呼ばれていた。

5. ツバクロの滝

写真146. ツバクロの滝
（『越中山河覚書Ⅱ』（高見源彰より））

称名川の最上流部にある滝である。南に伽羅陀山、北に大日尾根の鞍部である室堂乗越との間に位置する。室堂乗越側の岩壁にアマツバメやイワツバメの巣が多く、そこで育った子ツバメや、それを育てる親ツバメが滝周辺をしきりに飛び交うので、「ツバクロの滝」と名が付いたのであろう。

文覚上人は、地獄の亡者を苦界から解放する為に、地獄の山、地蔵菩薩の浄土、伽羅陀山の直下に位置するツバクロの滝で修行中に、不動明王の影向を感じられ、亡者の地獄からの解放を祈願されたのであろう。滝の落差は約三〇m。一名、不動滝かとも言われる。

6．来迎の滝

立山室堂の玉殿窟の脇にある。滝の名「来迎の滝」は、この滝に朝日が当たると虹が出来たり、この滝一帯のガス（霧）の中に、登山者自身の影が投影されて鮮彩な五色の紅環が浮かび出る現象（ブロッケン）が見られる。ブロッケンとはドイツ中部のハルツ山脈のブロッケン山で多く見られるので、この現象をブロッケン、ブロッケンの妖怪の名がある。

御来迎の見られる滝であるので、「来迎の滝」。昔は、この滝で滝垢離をし、身を清めて翌朝、山頂登拝をする人が多くいたと伝える。室堂山荘や立山室堂周辺に残雪のある間、写真のように滝が見られる。

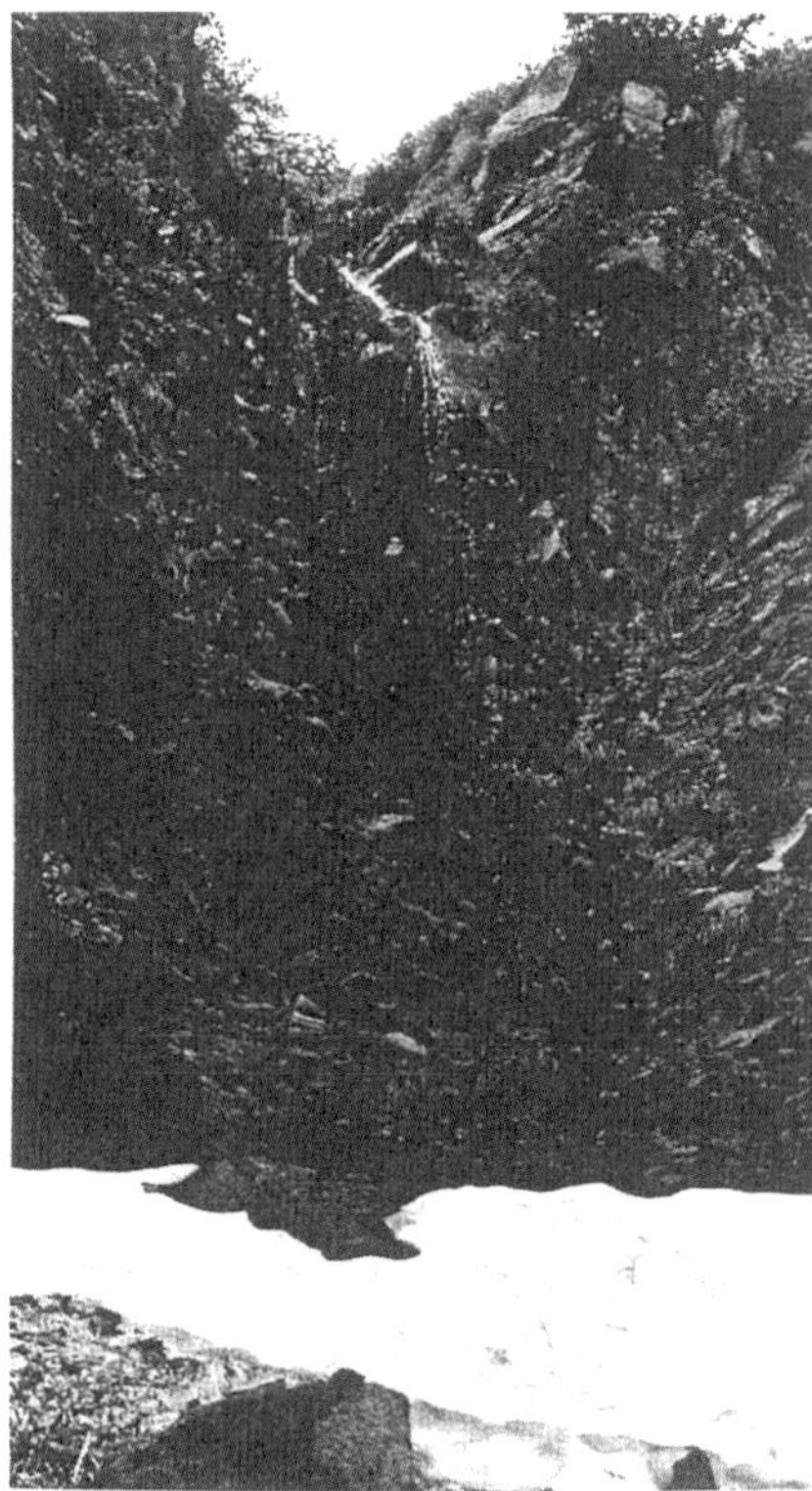

写真147．来迎の滝
（『越中山河覚書Ⅱ』（高見源彰より））

7．劔大滝

別山から劔御前山―劔岳本峰―池平山を結ぶ山稜の東面で、また仙人山―ガンドウ尾根を結ぶ稜線の南面に降る雪や雨、日本最大と言われる劔沢大雪渓の水を集めて、やがて十字峡で黒部川に注ぐ劔沢にある滝が劔大滝である。

劔沢は北のガンドウ尾根（鋸の種類の一つ、長さが二尺、三尺と長く、目の粗い鋸のこと。そのような山並み）と南の黒部別山北峰側の二つの大岩壁で狭められた所で、巨瀑を作っている。ここは劔沢がいく度となく屈曲しているので滝を見ることも、滝に近づくことも困難なので「幻の滝」の名がある。

昭和三七（一九六二）年九月鵬翔山岳会中野満他が七日間を要して劔大滝を完全踏破した。それによると、劔大滝は九段で、落差は合計一四〇mという。水量、水勢ともに称名滝以上で、日本一ともいう。

『越中山河覚書Ⅲ』の「高嶋石盛氏幻の劔大滝」に、次のようにある。

私は幸運にも昭和五十七年の十月、単独で十字峡から劔沢を遡行して滝の全容をこの目で確かめることができた。滝は大は落差四十八mから小は一mまで全部で十二段もあった。今まで九段といわれていたのである。また、今まで一つの滝とされていた中段の滝は二つからなっており、さらに最上段とされていた滝の上にもう一つ小さな滝があることも分かった。そして、下段の三段目と四段目の二つの滝は、よほど接近しない限り、たとえ空中からといえどもその全容が見えない。天然の妙、十二段の滝はそれぞれの姿と表情があって、同じものとてない。

昭和三七年の鵬翔山岳会、昭和五七年の高嶋石盛氏の調査はその時々で正しいであろう。川や滝は生き物である。滝は岩盤を侵食・破壊しながら常に後退している。二つの調査の差が、その事をよく現わしている。山が峻険であればある程、その変化が大きく、早いのである。

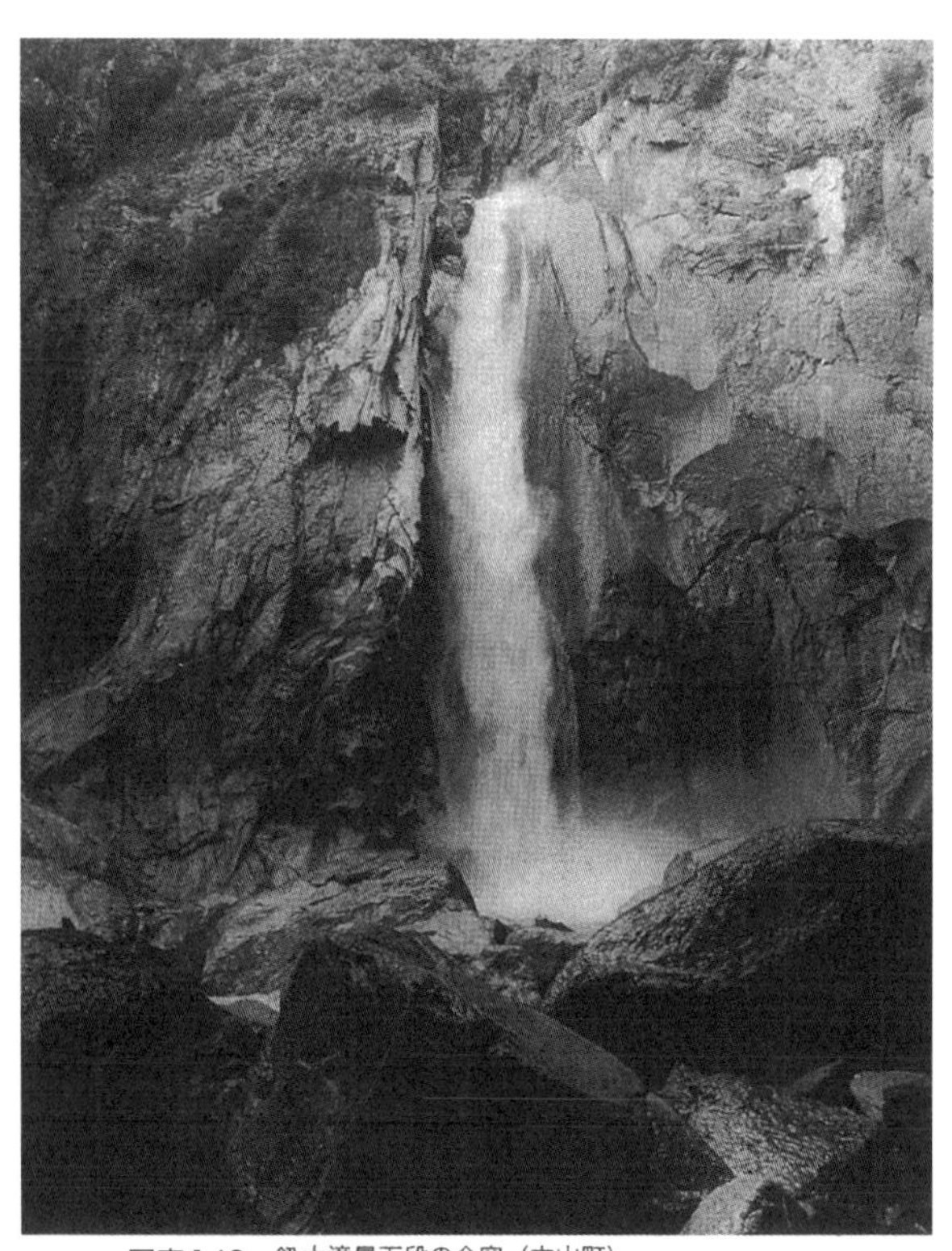

写真148．劔大滝最下段の全容（立山町）
（『越中山河覚書Ⅱ』（高嶋石盛より））

写真149．立山の高山植物
（③、⑦、⑧は牧野富太郎の『高山植物図鑑』より）

②コバイケソウ

①チングルマ

⑤ハクサンコザクラとイワイチョウ

④ハクサンコザクラ

③ムシトリスミレ

⑧チョウノスケソウ

⑦リンネソウ

⑥ハクサンコザクラとミヤマダイコンソウ

立山には多くの種類の高山植物がある。高山植物と言えばすぐ思い浮かぶのはチングルマ。富山には「チングルマ」を菓子名とする最中がある。チングルマは雪がとけた日当たりの良い所に一番先に花が開く。花は華やかだし、秋には風車様の果実をつける。日当たりの良い、少し湿った所には背の高い白い花が咲くコバイケソウがある。立山の高山植物は雪がとけた六月から十月までの短い期間に、花開き、実を結んでいる。その為には虫達による受粉が必要なので、高山植物は、鮮やかな色の橙、青・赤・黄・白、また葉に比べて大きな花をつける。写真①のチングルマの中心に花アブか蜂が来ている。

次に、小生が立山で出合った高山植物の二、三を紹介します。初めに、大日尾根で出合った食虫植物のムシトリスミレ、葉が消化粘液を出し、葉で一休みする虫を動けなくし、やがて死なせムシトリスミレの栄養分とする。花はスミレ色である。五色ケ原にはハクサンコザクラがある。この花は立山地内では他では見れない。写真は五色ケ原山荘主志鷹央元氏提供である。五色ケ原ではハクサンコザクラはイワイチョウやミヤマダイコンソウと仲良く花咲いている。

スゴの頭辺ではハイマツの下草として、ひっそりとリンネソウが花咲く。リンネソウは五～一〇cm位の直立した枝の先に、常に二個ずつ小花をつける。リンネソウの名はLinnaea borealis L.で初めて植物に学名をつけたスウェーデンの学者リンネ氏を記念したものである。二個ずつ花をつけるので夫婦花の名もある。

さらに、水晶岳辺にまで足をのばすと岩苔乗越辺には、周氷河植物といわれるチョウノスケソウの大群落がある。チョウノスケソウは花や果実はチングルマに似ているがよく見ると、チングルマの花弁は五に対し八弁である。それで学名はDryas octopetala L.和名のチョウノスケソウは、この標本をロシアの植物学者マキシモウィッツ氏に送った岩手県の須川長之助を記念したものである。

1．立山で発見された植物

北日本新聞社版『富山百科大辞典』に次のようにある。

立山で発見され、生育している植物。次の一七種類が知られる。タテヤマアザミ・ハンヤエウサギギク・タテヤマキンバイ・チョウノスケソウ・タテヤマチングルマ・タテヤマウツボグサ・タテヤマリンドウ・シロバナタテヤマリンドウ・アオジクツガザクラ・セイカコツガザクラ・タカネツメクサ・タテヤマスゲ・タカネソモソモ・タテヤマヌカボ・ミヤマホタルイ・コシジオウレン・コシジゲイケイソウである。このほか剱岳ではタテヤマイワブキがある。

2．「タテヤマ」と名のつく植物

前記同書に次のようにある。

冠名に立山をもつ植物。次の一七種類が知られている。タテヤマアザミ・タテヤマイ（ミヤマイ）・タテヤマイチゴツナギ（アイヌソモソモ）・タテヤマイワブキ・タテヤマウツボグサ・タテヤマオウギ（イワオウギ）・タテヤマキンバイ・タテヤマザサ（チマキザサ）・タテヤマスギ（アシオスギ）・タテヤマスゲ・タテヤマタンポポ（ミヤマタンポポ）・タテヤマチングルマ・タテヤマヌカボ・タテヤマハギ・タテヤマリンドウ・シロバナタテヤマリンドウ・タテヤマワタスゲ（ワタスゲ）である。このうちタテヤマイワブキは剱岳にのみ生育するが、剱岳は立山連峰であることからこの名がある。

3．タテヤマスギ

タテヤマスギは耐寒性の強いスギである。

タテヤマスギは僧ケ岳・毛勝岳・剱岳・立山などを中心にして広く分布している天然スギで、学名はCryptomeria japonica D. Donである。垂直分布は標高二〇〇〇mに達し、日本で最高分布を示す。

タテヤマスギは立山開山縁起や立山曼荼羅で、美女杉・カムロ杉として描かれている。

このタテヤマスギの巨木は、立山ケーブルカー立山駅周辺や立山町芦峅寺一帯に生育していたと思われるが、ほとんど伐採された。現在は、美女平から上ノ子平にかけて残っているにすぎない。

下表は農林省中部森林管理局富山森林管理署の、平成一五・一六年の美女平から上ノ子平上部にかけての溶岩台地のタテヤマスギの巨木調査結果である。

また、次頁の写真は、調査表中で数えられたタテヤマスギの最近の姿である。長年、日

第11表　タテヤマスギの巨木林

幹周りcm	本数	平均樹高	備考
600以上700未満	89本	23.7m	
800未満	35本	25.2m	
900未満	16本	24.2m	
1000未満	7本	27.5m	最高990cm
計	147本	24.2m	

注)調査木は地際から1.3mの高さで幹周り6m以上の立山スギ

No974
幹周9.90m
森の巨人No52
幹周9.40m
No986
幹周9.40m
No932
幹周9.20m
No889
幹周8.78m
No978
幹周8.60m
No987
幹周8.47m
No901
幹周8.30m
No865
幹周8.00m
No911
幹周7.80m
No899
幹周7.55m
No896
幹周7.28m
No985
幹周7.10m
No861
幹周7.05m
No937
幹周7.00m
No961
幹周6.82m
No970
幹周6.78m
No887
幹周6.77m
No967
幹周6.70m
No939
幹周6.50m
No931
幹周6.70m
No881
幹周6.25m
No864
幹周6.20m
No910
幹周6.10m
No934
幹周6.00m

写真150. タテヤマスギの巨木

本有数の豪雪山岳地帯で生きてきた現在の姿である。調査表・写真は富山森林管理署提供である。

4．ヒカリゴケ

ヒカリゴケの学名はSchistostega osmundacea Mahr.である。ヨーロッパや北アメリカから日本に分布し、ほの暗い洞穴内や森林内の湿地に生育する。植物体（胞子体）は普通は、原糸体（糸状体）とともに生えており、淡緑色または灰白色をおび、茎は枝分かれはしない。雌雄異株である。

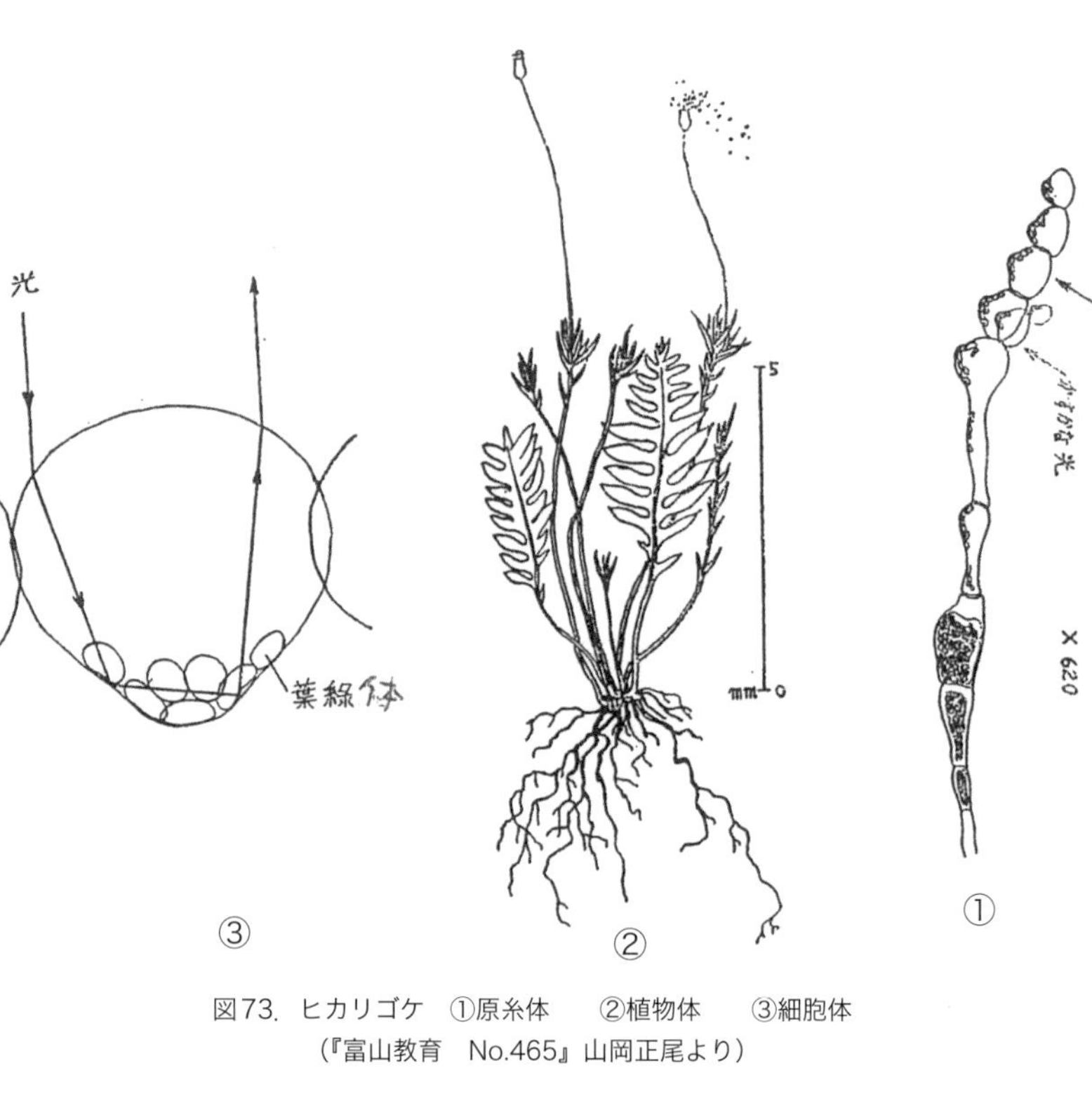

図73．ヒカリゴケ　①原糸体　②植物体　③細胞体
（『富山教育　No.465』山岡正尾より）

ヒカリゴケの植物体（生殖体）は高さ約一㎝で、先端部の長い柄の先に胞子のうがつく。成熟した胞子はそこから四方に飛散する。たまたま、光が少なくて、他の植物はなく、ヒカリゴケの植物体は生育でさえも不可能である岩かげの、湿った土に堕ちて発芽したものが、地面にはうように伸びていく。これを原糸体、または糸状体と呼ぶ。図は紙面の都合でタテにしたが。通常はこの原糸体が成長して、植物体になるがこのように暗い所では、長期間、原糸体のままでいる。

この原糸体は、特殊な形をした細胞が連なってできている。そして、光の射し込む方向と反対の所に大粒の葉緑体が数個または数十個集まっている。光の入射角が変化すると、その変化につれて、入る光を最大限に受けて光合成出来るように、葉緑体の位置を変化させる。その時に、多量の細胞液（原形質）を満した細胞体それ自体がレンズの作用をして、弱い光をそれ以上の強い光として葉緑体に照射する働きをしている。葉緑体に当たった光の一部は、帯緑黄色の反射光となって観察者の目に感じる。ヒカリゴケ自体から光を放っているように感じるのでヒカリゴケの名がついた。

立山では昭和一五年八月一五日、称名の八郎坂で山岡正尾氏が発見している。八郎坂では標高一二〇〇～一三〇〇ｍの間に多く、北陸地区だけでなく本州日本海側の最初の発見地となった。この地のヒカリゴケは富山県指定天然記念物である。山岡正尾氏は昭和三二年八月、弥陀ヶ原の標高一三〇〇ｍの美松坂でも発見している。その後、先述の仙人岩屋などで発見されている。

十一、立山の動物

小生の立山での動物といえば、室堂平で雪吹き時に、風で新雪の上をコロコロと飛ばされるコネズミ、それはタテヤマトガリネズミかも？　黒部川下廊下仙人吊り橋で吊り橋をゆすり橋を渡るのを妨害したニホンザル、写真は向こうに退散するサルである。黒部ダム直下で出合ったツキノワグマ、五色ケ原で、なぜかカモシカに近づかれたこと、浄土山や天狗平山荘でのオコジョ。また、今はない愛山荘春の山荘開きで布団干し時に眠りこけていたヤマネの姿などが思い出される。

北日本新聞社版『富山県百科辞典』「立山の動物」に次のようにある。

山塊にはブナやオオシラビソ・ハイマツなどの原生林や高層湿原・池沼・岩礫地などといった多様な環境景観とともに環境選択した生き物が見られる。代表的な種として高山帯ではオコジョ・ライチョウ・クモマベニヒカゲ・トホシハナカミキリ、亜高山帯ではホシガラス・ミヤマモンキチョウ・カオジロトンボ・ハイイロカミキリ、山地帯ではカモシカ・ツキノワグマ・ヤマネ・イヌワシ・クマタカ・ブッポウソウ・ハコネサンショウウオ・イワナ・アサギマダラ・ベニタテハ、低山帯ではタヌキ・オオルリ・カジカガエル・ギフチョウなどを挙げることができるが、ほかにも多くの種類が生息している。

写真151．ライチョウ

写真152．仙人吊り橋のニホンザル

十二、黒部川峡谷の景観

立山・剱岳の東側を流れる黒部川峡谷の景観は実に素晴らしい。ここでは写真のみで紹介する。

アカモノ

ツマトリソウ

ウサギギク

イワキンバイ

トウヤクリンドウ

写真154．祖母谷温泉小屋

写真153．祖母谷温泉地獄

写真157．オリオ谷の滝

写真156．奥鐘山

写真155．猿飛峡谷

写真160．三ノ窓雪渓

写真159．黒部峡谷（下の廊下歩道）

写真158．下の廊下歩道

写真162. 阿曽原温泉

写真161. 阿曽原温泉小屋

写真164. 黒四地下発電所より送電線出口

写真163. 雲切の滝と関電仙人宿泊所

写真166. 半月峡

写真165. 下の廊下歩道

写真168. 仙人池からの剱の峰々

写真167. 仙人峠での雲海に浮かぶ後立山連峰

写真171．白竜峡とタル沢の滝

写真170．白竜峡とタル沢の滝

写真169．S字峡

写真174．鳴沢の滝

写真173．新越沢の滝

写真172．棒小屋沢の滝

写真176．黒部ダム

写真175．十字峡。黒部川本流は右より左へ。
奥は棒小屋沢。手前は剱沢。

第三章　書物で見る立山

立山は立山縁起では藤原京時代、文武天皇大宝元（AD七〇一）年に開山されたとある。立山に関係する書物としては、奈良時代に越中国守として赴任していた大伴宿祢家持が残した万葉集の歌が最古のものである。この歌については既に第一章で示したので、ここでは、それ以外の書物のいくつかを紹介する。

一、続日本紀

『続日本紀』は、日本の正史の第一である『日本書記』の後に続く正史である。続日本紀は第四二代文武天皇元（六九七）から第五〇代桓武天皇十（七九一）年までの九五年間の日本の歴史書である。

文武天皇三年五月二四日条に次のようにある。

役君小角、伊豆嶋に流さる。初め小角、葛木山に住みて、呪術を以て称めらる。外従五位下韓国連広足が師なりき。後にその能を害ひて、讒づるに妖惑を以てせり。故、遠き処に配さる。世相伝へて云はく、「小角能く鬼神を役使して、水を汲み薪を採らしむ。若し命を用ゐずは、即ち呪を以て縛る」といふ。

＊この項は、岩波書店刊行新日本古典文学大系『続日本紀』（青木和夫・稲岡耕二・笹山晴生・白藤礼幸校注）を底本とした。

二、元亨釈書

『元亨釈書』は虎関師錬（一二七八―一三四六）の著書である。虎関師錬は八才の時、比叡山で具足戒を受ける。正応五（一二九二）年、京都南禅寺に入る。元亨二（一三二二）年八月、この元亨釈書三〇巻を後伏見法皇に奉献する。

1．元亨釈書巻第九　感進四之一　に「白山蔵縁」がある。

釈蔵縁。神融法師之徒也。形短小。また甚醜。徐歩却疾。人走不レ及。専唱二地蔵号一。無二別業一。游二化北土一。不レ移二佗方一。毀誉不レ遷。好行二施利一。人問二年歯一。対曰八十。然其皃如二四十許一。感通如レ響。縛レ鬼降レ神。白山立山為二修練場一。晩縛二菴白山笥笠一而居。臨終夜高唱二地蔵号一。院中衆僧聞之謂。縁勤二持念一。詰朝至レ菴見之。向レ西端坐。合掌化。

これは次のように味わえる。

釈蔵縁。蔵縁法師は、白山開山の泰澄大師の弟子である。身体は小柄であり、容貌は非常にみにくい。その歩くのはのろいが、走ると非常に速い。他の人が走ってもおいつかなく、そのうち見失う。平生は、ただ、南無地蔵菩薩を唱えるだけで、他のことはしない。白山から北方には修行に行くが南、特に京には近づかない。人の悪口を言ったり、またほめたりもしない。ただ、好んで布施をする。人が年令を問うと、きまって八十歳だと答えるが、その顔は輝いていて、四十歳程に見える。何かを問えば、その答えは心にひびき感じよく理解出来た。鬼をしばり、神をも下した。白山と立山が修練場であった。晩年には白山笥笠に庵を結んだ。死に臨んだ夜、大声で「南無地蔵菩薩」と唱えた。多くの僧は、これを聞いて、蔵縁院主？はお念仏を勤めていると言った。夜が明けて蔵縁の部屋に行って見ると、蔵縁は西向きに正坐をし、合掌して遷化していた。

＊この蔵縁の記事は、藤原京時代・奈良時代に立山が開山されていたことを示している。

2．元亨釈書巻第十五　方応八　に「越知山泰澄」がある。泰澄伝は長文なので、ここには、四所を抜粋する。

① 釈泰澄。姓三神氏。越之前州麻生津人。父安角。母伊野氏夢。白玉入レ懐。而有レ孕。白鳳十一年六月十一日生。

（釈泰澄。姓は三神氏。越前国麻生津村（現福井県足羽郡足羽村）の人。父は三神安角。母は伊野氏。母は胎内に白玉の入る夢を見、やがて月満ちて白鳳十一（六八二）年六月十一日に生れた。）

② 澄在二越知峯一。常望二白山一曰。彼雪嶽必有二神霊一。我登見之。養老元年到レ彼。果感二妙理大菩薩一。事在二神仙伝中一。澄居二此嶺一。苦修益勤。神異弥著。居三年。臥浄定二行者相随。餘無レ人。

（泰澄は越知山に居た時、いつも白山を望んで言うには、あの雪嶽には必ず神霊がおいでになる。私は雪嶽に登ってその神霊にお会いしたいものだと。養老元（七一七）年、ついにその時が来た。白山に登山し白山妙理大菩薩を感得した。このことは神仙伝中にある。泰澄は白山に居り苦修に益々勤めた。神異弥々著しく、居ること三年。その間、臥行者と浄定の二行者だけが相随い、他の侍者はいなかった。）

③　養老六年秋。上不豫。医巫不レ効。上語二侍臣一曰。朕聞。越大徳神異不レ測。朕病恐待レ渠乎。宣レ澄赴レ都。在レ行只浄定一人而已。

養老六（七二二）年秋、元正天皇のご健康がすぐれなかった。医者や巫女にかかっても効果が出なかった。元正天皇はお付きの者に語られるに、朕は聞いているが、越の大徳泰澄は神異すること測り知れずと。朕は病気がこわい。彼泰澄を待つぞよとおっしゃった。そして泰澄にみことのりがあり、泰澄は都へと出発した。同行者はただ浄定一人だけであった。

④　神護景雲元年二月。以レ書與二僕射吉備公一。辞レ帝曰。吾将レ還二西方一。願留二睿情於仏乗一。僕射以聞。帝哀歎親灑二宸筆一答レ澄。澄得二御墨一誡二其徒一曰。聖筆宝札置二之高架一。莫レ忽諸。三月十八日。結跏趺坐。定印而化。年八十六。

神護景雲元（七六七）年二月。書面で僕射（尚書省次官）吉備真備公と称徳天皇に辞して曰わく、私は西、極楽浄土に還ります。願わくは天皇陛下もその思いを仏教に注いでいただきたい。僕射はこの希望をきき、天皇陛下もいつくしみ、またよろこび、親しく宸筆を以って泰澄に答えられた。泰澄は御宸筆を得て弟子達に誡て曰く、この聖筆宝札はこの高架にかけて、粗末にすること莫れと注意した。そして三月十八日、結跏趺坐し定印を結んで遷化した。年八十六。

三、大日本国法華経験記

本書の序に「大日本国法華経験記序　首楞厳院沙門鎮源撰」とある。また、その末に「長久の年季秋の月に記せり」とある。「首楞厳院」は比叡山横川にある。横川は恵心僧都源信（九四二―一〇一七）の止住したところである。寛弘四年七月三日の霊山院式後の人々の中に鎮源の名があると。また、霊山院は正暦年中（九九〇―九九五）に源信が建立しているので、著者鎮源は源信をとりまく人々の一人と推測されている。また、本書が出来たのは長久の年、西暦では一〇四〇―一〇四四年である。

第百廿四　越中国立山の女人

修行者あり、その名詳ならず。霊験所に往き詣でて、難行苦行せり。越中の立山に往けり。かの山に地獄の原ありて、遙に広き山谷の中に、百千の出湯あり。深き穴の中より涌き出づ。岩をもて穴を覆ふに、出湯麁く強くして、巌の辺より涌き出づ。現に湯の力の依りて、覆へる岩動揺す。熱き気充ち塞ぎて、近づき見るべからず。その原の奥の方に大きなる火の柱あり。常に焼けて爆き燃ゆ。ここに大きなる峰あり。帝釈岳と名づく。これ天帝釈・冥官の集会して、集生の善悪を勘へ定むる処なり。その地獄の原の谷の末に大きなる滝あり。高さ数百丈、勝妙の滝と名づく。白き布を張るが如し。昔より伝へ言はく、日本の人、罪を造れば、多く堕ちて立山の地獄にあり、云々といふ。

ここに一の女人あり。齢若く盛にして、いまだ二十に及ばず。僧、女を見て心に怖畏を生すらく、もしはこれ鬼神・羅刹女か。人なき境界の、深く幽なる谷の中に、この女出で来れりとおもへり。懼怖を作すの間、女、僧に白して言はく、怖畏を生すことなかれ。我は鬼神にあらず。申すべきことあり。我はこれ近江国蒲生郡の人なりき。我が父母今にその郡にあり。我が父は仏師にして、ただ仏の物を用ゐき。我存生の時、仏の物をもて衣食に充てけり。故に死してこの地獄に堕ち、忍びがたき苦びを受けたり。沙門このことをして、我が父母に伝へよ。我がために法華経を書写し、供養解説して、当に苦を抜くべし。このことを告げむがために、我出て来れるなりといふ。

沙門告げて云はく、地獄に堕ちて苦びを受くるの由を称へるに、何の故にぞ心に任せて出で行きて往来するといふ。女人答へて曰く、今日はこれ十八日、観音の御日なり。我存生の時、観音に奉仕せむと欲し、また観音経を読まむと欲ひき。この念を作すといへども、その願を果さざりき。僅に十八日に、一度持斎しけり。しかるにその持斎また如法ならざりき。観音を念じ仕らむと欲して、一度持斎せし善根の力の故に、観音毎月の十八日に、この地獄に来りて、一日一夜、我に代りて苦を受けたまふ。我地獄を出でて、休息遊戯す。この因縁に由りて、我ここに来りて、このことを説くなりといへり。この語を作し已へて、忽然として現ぜず。

僧稀有の心を生じて、立山より出でて、近江国蒲生郡に往きて、父母を尋ね求めて、これを告げたり。父母これを聞きて、悲び泣き愁ひ歎きて、女のために妙法華経を書写して、供養解説し、発願廻向して、心を至して誓願し、地獄の苦びを抜けり。父夢みらく、女子微妙の衣を着て、合掌して白して言はく、法華の力、観音の護助に依りて、立山の地獄を出でて、忉利天宮に生れたりといへり

＊　この項には岩波書店版日本思想大系新装版『往生伝　法華験記』を底本とし

た。

四、今昔物語集

『今昔物語集』は全三十一巻。説話総数一千以上もある巨大説話集である。編者又撰者不明であるが、構成内容から撰者は男性で、僧侶であったろうと推定されている。また、本書の内容から西暦一一三〇—一一四〇年、鳥羽上皇院政期頃の成立と考えられている。

本書巻第十四、第七話は「修行の僧、越中の立山に至りて小き女に会ひたる語

本書巻第十四、第八話は「越中の国の書生の妻、死にて立山の地獄に堕ちたる話

本書巻第十七、第二十七話は「越中立山の地獄に堕ちし女、地蔵の助けを蒙れる話の三話がある。

(1)修行の僧、越中の立山に至りて小き女に会ひたる語

今昔、越中の国、新川の郡に立山と云ふ所有り。昔より彼の山に地獄有りと云ひ伝へたり。其の所の様は、原の遥に広き野山也。其の谷に百千の出湯有り。深き穴の中より、涌出づ。巌を以て穴を覆へるに、湯荒く涌て巌の辺より涌出づるに、大なる巌動く。熱気満て、人近付き見るに極て怖し。亦、其の原の方々に大なる火の柱あり。常に焼けて燃ゆ。亦、其の所に大なる峰有り。帝釈の嶽と名付たり。「此れ天帝釈・冥官の集会し給て、衆生の善悪の業を勘へ定むる所也」と云へり。其の地獄の原の谷に大る滝有り。高さ十余丈也。此れを勝妙の滝と名付たり。白き布を張るに似たり。而るに、昔より伝へ云ふ様、「日本国の人、罪を造て、多く此の立山の地獄に堕つ」と云へり。

其れに、三井寺に有ける僧、仏道を修行する故に、所々の霊験所に詣でて難行苦行するに、彼の越中の立山に詣でて地獄の原に行て廻り見けるに、山の中に一人の女有り。年若くして未だ二十に不満ぬ程也。僧女を見て恐ぢ怖れて、「若し此れ鬼神か。人無き山中に此の女出来れり」と思て逃むと為るに、女、僧を呼びて云く、「我れ鬼神に非ず。更に不可恐ず。只可申き事の有る也」と。其の時に、僧立ち留て聞くに、女の云く、「我れは此、近江の国、蒲生の郡に有し人也。我が父母于今其の郡に有り。我が父は木仏師也。只仏の直を以て世を渡りき。我れ生たりし時、仏の直を以て衣食とせし故に、死て此の小地獄に堕て難堪き苦を受く。汝ぢ慈の心を以て、此の事を我が父母に伝へ告げよ。「我が為に法花経を書写供養し奉て、我が苦を救へ」と。此の事を申さむが為に、我れ出来れる也」と。

僧の云く、「君、地獄に堕で苦を受くと云ふに、如此く心に任せて出来る事、何に」と。女の云く、「今日は十八日、観音の御縁日也。我れ生たりし時、観音に仕らむと思ひ、亦、観音経を読奉らむと思ひき。然か思ひきと云へとも、今々と思ひし程に、其の事を不遂ずして死にき。然れども、十八日に只一度精進して観音を念じ奉たりし故に、毎月の十八日に観音此の地獄に来給て、一日一夜我れに代て苦を受け給ふ也。其の間、我地獄を出でて息み遊ぶ。然れば、我れ此く来れる也」と云て後、掻消つ様に失ぬ。

僧此れを奇異に恐しく思て、立山を出でて、此の事の実否を尋むが為に、彼の近江の国、蒲生の郡に行て尋ぬるに、父母有り。僧女人の云ひし事を不落ず語る。父母此れを聞て、涙を流して泣き悲む事無限し。僧は此の事を告つれば返去ぬ。父母忽に女子の為に法花経を書写供養し奉りつ。

其の後、父の夢に、彼の女子微妙の衣服を着て、掌を合せて、父に申ん、「我れ威力、観音の御助に依て、立山の地獄を出でて忉利天に生れぬ」とぞ告げける。父母喜び悲む事無限し。而る間、亦、彼の僧の夢にも如此く見けり。僧此の事を告むが為に、父母の家に行て夢の事を語るに、父亦我が見る所の夢を語に、其の夢亦同くして違ふ事無し。

僧此れを聞て、貴びて返て、世に語り伝へたる也。其れを聞き継て語り伝へたるとや。

(2)越中の国の書生の妻、死にて立山の地獄に堕ちたる語

今昔、越中の国に書生有けり。其の男子三人有り。書生朝暮国府に参て公事を勤めて有り。而る間、書生が妻俄に身に病を受て、日来煩て死ぬ。夫并子共泣き悲むで、没後を訪ふ。葬家に僧共数籠て、七々日（四十九日）の間思ひの如く仏事を修す。

而るに、七々日畢て後、思ひ歎き恋ひ悲ぶ事、忘れ草も不生ずもや有けむ、「我が母何なる所に生を替へたりとも相ひ見ばや」など云ひ合へる程に、其の国に立山と云ふ所有り。極て貴く深き山也。道嶮くして輙く人難参し。其の中に種々に地獄の出湯有て、現に難堪気なる事共見ゆ。而る間、書生が子供三人語ひ合せて云く、「我等此く母を恋ひ悲むと云へども、其の心不息ず。去来彼の立山に詣て地獄の燃らむを見て、我が母の事をも押し量て思ひ観ぜむ」と云て、皆詣にけり。貴き聖人の僧を具したり。

地獄毎に行て見るに、実に難堪気なる事共無限し。燃え焦れて有り。其の有様は、湯の涌き返る焔、遠くて見るにそら我が身に懸る心地して、暑く難堪し。何況や煮ゆらむ人の苦び、思遣るに哀れに悲くて、僧を以て錫杖供養せさせ法花経講ぜさせなど為る程、地獄の焔宜く見ゆ。如此く地獄十許を廻て見るに、中に極て勝れて難堪気なる地獄に至て、前の如く経を講じ錫杖振など為る程に、焔少し宜く成る様に見ゆ。其の程に、体は不見ず、巌の迫に、我が嗟け暮れ恋ひ悲む母音にて太郎（長男）を呼ぶ。此れを聞て、不思懸ず奇異に思て、僻耳（聞き違い）ならむと思へば、暫く不答ず。頻に同音にして呼ぶ。恐れを成し乍ら、「此は何なる人の呼ぞ」と云へば、巌の迫の音答て云く、「何に此くは云ふぞ」と、「我が母の音不聞知ぬ人や有る。我れ前生罪を造り、人に物を不与ずして、今此の地獄に堕て苦を受る事量無し。昼夜に息む時無し」と。子共此れを聞て奇異に思ふ。夢なむどに示すは常の事也。現に此く告る事を、世に不聞えぬ事也と云へども、正しく母の音にて有れば可疑きに非ず。然れば、子共の云く、「何なる善根を修してか、此の苦をば遁れ可給き」と。

巌迫の音の云く、「罪み深くして輙く此の苦を難免し。広大の善根に於ては、汝等身貧して力不堪ずして、修せむに不能じ。然れば、多の劫を経と云ふとも、此の地獄を離る、事不有じ」と。子共の云く、「而るにても、何許の善を修してか遁れ可給き」と。巌迫の音の云く、「一日に法花経千部を書写供養したらむのみぞ此の苦は可遁き」と云ふに、子共の思はく、「一日法花経一部を書写供養するそら（すら）堪へ有る人の事也。何況や十部にも非ず百部にも非ず。千部までは可思懸き事にも非ず。然れども、現に母の苦を受けむを見て、家に返て安らかに有らむ事は。只我れも地獄に入って母の苦に代らむ」と云ふに、亦、人有て云く、「祖の苦に子の代て罪を蒙る事は、此の世の事にこそ有れ。冥途には各業依て罪を受くれば、代らむと思と云とも其事不能じ。只家に返て、力の堪へに随て、一部も法花経を書写供養し奉らば、少しにても苦は怠りなむ（減じるだろう）」と云て。泣々く家に返て、此の事を父の書生に語る。書生此れを聞て云く、「実にも哀に悲き事にこそ有なれども、法花経千部までは力不及ず。只志しの至る程、力の堪に随て可書き也」と云て、先づ三百部許を思ひ企つ。

而る間、国の司□云ふ人に、人有て此の事を語る。国の司此を聞て、道心有る人にて、其の書生を召て面に問に、書生委く申す。国の司此を聞て、慈の心を発して、「我れ其の事同じ心に思ひ立む」と云て、隣の国々、能登・加賀・越前などに縁々に触れて勧む。国司心を合て営む間、遂に千部の法花経を書写して、一日の法会を儲て供養しつ。

其後、子共の心息まりて、「我が母今は地獄の苦免かれたらむ」と思ふ程、其の後、太郎（長男）夢に、母は微妙の衣服を着て来て告て云く、「我れ此の功徳に依て、地獄を離れて忉利天に生ぬ」と云て、空に昇ぬ、と見て夢み覚ぬ。其の後、此の夢の告を普く人に語て、喜び貴びけり。後に、子共立山に行て、前の如く地獄を廻り見るに、其の度は巌の迫の音無かりけり。其の立山の地獄于今有なり。

此の事□比、比叡の山に年八十許なる老僧の有けるが、若かりし時越後の国に下だりしに、「我れも、其の時に越中の国に超えて、其の経は書き」と語ける也。□比まで六十余年に成たる事なるべし。

実に此れ希の事也。地獄に堕て、夢の告に非して現に言を以て告る事、未だ不聞及ざる事也となむ語り伝へたるとや。

(3)越中立山の地獄に堕ち女、地蔵の助けを蒙れる語

今昔、仏の道を修行する僧有けり。名をば延好と云ふ。越中の国、立山と云ふ所に参て籠たるに、夜る、丑時（深夜午前二時頃）許に人の景の様なる者出来る。

延好、恐ぢ怖る、間、此の景の様なる者泣き悲て、延好に告て云く、「我れは此れ、京の七条の辺に有りし女人也。七条よりは□、西の洞院よりは□、立て行けば西北の辺に一と云ふ家也。我が父母・兄弟。于今其の所に有り。而るに、我れ、果報既に尽て、極て若くして死て、此の山の地獄に堕たり。而るに、我れ生たりし時、祇陀林の地蔵講に参たりし事只一両度（一・二回）也。其の外に更に一塵（ほんの少し）の善根を不造ず。而るに、今地蔵菩薩此の地獄に来り給て、日夜三時に我が苦に代り給ふ。願くは、聖人彼の我が本の家に行て、父母・兄弟に此の事を告て、我が為に善根を令修て、我が苦を抜き給へ。然らば、我れ、世世にも其の恩を不可忘ず」と云て、失ぬ。

延好此れを聞て、恐れ怖ふと云へども、哀びの心を発して、立山を出でて、忽に彼の七条の辺に至て、試に彼の女の云ひし所を尋ね問ふた、実に女の云ひしに違ふ事無して、父母・兄弟有り。延好、彼等に値て此の事を告るに、父母・兄弟此れを聞て、皆涙を流して泣き悲て、喜ぶ事無限し。其の後、忽に仏師を語て、三尺の地蔵菩薩の像一体を造り奉り、法花経三部を書写して、亭子の院の堂にして、法会を儲て供養し奉りつ。其の日の講師、大原の浄源供奉と云ふ人也。法を説くに、聞く者、皆、涙を不流ずと云ふ事無し。

地蔵菩薩の利益、他に勝れ給へり。地蔵講に一両度参れる女の苦に代り給ふ事、

既に如此し。況や、心を至て念じ奉り。其の形像を造り画き奉れらむ人を助け給はむ事を思ひ遣て、世の人皆地蔵菩薩を帰依し可奉しとなむ語り伝へたるとや。

＊この項は岩波文庫本『今昔物語集』（池上洵一編）を底本とした。

五　蜻蛉日記

筆者は藤原道綱の母。天暦八年（AD九五四）から天延二年（九七四）までの仮名日記。「立山」については、天暦十年（九五六）七月の条に次のようにある。

かくありつゝき絶えずは来れども、心のとくる世なきに、離れまさりつゝ、来ては気色あしければ、「倒るゝに立ち山」とたち帰るときもあり。近き隣にこころばへしける人、出づるにあはせてかく言へり。　（十八）

藻塩焼く煙のそらにたちぬるはふすべやしつるくゆるおもひに

など、隣さかしら（隣人にお節介）するまでふすべかはして、このごろはこと、久しう見えず。

＊この項は岩波文庫本『蜻蛉日記』（今西祐一郎校注）を底本とした。

六、堤中納言物語

十編の短編物語と一つの断章とより成る物語集。編集された時期や編者は不明。短編の成立は早いものは天喜三年（一〇五五）頃。遅いもので文永八年（一二七一）頃。「立山」の出る「よしなしごと」の内容から、成立時期は建久三年（一一九二）頃説・貞永元年（一二三二）頃説・南北朝説などあるが、一般には鎌倉後期から南北朝期と考えられている。

よしなしごと（断章）

（前略）富士の嶽と浅間の峰とのはさまならずは、かまど山と日の御崎との絶え間にまれ、さらずは白山と立山とのいきあひの谷にまれ、また、愛宕と比叡の山とがなかあひにもあれ、人のたはやすく通ふまじからむところに、あとを絶えてこもりゐなむと思ひ侍るなり。（後略）

＊この項は岩波文庫本『堤中納言物』（大槻修校注）を底本とした。

七、梁塵秘抄

編集者は、後白河法皇。後白河法皇（一一二七—一一九二）は第七十七代。久寿二年（一一五五）十月大極殿にて御即位。三年間御在位の後、保元三年（一一五八）八月、位を二条天皇に御譲位された。のち御薙髪され法皇と称された。後白河天皇は夙に志を仏道に倚せ給ふこと深く、在位の間、尊勝陀羅尼・孔雀経等を宮中で慶讃せられ、譲位後には蓮華王院（現在の三十三間堂他）の御創建、その他熊野御参詣、高野行幸・東大寺千僧供養など多くある。『梁塵秘抄』の成立は承安四年（一一七四）八月頃と見られている。成立時の量は現存量の六〜七倍という。

> 験仏の尊きは、東の立山美濃なる谷汲の彦根寺、志賀長谷石山清水、都に真近き六角堂　四二八

（解説）

これに似ているのは「観音験を見する寺、清水石山長谷の御山、粉河近江なる彦根山、間近く見ゆるは六角堂　三一三」がある。四二八番の今様で詠まれている所は観音霊場である。

はじめに、ここで詠まれている観音霊場を一通りみる。

⑴美濃なる谷汲。現在の岐阜県揖斐郡谷汲村徳積にある谷汲山華厳寺（天台宗）。延暦十七年（七九八）、奥州の大口大領という人が、榎の木を授かり京都の有名な仏師に彫り上げてもらい、出来た十一面観音像を持ち帰る途中、その観音の夢のお告げでこの地に安置した。その後、堂塔建立の為に掘っていると油が湧出したのでその油を観音の灯明にしたので「谷汲」の名がついた。寛和二年（九八六）花山法皇巡幸の際に、西国三十三所札所の満願所と定められた。

御詠歌は、世を照らす仏のしるしありければまだともしびも消えぬなりけり

⑵彦根寺　今はない？『近江名所図会』におよそ次のようにある。

「彦根山」として

（滋賀県）犬山郡にあり。慶長六年（一六〇一）井伊家領。諸士名家凡そ七百許の城下町　八十町　近江国「ひこね」という所に観音の願所とて人々いみしゆ参る。

また、『夫木和歌集』に

弁乳母につかはしける

・ひこね山あまねき門とききしかどやへの雲井にまどひぬるかな　大納言経信卿

返事

・世を照すひこねの山の朝日にはこころもはれてしかぞかへりし　弁乳母

此二首の歌家集云、あふみのひこねといふ所に観音験所とて人々のいみじうまゐりしに右大弁通俊にさそはれてまゐり侍りて帰りて弁乳母にいひやり侍りける云々

とある。今、彦根城内図を見ると、天守閣から西北西に西の丸―三重櫓―観音台―腰郭―山崎郭と延びる。その途中に「観音台」がある。この地が彦根山観音の名残りではなかろうか。

(3)志賀　志賀寺、またの名崇福寺は滋賀県大津市滋賀里町にあった寺。国史跡。天智天皇七年（六六八）、神託を受けられた天智天皇が崇福寺を建立。平安時代には東大寺・興福寺等とともに十大寺であった。山腹に金堂を置き、谷を隔てた北側の山上に三重塔・講堂・小金堂があり、金堂から谷を隔てた北に弥勒堂があった。歌を一番。

・なみにたぐふかねのおとこそ哀なれ夕さびしきしがの山でら　　後京極摂政
　夫木抄　一六四四一

(4)長谷　長谷寺、奈良県桜井市初瀬。真言宗、豊山派総本山。本尊は十一面観音（国重文）。天文七年（一五三八）の造立。長谷寺は朱鳥元年（六八六）三重塔を建立。養老・神亀年間（七一七―七二八）僧徳道が十一面観音像を祀る。西国三十三所観音霊場第八番札所。歌を二首。

・たはことか　およづれことか　こもりくの　はつせのやまに　いほりせりといふ
　万葉集　一四一二
・年も経ぬ祈る契りは初瀬山をのへのかねのよそのゆふぐれ　　定塚朝臣
　新古今集　一一四二

(5)石山　石山寺。滋賀県大津市石山寺。真言宗。初め、奈良の藤原宮造宮の木材調達事務所。のち、天平宝字五年（七六一）増改築される。十世紀初頭の宇多法皇の行幸以降、祈願参詣が大流行したという。本尊は如意輪観音。西国三十三所観音霊場第十三番札所。御詠歌は、

・後の世を願うこころはかろくともほとけの誓いおもき石山
　石山にまうで侍りて、月をみてよみ侍りける
・都にも人や待つらん石山の峰に残れる秋のよの月　　藤原長能　　新古今集
　一五一四

などある。

(6)清水　清水寺。京都府京都市東山区清水。北法相宗本山。本尊は十一面千手観音。延暦一七年（七九八）七月坂上田村麿が建立。田村麿がこの地で遊猟中に、修行僧延鎮に戒められ、二人でこの千手観音を造立したとか、説多し。木造十一面観音像は国重文（平安時代）。西国三十三所観音霊場第十六番札所。夫木集に次の歌あり。

・きよ水の山時鳥きつればわがふるさとの声にかはらぬ　　元真　八八三一
・をがみするかためにいもが見られつついづらは心きよみづのたき　　俊恵法師
　一六四六四

御詠歌は次の通り。

・松風や音羽の滝の清水をむすぶ心は涼しかるらん

(7)六角堂　京都府京都市六角通東洞院西入堂ノ前二四八にある頂法寺（天台宗系単立寺院）、通称、六角堂。聖徳太子が摂津の四天王寺造営用の木材を求めてこの地に来て、池で水浴中に、そばの木に懸けた持仏の如意輪観音が離れなくなり、夢のお告げで観音様が、「この地に留まって。衆生済度がしたい」と言われたので、六角堂を建立して如意輪観音を安置したと伝える。本尊は如意輪観音。西国三十三所観音霊場第十八番札所。本坊は池坊。太子水浴の池（井戸）による。また、華道の池坊家元でもある。御詠歌は次の通り。

・わが思う心のうちは六の角ただ円かれと祈るなりけり

(8)立山　今は雄山神社となっている。立山が一番先に詠まれたということは、以下の観音と同じか、あるいはまたそれに優る霊験があったのである。

さて、立山権現の御正体は阿弥陀仏である。この仏を本尊としているのが観世音菩薩と大勢至菩薩である。日の出前、太陽の光を背に受けている立山のゴツゴツした山並みからもれる太陽光の放射状の御光は実に尊い。この放射状の御光は阿弥陀仏（無量寿仏）や観世音菩薩・大勢至菩薩が放たれる光明でもある。また、同じく日の出前に、立山連峰の上に長く横たわる高層雲が金色に輝く時がある。それこそ二十五菩薩が一斉に輝いておられるのであろう。

観音霊場の名残りを示すものとしていくつか挙げる

(一)岩峅寺前立社壇から室堂に到る登拝道に全国の立山信仰の奉賛寄進によって「西国三十三番札所観世音菩薩霊場」の分霊石仏が文化年間に設置された。
(二)立山町岩峅寺地内の仏事会館に百体石仏がある
(三)岩峅寺同坊中等敷地震災流失箇所見取図（越中立山岩峅寺古文書絵図⑲に、
　観音堂（講堂横）がある。ここに百体観音があったか？
(四)「岩峅寺文書一三八番に、「血池如意輪観音」がある。

八、謡曲『善知鳥』

作者は世阿弥（一三六三―一四四三）。室町時代の能役者・謡曲作者。貞治二年生れ。姓名は結崎左衛門太夫元清。法号は世阿弥・沙弥善芳。別号は至翁・貫翁。初代観阿弥清次の子。作者・演出者としても天才を有し、従来の日本になかった芸術論を展開・確立した。応永七年（一四〇〇）に風姿花伝書。その後、至花道・風曲集等を発表。また作った謡曲は相生・八幡・養老・西行・高野・薩摩守、白楽天等と多い。

この「善知鳥」は殺生の罪を犯した猟師が地獄で責められる苦患を見せることが主題。その猟師は奥州外が浜の者で、立山の地獄に堕ちていたが、外が浜一見の旅僧に回向を乞うて古里の妻子の前に現われ、わが子を見て、鳥を殺した罪が一層恐ろしくなった。善知鳥（烏頭）というのは、この猟師が常に捕っていた鳥の名である。

『善知鳥』の舞台は「外が浜」。現在の青森県青森市から西北の津軽半島北端の龍飛岬までの海岸と立山。

善知鳥神社（青森市安方）祭神は市杵島姫命・多紀理姫命・多紀都姫命。現在の青森市は、江戸時代草創期までは「善知鳥村」と呼ばれた寒村であった。その村の中心がこの善知鳥神社であったという。社伝の一つに、第十九代允恭天皇（在位AD四一二～四五二）の御世、が烏頭中納言安潟天皇の怒りに触れ、この地に流され、海神の宗像三女神を創祀したという。その後、大同二年（八〇七）、坂上田村麿が再建したという。境内は、安潟と呼ばれた沼地であり、安潟の名残りの池がある。池の中の小島には弁財天が祀られる。これが善知鳥神社の初まりともいう。

ウトウという鳥は中形の海鳥で、嘴は橙黄色で、その長さは三二～三八mm、翼長一七二～一八二mm、尾長四五～六二mm。上面翼尾は灰黒色、顔・喉頸・胸は灰褐色で顔には二条の白色毛状飾羽がある。北海道や岩手・宮城県の島で集団して多数繁殖する。魚を捕る時は、上空から海に飛び込んで捕る。

藤原定家や僧西行が「うたふやすたか」と詠んだという。この『善知鳥』は藤原定家の

陸奥の外の浜なる呼子鳥鳴くなる声はうたふやすかた

を題材にしている。尚、本謡曲のあら筋は次の通り。

図74. ウトウ
尾羽は短いが、キジバトの大きさ。

立山禅定の旅の僧が、立山の地獄で陸奥外の浜の猟師の亡霊に会い、猟をする時に身に付けていた蓑笠を手渡し、これを持って外が浜の妻子の住む家に行き殺生の罪を犯した猟師が地獄で苦患を受けていることを伝えてくれと。

配役は子方（子供）、シテヅレ（妻）、ワキ（旅僧）、シテ（老翁）、アヒ（外の浜の者）、後ジテ（猟師の幽霊）

第一場

一

ワキ「これは諸国一見の僧にて候。われ未だ陸奥外の浜を見ず候ほどに、この度思ひ立ち外の浜一見と志して候。またよきついでにて候ほどに、立山禅定申さばやと存じ候。急ぎ候ほどに、これは早や立山に着きて候。心静かに一見せばやと思ひ候。

「さてもわれこの立山に来て見れば、まのあたりなる地獄の有様、見ても恐れぬ人の心は、鬼神より猶恐ろしや。山路に分つ衢の数、多くは悪趣の嶮路ぞと、涙も更に留め得ぬ。慚愧の心時過ぎて、山下にこそは、下りけれ山下にこそは下りけれ。

二

シテ「のうのうあれなる御僧に申すべき事の候。

ワキ「何事にて候ぞ。

シテ「陸奥へ御下り候はば言伝申し候べし。外の浜にては猟師にて候者の、去年の秋みまかりて候。その妻や子の宿を御尋ね候ひて、それに候蓑笠手向けてくれよと仰せ候へ。

ワキ「これは思ひもよらぬ事を承り候ものかな。届け申すべき事は易き程の御事にて候さりながら、上の空に申してはやはか御承引（御納得）候べき。

シテ「げに確かなるしるしなくてはかひあるまじ。や、思ひ出でたり在りし世の、今はの時までこ尉（老翁）が、

木曽の麻衣の袖を解きて、

これをしるしにと、涙を添へて旅衣、涙を添へ旅衣、立ち別れ行くその跡は、雲や煙の立山の、木の芽も萌ゆる遙遙と客僧は奥へ下れば、亡者は泣く泣く見送りて行く方知らずなりにけり行く方しらずなりにけり。

第二場

一

ワキ「外の浜在所の人のわたり候か。

アヒ「在所の者とお尋ねは、いかやうなる御用にて候ぞ。

ワキ「この所に於いて、去年の秋身まかりたる猟師の屋を教へて給はり候へ。

アヒ「さん候その身まかりたる猟師の屋は、あれに見えたる高もがり（竹を高く組んだ垣根）の内にて候。急ぎ御尋ね候へ。

ワキ「懇ろに御教へ祝着（有難く）申して候。さあらばあれへ立ち越え、心静かに尋ねうずるにて候。

アヒ「御用の事候はば重ねて仰せ候へ。

ワキ「頼み候べし。

アヒ「心得申して候。

二

ツレ「げにやもとよりも定めなき世の習ひぞと、思いながらも夢の世の、あだに契りし恩愛の、別れの後の忘れ形見、それさへ深き悲しみの、母が思ひをいかにせん。

ワキ「いかにこの屋の内へ案内申し候はん。

ツレ「誰にてわたり候ぞ。

ワキ「これは諸国一見の僧にて候が、立山禅定申し候處に、その様すさましき老人のありしが、陸奥へ下らば言伝すべし。外の浜にては猟師にて候者の、去年の秋みまかりて候。その妻子の宿を尋ねて、それに候蓑笠手向けてくれよと仰せ候程に、上の空に申してはやはか御承引候べきと申して候へば、その時召されたる麻衣の袖を解きて賜はりて候程に、これまで持ちて参りて候。もし思しめし合はする事の候か。

ツレ「これは夢かやあさましや。しでの田長の亡き人の、上聞きあへぬ涙かな。さりながら餘りに心もとなき御事なれば、いざや形見を蓑代衣（蓑の代用服）、間遠に織れる藤袴（藤の繊維で織った布製の袴）。

ワキ「頃も久しき形見ながら、

ツレ「今取り出だし

ワキ「よく見れば、

地　疑ひも、夏立つけふの薄衣、夏立つけふの薄衣、一重なれども合はすれば、そでありけるぞあらなつかしの形見や。やがてそのまま弔ひの、御法を重ね数数の、中に亡者の望むなる、蓑笠をこそ手向けけれ蓑笠をこそ手向けけれ。

ワキ「南無幽霊出離生死頓證菩提。

三

後シテ「（一声）陸奥の、外の浜なる、呼子鳥、鳴くなる声は、うとうやすかた。

一見卒都婆永離三悪道。この文の如くば、たとひ拝し申したりとも、永く三悪道をば遁るべし。いかにいはんやこの身の為、造立供養に預からんをや。たとひ紅蓮大紅蓮なりとも、名号智火には消えぬべし。焦熱大焦熱なりとも、法水には勝たじ。さりながらこの身は重き罪科の、心はいつかやすかたの、鳥獣を殺しし、

地　衆罪如霜露慧日の日に照らし給へ御僧。所は陸奥の、所は陸奥の、奥に海ある松原の、下枝に交る汐蘆の、末引きしをる浦里の籬が島の苫屋形、囲ふとすれど疎にて、月の為には外の浜心ありける住居かな。

四

ツレ「あれはともいはば形や消えなんと、親子手に手を取り組みて、泣くばかりなる、有様かな。

シテ「あはれやげに古は、さしも契りし妻や子も、今はうとうの音に泣きて、やすかたの鳥の安からずや。何しに殺しけん。わが子のいとほしき如くにこそ、鳥獣も思ふらめと、千代童が髪をかき撫でて、あらなつかしやといはんとすれば、

地　横障の、雲の隔てか悲しやな。雲の隔てか悲しやな。今まで見えし姫小松の、はかなやいづくに、木隠れ笠ぞ津の国の、和田の笠松や箕面の滝つ波もわが袖に、立つや卒都婆のそとは誰蓑笠ぞ隔てなりけるや。松島や、尾島の苫屋うちゆかしわれは外の浜千鳥、音に立てて泣くより外の事ぞなき。

五

地（クリ）往事渺茫としてすべて夢に似たり。旧遊零落して半ば、泉に帰す。

シテ「（サシ）とても渡世を営まば、士農工商の家にも生まれず、

地　又は琴棊書畫を嗜む身ともならず、

シテ「唯明けても暮れても殺生を営み、

地　遅遅たる昼の日も所作足らねば時を失ひ、秋の夜長し夜長けれども、漁火白うして眠る事なし。

シテ「九夏の天も、暑を忘れ、

地　玄冬の朝も寒からず。

地（クセ）鹿を逐ふ猟師は、山を見ずといふ事あり。身の苦しさも悲しさも、忘れ草の

追鳥高縄をさしひく汐の、末の松山風荒れて、袖に波越す沖の石、又は干潟とて、海越しなりし里までも、千賀の塩竈身を焦す、報いをも忘れける事業をなしし悔しさよ。そもそも善知鳥、やすかたのとりどりに、品変りたる殺生の、

シテ「中に無慙やなこの鳥の、

地 愚かなるかな筑波嶺の、木木の梢にも羽をしき波の浮巣をもかけよかし、平沙に子を産みて落雁の、はかなや親は隠すと、すれどうとうと呼ばれて子はやすかたと答へけりさてぞ取られやすかた。

六

シテ「うとう。

――シテのカケリ

七

地 親は空にて血の涙を、親は空にて血の涙を、降らせば濡れじと菅蓑や、笠を傾けここかしこの、便りを求めて隠れ笠、隠れ蓑にもあらざれば、猶降りかかる、血の涙に、目も紅に染み渡るは、紅葉の橋の鵲か。

シテ 娑婆にてはうとうやすかたと見えしも、うとうやすかたと見えしも、冥途にしては、化鳥となり罪人を追つ立て鉄の、嘴を鳴らし、羽をたたき銅の爪を、磨ぎ立てては、眼をつかんで肉をさけばんとすれども猛火の煙に咽んで声を、上げ得ぬは鴛鴦を殺しし科やらん。遁げんとすれど、立ち得ぬは、羽抜鳥の報いか。

シテ「うとうは、却って鷹となり、

地 われは雉とぞなりたりける。遁れ交野の狩場の吹雪に空も恐ろし地を走る、犬鷹に責められて、あら心うとうやすかた、安き隙なき身の苦しみを、助けてたべや、御僧助けてたべや、御僧といふかと思へば失せにけり。

＊この項は、中央公論社刊『解註謡曲全集』（野上豊一郎編）を底本とした。

九、日本行脚文集

作者は大淀三千風（一六三九―一七〇七）。俳人。伊勢飯南郡射和村（現三重県松阪市射和町）の人。本姓は三井氏。名は友翰。一五歳より俳諧に志す。三一歳のとき、志を得て薙髪し、呑空法師と号し、松島瑞巌寺に身を寄せ、雄島を庵室に留ること一〇年。天和三（一六八三）年四月四日、宿願の日本全国行脚に出発し、前後七年をかけて全国を行脚した。その時の紀行が『日本行脚文集』（元禄三年刊）である。天和三年六月一二日に越中路に入り、立山登山。下山して現在の立山町米道にあった立山神司主佐伯本雄宅に二泊している。

水無月十二日

○立山本跡　越中。新川郡。蘆倉庄。立山。文武天皇。大宝元年。俗姓佐伯氏慈興上人開基。日本第一大梁正一位立山権現。本地国常立尊。相殿二柱尊。皇孫尊。思兼命。手力雄命也。十所皇子。一万眷属。十万金剛童子。高貴山七百餘尊。金峯山五百餘尊。禅頂迄九里。越中越後濃飛四箇国跨。社人二十五人。神主佐伯氏。社僧二十四房。麓本殿有。山之名所縁起五尋一軸書置。左之記山中道記景眺也。

○立山路往　忝行覆仏祖の流を慕。檜杖にはらめる筆の禿をはせらせしぞ太心なりや。一心の丹誠は龍田の楓をそめ。三業の白善は立山の雪を見する。まだき横雲のおぼつかなきに。先達翁独を伴い。炬してはや本宮の後捷道を出しより。菅生蒲生をくぐり。峡河の欠路をつたふ。かの籭の渡につく。今は葛藤の絃橋を四十間のいらち川にかけたり。凹に撓めるが毒蛇の口にわたせしもかくこそ。見るさへ肝つぶれぬ。梢颪のたゆめるひまに目ふたぎ。南無の声とともにむかふの岸につきぬ。かかれば堅横の材木坂の曲径を過。しばらく木の根に尻かけて。虚明自照ならば木の下闇もあらじ。不労心力ならば岫の輪もしらじ。漸く天津原につく。黙しておもふ。風松煙竹本来の妙色。宿雪破顔のすがた。おもほえず白額の天牛に御し。冗鼻霊豚に鞭してや来ぬらん。高貴山上は天仙所栖の境と見え。龍王が巌は明神遊観の阡にひとし。峰入行者の笈摺見すりの峙路にゆよしては法螺観文をずじて煩悩の世界を破り。生死去来の白雨雲は。浄土山に往還てし。中道不生の根なし風は大日嶽をなづる。修験三身の行躰まのあたり見るもいみじきや。偖も一谷の鎖下につく。一十尋ばかりの鉄綱に小鍛冶宗近と銘札を付たり。かかる大鎖をわづかの笹根に結びてさげぬ。翁のいはく。これなん一谷の綱おろし。此道は十人のうち二、三人ならではかかる事なきを。和僧御望によりて。来し大難所也。小笹茂。洞懐闇く闇穴道の星あかりもなし。眼ふたぎ手足戦掉からふじて屏沢に落つきぬ。あはやと向上ば。九天より漲り落る勝妙の滝の玉は。鉛銅の霰をまくが如し。前とすれば。颸々と龍虎石苔鱗金毛の乙をいらげて横臥たり。後を眄ば。眄々と獅子落し凩颪に身柱寒く。進退途を失ひ闇々然として立り。とばかりありて翁こそ下たれ。いでやと渦の暇に亀甲をならべし如くの飛石あり。水垢滑に猛浪逆天をひたす中を。さらに分別なくひたひたと飛歩て。むかふの芝手にとりつきし。光陰の二鼠いとあやふく頤いつく。碧嶺天窓にまろぶが如し。聿。至雍発も持ざれば石門破り

がたく。鉄爪にあらざれば巌の腸も刮がたし。とかふして蘿葛藟にしがみつき。護摩窟に這入ぬ。しばらく呼吸て。此幽谷の霊景をみるに。里の真夏はいざしらず。こなたはいまだ深冬也。雪や氷の下がくれ。葉風物さび。禅頂松の四、五拱も有が。梢は谷になびき。隰梨。苞櫟。栲やう手朶脚根の蘞蔓。寂莫たる膝雲のひまより。白龍水のながれに。落日赫々とうつり。五色の彩霓まばゆく。吾ながら造作魔の僻心逃て。伽楼羅炎にいりて。戸料外天内津宮聖にや生ぬらむとまぶし心も和融なり。渓声鳥舌。山色清浄の地におもがわり。披翁が発明曙もかくこそとうきたつばかり也。猶はた肉眼をふたぎ。金剛合掌の岩上に。昼眠月輪。心裏の山端に定観す。ここなめり。覚極を明してをのづから真善土に至る事を。あやまたず。神聖不二門を箒坊主なりぬ。餘波は尽ざれど。なくなく白衣のむれ袖。行合の本道になりぬ。たのもしいかな三昧禅定の清心には雲霧も菩薩の通し駕と見る。悲しひかる。六根不浄の翳眼には。無而忽有の空花も心の鬼の枝角と見ゆるもあればや。意根おくれて困じたるは。懺悔の祓し。太諄辞の科戸風に。咎てふ罪も嵐にゆづり。申の終に室堂の炊屋にいりぬ。迅風猶止ず。一通の霈て。泉源のうちよりほのぼのと明る。人々風に爪弾す。予は心を誼斉して風祭の詔刀を書く。願書略す。

跋に。

○雨雲をなどかは横に寝さらすん　名は立山の正直な神風

相殿の手力雄に。

○雲霧の谷の戸ひらけ常闇の　世をすら照す神なれば神

となんかいて奉納に心ざす。空に答てや有けん。空すこし和て。いざやと山さうぞくして。木綿襷に腰ざしの龍眼木。粿米袋にいれ頚にかけ。只口には神仏の御名をのみとなへ。頂上へは五十町有。祓所にて先達弊串いらなくふり。佐久那太理落滝津に心の濁流しやりつ。曲路の峠を葡匐行倚。短山高山の底吹きあげた。息も絶ぬべし。手すり祈礼し。道反の太神襟引たうびよといひい。労じて頂上御禅につく。剱岩するどにして百尺の竿頭に手を放ちし心地す。広前は丈余、二尺には過ず。神舎の御鑰合すと見えし。あなや奇霊光す。あふぎ見れば。額のさきに朝日の御影。青紫の輪光艶々として。その中に種々の奇妙より。をのをのあれやとばかりさぐりあげ泪こぼちぬ。今迄悪みし嵐さへ此世の匂にあらず。敬心ぬかずきしが。霊霧はいづちゐにけん。天盤座を押放たまふ如く。空は瑠璃のやうなり。彭の下に一富士三白山四鳥海も髙より先ちかし。早坂にかかり目見合る中に療屋につく。餉したため。地獄順礼に行く。千蛇が池を左に見て往しが。聞しは物の数ならずみな人徨眉す。悠に北斗を拄朶山あり。これをなん剱御嶽となり。嶄巌たる刀嶽には足疾鬼颪も投られ。嶕嶢鋒山には。無心雲も穿れぬ。黒煙天をうづまく高く温湯の跳声は。百連の雷耳の枝に囀るがごとし。聿。臂をあげて魍魎野に戦勇奴も尻すべて去ぬべし。霧に僻なる岩は腸持の馬頭と見え、湯玉をかづく古杭は。目にみゆる羅刹にひとし。信に邪正不二の方便。禅頂には無為の都の町刻をなし。沢獄には有漏火宅の焼包を示す。陰陽是非は一心の生滅。おんまわにたの破り地獄の呪。光明真言の徳風をふかせ。餘波おしくかへりみて。麓の旅舎佐伯氏につく。時の天和三の代暑下旬。頂雲軒三千風記し畢。

かくて主本雄翁の里屋敷。米道村にいざなはれ。珍餐にめでて二日愒。神書のそこそこ講談し。山の縁起など改し。翁も別袂の柳にぬさつけて。

身はかくて別ぬれども本来の　空の心は不変同座に

立山神司佐伯氏　本雄

返し。

別てふ事はならはぬ神心に　生れぬさきの話する

又よといひ捨て。魚津に帰り。（以下略）

＊この項は、桂書房刊『橋本龍也編　越中紀行文集　越中資料集成10』を底本とした。

十、一宮巡詣記

作者は橘三喜（一六三五―一七〇三）。元禄九（一六九六）年七月三日、現新潟県糸魚川から船便にて富山県魚津港に着き、上陸。夜は魚津に泊る。七月四日夜は芦峅寺泊。一五日室堂泊。六日は山頂登拝、夜は室堂泊。七日芦峅寺泊。八日富山旅籠町泊。

（前略）

五日、立山へ趣く、半道あまり馬にて行、馬足叶はざれば歩立に成て、ほったて山坂を越、常願寺川を渡る、水深き時は、藤綱にて橋を渡し取付渡ると也。金坂、大小材木坂、ぶせう坂、ゐかりばりと云穴あり。龍宮までぬけたりと云、かむろ坂、禿杉、又は猩々乱杉共云、神の座し給ふ木と云、五かい程にて高さ五、六尺、枝五、六百本も有、四方へしだれり、ぶな坂、小鮒坂、是より浄明が滝見ゆる、五段に落、桑が谷、これより一里計過、不動堂あり、是を中の室と云、弥陀が原二里程有、一の谷鉄のくさりに取付登る、獅子がはな、弘法護摩と修し所也、大岩平あり、上市場下市場通り室堂に留る。

六日、立山権現の御前に登り拝む、山坂けはしく雪をふみ行、夫より地獄廻りとて、広き谷合、硫黄湯のわく所多し、戻道にかかり、姥が懐と云を通り、朽木坂迄迎の人々来り、坂路をおりて馬にのる、立山の道九里八町、雀のみおどりと云、五十町壱里也。白山三所一帯の神と云、是は絶頂の社図、立山麓御姥の社、芦倉村にあり、富士に姥の木像六十六体有、大宮と云。

立山神詠　芦峅村

風のぬき雪の立山十重はたへおりのべ衣たつかすみ哉

御姥御前の神詠

浪たかく渡る瀬もなく舟もなく昨日もけふも人は越しつつ

御姥の社の前に川有、土俗三途大河云。若宮再興慈真上人也、奥の方に墓有。

上人の歌

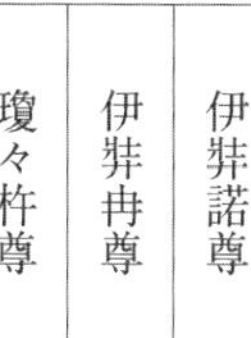

なにはがた芦の葉毎に風をちばよしかる舟のつくはかのきし

立山の絶頂にて小鼬(オコジョ)多く、ライノ鳥など見侍る。雲の上をふみ渡る時よめる。

道あれとかねて願ひを立山の雪踏分る時もこそあれ

八日、芦峅より岩倉迄三里、此所にも立山の社あり、妻帯の坊中多し、富山城下迄四里、旅籠町に留る。　（以下略）

＊この項は、桂書房刊『橋本龍也編　越中紀行文集　越中資料集成10』を底本とした。

十一、立山紀行

作者は佐藤秀昌。月窓・松蘿子と号す。文化二（一八〇五）年、富山藩御目見医格歌道方御用を仰せ付けられた。立山紀行は寛政一〇（一七九八）年にまとめられた。この中に「十とせあまりのむかし、この山にのぼり、・・・・その折の山づとにこそ」とある。同行は本人・従者を含め四人。

（前略）

水無月十九日、まだ明けやらぬに立ち出づる。鼬川(いたちがわ)渡る頃、月は西へとながるれど、我は東へ行く。「遊子残月に行く」と口ずさみつつ。近きわたりにはさせる関だにもなし。渺々たる田面をみわたせば、稲葉にのぼる朝露の衣をひたして、空は晴れ行けど、雨つつみをもせばやとばかり思ふ。中市、横内などいへる村過ぐるころほひ、夜は明けにけり。さしむかひて屏風を立てたる様に見ゆるは、いまこころざすみねつづき、はるかに顕れて、道案内するものの、ここかしこをしゆるこそ暫目(しばし)さむる心地したり。

やうやう常願寺川をわたる。駒のあがきに砕くる水はすいそうのやうにて、かの清少納言がいひしも、ふと思ひ出でて似つかはし。

明日はまた越ゆべき山のふもと川なみのしらゆふかけて手向けむ

大森の禅林は連(つれ)なる安紹が知れる和尚の住み給へば、茶まど乞ひぬるに、いとねもごろなり。この大とここそ、たち山の奥、玉戸の窟を禅林とし給ひ、或る時は地獄谷の炎を夜の灯として観念し給ふよし、捨身の修行いと高き、ぬかづきて立ち出づる。行く行くも小笹ふく賤が家のまばらなる村あり。名を問へば一夜泊りといふ。

この村のひと夜とまりの名をこめて　くさのまくらをいざや結ばん

かくいへど、いまだ日の高ければ、似げなきものから、岩峅寺何某が許にて、つつみいなど取り出だしぬるに、安紹能雄は暑さにたへずして水はんをくふ。この所ぞ麓の大宮にして、伊弉諾尊、手力雄命ふた神の御社、末社十九棟、鳳の甍、旭にかがやき、＊鳧(ふ)の鐘、夕べの雲にひびく。祭礼は四月八日に執り行なひ、別当は二十四坊、軒をつらぬ。

抑、この御山の伝記を聞くに、むかし、文武天皇大宝元年二月十六日夜、帝の御夢に弥佗如来、枕頭に立ち給ひて曰く、「今より四条有若をして越の国につかはし侍らば、国たみますます安穏なるべし」と。帝打ち驚かせ給ひて、とみに有若をめし、越中の国司になし給ふ。有若嫡男有頼、当国に下り、保伏山に住み給ふ。

或る時、辰巳(たつみ)の方より白生の鷹飛び来りて卿の拳に止る。卿これを見てめでぬること限りなし。一日、有頼、父に請ひてこの鷹をもて狩し暮しけるに、いかがはしけん、鷹いづちともなく飛び去りぬ。むね打ちおどろき、東西をさがし求むれど甲斐なし。せんすべなきに唯茫然たり。時に森尻(もりじり)の権現顕はれ給ひて示して曰はく「ひたすらに巽(たつみ)の方を尋(たず)ぬべし」と。教(おしえ)に任(まか)せて深山路(ふかきやまじ)に入り、日も既に暮れぬ。

とある岩根を枕とし一夜明かし、つとめて岩峅の林に至りぬるに、ここにひとりの翁、右に剣を提げ、左に念珠を持ちて曰はく「なれが尋ぬる鷹、いま横江に有り」と聞き、うれしさもいはんかたなくて、名を問へば、「我はこれ刀尾天神なり」といひ終りてかきけしぬ。いと尊く、ぬかづきて猶山に入る。

　時に猛き熊かけ来りて遁るる道なし。有頼いちはやくもこれを射る。あやまたず、その矢、熊の胸に中りて、足曳の山深き玉戸の窟に逃げ入りぬ。「遁さじ」と猶もかけ入れば、こは、おもひきや、三尊の仏像。岩洞に巍々として異香また芬々たり。ゆくりなく、おどろくものから、つくづくこれを拝みぬるに、弥佗如来の胸に、矢正しう立ちて血流れたり。既に我が矢なることをいちじるければ、大いにおどろき、かつ怪しむ。如来、夢のごとく告げ給はく「我れ濁世の衆生を済はんがために、なれをして当国にあるじたらしむ。鷹は剣が嶽刀尾天神なり。熊は我なり。おのれ早く出家して当山をひらくべし」と。有頼、随喜の涙にむせびて、ただちに説方が原五智寺の慈朝師に謁して受戒し、慈興と号し、この御山を開き給ふと。猶細かなることは縁起にゆづりて、これにはもらしぬ。

　すべてこの処より絶頂まで十三里と聞えし、大宮をめぐりて、

　　神こころ麓の塵にまじはりて　まもるやかたき国つ岩くら

　横江の村ちかきわたりは夏草のいとしげき野原にて、暑さいはんかたなし。「水もがな」と、そこら尋ね求むるに、とある岩陰よりいと清げなる清水ぞ流れ出にけり。

　　夏の野の風もほのふを吹きかへて　すずしくなりぬ真清水のもと

「しばしとてこそ立ち留りつれ」と西上人のよみ給ひしも、かうやうの処にや。誠に立ちさらん事のものうくて、あたりの芝原に人々円座しつつ、杖して一日のつかれもやるかにて、果は居眠をさへしたり。「日も闌けぬ。やどりとるべき里もなを遠し」など従者に驚かされて立ち出でし。

　芦峅寺は岩峅寺より二里あまりあなたにて、ここにも二十四坊軒をならべたり。そが中に、かねがね契り置きつる坊につく。夕日猶残りぬれば、姥堂に参る。これや大宝三年四月二日、慈興上人の母、江州志賀にて終りを遂げ給ふ。上人、悲しみにたへずして、みづから像をきざみて、慶雲元年八月葬礼の式をなし給ふより、いまに秋の彼岸には、その折にたがはぬ執り行なひ、まめやかなり。近頃焼亡のことありし。急ぎ大守より木の道のたくみに仰せて、もとよりも猶うるはしく造りなし給ふ。御前のうき橋はけふさくそびえて、澗水、玉をならして凛々たり。杉の幾かかへともなきが立ちならびて、いとをぐらきに、日も暮れるべしとて坊に帰る。

「山里はものの佗しきことこそあれ、世のうきよりは」といひしも実にさることながら、夜に入りては滝のおとすごく、虫さへ鳴きていとさびし。

　　故郷をいでて幾日もあらなくに　つかれにけりなあしくらのさと

　　なつながら虫の音さそふ山里や　露のよすがの草のまくらに

　宵の間過ぐる頃、客人あまた入り来りて立ちさわぐを聞けば、「あな尊と、何のたたりなう帰りけることのうれしさよ。昨日、室にて逢ひし人の、山霊のとがめにや、得参らでありし。また何がしの国より遠くきにける人の、かうやうの類ひありけり」なんど、定かならぬことどもは思へど、ひたもすにいひののしり、「さらば唄へ。酒たうべてん」と手打ち足とどろかして、だみたる声いと高う、わけだにしれぬことなど唄ひ舞ひ、夜もすがら酔ひに酔ふて、果はいきまきあらそふさま、あまりにはらあしきわざなれば、無礼の罪、たださばやとおもへど、明日は御山に参る身にしあれば、物ごとつつしみてこそと念じかへしぬ。鶏も鳴き、暁の鐘、雲にひびく頃ほひ、いつしかしづまりて、おのがじし、こころゆくままに、縦横にかさなり、いぎたなくいねたり。この驚かしに、夜ひと夜いねず、つかれぬれど、おかしさもやるかたなくて、中々目覚むる心地しぬれば、たちいづる。

　大峠、小峠などいへるを超えて、川原にくだる。しばしゆく程に、先達、川際の山を登る。「こは道には非じ、迷ひてんや」といへども、いらへだにせでのぼる。山は、さのみ高きにもあらねど、土くづれ、力にすがる草さへなくて、所々取り付く石もゆるぎ落ちて、さきなるものの足は我が頭にいただき、後れたる人の頭は我が足の下にぞありける。いまはかたみに裳裾に取りついて、やうやう足とどめつべきほどの道もとめて、しばし汗をぬぐふ。先達始めていへらん「さこそからうし給はめ。河原のいと広きに、少しは道も取りたがへぬれど、よしや、いづくまれ、轍すからぬはこの御山の習ひにこそ」と、ものなれたるつらつきのいとにくさや。とかくするまに、坂口下らんとて、木の根岩角に取り付きて、うしろざまに下る。「そもそもこの道はいかにぞや、かねて聞き置きし名だたる処にもあらぬに、かくくるしきは」といへば、「これぞ大くづれとて、下なる川の瀬によりて、上なる山に廻りて越ゆることもあり。また河原づたひして、いとやすくこゆることもまれには侍れど、近き頃はこの道ばかりなり」といふ。

　下りては名だたる藤橋にぞあなる。かねて聞きしより、見るに目くれ、こころまどひて、しばしこなたに敷きものいたしてみわたせば、藤はひとすぢづつ左右の橋にらちのやうにしなし、中通はみすぢにて、所々横木を結ひつけたり。下は幾千尋ともしらぬ勝妙川、矢よりもはやく、漲る波、巌に砕けて天を拍つの勢ひあり。橋

は河風にさへ吹きなびきて、あやうさ、いはんかたなし。

　あやうくも雲より雲をきしねにて　つなぐともなき峯の藤はし

中々に渡りては、むねとどろき、足なほふるふ。このわたり、しばし過ぎ行けば、木草しげりて空の　あやめもわかぬ深山路にて、これぞ凡ての山口にして、こがね坂とぞいふ。

　何ごともさぼりやすき身のうへは　こがね坂をもひろひてぞ行く

下るべき谷間もなく、さしつづいて草おひ坂に登る。

　誰かまた草おひながらのぼるらん　みちだにそことみねのしら雲

材木坂は名におひて棟・柱にけづりなしたる石、縦横なるが、山はさがし、道とてもあらねば、こなたの巌を抱へて、かしこの木の根に取りつく。されば、近き頃のことなりし、魚津の浦、専光寺の和尚、この山に三十三度歩みを運びけるに、履をはきながら登りけること、人の能くしりたることなれど、いまおもひ合はするに、胸とどろきぬ。唐土の謝霊運、山に登る事を好みて木履を着くといへり。されど登りには前のはを去り、下りには後のはをさりぬといへば、賢くもしなしたり。返す返す彼の和尚ぞたやすからぬ仕業にこそ。此処や、女人堂建てんとて木作せし木、数多引かせたりけるに、一夜に石になりぬといふ。

　梁や棟木のすがたそのままに　よこたりふせる岩のかけ道

先達。声がおかしう「石角、衣を鉤せて破り、藤枝、眼を刺して新たなり」と唄ふ。くるしさのあまりにやあらん。されど人がらには似ず。心驚いて、いつしかつかれも忘る計に覚えしか。美女杉は若狭の小浜の尼何がしに従ひける女の化してかく成りけるよし、伝記に見へたり。

　松浦がたしなこそかはれここにしも　ちとせひれふる松のこずゑは

しかり尿はおかしき物語りもあれど、あまねく人の知ることなければここにしるし侍らず。橅平といへるを過ぎて、伏拝みに倒る。従者敷きもの・わりこなど出してあるじもうけするに似たり。

　勝妙の瀑布は谷を隔て、遥かに高く聳えたる山の頂よりぞ落つる。水は三段にわかちて幾千丈ありとも知れず。響は百千の雷の如く、色は才匣の素練にも似たり。李太白が「飛流直下三千尺　疑フラクハ是レ銀河　九天ヨリ越ツルカト」作りし盧山の瀑布も、さのみこれにはまさらじ。

　高根より落ちくる滝の水けぶり　千尋の谷のそこにひびきて

名残をしけれど、日闌けぬれば、立ち出づる。いく程もあらで、鼻つくばかりさがしければ、彼の滝みしおもひにはようかはりて、汗は中々滝のごとし。名をとへばかるやす坂といふ。いと腹あしき名なりとて、

　藤かつらとりつく道のくるしきを　かりやす坂と何名をつけけん

夕かけて桑が谷に下る。これぞ麓より室までの半ばにして、接待の茶などたくよすがに、竹の柱いとう傾きて、萱むしろの古びたるを二、三枚敷きたり。小笹ふくしの屋にも、芦の苫屋にも、似ばきにもあらず。いかでやどりとるべしとも覚えぬものから、「日は闌けぬ、行先は遠し、いかがはせん、よしや身を仙人にもなしはてば、雲にも伏すべし、霞をも吸ふべし」などいひなぐさめてやどる。つらつらあたりをみわたせば、させるはえもなく、唯たくましき巌の巍々として、花もなき夏草の青みたり。雨露を凌ぐよすがは、持たせし雨つつみとうでて、そこらかたのごとくしつらひ、やうやう夕飯調ふもいとわりなしや。夜に入りては雲霧立ちおほひ、連なる人のすがただに見えねば、しのびやかにねぶつする声のみぞ力草なる。とばかりありて月いとさし出でぬ。雲霧のいづこにか行きけんとみるまた立ちおほふ。かくすることいくそばくぞ。こころのうち、くもりてははれ、はれてはくもる。定めなき世のありさままでおひつづけて、よもすがら寐られず。

　世はなれし山にてもまたうき雲に　たにのこころやはれみくもりみ

ここをもまたくらきに立ち出づる。庵にありける男、「いましばし。郭公の鳴けば、月は明けぬべし。ここにはくだかけのかはりに」とふといひ出しぬ。いとやさしければ、その言葉のままに、

　谷の戸の明け方になくはととぎす　それを八こゑの鶏がねにして

こころいられのやるかたなう、わけのぼる。木の根・岩角のあやふさに、一足づつ、かぞふばかり、行く行くも、かたへの杉のむら立ちに郭公の二声、三声鳴き渡れば、夜はほがらほがらと明けにけり。さきの男の空言いはぬぞいとにくげなき。「凡そ市中に住める人は、かりそめのことにも面をやはらげ、言葉の花に色香をそへて人の耳を悦ばしむれど、誠の実少なければ、彼の山賤にも中々おとりぬべし」といへば「葛天氏の民ならばこそ、さいふものしも、同じ穴のきつねならめ」とて人々わらふ。

　中津原は弥陀が原ともいひて、高ねに近きわたりながら、蒼茫たる広き野原にて、左は剱が嶽雲に聳え、右は薬師が嶽遥かに見ゆ。このしもにこそ名だたる温泉ありけり。立ちよりて湯あみせんと思へど、道のさかしきを聞くに、胸とどろきて留まりぬ。行手に見やりて、市の谷の道へと杖を引く。このあたりぞ、今もかも雪どけの水、道もとむる風情、青々たる草もややこの頃より萌え出でけめ。一鳥声なうして幽閑もまたたぐひあらじ。

水無月を雪まになして若草の　もえいづる野べぞ世にもめづらし

むかし森尻の智明坊といへる僧ありける。ひととなり驕慢にして、この山にのぼる。俄に声、牛の吼ゆるににて、遂に魔界に入りて、みづから光蔵坊と名乗りてこの市の谷に住む。刀尾権現、遠くしりぞけ給ふ。時に一の爪を落す。またこの辺りに畜生原といへる野あり。陸奥板割坂の藤原直丞といへるもの、ここにてゆくりなく居眠り、やがて馬となり、かつ角をさへ戴きてかけ廻るよし。因のなせる果、いとあさまし。

かかる物語を聞きつつ　市の谷に到る。潤合にそふて登れば、奇石峨々として潤水溶々たり。その清きこと、いふ限りなし。手に掬せば冷やかに、口すすげばいと甘し。身は仙境に入るかとばかり、「桃源にもまよひてんや」といひつつ、とばかり行くに、巌の高く聳えたるに、くろ金の鏈りを二筋かけて、道もここにぞゆきとまりぬる。鳥ならでは越ゆべきとも見えぬに、先達、鎖を持ちそへてのぼる。おくれじと人々取りつくに、いとあやうく、足もしどろにふみとどまらず。漸々、岩根さく道のいとさがしきが、まほに見上ぐれば、峯に霧さへかかりて、目くれまどひ、見返れば、谷ふかうして雲また漠々たり。進に胸ふさがり、退くに道なし。かたへは根笹こそあれ。よき力草なりとて、取りつき、いまは足つかれ、胸とどろきて、身も汗に染れんとす。息のつくべき、足の留むべきひまもあらねば、せんすべなし。半ば過ぐる頃、岩ばしる水したたり、苔なめらかにして、たえて登るべしとも見えぬに、ここにしも鏈のいと長きをかけたり。先のに習ひて、唯ゐざりにゐざりて、命も消えし、魂もいづちにか行きけんと、我をもしらでのぼる。やうやう少しなだらかなるに出でて、始めて蘇へりぬ。そもそもまたかかる道もあるものかな。われら齢ひは百年の半ばに近き身にして、かかる深山をわけ登らんことは、事好のものとや人もわらふらめ。また行先もおしはかりて、悔しさやるかたなし。むかし韓退之は、文学、世に秀でて卓才、古今にならぶ人なき身ながら、或る時華嶽にのぼり、その険絶を見て、はなはだ恐れ慄き、文をつくりて奇を好む過ちを識りけること物に見えたり。今おもひ合はすれば、さもありぬべしとて、更に進むべしともみえず。先達これを見て、「いひ甲斐なき人々かな。あれみ給へ。三尺の童子も登りやすく、八十の翁も退くことなし。唯仏神に身をまかせてたまへ」など声あらかにいひて先にすすむ。このいきほいに力を得て、足さへ軽しとぞいふ。

取りすがる小笹の露の命もて　かかる深山をこゆるあやうさ

獅子が端はまことに似つかはし。あやうさ、いはんかたなけれど、めずらしとも覚ゆ。弘法大師護摩壇・愛染明王の窟あり。少しのぼれば、いとなだらかなる野原、とばかり行くに、また小松坂とぞいふ。からうじてこゆれば、これより室まではさせる坂もなし。されど、一足づつのぼれば、つかれたる身にはいとうたへがたしや。鏡石も名だたる所なれど、くるしさに言の葉もなし。

室ちかきわたりに、三宝崩れといへるあり。むかし飛騨の小萱の郷に北山石蔵といへるもの、貪欲猛悪にして、人を殺し、物の命をとることを好めり。遂に怖しき鬼となりて、ここをしも住家とせり。別山金剛童子、これを追ひ給ふ。牙ぬけ、口噤りて、しにき。かかることは、世にけしからぬやうにて、いぶかる人もあれど、その牙、今に神宝にあれば、この御山に登らん人の為にくだくだしけれど、噤跡先にかいつけぬ。

室につく。けふはやすみて明日は御山登らんとおもへど、夕ゐる雲の立居もただならねば、雨にやならん、風もや吹くらんとて、夕かけて立ち出づる。遠き国々より来にけりと見えて、垢離とり、閼伽むすびつつ、優婆塞の白きそうぞくして、白ふゆにかしらをつつみ、鈴など鳴らして打まじりたるが、いと清げなり。

室より峯までは五十八丁いへど、唯手を立てたるがごとし。山の姿は類ふべくもあらねど、夕日にうつろいて金をみあげたらんにひとしく、真砂に交る岩角は玉を砕く心地したり。右は浄土山、ことはなれて聳えたり。左は大汝峯・別山、雲を凌いで秀でぬ。すべて一の越より五越までは、此界をはなれたる有様なれば、拙き筆をとりて書き顕はさんは中々恐れあれば、もらしぬ。

能雄安紹は家のわざなれば、おふみきに神気、ひもろぎに備ふ。年頃の願の満ちぬるに、鬢のしもやうやうすずしき身をもて、かかる御山に登りし事の、いといとう有り難くて、ただ広前にひれふして泣く。神宝の数々拝みて、そのあらまし、かいつく。

有頼、熊ヲ射シ矢ノ根　　有頼ノ刀　　無銘
行基菩薩奉納ノ錫杖　　蟇股ノ鏃
若狭老尼ノ額の角　　北山石蔵ノ口ノ牙
光蔵坊ノ爪　　藤原直丞ノ角
大銭三文、其外異国古銭多シ

本尊弥佗如来は伊弉諾尊と立ち給ひ、不動明王は手力雄命と顕れ給ふ。本迹一致の理、聞くに尊とく、仰せにあまりあり。

あな尊ふとうき世のちりも雲霧も　はなれて高くたち山のみね

名残なきにしもあらねど、日も暮れぬべしとて、一の越までくだる。備へしおふみきとうでて、かたみにおし戴き、少し酔ひぬれば、例のしらぬえせごとのみい

ふ。このあたりにしらふの鷹あり、また雷の鳥あり。「しら山の松の木陰」とよみ給へば、彼の山にはおほくぞあるらん。鳴神の音を食とし侍ると人ごとにいへば、さもありなん。されど、来の鳥ともあれば、いかがと覚ゆ。それはとまれかくまれ、「延喜式神名帳」に越中国二十四座のうち新川郡七社、そのうちに雄山の神社はまさしふもこの御社をいふにや。かつこの山の伝記のうちに、小山大明神の告げによって浄土山に至り一光三尊の如来・二十五菩薩を拝みぬることあり。雄山・小山、ひらき同じければ、ひとつ山にや。すべての山の名を雄山といへる山もあるにや。かつ歌枕の増補に、「気比古宮、越中の国」とあり。また行意が「雲をきるつるぎのみねにのこし置きて神さびにけり気比の古宮」といへる歌を出し見れば、いづれともさだめがたし。或る人、たち山の名は剣峯立つが如しといへるより起りぬといへど、これとても、何にありとも管見には見わたらず。「才賢き人に尋ねばや」といへば「あなくだくだし、むかしも今も名はたち山にて事たりぬべきを、あまりほりたる、とはいはぬがよき」とて、人々にくむ。

すこし平かなる渓合に出づれば、雪の猶残りて、厚さ五、六尺もあらんが、かたふして巌に似たり。

来て見ずば世に水無月の空言と　名やたち山の雪も氷も

衣をかさねたれど、いと寒ければ、急ぎ室にかへる。夜もすがらねられず。「歌よまばや」と思へど、例のうばそく、あるは国々みめぐるすぎようざ、老いたる、若き、立ちつどひていとかしがまし。更け行くままに、少しはしづまりぬれど、いづれねたる人ありともみえず。やり戸のひまより見やれば、空いとはれたり。「暁月暫ラク飛ブ千樹ノ裏。秋河ハ隔テテ数峯ノ西ニ在リ」と閑かに誦して。さだかには寝もせず、起きもせず、暁過ぐる頃より、風あらく吹き来りて、やがて雨のあしいとはやし。夜も明けぬれば、雲深うして、朝飯たく火影に人々の面をもわかちぬ。なほふりしきるや、谷そこにとどろく、そは鳴神の音にぞありけれ。この寝ぬる朝けに御山かけんとてよべよりやどりし人の二百余もあらんかし。この空を見て、「いかなるたたりにかあらん、身のうへにはあらじや」と眉をひそめ、額をあつめてうつ伏し、ねふつの声さへいと幽かなり。そが中に、きのふ御社に参りしものは、かの鳴門越えし船の湊入りしたる心地して、ものごと我は顔にいひののしるもいとにくし。

巳の刻ばかり雲こそはれぬ、雨少しおやみたれば「さらば地獄みめぐりて桑谷まで下さん」とて立ちいづる。雨またふり来て、谷風のあやにくに下より吹きあげたれば、菅笠のうらにさへしぶきて、かしらも身もぬれにぬれぬ。からうじて谷をくだれば、こはいかにぞや、罪人のいくらもなきが、おとこおふな、老いたる、若き、それぞれに聞きわかれて責めせだむる声のさけび、あらしに響きて、遠くも近くも聞ゆれば、いままでふるひにふるひし身も、忽ちに汗出でて、おそろしさいはんかたなし。先達の「あれこそは何がし。これこそは叫喚（きょうかん）、息熱、阿鼻（あび）等の地獄、凡ては一百三十六」とぞ数えぬ。見わたせば、所々にもゆる猛火は、漲る谷水をさへぎり、湧き返る湯玉は、それかとみれば、やがて炎と立ちのぼる。劔が嶽は今もかも罪人をおひ登すかとおもひ、血の池はまのあたり千しほの水ぞしたたる。実や、この閻浮提に数多の地獄ありと、「寒山詩集闡提記聞」の中に　白隠禅師の書き給ひ、「仮名葎」にも十五経など引きて、ねもころに記し給ひき。いま思ひ出して、いとうおそろし。

聞きしより見れば身の毛もたち山の　谷のならくに燃るほのふを

雨やまざれば、いまはたへがたし。「立ち帰りてぬれたるものをも乾かさばや」とて室にかへる。火たかすれど、爪木さへいとうぬれて思ふやうにもなし。持たせし酒とうでて、守の坊にもすすめ、あたりの人にものませて、彼の地獄谷廻りしあらまし語りいづる。或る人曰はく、「凡て高き山には、火あり、水ありて相うつ。故に、富士も延暦の頃・貞観の頃は更にして、度々焼けしこと史に見え、遥かそののち、宝永の頃ほび、大いに焼けにき。信濃に名だたる山・つくし阿蘇山など、いまもけふりたえず。しひて　いぶかる事にしもあらず」といふ。「さこそあらめ。されど彼の禅師は三百年来ならぶものなき善知識の宣ひし言葉をこそ我は信じ侍れ」とて、酔のまぎれに寝いりぬ。

つとめて立ち出づる。そらのけはひも昨日に似たるものから、雨はいとはれにき。鏡石過ぐる頃、日さし出でて、見わたす海山のはらかなるが、絵にも写しぬべし。うばがふところ過ぐるとて、

なつもなほ雪ふむ峯を越え過ぎて　あたたかげなる姥がふところ

ここをしも姥がふところといへるは、彼の若狭の尼、ここまで登りしが、女人禁制を犯せる罪にや、遂に額に角生えて、果は石となりにけり。その角いまに神宝の中にて、さきに記しぬ。

桑が谷下れば、故郷の友がき久貞など登り来て、道のくるしさなどかたみに語りつつ、「行先も覚束なし」など聞えければ、例のたへがたかりしことに事そへて、室にて坊に聞きし浄土山・別山のあらましまで見し様に語る。「そもそも三の山かけんとおもひ給はば、まず浄土山へ登り給へ。峯に阿弥佗堂あり。それより御山に参り給ふて、みねつづき五十丁計もあらん、この間に大汝峯あり。後光石・橋立

石・白山権現堂・折立・富士権現・蟻ノ唐と波・砂が巌はいひしらぬけはひにて、それより行者返り・抱き石など、さがしさいはんかたなきよし。別山は帝釈天にて、御前に硯水の池あり。ここより室まで五十丁あり。大走・小走・賽の河原・玉殿窟、胎内潜・蓮華石・楊枝が嶽・美九里池・伽羅佗山などいひて、世に類ひなき所ながら、昨日の雨風に得ゆかでありし」などいへば、いと有難うも、おそろしうも、おくしがちに鼻白めしたるもおかし。

かかづらひては日も闌けぬべしと立ち別る。伏拝みにて、滝のしら糸、くり返し打ち見るに、あく時なし。材木坂はいとさかしう巌に取りつきて、先なる人の笠を蹈みてぞ下る。こころなき夕雨さへふり来て、道のほどわびし。

足曳の山路をめぐる夕立ちに　くさわけ衣ぬれぬれぞ行く

からうじて藤橋わたる頃、芦峅より迎ひのものいで来りて酒肴もたせたり。今までのうさもつらさも忘るばかりにのみくふ。大くづれも、酔ひのまぎれに苦しさも覚えず下れば、馬ふたつつながせたり。安紹能雄に進めてのらしめ、木幡の里ならねど、我は歩行よりぞ。暮れ過ぎて芦峅につく。つかれにたれど、つつがなう立ち帰りし。そのうれしさに、「酒とうでよ。何をがな」といへば、あるじ「肴もとめに小ゆるぎのいそぎあるけど、山里は思ふに甲斐なし」などいひつくろふ。宮路の何某、肴調へて、みづからも出で来りてのむ。彼の「土佐日記」に「一文字もしらぬものが足が十文字」といへるがごとく、みな酔ひて伏しぬ。

二十四日、日闌けてやうやう目ざめぬ。朝飯ととなふうち、庭に見送りの馬牽かせたり。こたみは三人ともにのりて、行く行く、さかしき峯越えしつらさ、あやうさ、おもひ出していひ慰む。先達のきのふより勢ひ落ちて後にありしが、不図いひ出せるは「人々の室より御山へ参り給ふとき、やつがれは跡にのこりて、いまはこの越やこえ給はめ、三越や、と立ち出で遥かに見やりぬれば、浄土山に来迎こそ立ち給へり。実や彼の山を三尊影向の山といへるもさることなり。その折にこころのつかせたまふや」といへば、「いやさりけなし。いでこの来迎につけて、近頃『空花談叢』といへる文を見しに、この御山の来迎の事を書きのせ、また、もろこし蛾眉山にもありけるよし、委しく書き給ひしが、いま先達の物がたりにて、かうがへ見れば、彼の文にかける、ゆめうたがひなし。されば、この文の作者、八事山大和尚は『沙石集』『撰集抄』『つれづれ草』などの誤りまで、ただし給ふ博識なれば、おほかたはこの来迎の事も、あやまちなかるべきか。されど我が友、書林何がしに仕へける男の登山して、まのあたり拝み侍るには、彼の文といささかちがひたるやうにも覚ゆ。とにつけ、かくにつけ、ざえみじかきわれらの、かうやうのことは、あづかりしることにもあらじ」といふうち、はや岩峅につく。

さきに契りし坊に入って、しばし暑さをしのぐ。ひやし物など、かねて心得たる様にて、とみに出だしてあるじもうけしたり。さして言葉をもかざらぬぞ、山里のけはひ失はざる。いと誠めけり。

日も午の刻過ぎぬといへば、急ぎたつ。常願寺川わたる頃、迎ひのものあまた出で来りて、中市村にて、酒・肴・とんじき、取りちらしたり。やがてはらから稚きまで出で来て、わらひつ、歓びつ、うれしさ限りなし。夕べちかき頃まで遊びて家にかへる。

立ちいでて一夜二夜の旅寝にも　いくたびむすぶ故郷の夢

「玉津島みれどもあかずいかにしてつつみてゆかんみぬ人のため」と「万葉集」もよみしは、ところこそかはれ、実さることなめり。十とせあまりのむかし、この山にのぼり、ここかしこにてかいつけたるを、いまいだして見れば、漢文にもあらず、和文にもあうで、ちくらの沖にたゆたふ船のごと、わいだめなきものから、いまさらかうがへあらたむべきいとまもあらず。もとより、みぬ人のためのみにて、文章の野なるは更にして、事実のたがひたる、かのいすかの口ばしのそしりも多からんかし。こなたただその折の山づとにこそ。

寛正十午四月[*2]　　松羅子月窓

＊1　鳧。鳧の俗字。あひる（家鴨）。かも（野鴨）。

詩経、大雅。生民之什「鳧鷖」の一節と終節（五節）を次に記す。

鳧鷖在レ涇　公尸来燕来寧
爾酒既清　爾殽既馨
公尸燕飲　福祿来成

鳧鷖涇に在り　公尸来に燕し来に寧らう
爾の酒既に清く　爾の殽既に馨し
公尸燕飲し　福祿来に成んなり

（鳧鷖〔鴨鴨〕は川の中ほどに居り、祖霊の尸は宴飲し安らぎたまう。「あなたのお酒はもう漉し、あなたのお供えも香ます」祖霊の尸は宴飲し、恵福も多大でしょう。）

鳧鷖在レ亹　公尸来止熏熏
旨酒欣欣　燔炙芬芬
公尸燕飲　無有後艱

鳧鷖亹に在り　公尸来に止まりて熏熏たり
旨き酒欣欣として　燔炙芬芬たり
公尸燕飲し　後艱有ること無し

（鳧鷖は水辺に居り、祖霊の尸は宗廟に止まって熏熏と喜ぶ。祖霊の尸は美酒に欣欣と喜び、ささげる炙り肉は芬芬と香る。祖霊の尸は宴飲し、後の憂いもないでしょう。）

鳧は詩経では呪物であって、祖霊の使い、又は祖霊そのものを指す。「鳧の鐘」は、夕方の鐘の音で、御先祖様のお守りの中、今日一日の無事を感謝し、安堵の瞬間である。そして、文章は鳧鷺の本題「祭」に続く。

＊2．立山紀行の作者は「寛正十午四月」とした。しかし、寛正は一四六〇年に始まる。しかも六年まで。寛正を「かんせい」と読むと、「寛政十年」は一七九八年。しかも「戊午」とある。よって立山紀行の作者は天明年間に立山登拝をした。

＊この項は『橋本龍也編　越中紀行文集　越中資料集成10』を底本とした。

十二、名山論

江戸時代後期の医家、橘南谿（一七五三―一八〇五）作。名山論は『東遊記』の一節である。橘南谿は一七八五年、天明三年夏に京都を出発し西遊の途につき山陽・九州・四国をめぐり、近畿・南海・信濃をえ、北陸・東北から関東へと、三十六歳まで断続して四回、日本の諸地方を巡歴している。目的は南谿の本業である医学の修業を第一としていたという。

南谿は天明五年暮から六年二月まで富山に留まり、見聞を広めている。

七五　名山論

余幼きより山水を好み、他邦の人に逢えば必ず名山大川を問うに、皆各其国の山川を自賛して天下第一という、甚だ信じ難し。

既に天下をめぐりて、公心を以て是を論ずるに、山の高きもの富士を第一とす、また余論なし。其次は加賀の白山なるべし。其次は越中の立山、其次日向の霧島山、肥前の雲仙嶽、信濃のの駒が嶽、出羽の鳥海山、月山、奥羽の岩城山、岩鷲山也。是に次いで豊前の彦山、肥後の阿蘇山、同国久住山、豊後の姥が嶽、薩摩の開門嶽、伊予の高峯、美濃の恵那嶽、御嶽、近江の伊吹山、越後の妙高山、信濃の戸隠山、甲斐の地蔵嶽、常陸の筑波山、奥州の幸田山、御駒が嶽等也。

其余は碌々論ずるにたらず。伯耆の大山、上野の、妙義山は余いまだ是をみず、其高低を知らず。出羽の羽黒山のごとき、其名甚だ高けれども其山は甚だ低し。都の鞍馬山程にも及びがたし。湯殿山も叡山よりは低かるべくみゆ。是は仏神垂跡の地ゆえに参詣の者多きによりて其名高き也。

山の姿峨々として嶮岨画のごとくなるは、越中立山の劔峯に勝れるものなし。立山は登る事十八里、彼国の人は富士よりも高しと云う。然れども越中に入りて初めて立山を望むに、甚だ高きに覚えず、数月見て漸々に高きを知る。是は連峯参差たるゆえ也。最も高く聳えたがいに相争う程なる峯五つあり。劔峯も其一也。其外にも峯々甚だ多く連なり、波涛のごとく連なり、皆立山なり。此ゆえにたとえば都の北山を望むがごとし。遠くより見るに何れを鞍馬山とも称しがたきがごとし。是をみても、人多能なる者は反って其名を失うを慎むべし。

白山は只壱峯にて根張も大に、殊に雪四時ありて白玉を削れるがごとく、見るより目覚る心地す。

又、山の姿のよきは鳥海山、月山、岩城山、岩鷲山、彦山、開聞嶽なり。皆甚だ富士に似て、峯秀出で、画がけるがごとし。

又、景色無双なるは薩摩の桜島山也。蒼海の真中に只壱つ離れて独立し、最嶮峻なるに、日光映ずれば山の色紫に見え、絶頂より白雲を蒸すがごとく煙り常に立登る。たとえば青畳の上に香炉を置きたるがごとし。

大抵海内の名山是等に留まるべし。其山内の奇絶は又別に書あり。今此所には仰望む所を論ずるのみ。

＊この項は平凡社東洋文庫「東西遊記」を底本とした。

十三、肯構泉達録

著者は野崎雅明（一七五七―一八一六）。江戸時代中期の漢学者。宝暦七年野崎雅伯の長子として生る。文章を善くし、好んで地方史学の研究をした。富山藩校広徳館学正となる。雅伯は越中の旧記や事蹟、また父老の口碑をももらさず編纂し、『喚起泉達録』を著した。しかし、雅伯歿後、その書の大半が失われたので、雅明は深く悲しみ越中国内の山川原野を遍歴し、資料を集め、文化一二（一八一五）年、ようやく肯構泉達録　十三巻が出来た。

1．立山ノ記

立山は越中の鎮なり。又、之を雄山と謂ふ。崇高、天を摩し、延亘数百里。面々の美容、啻に衡山七十二峯のみならず。余、名勝を窮めんと欲して、文化壬申（文化九年・一八一二年）夏六月念五日（二十五日）、黎明に富城を離れ、東に行くこと三十里、岩峅に至る。是れ雄山の麓なり。華表あり、雄山祠と牓題す。拱木森然、楼塔重複、又、僧房二十四あり。中に別当と称する者、其の巨擘たり。蓋し密教を修するの徒なり。皆、雄山祠を護す。他の祝史無し。雄山、盛夏、雪尽くるに及んで登山、神に謁する者多し。六七月の間、別当、室堂に在り。各房も亦、代二人、別当に副して事を理む。岩峅より三十里、横江村・血懸邨を過ぎ、蘆峅に至る。古祠あり。雄山の属神、手力雄命と為す。北に亘って二十四の房あり。岩峅と同じ。又南には古殿あり。云ふ、是れ大宝元年、

文武帝、佐伯有若丸をして越中に守たらしむ。其の子有頼、故有って此に隠れ、祝髪し、名を改めて慈興と曰ふ。時に雄山の神、興に告ぐる有り。興、神意を奉じ、榛莽を斫って始めて立山を闢く。此、其の遺址たり。且つ慈興の後たる者も亦十二家、今尚、此に住す。然れども雄山祠、厥の始め、得て知る可からざるなり。而して史籍に載する所、上古已に有り。則ち慈興の事、蓋し其れ中興ならん。

橋を過ぎて姥堂あり。又云ふ、慈興、母あり、卒して後、興、工をして其の肖像を作らしめ、此の中に置く。徘徊すれば日已に虞淵に逼る。遂に山房に宿す。

廿六日、早行して十里許、勝妙川あり、峡間より出づ。是れ瀑布の下流なり。藤枝を編んで橋となし、両崖の巨石に縛す。之を渡れば、飄揺たり。藤を編むこと疎らに、脚下数丈にして水を見る。股戦ふて進み難く、惴々として汗を流す。又、湯川あり、東、薬師ガ嶽を出て西に流れ且つ北して此に会し、又、常川となる。

金坂を踰えて千手が原に抵る。仏閣あり。また、材木磴に至る。傴僂して上る。磴、皆奇石、棟楹梁桷を積むが如く然り。因って名を得たり。左右喬木蓊然、皆、数百年の物なり。又、古祠あり。去ること十許歩、巌洞あり。鷲が窟と曰ふ。中、数十人を容るべし。美女杉、今已に槁死す。殊に惜むべし。此に至って又十里、路傍に一穴あり。其れ深きこと測る可からず。また鬅頭杉、大きさ十尺囲なる者あり。一々妄説を為す。蓋し流俗の附会なり。

又十里、杤坂を踰えて伏拝に至る。林開けて始めて瀑布の蒼崖に懸るを見る。直ちに下ること百丈餘、所謂勝妙瀑布なり。水声、大風雨の如く、人の毛骨をして寒慄ならしむ。是れ一山最勝の観なり。

行くこと又十里、不動堂あり。施茶寮に小憩し茶を啜る。又十里許、弥陀ガ原に至る。地勢、平曠開豁、略草木無し。又、正南峡中、松尾より温泉に至る。弥陀が原を歴て十里、追分に至る。支逕あり。其の一は姥が懐に至るべし。其の一は一の谷に通ず。

行くこと数十歩、又、北に向って逕あり。僕言ふ、「此より財に数里、市場といふあり、市場の峡中、景、尤も勝絶なり、行きて之を観んこと可なり」と。因って行きて其ノ所に至る。果して然り。南に国見が嶽あり。北に大日が嶽、層崖・絶壁、嶄巌・突兀、崩れて圧さんと欲する者あり。危にして堕ちんと欲する者あり。横に裂くる者あり。直に裂くる者あり。凸なる者あり。凹なる者あり。奇怪にして尽く状す可からず。僕又言ふ、「嶽上幽林の間、世に所謂天狗神なる者多し、之を望めば人をして寒心ならしむ」。又「北に畜生が原あり。曽って聞く、人、此に往けば帰ること無し」と。故に敢へて往かず。

還りて一の谷に至る。逕絶えて高崖、鉄鎖を懸く。鎖に長短二条あり、続いて以って下に及ぶ。之を握って而して後に達することを得たり。其の険、知るべし。追分より此に至る、又十里。左に獅子が端あり。絶壁の上、怪巌蹲踞、頤を張り、蔦蘿、之を被ふ。一青獅子の如し。頂に護摩壇あり。旁らに小堂あり。釈の空海、法を修する処なり。蘿を把み足を側てて上る。其の高き数十丈。目眩め、顚墜せんことを恐れ、速かに下り去る。

已に日、昳に垂して室堂に至る。是れ登山の者総て宿に投ずる処なり。此に至る。又十里。幽奇絶境、草木禽獣無し。砂石犖埆の地、峯々、宛として白瑪瑙の如し。心を動かし目を駭かすの観なり。立つこと小時、遂に芒鞋を脱し、堂に上る。已に投宿の者、堂に満つ。老生、山険を攀ぢて疲倦甚し。早く牀に就いて睡らんと欲すれば、即ち衆客の言語紛吨喧殺す。又、中宵凝寒、肌を侵し、棉を重ねて猶、火に附かんことを欲す。終に睡を成し難し。

廿七日、夙に興く。天気開霽、登山尤も喜ぶ可きの事なり。飯已み、別当と杖策相従ふ。後を顧みれば他の登山者も亦魚貫して来る。先づ浄土山に向って石磴を躡む。下視すれば、西南に駆籠池あり、周、数十里ばかり、水色瑠璃の如し。云ふ、是れ龍蛇潜んで焉に在りと。

攀縁を極む。絶頂、天に逼るかと疑ふ。四顧すれば、海内略、遺す者有ること靡し。近くは江山井邑を辨ずべし。遠くは有無の中に杳乎たるのみ。信に天下の大観なり。

少頃、陰霧遮り、已に望を失ふ。霧中、又惚焉として車輪の如くなる者を生ず。円径、八尺ばかり、輪辺五色にして虹の如く、中に物有り、髣髴たり。是れ山中に所謂三尊来迎なる者なり。恰も之に値ふ。真に偉観なり。立つこと久しくして去る。別に磴を取って下る。磴急にして足趨って留らんと欲すれども駐まらず。頃刻にして下る。

雄山最も竦傑たり。一層より五層に至る。俗に之を五の越と謂ふ。層毎に石仏あり。小屋を以って之を覆ふ。磴道、空に梯するが如し。前後相扶持して上る。皆、喘を発して鋸木の声を為す。攀ぢ尽すこと十余里、神祠の山巓に在るあり。是れ伊弉諾尊となす。各々粛容拝謁す。別当、是に於て経を誦し、且つ因果の理を説く、「生きて悪を為す者は死にて厲鬼となる」と。「迺ち其の事、此の山中に在

り」と言ひて、則ち鬼の牙・老女の角、種々の物を出し、衆人に示して以って徴と為す。是れ悪を懲らし善を勧むるの事なり。又、絶巓、杖を植てて小立すれば、陰晴須臾に変じ、烈風人を挟んで飛ばんと欲す。畏れて而して去る。

北行、大汝に至る。仏閣あり、観音と為す。又数里、路きわめて険巇、遂に別山に上る。仏楼あり、帝釈天と為す。前に硯水の池あり、周一里ばかり。。又、有頼の鎧と謂ふ者あり。糸革爛れ腐ちて片鉄寸金を餘す。以って故事に備ふるのみ。

此より絶険、脚を着くべからず。仰ぎ見れば攅峯峭抜、巉然として霄漢に挿む、是れ劔が峯なり。已に他山の擬すべきに非ず。雲霧開く処、愈々秀づ。姿態万変、信に造化の尤物なり。又是れ峭風、尖寒、久しく留まることを得ず、愛を割いて而して去る。別山を下る。危磴、大走・小走と曰ふ。数里、堅氷を踏む。往々蹉跌す。又下ること数里、巌洞あり、玉殿の窟と曰ふ。廓然として甚大なり。蓮華岩も亦奇なり。

此より折れて行くこと数十歩、緑の池あり。已に智る。又、美久里の池あり。周二里ばかり。又去ること十数歩、血の池あり。又数歩、谷中に竇穴あり。大小、百を以って数ふ。水有る者は焼熱湧沸す。或は躍り上る者あり。或は崩騰する者あり。或は玉を飛ばすが如くなる者あり。或は飯を炊ぐが如くなる者あり。水無き者は竇中鳴動し、薫煙直ちに天を射る。或は鳥鋭を発するが如くなる者あり。或は煙を簸揚して鑪の如くなる者あり。或は門を叩くが如くなる者あり。一々之を枚挙すべからず。人、跫音を着くれば則ち更に猛烈の勢を増し、怒号震響す。怪しむべきなり。別当、是に於いて八大地獄を説き衆人を威脅す。駭怖、色を失ふ。又、東北に千峯万壑あり。人跡、至ること能はざる所なり。盤旋、幾ど一日を尽し、再び室堂に到って宿す。

廿八日質明、室堂より南し、且つ西して下る。磴道十里の間、鑑石又姥が石あり。各々其の形に類す。姥石尤も真に逼る。因って種々の説を為す。亦、誣ひざるに似たり。造物の巧、此の如くなる者あり。連日、山中に在って、極寒、炉に着くべし。枌坂に至る比に、暑気、煅くが如し。頻りに扇を揮ふ。昏暮、又蘆峅に宿す。既に帰りて記を為り、以って余が践履を追ふ者を啓く。

＊この項は『富山県郷土史会校注　肯搆泉達録　KNB興産出版事業部』を底本とした。底本は片仮名書きであるが、本稿は平仮名書きとした。

2. 有嶺の事

旧大山村有峰集落は電源開発のため有峰湖となり、水没した。有峰湖は南北の長さは約五km、東西の幅は約二kmである。旧有峰集落の参考として、「大正二年版五万分の一鹿間（現有峰湖）」地形図部分を示す。また、底本所載の写真二葉を示す。

有嶺は富山より十五里。富山より水須まで七里、ここに人留あり。有嶺へ行くことを禁ず。水須より八里、人煙を絶つ。その間、笠が峯まで四里、登り極まるなり。

有嶺三十家、村をなせり。一家を増すことならず。故に家毎に二三の偶（配偶。夫婦）あり。もとより他に縁を結ぶことなく、一村の中にて嫁娶するなり。その住み来たる、何れの時か詳かならず。平家の落人多くここに隠るといへり。今なほ武具を伝ふ。

この郷、盛夏ならざれば雪消えず。故に五穀育せず。家居も夏まで雪に埋もれあらば、甚だ堅固に造作す。藁なければ板にて覆ひ葺けり。また人死せば、自らの園地に葬り、塚を築き、その上へ灰を敷き、その後、灰に鳥の足跡・蛇の過ぐる痕などあれば、亡者、鳥になり蛇になりたりといへり。仏などは信ぜざるなり。然れども上滝大川寺檀那となりて、大川寺末寺西覚寺といへばここにあり。その外、社人・鍛冶なども住せり。加州の村吏など至れば、先づ供饗に米を盛り出せり。これをくいつみといふ。各二三粒も喰うて主客辞儀（辞退）に及べり。、また男は百官名（主馬・衛門などの官名）、女は袈裟（静袈裟・丹後袈裟など）などと名づ

写真177．有峰村（明治43年辻本満丸撮影）

写真178．有峰のやしろのこま犬（辻本満丸撮影）
（本稿底本より）

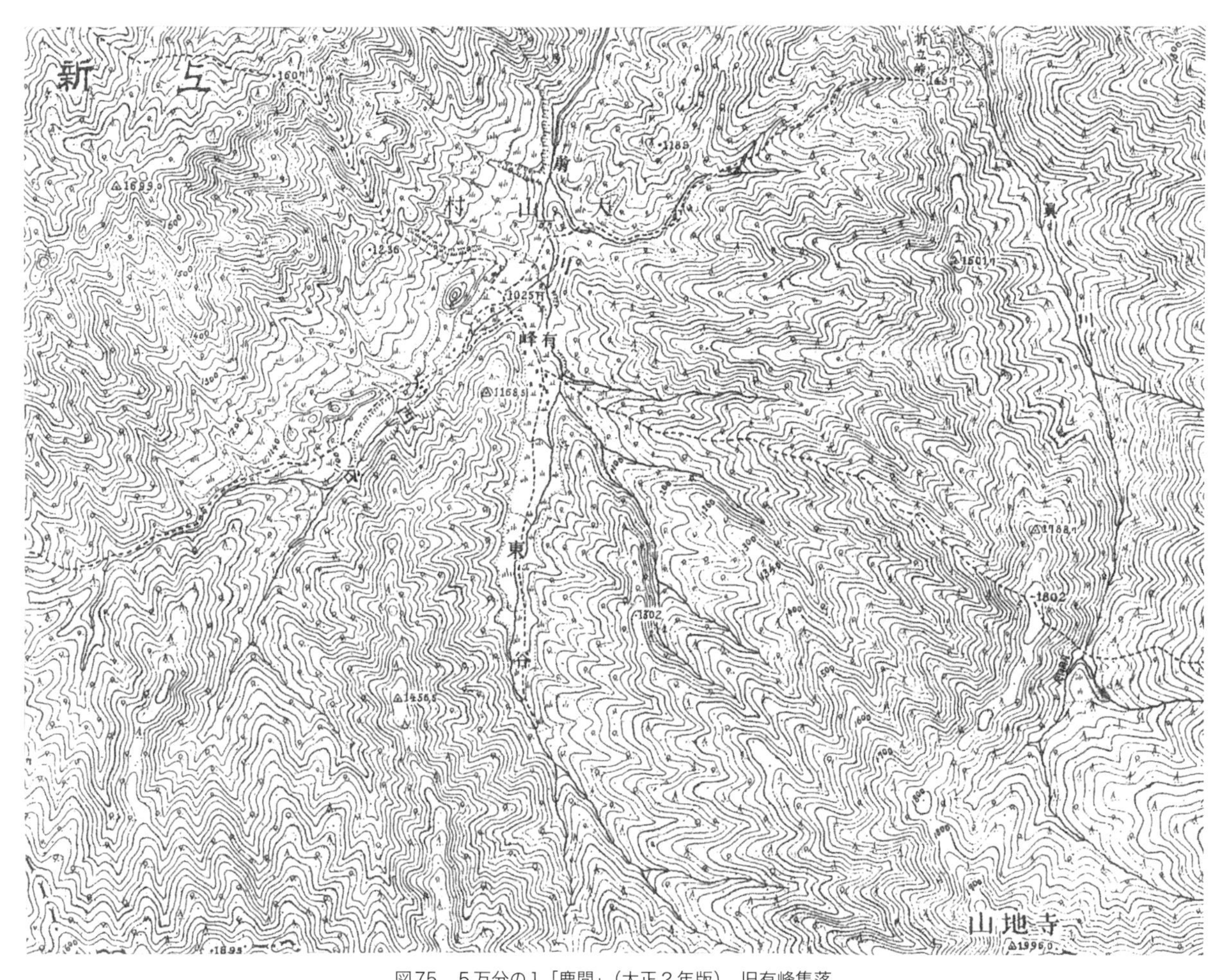

図75. ５万分の１「鹿間」（大正２年版） 旧有峰集落

く。また一山芍薬を生じ、夏に向ふて花咲き、紅白相雑り見事なりといへり。この処、唐の朱陣村に同じ。ゆゑに白香山の詩をここに録せり。[*1]

徐州の古豐縣に村有り。朱陣と曰ふ。縣を去ること百余里。桑麻青にして氛氳、機梭の声札々。牛驢走って紜々。女は澗中の泉を汲み、男は山上の薪を採る。縣遠くして官事少に、山深くして人俗淳し。財有れども商を行はず。丁（壯年男子）有れども軍に入らず。家々、村業を守り、頭白にして門を出でず。生れて陣村の民と為り、死して陣村の塵と為る。田中の老、幼と相見ること何ぞ欣々たる。一村、唯両姓、世世婚姻を為す（其の村唯だ朱・陣の二姓のみ）。親疎居るに族有り。少長游ぶに群有り。黄鶏と白酒と歓会して旬を隔てず。生者は遠く別れず。嫁娶には先づ近隣。死者は遠く葬らず。墳墓多く村を遶る。既に生と死を安んじて、形（体）と神（心）と苦しまず。所以に壽考（長寿）多し。往々玄孫（曽孫の子）を見る。

我、礼義の郷に生れ、少小より孤にして且つ貧し。徒らに学んで是非を辨じ、秖、自ら辛勤を取る。世法、名教を貴び、士人、冠婚を重んず。此を以って自ら桎梏（不自由）し、信に大謬の人と為る。十歳、書を読むことを解し、十五にして能く文を属る。二十にして秀才に挙げられ、三十にして諫臣と為る。下、妻子の累ひ有り。上、君親の恩有り。家を承くると国に事ふると、此の不肖の身に望む。憶ふ、昨、旅游の初め、今に迨ぶまで十五春。孤舟、三楚に適く、羸馬四秦を経。昼行すれば饑色（飢えた顔色）あり。夜寝すれば安魂なし。東西、暫くも住まらず。来往、浮雲の若し。離乱、故郷を失ひ、骨肉、散分多し。江南と江北卜各々平生の親あり。平生終日、別れて、逝く者は年を隔てて聞く。朝憂、臥して暮に至り、夕哭、坐して晨に達る。悲火、心曲を焼き、愁霜、鬢根を侵す。一生苦しむこと此の如し。長く羨む、陣村の民。

＊1.『全唐詩巻四百三十三』に「白居易　朱陳村」がある。

朱陳村

徐州古豊縣。有村曰朱陳。去縣百餘里。桑麻青氛氳。機梭声札札。牛驢走紜紜。女汲澗中水。男采山上薪。縣遠官事少。山深人俗淳。有財不行商。有丁不入軍。家家守村業。頭白不出門。生為村之一作陳村民。死為村之一作陳村塵。田中老與幼。相見何欣欣。一村唯両姓。世世為婚姻。其村唯朱陳二姓而已。親疏居有族。少長游有群。黄鶏與白酒。歓会不隔旬。生者不遠別。嫁娶先近隣。死者不遠葬。墳墓多繞村。既安生與死。不苦形與神。所以多壽考。往往見玄孫。我生礼義郷。少小孤且貧。徒学辨是非。祇自取辛勤。世法貴名教。士人重冠一作官婚。

以此自桎梏。信為大謬人。十歳解読書。十五能属文。二十挙秀才。三十為諫臣。下有妻子累。上有君親恩。承家與事国。望此不肖身。憶昨旅游初。迨今十五春。孤舟三適楚。羸馬四経秦。晝行有飢色、夜寐無安魂。東西不暫住。来往若浮雲。離乱失故郷。骨肉多散分。江南與江北。各有平生親。平生終日別。逝者隔年聞。朝憂臥至暮。夕哭坐達晨。悲火焼悲心曲。愁霜侵鬢根。一生苦如此。長羨村一作陳村民。

＊この項は『富山県郷土史会校注　肯搆泉達録　ＫＮＢ興産出版事業部』を底本とした。

3．常願寺川

著者は野崎雅明。『肯搆泉達録』の「四郡諸川」中に、小矢部川・常願寺川・加茂宮川等がある。

常願寺川は新川郡にあり。新庄の東に常願寺村あるによって名づくといへり。水源は立山にて、左は勝妙が滝より落ちて勝妙川といふ。また立山真砂が嶽の流れ、また地獄谷の流れなり。また右に湯川といふあり。東南の三谷は伽羅佗山への腰越より出づる。この谷の南に温泉（立山温泉）あり。夏中入湯の者多し。温泉への道は松の尾といふ坂、上り下り三里余あり。これを踰ゆれば湯に至る。右、南北の川、平岩の下にて落ち合ふ。また南に一川あり。金剛寺川と云ふ。内尾の水、有嶺村へ出でて流る。内尾は加賀・飛騨領境なり。下は水須村へ流れ、芦峅村の向にて常願寺川に入る。水須村に関所あり。飛州并びに遠村へ往還の人を監察す。また南亀谷より北、芦峅に藤橋二箇所あり。また一川、目桑より出て伊勢屋村・曲淵村の間にて常願寺川へ入る。

常願寺川、本名立山川なり。立山は日本に三つの高山なれども、白山と違ひ、渓谷は多からずして、流水少きゆゑ、北陸五六番の川なり。また一川、大岩川、上は大沢より出で下新庄村西にて目桑川へ落つる。

常願寺川、北海に入るまで上より一八九里あり。

＊この項は『富山県郷土史会校注　肯搆泉達録　ＫＮＢ興産出版事業部』を底本とした。

一四、三の山廻

著者は尾張藩士某。三の山とは立山・白山・富士山。文政六（一八二三）年六月六日、現名古屋市を出発し、加賀白山を通る。その後、越中に向い同年六月十五日は富山上八町錠屋孫四郎泊。十六日芦峅寺教覚坊泊。十七日室堂泊。十八日立山温泉泊。十九日原村木郷を経て岩峅寺に泊る。

（前略）

十六日、晴。是より富山。立山麓芦峅迄七里と云。往還は丑寅（北東方向）へさし、滑川迄四里。芦くらへは辰巳へ（南東方向）をさす也。中河原（井ノ口の枝郷）・アラヤ・横内。此先に川有。ジャウガンジ川と云。幅弐町（約二百二〇ｍ）程も有て大河也。少し水出れば、通路難成見ゆる。歩渡為。此川、西は富山領、東は加賀領。大森・岩峅（是迄富山より三里余）此村出口に案内せんとて大勢出居〔三人迄の案内七百文位。夫より人数多くても荷物さへなければ大勢にても壱人雇荷也。多は幾人も雇べし。坊にかかりて頼めば六百文位にても雇る様子也。又是より三里行、芦峅にて雇もよしといへども、立山は岩倉持の山故、爰にて頼むもよし。雇賃は少々高いが此所で荷物を持たせるので、少々高くともここで雇ふよし〕。

岩峅寺は寺弐拾四坊有て、其日の当番にて取扱なり。是非此当番へ懸て山銭も此所にて出せば請取をさし越を、登山の上、室にて指出す也。山銭壱人百三拾文づつ也。此寺にて支度も泊りも出来る也。持参の弁当遣へば少しの茶代置てよし。此寺に泊りても百五十文の由。経文の書たるもの出し、地獄にて血の池へ入よと云。一枚三文づつ。其外山の図をも出す。此坊不残天台のよしなれども大かた妻帯也。立山へは女人を厳敷禁。其守する天台宗の僧、妻帯するもおかしき事也。是より芦峅へ三里と云。〔ジャウガンジ川に添、東北へ曲る様に覚ゆ〕。

芦倉村〔岩峅寺に同、坊勝の村也〕。三拾六坊有。此所に姥堂有。此堂へ付たる坊也。立山の麓なれども此村立山江は不拘。此姥堂のみの坊のよし。立山の参詣のもの先づ此姥堂へ詣、此所にて色々教化いたし候事也。一代に一度ならでは参る人もなきよしにて、六十一歳迄は登山出来るとて、仏も御待受有といろいろ申演。此御前へ出たるものは故障なく参詣出来る。心立悪きものは御前へ出られずなど云。

姥堂の前に橋有。是を天の浮橋と云由。日本に三ツの橋と云。〔伊勢の宇治橋・高野の萱の橋・立山の天の浮橋と云〕。至而高き橋にて、からかねの擬宝珠六ツ有。是を六字の名号にたとへたり。

此夜教覚坊に宿る。此宿も順番にて村方のも坊にも泊るよし。宿賃一人百五十文づつ。案内のものも同様に払遣す也。米を買て是又案内ものに持せる也

扨、途中にて追々咄するは、六部立山へ詣しに、三州某の娘の幽霊出て、鐘を上げ呉候様、頼の趣、親元へ通じたれば、鐘を鋳て上たる也。右鐘に女の髪と着物の

袖を附て有しと云。芦峅寺へ行しに、果して此鐘有て人々詣。右銘を読て見れば、跡方もなき事にて、途中山師抔のわざにてサイセンを取ん為の事か。又は不審の事に思ひ、人足に為出為釣候らはん工か。かかる風評を為致候事にもやと思はる。現在此鐘を見ても、銘の趣を読不得故、いよいよ疑ひを起すものの有ならん。仍、銘を写し左に記。

南閻浮提大日本北陸道越中国立山
御姥堂広前宝鐘者、往古承応二（一六五三）年
門山之僧初衆徒新造営、従夫歴三
十二年之星霜、於依大破自厩鐘、厥
后貞享二（一六八五）季、飛騨国益田郡門和佐
邑今井氏某妻杉、為源無豊両家一
連記性二世安楽再建造営、年至
春秋而天災廻禄終為燋土矣、仲頃
安永四（一七七五）年之冬迄漸至半百稔而又
罹類火而亡焼、如此三回焼却而三
回造営、其裡乃願主并鋳職等之諱
者労不賛詳者古鐘来歴集於有閲
是則可明矣、今将文政五（一八二二）午中秋
三河国有信心講中之願主而励化
十方信施輩供抽丹悃而喜推宝賤
奉寄懸宝鐘一口而以示此士耳根教
休且告密誦随時之規則矣、這搬功
徳者資十方浄施信根今報三世実
相深恩者也

東説偈為銘
大器鋳立　山昏即空　響日東雲　調入北風
存者亡者　是誰耳聾　見聞一返　可謂円通

時文政五稔中秋吉鳥
薫松長禅寺梅雲叟誌
施主三河国講中并町在村々
三河国宝飯郡北金屋村
一色家清末葉

御鋳師大工職
中尾与惣治
藤原　安之

此鐘善道坊二有。（鐘の絵省略）

十七日暁、七ツ（午前三時過）比に出立。姥堂の際を通り東北え行事三、四丁にしてホッタテ坂と云下り坂有。是を通る事甚急にして、くらさはくらし、四ツ這にして足のかけ所を足にてさぐり、辛して下る也。又暫く行けば藤橋也。長二十間余也。〔三十間と聞しが、さはなし〕。

〔藤橋の平面図に、「中通藤五筋ナラベタリ」、「両端ヒカヘツナ」、「横木」等の説明。藤橋を渡る図に、「藤橋とイエドモ藤ニアラズ、山ブドウノツルナリ。両方に手摺有と、夫にトマリ少しカガミ、中の五筋斗藤綱ノ並べたる所を継足して渡ル。中ほどへ行ケバ垂下りて縦横へ振なり」と説明。両図省略〕。

此時夜も漸々明かかる也。右橋を越せば直に山之登懸る也。

小金坂・草生坂・材木坂。是は七、八寸角の材木を積たるごとく、一、二尺づつ出たるも有。又竪に立たる様の所も有。〔是は何とか云尼僧登り来て、御山を穢しゆへ、一夜の内に石になりしといふ〕。熊負大権現と云社有。〔是藤橋より一り也といふ〕。鷲の岩屋・美女杉〔今は枯しよし〕。シカリバリ〔前の尼僧小便せし所穴になりしと云〕カムロ杉〔前の美女杉も尼僧の連たりし女にて、此所にて杉に成たりと云。カムロ杉は枝下りてカムロの様になりたる杉なり〕。ブナ坂〔ブナの木多し〕。カリヤス坂〔刈安多く有なり〕。

此辺より左手六、七町も向ふにシャウメウが滝と云有。布を下したる様に見ゆ。〔滝壺迄は山につかへて不見〕。

扨、弐り程も行〔左湯場道、右登山道〕。是より御山へ弐里半。此辺原也。仏が原と云。暫く行、左手に仏有、丈壱尺五寸斗、緑青浮て青仏也。是より程行て一ノ谷と云。此谷にて手水遣ふ事也。小鎖大鎖、此辺行場にて岸壁屏風を立たる如き、高四、五間斗の所にクサリ二筋垂、是を力に巌壁を登る。其危き事、言語に演がたし。弘法原を過、左の方に畜生谷見ゆ。此谷より流る水、わらじにさへつく事を禁〔白山も是に等し〕。

小松坂・鏡石を越、室堂、是は籠堂也。登山のもの此所にて夜を明す。梁五間斗、桁三間程。是より登山。至てけわしき岩角に足かけ、岸壁登る事一り八町にして峠に至る。暫時にナゴ覆ひ来て、一寸先も不見分。四方洋々たる大海のごとし。此程にて色々と宝物見する事也。

暫く下り、左の方五、七丁隔、劔ノ山と云見。是は剣のごとき岩、山続きにつくつくと立並、高五、六間、あるいは十間斗の岩立並、実劔を見る如き奇成岩也。早ナゴ晴たり。此南のいただきは浄土山并別山と云峯つらなる。

室に帰、一夜を明し、翌十八日、細雨。四ツ比より晴。立出。地獄へ廻る。室より四丁隔。

○一百八地獄有といへども斯迄はなし。血ノ池と云は赤。紺屋地獄は藍色の水。米屋は白水。鍛治屋はひゅうひゅうと音高く火を吹出す様子なれども、昼はただ煙斗見ゆ。大熱の地獄は二尺三寸程つ湯王熱かへる。密婦地獄は穴の真中に岩立居、左よりガウガウと音して、熱湯大波の打ごとく此岩に引かぶせ、直に湯引、また右より石之通にして引かぶせては引。又左よりと始終斯のごとく、音すさまじ。色々に水の変りて見ゆる穴は几差弐間斗も有べし。皆硫黄のせいにて斯色のかわる事成べし。此谷の内廻る事三町斗り。かぢや地獄の辺、地中に火気有て、わらじの裏ぬくぬくとする也。土と覚しきは皆硫黄也。

○是より五里程も戻り、鏡石より左へ取、半道余にして姥石を越、前日の道へ出合、少し下り、建石有〔左湯場、右立山〕、湯場へ下る事二里半也。廻に下れば至而嶮岨なるおり坂五十町、〔岩に足かけ、木草に取付、一足引にており尽せば〕湯場なり。湯場の図、左にしるす。（湯場の図略。十棟程に建物、「滝の湯」、「高さ二間余」、「佐々内蔵介の湯少し山へ登、岩廻るの湯」等の記載あり）。

右よもぎが湯と云。日本に二ツの湯といへり。湯口へは中々手入がたく箱樋の大成をもって壺へ取〔湯、水〕の二樋有。此湯にて何にてもゆで物をする。飯汁茶を煮るに其味甚なるくしてよし。硫黄更になし。水桶などへ樋を以取、呑水とす。大成事をデコ、上と云事をカマテと云など、聞取がたし。此場所は富山領新庄村よりの出張茶屋・備屋図のごとく建並。湯本はリタカナヤ村六右衛門と云者罷出、湯銭を集、右両村より一貫目の運上を勤由。湯の泊と云は一人に付弐百三拾二文づつ。元は岩倉村分なれど、右村々にて請負しもののよし。此辺、人参・水芭蕉など有。菜草多し。爰に一宿する。

同十九日暁より風雨強。四ツ頃より止湯場立出。二り半程にして川向に滝有。川に添、谷合六里程出〔原村本郷〕、うみ（小見）を過、藤橋を渡〔長さ三十五間程〕、亀関・ちがき・横井・中野・みさき（下田）越過、いくじ村にいたり某に泊。（以下略）

*カリヤス

図76．カリヤス（牧野植物図鑑より）

「刈安」（カリヤス）はイネ科植物で、各地の山地に生え、群をなして叢生する多年草。高さは九〇―一二〇㎝位になる。「刈安」は「刈り易い」意味という。

*この項は桂書房版『橋本龍也編　越中紀行文集　越中資料集成　一〇』を底本とした。

十五、寝覚の文の抜粋

立山温泉は、加賀藩所有であった。深見家は文政六（一八二三）年、立山温泉本方となる。「本方」とは取締役・元締のことである。また、湯本とも呼ばれ、温泉収益の四分の一が支給された。

この「寝覚の文」は、深見家十代深見六郎右衛門が、温泉客の無聊（ぶりょう）を慰めるためと趣味とを兼ねて、今で言うところの雑記帳を置いたところ、有識人の好評を得て書き残されたものである。記載は文政十三年に始まり、天保十三（一八四二）までの約十三年間のものである。

立山温は古くは立山下（りゅうざんした）温泉と言われ、内蔵助湯・元湯・中温泉・女湯・下湯があった。また、本尊を石造薬師如来とする薬師堂、本尊と阿弥陀如来とする金比羅堂があった。ここ立山温泉は、明治八年、時の政府租税課に提出された「立山温泉取調御届」には、営業は毎年六月十八日―十月十八日の一二三日間。一日平均約百人、多い日に三百人もあったとある。

寝覚の文のいくつかを『深見家祖先の軌跡』より紹介する。

（俳句）

・温泉（ゆ）あがりの　くすりさめたり　梅の花

　　北中越釈順風　世味菴乙峰画賛

・七夕

　立山や　湯壺にうつる　夫婦星

　おひたたし　湯入賑はふ　萩すすき

・湯屋々々を　覗きまわるか　秋の風

文政十三寅のとし文月中旬の頃
時いたり予が年老におよび立山の　本社へ詣ければ
あら尊と　雪風寒し　秋の風
・文月や　身の毛もよだつ　地獄谷　　能登　竹賀
・葉月中つかた　公務にめぐる　蓑笠をやすめんとて世にふれて　立山下の温泉へ入こみ　しらかをかき　月のさやかなる人々に　まとひしも　湯の何とやいう
雪ふかき　耳まで洗ふ　温附合（ゆつきあひ）　　越魚雪姑主人　宇玄　印
・五月雨や　広きをにはの　もも桜　　越小人　塩三剤
・葉月の初つかた　温泉に心の伝りけるを　雨のしけく降ければ　心たゆみて日を過ぬ　漸てここにいたれば　早や萩の花も　うちしをれて見したれは
此程の　雨にからみや　萩の花
・権現堂の方を拝み奉て
萱草の　こころも澄る　朝日哉　　東水橋競疫亭　希船
・湯治に世の塵をはなれて此深山に入　折りしもけふの月を遠国人と睦みあいて
名月や　さらしな人と　温泉附合
湯気立や　なかに人知る　萩の花
たこたこと　歩迷ふて　仰萩花　　風□
・文月晩日中刻に湯へ入らんと思ひ立よれは暑さにてなるままに身よりしきりにあせ出て暫そとにて休居りて内をつらつらながむれば人々椀を出してせり合て湯をくむ有様を思ひ出して
順礼の　椀つきあわす　清水可那　　画龍
薬師堂に　参詣の　伇（ことごとく）禱りのみ　　此水
慈悲の湯に　巣立てつばめの　名残哉
空も澄む　温泉もすみけり　今日の月　　士淳
くすり湯に　ちかひをこめる　秋の山　　桂巌
・立山の温泉に入て夜の風雨はけしとおもへけるに湯の小屋を出て詠むれは
月清し　水の逆まく　音身にしむ　　柳下
湯風の添ふて　根つよく立や　朝のきり　　耳哉

時鳥　たちにひかれて　湯谷まで
これかまの　湯に入りながら　時鳥
干時天保九（一八三八）中夏はしめ立山深谷温泉に二七日入湯なかめて
うかうかと　夜昼なしや　郭公　　シナノ　セ外
金城　双松庵　石台　印

〔短歌〕
・（序文）
越の中州　立山の麓温泉　寝覚の文　一樹の下に休し　一河の流を汲て　是亦多生の縁そかし
幾とし幾代栄えん　深美とり　古今は尽し　松の言の葉
かりこめの池松尾にて
狩籠の　池に住てふ　鶴と亀　幾代松尾の　千代のためしを
名遂たる　草も実もあり　夏木立
右　駒嶽山人　一瓢　印
・秋の湯は　木葉ちるちる　曼陀羅華　八功徳水　幾たひそみる　　能海某戯書
・宵霞　立別れても　玉章（たまづさ）と　雁の行来の　津々におこせよ　　思山
・三か月のつもりに詠める
ながれいする　御湯にみそきて　つみとがの
身つまひもけふそ　みかつきぬめる　　富城薦斎（せんさい）
・おなしときに詠める
けふよりが　うきも病も　なからまし
なかれいつるゆに　みそきしつれば　　正雄
・志ら雲の　かかる山路に　分いりて
人は神かも　出湯もとぬし　　富城環斎
・このやまの　なたかき御湯に　ゆあみせよ
よろつの病ひ　いゆといふなり　　正雄
・千早振　神の御山に　温泉に
二世の病を　治せし御縁　　越之中堀江　鳳琴
・仙人の　住し跡かも　たち山の
谷間てあふる　みくすりの水　　能登国　偏廣足
・たち山の　名ととなえてし　なりかたし
芔の出湯の　いさを聞えて
右　天保三壬辰（一八三二）年仲秋

〔漢詩〕

・天外月光明　関山千里客　何処蘆菅声　勿動故因情
　庚寅（天保元年　一八三〇）仲秋温泉偶成　摘翠□　播之道

・一磧満底湿雲生　万盧事流如該涼　望礼相像留處幻　半山雷雨半山晴
　庚卯（天保二年）秋日登立山作　能海無極老人

・連山巌温熱神　瀆煙注瀬々　如系吝七日　浴湯万病愈
百齢史疾半需健　太平楽房　白圭識

・秋日到温泉偶成　薬師堂
雨脚晴来立嶽東　清流焼谷映紅楓　温泉湧出如来力　感応立々玉台中
　右　奥富　芳久学福

・氷重山畳似朝欄　堰塞何妨仰臥看　温室牽眠清昼永　閑心支頬夕陽残
烟霞唯是蔵身易　丘谿還知忘境難　将雨洞中吐雲霧　須臣更呑却立峰巒
　天保九龍舎戊歳（一八三八）仲夏下院　金陵城蕃円通峰下　寸松菴写

＊この項は『深見家祖先の軌跡　深見栄一編著』を底本とした。

＊＊寝覚の文は表装され、「深見家歴史資料館」（富山県中新川郡立山町寺田四五八、TEL〇九〇―八七〇〇―〇七四二）で保存・展示されている。同館には「剱連山縦走記」（ガリ版刷）や玉滴石・立山温泉その他深見家先祖に関する文化財が保管展示される。

十六、玉のこと草の抜粋

文化十一（一八一四）年に、現在の富山市大山町本宮を通って、立山温泉への道、「立山湯道」がつけられた。下本宮村の仁兵衛（高尾家）が、ここに旅籠「往環楼」を建設し、立山温泉への往環の人々を宿泊させた。加賀国・能登国・越中国の文人墨客が、ここで残した俳句・和歌・漢詩その他をまとめたものが『玉のこと草』（五巻）である。年代は文化十三（一八一六）年から明治三十六年頃までのものという。次に、いくつかを列挙する。

〔文章〕

・往還楼という額をかけられし、あるじの心、実にたのもしきかな。立山温泉へ運ふ人々は多少の病苦を助からんがためなれば、往て還るをこそめでたきとよろこび給ふを、別額に往還楼とあらはし給ふこと、誠心のあつき故とつたなき己も筆をとりてよろこびのたしにもなれしと思ふのみ
　往くは無事　還りは病も　苦もなくて
　旅の宿りに　夢も見ぬかな　　東水橋　梅朗

・天保十四（一八四三）年卯九月下旬立山温泉湯治の　かへる日もくれかたに及びて、この家に一宿をそしけるまゝ、あしくらのかねのなると聞て、
　なにしおふ　つきたゆみたる　あしくらの
　鐘の音てつく　本宮の宿　　即吟　寺尾不庵

・入湯の帰
　ことし桂月（八月）のはしめ立山なる出湯温泉に思ひたち、杖と笠とに首途（かどで）せしが、分入る麓もほと過て百虫の吟に凄愴の情をじて爪上る行方の雲霧濠として東西をわかず、名にしおふ藤はしのわたりも押つよく、誰かれと打興しつつたたに絶壁千尺の危峰に至れば、栃津有峰岳など四方に聳ひて更に一鳥の声だに聞かず、やや笠を敷もして休ひ侍るが樹に草にし行かふ雲を打見やれば、しきりにものかなしくてそそうに凄緊の情を語合けり、斯て幽々たる千仭の湘溪に下れば、流水石を飛ばし白浪衣を浸す。是より熊たふれなどいへる難所を過ぎ暫しこころも晴れいたる処にはね橋の雲にはねたるよりまたし一二の坂を越て、頓（やが）て温泉への仏前に詣てければ日は山の端にかがやきぬ。
　霧はれて日はかゝやきぬ温泉（ゆ）の流　　東岩瀬　菊雄

〔短歌〕

・ほととぎすを聞いて
　ゆふたすき　かけたかと鳴　時鳥
　ふとのつと聞く　本宮の宿　　菜花園（花押）

・孟夏の頃二三輩つれにて立山入湯いたし、此所に一宿しけるに亭主一首望しゆへはべる
　立山の　麓の宮に　宿すれば
　東雲（しののめ）近く　ほととぎす鳴く　　金沢　錦水

・もみよらず　ここに泊れよ　旅の人
　にわとり請て　温泉（ゆ）へ送らばや　　往歓楼土人　仁兵衛

・無量壽を欣（よろこ）ふこころに　あらぬとも
　あたへ給ひし　仏の温泉
　天保六未八月廿四日　　中越　不一

・立山へ入湯の帰りに一宿泊りうつうつおもえの中よりはい出し
ながら詠(よめ)る
温泉の　秋の光りに　諸人の
やまひを治するうれしさの山　　越富　知休居士
天保九戌七月廿八日
・老の身も　こし立やまの　温泉(ゆ)にいりて
帰りは杖も　つかぬ分別　　玄々斎
・日も入て　ゆきたるみたる　あしくらの
かねにつきけり　本宮の里　　深見斎　浮魚

〔俳句〕
・鍵の手を　ひまにして夏の　蕨(わらび)かな　　御風
・岩からも　いとど涼しき　清水かな　　金沢　錦水
・温泉(ゆの)山も　燃ぬ地獄や　裸むし　　履水
・松風を　跡に残して　飛ほたる　　弄栄軒
・立山温泉へ来りし折、此亭に宿して風流の記を見、其草々
について詩(うたえ)る
爰(ここ)はもとの　宮居なりしか　月涼し　　砺波郡□吉郷住　露項
・夕顔や　うつりて滝の　糸涼し　　生地四十丁　如名
・鮎とべば　河鹿もとんで　月日かな　　東籬
・ふし橋や　あしもと見れば　立つ蜻蛉　　雪嶺
・文化十三年八月二十四日
あれは人　これはすすきの　けふの月　　能登路　李偕
・立山の湯治登る此本宮に一宿をかり侍て
立鳥の　をりをりきたる　庭清水
・立山湯の道しがら　原とやらに一宿の図り知懸(ちがけ)の藤はし心をと
らわれ空(むな)しく此里に一宿して侍り
本宮や　右も左も　虫の声
きらきらと　月空こかすや　すすき原　　東水はし　梅朗
・温泉千亭(にて)
女郎花(おみなえし)に　気を休めたし　湯治かな　　越富産　蘭窓
・小海(をみ)藤橋にて
立山の　誓ひのふちや　藤の橋　　越の　蘭窓

・温泉の下向に当宿にて名湯を思ひ侍りて
爰迄(ここ)も　袖にも匂ふ　湯治かな　　富山　万良
・初て通りし時
ふみなれぬ　藤はしすへる　秋の雨　　越中　嵐哉
・霧さっと　かかればたちの　山おろし　　読人不知
・立山多枝原温泉帰路往歓館宿して詩る
をちこちの　時雨にかわり　山路かな
山越の疲直しや　ほととぎす　　牛眠
・己酉（嘉永二年（一八四九）中秋中四日温泉より立山杖を曳ければ此里に
一泊して即興に侍りぬ
いさ宵と　言た斗(ばかり)の　雨夜かな　　八重湊　広静亭登葉
白滝のおちくる面をながむれば夏のあつさもわすれはてけり
・立山温泉の道にて
きのうけふ　聞もあかさる　かじか哉　　拙遊
・文月中の五日多枝原温泉に居て故郷を思ひて詩る
盆の月　袖やうるめて温泉のさや　　能州白瀬　比良
日かぞへて　指やうらみの　盆の月　　同州同村　柏翠
水にさし　力もあるや　二日月
ひらひらと　落葉のうへの　日和かな　　ノト　路右
・温泉の難道を帰りて
きくの香を　とめて眠たき　旅労(つかれ)　　暮明舎　呉笠
手拍子の　揃ふおどりや　夜明まひ　　月樵
腰かける　石のしたより　虫の声　　広堯
行人を　しばしととめん　花すすき　　江斎
芒さへ　袖を留けり　湯の便　　無名子
踏れても　今に盛りや　萩の花
・前文同断老人の看経(かんきん)に並び居て　　水橋旅人　孫兵衛
念仏を　共に汗かく　温泉(ゆ)の往来(ゆきき)　　雪堂
・湯治戻りに一宿して
名月や　旅の労(つかれ)を　わすれけり　　読人不知

〔漢詩〕
・山林霊往歓流舎　　越名古浦　芥誘

樵人帰後鹿成群　幾樹青松鶴自分
天外夕陽沈未尽　春秋吹起一山雲
　　　　　社陵禄

・山城無事聴虫声　寂々秋風鎮客情
簾外再滴伝枕畔　挙頭万里隔帰程
　　　　　右富山城　自肯庵克譲筆

・草木未黄落　秋風鎮旅情　山深不識処　只管(ひたすら)聴秋声
　　　　　同　自覚庵　克譲筆

・明日満前川　此地列燕丹　主人不相識　偶咄為林泉
　　　　　富城　碧斎書

・　述懐
一鉢藤衣病骨身　晨昏曽患苦辛頻　如今欲尋長生薬　已得醍醐三昧真
白髪重来壱夢中　鳥啼月落寒山寺　蒼松百尺法堂傍　翠蓋重而擁梵王
夜深天宇静　百虫若吟風　幽砌并窓処　月光霜満空
　　　　　以上　高森元覚坊

・　立山下温泉道中
鍬先山下路迢々(ちょうちょう)　絶壁行窮挂笮橋　眠底激流眠望雰　攀総可旅魂消
　同客舎
山裏煙霞山外晴　時々光景更分明　巌稜手掬臘残雪　柴戸坐聞更晩鴬
松柏撰薪即樵径　渓澗品水烹茶鐺　風俗尤憐幽絶処　詩把吟余写不成
　丁未（弘化四年一八四七）林鐘下浣録於往還楼之玉能古登草
　　　　　市郝湖口堂　烏水

・藤曼作橋高壁通　人如縄戯立懸空　脚心戦慄難移歩　激浪奔騰裏動風
　　　　　渡藤橋　才斎

＊この項は『大山町史』を底本とし、その抜粋である。

十七、日本風景論

著者は志賀重昂(しげたか)（一八六三—一九二七）。明治～昭和時代の地理学者・経世家である。文久三年九月十五日、一説に十一月十五日、三河国岡崎康生町で生れる。号は郷里の矢作川に因み、矧川・矧川漁長。明治十三（一八八〇）年札幌農学校に入学。同十七年札幌農学校卒業。農学士。長野県立長野中学校教諭として植物学担当。また、長野県師範学校で地理学を担当する。明治十八年長野中学校免職。明治十八年十二月より、海軍兵学校の練習船「筑波」に便乗して対馬に行く。その後、南洋巡航の筑波に便乗してカロリン諸島東端のクサイ島、オーストラリア・ニュージーランド・フィジー諸島・サモア諸島・ハワイ等を巡る。明治二十年『南洋時事』出版。明治二十一年、東京英語学校で地理学担当。明治二十七年『日本風景論』出版。その後、早稲田大学教授、農商務省山林局長、衆議院議員等を経て、昭和二年四月六日早稲田大学在任教授として死去。六十五歳。

『日本風景論』では立山連峰を立山火山脈として書かれているが、これが当時の学問であった。また、『日本風景論』の中では、三、日本には水蒸気の多量なる事の(1)日本に於ける水蒸気の現象　(4)山陰道北陸道の水蒸気（夏）また四、日本には火山岩の多々なる事の(2)立山火山脈に、立山、薬師岳がある。

① 日本に於ける水蒸気の現象

（前略）九月、十月、印度洋上、季節風の南退し、貿易風と相交錯するや、所謂「二百十日」前後の天候を現はし、既にして冬季に入り、会ま太平洋上の温暖海流、所在の蒸発を促し、空気方さに稀薄となるや、亜細亜大陸上なる重厚の空気は之れに乗じて衝き到り、西北の方向を取り、日本海を経て、某間の水蒸気を携へ来り、忽ちにして日本の中央に連続せる大山系に撞撃し、遂に此處に凝結して、所謂

大嶽削成三万丈　絶巓縹緲有無中
吹散雪氷来作雹　濤声動地北溟風
　　　　　仁科白谷

の状をなし、此の如くして中央大山系以北の地に「雪空」をなし、「雪もよひ」をなし、「雪おこし」をなす。六花繽紛、山陰、北陸、東山、北海の四道、一面の銀世界となるは此の故、正に是れ

立山如玉立　上有太古雪　三伏炎蒸日　寒光猶凛冽
況此深雪時　望之背欲裂　立山　　大窪詩仏

水蒸気の感化、某の日本の天文地章を洵美ならしむ現象を縷述すべきか。

② 山陰道、北陸道の水蒸気（夏）

（前略）漸く北陸道に入る、金沢の市上、南に白山の雪色を望み、街頭児童の笹が枝に雪を包みて「白山の雪、々々々」と喚ぶを聞く、声々清涼滴れんとす、苟んぞ知らん、此の「松江の夏を蓋す」るの冷気、笹が枝内一掬の雪、正に亜細亜大陸より西北風の冬間拉し来りたる水蒸気の変形なることを。越中に入り、神通川を渡る、水量漾々、鱒魚潑刺、是れ南方連嶽の峯頂より解け去りたる雪水の因る、亦た亜細亜大陸よりの西北風の拉し来りたる水蒸気の変形。神通河畔、劔嶽、刮山、後立山、立山、赤鬼ヶ嶽、鎗ヶ嶽（山の各名称既に円錐形の兀立するを示す、白から火山的の者を）仰ぎ望まんか、稜々たる峯頂斎しく白雪を冠むるを看る、真に是

れ

たち山にふりおける雪をとこ夏に
　みれ共あかすかむからならし　　池主

玉山壁立撫青空　鉄鎖授雲摩月宮
晩嚼会仙壇畔雪　朗吟飛下北溟風　立山　亀田鵬斎

針木嶺の山道、登ること五千三百尺（海抜）、隆夏実に雪を蹈む、登ること更に二千四百尺嶺頂に達し脚を雪上に停めて南望せんか、八ケ嶽、駒ケ嶽（信濃）の間、恰も富士の芙容ハ朶を認む、是れ富士を望見する極北の處、真個に一幅の油畫、畫師の品題に入る至妙の處。蓋し日本中央の大山系や、冬間水蒸気の多量に因り、氷雪満積、而して隆夏其一たび融解せしもの今少しく寒冷なる温度に遭遇せば、更に凍冰して所謂「氷田」を化成せしや必然、唯だ温度の少しく高きが為めに竟に此に到らず、日本に「氷田」を看るべからざるは太遺憾、然れども既に榕樹（がじゅまる）、椰樹（やしのき）を見て亦た「氷田」を看んとす、是れ貧慾あくを知らざるもの、既に隆夏針木嶺上二里四方の雪田を看、又た嶺の谿間小部分に「氷河」を看る、亦た以て「氷田」の看を倣して可

之れを要するに

　あら世話し花見る中へ越の夏　　不筌

の句、日本海に於ける夏季の来状の全班を藪ふ、十七字、正に百巻の地文学、万千の気象的材料に優る。

③　立山火山脈*

　立山火山脈は、越後、信濃の境界なる箙（えびら）嶽に起り、花崗岩の地帯を距て、南の方越中、信濃の境界になる鹿島鑓ケ嶽を堀起し、鹿島鑓ケ嶽より更に花崗岩の地帯を距て、越中の東境に沿ひ立山山彙（杓子嶽、東鐘釣、不帰嶽、滝倉嶽、赤禿山、別山、鑓ケ嶽、国見嶽、浄土山、小鳶、大鳶、薬師嶽）を堀起し、南走して信濃、飛騨の境界を限れる焼嶽、硫黄嶽、乗鞍嶽、御嶽に到るもの。想ふ后土の大活力、日本本州中部の地骨たる大花崗岩帯を破りて逆発し、越、信、飛の境界に盤踞し、日本本州の中部に人跡甚だ到らざるの寰区を作す、「石剣鑽青」の四字実に立山火山脈を代表し、「非人寰」の三字真に此の寰区を尽くす。蓋し日本の地形、其幅狭小、故に真成なる「深山幽谷」少し、唯だ此間南北二十里、東西十里、人屋を看る立山温泉浴屋二あるのみ、故に人間に会せざること時に半月に渉るありとす。麻衣を着け鹿皮を穿てる山下の民は克（よ）く案内に応ぜん、乃ち米、味噌、塩、漬物、缶詰、餅（溪水無き所にては之れを食ふ）、毛布、油紙、麻縄（数十丈の断崖を下る際に用ふ）を此輩に負はしめ、以て入らんか、熊、鹿、カモシカは人を恐れざるもの、如く、原人時代の形象は宛として目前に映出し来る。豪興の士は此の寰区に入らずんば寄傲し得ず。

立山　越中上新川郡東部富山市の東微南に障立つす。雄山（最高点）海抜二九三六m突。花崗岩一帯の間を破りて迸出せしものなれば絶頂及び山の東部は花崗岩、西部は片麻岩より組成す。山頂以下西部は全く輝石安山岩（火山岩）より組成す。山は旧火口二あり共に欠損す、頂に大山神社の祠あり。世に「大」を説く者多し、然れども真成なる自然の「大」は実に立山頂より四望する所に在り。

　立山絶頂に登らんとせば二径あり（一）信州口（二）越中口是なり。

（一）信州口　信濃大町より野口村に到り、此所にて案内者を傭ひ且つ各種の準備をなし、針木嶺（海抜二五九三米突を超ゑ、二服、黒部を経、ザラ越（海抜二五九八米突）を過ぎ、立山温泉（海抜一四〇二米突、安政五年二月大爆裂の際、化成せし摺鉢形なる凹所の内に在り、所在に硫気噴口あり、硫黄的熱湯の沸騰せるあり、溶石累々、灰砂堆積す）に下り、夫れより直ちに北折し、追分に出で、此所にて越中口よりの登り道と合し、東折して漸く山頂に達す（追分より山頂に到る間の諸事は越中口の部に記す）。

（二）越中口　富山市より人力車にて蘆倉寺（海抜三七五米突、山の西麓、立山の神官在住す）に到り、此所より登り初め、追分を経、蘆倉寺より八里にして室堂に達す、例年七月廿日より九月十日に到る間参詣者の宿泊用に供す（堂より左方六町「大地獄」の大硫気噴口数個あり、其の所在に「血ノ池」あり、其他小池五個あり、壮観無比）、堂より更に登る一里、隆夏と雖も行々積雪を踏み、絶頂に達す。立山本社あり、社前より四望せんか、東には越後の妙高、妙義、米山、下野の日光山彙、信濃の戸隠、飯綱、黒姫、浅間を看、南には八ケ嶽、立科嶽来り、富士山其背に高聳し、甲斐の白根、駒ヶ嶽、信濃の駒ヶ嶽、御嶽、鎗ケ嶽、乗鞍、笠ケ嶽、飛騨の薬師嶽を観、南西には加賀の白山を眺め、西には加賀、越中の全平原を下瞰し、神通、常願寺の二川汪々として）其間に屈折し、北には日本海の浩渺を認む、其の眺望や富士山頂に亜ぐと雖も、山嶽を一時に夥多眺望する所は実に之れに過ぐ、自然の「大」を頓悟せんと欲せば此山に登臨すべし。

薬師嶽　越中上新川郡東部。立山火山彙南西走する最南端に在り、甚だ斉整せる旧火口あり。

＊立山火山脈とあるが、現在の乗鞍火山帯か。

＊この項は筑摩書房刊『明治文学全集　政教社文学集』を底本とした。

十八、立山の三夜

作者の大町桂月（一八六九―一九二五）。明治大正の文学者。名は芳樹。土佐に生れ、東京帝国大学文科卒業。詩人及び美文家。また文明批評家として、史伝時評を主とした。「立山の三夜」は明治三十三年、三十二歳時の紀行文。

立山の三夜

天の岩戸を開きて常世の闇を破り給ひし手力雄命しづまりましてより茲に幾千年。七十二嶺兀として天を刺し、百丈に餘れる称名の滝、万古の積雪を流して未だ尽きず。熱湯飛騰し、硫黄迅雷の音をなして噴出せる地獄谷、混沌たる太古の俤を残せるにや。巌を骨として、勢、飛ばむと欲する最高峯の頂には、僅に膚寸の地ありて、一宇の古龕、吹きおろす天風に神さびて立てり。眼界ひろくして、隠るる隈なく、富士山を始め、東海、東山、北陸の諸山、みな寸眸に収まる。日本海上に白帆を目送すれば、佐渡が島山、長鯨の如く水天の際に浮べり。東にありて、一帯天と色を異にせるは、太平洋なるを知るべし。嗚呼、雄壮なる哉。奇峭なる哉、抑々亦神怪なる哉。われ一遊して以為へらく、越中の立山を攀ぢざる者は、未だ共に天下の山水を談ずるに足らずと。

明治三十三年八月十八日午下、雨を衝いて常願寺川をさかのぼり、黄昏、上滝町に投宿す。洋燈ひとつを中央につりて、隔てのふすまを明けはなしたる二階の上のいぶせきに、われと相宿りせるもの十五六人、皆これ立山詣での善男なるが、雨に濡れたる着物、股引、脚絆などを竿にかけて室内に乾したる様、さながら古着店の如く、汗の臭気さへ迸りて、いよ〳〵むさ苦しき心地す。十五六人に給仕する唯々一人の女の、奔命に疲るゝをも思ひやらず、強き田舎酒の酔は早くも舌にまはりて、聞苦しきこと言ひかけては、どっとばかりに笑ひ興ずるなど、かまびすしきこと言はむ方なかりしが、酒食終りて、やがていづち往くらむ、天下の絶峻を下り来りしとも見えぬばかりに足元も勇みて、過半相つれて出でゆきぬ。この間に一睡せむとて、一人の男と蚊帳を同じうして臥すれば、向ひの家に絃歌の声起り、太鼓つゞみの音も聞ゆ。あれは何ぞと問へば、女部屋なりといふ。そなたも年若きにと話しかくれば、へゝと笑ひしまゝにて、ぐうの音も出さず。眠りの神早くも罪なき頭にやどり給へり。黄金の逃ぐる声と云ひけむ、田舎人の常とて、取りわけてにぎやかなるに、眠らむとすれど、眠られず。かねて期したることなれど、手となく、足となく、腹となく、背中となく蚤の襲ひ来ることしきりにて、掻きちらす手も、ほと〳〵疲れ果てたるに、枕並べたる男の寝相悪しく、しば〳〵足を光武ならぬ我が腹に加ふれど、寝たるものには腹も立てられず。はじめには払ひのけたれど、遂には払ひのくることもうるさくなり、蚊帳の一隅によけて、ひとり輾転反側せしほどに、十二時となり、遂に二時となりて、絲肉の声、はじめて止みたり。やれ嬉しやと、ほっと一と息つきて、とろ〳〵とまどろむかとすれば、蚤に又さまされて、さまされては又眠り、眠りては又さまされて、夜ひと夜、遂に熟睡すること能はざりき。

肩にする荷物を軽くせむとて、書物四五冊小包にして廻しなどするほどに、七時半となりぬ。夜来の雨の痕、途上の微湿に残りて、気づかひし空、幸に晴れたるに、心おのづから勇み、立山さして出で立つ。一橋をわたりて、常願寺川の右岸に至れば、一村落あり。岩峅寺村といふ。立山の入口なり。川に沿ひて行くこと三里にして、又一村落あり。蘆峅寺村といふ。この二村は、もと僧坊のありし處なるが、神仏混合の禁止でてより、僧はみな髪を蓄へて神官となり、兼ねて旅宿をいとなめり。このあたりには、中語（ちうごう）を業とするもの多し。中語とは、他の多くの高山に於ける強力と同じく、参詣者の道案内をなし、その荷物食物を運ぶものなり。立山は峯かさなり、路深く、主峯の方角もさだかならねば、不知案内の登山者には、是非とも此の中語なかるべからず。山中に室堂とて、登山者のやどるべき處あれども、布団なく、食物の用意も乏しければ、登山者は、中語に、米毛布などを負はしむるを例とす。されど、余は山陰、北陸の間に豪遊し来りて、嚢底軽くなりたるまゝに、大胆にも之を雇はざりぎ。蘆峅寺に至るまでは、車の通ひ得べき路にて、まがふ所もなけれど、そこより上は路俄に小となり、分岐せる處あれども、問ふに家なく、人なく、深山の奥の独旅の心細さ言はむ方無し。心あてにたどり行くほどに、路は草にうづもれ、半里ほどは、一の脱き棄てたる草鞋だに見ず。ひと夏の参詣者五千人に下らずと聞きつる山には不思議なりと心付きて引返し、漸く正路を得て進み行く。常願寺川と称名川と相会する處に至りて、路は左に称名川の右岸に沿へり。行くこと数町、釣橋あり。長さ三四〇間。銅線つるされて、川身十数丈の上に懸る。かねて聞きつる藤橋はこれなるべし。藤づるの、銅銭とかはりて、心細く感ぜらるゝは、文明の餘沢にや。されど、橋身には板なく、薪に用ゐるばかりの小枝の、古き新らしきとりまぜて、まばらに陳ね、歩めば空に動揺して止まず。見下す溪は深く、流れ急なるに、気持悪しからざるにあらず。案内記に、藤橋先づ登山者の胆を寒からしむとしるせるも、あながちに誇張の言にあらずと感ぜられぬ。

人よりも高き萱茅の中を一と筋刈り開きて通路とせる處を過ぎ行けば、路はけはしき山脚を上下しつゝ縫ひゆく。藤橋の為に迂回したる路、また二流の相会する處まで戻り来りて、はじめて材木坂の峻にかゝる。身は数百年外の老木のげれる中に没して、苔香たゞならず。名にし負ふ材木巌の、或ひは立ち、或ひは横はれるが、そのまゝに石段となりて、崎嶇をきはめたる峻坂、喘ぎ〱上りて、其の尽むとする處に、思はずも一個の小屋、巌によりて構へられたるを見る。ここに一人の老爺ありて、水を売る。一杯渇を消し、二杯暑さを消し、三杯に至りて腋下清風を生ずるを覚ゆ。時に十二時過ぎなり。飯なやと問へば、別に飯は売らねど、飢え給ひたるならば、我が飯を分かたむといふ。肴に一二尾の枯魚あるもうれしく、粗悪にしてとぎれる米の糟臭きも、時によりては大牢の味あり。わが洋服姿は、他の参詣者と異なりて、老人の注意を惹きけむ。つく〲と見入りて、国は何處といふ。東京と答ふれば、われも二回親戚をたづねて上京したる事ありとて、いと得意顔なるは、ひとり我に向ひてのみならで、この翁が一生村人に向ひて誇る種なるべし。お役はいづれ貴き官員様ならんと問はるゝに、世に官吏より貴きものなしと思ふ凡夫の眼中には、もとより学者なく、文人なければとて、そのやうな貴き人にあらず、只の一寒書生ぞと云へど、いや〱、隠し給ふとも、隠されぬ御風体、それで書生とは受取らずといふ。洋服は官吏の着るものとのみ心得たるなるべし。

禿杉とて、老幹の合抱以上なるが、高さ一丈にも足らずして、小枝四面にひとして斜下せるを、山中神異物の中にかずまふらむ、紙片数百となく吊りさげられ、下りくる賽者、之に向ひてうやうやしく拝すると、路の左側に見過しつゝ、ぶな坂を上れば、こゝにも一宇の小屋あり。水を売ること、前の小屋の如し。密林なほ開けず、日光洩れざるは、夏の山路に何よりの賜物なれど、雨の名残、常に途上の泥濘となりて、乾く時なく、歩行には、いとど困難を覚えぬ。行き〱て密林の開けむとする處、忽ち鞺鞳の声を聞く。音にのみ聞きつる称名の大瀑、今や眼前に現はるべしと思へば、心何となくうれしく、鼻孔天に朝して上る急坂も、何の苦もなく、手と足とにて歩きゆきて、左の方、深谷を隔てて、遙に大瀑を見る。四五折したれど、其の高さに於いて、優に天下第一流の瀑布なり。まことは五十間ばかりなる日光の華厳滝の、世に七十五丈と称せらるゝに比して、この滝の百餘丈の称は、むしろ実に足らずとするも、過ぎたりとは云ふべからず。直ちに滝壺に就きて、銀河天より下るの偉観を逞しうするを得ざるは遺憾なれど、十数丁を隔ててもなほ殷雷の如き音の聞ゆるに、水勢の雄壮なるさまは、思ひやられつ。後に聞けば、かの藤橋を渡らずして、称名川の岸をつたひ行けば、その瀑下に達するを得べく、中語の中には、稀にその路を知れるものありとぞ。

方一里にあまれる弥陀ヶ原を過ぎ行けば、不動堂の名残、わづかに石仏にとゞまりたる處に、また一個の小屋あり。こゝより室堂までなほ三里ありと聞きつるに、日は早や西に傾きぬ。あるじは如何にかしけむ、影だに見えざれば、水乞ふに由なく、休息もせずして、急ぎ行くこと半里ばかりにして、追分といふ處あり。路数條にわかる。その最も右なるは、温泉にゆく路にして、餘はみな室堂に上る路なりと聞きつるまゝに、中央の比較的に大なる路と取りて進む。雨降らば、右方の峯より流出する水の路とならむ。谷の深き浅き、幾十となくならび横はりて、その中には、常に水の通へるもあり。谷の多きにつれて、路の上下すること、いとど煩はしく、その路も往々絶えて、谷に会する小路の凹みたるが、おのづから路に代へられたるに、辛くも巌角をふみて下りつ上りつ。心ばかりは急げど、足は渉らず、幾んど不動堂と室堂との中央とおぼしき處にて、日は情なくも暮れはてぬ。物凄かりし空、終に雨を醸して、荒き風さへ吹き出でぬ。進まむか、引返さむか。今更引きかへすは残念なり。さればとて、如法闇夜に、何處をか室堂とさして進むべき。われ奇を好むことは人に譲らざれど、この峡路の夜くらさを如何せむ。山深く、峯高くして、雄山の下を聞きつる室堂の方向を知る由なきを如何せむ。わが平生唯一の頼みとせる痩我慢も、遂に雨の寒きに弱りたるを如何せむ。斯くと知らば、不動堂の小屋の主に頼みて、一宿を乞ふべかりしものを。さても無謀を事をしてける哉。されど、この上進まむは、猶更無謀なるべし。進むも引返すも同じ一里半。今宵と限るべき事にもあらねば、知らぬ路よりは、知りたる路の歩み安きに如かずと分別つけて引きかへす。

今のさままで行路に代用せられたる谷は、雨に早くも水路となりぬ。怪雲いよいよ満ちわたりしならむ。見上ぐる空、墨を流せるが如く、脚下の巌や、木や、草や、みな闇中に没して、何處を路とも分きがたし。たどり来りし路なれば、歩き易からむと思ひしは、闇に経験せざりし空想なりけり。闇黒の裡には、熟路も生路なり。眼あれども、用をなさざれば、われは一人盲人なり。辛くも巌角を、手にて探り、足にて探りつゝ、歩を移さむとすれど、誤って脚を失して転びしこと幾たびなるを知らず。樹木路をふさぎて歩むことを得ざるに、さては人の通らぬ谷なりとて引きかへし、漸く行路を得たるかと喜べば、また谷に迷ひ込み、時には、路なるか谷なるかを判じかねて、手にてさぐるに、何者の脱ぎ棄てけむ、古草鞋を拾ひあげて、始めて人の通ふ處と知りたる時のうれしさは、山路の闇に迷はぬ者の夢想だに及ばぬ所なるべし。木立なき處に至れば、はげしくおろし来る山風、小笹に激して、悪魔の叫ぶが如く、病に痩せたる我がからだを天外に捲き去らむばかりの勢なり。見る〳〵蝙蝠傘の骨吹き折られて、全身を蔽ふこと能はず。胴以外は、しとゞ濡れぬ。かくて上り下る谷又谷のはてしなく、一探一歩、路は少しも捗らず。或ひは知らずして絶谷に落ち下る事もやと恐ろしくなりて、不動堂に行かずとも、このまゝ茲に天を幕とし、地を席として、風雨の中に、一夜を坐り明さむこと、反って安全ならむと決心して、巌に腰かけては見たれど、風雨の甚しきに、心落着かず。かくすること三たびに及びたれど、遂に坐り果すこと能はずして、また歩む。子々孫々までも奇を好む旅はさせまじきものなど、苦しさの餘りに考へ込みて、心いつしか足の運びに疎かになれば、忽ちころびて、しりもちつく痛さ、苦しさ。両手のさきのぬら〳〵と、雨のしめりのみとも覚えぬは、創にわき出づる鮮血なるべし。

　月はなくとも、せめて、雨やみ雲霽れて、星の光なりとも、深山に迷ふ孤客を導かずやと嘆息しつゝ、雨小やみして眼鏡くもらぬまゝに、ふと眺むるとも見渡す彼方に、忽然として一団の火光あらはれぬ。三四十間もさきに吊せる提燈かと見れば、提燈に非ず。さては、雲端に出でたる月かと見れば、月にも非ず。抑抑この火は何物ぞ。とやかくやと考ふれど、幾んど想像つかず。されど、ありありと目前に見ゆる火光を、解釈加へずにも置かれず。苦しさも幾分が打忘れて、心をこの火の解釈に注ぐほどに、火は次第に左右にのびひろがりて、その付近の明るきに、たちのぼる烟も見ゆ。茲にはじめてよめたり。山下の或る市街の火災なるべし。あはれ、我の如く奇は好まずとも、いづれ苦しみは免れぬ世の中、ここに自から求めて闇にもだゆる狂客あれば、かしこには、図らずも半夜の暖夢、幾杵の鐘声に破られ、枕を蹴って起てば、飛火早くも襲ひ来り、父祖伝来の家屋も、多年の精励にかたまりし財産も、見る〳〵烏有に帰し、せめて命だけはとて、走り去らむとすれば、妻は火中に悲鳴の声と共に消えて、一片の烟となり、子は創を被りて歩むこと能はざるを辛うじて負ひて逃げのびたるもあるべし。後に新聞の報ずる所を見れば、果してこれ出町といふ處の火事にして、死傷者あり。焼失せしこすう三百に餘れりとかや。

　図らずも、誰ぞと呼ぶ声するに、諦視すれば、闇の中に小屋の形かすかに見ゆ。うれしや、これが不動堂か。さるにても、誰何する声なかりせば、こゝとも気付かずして、なほ下りゆくべかりしをと喜びて、我が闇に迷へることを告げ、且つ一宿を求むれば、人にて安心せり。今夜風強くして睡られざるに、図らずも聞ゆる跫音、この深夜に山より下るもの、よもや人にはあるまじ。天狗ならむと思ひきと言へるは、一時の戯言とも見えず。角燈に火を点じて、互に顔見合わす。五十あまりの頭そりたる老人なり。請じ入れられたる小屋の、三方は塞ぎて、一方は明けはなし、下には蓆四五枚を地の上にしきならべたり。炉火に濡れたる洋服をほし、飯と幾片の漬物とに飢を医し、時刻はとて、時計を出して見れば、悲しや、転びし時に破損しけむ。裏面の蓋凹み、中の硝る微塵に砕け、その細片器械の運転を妨げしものと覚ゆ。針は九時を報じたるまゝにて動かざりき。この時、風なほ甚しけれども、雨に止みたり。若し上り給はば、暁までも室堂に達し給ふこと能はざりしならむ。引きかへし給ひたるは、良き御分別なり。夜は更けわたちぬ。早くやすみ給へ。枕には之をとて出せるは、楕円形の弁当箱なり。蓆三四枚を布団に代えて、寝に就く。宛然われは神代の民なり。

　翌朝、再び勇を鼓して発足す。追分に至りて、最も左なる路を取り、一の谷をこえて二の谷に入る。路なき渓間、巌より巌へと飛び伝ひつゝ、行くこと数町、渓窮まりて、数百丈の巨巌屹としてそゝり立つ。その形、獅子が口を開きて、空に嘯き、両の前脚をふみのばして深く中に入れたるが如し。こゝを獅子ケ鼻と称す。唯々望むべくして、攀づべからざるかと見れば、長き鉄鎖さがりて、人を導く。巌腹を迂回して、獅子の口に至れば、之をも神異物に数まふらむ、拝する者は見るを得ざりしかど、紙片のぶらさがれる事、禿杉に同じ。見下ろす谷は、杳として深く、おろし来る大風に、足場を失はば、身は幽谷の鬼とならむ。げに恐ろしき處にて、立山山中第一の難處なり。鏡石より上は、また峻ならず、多少の高低ある高原の石原をたどり行くに、雨ふり出でぬ。室堂に達したる頃は、雨益益甚しかりき。

　蘆峅寺よりこゝまで、八里ありといふ。雄山、最も高し。之を立山の主峯とす。近く面に当りて、呼べだ答へむとするが如くなれども、上る路は一里にあまれりとぞ。風雨の甚しきに、登山は見合せて、室堂に入りて、休息す。こゝは、立山に参詣するものの必ず一宿する所なり。さすがは百万石の前田家の力に成りて建物とて、今様の間に合せづくりとはひとしからず。数十丈の積雪に埋もれ来りし冬又冬の、積りて慈に百数十年の久しきに及びたれど、巨柱少しもゆがまず。餘沢は今に数百人の賽者て一時に容るゝを得べく、人をして砂漠の中にオアゼを得たるの思ひあらしむ。雨の小止みせるを伺いて、地獄谷に至る。みどりが池、血の池、火ふき谷など、池の、硫気を吐かぬは緑に澄み、吐くは灰色を帯びて鼎沸し、飛散し、奔騰す。水なき處は、天地も崩れむばかりの音を発して、硫気はげしく立ちのぼる。その物凄きこと、箱根の地獄谷などの比に非ず。女媧、五色の石を錬り、天地を補ひて、未だ補ひつくさざる佛とも見えて、造化の人を弄すること、一に茲に至れるかとぞ驚きし。

室堂の一隅を劃して、社務所に充て、ここに参詣者を検する祠官数人あり。余を延きて、慇懃に茶を侑む。人間炎熱に苦しめる夏の最中、下界を幾重の雲の底に隔てて、炉を擁するもなほ山気の冷やかなるを覚ゆ。文章の気を養はむが為に、天下の名山に登りたるなりと語れば、わが名を問はるゝに、名刺を示せば、桂月と同じ御方にやと問ふ。名は知らずして、号のみ稍ゝ人に知られたるなるべし。こは珍らしや、君は天下の文人なり。請ふ、記してこの霊山を天下に紹介せよとおだてらるゝに、「莫下把二文章一動中蠻貊上、恐レ妨二談笑一臥二江湖一」と云へる蘇轍の句、今更に思ひ出されつ。世に虚名を売りたるこそ恥かしけれ。

今宵室堂に宿するもの百二三十人。われは汗くさき賽者とごろねするを免れ、祠官がもてなす酒に、陶然として酔ひ、戸に激する天風も、天女の妙音かと聞きなされ、神官が貸してくれたる綿入を布団とし、室隅に算盤をたてかけて枕として、炉辺に臥すれば、夢おのづからあたゝかに、白雲の上に迷ひぬ。

夜未だ全く明けはなれざるに、祠官板を鳴らして、賽者を集め、自から先導して雄山にのぼる。われも之に尾してゆく。黒きは峯、白きは谷を埋めたる積雪、川柳の歌ひけむ、黒犬を提燈にして霊の道をわたること幾度、はらひ堂にいたりて、夜は全く明けたり。こゝに積める千秋の雪の底より流れ出づる水は、称名滝の最上源なり。浄土山を右に見て、崔嵬たる山骨を攀ぢつゝ顧みれば、富山湾朝靄の外に碧瑠璃を研ぎ出だせり。湾上の彩雲、万丈の錦をのべたるは、旭日はや山外に出でたるなるべし。峯頭の瞩目さこそと喜ぶ間もなく、黒雲疾風につれて、天地にみちわたり、薄き、濃き、変化一ならざれども、全く晴れざりしこそ遺憾なれ。一の越以上は、益々峻なり。峻路と云はむよりは、天梯と云ふべく、一隊数十人魚貫しつゝ風に御して空に上る。二の越、三の越、四の越、五の越と数へ来て、こゝに始めて絶頂に達す。海辺の石多きは、賽者の持ち来れるものなるべし。方わづかに数武、見下ろす谷は、なぎ落ちて、巨巌千丈又万丈、神劖（しんざん）か、鬼斧か、奇にして怪、人をして目眩せしむばかりに尖りたる一角に、割合に大なる祠殿、天外の怒風にくづれず、飛ばず、これも加州侯の威光に或れるにや。雲に日頃の望みを失ひ、山気寒烈、神霊の地、人の久しく留まるを厭ふものかと覚えて、他の賽者の上り来らざるに、我は早くも行違ひに山を下りぬ。浄土山より峯づたひに、この雄山にのぼり、更に別山にのぼり、剣ケ峯の剣立するを望みて室堂に下る路あれども、眺望なき黒雲の中に、さまではと、断念し、室堂に少憩したる後、またも雨中に孤影蕭々として帰路に就きぬ。

鏡石に至り、昨日の路をかへて、姥ふところと過ぐ。こは一昨夜闇に苦しみたる路なり。昼間通り行けば、何のまがひもなきに、夢なりしかとばかり疑はれぬ。されど、試みに瞑目すれば、一歩も脚を投じ難し。げに一昨夜は我盲目となりしなり。追分より路を左に取り、屏風の如き懸崖を斗折して下り、立山温泉に投ず。名だたる刈込池を見むとて、深谷の底をさかのぼり行くこと里餘、もと新湯とて浴舎のありし處、今は浴槽も朽ちて湯の池のみ残れり。刈込池は見当らず。また闇夜となりてはと、怖気つきて引きかへしぬ。

この夜はじめて枕と布団とを得たり。むかし佐々成政が立山の雪にすべり下りて、厳冬兵を信濃に出しゝ處、今も路ありと聞きて、導者を雇はむとするに、路なきにあらねど、近年行人幾んど絶えて、草深くしげり合ひ、黒部川には、渡るべき橋もなく、路を知るもの少なしといふ。たま〳〵知るものあれど、案内賃の非常に高きに、嚢中の軽きを如何せむ。われ終に断念して、万壑の底に一夜を明かし、凡骨未だ霊泉に洗ひつくさずして、またも常願寺川の流水と共に、落ちて人間に下らむとする。この一道の谷、長さ十三四里、両方の峯かさなり合ひて、高く、且つ深く、立山山中、最も幽邃奇峭を極むる處なり。雪と散り烟とくだけて、水石相闘ひつゝ流れゆく谷川の左岸、危き棧道をふみつゝ、一峯に向えられ、遂に岩峅寺を過ぎて、夜、松本開町（現立山町五百石）にやどる。

われ、立山山中にやどりしこと三夜、山麓にやどりしこと二夜。時計破損して、更に時刻を辨ぜず。日出でて朝なるを知り、日没して夜なるを知る。静寂太古の如き山中に、われも俗累を脱して太古の人となり、風に御して、暁に天梯を躡み、雲に伴うて、夕べに洞穴に眠る。渇して澗底千秋の雪を噛めば、俗腸おのづからとけ去らむとす。玉皇に謁して、浮世の外の奇花異卉を摘み、雲中に恍惚として、天楽を聞く。この間の消息、人間には伝え難し。況んや情懐、語らむと欲して、既に言を忘れたるをや。祠官に謝礼せむとしかども、辞して受けず。君の文章が何よりの謝礼なりといふ。自から顧みてわれ其人にあらざるを恥づれども、恩には報ぜざるべからず。寧ろ凡筆を以て名山を汚すを辞せんや。

＊この項は、『興文社内桂月全集刊行会　桂月全集　第三巻　紀行二』を底本とした。

十九、剣山攀登冒険譚

これは午山生なる人が、明治四〇（一九〇七）年七月三十一日、たまたま立山温泉にて参謀本部陸地測量官柴崎芳太郎に遇い、劔岳での様子などを聞き、同年八月五日

（上）、六日（下）として、『富山日報』に掲載したものである。

剣山攀登冒険譚（上）（参謀本部陸地測量官の談）

生は去三十日我国三山の一なる立山に攀踏せんと、午前四時室堂を発し、白雪を蹈破して先づ浄土山、権現堂を難無く超え続いて別山の絶頂に到り、双眼鏡を取り富士、浅間、白山、其他飛信の諸山を望み、次て古来人跡の入らざるてふ剣山の絶嶺を望むに不思議や三角測量標の建設しあるを見る。思はず快哉を連呼したり、昔弘法大師が草鞋千足を費してさへ登り得ざりしと伝ふる彼の険峻に登りしは如何なる勇士か、冒険奇譚こそ聞かまほしけれなどと思ひつつ下山せしに三十一日立山温泉場にて端なく参謀本部陸地測量官柴崎芳太郎君に遇ひ、当時の実況聞くを得たり、左に其要を掲ぐ、柴崎測量官は山形県北村山郡大石田町の出身にして三十一歳、沈着な人なり（午山生）

余は（明治）三十六年頃より三角点測量に従事して居ますが、去四月二十四日東京を発して当県に来る事になりました。剣山に登らんと企てましたのは七月の二日で、先づ芦峅村に赴き人夫を雇はふと致しましたが、古来誰あって登ったと云ふ事の無い危険な山ですから、如何に高い給料を出して遣るからと云っても、生命あっての物種、給料には易へられぬと云って応ずる者がありません、併し是非とも同山に三角測量点を建設せざるべからざる必要があると云ふのは、今日既に立山には一等測量標を、大日山と大窓山とには二等測量標を建設してありますけれども、是だけでは十分な測量が出来ませんからで、技術上是非剣山に一等測量標の建設を必要とするのであります、前年来屢次登山を試みましたが毎時登る事が出来ず失敗に帰しましたが、其為めに今日では同地方の地図は全く空虚になって居る次第であります。是れは我々の職務として遺憾に堪えぬ次第で、国家の為め死を賭しても目的を達せねばならぬ訳であります。其處で七月十二日私は最も勇気ある

測夫　静岡県榛原郡上川根村　生田　信（二二）
人夫　上新川郡大山村　山口久右衛門（三四）
人夫　同郡同村　宮本　金作（三五）
人夫　同郡福沢村　南川　吉次郎（二四）
人夫　氏名不詳

の四名を引率して登山の途に就き、同日は室堂より別山を超え、別山の北麓で渓を距る一里半許りの剣沢と称する処で幕営し、翌十三日午前四時同地を出発しましたが、此處は別山と剣山との中間の地で黒部の上流へ落合ふ渓流が幅三米突許り深さ六七尺もありました。尚其地方は落葉松等の周囲一丈許りもある巨樹、鬱蒼として居ますが幸に雪があったから渡れたものの、雪が無かったら危険地で迚も渡れ無いだろうと思ひます、其れより半里許り東南の谷間を下り、其れから登山しましたが、積雪の消え無い非常な急坂がありまして、一里許りの雪道を約五時間も費やしました。其の雪道を通過すると剣山の支脈で黒部川の方向に走れる母指と食指との間の様な處に出ました、尤も此積雪の上を徒渉するのに什麼しても滑りますから鉄製の爪あるカンジキを穿いて登るのであります。

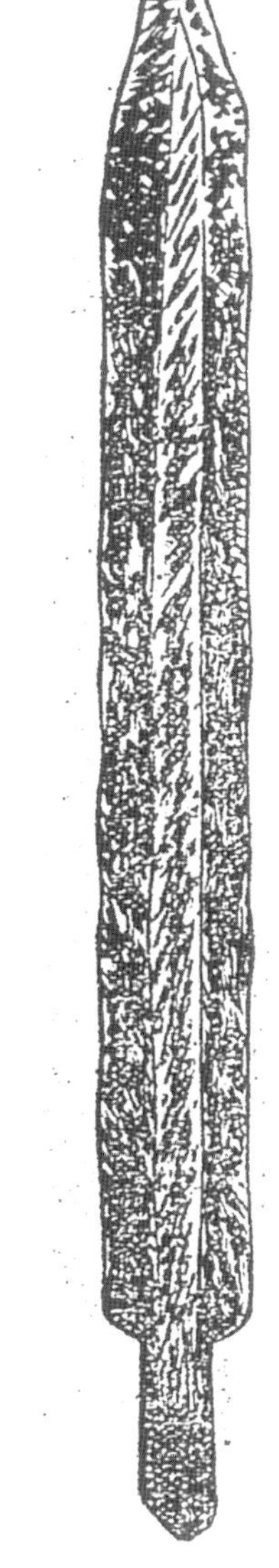
剣山の頂上にて發見せし鎗身（原形二分の一縮寫）

剣山攀登冒険譚（下）（参謀本部陸地測量官の談、午山生記）

此積雪地よりは草木を見ず、立山の権現堂より峰伝へに別山に赴く山路の如く一面に花崗片麻岩にてガサ〳〵岩の断崖絶壁削るが如く、一歩も進む能はず、引率せる人夫四名の中氏名不詳とせし男は此處より進む能はずして落伍しました、残りの一行は更に勇を皷し一層身軽にし双眼鏡、旗、綱の外は一切携帯せずに進むこととなりましたが、其苦しいことは口にも述べられぬ程です、上の方に攀上るのに綱を頭上の巌にヒョイと投げかけ、其れを足代に登りかけると上の巌は壊れて崩れかゝると云ふ仕抹で、其危険も一通りや二通では有りません。斯んな處が六十間もありましたが、其處を登りますと人間の稍休息するに足る場所がありましたからホッと一休みしました、又其處よりは立山の権現堂からフジと云ふ處を経て別山に赴く程の峻路で花崗片麻岩のガサ岩ばかりであります。斯くて漸く絶頂に達しましたのは、午前十一時頃でありました。此絶頂は円形のダラ〳〵坂で約四五坪もありましょう。むかし何年の時代か四尺四方位の建物でもありましたものか、丁度其位の平

地が三ケ處はかりありました。併し木材の破片などは一切見当りません、一行が此絶頂に於て非常に驚いたのは古来未だ曽て人間の入りし事の無いてふ此山の巓きに多年風雨に曝され何とも云へぬ古色を帯びた錫杖の頭と長さ八寸一分、幅六分、厚さ三分の鏃とを発見したことである。鏃は空気の稀薄なる為か、空気の乾燥せる山頂にありしが為か左程深錆とも見え無いが、錫杖の頭は非常に綺麗な緑青色になって居ます。此二品は一尺五寸ばかり隔ててありましたが、何年の時代、如何なる人が遺して去りしものか、槍の持主と錫杖の持主とは同一の人か、若し違って居るとすれば同時代に登りしものか別時代に登りしものか、是等は頗る趣味ある問題で、若し更に進んで何故に是等の品物を遺留し去りしか、別に遺留し去ったので無く、風雨の変に逢うて死んだものとすれば遺骸、少くも骨の一片位は無くてはなら

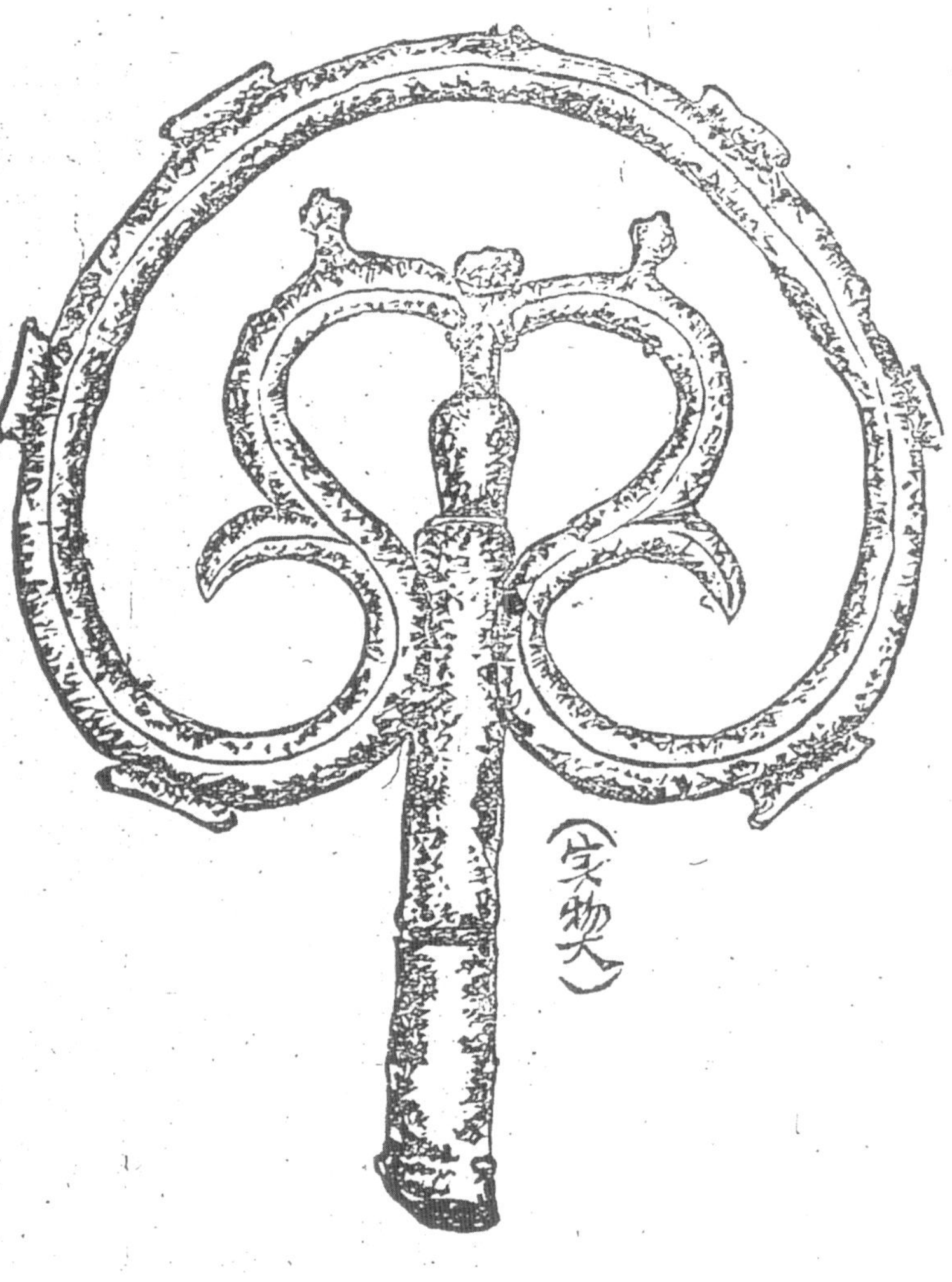

剣山の絶頂にて發見せし錫杖の頭

ぬ筈だが、品物は其儘其處に身体は何處か渓間へでも吹飛されたものか、此秘密は恐くは誰れも解くものはあるまい、尚不審に堪ざるは其遺留品ばかりでは無い、此絶頂の西南大山方面に当り二三間下の方に奥行六尺、幅四尺位で人の一二人は露宿し得る様な岩窟がある、此窟の中で何年か焚火したことがあるものと見え、蘚苔に封せられたる木炭の破片を発見した事である、此外には這抹の枯れて石の様になりたる物二三本と兎の糞二三塊ありしのみである（午山生云く兎糞は別山の頂きに於ても之を見たり）、此剣山の七合目までは常願寺川等にある様な滑沢の大きな一枚岩であるが、上部は立山の噴火せし際、降り積りしと思はる、岩石のみである、東南の早月川方面の方は赤褐色を帯べる岩で、北方は非常の絶壁で其支峰も孰れも剣を植てたる如く到底攀づる事が出来ない。斯くて一行は当日午後一時に下山し始め同四時に前夜の宿営地に無事引上げ茲に第一回の登山を終った、第二回には三角点測量標を建設せんものをと

測夫　鳥取県東白郡市勢町　　木山　竹吉（三六）
人夫　中新川郡大岩村　　岩木　鶴次郎（二四）

其他を率るたが、二等三角点を設けんとせしも、各にし負ふ峻山とて機械及び材料を運上ぐる事態はず、止むを得ず四等三角点を建設する事とした。其れも四本を接合せて漸く六尺位になる柱一本を樹てたに過ぎ無い、此接合せる様にしたのは無論運搬が困難であるからであります。剣山の高さは不明であります、立山に居りて見れば剣山の方が高く見えますけれど剣山では立山の方が高く見えます、大抵同様の高さかと思はる、立山の高さですが、其れは二千五百米突以上と言ふ事になって居ます云々

午山生言ふ　此測量は危険地でも霊地でも處嫌はず跋渉せざるべからず、人夫は熟練を要するものなるに、迷信深き人夫共は兎角同業に従事するを嫌ひ少しく慣れし時分に他に転じて帰来らざるには困居れりとなり、又測量官の一行は目下立山温泉場を根拠とし、多くは露営若しく小屋住居をなし居れるに、偶温泉に帰る事あるも至極不待遇にて余の訪問せし時の如きは押入の如き處に押込められ居りしには見るも同情の感に堪えざりき、職務とは云ひ、死を賭して深山峻岳を跋渉しつゝある人々なれば、何んとか相当の便宜を興ふる事にしては如何

二十、ウォルター・ウエストンの立山登山

著者、ウォルター・ウエストン（一八六一―一九四〇）の経歴はおよそ次のよ

うである。

一八六一年一二月二五日　英国で生れる。
一八八三年　ケンブリッジのクレア・カレッジを卒業。
一八八六年　スイスのブライトホルンやマッターホルン等に登山。
一八八八年　宣教師として日本に派遣。神戸の英国教会牧師となる。一八九四年までの七年間滞日。
一八八九年　第一回富士山登山。九州横断旅行を数回行なう。この間、阿蘇山、祖母山・霧島山等を登山。
一八九〇年　CMS宣教師を辞職。
一八九一年　初めて日本アルプスの美しさに接する。この後、一八九四年まで日本アルプス登山を続ける。立山には一八九三年八月七日長野県大町発。同月十二日立山温泉から下山する。
一八九六年　英国ロンドンで『日本アルプスの登山と探検』を発刊。
一九〇二年　二回目の来日。横浜での宣教師となる。一九〇五まで四年間滞日。南アルプス、富士山・八ヶ岳・浅間山・戸隠山等に登山。
一九一一年　三回目の来日。一九一五年まで五年間滞日。北アルプス、妙義山・富士山を登山。
一九一八年　二回目・三回目の滞日中の登山記や日本の多くの事物を記した『日本アルプス再訪』または『極東の遊歩道』と表記された書物を英国ロンドンで発刊。
一九四〇年三月　英国ロンドンの居宅で死去。八十歳。

(1)日本アルプスの登山と探検

第七章

（前略）新町から十六マイルの間、絵のように美しい街道筋を行くと、大町に着く。ここは針ノ木峠の東側である。はじめのうちは犀川の岸にそって道が通っていたが、そこかしこの汀にたくさんの舟が引きあげてあるのは、松本と善光寺の間に舟の便があることを物語っていた。昔は天竜下りの舟と同型の舟でこの区間をぜんぶ航行することができたが、一八四七年にひどい地震が起って、善行寺も付近の村も破壊され、新町付近の犀川は地辷りで完全にせき止められてしまったので、それ以来この舟便は不通になってしまったのである。善行寺では、この地震に引き続いて大火が起り、町ぜんぶがほとんど焼失してしまった。その上こんどは洪水が襲ってきたので、不幸な農民たちは、踏んだりけったりの目にあわされた。災害が一段落してみると、二万人以上の人が地震、火災、洪水によって命を失ったのである。

こうして大町まで歩いていく途中には、いくつかの美しい景色が街道を飾っていたが、その中でももっとも強く印象に残ったのは日名村の風景であった。それは、とある山裾を曲ったところで、とつぜん目の前にひらけてきた。樹木の茂った山々を背景にして、深い谷が足もとに横たわっている。はるか下にはエメラルドの犀川が古びた民家のひっそりと立ち並ぶ間を光って流れている。これがだいたいにおいて大きな河の見おさめとなった。というのは、川はここで南に方向を変え、山を切り開いて流れて行くが、ぼくたちは大町への途上に立ちふさがる山を越えて真西へ進んで行ったからである。真昼の太陽がはげしく照りつけるので、歩くのはいつになくつらかった。日名を過ぎてから最初の登りは狭い谷で、すこしも風を通さなかった。木の葉一つそよがず、自然そのものが、もの憂さのあまり身動きしたがらないように見えた。あるいはまた、降るような蝉しぐれに誘われて眠気を催しているようでもあった。大町への道は、峻しい山腹から頂上の切り通しにかけて数マイルにわたって木蔭ひとつのない道が続いた。はるか下の麓には、青く彩色した恐ろしそうな不動様の像が立っていた。これは右手に持つ刀で悪者に恐怖の念を与え、罪を犯した者を見つければ左手の縄で縛ろうとする形を現わしている。その近くにある滝も、広く信仰されているこの仏の名にちなんで、不動滝と呼ばれているが、今は暑さのために、まったく水がかれていた。まもなく頂上をというところで、僕は危く一人の農夫を踏みつけそうになった。この男はすっかり力の脱けた様子で、狭い道の上に倒れ伏し、そのかたわらに若い妻が、なすすべもなく坐ったまま夫の鉛色の顔を見つめていた。慰めの言葉をかけるとひとかたならず感謝した。やがてどうにかこの男も峠の頂上まで登ってきたので、バロー・アンド・ウエルカム製の錠剤をとり出して与えると、病人はすぐさま恢復した。峠の頂に近く、大麻を作っている斜面の中腹にソー村（草の村の意）という小さな村がある（訳注　左右村の音をウエストンが聞き誤ったもの。）そこから先は松やカラマツやナラの木立がつづいていた。ぼくたちはこの尾根の切り通し（三千フィート）から、大きな峡谷を通って、大町の平地へと急いで下って行った。谷がひらけてなだらかな斜面となるにつれて、大町の向うに雪のひだをつけた紫の山々が見えてきた。しかしそれは鋸歯状の肩だけで、頂上は嵐を思わせる暗いもの凄い雲につつまれている。四時には大町に着いた。ここは古びた小さな町で、日本の山岳地帯の特徴として、ほとんどの家が広い屋根に石の重しを載せていた。また奇妙なのは屋根の煙出しがどの家も一様に南向きで、それに障子がはめてあることだった。

新町を発つとき紹介を受けてきた「山長」旅館に宿泊を申し入れると、亭主はあまり嬉しくなさそうな様子で迎えに出てきた。彼は何もおもてなしができない、といったが、ぼくはとくに気を使ってもらわなくてもいいといって、どうにか説き伏せた。彼は先に立ってぼくをいちばん上の部屋に案内したが、そこでは槌や鋸の音がしていて、大工たちが働いていた。階段の上には大きな宴会場があり、その端には「殿様」用に造ったばかりの部屋があった。それはぼくが泊った日本の旅館ではいちばん大きな部屋で、三十フィートに十八フィート、日本式にいうと「二十七畳敷」であった。畳には、文字どおり一点のしみもなかった。部屋の両側には磨きあげた黒木の広縁がついていて、一大障壁のように立ちはだかる山脈の景観をほしいままにすることができた。土地の人たちはこの山脈を一曲の屏風になぞらえている。宿の主人は、はじめは気がすすまない様子だったが、後にはぼくの泊り心地をよくするためにあらゆる手をつくしてくれた。食事のときには椅子とテーブルを用意してくれるし、寝る時間になると、使用人に手伝わせて数脚の長椅子に、大きな箱を一つ運んできて、ベッドの代用品をこしらえはじめた。ご多聞にもれずここにも蚤がいるし、すばしこいことには変りないが、ベッドを床から数フィート高くしておけば登ってこないだろうと彼はいうのである。やってみるとそのとおりで、蚤はせっかくの獲物をみすみす取り逃がすことになった。

翌日はたまたま日曜日だったが、昨日の病人が訪ねてきた。すこし熱があるが、気分は前よりいいと知らせにきたのである。ぼくは彼にキニーネを服用させて、夕方またくるようにといった。その後また彼がやってきたのを見ると、驚いたことに顔色がすっかりといきいきとして、「体のぐあい」がとてもよくなったというのであった。彼はきれいな掛物（壁に掛ける絵）を持ってきて、これをぼくたちのめぐりあった記念とし、また彼の感謝のしるしとして受け取って貰いたいといった。そんなお礼はいらないといくらいっても駄目だった。彼は何としても聞きいれないし、もしぼくがことわればひどく悲しませることになりそうだった。日本人があまり感謝することを知らぬ国民だといわれているだけに、偶然知り合った人からのこの真心こもった贈りものは、いつまでもぼくの心に残るだろう。朝の間、道をへだてた向う側の家から歌が聞こえてくる。その歌の調子はじっさいのところりっぱなものではなかったが、声を訪ねて行ってみると、それはある小さな日本人のキリスト教団の本部であった。キリスト教は、ここに限らず、日本の各地の山奥に、外国の援助なしでも深く浸透しているのである。

その夜ぼくが高い寝台にはいろうとしているところへ、宿の主人がやってきて、この宿に泊り合せた多勢の客からの伝言を伝えた。「お客様がたはまだ外国人を見たことがないものですから、こちらへお邪魔をさせて頂いて、会ってやって下されば、たいへん光栄に思うでしょう。」そこで椅子が用意され、お茶や菓子が机の上に並べられた。それから七か八人の人たちが、順々に室に繰りこんできた。例によって丁寧な挨拶やお辞儀をしてから、椅子の端にちょっとお尻をのせ、両手を膝に置いて、それから一わたり部屋の中を見まわした。部屋の中央に奇妙な台があり、ピンクの縁をつけた、かび臭い暗緑色の蚊帳で半ばおおわれているのを見ると、人びとはあっけにとられてしまった。彼らを安心させてやるために、それは手術台のような恰好をしているが、そうではなくて（少なくともそうならないでいてもらいたい）即製のベッドだと説明した。お茶を飲むと彼らは舌がゆるんで、いろいろな質問を浴びせかけてきた。「あなたのお国はどちらですか？」「銀鉱を探しにいらっしゃったのですか？」「銀ではないとすると、それでは水晶ですね？」ただおもしろいから登山するのだと説明しても、彼らにはなかなかわかってもらえなかった。もうそのときはぼくは眠くなっていたので、話はまもなくはずまなくなって、ついに珍しくも「輝かしい沈黙の瞬間」が訪れた。それからお客さんたちは申し合せたように立ち上って、きたときと同じように、うやうやしく、厳粛にお別れの挨拶をした。ぼくが寝台に上ったかと思うとまた邪魔がはいった。さっきのお客さんの一人が、奉公人を使いによこして、そんな高いところで眠っても、ひょっとして夜中に眠りに妨げられるといけないから、ダルマチアンを一缶お贈りするというのだ。ぼくははじめすこしばかりまごついた。ダルマというのは九年間静坐して沈思黙考したあげく、ついに脚をなくしたといわれる印度の聖者、ダールマの日本名――ぼくが知っているのはそれだけだが――と思ったからである。ベッドから下りて、襖を開けてみて、それはキーティング、あるいはその日本製模造品で、ダルマチアンパウダーというあまり知られていない別名をレッテルに日本の字で書いてあるのだということだとわかった。しかしこの贈りものは、そのときはいささか念がいりすぎると思ったが、後で非常に役に立った。

八月七日、月曜日、よく晴れた朝だった。ぼくは二人の猟師をつれて、針ノ木峠、すなわち「ハンノ木峠」を越えるため、出発した。この二人を雇うには、宿の主人の力を借りて、前の晩に野口まで使いを出しておいたのである。野口というのは大町の西の小さな村で、近在の猟師の溜り場になっている。しかし彼らのやってくるのが遅れた――六時という約束なのに八時にきた――ので、他の事情もあったが、あまりこの遠征に乗り気でないのかも知れないと思った。それというのも、実際この峠は古くから難所として知られていたからである。二十年ほど前、この峠がひらけるまでは、信州、越中両国の間には、日本海岸から南へ五十マイルにわたって、実際に何の交通手段もなかったのである。峠―といっても名ばかりだが―できてから数年の間に、サトウ、チェンバレン、アトキンソン、その他の外国人旅行者が、数回にわたってここを通ったが、そのときはたいした苦労もなかった。しかし、それから間もなく、時の破壊力が猛威をふるいはじめ、雪崩、地辷り、それに秋の豪雨が、わずかのあいだにその峠道を破壊して、まったく見分けがつかなくなってしまった。そして針ノ木峠は見る影もない廃道となり、峠の実用の目的は忘れられ、滅びた峠として記録にとどまるだけとなったのである。P・ローウェルというアメリカの旅行者は、「日本の僻地、能登」という本の中で、七、八年前の冬、西の富山側からこの峠を越えようとしたいきさつを書いている。彼は峠越えの遠征記に四ツの章を費しているが、それは読者を峠の麓まで連れて行くにすぎない。というのは、彼は立山の麓の立山下(りゅうざんした)に着くと、それ以上進めないことがわかって、引き返してしまったのだ。それよりも前、一八八五年にもう一人、今は故人であるが、上海のフランシスという旅行者が、東の大町側からこの峠を越えようと試みて、すこしはましな結果をおさめている。彼は谷底を見おろす急峻なガレ場の上で足を踏み滑らせて、危く一命を失うところだったが、それでもとにかく峠の頂上まではたどり着いた。しかしそれから引き返すことを余儀なくされた。彼が連れて行った案内人たちは、この数年間、たまに猟師がきたほかには、この峠を越した者はないといった。その話によると、「ある年、二人の日本人旅行者がこころみてみたが、ひどく水蝕された谷の奥の急な雪渓に行き当って、それを越さなくてはならないと知ったとき、一人が泣き出してしまったので、二人とも引き返してきた」というのである。

これらの話では、いずれにしても、このルートの最大の難所、すなわち峠の頂上から立山下温泉までの間が踏破されていない。一八八三年に出たマレーの第二版には「この道筋は通行困難になった」と書いてあり、一八九一年の第三版では、「もっとも経験を積んだ登山者でなければ、首尾よくこの峠を踏破することはできない」と書いてある。

そういう話を聞いても、ぼくたちはかえってただ期待をたかめるだけで、大町から山までの平坦地を大股で歩いて行った。野口までくると猟師たちがもう一人仲間を雇ってもらいたいといったので、ぼくはそれに同意した。シラカバやカラマツをまじえた疎らな林の中を通り過ぎ、高瀬川の左岸にある大出という小さな村に出た。ここを過ぎると、三日間というものは人家を見かけない。部落を出はずれると、森蔭に祠があって、その参道に立っている原始的な鳥居には、鉄の剣や槍の穂先がさしてある。これは山の神様への捧げ物である。その山はいまやぼくたちの登る谷の奥に、見あげるような高さで暗く迫ってきていた。あらあらしく瀬をかむ急流は籠川であり、道はその左右の岸を伝い、あるいは嶮しい川床に下りて、いちばん奥の水源地まで続いていた。西側にそそり立つ山腹は深い林でおおわれている。ゆくてはるかに大きな岩山が聳えていて、谷の残雪がはっきりと見えてきた。その谷に近づくにつれて、猟師たちはしだいに気おくれがしてくる様子だった。彼らはこの探険が成功するかどうか疑問だといいはじめ、たまたま二人の猟師が谷川で釣りをしているのを見かけると、ここでひと休みして事態を話し合おうと主張した。ついにその結果、四番目の人夫を雇うことになった。というのは、人夫たちの担いでいる荷物はけっして重くはなかったが、不安で心が重くなり、そのため登攀の成功が危ぶまれるほどだったし、今にも泣き出しそうな気配さえ見えたからである。長い話合いと荷物の造りなおしで手間どったが、新しい仲間が参加したことによって精神的にも、労力の面でも強化されたのは大きな利益だった。この男は快活な人で、若い時には力士をしていたこともある。しかし今は土俵を踏んでいたころに較べると脂肪は落ち、筋肉質になっていた。彼の旺盛な気力は他の連中を活気づけるのに役立った。数時間の間、あるいは茂った藪を押しわけ、あるいは渓流の右岸の高いところにあるもろい岩場を這うようにして進んで行った。午後三時、その川床に下りて、昔は丸石橋（現在の大町市扇状の丸石沢合流地点）と呼ばれていた地点で飛石伝いに対岸へ渡った。この峠が活況を呈していた時代には、ここに木橋が架けられていた。岩は今もたくさん残っているが、橋そのものはとうの昔に流失していた。ぼくたちの前面に横たわる谷の向う側には、みごとな花崗岩の山が聳えている。それは高さ約九千フィート（現二六六九・九ｍ）の爺岳で、その裾には鬱蒼と樹木が茂っているが、肩と頂上は裸山で、ところどころに雪渓が縦になって残っている。花崗岩はきわめてこまかな節理があり、中にざくろ石の粒がまじっていた。左岸の岩場を三十分ほどよじ登ると、もの凄い、巨大な峡谷に入口（現在の大沢小屋辺）にたどりついた。谷の両側には、約二千フィートかそれ以上も高く、嶮しい絶壁がそそり立っている。ゆくてに待ち受けている難行を考えてみると、暗くならないうちに頂上に着けるかどうか疑問になってきた。この懸念は、はげしい、とつぜんの雷雨によって、たちまち確定的なものになってしまった。それは、日本の平野部ではめったに出会わないはげしい雷雨だった。ぼくたちはいそいで岩蔭に避難したが、いったんそこにはいってしまうと、あまり長い間そこに停められていたので、ふたたび行動に移ろうとしてもどうにもならなくなってしまった。嵐の前触れとしてたえず鳴り続けていた雷が、耳をつんざくような大音響になり、岩から岩に鳴り響き、ぼくたちが登ってきた谷間を圧して下りて行く。どしゃ降りの雨がわずかに衰えたすきに、ぼくたちは宿営の準備にとりかかった。すぐ手の届くところに生えているハンノ木の枝や葉を取って、てぢかにある大岩の横に「掛け小屋」を作った。枝の上には油紙のテントをひろげて掛けた。防水した敷布は、濡れた地面に対してすこぶる重宝だった。そして小屋の入口で焚火が燃えはじめると、それでも結構楽しい宿になってきた。猟師たちはここを「牛小屋」呼んでおり、標高は五千五百フィートあることがわかった。高さも高し、絶壁の蔭でほとんど日がささないので、かなり寒い場所だった。みんなの話しぶりは、けっして元気がいいとはいえなかった。猟師たちのうち、二人は引き返す方に賛成した。しかし他の二人は望みを捨てていなかった。昔力士だった男が沈みがちな二人を激励し、いちばん若い男がそのそばで気勢をあげた。彼は「失望するな」というのをぼくたちの合言葉として、勝利をめざして勇敢に進もうと主張した。しかし、翌朝七時になって、ようやくぼくたちは野営地を出発し、氷河の側部モレーンによく似た奇妙な岩尾根のそばを通って、いちばん下の雪渓のはしにたどり着いた。これが籠川の激流の水源である。高さ六千フィートのこの地点で谷はもっとも狭くなり、頂上までずっと雪渓が続いている。雪渓にはところどころに岩の露頭があり、その割目には二、三の植物が姿を見せていた。

　登る途中で思いがけない野イチゴのご馳走にひきとめられた。堅く凍った雪渓の角度は三十八度近くもあったので、人夫たちはとても登れないと主張した。彼らがはいているわらじはほとんど足場の支えにならないので、雪渓を登ることはきっぱりとあきらめて、ふたたび峡谷の横の峻嶮な岩にとりついた。ぼくは雪渓を登ったが、この方がはるかに冒険であることがわかった。午前九時、針ノ木峠の頂上の窪地にたどり着いた。その近くには信州と越中の国境を示す小さな標柱が立っていた。

　朝飯の支度について話し合ったり、高度やまわりの地形を観測していると、一時間はたちまち過ぎた。この峠の高さは八千百二十フィート（現二五三六ｍ）であるが、そばにある絶壁のためにずいぶん遠望が妨げられている。しかし南方には針のような山容の槍ガ岳が堂々と聳えているし、東南には約百マイルの距離に久遠の富士が、八ガ岳と信州駒ガ岳（訳注甲斐駒）の鋭い峰の間から顔をのぞかせている。前景には、ぼくたちの登った暗い峡谷が北に見下ろされる。きらきら光る雪面に影をひいてそそり立つ絶壁は、雪崩や嵐による無数の傷跡を残していた。南には、これからぼくたちの下りて行く谷が口を開けている。てぢかの斜面は針ノ木峠という名前のもととなったハンノ木と、偃松の低い茂みでおおわれえいる。こちら側にはほとんど雪はなく、頂上付近の下草の中に、古い道の跡がかすかに消えかかっているのが見えた。この道を最初に開こうとした人は一八八四年に死んだが、それ以来この仕事を進めようとする計画は起らなかった。足を早めて谷を下りると、やがて針ノ木川の急流に出た。それから先は下山が非常に困難になり、万一に備えて用意してきた強い紐を、しばしば使わなくてはならなかった。川床はひどく切り立っているし、岩が大きいので、細心の注意を払わねばならない。周囲の雄大な眺めを楽しむ暇はほとんどなかった。ときどき立ちどまって一息つくと、頭上数千フィートの高さに一木一草もない花崗岩の絶壁が、荒荒しい姿で重畳と聳えているのが見えた。はるかかなたには雪を残した立山（目印の山）が、堂々とした姿でぼくたちをさし招いている。さらに下ると急流の岸に木イチゴが生えていて、ぼくたちに休憩をすすめているようだった。そこを過ぎると峡谷はやや平らな黒部川の谷に移り、下りはしだいに楽になった。黒部川は日本海に流れ込む途中でこの辺を通るのである。その広い川の向うを見ると、峻しい岸の上に、かって峠越えの旅人を憩わせた黒部の小屋跡が見えた。川を徒歩して小屋の真下に突き出た岩をよじ登り、傾きかけた軒先に立ったとき、時刻は三時一五分だった。峠そのものと同じく、この小屋の盛時ははるか昔に過ぎ去り、いまは無人の廃墟と化して、厚い壁や頑丈な梁がかえって、わびしさを示していた。建物の一部は広い台所として用いられ、ほかにはてごろな大きさの部屋が二つあった。ぼくたちがこの小屋に落ち着いたころ、はやくも例の雷が鳴りはじめたので、まだ日は高かったが、ここで一晩泊ることにしてよかったと思った。猟師たちも、これから先にいちばんの難所があるというので、ここに一つしかない小屋で休養させ、明日は十分な時間の余裕をみて先に進もうと考えた。夕飯には一ポンドも目方のあるイワナが出て、楽しい食事だった。これは例の元気のいい若者が黒部川で釣りあげてきたのである。壁の中のいちばん丈夫な二本の柱の間に携帯用のハンモックを吊して、その中に横になった。

　午前六時三十分に出発し、ぬくい谷峠（現刈安峠）の急な上りを登った。これは黒部と立山下（温泉）の間にある二つの峠の一つである。露を帯びた熊笹や、高く生い茂ったイタドリをかきわけて行くので、体はずぶ濡れになってしまうし、登行もいっそう苦しくなった。峠の向う側におりると、景色はますます雄大になった。峻しい山腹のガレ場を下りて行くと、まったく変った風景の中に出た。樹林の斜面や熊笹の茂みはなくなって、赤い花崗岩の絶壁にふちどられた雪の斜面が輝き、絶壁にはところどころに濃い緑の松がさびしそうに生えていた。目にも鮮やかな日本種のイワカガミや、そのほか多くのなつかしい花が、この美しい景色をいっそうひきたてていた。第二の峠である佐良越え（七千三百フィート）の頂上に着いたのは十時三十分、ここで濡れた衣服を脱ぎ、暖い太陽にあてて乾かした。めざす西の方の風景はすばらしく印象的だった。荒々しい岩山の斜面がいまにも崩れ落ちそうにせり出しているのを見ると、このルートが見捨てられたことはさほど不思議とも思わないが、ここに道を開こうと夢想した人があるのには驚かずにはいられない。どちらを向いても雪崩や地辷りの岩屑が散乱している。絶壁から崩れ落ちた大岩が、ごろごろ谷底に積み重り、何ともいいようのない荒れかただった。この荒々しい混沌から眼を転じて、遠く西の方に富山の沃野がおだやかに横たわっているのを眺めると、まったくほっと一息つく思いがした。まがりくねった神通川の白銀の流がそれていろいろな形に分断し、日本海の青く輝く水がその北側を縁どっている。峠の頂の下に、数ヤードにわたって古い道のあとが認められたが、それもすぐに消えてしまうので、六十度も傾斜した赤土の斜面を横切って行った。ぼくがその地辷りの跡に近づいて、足場を踏み固め、振り返って仲間をさし招いたとき、気の弱い男の顔に浮んだ悲愴な表情は、いまでもこの眼に見えるようである。この谷をさらに下って行くと、とある山ふところに古い山小屋の残骸があった。風雨にさらされ、腐りきった木材は大昔の、何か動物の白骨のように見えた。進行は何としても捗（はかど）らなかったが、難しい岩の上をよじ登るのは痛快だった。湯川という渓流におりて、その左岸をたどって行くうちに、熱湯のたぎっているふしぎな池があった。周囲は約三百ヤード、円形の池畔には硫黄の露頭がみられた。その眼のさめるような青い水は一八五八年の大地震まではまったく氷のように冷たかったということである。三十分ほど谷間を下ると、急流のそばにややひらけたところがあって、見すぼらしい小屋が立ち並んでいた。これは立山下（りゅうざんした）、あるいは立山温泉として知られているところである。すなわち立山の下の温泉である（四千百五十フィート）。ここの番人はぼくたちを見て非常に驚いたが、しかし親切に迎えてくれた。二、三分後にはその「お湯」にはいって、体の節々がやわらかくなるまで浸っていた。この建物の構造の奇妙なことといったらなかった。森を切り開いたところに一隅に質素な建物があって。その中に管理人の事務所と台所のようなものがあり、上客用の個室が二、三あった。これと直角に五、六列の小屋が並んでいて、まずしいお客が泊っている。その人たちは八フィート四方くらいの小さな部屋に食物を持ち込んで自炊している。その部屋は寝室兼食堂である。居間に当るのが浴室である。部屋代と入湯料が一日約半ペニーである。湯殿は屋敷内のいちばん端にあって、両側が開いた大きな小屋でできている。浴槽は四つの仕切られた大きな木のタンクで、一つの浴槽が約十二フィート四方ある。お湯の温度は華氏百五度から百二十五度まであり、元湯から順を追って、ぬるくなる。入浴客は主として常願寺川の上流付近の村々からきた農民たちだった。男女混浴で、ときには一度に五十人もはいったが、みんなすこぶる行儀がよかった。ぼくが泊ったとき、この立山下には二百人の客がいた。

ここから南の方に、大鳶山という峻しい山が聳えている。一八五八年の大地震のとき、この山の北側が大部分崩れ落ちて、渓流をせき止めた。やがて冬の間に積った雪が解けると、溜った水がせきを切って流れ出し、はるか下流の谷間まで、広い範囲にわたって災害を起した。旅館の小部屋の縁に出て眺めると、ぼくたちの到着と相前後して起ったいつもの雷雨に煙るこの山の景色は、じつに余情豊かであった。乳色の空を背景にして、やわらかな夕陽の光の中にくっきりと浮びあがった峻しい赤い絶壁は、濃緑の松をはじめとして、千変万化の色調を示す緑の林におおわれた緩やかな周囲の山々とおもしろい対照を見せていた。

第八章

有名な立山の峰は、立山温泉から五千フィートもの高さに聳えており、その高さ

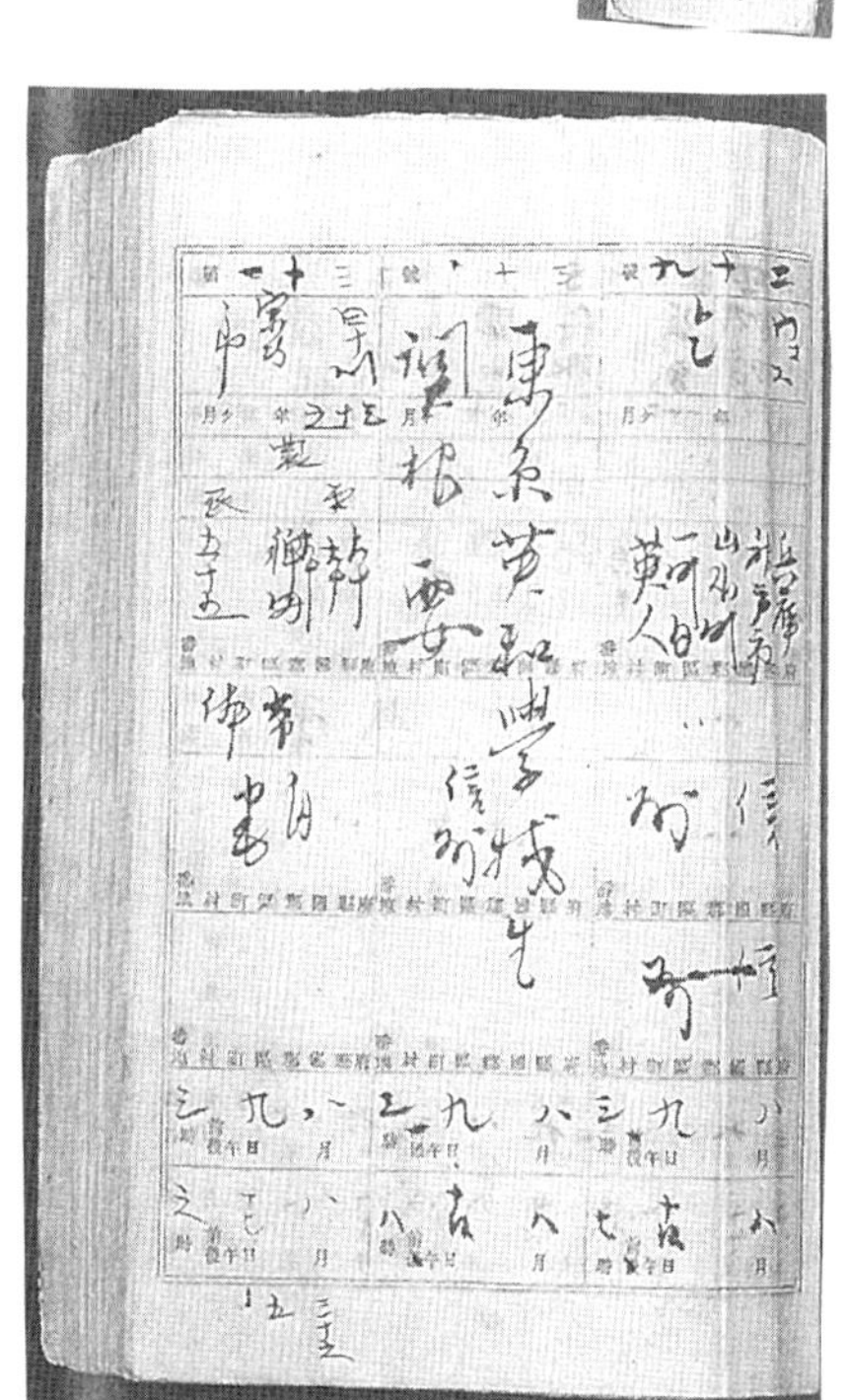

図77．立山温泉明治二十六年宿泊簿で、二九番　ウエストン　兵庫県神戸市英人　前泊地信州　三十番　関根　要　東京英和学校生（通訳）　前泊地信州　とある（『深見家祖先の軌跡』より）

によって立山という名がつけられた。この霊峰は、夏ごとに多くの白衣の行者を頂上へ惹きつけている。登山シーズンはわずか六週間くらいしかないが、七月二十日に行われる「山開き」によって登山の幕が開かれる。山頂に鎮座する小さな祠をあずかる神主が、守護神の加護を祈願するため行者たちを引き連れて登山するのである。

日本では普通に立山（目印の山）と呼ばれているのは、日本海のはるか沖合からも見えて、目印として役に立つからであるが、もっと古風な中国式の呼び名は竜山、または「竜の峰」である。「日出づる国」の伝説の中では、この神秘な怪物がよく山と結びついて出てくるのである。（訳注　ウエストンは立山をドラゴン・ピーク、すなわち竜の峰と書いているが、立山を立山（りゅうざん）と呼ぶのは白山、富士山の例にならったもので、彼はそれから竜を連想したのであろう。三鍋はまた、日本海、または有磯海の上に南北に三千m級の長い立山連峰は、巨大な白竜に連想もされる。これ実に龍つ山、立つ山である）

厳密にいえば、立山は日本アルプスの脊稜を構成する巨大な連峰群に属しているのではない。地質的には、中央アルプスと並行して起り、槍ガ岳の南で日本アルプスと会合する一火山脈に属している。この山はあまり高くも著名でもない火山群をへて乗鞍とか御嶽につながっているのである。

温泉のロマンチックな雰囲気の中で一日の休息をとったあと、ぼくは「竜の峰」めざして朝早く出発した。その朝、起床と同時にうす暗い行燈（あんどん）の下で朝食をすませ、座敷の向うの縁側まで忍び足で出て、平鋲を打った靴をはいた。土地の人夫が提灯を持って待っていた。そこで、二人は眠い眼をこすりながら、でこぼこのまま手入れのしてない敷地を横ぎって、渓流の方へ歩いて行った。道の両側には低い小屋が暗く気味悪く立ち並び、二百人の人の鼾（いびき）が一つになって、岩間を流れる湯川のせせらぎと甘く調和していた。あたりが暗いのでひどく狭い感じのする不安定な板橋を渡ると、道はすぐに渓流から二千フィートも高く聳える山腹のガレ場に突き当る。つらい登高が一時間も続いて、ようやく頂上に達したが、そこは弥陀ガ原という広い草原の一角で、その原っぱの中ほどで芦峅村から登ってくる道と出会った。芦峅は立山下から十五マイル下った常願寺川の谷にある村で、修験道の登山者の正規の登山口である。ちょうど一人の行者が滑りやすいぬかるみの道を、息もたえだえに登ってくるのと出会ったが、夜どおし登り続けてきたのに、いつ頂上に着くのかわからないといっていた。いつものように岩から岩へ飛び移って、急流の河床をいくつも越えて行くと、姥石の伝説に名高い奇岩の近くで、ようやく登りが終った。立山登山をはじめて試みた人は、有坂左衛門という人である。この人は没後いわば神様として扱われ、芦峅の近くに菩提寺を建てて埋葬された。墓は普通の形とすこし変っている。それは一種の古墳形式になっており、縦横八フィート、高さ五フィート、側面は石で囲んである。日本の著名な霊山は、この二、三年前まではいずれもある高さに境界が設けられていて、女性はそこまでしか登ることを許されなかった。この境界は女人堂と呼ばれているが、山によってこの境界がかなり違うのは当然である。有坂左衛門の妻は、この神秘的な山頂に何があるかを見きわめたい一心から、あるいは「新しい女」のように夫と功績を争うつもりだったのか、女人堂の境を侵して、実際に山頂まで登ろうとした。しかし、彼女の無分別はそれにふさわしい報いを受け、たちまち石に変えられてしまった。それが霊山を冒瀆した者への見せしめとして今に残っているのである。

山を下ると、鬱蒼と樹木の茂る斜面に、恰好のいい安山岩の六角柱が建っていた。これにも似たような伝説がある。昔、護符を祀る社を建立するというので、おびただしい木材が伐り出され、ここに積みあげられていた。たまたまそのあたりを心なく歩きまわっていた女が、その材木を踏み越えた。女が触れたためけがれた材木は、そのまま石に変ってしまった。そのことがあってから、ここは材木坂とよばれて現在に至っている。沢を登りきると、三方を山に囲まれた天然の円形競技場のような草原に出た。そこからは広漠とした展望がひらけている。西には広い越中平野が横たわり、その中に曲りくねった川が流れ、能登半島が、日本海のはるか沖まで伸びている。真東には立山が、周囲の鋭い岩山の中に優美な山頂をもたげている。立山の主峰の麓にある山国日本の「クラブ・ヒュッテ」ともいうべき行者小屋、室堂で朝食を取った。ここからジグザグに七つ八つの雪渓をよじ登り、変化の多い岩場をへて頂上に達する。あちらこちらの岩の突出部には、道しるべの小さな社が立っていて、行者の登山者の供物を受けるようになっている。煙草入れ（煙管なしの）や、願文を記した紙片、ときには二、三厘（きわめて少額の銭）のバラ銭とか、珠数などである。頂上近くでは鉄の鎖がいちばん峻しい岩に垂れていて、疲れた者を助けるようになっていた。切り立った円錐形の山頂には、絵にかいたような朱塗りの社があたりを睥睨（へいげい）しており、そこが最高点（九千二百フィート）であった。槍ガ岳の展望にもまけないすばらしい景色に見とれていると、この山を守る神主が、行者の一隊を引率して登ってきた。神主は社殿にかかっている金襴の鷲の羽の十字模様を金箔でおした垂幕をうやうやしく片寄、扉を開き、畏敬のまなざしで見ている行者たちの前に、かずかずの宝物をとり出して並べて見せた。神主をとり巻いた行者たちが、畏敬のまなざしで神主の語る古代の英雄の物語にじっと耳を傾けている光景は、まことにおもしろいみものであった。ご神器の中には、かつて有坂左衛門の使ったやじりや槍の穂先、日本武尊が用いたといわれる鏡や貨幣などがある。日本武尊は日本の神話におけるアルセスティス（訳注　ギリシヤ神話、テッサリの王アドメトスの妻、夫にかわって黄泉の国へ行くが、ヘルクレスによって助け戻される。）ともいうべき弟橘姫（おとたちばなひめ）の夫君として有名である。それから神主は、鷲の羽の紋どころをつけた美しい漆塗りの瓶子と盃を持ってきて、ありがたいお神酒を行者たちについでまわった。彼は外国人として一人ぼっちの登山者であるぼくにも、わけへだてのない好意を示し、丁寧にお神酒をすすめてくれた。

　日本に数多い硫気孔の中でも、きわめて珍しいものの一つが室堂の北半マイルの谷間にあり、小屋の近くにある二つの深い沼の間を通ってそこへ行くことができる。小さな丘の頂に立って見ると、谷全体が硫黄と泥でフツフツと沸騰し泡立っている。土地の人々がここをなんと思っているかは、大地獄（訳注　いまの地獄谷）という名前を見ればよくわかる。箱根にもこれとよく似た場所があって、在留外国人にも知れわたっているが、それもやはり大地獄と呼ばれていた。数年前、天皇陛下がこの地に行幸されたとき、これを大涌谷と命名されたが、この方がはるかに口調がいい。丘の頂きから谷底へ下りて、ぼろぼろになった蜂の巣のような土の上を歩くのには細心の注意がいる。硫黄の小さな円丘は非常に熱く、うかつに踏み誤ると、その下に隠れてフツフツと湧き立っている液体の底に落ちてしまう。硫黄と白い岩との混合物からなる小さな丘の横腹にある割目からは、蒸気と硫化水素とが、耳をつんざくような響を立てて噴出し、固い硫黄の塊りを、五、六ヤードも吹きあげていた。二、三の硫黄池からは、暗緑色または黄色の熱湯が、数フィートの高さに噴出し、下へ落ちるかと思うとすぐまた同じ勢いで噴き上げられていた。これらの池の温度はほとんど華氏二百度に近かった。

　三時には、ぼくたちはふたたび立山温泉に帰っていた。そして、いつもの雷雨が谷間を襲ってきたときには、ぼくはのんびりと温泉に浸っていた。この開放的な日本の「浴槽」で一つだけ奇妙な眺めは、入浴の人たちがつんととりすましていることだった。また、こころよい温かさが、硬ばった体をどんなに柔かくときほぐしても、浴客同志の礼儀は少しも崩れない。ある外国人が、山を探検したあとで温泉に入ったところ、同じ浴室で顔を合せた肌の黄色い人からねんごろな挨拶を受けて、いささかとまどいしたという話がある。それは日本人の友人で、彼は家族連れでその温泉にきていたが、温泉の中で出合った外国人に、ひとりひとり家族を紹介しはじめたのである。その外国人はもちろん当惑したが、いかにも懇篤な紹介だったので苦情を言うわけにもいかなかった。

　八月十二日、土曜日の朝、ぼくは人夫たちとともに、越中の富山まで三十マイルの谷あいの道を下って行った。周囲には数時間にわたって雄大な景観が続いた。城壁のような壮大な山腹が左右にそそり立ち、ここかしこに雪崩や地辷りによる裂け目があって、凄絶な光景だった。鬼ガ城というのがその地名である。数マイル下った左岸には滝となって流れ落ちる支流が暗い峡谷に高い響を立てていた。あたりに散乱する巨大な岩石は、秋の嵐のすさまじさを物語っている。そういうところにかけられた橋が、壊れやすい仮橋であるのもやむをえないことだろう。たとい百姓たちが、こんな場所に、いかに頑丈な橋をかけてみたところで、それはごくわずかな期間しかもたないからである。橋は普通二種類あった。比較的堅固な橋を万年橋と呼び、一枚の細長い板を両岸の岩か、あるいはそこから差し出した材木に縛りつけてある。構造はきわめて貧弱かつ不安定で、おもしろいようにしなったり揺れたりする。「一万年の橋」とはまったくオツな名前をつけたものである。それよりももっとおもしろいのは籠の渡しである。大麻や「クロガネモドキ」といって未開な地方で綱のかわりに用いる蔓草などで造った丈夫な太綱を両岸に張り渡し、それに竹や蔓草で編んだ籠を輪縄で吊してやりとりするのである。もっとも簡単な渡り方は、籠の中に入って、人夫にたぐり寄せて貰うことである。人夫が居合せないときは自分で渡らねばならないが、それにはかなりの技術と勇気がいる。渡る人は籠の中に入り、両手で太綱をしっかりと握り、籠の底に脚を踏んばったまま何回も蛙跳びの真似をして渡るのである。大切なことはこの籠を足でおさえていることで、さもないと籠が後にとり残され、沸き立つ急流の上で、宙ぶらりんになってしまう。

　この峡谷を下る途中、滑りやすい岩の峡しいバットレスがあって、壊れた梯子が垂れてぶらぶらと揺れており、それを渡るには、ブロンダン（訳述　ナイヤガラ瀑布の上で綱渡りをしたフランス人の曲芸師）のような平衡感覚を身につけていなくてはならなかった。なおも下ると、絶壁の表面に、これといって目ぼしい支えもない、危うげな松の丸太の狭い渡しが長々と続いており、はるかな上空へ登っていく。ここでは、地辷りのために、細長く出ばっていたくずれ易い足場が取れてしまって、割目ができていたので、やむなく、渓流の水ぎわをまわり道しなければならなかった。流れの両岸をふちどる岸壁はいつのまにか消えて、木の茂った坂になっていた。あちらこちらに森を切り開いた僅かばかりの平地があって、炭焼小屋があるところを見ると、人の住んでいることがわかる。立山下から十二マイルほど進むと、家屋が特殊な構造になっていることで有名な原に着いた。けたはずれの急勾配を持った藁葺きの屋根が、石をおもしに置いた平たい軒につづいており、軒は長く縁の上に張り出している。これは、雪が十フィート以上も積る地方では欠かすことのできない降雪対策なのである。午後早く昼食をすませて小見村を出発すると、はやくも例の雷雨が襲ってきて、猛烈などしゃ降りになったので、すぐにさっきの休憩地へ引き返さねばならなかった。この近くの左にはいっている横谷の中に有峰という村があるが、そこの住民は血族結婚しかしないので、もっとも原始的な風俗と、異常な低能とで名が知られている。しかし金銭の面では、まったく「文明化」されていて、よその人びととすこしも変わらなかった。小見を越えると、川幅は広くなり、段丘状の丘の間を流れているが、その段丘の整然とした形は、昔の川の流路をはっきりと示している。五時には、上滝の宿の涼しい柔かい畳の上で静かに休んでいた。この村は富山側にある大きな村で、越中平野を見下ろす屏風のような絶壁の下にあり、その地形はコッツウォルズの西のセヴァン渓谷の上にあるスチンチユームの岬状の丘に似ている。

（以下略）

＊この項は『ウエストン　日本アルプスの登山と探検　山﨑安治　青木枝朗訳』を底本とした。

(2)日本アルプス再訪

第十章

日本の高山地帯にある峠のうち、あらゆる意味で、他の峠よりもはるかに素晴らしい峠が一つある。その峠越えの山旅は楽しさにあふれ、その辺りの風景は非常に荒涼としていて、しかも変化に富んでいるのである。その峠が四十五年前に開通したとき、信州の大製糸地帯と富山の肥沃な平野との往来に便宜を与えるものとして期待された。富山平野の主邑である富山は、医薬品製造の中心地として有名である。

しかし、二つの平行する山並みを越えて延びる、この目立たない峠道も、やがて利用されなくなってしまった。イギリス人旅行者の三、四人パーティー——チェンバレン、アトキンソン、その他——が通ったことがあるが、数年の間に、暴風雨、大雪、焼けつくような夏の暑さなどが、無情にも荒廃をもたらした。これは時間の威力ともいえるが、その峠道は修復できないまでに破壊されてしまった。そのルートは、ほとんど利用されなくなり、忘れ去られたも同然であった。人が通る峠道としては完全に役に立たなくなったといってもいい。雪崩、地崩れ、川の氾濫で、埋没寸前であった。大町という昔風な小さい町（それなのに、大きい町とは奇妙である）にその峠道の出発点があり、そこにはまさしく墓碑銘といってもいい文字が記されている。

《峠は廃止》

筆者は二十年ほど前に、幸いにも外国人がその道を旅行できるように再開することができた。といっても、再開してからこの素晴しいルートをたどったヨーロッパ人旅行者はわずか半ダースにも満たなかった。そこで、二十年後にふたたび、素晴らしい峠道をたどるのは、古いなじみの地域への最後の旅にふさわしいオープニングだと思われた。この懐かしい地域こそ、「山があるところには、親しい友人がいる」と誇張なしにいい得るところなのである。今回は、出発点を逆にして、西から東へ峠を越えることとした。

一九一四年七月の最後から二番目の週のこと、太平洋岸の横浜から十二時間かかって、日本海岸の直江津に着いた。その夜汽車には蚊がいてうるさかった。この線路は、ほとんど干満の差のない、岩だらけの海岸に沿って西に向かって走り富山まで行くのだが、日本の工業技術のすぐれた成果の一つである。三つの非常に幅広い河口に橋が架けられていて、その中央の川が黒部川で、日本ではたいへん長い川である。汽車は花崗岩の断崖の表面の高いところを、狭い岩棚に沿って走ったり、海の中に急激に落ち込んでいる、堅い樹木に覆われた岸壁のトンネルに入ったり出たりする。直江津の郊外には有名な古い寺院があり、そこの数多くの供物の中には哀れみを誘うものがたくさんある。それらは悲しみに打ちひしがれた母親たちの捧げ物で、自分の死んだ幼い子供によく似た人形を、旅人と子供を守護するお地蔵様に捧げたのである。

この近くには、それほど楽しいものではないが、現実的に重要なものがある。それは日本最大の油田作業所の一つである。また、毎年七月には、町の郊外で大馬市が開かれる。日本のコルニシュ・ルートともいうべき、この海沿いの崖っぷちの道を行く旅は、鮮やかな赤い砂岩の小島と断崖を欠いてはいるが、デヴォン〔イングランドの南西部の州〕の南海岸が長く続いている風景を思い出させる。ところどころにある、小さな入江には、風雨に痛めつけられた粗末な家々が、この吹きさらしの海岸に寄り固まって、互いの安全を図っている。この海岸には、雪を交えた冬のきびしい風が、シベリア平原から吹いてくるのである。

南の内陸部にずっと入っていくと、三〇〇〇メートルにも達する立山連峰の黒黒とした雪縞のついた山稜がそびえている。滑川で、風変わりな小さな軽便鉄道に乗り換えた。それはぐらぐら揺れるし、ほこりまみれで遅いけれども、焼けつくような夏の陽の暑さの中では便利な乗り物である。ここで、日本山岳会のすぐれた写真家であり、登山家である、友人の近藤茂吉の世話で、芦峅の佐伯平蔵というたくましい強力が私を待っていた。蒸し暑い午後、彼と一緒に古い神社へとぼとぼと歩いていった。そこが立山の正式な登山口である。好人物の神主は快く丁重に歓迎し、みごとなスギの静寂な木立のある社務所（現在の立山町芦峅寺　雄山神社祈願殿社務所）に泊めてくれた。しかし、暑さとたくさんの蚊のために、その夜はほとんど眠れなかった。

この神社では、白衣の巡拝物たちが有名な山に登る準備の行（清めの苦行）を行なうことになっている。立山の登山者が関心を持つだけでなく、山頂の神社を目的地とする巡拝団にとっても非常に神聖な場所なのである。われわれは芦峅を去って、針ノ木峠の西の山々から発する、流れの急な常願寺川の右岸を登っていった。それから、この川の支流、称名川をフジの蔓で作った吊橋で渡り、材木坂として伝説的に知られた玄武岩の大バットレスに着いた。伝説によれば、麓の神社用に切られた材木を芦峅に運ぶ途中、ここに置いておいたところ、ある不注意な女が不敬にもそれを跨いたので、その女はたちまち石に変えられてしまったという。その石が目の前にある石である。さらにもっと上に行くと一つの石があるが、それは役小角とともに、立山の初開拓者としての栄誉を担う友坂左衛門の妻の身体が石になったものといわれている。この女性は、夫が成功したのを見て、自分も同じように立山に登ろうとしたので、その非礼な行動に怒った山の神が、彼女を石に変えてしまったのだそうだ。

この伝説で、パウサニアス〔二世紀のギリシヤの地理学者、旅行家〕がその旅行記の中で述べている伝説と奇しくも似ている。そこでは、悪行のために石に変えられた人や、オリンピアのゼウスの大祭壇の第一段から上には、女性は登ってはならないという定めについてふれている。

さらに登っていくと、東京高等学校の学生の一団が話しながら休んでいたが、そのうちの一人が私に向かって、《ウエストン氏の友人》ではないかと尋ねた。

激しい暴風雨が襲ってきたので、午後もまだかなり早かったが、予期しない、突然の宿泊所探しをすることになり、みすぼらしい骨組みだけの小屋の中に潜り込んだ。ときどき、他の旅人も入ってきて、夜になった頃には、この貧弱な小屋はうるさくしゃべり散らす人々でいっぱいになり、むんむんしていた。各人がそれぞれ蚤を持ち込んできいているし、蚤は普通の本能からして、私のところも餌場と見て跳んでくるように思われた。蚤はついつられて、毒である《キーティング》を食べすぎて後悔しただろうが、そのときは手遅れであった。

その夜は不愉快で、騒々しかった。一緒に小屋の中にいた巡拝者たちは、五分間も静かにしていることはめったになかった。声を張り上げてしゃべり、うたい、さえずり、いびきをかき、人間の器官が発することができる、あらゆる雑音を出していた。疲れ果てて、とうとう彼らがうとうとと眠りに落ちたとき、小屋番が起き上がり、夜明けに、朝早く出立する人のためにご飯を炊き始めた。

このブナ茶屋の先、はるか遠くに、樹林に覆われた壮大なカールの中央部分にある深い絶壁の端から、滝が大きく三段に分かれて三〇〇メートル下に落ちているのが見えたこれは称名川の源頭である。その川がカールの心臓部そのものに食い込むように流れている様子を見ると、このように日本の高山の雪を水源とした奔流が、驚くべき浸食力を持っていることを証明しているように思える。弥陀ケ原という台地の東端近くで、かつて私が立山温泉からたどった道に出合う。そこに追分小屋がある。

ふたたび、下山中の元気のよい学生の数パーティに出会う。みんな休んでおしゃべりをしていて、最後には同じように、

「あなたはウェストンさんの友人ですか？」

と尋ねる。この問いに対して、《イエス》とも《ノー》とも答えるのは、いささかむずかしかった。どちらにしろ、正確ではないからである。これら好青年の一人、箕作は東京高等学校の学生であり、有名な銀行家の息子で、私の友人、セイモフ博士の教え子である。彼は、立山連峰の高峰である剣岳の素晴らしい登攀をちょうど成し遂げたところであり、将来はアクティブな、立派な登山家として注目されるようになるであろう。

弥陀ケ原の先、険しい石だらけの河床をずっとたどると、一段と高い台地に着く。そこに室堂という巡拝者たちの《クラブ・ヒュッテ》が建っている。そこは立山本峰の最高地点、雄山の鋸歯状の尾根から下る斜面とバットレスの麓である。室堂の中は、湿った薪を焚くので煙いし、四六時中出入りする巡拝者たちが絶え間なくおしゃべりをしているので、私の小さいテントがそこから離れて独立していること、プライヴァシーが保たれたことで、二重に嬉しかった。私がテントを張った台地の端の下には、山腹に硫黄が活発に流れる割れ目がある。そこを地獄谷と呼んでいる。硫気孔と白っぽい岩の側面の裂け目とが交互にあって、前者では、噴出する

泥と硫黄とが池となって、ぼこぼこと音を立てて活動し、後者では、硫化水素を交えた水蒸気が絶え間なく噴出している。すぐ近くには、清く澄んだ、二、三のかわいらしい湖が、対照的に平和なたたずまいで、横たわっていた。

キャンプからの眺めは、たいへん変化に富んでいておもしろい。正面、すなわち、西の方には、立山の斜面が広い富山平野に落ち込み、果ては大きな富山湾の青い水に続いている。一方、他のすべての方向には、巨大な山稜の岸壁が取り囲むようにそびえている。その数多くのピークが雪と岩のさまざまな登攀を待っているのである。その主なものは、多くの巡拝者たちの目的地である雄山と、その隣にあって、はるかに登攀困難な剣岳との登攀である。志賀教授が指摘するように、雄山は、その形成の点で、特に興味を引く山である。これら北アルプスの大きな花崗岩の背骨の中から、火山岩が噴出している。その結果、頂稜と東斜面が花崗岩からできているのに、西側は安山岩の下層に片麻岩があるという構造からなっている。

この山の最高地点に二つの古い噴火口の跡が見られる。標高三〇〇〇メートルの最高地点にはたいへん神聖な神社があり、そこには五、六〇〇メートル下の室堂から一時間くらいで容易に着くことができる。最後の痩せ尾根のところどころには鎖がついているけれども、そこには何ら困難も危険もない。そこからの展望はたいへん素晴らしく、たぶん他では見られない壮麗な眺めである。北の方には、日本海とその美しい海岸線が広がり、他の三方には、ピークと山稜とが海原のように一面に波打って、はるか遠く富士山や太平洋岸まで広がっていて、うまくバランスがとれている。

剣岳（三〇一七メートル）は、立山よりは登るのが困難で、この美しい山はヨーロッパ人登山者にはその名さえほとんど知られていない。ルートは室堂から北へ地獄谷を横断し、別山と呼ばれる尾根を越えて、壮大な雪渓に埋まった剣沢へと入っていく。剣沢には、室堂と同じ標高二四〇〇メートル地点のくさび状の岩のそばにビヴァーク地がある。室堂からは五時間で楽に着くことができる。部分的には非常に急峻な、かなり長い雪の斜面を快適に登攀すると、頂稜上の岩場になった窓に達する。ここはベルナー・オーバーランドにある、ラウター・ブルンネン谷とレッチェン谷との間のシュマドリ・ヨッホのギャップに少し似ている。ときには雪の上でクマを見ることもあるが、この辺りのクマはおとなしく、北海道のヒグマよりは凶暴ではない。クマは睡眠を妨げられなければ、めったに向かってはこないが、睡眠を邪魔する者は手ひどい目に遭うことが多い。

頂上へ向かって尾根筋を歩くのは容易である。ビヴァーク地からは、五、六時間休みなく登らなければならない。ときには小さな奉納剣の破片が頂上で発見される。これは遠い南アルプスの甲斐駒ケ根（北岳）で見られるのと同じである。一九〇七年に参謀本部の測量員が登る前には、外界とほとんど付き合いのない猟師しか登ってはいなかった。山としては目立つ存在だが、巡拝者たちは自分たちの信仰の旅の目的地とはしなかった。聖峰、雄山が接近しやすく、登りやすく、他の山々よりもたいへん人気があったからである。

地獄谷の端にある私のキャンプ地付近は、イワカガミが文字どおりカーペットのように一面以咲き、少し下には、美しいクロユリが優雅な香りをただよわせている。クロユリは日本の高山植物のうちでも非常に珍しい植物である。

針ノ木峠への事実上の出発点は、立山温泉という古風な温泉場である。立山連峰が竜山とも呼ばれていたので、竜山下（りゅうざんした）という呼称もあるが、あまり使われてはいない。室堂近くのキャンプ地を出発して、激しく降る雨の中を立山温泉に下りて行った。この温泉を訪れるのはこれで三度目である。辺りの空気は水気をたっぷりと含んでいて、他のいかなる天候のときにおける普通の湿気よりもずっとひどいように思われた。温泉の上にはほとんど四方を取り囲むように断崖が切り立っている。その断崖をびっしりと覆っている植物は、びっしょりと湿っていて、陰鬱な雰囲気がただよい、憂鬱な気分にさせる。

硫黄泉の湯の温度は源泉では沸騰点で、主に石灰の溶液からなり、流離硫酸を含んでいる。入湯者用の施設は最近かなり改善され、わずかな料金を払えば、最近建てられた個室の鍵を貸してくれるようになった。私の滞在中、ここは絶えずごたごたしていて落着かず、人が動き回っていた。それは、普通の巡拝者のパーティの他に、近隣の山々で治水工事に従事している数百人の人夫がいるために混雑していたのである。この辺りの多くの沢が常願寺川の荒れ狂う水に流れ込み、以前にしばしば富山平野に大きな災害をもたらしている。この制御しにくい力をその源流で抑えようという努力が、着実に推進されている。そして、温泉の施設が、寝室も浴室も改善されたのも、労働者たちを監督する技術者がいるからである。全員が、自分たちの苦しい作業の疲れを癒す楽しみをなんとか得ようとしているのである。

毎晩、役人たちのきれいな部屋に酒がどんどん運ばれている。一方、巡拝者たちの宿泊所や人夫小屋の外のぬかるみには、絶え間なく人々の影が行き来している。そして、大声で叫んだり、食物を吐いたり、ラフカディオ・ハーン氏がほめた《日本人歌手の小鳥のような声》でうたったりしている。その鳥の正確な種類を彼は特定しなかったが、たぶん、ヨタカか、フクロウといったところであろう。

私が会った役人たちは優しく親切であった。富山県庁から来た一人は、私が最近膝を痛めたときに世話になった。東京の聖路加病院の有名なクリスチャン医師の義兄弟であった。この伊予氏の尽力で、特別きれいな小部屋に入ることができ、このような辺ぴな場所としては驚くほど豪華な食事を口にすることができた。この温泉は富山からわずか五〇キロしか離れていないし、富山からの道も一部はかなりよいけれども、平野から一二〇〇メートル以上も高いところにあり、温泉の手前二〇キロくらいから、ダシワラ谷の荒れ狂う奔流の上高くにつけられた危険な小道に沿っての苦しい行程が続く。それなのに、かような豪華な食事が出るのには感心してしまう。

三日間の滞在の間、外で働いていた雑多な人々の習慣やこっけいな身振りを十分に楽しんだ。しかし、そんなおもしろさよりも、私の部屋に突然やってきた訪問者の行動の方が、非常におもしろかった。招きもしていないし、予告もなしに、髪をばさばさにした青年が突然入ってきて、自己紹介もせずに床に座り込み、私と少し遊ぶために来たのだという。ひどい雨降りの日が続いて、非常に退屈だという。それで私と退屈しのぎをしたいという。その変わった様子や態度から、実際は《退屈しのぎ》以外のことをやろうとしているのだと瞬間的に感じた。そこで、私は彼の相手はできないと断る。私はすでに仕事にとりかかっていた。あれこれやってみても、私が相手にしないので、彼はふといいアイデアを思いついたらしく、今度は自分の右目をはずして、見てくれと、こびるように私に手渡す。しかし、私はそんなことで彼を受け入れるつもりはなかった。それは義眼にすぎないことがわかって、ショックはいくぶん和らいだ。義眼が出たところで、彼に帰ってもらいたいといって障子を閉め、この事件は終った。

非常に嬉しかったのは、友人のオズワルド・ホワイトが到着したことである。彼は大阪のイギリス領事館の副領事で。富山方面から有峰、薬師、黒岳を通って、この温泉へ下るという、素晴らしい山旅をしたのである。このシーズンとしては、彼は私だけでなく他の多くの旅行者よりも天候に恵まれた。富山平野一帯を襲った暴風雨のために、三百人以上の人が死亡し、その十倍以上の数の家屋が倒壊したからである。多くの河川の堤防が決壊し、その復旧費だけでも約三百万円にものぼった。その災害のニュースを聞いて、あとに残した、あのきびしい河川工事に従事している労働者たちの仕事がもっとたいへんなものになるだろうと思った。われわれは針ノ木峠を越えるために立山温泉を出立していたのである。

今度の山旅は西側からだったので、第一夜は黒部平小屋で過ごすことにした。この小屋は黒部川の野性的でロマンティックな流れの渡河地点のすぐそばにある。私は、かつての日本海岸沿いの旅行をしたときに、日本海に注ぐ黒部川の幅広い河口を渡ったことがある。針ノ木峠への道は、私が最初に通ったとき以来、かなり修復されていたので、その日の大部分の行程ははっきりとしていた。しかし、川を渡ってからは、翌日わかったのだが、道の改修工事は放棄されている。

温泉の上、谷の源頭近く、断崖の麓に小さい湖があり、その片隅に鉛色の水が、ずっと上の地獄谷のように煮え立ち沸騰している。われわれが越えるべき最初の尾根、ザラ越え（標高二二二六メートル）を越えるときに、日本山岳会のバッジをつけた二人のきびきびした登山者に出会った。少し言葉を交わしてから、サインを求めたり、出会った場所のロマンティックな風景にふさわしい言葉を引用したりした。

ザラ越えの少し南、道が黒部川へと下る谷の上に、覆い被さるような台地の端に、五色ケ原が広がっている。五色ケ原は、植物の種類が多く豊富な点で、白馬と並んで日本の高山帯で最もすぐれた場所であるという名声を得ている。初夏には、そこは文字どおり《五つの色の原》という名に十分に値する美しさである。昔の日本では、原色といえば、赤、黄、緑、黒、白の五色であった。ここで目を引く植物としては、よく見られるイワカガミ Schizocodom Soldanelloides、ハクサンコザクラ Primula Hakusanensis 、ハクサンチドリ Orchis Latifalia 、シナノキンバイ Trollius Patulus 、バイケイソウ Vera Trum album (Var grandiflorum) 、ツマトリソウ Trientalis Europoea 、イワツメクサ Stellaria florida、ミヤマリンドウ Gentiana Nipponica 、その他たくさんある。

ザラ越から雪渓を下り、ふたたび登って、もう一つの尾根の鞍部である温谷峠（ぬくいだにとうげ）を越える。そして、最初の宿泊地である黒部平の二つの小さな小屋へと下る。ここまでは道はずっとよい状態で続いていた。改修されたというとおり、手入れが行き届いている。しかし、それから先は、またもや道は悪くなっており、《昔のままの私》という評判など消えてしまった細道である。

翌朝、黒部川の荒れた急流を渡ったときに、道が各所で途切れ、数多くの欠陥があることが初めてわかった。もっとも、長い目で見れば、完全に徹底的な破壊から免れることには、なんとか成功している。黒部川は籠渡しという昔ながらのおもしろい方法で渡った。電線三本の太さの鉄線に、一枚の小さな板を縄でぶら下げ、自由に川の上を滑って往復できるようになっている。先に一人の強力が、水に腰まで浸かって川の向こう岸に徒渉していて、籠に人が乗った瞬間に綱を引っ張った。籠が前に急に滑っていく動きの力を和らげるためである。やがて、この渡河も無事に終わったが、じつにおもしろい経験であった。もっとも、籠から落ちでもしたら、たぶん、全く致命的な結果になったであろう。

針ノ木沢の荒々しい渓谷の光と影、深い淵のしんとした静けさ、真っ青な空をバックにしてそびえ立つみごとな木々、さうしたものが一緒になって心を魅了した。しかし、誤りやす細道すら消えてしまった。流れは非常に激しく、どうすることもできないので、ここに道を通す計画がなされたことだけでも不思議なのに、さらに不思議なのは、実際に道が作られたことである。

そうはいいながらも、沢を離れると、ふたたび道が見つかった。そして、針ノ木峠の頂上までの大部分の行程は、この道をたどることができた。頂上（二四七七）からは、南の方に槍ケ岳の尖端が美しいビネットのように見え、南東の方には八ケ岳の鋸歯状のアウトラインと、信州（西）駒ケ岳との間に、富士の円錐形の山容が一六〇キロほどかなたにそびえている。足元には、長い雪渓が野性的で荒涼とした籠川谷に広がり下っている。この谷の両側は、鋭く光った裸のピークとぎざぎざに裂けたアレートが切り立ち、全体の風景を特異で、荒涼とした様相にしている。

強力たちが両側の岩場を、注意深くルートを探しながら苦労して進んでいく。私は河床まで六〇〇メートルくらい、素晴らしいグリセードを楽しむことができた。その先で、川の岸に小さなテントを張った。強力たちはすぐ手近にある巨大な岩の陰の風が来ないところに宿り場をこしらえた。そこは楽しい場所だったので、くつろいだ一夜を過ごしたあとに、そこを去るのが辛かった。朝から夏の太陽が次第に暑さを増し、木陰のない河床をじりじりと照りつけ始め、このあとどういう状態になるかをわれわれに警告していた。道は全て消えていたが、両岸の丸石や草木を越

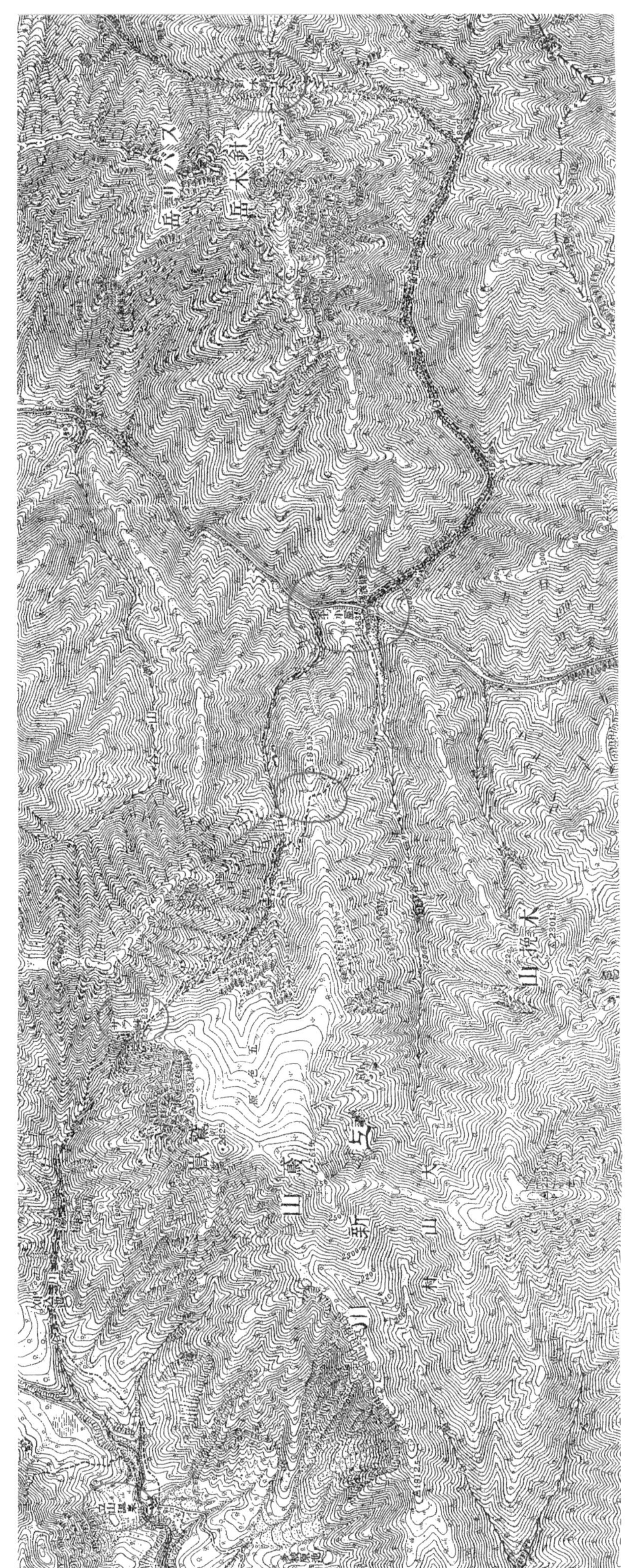

図78. 参考図　大正２年版　５万分の１「立山」図中に「籠渡場」がある

えて数キロ歩いていくと、道がふたたび全面的に姿を現した。ここかしこに、以前の山旅のときの古い目印が残っていた。この二十年間ほとんど変化がないのである。

丸石と呼ばれている大きな岩を過ぎてから一時ののち、植林作業に従事していた人夫たちのキャンプで昼食をとり、楽しいおしゃべりをした。植林は見ていても喜ばしいものである。野口では、壮麗なスギの森の中に古い神社が建っていて、その木陰と静けさがあまりに誘惑的だったので休息をとった。正午を過ぎて間もない頃の暑さは、全く我慢できないくらい強烈なのである。野口は、その名のとおり、大町がある盆地の端にあり、今まで越えてきた山や谷の雪と涼しい場所から陽に照りつけられた地域へ移ったのだということを、身にしみるほど感じさせられる。

大町の懐かしい対山館に到着すると、百瀬さんが温かく迎えてくれて、ほんとうに嬉しかった。家族風呂の和やかな湯は、口ではいい表せないほどありがたかった。そして、暑さで破れかかった汚い靴と、旅で汚れた衣類を脱ぎ捨てて、さっぱりとして肌ざわりのいい浴衣に着替える喜びは、たとえようもなく、素晴らしいものである。

八月九日、大町で、われわれは《大戦》勃発のニュースを初めて聞いた。

（以下略）

＊この項は、平凡社刊『日本アルプス再訪　水野勉訳』を底本とした。

＊＊「立山新道」について　現在の富山県富山市大山町原からザラ峠経由で長野県大町市野口に至る道が明治六年に計画された。その概要を次に記す。

①立山新道は日本アルプスをまたぐ山岳道路で、全長十四里十八町（五六・八km）である。この道路の主目的は物資交易。主たる物は加賀藩産塩であった。

②道路建設の主体は、越中側は加賀藩士族、信州側は庄屋層の豪農が中心。

③明治六年（一八七三）年、大山町原集落～黒部川間の開削担当を加賀藩士族層、大町市野口集落～黒部川間の開削担当を松本藩庄屋層としそれぞれが開通社を設立した。

④各開通社は道路の開削と、荷継小屋を建設し、道路・荷継小屋の維持管理をする。荷継小屋は越中側では足洗川辺・泉辺・黒部川辺の三ケ所、信州側では針ノ木沢辺・岩小屋沢辺・山ノ神辺の三ケ所に建設する。

⑤明治八年八月、立山新道建設許可申請を提出。同年十二月、許可される。

⑥明治九年七月、立山新道の工事開始。立山新道の道幅は二間（三・六m）。信州側の工事開始は明治十年五月であった。

⑦多大な困難にもかかわらず、明治十三年夏、立山新道の開通。

⑧明治十四年。「関係者一同勉励従事致シ候ニ巍々タル峻嶮往々意外ノ艱難（自然災害）ニ遭遇シ逡巡進ム能ハス」となり明治十五年三月、開通社は実質解散した。

⑨黒部川荷継小屋は間口七間、奥行四間。一〇帖・六帖・二帖の部屋や土間、イロリ・流し・トイレがあった。ここに明治十一年E・M・サトウ、明治二十六年W・ウエストンが宿泊している。

次の図は、立山新道の見取図他である。

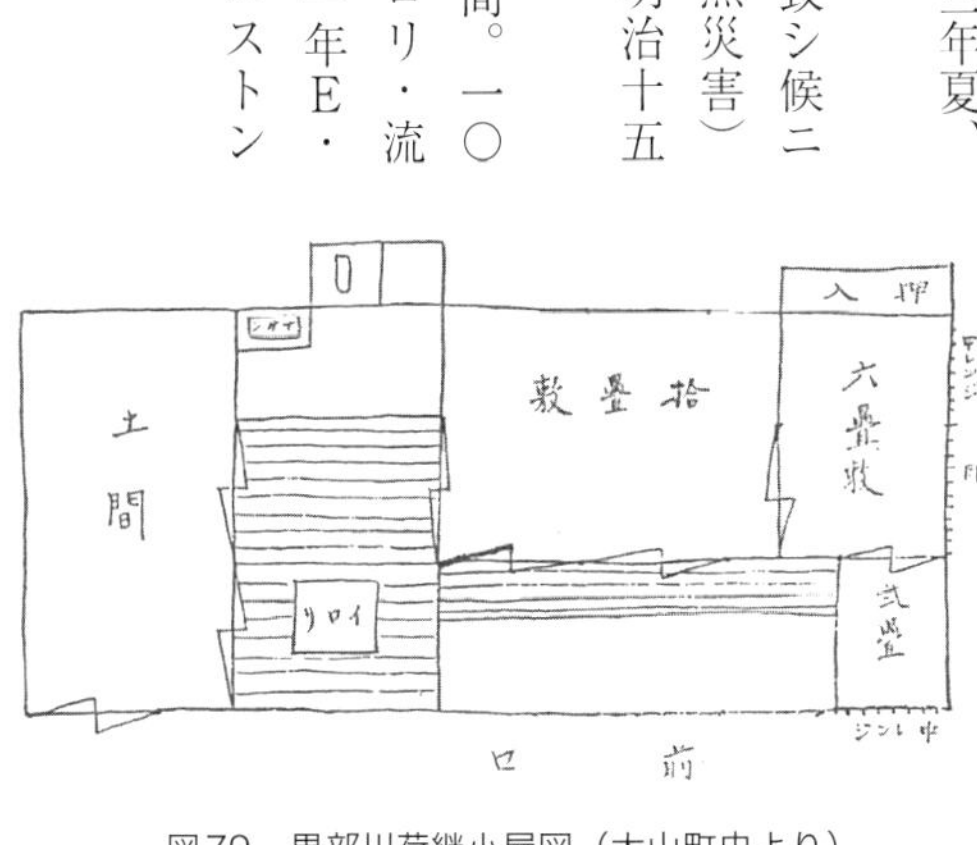

図79　黒部川荷継小屋図（大山町史より）

二十一、剱連山縦走記

著者は、現富山県中新川郡立山町寺田に在住であった林　宗治氏。大正十一年（一九二二年）、今から丁度百年前の八月十六日～二十日の五日間の縦走であった。参加者は林　宗治・深見　栄・石田久作・石原修徳・藤城秀治・藤川幸次郎の六名。案内

図80．北アルプス縦走記（剱連山縦走記）表紙絵
（先頭より深見・林・石田・石原・藤城・藤川）

図81．立山新道見取図（大山町史より）

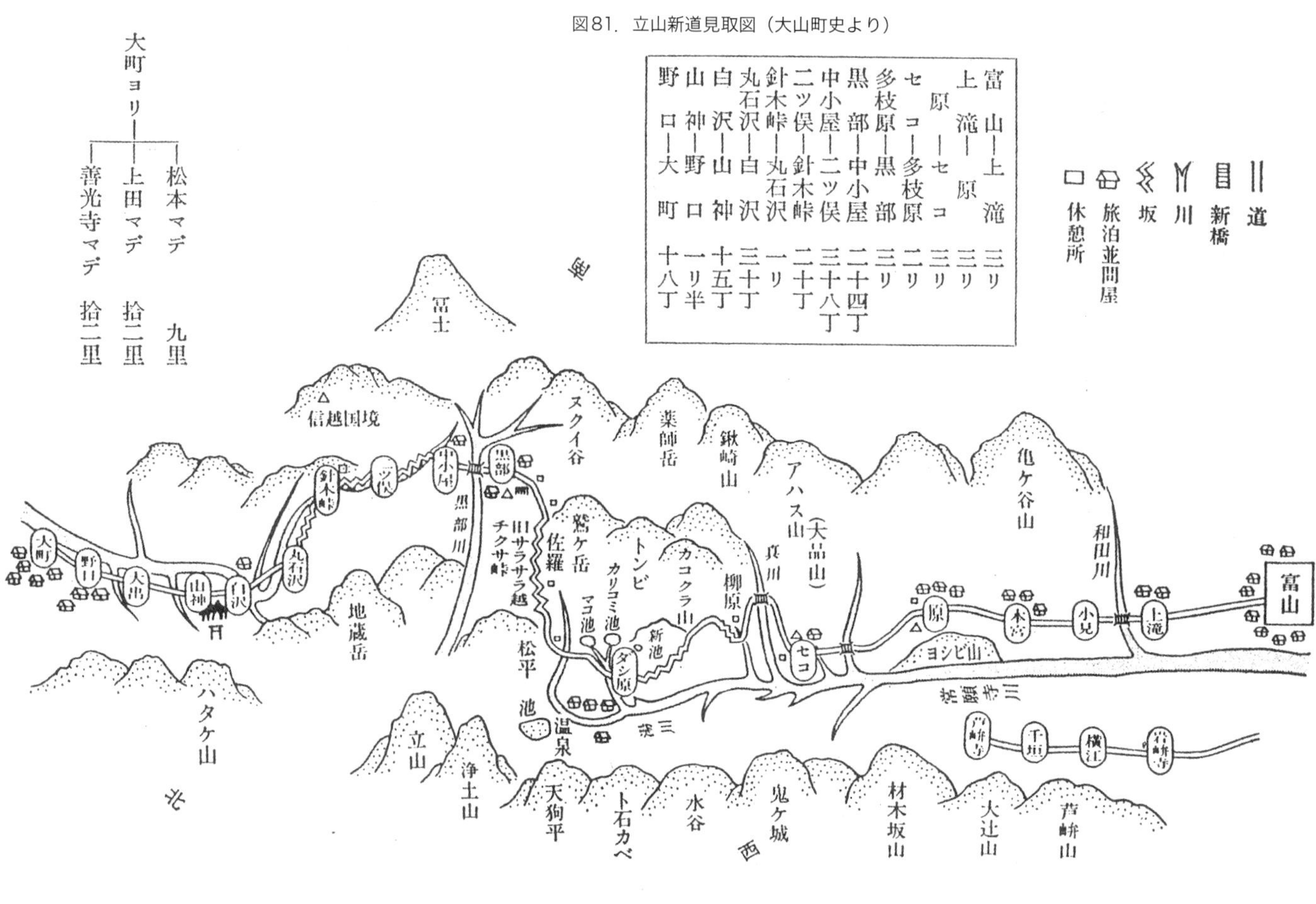

人強力は佐伯八郎・権教坊佐伯義教の二名。著者は旧五百石地域内の尋常高等小学校の教師・校長であった。地域在住の同好の教師や教え子六人で剱連山縦走をし、その記録を『剱連山縦走記』として、自分でガリ板印刷製本をした。

その後、メンバーの一人、深見　栄の子息栄一氏が『深見家祖先の軌跡』を編著し、その中に当時の写真もつけて剱連山縦走記を入れ出版した。小生はこの『深見家祖先の軌跡』を見て、本稿の底本として当書の印刷原稿を作成した。その後、林　宗治氏の子息から原本（複製）をいただき会計明細書等を見た。

会計明細書にはアメ・汽車賃・ワラジ・ローソク・マッチ等細部にわたって詳細に記録されている。その中に、雄山頂上賽銭一円、八郎君日当六日分二一円、義教君日当六日分二一円、謝礼二人分一〇円などがある。

剱連山縦走記　大正一一年

著者　林　宗治

☆登山一行、深見　栄　林　宗治　石田久作　石原修徳　藤城秀治　藤川幸次。

・このあした　ふじやまあさま白馬など　あそびますらん　つるぎのみかみ
・つるぎなど　誰がいひでし　たびぢぞと　うらみますらむ　ふるさとのはは
・テント張って憂慮にたへず人の志里（尻）

☆八月一五日「危ない所はやめて下さい」とお母さん達が眉をひそめて拝むように繰返して居らっしゃるのを「大丈夫です、天候がわるければ何時でも帰って参ります」と悠々五百石駅に向って剱連山登山の第一歩が踏み出された。

いづれ劣らぬ一騎当千のつわもの共、リックサックにアルペンストックというものものしい装束。やがて午後四時四分発の下り列車で立山駅（軽便鉄道立山駅現岩峅寺駅）に向ふ。一行六名、曰く栄養甲の石田君、剛毅で無邪気な石原君、落ち着きはらった藤川君、弱そうで強い藤城君、快活で芸術的な深見君、それに僕。所が不幸にも横江行の県営列車と連結しなかったので立山駅から歩いていったが、宮路で雨が降ってきた。

山は一面雲に蔽われて時々遠い山奥の方から雷鳴が聞こえる。一行は半身ずぶ濡れになって雨道をばたばたと行く。五尺三寸といふ坂上田村麿の様な人並勝れて大きな石原君の見事に発育した知恵ありそうなおかまにかぶさって居る白い股引きが、草鞋から跳ね上がる泥のために一歩一歩黒い汚れの増していくのを気の毒に思

写真179．剱連山縦走記

写真180．剱連山縦走記

いながら、

『山路二里雨にぬれ行く知者と知者』

『今日降れば明日は晴るらむなどいいて悄々然と行く山路かな』

日はとっぷり暮れた。常願寺川の濁った水の音がする。漸く芦峅に着く。先に紹介しておいた覚助君と同道して志鷹新右衛門といふ家の二階に落ち着いたのはもう八時に近かった。「おい君、早く頼むよ、御飯、御飯」誰かが旅装も解かぬうちにいち早く下女に催促している。成程、万古の真理、ひもじい時には御飯を食うと直ぐなほる。

二階へ上がると、真っ先に入浴して来た石原君、大きなサックを布団の上に拡げて、子供の様にキャラメルや砂糖などの店を飾っている。

九時過ぎ下女が草臥れる程忙しい晩餐がすんだ。そこへ覚助さんが案内者の佐伯八郎君を伴れて来た。八郎君は陸軍省で測った五万分の一の立山の地図をひろげて旅程は如何と訊く。実は未だその肝腎の旅程を確定していない、目的は剱岳の蹈破に在るが、如何に知者でも剛者でも峩々たる日本アルプスの中から剱一つだけを引張り出してきて「おのれ其処動くな登ってやる」といふわけにはいかない。

そこで雄山連山の縦走をやって最後に剱を攀ぢるといふことにした、流石は山に委しい八郎君、こういう風に行っては如何で御座るといふ理想的の旅程はざっと次の通り。

・第一日　芦峅発―藤橋―温泉―大林区署立山出張所付近（天幕）
・第二日　大林区署発―ザラ峠―五色ヶ原―鬼ケ岳―獅子ケ岳―龍王岳―浄土山―雄山一ノ峠下（天幕）
・第三日　一ノ越発―雄山―大汝山―富士ノ折立山―別山―別山乗鞍又は剱沢（天

幕）

・第四日　剱沢発—平蔵谷ヨリ剱登山—長次郎谷ヨリ下山—池ノ平（天幕）

・第五日　池ノ平発—黒部渓谷ヨリ帰宅（深見・石原・石田・藤城）

　　　池ノ平発—早月渓谷ヨリ帰宅（藤川・林）

一行はこの名案に大賛成で満場一致を以て可決した。しかし之に依って生ずるのは食糧問題である。そこで携帯品は皆陳列して不足の分は補ふことにした。

干鱈、乾鰤、缶詰、麦粉、砂糖、梅干、味噌、漬物、食塩等、睦まじく畳の上に行列する。就中、深見君が日本一の三河味噌とかいふ恐ろしく珍しいものを出した。

「どれ見せ給へ」「成程」「これが日本一の味噌かね」「なかなか重いな」「こいつは美味いぞ」「少し黒過ぎるね」とてんでに違った批評をして次から次へ回覧する。

やがて覚助君と八郎君とは帰って行った。各自店を始末して蚊帳の中へはいった。

暫くすると深見君や石原君、石田君は再び蚊帳の外へ出てトランプをやっていた。

《蚊帳を出て何やらするや凸と茶目》

八月一六日　早朝から雄山登山者の法螺の声や太鼓の音がする。僕等も出発の準備をした。朝飯の時、手桶に充ちて居た御汁を大方平らげて下女を「アツ」と言わせた者は確か石原君ってあったと思ふ。そのうちに案内者の八郎君は同僚の義教君を伴うて来た。上等の登山日和だ。一同宿の玄関に並んでいざ出で立ちといふ光景を石原君がカメラに収める。午前七時深見君の「長く御世話になりました」といふ芸術的な独唱の下に、一行は意気揚々として志鷹新右衛門の妻君に別れを告げた。

濁流滔々として北に向かって奔流する常願寺川を右に見ながら、一行は前になり後になりして藤橋に着いた。ここから称名川に沿い、一の谷を経由して立山へ行く新道が開けて居る。称名滝へ二里、室堂まで五里とある。茶屋には森君の妹さんが白い顔して座って居た。助三郎君は留守であったが、先に頼んでおいた天幕を借り、提灯やトロロ昆布などを用意した。五、六日前に送っておいた米やその他一切の荷物の大半は八郎君と義教君がかついでくれた。一人分八貫目以上ある。ここでは芸術的独唱が始まらなかった。温泉まで四里、この間の豪雨のために大鳶山が崩壊したので、県民の膏血を絞って築いた道路は凡そ一里許も流されて影も形も無い。幅も高さも十間に余るセメントの大堰堤さへ三つ共根底から覆滅して惨怛たる残骸の一部分を河底の岩石の間に留めている。殊に鬼ケ城付近は最もその威を逞しうしたもので、遥かに大鳶の赤い裸体の山腹を背景にした恐しい川の光景は、凄惨を超越してその荘厳に驚くより外は無い。

《雨風のなすわざみれば　恨めしく　ものすごく　また尊かりけり》

鬼ガ城の隧道の中は涼しいが暗かった。先頭の僅かに一張りの提灯は、一行の足元を照らすには余りに遠くて暗かった。然し、「暗い所を手探りで行くところに趣味がある」という茶目の意見に一理があるとあって我慢しながら進んで行く。先頭の四、五人は提灯があるので、さっさと先へ行く。後の者は暗いから前の者のステッキを掴んで進む、何のことはない盲人の行列である。もう暫くといふ辺に水溜りがあった。そこでは大抵脚を落した。突然「キャッ」といふけたたましい叫び声がした。後から来た義教君が水溜りで転んだのである。トンネルから出てみると膝の皮が剥げていた。温泉の道は鬼ガ城のさきで川の東側に聳える大きな山の上に通じている。峻しくは無いが随分迂回しなければならない。一行は遠いのと暑いのと荷物が重いのに辟易した。けれどもお陰で山の上から俯瞰した常願寺の景色は案外にも荘厳を極めて居る。

「絶景だね」と誰かが称賛する。石原君は遥かに遅れて、しきりにカメラを覗いている。

《あなたふと自然のなせるわざを見よ　かくものすごき常願寺川》

忽ちにして谷から白雲が湧いてきて此の絶景を包んでしまった。どこか梢に鶯の声がする。

《白雲や仙人たちはあとやさき》

午後三時過ぎ温泉に先着の藤城、藤川の二君と僕の三人、新館の浴場で入浴していると石田、石原、深見の三君が漸く日焼けした筋骨を浴場に現した。智恵の在るものは襯衣や猿股まで洗濯した。そのかわりか、湯賃は驚く勿れ一人に付金拾五銭。廊下に出ると遅れていた案内者が着いた。「途中で猿が二匹行きました、アルペンストックでたたき殺して晩のお菜にしてほしかった」といふ。

間もなく驟雨がすさまじい勢いで降ってきた。此の間に一行は絵葉書を書いた。雨が霽れてから温泉を出た。湯川に沿うて登っていく。雨後の梢は雲間を漏れる午後の太陽に照らされて滴るやうな翠に烟っている。所々にミンミン蝉が鳴く。一行は薄暮大坂大林区署立山砂防工事出張所に着いた。八郎君がそこの主任に交渉して飯場小屋を借りてくれた。小屋は白樺などの丸太柱を土に掘り込んで建てた極めて粗末なものである。周囲は壁のかわりに筵を張ってある。「テントよりも余程ましだ」と義教君がいふ。入口に下がって居る筵の戸を斜めに潜って草鞋の紐を解くと、沢山の蚤が手足に飛び上がる。「イヤー蚤、蚤」深見君が鬼でも出て来た様に叫ぶ。

《パンを得て　蚤は得意の　踊り哉》

主任は「蚤が居れば事務所へ御出でなさい」と親切な使いをよこしてくれたが、我慢してここで寝ることにした。僕は深見君、石原君、石田君と共に一丁程ある川岸の湯へ行った。浴槽は二つあって丸太柱を建て屋根がふいてある。湯は浴槽に充ちていて熱からずぬるからずといふ至極あつらへ向きの温泉で在る。僕等は浴槽に座しながら、おわら節踊をしてまわった。

《座しながら山の温泉に踊りけり》

それから湯ぶねの上に一本の白樺の木を横たへて枕にし、湯ぶねのふちに足をかけて仰向けに入浴した。松尾山の上に北斗七星が光っている。湯が桶からヂャブ、ヂャブ落ちる。何とも言えぬよい気持ちであった。

《仰向けに浴して星をみる夜かな》

飯場へ帰ると丸太の薪がどんどん燃えて居て、二つの大鍋には御飯と御汁とが白い湯気を上げている。一同鍋の両側に並んで夕飯を食った。

《大鍋のめしほっつくや山の宿》

石原君や深見君たちは躯に蚤取粉を撒いて、泣く様な声で口説きながらテントをかぶって転がった。僕は毛布をぐるぐる巻着けて鰊の昆布巻の様にして茣蓙の上に寝た。

九時である。湯川の水の音は枕元に聞こえる。

《茣蓙敷いてテントかぶるや仮の宿》

《大鍋の飯に饑をば医せしかど飯場の蚤よ心して喰へ》

（註、当時恰も旧暦の孟蘭盆にて、砂防工事の労働者は悉く帰郷し飯場は全く留守であった。）

☆八月一七日　眼を覚ますと大鍋には飯もお汁も出来ていた。飯場の前の氷の様に冷やかな筧の水で顔を洗ふ。五時朝飯を終え蚤を払い、主任や飯場長に挨拶して愈々ザラ峠に向って出発した。今日も好い天気である。湯川の岸通り東に向かって進むと、程なく川の向側に新湯の湯気が上がっている。やがて先頭の藤城君が何やら光ったものをひろった。それは懐中時計であった。何時誰が落したものか機械はこわれて動かないが、銀は矢張銅に変わっては居ない。藤城君は昨日温泉へ来る道で煙草いれを拾い、今日は時計を拾う。「あすはダイヤモンドか金剛石か」と皆を笑わせる者がいる。「物を拾うことに就いては、どの位の熟練と経験のあるものかわからないね」などと感心するものもある。今まで山の陰になって居た太陽が急に僕等を見つけた様に照らしだした。藤城君は「これが普通の苺、あれが野生の和蘭苺だ」と叮嚀に教授する。知ったかぶりの茶目は名も知らぬ高山植物に対して智恵ありそうに「これはミヤマリンドウ、あれはミヤマトウガラシだ。此の辺にはタテヤマツユクサが見当たらないね」などと出鱈目を言って一同を煙に巻こうとする。笑わざるを得ない。

愈々、名高いザラ峠にかかった。危険な道ではないが、しかし佐々成政は三〇〇年も昔、よくも軍兵を率いて越したものだと思う。峠を登りつめると、標柱が立っている。

東、平の小屋を経て針ノ木峠、西、温泉に至る。南五色ヶ原を経て薬師岳に至る。北、鬼ケ岳、獅子ケ岳、龍王ケ岳を経て雄山に至る。僕等は先づ五色に遊び更に引き返して北、鬼ケ岳より縦走せんとするのである。そこで後れて居る案内者に書付を残し、弁当だけ持って五色ヶ原に向ふ。風が少し強く吹いて来る。

抑々五色ヶ原は鷲ケ岳の東側の比較的緩やかな傾斜のお花畑である。花の盛りは既にすんでやや淋しい感じがする。間もなく八郎君等が来たので缶詰を開いて弁当をたべた。

所謂ミヤマレンゲやミヤマリンドウなどを敷いて仰向けになって煙草をすっていると「ミヤマオンキリ」が懸って来た。そのうちに薬師岳の方から洋服の男が二人の案内者をつれて下りてきた。「大学の教授かも知れぬ」と誰かがいふ。「ビックリトン中尉で無いか」と言う者もある。結局「画家であろう」と言う説が有力になった。僕が大声で「どうです、一服しませんか」と呼ぶと二人ともやって来た。洋服の男は四人の人夫を連れて信州から薬師連山を蹈破して来たのださうで、十数日間の険路と苦痛を物語った。そしていよいよ食糧が欠乏したので二人だけ温泉へ遣わした旨を話した。

「僕はこういうものです」といって名刺を出す。日本中学校教員寺崎留吉とある。鉱物、植物の採集にきたのである。「煙草が欠乏して実に困っちゃった……いや敷島よりも両切の方が結構です」といって、のろしの様な煙をパッと出す。痩せた男だった。「これから針ノ木の方へ行きます」といって居た。

五色から引返してきた。いよいよ雄山の縦走である。先ず鬼ガ岳をよじのぼった。奇巌怪石の累々として並べる間を辛うじて登っていく。先頭の者が少しでも頂上の方を眺めて立っていると、これは休憩するのだなと想像して後の者は「有難う、有難う」とお礼を言う。「すまんな」と謝する。そうして苦しいうちにどっと笑声を発する。一息に駆け上がれそうに見えた山が、実際登って見るとなかなか容易でない。一時間余も費やして漸く頂上に立つことが出来た。全身汗でだくだくである。鬼の前には獅子が聳えて居る。生憎このとき一面に雲霧が襲ってきて非常に寒い。おまけに驟雨がザッと降ってきたので、腰から下はすっかり濡れた。今までの暑さは寒さに一変した。

僕等は唇をかみしめながら、快速力の白雲の裡に身ぶるいした。獅子の登攀は鬼よりもなほ一層苦しかった。

《雲あしのものものしさよ獅子が嶽》

獅子ケ岳の前には龍王岳と浄土山とが毅然として雲際に聳えて居る。一行は寒さと疲労とのために頂上の縦走をやめて山腹を迂回した。雨の草原で滑ったものが二、三人ある。何分道の無い所をがさがさ行くのだからなかなか骨が折れる。殊に山腹横断の際には石がゴロゴロ落ちるので、下を行く者は頗る危険である。雪渓を横切る時には今まで厄介視して居たアルペンストックが初めて役に立ったが、それでもてんでに妙な腰つきをして大いに笑わせた。しかも御本人は極めて真剣である。

午後五時半、雄山一の越下のテント場に着いた。眼前に龍王がそばだっている。後は黒部川上流の渓谷を隔てて針ノ木の連峰が見える。いい所だ。一行は荷物を下してテントを張った。流石にテント場だけあって石を重ねて竈を築いてある。

八郎君と権教坊義教君とは雪渓の水を汲んで御飯の支度をした。僕等はマサカリや鉈で這い松を刈った。幹は薪にし、葉はテント内に敷き、その上に茣蓙を敷いて寝るのである。日は漸く西に没した。雲はすっかり姿を隠して美しい星が輝きだした。一同竈の傍で晩餐を喫する。高山の飯だけあって、半煮の様でまずい。しかし味噌汁のおかげで無理に飲み込む。実に登山者には味噌が何よりの薬である。御飯がすむと、そろそろ天幕の中にもぐりこむ。薄暗い提灯が一張りテントの柱にぶら下がっている。だんだん疲れが出てきた。寝ることは易いが、しかし大の男が八人も横たわるには余りに狭い。

そこで智者の深見君、風車式臥床法といふものを案出した。それはテントの中心へ皆足を出し、枕は周りの方にして体も横に「く」の字形に臥し、次から次へと風車の様に寝るのである。そこで「こういう具合かね」と言いながら総がかりで一度実験して見た。ところが、互いに前の男の尻の所へ後の者の鼻先が向かう。一旦緩急ある場合には少なからず困るから風車式は少し気に喰わぬという故障が出た。ところが知恵者の藤川君、更に一策を案出した。曰く「テント内では一切放屁を禁ずること、もし催した場合には直ちに天幕外に出てすること、やむを得ずして天幕内で発射した者は一発につきボルドー（ラムネ）一本の過料に処すること」という言わば法律案である。

一行中にはその道にかけては随分豪の者もあったが、それでもこの案に対して悦んで賛成した。中には自分の尻のことは一切忘れ専ら人の尻ばかり心配になって「おい、頼むぞ頼むぞ」などと哀願して居る者もあった。

《テント張って憂慮に堪えず人の尻》

いよいよ本当に寝ることになった。そこで規程に依り、所謂催して居る輩即ち藤城君をはじめ深見、石田の面々ぞろぞろと鯰がウロから出る様にテントの外へ這いでて、各御自慢の腕前を見せる。それが浄土、龍王、雄山、遠くは針ノ木蓮華、三ツ岳、スバリ岳等の連山に反響してテントの中まで聞こえて来る。

《数へつつテントの外にひる屁かな》

九時頃とうとう風車式で寝た。ところがその道の豪者石原君、ボルドー四、五本分も無理蓄しておいて、とても我慢が出来ぬやうになった頃、大胆にも「ボルドー一本出します」と宣言して思い切り勇ましい号砲を一発放した。丁度その砲口に藤城君の鼻先がひっついていた。藤城君は少し跳ね飛ばされたものか「こりゃかなわぬ」といって起きあがった。あんな恐ろしいものでもボルドー一本とは怪しからん、況んや故意に発した者で在るから少なくとも四、五本の過料に処すべきである」といふ緊急動議を提出して法律の改正を企てたが悲しい哉、この時既に議員の過半数は華胥の夢路を辿って居たので、藤城君も再び元の砲口に鼻先をくっつけて用心しながら其の儘泣き寝入りになった。石原君に呈す。

《音もよし質もめでたし君の屁は人跳ね飛ばす力もこもる》

☆八月一八日　余り寒いので夜中に眼が覚めた。石田君も寒くて眠れないといって起きあがって何かしている。時計を見ると二時過ぎ。外の連中はすやすやと眠っているが、風車はいつの間にか壊れている。暫くすると雄山へ登る人の声が聞こえる。五時頃皆起きた。外へ出ると案内者は露店の竈に火をたいている。もうもうたる黒煙が一天雲無き大空へ上がって行く。八郎君は竈の前に立って「槍がみえるだ」と喚ぶ。僕は藤川、藤城の両君と共に直ちに龍王岳に登った。一ノ越からは楽な道である。

龍王の頂上に立って四方を見渡すといい気持ちであった。すぐ眼の前には雄山、大汝、大日、劔の諸峰が聳えている。薬師、赤牛、黒岳、鷲羽、三つ岳、スバリ岳、成沢、赤沢岳、唐松、杓子、白馬の諸峰は南から東に続いて北に向い、恰も一大屏風を立てた様にぬっと聳え遠くには槍、穂高、乗鞍、御嶽、木曽駒、甲斐駒、浅間、白山など、何れ劣らぬ高山が互いに雄姿を競って居る。就中富士はこれら諸峰の盟主のように東南空遥に嶄然として、白雲の上に美しい頭角を現している。未だ旭日は登らない。

澄みきった碧空が無限に続いている。何となく神々しいような気がする。

「数回登山したが、未だ曽てこんなによく晴れた景色を眺めたことはない」と藤川君は一方ならず呟く。

《このあした富士槍白馬　剱など　遊びますらむ　龍王の神》

山頂に刺を留めて下山の途についた。浄土山の中腹へ来ると「長らく我慢した大便をしたいから君等もつきあえ」と藤城君は無理な注文をして、這い松の蔭にかくれた。

テントへ帰ると今しトランプをやめた深見、石原、石田の三君、うろうろと天幕から出て四方の景色を眺めていたが、この連中も次から次へと這い松の蔭を慕うてあるく。

その朝は雪渓が氷って水が溶けないために水が一滴もない。八郎君たちは氷の塊を鍋にいれ、火で温めてこれを溶かした。従って顔を洗うために使う様な贅沢な水はないのである。それでも平気で飯を喰った。九時、一切の荷物を始末して今日の旅程に上った。

先ず雄山へ登る。頂上の景色は実に雄大であった。三河国の青年三名と越前国の老人二名登ってきた。社の前に直立して朱の木盃にお神酒を戴く。涼しいみやま谷風が吹く。

《あなたふと雄山の神酒に風薫る》

休憩凡そ一時間、これより峰づたいに大汝山に行き富士の折立山に登った。この間左手には広い弥陀ケ原を控え、右手に渓谷を隔てて針ノ木の連山を眺めていく。時々、涼しいみやまおん風の吹く毎に地獄谷の硫黄の匂いがする。

富士の折立の雪渓の前で弁当をひろげた。アルペンストックで雪をほじくって喰った。天気がいいので気持ちがよい。三時過ぎ別山へ登った。別山は牛の背の様ななだらかな山で頂上に御堂があり、その前には小さくて浅い池がある。硯が池といふ。不思議にもその池の周り近くをふむと、ごぼごぼとごぼるのでびっくりした。

別山から見る剱岳は又格別の風致がある。殊に八ツ峰が険しくそそり立って居る姿が如何にも剣の名にふさわしい。

別山から下るとき、八郎君は競争をやろうと言い出した。そういったかと思うと、彼は小石の急傾斜を走りながら下っていく。実に猿の様だ。

下り尽した所に少しばかりの平地があって、ここが即ち別山乗鞍である。

東に別山、西に大日、早乙女、北に剱を控えた絶景である。這い松の間には雷鳥が雛をつれて群がっていた。テント場には誰がこしらえたものか、松の幹や枝で作った三尺ばかりの簡単な小屋が残っている。その側にテントを張った。小川には氷の溶けた水がチョロチョロ流れていた。日はまだ高い。僕等は昨日の様に薪を刈った。

夕方室堂から来た三名の一行が大日続きの山の上で「エーホホイ」と叫んだ。これは芦峅の案内者の合図だそうだ。間もなく僕等のそばへきた。学生二人と岩峅の案内者とである。明日は矢張り剱へ登るといふ。彼らは剱沢の方へ下りて行った。

晩方、藤城君は頭痛が劇しいといって外套を着てテント内に横たわり、淋しい額に濡手拭をのせた。昨日獅子の雨にやられたに違い無いと悲観する。晩飯にはお粥を煮てもらった。義教君は剱沢へ下りて、さきの連中から紫雪を貰ってきた。

今夜も星は美しい。けわしい剱が怪物の様に眼前に聳り立って居る。身を刺すように冷たい剱颪がさっと吹くと身体髪膚自ら縮んでしまう。八郎君と義教君とは例の小屋で寝るのでテントの中は昨日より少し広い。ボルドー大砲を懲りている所から、こんばんは風車式をやめて、お前極楽、わしゃ地獄式に改めた。それは一人おきに枕の方向を正反対にするのである。一時頃ぱたぱたと音がする。嵐のためにテントの布がぱたつくのである。今夜も寒さのためにろくろく眠れなかった。

（註　紫雪をくれた男は金沢市の生れで、松本高等学校の学生であることが後でわかった。以下彼等を仮に紫雪君と称す。）

☆八月一九日　いよいよ剱登山の日が来た。早朝から澄みきった蒼穹が一行の意気を鼓舞することおびただしい。五時、小川の水で口をすすぎ、顔を洗ふ。歯の根も浮ぶつめたさである。石田、石原、深見の面々次から次へ遠く彼方の這い松の蔭に蹲る。

《テント場や雷鳥多き松の蔭》

八時、剱沢へ下りて行くと紫雪君の一行は既に発足した後で、竈の火のみ名残惜しげに光っていた。僕等は草叢に腰を据えて少し遅れた案内者を待って居ると、あにはからんや彼等は雪渓の径を辿って僕等よりも遥かに先の谷を下りて行く姿が見えた。あわてて呼び止めて急いで追いついた。これから所謂剱沢の大雪渓である。

剱沢は剱岳の東側の渓谷で、黒部川の一支流の水源である。雪渓は幅一二町、

二、三〇度乃至五、六〇度の傾斜をなしている。「スキーの練習には絶好な場所だね」と誰かが感心する。そのうちに深見君と石原君とが莫蓙を敷いてすべり出した。見ていても随分面白い。さて剱岳の頂上へ登り得る谷は二つある。一つは平蔵谷、一つは長次郎沢といふ。共に五、六〇度の急勾配をなせる名高い雪渓である。僕等は平蔵から上がって、長次郎から下ろうといふ予定である。平蔵谷の入口には大きな岩がある。ドンド岩という。一行はここで悉く荷物を下し、カンジキをはいて登りはじめた。

雪渓の距離は割合に近いように見上げたが、いざ登って見ると案外遠いのに驚く。「大分歩いたな」と思って今来た後を振り返ると、ほんの僅かしか登っていない様に見えるから不思議だ。全身汗まみれに成って大息ついて登って行く。先頭の者が休憩とも言わぬ先に後の者は「有難う、有難う」を連呼する。ザクリ、ザクリと雪に食い込むアルペンストックやカンジキの音が、この静寂な幽境に淋しいような勇ましい様なリズムを伝える。

雪渓には所々に穴があいて居た。これを「雪ぎれ」と称する。その雪ぎれの傍へ行って恐る恐る覗いて見ると、実に何十尺とも知れない雪の深さである。「こんな所へ落ちたらそれきりだね」といふ。この雪切れを見てからは「うかうか歩いて行く途中、何時雪が切れるかも知れない」と思われて急に恐ろしく感ぜられた。

さきに莫蓙で滑ってあるいた連中でさえ、俄に少し気持ちがわるいと言う。此の辺で一服と雪の上に尻を下ろすと、恐ろしい程冷たいので雪渓を横切って聳り立つ山の麓の岩石の上に休む。みやま岩燕が愛らしく飛びまわって居た。

辛うじて雪渓を登り尽くすと、岩石ばかりの所へ出る。やがて平蔵谷第一の難所たる平蔵岩へ来た。見ると幅四、五間、高さ三、四間の一枚岩が殆ど垂直に立っている。一方は懸崖だ。所がこの岩の中腹に横に一条の裂目がある。その裂目へ脚の指をかけ、全身をペタンと岩にくっつけて徐々に横づたいをするのである。勿論手のつながりどころはない。「こういう所があるから剱が恋しいのだ」と雷鳥の一人が言う。「実際こういう所があるから凡そ登山が止められないんだ」と第二の雷鳥が悦ぶ。「此処こそ写真の所だ」と第三の雷鳥はしきりに写真機を覗いている。先ず義教君が模範的にこの難所を渡った。彼は麻縄を岩の中間に張り、その一端を自づから支え、他の一端を八郎君が固定した。「さあ、皆さん、この縄につながってくるんだ」と義教君がいう。「しかし、縄はまさかの時の用心で何より脚下に気をつけてね」と八郎君が注意する。一行は命がけで難なくこの難所を渡った。この険所を越すと絶頂迄容易に行ける。一二時二五分、美しい青空と峨々たる北アルプスの連山を背景にして一行はめでたく剱の頂上に立つことが出来た。頂上は思ったよりも面積が広く、誰の仕業か石を積んでその中央に一間余りの棒を立て、倒れない様に針金で四方に支えてある。

嘗て此処へ登った者の名刺を石の蔭に残してあった。調べて見ると、紫雪君の一行は午前一〇時に登ったと記してある。

望遠鏡で四方を眺めると我が越中の平野は山又山を越えた眼下に展開して常願寺、上市、早月、黒部の諸川はさながら白蛇の如く横たわっている。魚津、滑川、上市、五百石の町は玩具の様に見える。平生かなり広いと思って居た平野がこの如く狭いものかと感嘆せざるを得ない。

「下界の者どもはあんな狭い所にこせこせしているんだね」

雷鳥の一人は天人にでもなった様に大きなことをいう。

翻って北方を見れば、いかめしい八ツ峰がすぐ足もとにずらりと険しい頭を並べている。「これが黒部別山、あれが鹿島槍、次が五龍岳、戸隠はあれだろう」。キャラメルを喰いながら八郎君は一々紹介する。この時何処から来たものか二羽の蝶々が翻々として絶頂の上へ舞うてきた。雄蝶雌蝶か或は剱の雄神雌神か、上になり下になり、ひらひらと舞いながら天空高くすがたを消した。この神秘的な現象は、僕等の勇壮な広大な比較的すさんだ男性的な精神の曠野に、優美にして艶麗な一点の紅花を点じたのである。

《あ、剱岳若しわが命二つあらば一つはここにすてんとぞ思ふ》

休憩凡そ一時間、名残惜しくも下山の途についた。長次郎谷は平蔵谷よりも少し楽だと聞いていたが雪渓の傾斜は殆ど変わらない。下りは上りよりも結構だが、しかし却って危険である。「皆さんよく気をつけて行くだ」と八郎君が注意を与えた。突然深見君が足を滑らした。約五、六間もすべり落ちて止まった。続いて後から来た石原君がどうしたものか、すさまじい勢いで滑ってきた。深見君がこれを留めようとして袖につながったが、袖が破れてなおも先へ滑っていく。皆がハラハラしているが施す術がない。幸いなる哉、凡さ十数間も行って漸く止まった。危ない所で命拾いをしたものである。

上りに二時間半を要したが、下りは一時間しかかからなかった。然し更にドンド岩まで荷物を取りに行かねばならぬ。再び上りである。カンジキの紐で足が非常に痛い。

漸く荷物の所へ着いて弁当を食べた。これから剱沢の大雪渓を下って池の平まで行けば今日の旅程は終るのである。途中一大凶事が起るとは神ならぬ身の知る由もない。
抑々雪渓はその両側に聳えたつ山から、なだれ落ちた雪が積もって出来たものが多い。故に雪の深い所は数十尺にも達する。この雪の溶け尽きないうちに再び雪が降るから、これも万年雪と称するのである。その雪の少しずつ溶けた水が集まって雪渓のそこに川をなして流れている。若し誤ってこの川に堕落したならば、忽ち何十尺という雪の下に吸い込まれて、恐らくは何千年の後と雖もその死骸さへ拾うことは出来ぬであろう。

彼の長谷川中尉が行方不明になったのも必ずや雪渓の所謂雪切れへ落ちて流されたものであろうということだ。さて、長次郎谷より下りること凡そ六、七町の所に滝がある。

後で深見君は「南無滝」と命名した。高さ四五間、幅一二間位、勿論その滝の上にも雪が被さって居る。先発の僕と藤川、石田の三人、何心なく、この滝の上の雪渓にかかった。その時、後の方から案内者が大声を張り上げて「オーイ、滝があるだ、危ないぞ。雪切れがあると廻らねばならぬだ」と叫んでいる。しかし僕等は無造作に難なくその上を渡った。

渡ってみると滝の飛沫のためにそこだけ雪は五、六尺の厚さしかないのを発見した。同時に滝壺の上の雪の大半は陥落しているので、ドウドウと落ちるもの凄い光景を賞することが出来た。僕等は万一のことをおもんばかって、滝壺からやや遠く離れて眺めていた。「実に天下の絶景だね」。異口同音に感嘆の声が発せられた。そこが義教君と八郎君と藤城君と三人来た。彼等は実際薄氷を踏むのだから戦々恐々として滝の上を渡った。

石原君と深見君とはどうしたものか二、三町も遅れている。「早く来てこの絶景を撮影するといいな。二、三人かの滝の上に立ったところを」。藤川君はそういって写真機のくるのを待っていた。その時、山裂けたるか天落ちたるか、例えんに物なき大音響。熊か鬼か神か悪魔か地雷か噴火か。その瞬間、僕等の心は空虚であった。只、義教君や八郎君の疾走するのを見て無意識に走った。次の瞬間八郎君が大声で叫んだのを聞いた。「先生が二人落ちた」と。僕等は忽然として我に返った。雪渓が陥落して藤川君と石田君とか落ちて行ったのである。同時に「死」という恐ろしい考えが雷の様にひらめいた。

この時、再び滝の真上の雪渓が一大音響と共に陥落した。そのすぐ上の方に深見君と石原君とが唖然として立っていた。僕等はどうしてザックや笠や茣蓙を取りはずしたかは記憶していない。ただひた走りに走って見下ろすと、藤川君は陥落した雪渓の上に立っていた。石田君は雪の下になったが死力を尽くして雪の裂目から掻き分けて出て来た。

滝壺でなかったから浅い。雪は流れなかった。大丈夫、助かる。「万歳」。義教君は蛮声を張り上げて両手を上にのばして叫んだ。僕等は一方の山の崖へ上がって麻縄を下げた。先ず麻縄で石田君が身を縛った。僕等は四人で引っ張りあげた。次に藤川君をあげた。実に九死に一生を得たのである。この刹那、この奇跡に対して余りの嬉しさに涙の溢れるのを禁ずることは出来なかった。然し石田君は雪のために顎や脚に数ケ所の傷を負うた。けれども命は正しく助かった。この間に深見君と石原君とは滝の西側の山を迂回して下りてきた。僕等は今更ながら昂奮した顔を見合わせて莞爾として微笑した。記せよ、南無滝の雪渓陥落、正に時これ大正一一年壬戌八月一九日午後四時三〇分。

《剱など誰がいひ出でし旅路ぞと恨みますらむふるさとの母》

一行の意気はこの時から銷沈し始めた。しかも僕等の行くべき雪渓は遥かに遠く続いている。一行は一歩一歩死出の旅路に行くが如き足取りで進んだ。そうして終に雪渓の終った時には重荷を下ろしたようにほっとした。午後六時半、近藤岩のテント場に着き、今夜は此の所で天幕を張った。テント場は川原の中央にある。白い砂の上には蟻がはっていた。付近の木の枝にバントリを一枚かけてあった。それが何かの凶兆を暗示するようで気持ちが悪い。晩に石田君は両足の擦過傷にウィスキーを塗って包帯した。石原君たちは「黒部の渓谷下りはやめて、明日は早月谷から下りる」と言い出した。しかし小窓の雪渓は一里余りもあるそうだ。「ああ怖いな」と流石の茶目先生も弱音を吐き出した。

九時過ぎ就褥。

《雪と共に》　KF生

雪と共に南無滝壺へ……大正一一年八月一九日午後四時三〇分……終生忘れる事の出来ぬ深い印象、苦しい経験、貴い再生。

この旅行に「緊張して」「最後まで落伍せぬよう」と用心深い男も、此の日はどう魔がさしたものか、ドント岩から長次郎谷を左に見て剱沢を北へ下流へと雪渓を滑り下りた。

長次郎谷から下流へ五、六町、僕は石田君と二人で案内者をそっちのけで……下りてきた。雪渓の左側が落ち凹んだ所の右側の狭いところを伝って傾斜を谷底へ下りて顧みると、雪渓の下蔭に轟々の響きがして名もない滝が落ち込んでいる。僕は暫く日惚れていてそこに佇んでいた。そこへ案内者も来た。「皆揃って」と思って石原、深見両君を待合せしていた。俄然！　僕は滝壺の崩れ雪の上に立っていた。俄然！　耳をつんざく轟音。僕の顔に生暖かい空気と泡沫と更に寒い風が襲ってきた。我に返って見ると、一方は磨きすました滑らかな岸壁、一方は高い高い雪の削り壁、更に一方は身の毛もよだつ滝の紺碧。僕は雪と共に川底へ落されていた。暫くすると、高く雪の上に、万歳！　とかすかに聞こえた。仰いで見ると義教君が両手をあげている。雪の下から石田君が血に塗れた頤を拭きふき這い出て来た。二人は互いに無事を目で目で祝いあった。僕等を救う命の縄が岸壁から下げられた。腰の所に結んだ細引きでスルスルと岸壁を引きずりあげられた。

林君が泣いて僕の健在を喜んでくれた。只涙あるばかりであった。感謝の涙、喜悦の涙、僕はホントに涙を出して感謝した。五人の同行と二人の案内者とそして神々に。この滝は深見君によって「南無滝」と命名せられた。

☆八月二〇日　今日も快晴、六時出発、池の平に向う。澄みきった淡藍色の水が雪の下からこんこんと流れてくる。川を右に渡って直ちに雪渓に上がる。昨日の陥落以来、雪渓というと身の毛もよだつ程恐ろしい。「ご用心、ご用心」そういって恐る恐る雪の上を登っていく。その時突然五、六間離れた大盤石の側の雪が響然として川中に陥落した。水煙がパッと立つ。一同吃驚仰天。朝っぱら縁起が悪い。雪渓を登ること数町、池の平の下に又滝がある。しかもこの滝は黒部谷第一の険所だと言う。南無滝さえ危険だったから、この滝は行かぬ先に判っていると言う。そこでやむを得ず道のない山をかけ登った。

竹や白樺やそのほか名も知らぬ灌木の枝が莫蓙に笠にひっかかって中々容易でない。随分長い時間を費やして池の平へ出た。

池の平にはその名の通り、平の中央に浅い池がある。平の東側の山の上には小黒部鉱山の小屋がある。僕等は平のお花畑の草を踏んで鉱山の小屋へ来た。鉱山は数年前に事業を中止したので誰もいない。飯場と荷物小屋とは残っておるが事務所は壊れている。荷物小屋には手のつかぬ味噌桶が二三〇本も積んであった。ここから道は左右に分かれて、北へ行けば黒部渓谷を下って祖母谷温泉に通じ、西は早月谷を下って伊折へ出る。一行は輝水鉛の鉱坑の道を辿って、所謂剱の小窓へ向かう。途中小粒の輝水鉛が沢山散在していた。雪渓を登り詰めると小窓である。小窓の頂上に座して腹ごしらえをした。これから早月谷だ。雪渓だけが一里ばかり。しかもこれ以外には道がないのである。桑原、桑原。再びカンジキを着けて雪渓の上にたった。

傾斜は平蔵や長次郎よりもやや緩やかである。幅一二町、雪の厚さは実に数十尺。試みに雪渓の両側の山を見よ。切り立った剱の峰つづきが天空高く聳えている。所々に山から崩れ落ちた大盤石が雪の上に転がっている。雄大と言うか荘厳と言うか、実に筆紙の尽くすところではない。この幽邃にして荘厳な仙境を下ること約十余町、ここに早月谷第一の滝がある。この時、谷の方から一面に霧が湧いてきた。両側の峻嶺は忽ちにして消えうせた。

見よ、先頭の案内者は何処にあるかを。彼等は早くも雲霧の裡に呆然として、かすかに蠢動しているではないか。しかも相距る僅かに二、三間ではあるが、遠く数里の外に在るように見えるではないか。雲霧は常に多少の風を伴う。これがために一行は俄に寒くなってきた。突然先頭が立ち止まった。八郎君は言う。「この滝は危険だから予め検視してくる」と。一行は寒さに慄えながら防寒のシャツ等を着た。この時ふと如何なる大事変がこの雲霧の中で突発するだろうと想うとうた戦慄せざるを得ない。間もなく八郎君が遠くの霧の中から姿を現わした。彼が叫んだ。「エーホホイ、駄目だ駄目だ、滝が雪切れしているだ」。一行は再び恐怖の心に襲われた。八郎君と義教君とは右側の山をよじのぼるべく出発した。そして昔鉱山へ向かって物を運んだ折り、この滝を迂回した旧道を発見して帰ってきた。僕等は雀躍した。しかしその旧道は随分荒れていて、素人は決してこれを道と首肯することは出来まい。辛うじて滝を回って再び雪渓の上に出る所の如きは、高さ三、四間の山の崖から針金にぶら下がっておりる様な厄介な場所であった。

石原君はこの所で大きな石の上に登ったが、その石が転げ出したので上の岩に繋がり、身を宙にぶらさげて難を免れた。漸く元の続きの雪渓に出た。これを下ること凡そ半里。雪のない河原へ出た。この河原を右に左に飛んで渡って下っていく。身軽な深見君はピョンピョンと先へ飛んで行く。河原には大きな花崗岩の岩石が一面に転がって、冷たい美しい水が激流をなしている。川の両側は勿論山だ。「早月谷も実に黒部の渓谷に劣らない絶景だね」。山岳通にして且つ陥落通の藤川君が、いかさま歎賞おくあたわずと言う様な顔してあたりの風景を賛美する。

馬場島の小屋が見えてから立山谷との合流点へ出るまでの二里余りは、身の丈を没する雑草の茂みを分けて進んだ。伊折谷の発電所出張所へ着いたのが七時。感心にも紫雪君の一行は「今ここへ着いた所だ、今夜はここで止めてもらう」といって、涼しい眼鏡の顔を硝子窓から出していた。

雪渓こそ恐ろしいが、下界へ出ると一騎当千のつわものども「夜が明けても五百石まで直行する」と威張って暗い道を走るように歩いて行く。しかし、発電所へ着くとすっかり暗くなったのでとても歩けない。とうとう事務所の前にどっかりと腰を下ろし、僕と藤川君が交渉係になって、ここで泊めて貰うことにした。発電所の事務所は広かった。

その一室にはトンネル工事の監督、加藤組の吉浦一郎と言うハイカラな男と、明大の学生の西田千次郎という男が居た。至って気楽な親切なザックバランな男である。

「皆さんお疲れでしょう」といって来て一行を喜ばせた。「さあ、僕の部屋へ御出で、狭いけれども、一風呂浴びたらどうです」といった調子である。僕等は草鞋を解いて上がるや否や、缶詰を開いて、酒を薬缶にかんして出してくれた。「御馳走はないけれども、酒ならいくらでもあります。一杯ひっかぶって疲れをなおしたまへ」といって僕等を酔わせた。一行はかわりがわり電気湯へ入浴してきて、十時過ぎ床についた。吉浦君たちはこの時、部屋の隅から一個の檜笠を出してきた。彼等は仰向けに寝ながらその笠を見て笑い興じている。見ると、笠の裏表に上市の芸者を残らず番付して記してある。大関花枝、小結君が代と言う具合。「えらい熱心ですな」と言うと、「いや、これは少し古いので訂正しなければならぬところがあるんです」といって笑わせた。そのうち眠ってしまった。

☆八月二一日　出発にさいして、吉浦さんは柔道のおぼえのある腕を張り上げて「お礼のしるしに」といって差出した紙包をどうしても受取らなかった。彼は「そんなものを受取っては男が立たない」といった。「顔がつぶれますからね」ともいった。僕等は厚く謝意を表して別れを告げた。六時頃。早月川の左岸を下ること凡そ二里余り折戸に着く。

これから上市までなお四里ある。合計六里の道を四時間足らずで歩いて十時頃上市に着いた。すぐ写真屋を連れて、熊野町のお宮の境内で記念撮影をした。

停車場付近の茶屋で西瓜を食ったが、汽車時間が切迫しているので甚だ忙しい。

十一時半、五百石に安着。藤城君は直ちに帰宅した。案内者を八幡鉱泉に導いて憩わせ、僕等は旅装を解いて午後三時頃、八幡鉱泉に集まった。石田君はどうしたのか出席しなかった。僕等は湯からあがってビールやサイダーの栓を抜いた。例のボルドー問題などを物語って可々大笑した。黙って剱連峰を眺れば、蒙蒙たる雲煙の間のかすかにその雄姿を蔵している。「南無滝はどのへんかね」と誰かが言うと、藤川君はにっこりと微笑をもらした。午後六時、八郎君と権教坊義教君とは礼を述べて帰途に着いた。

僕等も続いて鉱泉から出た。かくて楽しく恐ろしく嬉しい旅行は終ったのである。

＊佐伯八郎　称名滝から弥陀ケ原に登る道を「八郎坂」と言う。この道を佐伯八郎が中心となって開削した。

＊＊「把レ飯叫レ饑」。〔通俗偏　飲食〕にある語句。飯をもってひもしさをうったえる。

＊＊＊この項は『深見家祖先の軌跡　深見栄一編著』を底本とした。また校正時には原本を見た。

＊＊＊＊著者林　宗治氏は大正十三年には

立山温泉—ザラ峠—五色ヶ原—薬師岳—上ノ岳—黒部五郎岳—三保蓮華岳—双六岳—樅沢岳—鎗ヶ岳—赤岩岳—大天井岳—燕岳—中房温泉—有明温泉—現ＪＲ大糸線有明駅、十日間の日本北アルプス縦走をしている。一行は林　宗治・藤城秀治・上谷宗二・舟橋順治・泉野　作の五名。案内人強力は十年前にウエストン夫妻の案内をしている佐伯平蔵を筆頭に佐伯和一・山崎兼次郎の三人であった。後、林　宗治はこの日本北アルプス縦走の記録をガリ版印刷・製本して『日本北アルプス縦走記巻二』としてまとめている。この巻頭言に次のようにあるので紹介する。

感激の無い生活は寂漠だ　　驚異の無い生活は空虚だ
歓楽の無い生活は悽惨だ
感激を慕ひ　驚異を求め　歓楽を恋ひて
人は遂に巒巘（らんけん）の絶頂に登る路を拓いた
其處には永遠の生命があり　至上の快楽があり　深遠なる哲学があり
真実の宗教があった
其處には詐（さ）もなく　慾も無く　汚もなく　罪も無かった
山　山　山
吾人は此の簡単なる語を口にするとき
限なき真理の躍動するを覚える

キビタキ

第四章　立山の石仏と仏教経典等

一、書物で見る立山の信仰

第三章で見た立山を題材とした書物の中で㈠今昔物語集　㈡法華験記　㈢梁塵秘抄
㈣元亨釈書を見ると次のようである。

1. 今昔物語集　巻第十四

第七話「修行の僧、越中の立山に至りて小き女に会ひたる語」には、

・法花経を書写供養し奉て、我が苦を救へ
・今日は十八日、観音の御縁日也。我れ生たりし時、観音に仕らむと思ひ、亦、観音経を読奉らむと思ひき
・父母忽に女子の為に法花経を書写供養し奉りつ

とある。

第八話「越中の国の書生の妻、死にて立山の地獄に堕ちたる語」には、

・一日に法花経千部を書写供養したらむのみぞ此の苦は可遁き

とある。

同書巻第十七第二十七話「越中立山の地獄に堕ちし女、地蔵の助けを蒙れる話には、

・我れ生たりし時、祇陀林の地蔵講に参たりし事只一両度也。
・三尺の地蔵菩薩の像一体を造り奉り、法花経三部を書写して亭子の院（宇多法皇の御所）の堂にして、法会を儲て供養し奉りつ。

とある。

2. 大日本国法華経験記の「第廿四　越中国立山の女人」には、

・我がために法華経を書写し、供養解説して、当に苦を抜くべし
・我存生の時、観音に奉仕せむと欲し、また観音経を読まむと欲ひき
・父母これを聞きて、悲び泣き愁ひ歎きて、女のために妙法華経を書写

とある。

3. 梁塵秘抄には

験仏の尊きは　東の立山　美濃なる谷汲の彦根寺　志賀長谷石山清水　都に真近き六角堂　四二八

がある。

4. 元亨釈書巻第九「感進一釈蔵縁」に、

・専唱二地蔵一。白山立山為二修練場一。晩縛二菴白山笥笠一。臨終夜高唱二地蔵号一。

とある。

二、立山の石仏

立山には石仏があちらこちらに多数残っている。

1. 立山参道の西国三十三所観音札所分霊像

この分霊像は尾州城内志など各地から寄進を受け、文化八（一八一一）年頃安置された石像である。アルペンルート設置時には、最初の設置場所から、殆んどの尊像が移動されたことを思われる。また、その際所在不明となった尊像もあろうが、現在の姿は次表の通りである。（平成二五年立山町教育委員会作成より）

番	尊像	霊場	備考
1	如意輪観音	紀伊国青岸渡寺	岩峅寺雄山神社にあったが不明
2	立像　十一面観音	紀伊国紀三井寺	横江集落北
3	立像　千手観音	紀伊国粉河寺	横江集落南の蔵王社前
4	立像　千手観音	和泉国施福寺	千垣トンネルの手前
5	坐時　千手観音	河内国葛井寺	千垣集落内
6	坐像　千手観音	大和国南法華寺	三途の川手前
7	坐像　如意輪観音	大和国龍蓋寺	芦峅寺庚申塚の傍
8	立像　十一面観音	大和国長谷寺	閻魔堂入口、元は旧道道角
9	坐像　不空羅索観音	大和国興福寺	明念坂下、元は閻魔堂入口
10	立像　千手観音	山城国三室戸寺	風土記の丘、元は明念坂下
11	坐像　准胝観音	山城国上醍醐寺	志鷹谷にあったとされるが流出して不明
12	立像　千手観音	近江国正法寺	冷谷にあったとされるが不明
13	坐像　如意輪観音	近江国石山寺	千手ケ原、元は藤橋を渡った高地
14	如意輪観音	近江国園城寺	藤橋の真上の草生坂にあったとされるが不明
15	立像　十一面観音	山城国観音寺	桂台の有料道路側、元は材木坂

16	千手観音	山城国清水寺	黄金坂にあったとされるが不明
17	立像　十一面観音	山城国六波羅蜜寺	美女平駅前の園地、元は付近の旧道側
18	如意輪観音	山城国頂法寺	美女平―ブナ坂間の旧道にあったとされるが不明
19	立像　千手観音	山城国行願寺	ブナ坂、元は付近の旧道側
20	立像　千手観音	山城国善峯寺	刈安坂
21	立像　聖観音	丹波国穴太寺	滝見台
22	立像　千手観音	摂津国総持寺	桑谷、元は向かいの旧道側
23	立像　十一面観音	摂津国勝尾寺	弥陀ヶ原の八郎坂と車道との出会
24	十一面観音	摂津国中山寺	弥陀ヶ原弘法小屋の北にあったとされるが不明
25	坐像　十一面観音	播磨国清水寺	弥陀ヶ原弘法小屋から一〇〇m登ったところ
26	立像　聖観音	播磨国一乗寺	追分、大きく破損している
27	如意輪観音	播磨国円教寺	獅子ケ鼻岩、笠のみ現存
28	聖観音	丹後国成相寺	弥陀ヶ原バス停近く、元は姥石付近
29	坐像　馬頭観音	丹後国松尾寺	鏡石前の車道側、元は鏡石の脇
30	立像　千手観音	近江国宝厳寺	天狗平、元は大谷の上
31	立像　千手観音	近江国長命寺	立山博物館に展示、元は室堂平
32	立像　千手観音	近江国観音正寺	室堂山荘近く
33	立像　十一面観音	美濃国華厳寺	室堂平

2．石造百体観音像

宮路仏事会館前の観音堂に安置されている。西国三十三所札所、坂東三十三所札所、秩父三十四所札所、合計百札所の石造観音像を模して作られた石造観音像である。もとは立山寺、現在の岩峅寺雄山神社前立社壇の境内最北域にあった。慶応元（一八六五）年制作とみられている岩峅寺絵図には、南北に延びる神社境内道路の東側にその観音堂があった。道路西側には十一面観音堂があった。

百体観音が造られた由来は、残っている台座石に彫られた銘によると、享和元（一八〇一）年に、無動坊慈歓・円城坊良円・常住坊回山・惣持坊庚心の四僧が願主となり、広く施主を募ってそれぞれの先祖代々諸聖霊の供養等の為であった。明治時代の廃仏毀釈令によって、現在地に移された。

現在、観音石像は九七体、台石が七五個集まっている。

3．石造六地蔵菩薩像

著者の知る石造六地蔵菩薩は、

①芦峅寺庚申塚
②芦峅寺閻魔堂下明念坂
③姥堂跡近くの摩崖六地蔵
④地獄谷
⑤賽の河原

等で見られる。立山ではこの他に、阿弥陀如来像・不動明工像・十王像等の石仏が多く見られる。

三、立山信仰の仏教経典

『立山信仰の源流と変遷　佐伯幸長著』によると、開山堂のお勤め

・正月元日
　一、般若心経
　一、法花経
　一、光明真言
　一、随求陀羅尼
　一、円頓章
・四月一日　夏中之式は
　一、法華懺法
　一、法花経
　一、三陀羅尼
　一、祖師宝号
　一、光明真言
　一、随求陀羅尼
　一、円頓章

また、大宮若宮の毎月一日、十五日、二十八日の御縁日のお勤めには

　一、観音経
　一、般若心経
　一、神号

また、六月十四日の大祭には

　一、法華経
　一、般若心経

講堂本尊三体の毎月十八日の縁日には

　先ず、観音経
　次に、般若心経
　次に、諸真言

婦堂の毎月の一日、十日、十六日、二十四日、二十八日の縁日には

　先ず、法花経
　次に、般若心経
　次に、自我偈
　次に、三陀羅尼
　次に、諸真言等

六月七日の流水潅頂式では

　先ず、四智梵讃
　次に、金剛菩薩捶讃
　次に、法花三昧
　次に、不動讃
　次に、自我偈
　次に、光明真言
　次に、円頓章

などとある。各勤行で共通して読まれるのは般若心経と、観音経を含む法華経である。また、先述の書物のこと、石仏のことを総合すると、立山信仰・立山権現の基本経典は、

①法華経。中でもその中の観世音菩薩普門品
②般若心経
③地蔵菩薩本願経

であろう。

1．観世音菩薩普門品

(1)大蔵経講座1『法華経講義　境野黄洋』にはおよそ次のようにある。

①第一段　爾時無尽意菩薩…名観世音

爾時無尽意菩薩即従レ座起。偏祖二右肩一。合掌向レ仏。而作二是言一。世尊。観世音菩薩。以二何因縁一。名二観世音一。

(読み下し)

その時、無尽意(むじんい)菩薩、即ち座より起(た)ちて、偏(ひとへ)に右の肩を祖(はだぬ)ぎ、合掌し、仏に向きたてまつりて、この言を作(な)さく、「世尊、観世音菩薩は何の因縁を以てか観世音と名づくる。

(要義)

化他門の流通にありといへども、この化他が菩薩にありては即ち自行である。故にその名も自に約して妙音という。衆生が若し苦難に遭へば観音を念ぜよ。菩薩普門示現守護の力、その苦を免れしむと説く。即ち衆生の辺より菩薩の化他の力に頼るを明す。故に菩薩の化他即自行の自行も、やがては衆生の力にては常救済の力となるが故に化他に重きありて、菩薩の名号も化他に約して観世音という。

　此章は無尽意菩薩が観世音の名の因縁を問ふことを叙して居る。

②第二段　仏告無尽意菩薩……福徳之利

仏告二無尽意菩薩一。善男子。若有二無量。百千万億衆生一。受二諸苦悩一。聞二是観世音菩薩一。一心称レ名。観世音菩薩。即時観二其音声一。皆得二解脱一。若有レ持二是。観世音菩薩名一者。設入二大火一。火不レ能レ焼。由二是菩薩。威神力一故。若為二大水所レ漂。称二其名号一。即得二浅処一。若有二百千万億衆生一。為レ求二金。銀。瑠璃。硨磲。碼碯。珊瑚。琥珀。真珠等宝一。入二於大海一。仮使黒風。吹二其船舫一。飄二堕羅刹鬼国一。其中若有二。乃至一人一。称二観世音菩薩名一者。是諸人等。皆得レ解二脱。羅刹之難一。以二是因縁一。名二観世音一。若復有レ人。臨レ当レ被レ害。称二観世音菩薩名一者、彼所レ執刀杖。尋段段壊。而得二解脱一。若三千大千国土。満レ中夜叉羅刹。欲二来悩レ人。聞三其称二観世音菩薩名一者。是諸悪鬼。尚不レ能下以二。悪眼一視上レ之。況復加レ害。設復有レ人。若有レ罪。若無レ罪。杻械枷鎖。検二繫其身一。称二観世音菩薩名一者。皆悉断壊。即得二解脱一。若三千大千国土。満レ中怨賊。有二一商主一。将二諸商人一。斎二持重宝一。経二過険路一。其中一人。作二是唱言一。諸善男子。勿レ得二恐怖一。汝等応三当。一心称二観世音菩薩名号一。是菩薩。能以二無畏一。施二於衆生一。汝等若称レ名者。於此怨賊。当レ得二解脱一。衆商人聞。倶発レ声言二。

南無観世音菩薩一。称二其名一故。即得二解脱一。無尽意。観世音菩薩摩訶薩。威神之力。巍巍如レ是。若有二衆生一。多二於婬欲一。常念恭二敬。観世音菩薩一。便得レ離レ欲。若多二瞋恚一。常念恭二敬。観世音菩薩一。便得レ離レ瞋。若多二愚癡一。常念恭二敬。観世音菩薩一。便得レ離レ癡。無尽意。観世音菩薩。有二如レ是等。大威神力一。多レ所二饒益一。是故衆生。常応二心念一。若有二女人一。設欲レ求レ男。礼二拝供三養。観世音菩薩。便生二福徳智慧之男一。設欲レ求レ女。便生下端正有相之女。宿植二徳本一。衆人愛敬上。無尽意。観世音菩薩。有二如レ是力一。若有二衆生一。恭二敬礼三拝。観世意菩薩一。福不二唐捐一。是故衆生。皆応レ受二持。観世音菩薩名号一。無尽意。若有レ人受二持。六十二億。恒河沙菩薩名字一。復尽レ形供二養。飲食。衣服。臥具。医薬一。於二汝意一云何。是善男子。善女人。功徳多不。無尽意言。甚多。世尊。仏言。若復有レ人。受二持観世音菩薩名号一。乃至一時。礼拝供養。是二人福。正等無レ異。於百千万億劫。不レ可二窮尽一。無尽意。受二持観世音菩薩名号一。得二如レ是。無量無辺。福徳之利一。

（読み下し）

仏、無尽意菩薩に告げたまわく、「善男子、若し無量百万億の衆生有りて、諸の苦悩を受けんにも、是観世音菩薩を聞きて一心に名を称せば、観世音菩薩、即時に其音声を観じて、皆解脱することを得しめん。若し是観世音菩薩の名を持つこと有らん者は、設ひ大火に入るとも火も焼くこと能わず。是菩薩の威神力に由るが故に、若し大水に漂わさんにも、其名号を称せば即ち浅き處を得ん。若し百千万億の衆生有りて、金、銀、瑠璃、硨磲、瑪瑙、珊瑚、琥珀、真珠等の宝を求むるを為て大海に入らんに、仮使黒風其船舫を吹きて羅刹鬼の国へ飄堕せんも、其中に若し乃至一人有りて観世音菩薩の名を称せば、是諸人等皆羅刹の難を解脱することを得ん。是因縁を以て観世音と名く。若し復人有りて当に害せらるべきに臨みて観世音菩薩の名を称せば、彼執れる所の刀杖尋で段段に壊れて解脱することを得ん。若し三千大千国土の中に満てらん夜叉、羅刹来りて人を悩さんと欲せんにも、其観世音菩薩の名を称するを聞かば、是諸の悪鬼尚悪眼を以て之を視ること能わじ。況んや復害を加へんをや。設い復人有りて、若し罪有り若し罪無きに杻械、枷鎖其身を検繋せんにも、観世音菩薩の名を称せば、皆悉く断壊して即ち解脱することを得ん。若し三千大千国土の中に満ちる怨賊あらんに、一りの商主有りて、諸の商人を将いて、重宝を斎持して険路を経過せんに、其中に一人是唱言を作さん、「諸の善男子、恐怖することを得ること勿れ。汝等応当に一心に観世音菩薩の名号を称すべし。是菩薩は能く無畏を以て衆生に施したもう。汝等若し名を称せば、此怨賊に於て当に解脱を得べし」。衆の商人聞きて倶に声を発げて、「南無観世音菩薩」と言わん。其名を称するが故に即ち解脱することを得ん。無尽意、観世音菩薩摩訶薩は威神の力巍巍たること是の如し。若し衆生有りて婬欲多からんに、常に念じて観世音菩薩を恭敬せば、便ち欲を離るることを得ん。若し瞋恚多からん、常に念じて観世音菩薩を恭敬せば、便ち瞋を離るることを得ん。若し愚痴多からんに、常に念じて観世音菩薩を恭敬せば、便ち癡を離るることを得ん。無尽意、観世音菩薩は是の如き等の大威神力有りて、饒益する所多し。是故に衆生常に心に念ずべし。若し女人有りて設い男を求めんと欲して、観世音菩薩を礼拝し、供養せば、便ち福徳智慧の男を生まん。設い女を求めんと欲せば、便ち端正有相の女の宿徳本を植えて、衆人に愛敬せらるるを生まん。無尽意、観世音菩薩は是の如き力有り。若し衆生有りて観世音菩薩を恭敬し、礼拝せば、福唐捐ならじ。是故に衆生皆観世音菩薩の名号を受持すべし。無尽意、若し人有りて六十二億恒河沙の菩薩の名字を受持し、復形を尽すまで飲食、衣服、臥具、医薬を供養せん。汝が意に於て云何。是善男子善女人の功徳多しや不や」無尽意の言さく、「甚だ多し、世尊」仏の言わく、「若し復人有りて観世音菩薩の名号を受持し、乃至一時も礼拝し、供養せん。是二人の福、正等にして異ること無らん。百千万億劫に於ても窮め尽すべからず。無尽意、観世音菩薩の名号を受持せば、是の如き無量無辺の福徳の利を得ん

（語義）

威神とは、威徳神通の力をいう。○羅刹とは、速疾鬼と訳す。○夜叉とは、暴悪或は捷疾鬼と訳す。○杻械枷とは、てかせ、あしかせ、くびかせを言う。○宿とは、宿世の意、過去をいう。○尽形とは、今の形を享けたる寿命を尽し終ること。

（要義）

此章は仏、観世音の名の所由因縁を説いてその名号の利益を明したまう。妙法を持つ観音の名さへ斯の如し、況んや直ちに妙法の名を持つをや、故に次の陀羅尼品に受持法華名者福不可量とはいうのである。

観音の利益を説くに七難を挙げて居る。この観音の名号を一心に称名することに依って、七難は免がれることを明かして居る。即ち第一難は火難である。火は煩悩のたとへである。観音の理を体得したものは、煩悩の火を以て焼くことが出来ないことを意味したのである。

第二難は水難、水は悪業を譬へたもので、称名すれば即ち浅所を得るのである。

第三難は風難、苦悩を指して風といった。煩悩の火、悪業の水、苦悩の風、これを

惑業苦の三といって居る。第四難は王難である。刑罰を受けて刀杖の難罹る時も、称名に依りて刑罰者の執る處の刀杖も段々に壊するを言う。第五難は鬼難、一切の羅刹鬼も持名の人は犯し得ない。第六難は枷鎖難、てかせ、あしかせ、くびかせの難の免れることである。第七難は怨賊難、多くの財宝を携へて通過せんとする時、称名すれば盗賊の難は免れることを説いて居る。

以上かぞえ来った七難、これは要するに自己を出でないものである。皆自己を殺し、自己を屠り、自己を劫かす者である。自己の称念と観音の力を契合して、此等の災厄は一切解脱することが出来るのである。南無観世音菩薩と称名すれば、即時にその音声を観じて苦悩を解脱せしめるが故に、名付けて観世音菩薩と言ったのである。

③第三段　無尽意菩薩……施無畏者

無尽意菩薩。白レ仏言。世尊。観世音菩薩。云何遊二此。娑婆世界一。云何而為二衆生一説レ法。方便之力。其事云何。仏告二無尽意菩薩一。善男子。若有二国土衆生一。応下以二仏身一。得度上者。観世音菩薩。即現二仏身一。而為説レ法。応下以二辟支仏身一。得度上者。即現二辟支仏身一。而為説レ法。応下以二声聞身一。得度上者。即現二声聞身一。而為説レ法。応下以二梵王身一。得度上者。即現二梵王身一。而為説レ法。応下以二帝釈身一。得度上者。即現二帝釈身一。而為説レ法。応下以二自在天身一。得度上者。即現二自在天身一。而為説レ法。応下以二大自在天身一。得度上者。即現二大自在天身一。而為説レ法。応下以二天大将軍身一。得度上者。即現二天大将軍身一。而為説レ法。応下以二毘沙門身一。得度上者。即現二毘沙門身一。而為説レ法。応下以二小王身一。得度上者。即現二小王身一。而為説レ法。応下以二長者身一。得度上者。即現二長者者一。而為説レ法。応下以二居士身一。得度上者。即現二居士身一。而為説レ法。応下以二宰官身一。得度上者。即現二宰宮身一。而為説レ法。応下以二婆羅門身一。得度上者。即現二婆羅門身一。而為説レ法。応下以二比丘。比丘尼。優婆塞。優婆夷身一。得度上者。即現二比丘。比丘尼。優婆塞。優婆夷身一。而為説レ法。応下以二長者。居士宰官。婆羅門婦女身一。得度上者。即現二婦女身一。而為説レ法。応下以二童男童女身一。得度上者。即現二童男童女身一。而為説レ法。応下以二天。龍。夜叉。乾闥婆。阿修羅。迦楼羅。緊那羅。摩睺羅伽。人非人等身一。得度上者。即皆現レ之。而為説レ法。応下以二執金剛神一。得度上者。即現二執金剛神一。而為説レ法。無尽意。是観世音菩薩。成二就如レ是功徳一。以二種種形一。遊二諸国土一。度二脱衆生一。是故汝等。応当三一心。供二養観世音菩薩一。是観世音菩薩摩訶薩。於二怖畏急難之中一、能施二無畏一。是故此娑婆世界。皆号レ之為二施無畏者一。

（読み下し）

無尽意菩薩、仏に白して言さく、「世尊、観世音菩薩は云何がしてか此娑婆世界に遊び、云何がしてか衆生の為に法を説く。方便の力、其事云何」仏、無尽意菩薩に告げたまわく、「善男子、若し国土の衆生有りて、応に仏身を以て得度すべき者には、観世音菩薩即ち仏身を現じて為に法を説き、応に辟支仏の身を以て得度すべき者には、即ち辟支仏の身を現じて為に法を説き、応に声聞の身を以て得度すべき者には、即ち声聞の身を現じて為に法を説き、応に梵王の身を以て得度すべき者には、即ち梵王の身を現じて為に法を説き、応に帝釈の身を以て得度すべき身には、即ち帝釈の身を現じて為に法を説き、応に自在天の身を以て得度すべき者には、即ち自在天の身を現じて為に法を説き、応に大自在天の身を以て得度すべき者には、即ち大自在天の身を現じて為に法を説き、応に天大将軍の身を以て得度すべき者には、即ち天大将軍の身を現じて為に法を説き、応に毘沙門の身を以て得度すべき者には、即ち毘沙門の身を現じて為に法を説き、応に小王の身を以て得度すべき者には、即ち小王の身を現じて為に法を説き、応に長者の身を以て得度すべき者には、即ち長者の身を現じて為に法を説き、応に居士の身を以て得度すべき者には、即ち居士の身を現じて為に法を説き、応に宰官の身を以て得度すべき者には、即ち宰官の身を現じて為に法を説き、応に婆羅門の身を以て得度すべき者には、即ち婆羅門の身を現んじて為に法を説き、応に比丘、比丘尼、優婆塞、優婆夷の身を以て得度すべき者には、即ち比丘、比丘尼、優婆塞、優婆夷の身を現じて為に法を説き、応に長者、居士、宰官、婆羅門の婦女の身を以て得度すべき者には、即ち婦女の身を現じて為に法を説き、応に童男、童女の身を以て得度すべき者には、即ち童男、童女の身を現じて為に法を説き、応に天、龍、夜叉、乾闥婆、阿修羅、迦楼羅、緊那羅、摩睺羅伽、人、非人等の身を以て得度すべき者には、即ち皆之を現じて為に法を説き、応に執金剛神を以て得度すべき者には、即ち執金剛神を現じて為に法を説き、無尽意、是観世音菩薩は是の如き功徳を成就して、種種の形を以て諸の国土に遊びて衆生を度脱す。是故に汝等応当に一心に観世音菩薩を供養すべし。是観世音菩薩摩訶薩は怖畏急難の中に於て能く無畏を施す。是故に此娑婆世界に皆之を号して施無畏者と為す」

（要義）

此章は無尽意菩薩が重ねて観世音菩薩の娑婆世界に於ける遊化説法を問ふに対して仏がこれに答え給ふに、初めには別して答え、後には総じて答え給う。この別答に就て有名なる観音三十三身のこと。即ち仏身、辟支仏身（又は縁覚身ともいう）声聞身、梵王身、帝釈身、自在天身、大自在天身、天大将軍身、毘沙門身、小王身、長者身、居士身、宰官身、婆羅門身、比丘身、比丘尼身、優婆塞身、優婆夷身、長者女身、居士女身、宰官女身、婆羅門女身、童男身、童女身、天身、龍身、夜叉身、乾闥婆身、阿修羅身、迦楼羅身、緊那羅身、摩睺羅伽身、執金剛身等の三十三身で、此三十三身を更に十九段に分つのである。その十九段の分類法は、仏身より婆羅門身まで十四段、比丘身より優婆夷身までを一段、長者身より婆羅門女身までを一段、童男、童女身で一段、天身より摩睺羅伽身までを一段、執金剛身で一段、合計十九段に分って説法したのである。而してこの菩薩を一心に供養すれば世界に恐るべきものがないと説かれてあるので、観世音を施無畏者というのである。

④第四段　無尽意菩薩……遊於娑婆世界

無尽意菩薩。白レ仏言。世尊。我今当レ供二養。観世音菩薩一。即解二頚。衆宝珠瓔珞。価直百千両金一。而以與レ之。作二是言一。仁者。受二此法施。珍宝瓔珞一。時観世音菩薩。不二肯受一レ之。無尽意。復白二観世音菩薩一言。仁者。愍二我等一故、受二此瓔珞一。爾時仏告二。観世音菩薩一。当下愍二此無尽意菩薩。及四衆。天。龍。夜叉。乾闥婆。阿修羅。迦楼羅。緊那羅。摩睺羅伽。人非人等一故。受中是瓔珞上。即時観世音菩薩。愍二諸四衆。及於天。龍。人非人等一。受二其瓔珞一。分作二二分一。一分奉二釈迦牟尼仏一。一分奉二多宝仏塔一。無尽意。観世音菩薩。有二如レ是自在神力一。遊於二娑婆世界一。

（読み下し）

無尽意菩薩、仏に白して言さく、「世尊、我今当に観世音菩薩を供養すべし」即ち頚の衆の宝珠の瓔珞の価値百千両金なるを解きて以て之を與えて、是言を作さく、「仁者、是法施の珍宝の瓔珞を受たまえ」時に観世音菩薩肯て之を受けず。無尽意、復観世音菩薩に白して言さく、「仁者、我等を愍むが故に此瓔珞を受たまへ」爾時、仏、観世音菩薩に告げたまわく、「当に此無尽意菩薩、及四衆、天、龍、夜叉、乾闥婆、阿修羅、迦楼羅、緊那羅、摩睺羅伽、人、非人等を愍むが故に是瓔珞を受くべし」即時に観世音菩薩、諸の四衆、及び天、龍、人、非人等を愍みて其瓔珞を受け、分ちて二分を作して、一分は釈迦牟尼仏に奉り、一分は多宝仏塔に奉る。無尽意、観世音菩薩は是の如き自在仁力有りて娑婆世界に遊ぶ。

（要義）

此章は無尽意菩薩が仏旨を受けて観音菩薩を供養したが受けられない。無尽意は重ねて奉ったので、仏は観音に命じて受けよと言われる。すると観音はこれを受けて二分し、一を釈迦に、一を多宝如来に奉った。これは観音の利益は釈迦、多宝の二仏に依り、二仏の利益は又妙法に依ると言うことを細かに表現したものである。

かくて、仏は又無尽意に向って観音の三十三身の自在神力を結歎したまうのである。

⑤第五段　爾時無尽意菩薩……

爾時無尽意菩薩。以偈問曰。

世尊妙相具　我今重問レ彼　仏子何因縁　名為二観世音一
具二足妙相一尊　偈答二無尽意一　汝聴観音行　善応二諸方所一
弘誓深如レ海　歴レ劫不二思議一　侍二多千億仏一　発二大清浄願一
我為レ汝略説　聞レ名及見レ身　心念不二空過一　能滅二諸有苦一
仮使興二害意一　推二落大火坑一　念二彼観音力一　火坑変成レ池
或漂二流巨海一　龍魚諸鬼難　念二彼観音力一　波浪不レ能レ没
或在二須弥峯一　為三人所二推堕一　念二彼観音力一　如レ日虚空住
或被二悪人逐一　堕二落金剛山一　念二彼観音力一　不レ能レ損二一毛一
或値二怨賊繞一　各執レ刀加レ害　念二彼観音力一　咸即起二慈心一
或遭二王難苦一　臨レ刑欲二寿終一　念二彼観音力一　刀尋段段壊
或囚二禁枷鎖一　手足被二杻械一　念二彼観音力一　釈然得二解脱一
呪詛諸毒薬　所レ欲レ害レ身者　念二彼観音力一　還著二於本人一
或遇二悪羅刹一　毒龍諸鬼等　念二彼観音力一　時悉不二敢害一
若悪獣囲繞　利牙爪可怖　念二彼観音力一　疾走二無辺方一
蚖蛇及蝮蠍　気毒煙火然　念二彼観音力一　尋レ声自廻去
雲雷鼓掣電　降レ雹澍二大雨一　念二彼観音力一　応レ時得二消散一
衆生被二困厄一　無量苦逼レ身　観音妙智力　能救二世間苦一
具二足神通力一　広修二智方便一　十方諸国土　無二刹不レ現レ身一
種種諸悪趣　地獄鬼畜生　生老病死苦　以漸悉令レ滅
真観清浄観　広大智慧観　悲観及慈観　常願常瞻仰
無垢清浄光　慧日破二諸闇一　能伏二災風火一　普明照二世間一
悲体戒雷震　慈意妙大雲　澍二甘露法雨一　滅二除煩悩燄一
諍訟経二営処一　怖二畏軍陣中一　念二彼観音力一　衆怨悉退散
妙音観世音　梵音海潮音　勝二彼世間音一　是故須常念
念念勿レ生レ疑　観世音浄聖　於二苦悩死厄一　能為作二依怙一
具二一切功徳一　慈眼視二衆生一　福聚海無量　是故応二頂礼一

（読み下し）

爾時、無尽意菩薩、偈を以て問うて曰さく、

世尊は妙相具わりたまふ　我今重ねて彼に問いたてまつる
仏子何の因縁ありてか　名けて観世音と為す
妙相を具足したまえる尊　偈もて無尽意に答へたまわく
汝聴け観音の行は　善く諸の方所に応じて
弘誓の深きこと海の如し　劫を歴とも思議せられず
多の千億の仏に侍えて　大清浄の願を発せり
我汝が為に略して説かん　名を聞き及び身を見
心に念じて空しく過さざれば　能く諸有の苦を滅したまう
仮使害意を興して　大火坑に推し落されんにも
彼観音の力を念ずれば　火坑は変じて池と成らん
或は巨海に漂流して　龍魚諸鬼の難あらんにも
彼観音の力を念ずれば　波浪も没すること能わざらん
或は須弥の峯に在りて　人に推し堕されんにも
彼観音の力を念ずれば　日の如くにして虚空に住せん
或は悪人に逐われて　金剛山より堕落せんにも
彼観音の力を念ずれば　一毛をも損ずること能はざらん
或は怨賊の繞みて　各刀を執りて害を加ふるに値わんにも
彼観音の力を念ずれば　咸く即ち慈心を起さん
或は王難の苦に遭うて　刑せらるるに臨み寿終らんと欲せんにも
彼観音の力を念ずれば　刀尋で段段に壊れなん
或は枷鎖に囚禁せられ　手足に杻械を被らんにも
彼観音の力を念ずれば　釈然として解脱することを得ん
呪詛諸の毒薬もて　身を害せんと欲する所の者あらんにも
彼観音の力を念ずれば　還りて本人に著きなん
或は悪羅刹　毒龍諸鬼等に遇わんにも
彼観音の力を念ずれば　時に悉く敢て害せざらん
若は悪獣に囲繞せられ　利き牙爪の恐るべきあらんにも
彼観音の力を念ずれば　疾に無辺の方に走りなん
蚖蛇及び蝮蠍の　気毒煙火のごとく燃えんにも
彼観音の力を念ずれば　声に尋で自ら廻り去らん
雲雷鼓掣電し　雹を降らし大雨を澍がんにも
彼観音の力を念ずれば　時に応じて消散することを得ん
衆生困厄を被りて　無量の苦身に逼らんにも
観音妙智の力は　能く世間の苦を救わん
神通力を具足し　広く智の方便を修して
十方の諸の国土に　刹として身を現ぜざること無し
種種の諸の悪趣　地獄鬼畜生
生老病死の苦　以て漸く悉く滅せしめん
真観清浄観　広大智慧観
悲観及び慈観あり　常に願じて常に瞻仰すべし
無垢清浄の光ありて　慧日諸の闇を破し
能く災の風火を伏して　普く明かに世間を照らす
悲体の戒雷震のごとく　慈意の妙大雲のごとく
甘露の法雨を澍ぎて　煩悩の焔を滅除す
諍訟して官處を経　軍陣の中に怖畏せんにも
彼観音の力を念ずれば　衆の怨悉く退散せん
妙音観世音　梵音海潮音
彼世間の音に勝れり　是故に須らく常に念ずべし
念念に疑を生ずること勿れ　観世音は浄聖にして
苦悩死厄に於て　能く為に依怙と作りたまう
一切の功徳を具して　慈眼もて衆生を視たまう
福聚の海は無量なり　是故に応に頂礼すべし

（語義）

弘誓とは、四弘誓願をいう。即ち衆生無辺誓願度、煩悩無数誓願断、法門無尽誓願知、仏道無上誓願成をいう。○金剛山とは、鉄囲山のこと。○王難とは、所謂、七難の内、王法の責より受くる難をいう。○真観とは、真如の法を観ずること。○清浄観とは、観念の無垢清明なることをいう。○広大智慧観とは、空仮を照して遍せざる中道の正観を言う。○悲観とは、衆生を観じ、諸の苦痛を抜くこと。○慈観とは、衆生を観じ安楽を与えること。○慧日とは、仏慧の赫耀たること日輪に比すをいう。○妙音とは、有空を雙べ遮するを言う。是れ雙べ遮して有とも空とも言えないから妙と言う。○観世音とは、普く世間の言音を観ずることで、有空を雙べ照す

を世音という。〇梵音とは、梵は是れ四無量心である。慈悲喜捨の四無量は梵天の所修なるが故に梵という。その四無量心を観じて化他の益を施すを梵音という。即ち是れ仮智である。〇海潮音とは、衆生利益の徳を、海潮の湛然と充満して、満干時に応ずるに比したのである。〇勝彼世間音とは、一切世間に超越して、普く衆生の言音を観ずるという。

（要義）

此章は無尽意菩薩が偈を以て重ねて前の文の問意を述べ、世尊も亦偈を以て答へ給う。元来この偈は羅什三蔵の訳ではなくて、随の闍那崛多の訳であるといひ、天台大師は未だ之を見られず、荊渓は之を用ひたと伝う。宋の遵式に至って其文を分節して、長行に合対せしむと言う。

⑥第六段　終段

爾時持地菩薩。即従レ座起。前白レ仏言。世尊。若有二衆生一。聞二是観世音菩薩品。自在之業。普門示現。神通力一者。当レ知是人。功徳不レ少。仏説二是普門品一時。衆中八万四千衆生。皆発二無等等。阿耨多羅三藐三菩提心一。

（読み下し）

爾時、持地菩薩、即ち座より、起ちて前みて仏に白して言さく、「世尊、若し衆生有りて是観世音菩薩品の自在の業、普門示現の神通力を聞かん者は、当に知るべし、是人の功徳は少からず」仏、是普門品を説きたまう時、衆中の八万四千の衆生、皆無等等の阿耨多羅三藐三菩提の心を発しき。

（語義）

普門示現とは、普は普通の義、門は能通の義なり。種々の身相を示現して機応に説法し、一切衆生を普く仏道の法華経に引入するをいう。

（要義）

此章は持地菩薩が本品を聞くの功徳を歎じ、聞品得益の衆生を挙げる。

前の「妙音品」と姉妹品であって、共に色身三昧の活用、無量に其の身を現じて、衆生を度脱せしむるをいう。所謂普門示現を説いたものである。特に此の品には、観世音菩薩が、三十三身に変現することを説いてあるので、「三十三身普門示現」という語は化他済度の代用語のようになって今や一般仏教者の口にする所となって居る。

「普門品」の発端は、無尽意菩薩が、釈迦仏に向い、「世尊よ、観世音菩薩は、何の因縁を以て観世音と名くるや」と此の菩薩の名称の謂われを問ふに起るのである。仏は之に答えて、「善男子、若有無量百千万億衆生　受諸苦悩聞是観世音菩薩　一心称名　観世音菩薩　即時観其音声　皆得解脱」と言ってある。此の一節が、実に「普門品」の骨髄であろう。

ここで耳根円通と、一心称名と、皆得解脱の三要点がある。若し衆生が、観世音菩薩の慈悲を聞いて、一心に其の御名を称ふれば、観世音菩薩は、また響の声に応ずるが如く、衆生の音声を聞いて、直ちに其の苦悩を解脱せしむるという。此の衆生が観音に聞き、観音が衆生に聞いて、菩薩と衆生と相聴き相応ずるところは、即ち機法感応の妙を示したもので、聞の一字で彼我道に相合致し、抱擁するの理を示したものである。『首楞厳経』には、之に耳から道に入るといふので、観音の耳根円通と名をつけて居るのである。必ずしも、肉体の耳に拘わる必要はない。心の奥、胸の底には山彦の如く宇宙真理の根本に共鳴する感応同交の理があるのである。これを仮に聞の字にたより、耳に事よせて耳果円通といったのである。

次に一応称名に就ては昔は学者間に、事の一心、理の一心というて居たので、事の一心とは口に称名することで、理の一心とは心に称名することである。心に称名するというのは、此の自己の全体を観音の中に飛び込んで、我と観音とが一体となって彼我の別なく、南無観世音菩薩との称名を超脱して、南無観世音菩薩の事実を体現したところを理の一心称名というのである。

それから第三に皆得解脱であるが、これは此の理の一心称名により、耳根円通を得せしめんとて、観世音菩薩は、ここの普門示現の活作用を示すことをいうので、衆生の性質、境遇、事情、種々の機根に応じ、無量の形となって、之を救済するのである。前の「妙音品」では、妙音菩薩が、宿王華の浄土から、仏に招かれて娑婆に来降したのであるが、今は迷へる衆生の機に感応して、補陀落から娑婆に示現するというのであるから、普門示現の意味が、一層前品に比して適切に現われて居るわけである。鏡の様な水に月が映るのは「妙音品」で、濁れる沼を照らして、其の光明に美化するのは「普門品」であるとでも言はうか。

2．観世音菩薩

観世音菩薩については、昭和十四年七月一日発行『修験　第九十七号』に、宮城信雅著である、十三仏講和（九）に、「観世音菩薩」の一文があるので紹介する。

観世音菩薩は略して「観音さま」と云い、非常に衆生縁の深い仏様で、お話する事は山ほどありまして、何からお話しようかに迷う程であります。今回はたゞ観音様についての概略をざっとお話申し上げます。観音様についての詳しい事は又お話申し上げる機会もあることでありましょう。

先づ観音様のお名について一言申し上げますと、観音様は梵語では、アリヤアバロキテーシュバラと申し、支那でこれを翻訳して、観世音、観自在、世自在、光世音等と名けられており直訳しますとアリヤは聖、アバロキタは観ずること、イシュバラは自在の意味でありますから、観自在が正しいようですが、観世音、観音というのが、最も一般的に用いられています。

観世音と申しますのは、観音経の間に、多くの衆生が苦しみ悩んでいるときに、一心に観音の名を称せば、この音声を観じて済われると云うことがありまして、これからこの名称が出たもので、大慈悲の観音の意味からは却って適切のお名であります。

また観音様は施無畏者とも名けられています。これは人生の危難悲惨に対しても、畏るゝごとなき度胸と雄大なる気象を与えられると云う意味から出たものであります。

観音様は又蓮華を持ち、蓮華をその表幟としていられるので蓮華手菩薩とも名けます。これは密教の言葉で、普賢菩薩を金剛手菩薩と名けるのと対応したものであります。

この観音様は印度、支那、日本を通じ、仏教の流布する處、必ず盛んに信仰せられたもので、龍樹菩薩等も盛んに観音を信仰せられ、千五百餘年前支那から印度に旅行された高僧法顕三蔵や、その後印度に渡って勉強された玄奘三蔵の旅行記が伝わっていますが、これによると印度で当時一番多く信仰せられたのは観音様であったということです。また支那でも盛んに信仰せられ、高王観音経等もつくられ、ことに支那天台宗の開祖である、天台大師は『観音玄義』等という書物をおつくりになって観音の信仰を鼓吹され、又観音様のお姿が盛んに彫刻され、書かれ呉道子の観音等という有名な観音美術も生ずるようになりました。

我国に仏教が渡来して以来も、観音様の信仰は非常に盛んなもので、ことに我国の仏教の開祖とも云うべき聖徳太子様は自ら観音経をつくり、又夢殿をたてて観音様をおまつりし、重大なことは此観音の霊感を得てお定めになり、また法華経の講義など観音様に聞いてお作りになったと云われていますが、太子様はまことに観音様の心を心となし観音様の心になって、日本の思想を善導されたのであります。

その後、立派な観音様が諸方にまつられ、奈良朝から平安朝へかけての仏様の最もすぐれた国宝は観音様の御像が最も多いのであります。聖武天皇様、光明皇后様は観音様を御信仰になり、武将の坂上田村麻呂は観音様を信仰して清水寺をたて、花山法皇は西国三十三所観音の巡礼を初められ修験道の達者である。行尊僧正や覚忠僧正も西国三十三所巡礼を行っておられます。かくて都鄙あまねく観音信仰の風盛んとなり観音講、御詠歌講も設けられるようになりました。まことに衆生縁の多い、大慈悲の仏様であります。

この観音様の事の説かれてある経典は、随分沢山ありますが、最も知られているのは観音経（妙法蓮華経普門品第二十五）であります。今観音経によって、大体観音様のお徳を申ますならば、七難解脱、三毒遠離、二求満願、応現説法の四点となります。

観音様を信仰するならば、其威神力によって七難即ち、剣難、国難、賊難、風難、火難、水難、鬼難等の難をまぬかれまた、三毒、即ち婬欲、瞋恚、愚痴（人間の心の毒となるもの）も観音様を信仰する力によって離れることが出来る。又観音様を念じ観音様の心を心とする因縁によって男子を産む時には福徳智恵の男の子をうみ女の子を産む時には、心の正しい形の正しい愛らしい子供を生むことが出来、観音様は、これを帰依信仰する人の心に応じ或は仏様菩薩等、天人、長者、夫人、子供等三十三の姿に身をあらわして、法を説き済度せられる。そして絶対の大慈悲の菩薩であるが、而も勇猛にしてよく衆生の恐怖心を除き、又広大なる智恵によってあまねく世間の闇をてらし衆生の心を観察せられるのであります。

この観音様のお徳についての詳しいことはここに申し述べる時間がありませんが、まことに有難い仏様であります。

かように有難い仏様であるので、その尊像も非常に多く、聖観音の外に、千手観音、馬頭観音、如意輪観音、不空羂索観音、十一面観音、準提観音等があって七観音と称せられています。これ観音の応現思想から、密教的に観音の徳相として種々の姿にあらわれられたものでありまして、尚此外、葉衣観音とか、白衣観音とか水月観音とか楊柳観音とか魚藍観音とか種の観音様が描かれ、仏教の美術の上からも有名なものが沢山残って居ります。

聖観音様のことは大体前から述べて来た通りでありますが、これが密教の観音となると、正法金剛、法利金剛、蓮華金剛とも名け、智恵を根本とした文殊菩薩と、行願を根本とした普賢菩薩に対して、慈悲を根本とした菩薩であり密教の蓮華部の主尊であります。そして、勢至菩薩と共に阿弥陀仏のお脇立となり、現世の救いと共に来世引導の仏ともなるのであります。

千手観音様は千手千眼観世音と称へ、四十の御手をもっていられます。四十の手で何故千手と名けるかと云うと、四十手が三界二十五有に働く。三界二十五有の説明はむつかしくなるから略するが、要するに世界に応じて二十五通に働くので千手と申す。そして一手に一眼を持っていられるので千手千眼と云うのであります。そして各御手にはそれぞれの徳をあらわす持物があります。唐招提寺の千手観音は我国で、最も古いお姿で、三十三所観音中でも十五ケ所は千手観音を本尊としています。そして三室戸寺のように二手であって而も、千手として開祖が感得されたと云うので千手となしているのもあります。

馬頭観音は、また獅子無畏観音とも称え、また馬頭明王ともとなえます。普通馬首にして大忿怒形をあらわし、八臂であって、観音の御徳の中、無明煩悩を退治せられる迹相であります。三十三所の内では松尾寺だけがこれを本尊としています。

十一面観世音は、頂上に更に十の御面相があって、全体で十一面であり、普通四臂でありまして、念珠を持つ手と施無畏の印をなせる手と蓮華を持てる手と、軍持を持てる手とがあります。三十三所中五ケ所にその尊を本尊として祭ってあります。

準提観音は、仏母準提とも申し、諸仏の母だと云われています。普通十八本の手をもち、三眼であります。そして水中出現、蓮華の上に二龍王のさゝげている形でありまして、醍醐寺に祀られています。また本山寺中積善院にも此尊が安置せられています。

如意輪観音は六臂、或は二臂でありまして、輪宝を持っていられ、また一手は頬を支えて深思考慮のお姿であります。妙観察智を現わしていられるのでありましょう。三十三所中石山、三井寺等六ケ所にお祀りされています。

不空羂索観音は、普通三面八臂であって、羂索が主なる持物であります。衆生求引の誓願をあらわしていられるのです。奈良の三月堂の本尊は最も有名なもので、南円堂も亦この尊を本尊としています。

その他、観音様に関しては色々興味深いまた有難いお話もございますが、今回はこれで失礼致します。

紹介者が申しますに、立山は神仏体の山、阿弥陀如来そのものである。従って、阿弥陀如来の脇侍である観世音菩薩はいつもそばにおいでになる。また、地獄谷では無数の衆生が地獄の責め苦にあえいでいる。大慈大悲の仏菩薩である観音様がおいでにならないことがない。地獄の衆生は、責め苦のために、自然に「南無観世音菩薩」と唱えていることであろう。

3．般若心経講話

般若心経の中で最も短いのは、玄奘三蔵訳の『般若波羅蜜多心経』である。この経の講話「般若心経講話」は、昭和六年九月から十回にわたって隔月発行誌『修験』に掲載された。講師は宮城信雅先生。玄奘三蔵（六〇二～六六四）の般若心経、字数二六二字の『摩訶般若波羅蜜多心経』は六〇〇巻もある大般若経と同等の功徳があり、内容の充実している経典である。従って講話に十回も要したという。以下、『般若心経講話』の概略を紹介する。

第一回　序話と経題

一、序話

この般若心経は『摩訶般若波羅蜜多心経』の略称でありまして、一般に『般若心経』で通っていまして、大程の宗派では皆この般若心経をお唱えする。殊に修験道では必ずこのお経をお唱えする事になっていまして、在家の方にも大程ご存じの人が多いのでありますが、其意味の解っている人は極めて少ない。尤も意味が解らなくとも、信心して読誦していれば功徳のある事は勿論でありますが、概略の意味でも解って、更に信心を深められたならば一層の功徳がある事と思います。全部で僅か二六二字しかない。お経の内でも最も短いものでありますが、其うちに含まれている意味は中々甚深広大なものであります。

そこで般若心経の本文に入ります前に序話として、般若心経は仏様のご説法の内においていかなる位置を占めているかをお話致し、それより本文に入りたいと思います。

釈尊一代説法の順序次第及其意味については、天台宗の教判によりますと、お釈迦様が出家苦行六年の後、菩提樹下に於て、端座冥想せられ、あらゆる誘惑や煩悩の悪魔を降伏し尽くして、十二月八日暁の明星の輝ける時大悟徹底成道せられ、此悟りの境界の幽遠なる教理を諸菩薩の為めに三七二十一日間お説きなされたのが華厳経であります。

然し此華厳経は非常に六ケ敷く一般のお弟子達には全く理解し難いので、次に十二年間阿含経と言って、極く容易い教を説かれ、更に八年間方等経を説かれました。尤も阿含教は四つの阿含経、即ち中阿言経、長阿含経、増一阿含経、中阿含経等云うお経でありますが、方等経と云うのは、広い大乗経を含む意味で、此内には維摩経とか勝曼経とか楞伽経とか楞厳経とか、大集経、大宝積経等種々の経が含まれています。次に説かれたのが般若経で、この内には大般若経六百巻を初め、種々の般若経があり、今お話ししようとする般若経も此の部類に属するので、般若経を説かれたのが二十年間、此間に仏陀の智恵を全部示されたと云うことです。そして最後の八年間には、法華、涅槃、密教を説かれたのであります。

二、経題

次にお経の題目のことでありますが、お経の題目と云うのはまことに意味の深いものでありまして、決して人間の名前等のようによい加減のものではありません。お経では、その表題を以て内容をうかがう事が出来る。妙法蓮華経と云えば、蓮の花の泥にあって泥に染まず馥郁たる花を開き、花果同時にそなわっている事を示し、無量寿経と云えば娑婆世界の人の命は短いが、無量の寿命を得ることを説いた教であるという風に、経題そのものが内容の肝要な處を示しているのです。

今この般若心経も、その表題について少し詳しくお話し申さねばなりません。然らばこの摩訶般若波羅蜜多心経とはいかなる意味を現わしているか。此表題の意味をお話しする前に一寸五種不翻と云うことを申しておきます。今摩訶般若波羅蜜多と云うのは漢字で書かれていますが、これは天竺（印度）の梵語の音を漢字に当てたのみで、梵語なのです。仏教語の内には梵語そのまゝ用いているものは沢山ありまして、例えば、涅槃と云い菩提と云い菩薩と云い、陀羅尼と云うものでありまして、面白いのは世間一般に云っている檀那様と云う言葉も梵語であります。檀那と云うのは、施しをする人の意味でありまして、たとえ金満家であってもケチン坊で人の為に尽くさず恵まないようでは檀那様と云われる資格はないのであります。

然らば何故梵語の音のまゝ用いて翻訳せぬかと云うと、それには意味がありますので、五種不翻と云われています。第一は生善の故に、第二は多含の故に、第三には秘密の故に、第四には順古の故に、第五には此土無きが故に、であります。第一の生善と云うのは、天竺のまゝにしておく方が利益が多い。梵語には音調にまことによい處があって、喩えば南無阿弥陀仏等と云う音は調子がよい帰命無量寿仏と云うて拝むよりも、南無阿弥陀仏とそのまゝ唱える方がよいということになり、第二の多含の故というのはその言葉に多くの意味をもっている。例えば摩訶と云う言葉には大と云う意味、多と云う意味、勝と云う意味が皆含まれているから、一つの言葉を以て翻し難いのでそのまゝ摩訶としてあるのです。次に秘密の故にとは、人間はそれぞれ機根が異なる。故に何もかも全部打開けて教えるということは出来ぬ。又却って誤解し信仰をさまたげることがあるから、普通には印度の梵語のまゝ用いておいて、特に人を見て其意味を教える為に、梵語のまゝ残しておく事であります。次に順古の故にとは、古風をそのまゝにしておく、古風を尊ぶと云う処から来ているので、例えばサーベルと刀とは同じ働きをするのですが、大刀を持てと云うと昔の武士を思い、サーベルを持てと云えば洋服を着た軍人か巡査を思い浮かべる。武士がサーベルを持て等と云うとどうもおかしい。次に此土無きが故にとは、印度にあって、支那や日本にないものは印度の言葉を用いねばならぬ。此頃西洋の言葉をそのまゝ用いているのと同様で、尤も今頃の英語を用いるのは日本語でも言える言葉をムヤミに英語を使って新しがると云う風はありますが、然しどうしても止むを得ないものがある。例えば、マッチだのカステーラだのタバコだの、皆西洋の言葉であるが、マッチをツケ木と云うてもおかしいし、カステーラを羊羹とも云えない。中印度のマガダ国にビンバサラ王と云う王様があった等と云う時、印度、マガダ、ビンバサラ、皆梵語を用いねば仕方がないのであります。

第二回　経題の意味

摩訶般若波羅蜜多心経

「摩訶」とはいかなる意味であるかと申しますと、大と翻訳してよいのでありますが、此大は小に対した大ではなく、――形の上、量の上での大ではなく――此内には多と云う意味、勝と云う意味も含まれているので、すぐれた、立派な、偉大な、広大な、無辺なと云うような色々な意味が含まれていると見てよろしい。

「般若」とは智恵であります。然しながら、此の智恵は世間で云うものしり、博学、怜悧なと云うような智恵ではないのです。仏法では世間で云う智恵は世間般若と申し、現象の上に分析的にはたらく智恵ですから、世間の現象が変わってくると此智恵も亦進歩せねばならぬ。世間に応じた智恵ですから、世間と共に動いて行く智恵であります。仏法では又これを有見有相の智恵と云うています。然しながら、仏法の真の般若は悟りの智恵であり、世間によって動かぬ智恵であります。これを仏法では出世間般若、又は無相無漏の智恵と云うています。さとりと云うのは、覚とか證とか悟とか云う文字を以て書かれていますが、覚とはさめると云うことで、人間の浅はかな智恵は夢のようなものだ。この夢さめて真実のゆるぎなき智恵を得るのが覚りであります。世の中には世間的には中々博学なるものしりが多いが、さて人間は何の為に生きているのであるか、人生の目的は何であるか、人間の道とはいかなるものであるか等と云うことについては、からきり駄目なものが多い。これではいかに博学でも、まるで夢の中で生活しているようなものであって、生活の上に動きなき心の土台がちっとも出来ていない。覚りは今迄の自分とは全くうって変わった心の持ち主、今迄はただ夢中に自我を中心として欲の生活、愚痴の生活をしていたものが、翻然として道に乗托した、大安心の生活をなす心の根底が出来たのが般若であります。

　夢さめて見れば恥かし寝小便

等と云う句がありますが、ほんとうの處に小便をしているつもりが、全く見当はずれの處にやっていると云うようなことになる。

　次にさとりを證の字を以てあらわしてある事であるが、證と云うのはアヤフヤでない確かなものをつかんでいる心なのであって、證據、證文等と云うことは物質上に確かさがあるという世間の事ですが、さとりの場合は、そうかもしれぬ、ああかもしれぬと云うような頼りないものでなしに、心の内に動かしがたい信念を持っている智恵であります。

　次に悟と云うのは、吾心ですが、これはわが本然の心、曇らぬ心、清浄なる心、吾人の心は奥深く存する仏性の智恵であります「覚悟はよいか」等と云う言葉がありますが、真の覚悟は心のさとりの上に出来上るもので悟ったものはいつでも悟が出来ている筈であります。

　第三に「波羅」と云う言葉の意味はどうかと申しますと、波羅とは彼岸と云うこと、彼岸は彼方の岸で此方の岸に対する言葉であります。即ち此方の岸は迷いの岸、煩悩の岸、濁った岸、苦痛の岸――娑婆の世界であるが、彼の岸とは悟の岸、清らかな安楽な即ち浄土の世界であります。然しながら、物質的にこの所謂娑婆世界――現象の世界の外に浄土の世界があると考えてはならないので、いかに汽車汽船が発達しても、飛行機で太平洋が横断出来るようになっても、アメリカの向こうに浄土があるのでもなければ、星の世界に浄土があるのでもない。吾の心の世界、霊の世界にあるのであります。お彼岸会と云って、春秋二季に仏事法会が行われますが、これは春秋の、夜長からず昼長からず、寒からず暑からず、一年中で最もよい時候に行われますが、精神的に考えると、寒いと云うのは吾々の愚痴貪欲の心、暑いと云うのは吾等の瞋恚の心にもあてはまりますので、邪心をいだき、曲がった欲心でも起こすならば、あゝこれが現われはせぬか知られはせぬかと心配で――サッと吹く風の音にも身の毛のよだつを覚える――さもしい心であります。又一方瞋恚は、いかりの炎とも云われ、人間の心内に熱をもち、頭から湯気がたち、顔は真っ赤になる、熱い心であります。かゝるさもしい心や熱い心をはなれた平和な安穏な、清浄な、煩悩をはなれた心、これが彼岸だと云うことが出来るのであります。

　第四に「蜜多」とは到ると云う意味であります。ミックは又見たと合点してもよろしい。「百聞は一見にしかず」と云う言葉もありまして、聞いたより見た方が確かである。ほんとうは到るでありますが見るには行かねばならぬ。到って見たのであります。ですから「波羅蜜多」と続けると、彼の岸に到達すると云うことです。

　「心眼を開いて見よ」と云われますが、これが肝要であって、お経を読むにもお話をきくにも心眼を開かねば役に立たない。そこで蜜多は心眼を開いて見たことで、ここで彼の岸、浄土に到ったということになるのであります。

　次は「心経」と云う言葉ですが、これは梵語でなしに支那語であります。心経の心はこころ、こころと云うのはいつも定まらず、ころころところげまわっているのでこころと名づけたのだ等と申しますが、実際「心こそ心まよわす心なれ心の駒に心ゆるすな」等と申しまして、心は油断のならぬものでありますが、なにも心は間違ってばかりいるものではなく、悟るのも心なれば迷うのも心、この心に本清浄心と、煩悩心とがあって、本清浄は立派なものであるが、これに迷いの霊がかゝると次ぐ／＼と横道に入りたがるのである。

　「経」とは契とか線とか云うもので、たていとと云う言葉でありますが、縦糸は上下を通じ、始終をつらぬいているのであって、一切に通ずる道理、過去現在未来の三世を一貫する教えと云うような意味であります。

即ち全体の経題「摩訶般若波羅蜜多心経」の意味は、大きなすぐれた偉大なさとりの智恵を以て彼岸、即ち理想界に到る心の三世を一貫した教えと云う意味になるのであります。

第三回　観自在菩薩

　観自在菩薩行深般若波羅蜜多時照見五蘊皆空度一切苦厄

（観自在菩薩　深般若波羅蜜多を行したまる時　五蘊皆空なりと照見して一切の苦厄を度したまふ）

「観自在」一般に観音さまと申していますが、観自在菩薩、観世音菩薩、円通大士、施無畏者、蓮華手菩薩等と名けられています。梵語翻訳から申しますと、観自在と名けるのが正しいのです。観自在と申しますのは、法蔵菩薩の心経略疏にも、

事理無礙の境に於て観達自在なり、故にこの名を立つ。又機により往て救ふこと自在無関なり、故に以て名となす

とあります通り、智恵に於て観察自在であり慈悲に於て救済自在無礙であるから、観自在と名けられるのであります。又観世音と名けるについては、法華経普門品に無尽意菩薩が仏に向って

　世尊、観世音菩薩は何の因縁を以て観世音と名つるのでありますか、

との問に答えて、仏の申さるゝに

若し、諸の衆生が、色々な苦悩を請けんに、この観世音菩薩に向って一心に名を称すれば観世音菩薩即時にその音声を観じて皆解脱を得せしむ

と云い、七難をのがれしむる……因縁を以て観世音と名くると云われていますので、やはり衆生の音声を聞きその苦悩を観察してお救い下さるので観世音と名づけ、また略して観音と名づけるのであります。「円通大士」は楞厳経に出ていて、耳根円通即ち、音声を自由に聞きわけられる御徳より、「施無畏者」とは、観音様は畏れの心を除いて安穏ならしむるお徳より名けられたのであります。「蓮華手菩薩」とは手に蓮華を持っていられるので名づけたもので、主として密教で名つける言葉であります。

この観音様は色々な仏様の内でも、非常にありがたいお徳があって、昔から印度、支那、日本を通じて広く深く信仰せられています。玄奘三蔵の印度旅行記である『西城記』等にも、印度に於て中観音様の信仰が盛んであったことが書かれているし、支那でも呉道子は仏画の方から観音信仰を盛んならしめ、天台大師は観音玄義を造って教理の方面から観音思想を宣揚せられる。日本では日本仏法の開祖と云われる聖徳太子様は非常に深く観音を信仰遊ばされ、夢殿に入って観音様を念じ、直接観音様から、法華経維摩経勝曼経の深い意味を授けられて三経義疏をおつくりになる。光明皇后は観音様を信仰せられ、貧民を救われる。次いで三十三所観音霊場の巡拝が盛んになると云う様なわけで、まことに衆生縁の多い有難い菩薩様であります。

先にもお話致しました通りその名の示すごとく、衆生済度の為にあらゆる方便をめぐらし、火難、水難、風難、剱難、悪鬼羅刹の難、囚難、賊難の七難を解脱せしめ、淫欲、瞋恚、愚痴の三欲を除き、男性女性の徳を生ずる二求を成就せしめ、三十三身に姿を現して救済せらるゝ徳性の仏様であり、密教四菩薩の一として、阿弥陀如来に付属し、妙観察智を代表していられるのであります。

般若心経は、大智恵を以て衆生を彼の岸即ち悟りの境界に趣かしむる心の教えでありますから、この妙観察智を代表せらるる観音様がお説きになったものとなっています。勿論、お経はすべお釈迦様の説かれたものでありますが、釈尊が観音の心となり観音が示現して、此教えを説かれたと云うことになるのであります。

「菩薩」でありますが、菩薩とは菩提薩埵をつゞめたものでありまして、覚有情、大覚有情、大道心の衆生、大士、高士等とも云われます。つまり覚りを求める人、道を求める大心の人等と云う意味でありますが、仏教ではこの菩薩に二つの種類があります。それは、一つは已にその本来仏陀であるが衆生済度の為に菩薩の姿を現わしたものと、一つは菩薩の戒法を受け菩提心——大信心をおこして仏道をはげむものとであります。観音様等は勿論前の方であります。吾々お互いも菩薩の羯磨による授戒をなし、仏道にいそしむものは菩薩と云うべきでありますが、然し、観音様等とは大違いで、観音様は観察自由自在、救済自由自在であるが、私共は中々不自由不自在で、まあ観不自在の菩薩位の処であります。

仏教では、心性の世界を十界に別ち、即ち、低い処から申しますならば、地獄、餓鬼、畜生、修羅、人間、天上、声聞、縁覚、菩薩、仏となし、菩薩は仏の次の位であります。そうして菩薩の誓願は上求菩薩と下化衆生とでありまして、上はさとりを求めると共に、下に向って人々を済度し利益をあたえる事であります。

そして又菩薩には、出家の菩薩もあれば在家の菩薩もある。修験道等は出家も在家も総じて一体となるものであるが、而も在家の菩薩を主とするにつき在家菩薩宗と名けてもよいのであります。修験の高祖は神変大菩薩であります。菩薩の上求菩提下化衆生の心は、六波羅蜜の修行となってあらわれるのでありますから、私達高祖の末流に浴するものは菩薩の道を慕い、布施、持戒、忍辱、精進、禅定、智慧の六度を修して行かねばなりません。次に、

「深般若波羅蜜多を行し給う時」と云うのは、般若に二種あって、人空般若と法空般若であります。人空と云うのはつまり、我は無常であって定まらぬものであり、五蘊和合によってなっていると考えるのであるが、更に法空般若と云うのは、この人を作っている要素たる五蘊も亦空なりと観ずる深い智恵でありまして、観自在菩薩が、この深い智恵の観行をされた時、この時とは何時の事か、今より五千年前か三千年前か、否々この時は今である。仏様はいつでも深般若波羅蜜多を行じていられるのである。観音様は印度に生まれられたお方ではない。その戸籍を尋ねることは出来ない。要するに、宇宙の大霊の不可思議の徳性の現われであります。法華経の如来寿量品に、「仏の寿命は無量であって、衆生の信心渇仰するものあらば我は常に其者の前に現われて法を説くのである」との意味をのべ、又、普門品に、観音様は時に応じ機に応じて、或は仏の姿或は菩薩の姿、乃至女小供の姿にまでなりて人々を済度せられるのであって、我々が観音を信じ仏道を志した其時が、丁度観音様が深般若波羅蜜多を行じ給う時なる事を心得ねばなりません。その時、

五蘊皆空なりと照見して一切の苦厄を度し給うのであります。「五蘊」と云うのは、我々人間を成立たせている要素でありまして、左に表示して見ますと、

色蘊…触れることの出来るもの……………………………物質
受蘊…事物を受けこむ心の作用——感覚知覚
想蘊…事物を想像する心の作用——想像
行蘊…事物に対し瞋り貪る等の心の作用——感情意志
識蘊…我に対する事物を識知了別する作用——自我意識
（受蘊〜識蘊）精神

この五蘊が皆空であると云うのであるが、この空が中々六ケ敷い。空と云うのは無い事やカラの事ではない。何と説明してよいか随分六ケ敷いが、兎に角、初めから定まった変らぬものである。有ると思うていてもやがて無くなる物質も精神も固定したものでない。若いものはやがて年よる。生まれたものはやがて死ぬ。我と云うものも有って無いようなものだ。皆因縁和合の上に成立っているので、因縁がなくなれば変ってしまう。誠は諸行無常である。——これが即ち空なのであります。

かくの如く述べて来ますと、まことになさけない様に考えられるかもしれませぬが、此空であることが又ほんとに必要なことであります。空でなかったならば罪はいつまでも救われず、悪はいつまでも悪で善となることが出来ず、人間はいつまでも生きていて死ぬものがなく、貧乏人はいつまでも貧乏でなければならぬ。空であるからこそ因縁和合し、罪もゆるされ、悪も転じて善となることが出来、金持ちも貧乏になれば貧乏も金持ちになることが出来るのであります。

又観音様が三十三身に身を現じて衆生を救済せらるゝのも皆空だからであります。子供に接しては子供の心となり、婦人と接しては婦人を済度することの出来るのは空だからであります。私達の心もいつも先入見、偏見で一杯になっていては、時に応じた大きな活動をなすことは出来ません。お腹が一杯になっていてはいかに甘いものも食うことは出来ません。空だからこそ食物を消化することも出来ます。松吹く風の音にも教えを聞くことが出来ます。空は執着をはなれることであります。自分の身に執着し、自分の意見に執着していては一切の苦厄を済度するという様な働きは出来ません。

「一切の苦厄」　人生には種々の苦厄があります。生老病死の四苦、これに愛するものとも別れねばならぬ愛別離苦、憎んでいるものとも会わなければならぬ怨憎会苦、求めても得られぬ求不得苦、其他生理的の種々の悩みなる五蘊盛苦、又外面的にも火難水難盗難等種々の災厄があり、苦しみに充ちているものであります。これ等の苦厄に対して五蘊皆空なることを照見して、空理の上の因縁の大きな働きの上に済度せらるるのである。

第四回　舎利子色不異空

舎利子色不異空空不異色色即是空空即是色受想行識亦復如是

と云う処をお話致しましょう。これを訳します。

舎利子、色は空に異ならず、空は色に異ならず、色は即ち是れ空、空は即ち是れ色、受想行識も亦復是の如し

となります。

「舎利子」と云うのは、仏様のお弟子で、ことにお弟子の内でも大迦葉とか目連などと共に、最も有名なお弟子であり、仏様のお弟子中智恵第一と云われています。すべてお経が説かれますときには、その対告衆即ちきゝてがありまして、そのきゝての主なるもの、一人を代表者として呼びかけてお経を説かれたものでありまして、例えば観音経をお説きになる時には「無尽意菩薩よ」と、きゝての代表者として無尽意菩薩に呼び掛けているが如きであります。そして今、般若心経を説かるゝ時のきゝての代表者は舎利子即ち舎利弗とも云われている仏の大弟子であります。

この智恵第一の舎利弗に向って説かれた般若心経——即ち大きな智恵を以て彼の岸に渡る心の教え——は中々六ケ敷いものであり、この内には仏様の大きな智恵が示されているのであります。次に、

色は空に異ならず

色と云うのはこの前も一寸申しました様に、物質の事であります。質あるを色と名くとも云い、物質的存在は皆色に属するのである。この物質は空に異ならない、と云うこの空が中々六ケ敷いので空観の智恵を般若と名くるのであります。空と云うと、空虚等と云う如く、全く何もないと思うかもしれませんが、これは大きな間違いで、仏教で空と云うのはムナシ、即ち因縁和合の上に成り立ったものであるから、本来それ自身独立に存在するものではない——皆変化集散するものである、永久的にそれ自身存在するものは何もない、然るにこれが永久の存在である如く考える処に間違いが生ずる。

あめあられ雪や氷とへだつれど落つれば同じ谷川の水

と云うように、すがた形は色々に顕われても、一つとして本来いつまでもその姿であるものはない。故に無常変化きわまりなき、因縁の上にあらわれている現象に外ならない——即ちむなしいものである。然るに人間は因縁の上に顕われている物を実の存在であると思い、色々の執着を生ずる我れと云うものがいつまでもある如く考えたり、財産と云うものがいつまでもある如く考えて、これに執着して種々の罪をつくる。更にこれを論ずれば我々が物があると思うているのも我が心である。

故に心なければ物もない。心の因縁の上に物があると云うことも云えるのである。

これが色是即空と云う処である。即ち物はあるが如くで而もそのまゝ空しい存在である。と云うことになる。

空は色に異ならず

人間は先に述べた如く一切物質は空だと云うと大いに悲観するものがある。然し反対に空だからこそ一切の姿が顕われ得ると云うことになる。

ありと見てなきは常なり水の月

と云う句がある。即ち人間は水にうつった月を見てある如く考えているから間違いを生ずることになるが、「なしと見てあるは常なり水の月」と反対に云うことも出来る。水には月はない。けれどもない処にこそ月影はいつも宿ることが出来る。と云うことになる。

修験道の開祖役行者が、箕面山の龍窟に於て龍樹菩薩と云うお方から法を授けられた。この龍樹菩薩と云うお方は種々の方面から空の道理を説かれた。そして、すべてのものは生ずるとも云えねば滅するとも云えぬ。有るとも云えねば無いとも云えぬ。一つであるとも多くであるとも云えぬ。去るとも来るとも云えぬ。――一切皆空であり、そこに因縁の道理が成立っていると説かれたのであるが、ある人、龍樹菩薩に向って、

若し、一切皆空であって、生なく滅なしとすれば仏陀の説かれた四諦の法も成立つ事は出来ぬであろう。又仏法僧を破壊することになるだろう

と云うて尋ねた。即ちその意味は、四諦と云うのは人間界は苦の世界だ、その苦は人間の煩悩を原因とするこの原因、この苦をなくした世界が涅槃滅の世界だ、それに到るには道を修せねばならぬと云うのが四諦の道理である。若し一切空にして生も滅もなければ、生老病死の苦をうけることはない。そして煩悩を無くする必要もない涅槃即ち滅の世界に入ることも、道を修することも必要がなくなるではないかと云う問であります。龍樹菩薩はこれに答えて、

空と云うのは決してそんなものではない。空をかくの如く考えるものこそ三宝を破り、因果を破り、罪福を破ることになる。実際には空であってこそ一切のものが成り立つのである空でなかったならば、一切のものは成り立たない。空であるから因縁和合することが出来るのである。

と云うていますが、実際、初めから固定して定まっていないから空であり、空であるから、悪人が善人になり、貧乏人が金持ちになり、苦しみを転じて楽みとなし、人の悩んでいる問題にも自分は安心を得、慰安を得ることも出来ると云うことになる。

未だ曽て一法として因縁より生ぜざるものなし、此故に一切法それ空ならざるはなし（『中論』）

と云うことになるのです。

我等の心もこの空を悟らねばならぬ。ある人間の親愛するものが死んだ、この死んだものゝ事が忘れられずにいた処、遂に毎夜幽霊になって出てくる。恐ろしくてたまらないので、一人の坊さんに、どうしたらこの幽霊が出なくなるか、浮ばせることが出来るかと問うた。すると坊さんは、毎夜宿る時に豆を一攫みつかんで寝ることにし、幽霊が出たら、この内に何があるかと手を出して尋ねて見よ。すると幽霊は「豆だ」と答えるに違いない。そこで、然らばこの豆の数はいくつあるかと尋ねて見よ。今度はおそらく幽霊は答えられない。すると幽霊は大てい逃げてしまうと教えられたので、早速帰ってその夜やって見ると、はたして幽霊は「豆である」と答えたので、数はいくつあるかと云うと、今度は何も答えがない。はっと思ってよく見るともう幽霊はいない。これは不思議だと翌日坊さんにその理由を尋ねてみた。坊さんの云われるのに、それは不思議でない。お前はあまり死んだ人の事を思うているので、お前の心から現わした幽霊なのだ。そこで幽霊と云う事は皆お前の胸に覚えのある事ばかりだ。豆にしてもそうだ。お前は自分で手に握っているものは豆だと思っているから、幽霊は豆だと答えたのであるし、数はお前自身も知らないから幽霊も知らないのだ。お前は心の影法師が幽霊となって顕われたのだ。お前の心のすむ様に死人を廻向供養して、自分の心もすめば、又幽霊も出ぬようになるのだろうと。

ないものを有りと執着して自ら心を悩していることが多いのであります。

「色は空に異ならず、空は色に異ならず」と云う処は先ずこれ位で切り上げて、「受想行識も亦復是の如し」と云うのは「受は空に異ならず、空は受に異ならず、想は空に異ならず、空は想に異ならず。行は空に異ならず、空は行に異ならず、識は空に異ならず、空は識に異ならず」と云うのを略して、受想行識も亦復是の如しと云ったのであります。色は物質であるが、受想行識は心の種々の活きを云うたので、受は感覚知覚、想は想像、行は意志活動、識は自我意識と云うようなものであって、それ等の精神作用も、また因縁和合の上に存在するものであって、固定した存在でないと云うことは先の色の時の話で明でありますから、くど〳〵しく申しますまい。

第五回　舎利子是諸法空相

舎利子是諸法空相不生不滅不垢不浄不増不減
（舎利子よ、是の諸法は空相にして生ぜず滅せず垢ならず浄ならず増さず減ぜず）。

「諸法」は空相にして生ずるものでもなければ滅するものでもない。よごれているものでもなければ、浄らかなものでもない。増すものでもなければ減るものでもない……とお説きなされたのであります。

「空相」と云うのは、むなしいすがたであって、空については前二回にわたっていろ〳〵お話致しましたが、諸法と云うのは一切万物のことで、一切万物は始めより終わりまで同じ姿でいるものではない。因縁和合して始めて現われたもので、皆無常変化のものばかりである。殊に一切のもの心の作用から眺められるのであるから、心の因縁を除いては存在しない。一切のものみな因縁によって動いている。一つの処に止まっているものではありません。人間について考えても、毎日毎日少しずつでも心も変われば形も変わる。朝に紅顔の美少年も夕には白骨となるものもある。人間の心によって見る外界も変わって行くのであります。然しながら、これを具体的に眺めてみると、其本体は生ずるとも云えねば滅するとも云えぬ、本体がよごれているとも浄らかなとも、本体が増すとも減るとも云えぬ。私達が、生まれたとか死んだとか汚いとか、きれいなとか、増えて来たとか減って行くとか云うているのは皆現象の上の事で、其本体は何とも云えぬ此何とも云えぬ処が空なのであります。お釈迦様も法華経の内に、自分は死の姿を現わすけれ共、真実には死なない、未来自分を信心渇仰するものがあれば、其人の前に現われて法を説くと仰せられています。然らば死なれて後も物質的に存在するかどうかと云うと、存在するとは云えぬ。即ち畢竟空の上に無限の働きを現じていられることになる。又精神的に解釈すると、仏様――お釈迦様は三千年前に死なれたけれ共、私達の心の内に生きていられるのである。私達がお経を読んで仏様のお言葉の有難みを知り、なるほどと合點すれば、そこに仏様のお心が私達の心に生きていることになるのであります。

かの龍樹菩薩は本体空なることを説かんが為に、八不なるものを挙げられました。八不とは、不生、不滅、不常、不断、不一、不異、不去、不来の八つである。即ち本体は生ずるとも云えねば滅するとも云えぬ。いつまでもあるとも云えねば無くなってしまうとも云えぬ。一つであるとも多くであるとも、去るとも来るとも云えぬ。例えば、事物の生ずると云うことについて考えて見るに、四つの点から見ることが出来る。第一には自体より生ずる事、第二には他物より生ずること、第三には自他合同して生ずること、第四に原因なくして生ずること、であるが、第一については万物は諸の、因縁より生ずるので自体より生ずる事はない。若し自体より生ずると云えば、自体と生じたものと二体なければならぬ。然るに生じたものと生ぜられたものとは別物であって、自体と云うことは出来ぬ。次に他物より生ずると云うならば、他物の内に已に先より存在したものでなければならぬ。無いものから生ずることは出来ぬ。すでに他物中にあったものならば、元来別物でなかった筈であるから、他物より生じたとは云へぬ。もし他物より生ずることを仮に許るならば、自性の存在も許さねばならぬ。然るに諸法は因縁和合の上に存するので衆縁中に自性はない。自性なき処に他性もない。他性なければ他より生じたと云えぬ。自生他生がなければ自他共生はない。況んや因なくしてどうして生ずることがあろうか。このような論法で龍樹菩薩は八不をとかれ、本体は人間の分別の智恵を以て名くることのできぬものだとなしたのであります。

これをも少し常識的にわかり易くお話してみますならば、今事物の成立について考えて見るに、一粒の米を田にまけば芽をふき苗となり稲となり、多くの米がみのる。大体一粒の米から仮に百粒の米が出来たとすると、必ずどこからか米の要素となるものがあって、一粒の米がこれを吸収したからである。その要素は土や米や肥や空気や、太陽の光線や、種々の因縁によるのである。少なくとも土の内に米と同種の成分があるにちがいない。然らば土と米とは別物のようで別物でない。然し同一でもない。又人間が米を食うて血となり肉となって成長した。然らば人間と米とも別物のようで別物でない。全く別物ならば米は食うても血となり肉とならず素通りして排泄することとなるであろう。そして人間を土中に埋むと土となってしまう。故に米と人間と土とは別のようで別でない諸の因縁の為に土の現象、米の現象、人間の現象を呈したと云うべきであります。

これを精神上についても、自分と他人とは別のようであるけれども、自分の意見に共鳴してくれるならば、自分の精神と一脈通ずるものがある。全く別の心ならば理解することも共鳴することも出来ぬ。然し全く一つならば、理解も共鳴も必要はない。そこで一国には国民精神がある等と云うことも出来るのです。又三千年の昔釈尊が仏教を説かれた。私達はこれを理解し会得し、なるほどと思う。ここに釈尊の精神が私達に通じていることになる。又古人の美わしい行為思想に対して感激し合うことが出来るのには、お互いに全く別物でない心が通じ合っているのであります。でありますから、私達の身体と云い精神と云い、自己一人より成立って生じて来たものとも云えねば、他人より生じたとも云えぬ。自分と他人と協同してつくり上げたとも云えぬのであって、不思議の因縁によって生じたと云うことになるのであります。いや無いものが生ずることはないから、根本を言えば生じたと云えぬ。故に又滅するとは勿論云えぬ。釈尊の御精神は今日に生きているではありませんか。故に本来穢れているとも清らかなとも、増すとも減ずるとも云えません。然も其内に立派な働きをなしているのであります。

「不」と云い、「空」という皆因縁和合の道理の上に成り立っているのであって、生ずるとか滅するとか、穢れているとか清らかなとか、増すとか減ずるとか一つだとか二つだとか、断定してしまうと、真の活動を失い、因縁和合の道理を失うことになると云うことを注意せねばならないのであります。

第六回　是故空中無色無受想

是故空中無色無受想行識無眼耳鼻舌身意無色声香味触法無眼界乃至無意識界

（是の故に空中には色なく受想行識なく、眼耳鼻舌身意なく、色声香味触法なく眼界なく乃至意識界なし）

この故にかくのごとき因縁によって成立った空の中には色（物質）もなく受（感覚）、想（思想）、行（意思）、識（我）もない……

とお説きになったのであります。これは常識から考えると誠に不可解のことで、物質も、精神上の諸現象も無いとは矛盾で、現に物質の現象も精神の現象も厳然としてあるのではないか、と考えられるでありましょう。勿論仏教でも常識普通の現象としてあらわれているものを否定するのではありません。

これについては仏教の二諦の教を考えねばなりません。龍樹菩薩の説かれました大智度論に「仏法中に二諦あり、一には世諦二には第一義諦なり、世諦の為の故に衆生ありと説き、第一義諦の為の故に衆生所有無しと説く」と云われています。即ち世諦――世間の常識では一切のもの有るのでありますが、第一義諦即ち本体上より見ると有るとは云えないのです。有りと認めている一切のもの、皆衆縁和合によって成り立ったものですから、自性の求むべきものありません。例えて云えば、吾々は眼が物を見ると申しますが、眼の一つでは物は見られない。心によるからであります。然し目と心とがあっても見られる物がないと見ることは出来ません。ところが見られるものと云うても、目と心とがよって見られたから物として存在しいるとも云えるのです。そして見る働きのない目と云うものは無意味であって、目とは申されませんから、心と物とがあって初めて目もあると云うことになる。目そのものが孤立して存在し得ない。皆心のはたらきの上に名けたと云うことになる。

そこで色即ち物質は心をはなれて存在しないことになるから、色なくと云うたのであり、受想行識と云うものも、一つ一つはなして存在し得ないから受想行識なしと云うことになるのであります。若し自性ありとすれば因縁を待たないで生ずることになる。然るに因縁なくしては――原因がなくしては結果はない。然しその原因は一つだと云うことは出来ない。多くの原因がなければならぬ。又原因だけでもいけない。そこに種々の縁と云うものがなければならぬ。

今ここに一粒の米をまいて沢山の米が実ったと云うことについて考えて見るに、一応は米の種子が原因だと云えるかもしれぬが、種もまかねば生えぬから、人がまいたと云うはたらきも原因の一つである。然るに、荒地にまいても生えぬから、先ず田をたがやしたと云うことも原因の一つである。これらの原因が集まってその結果が出来るのだが、然し、田をたがやし、種をまいたのみでは米は出来ぬ。そこには水もなければならず、太陽の光も照らしてくれねばならぬ。これ等が縁となって遂に米が実ることになった。然し、一粒の米をまいて百粒の米が出来たとすれば、これ等は皆、土地から養物を吸収したが為である。そうすると土が変わったので、土が米と同性質のものを有する。此米を食ふて、人間の血となり肉となるから、人間と米と土とは相通じている。そして死んだら人間も土に還る。

と云う様なわけで、因縁関係は中々複雑なもので、初めから一つのものとして存在しない。因縁の上に姿を現じたものに外ならない。故に本体的に云うと、目と云い、耳と云い其実体其自性は存在しない。即ちこの意味を眼耳鼻舌身意なしと云うたもので、従って眼耳鼻舌身意に対する色声香味触法なるものも相対的であり、心をはなれて存在しない因縁和合の上のものとなり、色と雖も目心と和合し見ると云う作用の上にあらわれた姿にすぎぬ色と云い声と云い孤立して存在しない。

鐘がなるかや撞木がなるか鐘と撞木のあひがなる

と云う言葉があるように、鐘の内に声があるかとさがして見ても声はなく、撞木にもないが、鐘と撞木と出合った処に発する作用にすぎぬ。また、

年ごとに咲くや吉野の山桜　木をわりて見よ花のありかを

と云う歌もある通り、時がくれば花が咲くが、初めから花があったのでなく、時節因縁の上に花の姿があらわれたので、いかに木をさいて花を求めても花はない。こゝの処を色声香味触法なしと云ったのであります。

次に眼が色を見、耳が声をきゝ、……乃至意が法を知ると云うのは眼に眼識、耳に耳識、鼻識、舌識、身識、意識があるからであると見られるが、而もこれ等も同じく因縁和合の上にその識のはたらきを現じたのであるから、独立した六識がないのでありまして、こゝの処を眼界なく乃至意識界なしと云われたのであります。

今日の処も随分六ケ敷い道理を含んでいるのでありますが、これは決して何もないからどうでもよいと云う様な事でなく、物のあることに執着せず、因縁中道の上に生きよ、物はたえず変化し、有るものも姿をかくし、生あるものは滅するけれども、彼岸に至る大道は、悟りの道は変わらぬ、心のさとり……これに向って進めんとするに外ならないのであります。

第七回　無無明亦無無明尽

無無明亦無々明尽乃至無老死亦無老死尽
（無明なくまた無明尽くることなし、乃至老死なくまた老死尽くることなし）

この文をお話するには、どうしても仏教の十二因縁の事を一応お話せねばなりません。

仏教では、私達が此の世の中に老病死其の他の苦痛を受けているのは何が故であるかと云うと、惑ひと惑ひによる業の結果であるとなし、この惑業を更に詳しく示したものでありまして、仏陀は其の成道に当たってこの十二因縁を順逆無尽に観ぜられたと云うことであります。

然らば十二因縁とはどう云うものかと云うと、これには種々の観察法が説かれているが、倶舎論等に説かれている三世両重の解釈が多く用いられているので、先ず十二因縁の名称から申しますと、一、無明。二、行。三、識。四、名色。五、六入。六、触。七、受。八、愛。九、取。十、有。十一、生。十二、老死の十二であります。

一、無名とは過去世からの迷想で、真実真理を認めずこれを非真とし、真でないことを真とする惑なのである。
二、行とはこの惑、煩悩によって造った種々の業行を云うのである。
三、この業によって現世の母親の胎に托した一念を識と云う。
四、胎内で漸く心身の発育するのを名色と云う。名とは心で色とは身であります。
五、胎内で六根が具わって、将に胎を出でんとする処を六入と名ける。六入とは六根の事である。
六、胎を出で、事物に触れるようになったのを触と云う。
七、六七歳頃から以後漸く事物に対し苦楽を感受するに至る。これを受と云う。
八、苦楽を感じてくるとこれより愛欲が生じてくる。
九、愛欲が生じてくると次にこれを取らんとする執着が生ずる。これが取である。
十、有は保つことで、取によって自分のものとする。自分のものとして業を作る。
十一、この愛取有の煩悩業によって、次の世の生を受ける。これを生と云う。
十二、そして遂に老いて死し諸の苦しみを受ける。

以上十二の因縁の意味を簡単にお話申しましたが、このうち無明と行は過去の因で、識から受までが現在の果、愛取有が現在の因、生老死が未来の果となるので三世両重と云われています。然しながら更に刹那の解釈、精神的理論的解釈があって、仏様の真の御精神はここにあったと思われますので、次にその意味をお話致します。

今、人生の苦しみについて其の結果より原因にさかのぼって考察してみますと、

一、現実の世界は無常であり、老死憂悲苦悩の運命に支配せられねばならないが、これが何故であるか。
二、吾人に老死苦悩あるは生あるを以てである。生なければ老死はあり得ない。即ち生は老死の存する為の必要条件と云わねばならない。
三、然らば吾人は何によって生ずるのか、生ずる為にはいかなる条件が必要なのか、それは有と云うことである有とは存在である。存在なければ生ずることはない。仏陀はこの存在を三界の有と名けている。
四、然らば吾人の生ずる処の有（存在）は何によりて起るかと云うに、それは取である。取とは執着の事で、即ち我を中心としての執着があり、自己の世界を組立てるからである。この処は一寸六ケ敷いが一番肝心の処で、私達の生死と云う現象の運命は脱れることが出来ないけれども、精神的に生死に囚えられず、生滅のまゝ仏の世界に入り不生不滅の心地に入り得るのは、自己の世界の執着を離れると云う処に根底があるのであります。であるから、仮に三界が存在するとしても、執着がなければ吾人の生の条件としての三界の存在とはならないのであります。
五、此の執着の心の根底には愛が存在します。愛するから取ることとなる。愛とは愛欲であって、此の愛欲が自己保存、種族保存の要求として現われるもので、三界差別の種々の活動はこの愛欲から出て来たと云うべきで、大縁経には更に、

愛によりて求むることあり、求によりて利あり利によりて用あり、用によりて欲あり、欲によりて着あり、着によりて嫉あり、嫉によりて守あり、守によりて護あり、護あるによって刀杖諍訟あり、無数の悪を作る。

と、ありますが、これは愛、取、有の関係に於て実際の現象の上に適用し種々の悪が結局、この愛欲より生ずることを説かれたものであります。
六、然るに人間の心理的活動としては、此の愛欲と云う意志的活動の背後に、苦楽と云う感情が存在する。苦を感ずるものは捨て、楽しみを感ずるものを愛するの

である。この苦を感じ楽を感ずることが即ち愛なのであります。

七、この苦楽を感ずるには、何物かに触れることがなければならない。触れるのは心に触れるか身に触れるかで、心触、身触。即ち知覚感覚であります。

八、處が感覚知覚は、その触れる處の機能たる眼、耳、鼻、舌、身、意の六根（六入）を予想せねばならぬ。六根がなければ感覚知覚はあり得ない。

九、然るに六根の作用には、これに触れるものがなければならないので、それは眼、耳、鼻、舌、身の五つに対する物質と、意根に対する法（概念）である。この物質を色と名け法（概念）を名と名けます。

十、然るに色と云い名と云うには、これを認める根本の知る働きがなければなりません。これを識と名ける。

十一、次に行のことであるが、この説明は中々六ケ敷い。先の識ると云う働きには、何等かの統一がなければならぬ。此の統一する一種の働きが行であって……即ち吾人の知識の作用の根底には、これを集成する一種の意志的な働きのあることを意味するのであります。

十二、この集成する一種の働きの根底が吾人の生きんとする差別的、盲目的意志なのである。これが即ち無明であります。

かくの如く、十二因縁の関係を説いて来たが、この十二が決して、別々に働いているのでなしに、実は一つの心の内に具わっているのであって、十二の各が相関連して吾等はこの生死苦悩の世界に働いていることになるのであります。

然しながら、この十二因縁が吾人の一心の働きと知り、真に世界が因縁の上に成り立っていることを知ったならば、我に対する執着を離れることが出来る。我を中心とした盲目的意志の執着をはなれたならば、永遠の道の上に生きることになる。その時には無明はすでに無明の働きでなく明の働き、真智の働きとなって現われる。生死を解脱するとは生死の世界にありながら、生死に囚えられざる心地に住することである。生死の世界は無明の世界でありながら、生死に囚えられない明の心地に住することが出来るのであります。

ここでお経の本文に返りまして、

無明なく無明尽くることなし

無明が本来常住の存在なれば、これを離れて明の心地に入ることが出来ない。明の心地に入り得るのは無明となづける常住の実態がないからである。然し一方生死の世界はいつまでも存在しているから無明の無くなる時もない。

乃至老死なく老死尽くることなし

この乃至と云うのは、十二因縁の行、識、名、色、六入、触、受、愛、取、有、生の十を指したのであって、十二因縁の最初の無明と云うものは本来あるのでないが、その現象のなくなる時もない。又行識以下も……本来あるのでなく因縁の上に現われているのであるが、尽きることなく続いて行く、そして、老死と云うものも本来存在するものでなく、老死でありながら、老死を脱して不生不滅を得ることが出来るのであるが、然も世の中に老死の姿の無くなる時はない。老死の姿のまゝ老死を畏れず老死に囚えられぬ大安心の境界を得なければならないのであります。

第八回　無苦集滅道

無苦集滅道（苦集滅道なし）

今日はこの一句についてお話致しましょう。苦集滅道と云うのは四諦の道程と云われまして、此の四つに仏教の道理は蔵まっていると云うべきであります。

お釈迦様が出家せられました動機に就いては、四門出遊と云うお話が伝わっていますが、それによると、お釈迦様がある時王城の東の門から散歩に出られると、道に白髪にして腰屈み、杖をついて歩いている老人の姿を眺め、侍者に向って、あれは大体何者だと尋ねられると、侍者は釈尊に向って、「あれは老人と申し人間が年を取ると皆あのようになるのであります」「俺でもあのようになるのか」「太子様でも年を取るとあのようになられるのであります」……太子は悲しみに充ちて散歩を止めて王宮に引きかえされたのであります。

又、ある時、南の門を出て行かれると、道ばたに四肢やせ衰え、顔色蒼白く息苦しくあえいでいる病人が倒れている。又、太子は驚いて尋ねられると「あれは病人と云い、人間の四大調わず、身体に欠陥が出来た時は、かゝる苦しみをなめねばならない、太子様とて四大調はず病気にかゝられることがありましょう」……と云う意味の事を聞かれて又心楽まずして王宮に帰られた。

又、ある時王宮の西の門を出られると、道に於て葬式の行列に出遭うた。大勢の人が列をたて中心に龕をかつぎ、涙を流している人もある。太子は「あれは何者じゃ」と尋ねられると、近侍のもの答えて云うに、「あれは葬式でありまして、人間は病にかかり遂に意識を失い気息を止めて死に至ります。そこで墓所に送られるのであります」「自分も遂にかくなるのであるか」との太子のお尋ねに、「太子様は一度は死者となり墓所に送られるのであります」。太子こゝに怏々として楽まずに王宮に帰られた。

其次に太子王宮の北門を出られると、麻衣を身に着けた修行者の姿を見られた。あれは何者かと尋ねられると、侍者答えて云うに、あれは世の中の苦しみを脱せんとして山林に入って修行し道を得んとする修行者でありますと。太子これを聞いて深く心に考える處あり、ある夜ひそかに王宮を抜け出て出家沙門の身となられたのであると伝えられています。

此伝説は勿論そのまゝ信ぜられますまい。いかに王宮に育った太子だとてすでに青年に至って人間の年とること、病気にかゝること、死ぬことを知らぬ筈はない。此伝説は実に太子の精神的苦痛を象徴的に云いあらわしたもので吾等は老病死を知るとは云え、真にはこれを痛感していない。習慣的に老いたなあ、病気にかゝったなあ、彼も遂に死んだなあと、人事の如く考えて、其真実の相に目ざめない。驚かない。然るに釈尊は実に老病死を人生の一大事と痛感し、其苦痛を直視せられたことを示しているのであります。

今迄は人のことぢゃと思ふたに　俺が死ぬとはこいつたまらぬ

という歌があります。自己の死に直面した苦痛のないものがどこにありましょう。

仏陀世尊の現実に与えられた世界に対する考察は、要するに現実の世界は苦の世界だと云うことです。仏陀出家の動機も亦この苦を解脱せんとする處にあり、真実にこの苦を脱した境界が悟りの世界、理想界なのであります。此世界の現実相を考察して見ると、一切のもの常恒なるものなく無常流転のものばかりであり、吾人は常に幸福を得満足を得んとしているけれども、到底吾人の尽きざる希望はこの流転無常の世界に見出すことは出来ない。実に此世は苦しみの世である。此苦しみを仏教では四苦八苦と云い、生、老、病、死の四苦及び、愛別離苦、即ち親愛するものと別れねばならぬ苦しみ、怨憎会苦、即ちうらみ憎むものとも会わねばならぬ苦み、求不得苦、ほしいと思うものも要求するものも得られぬ苦しみ、五蘊盛苦、心身の発達変化にともなう一切の苦しみ、是等の苦しみを受けねばならぬのが現実の世界であります。

この現実世界の苦悩に直面した時、そも〳〵この苦みはいかにして生じて来たかを知らんとします。この苦の原因を集諦と名けます。そして仏教では唯心論的でありまして、此苦を集起せしむるものは人間の貪欲、瞋恚、愚痴等の煩悩まよい、及びそれより起こす種々の業であると云われます。そしてこの惑いと業を滅し、生死の苦をなくした理想境が即ち滅諦涅槃でありまして、こゝでは生死にありながら生死に囚えられず生死を苦とせず、全く安楽なる境界であります。煩悩をなくした点より滅と云いますが、同時に一切の真実の姿があり〳〵と心の内に現われてくる悟りの境界なのであります。然らばかゝる境界にどうして達することが出来るかと云うと、道を修せねばならぬ。此道は仏陀によりて八正道として説かれました。

八正道とは理想の境界、悟りの境界に至る道であって、正見、正思惟、正語、正業、正命、正精進、正念、正定の八つであります。正見は正しく事物を見る。大体に於て四諦の道理を見ることであり、こゝに於て邪見、偏見、我見を除き、次に正思惟に於て事実に進んで行く道に於ての感情を陶冶し、正語に於て、正しく語り、正業に於て正しく動作し、正命に於て正しき生活法に於て世間に安住し、次に正しく精進努力し、正しく心を置いて専念し、心安住不動の境地に入ることがあります。

この苦集滅道の道程を四諦の理として説かれたのでありますが、もう一度これをつづめて申しますと、世の中は苦しいものだと云うことは現実の事実であるが、これは吾人が迷い心から我見偏見を起こし事物に囚えられ種々の業を作ることが原因で、それには無我平等の理を悟り、惑業を滅してこの苦を解脱することが出来るのであるが、それには道を修せねばならぬ。と云うことが四諦の理なのであります。

然るに般若心経の文には、苦集滅道なしとあるのはどうしてか。これは誤解してはいけない。苦集滅道の道理がないと云う意味ではありません。それについて、般若心経は全体として空理を説いてあることはすでにお話しましたが、此仏教の空理を細かく説いている龍樹菩薩の中論観四諦品では、

若し一切皆空にして生なく滅なしとすれば、仏陀の説かれた四諦の法はどうして成り立つことが出来るか、四諦なければ苦を感ずることも、其原因たる集を断ずることも、滅を悟ることも、道を修することもなくなり、仏法僧を破壊することになるだろう。

との問を設けて、これに問ふるに、

空をかくの如く考えるものこそ三宝を破し因果を破し、罪福を破し、一切世俗の法を壊わすことになるのである。汝は我が空に著して誤を生ずると云うが其過は空にはないのである。否々空の義があるからこそ一切の法は成ずるのである。若し空の意味がなければ却って一切の法は成立しない。空であるから因縁和合することが出来るのである。初めから決定しているものなら因も縁もないことになるのだ……

と云い、又、

未だ曽て一法として因縁より生じないものはない。此故に一切法はこれ空ならざるものはないのである。若し一切法空でなかったならば生滅はない。生滅なければ四諦の法も成り立たない。

若し苦と云うも決定して有るならば集よりなるとは云えず、又この苦を滅することも出来ず、従って修道する必要もなく、かくて四諦の理はなくなる……と云う意味のことを述べています。即ち、何が苦と名くべき実体がない。迷ふているから苦しいとするのであるが、悟れば苦しいとは感ぜぬ。死ぬと云うことを非常に苦しく感ずるのは普通の人の感情でありますが、悟った人はこれを苦と感ぜず安然として往生することが出来る。暑い〳〵と云うて暑さを苦にしている人は多いが、中にはこれを苦にせぬ心の修養をなすことが出来る。ある人は自分の境遇に不平不満をならべている人もあるが、同じような境遇にいても、感謝感恩の心をもってあり難い〳〵と云うている人もあります。

ある婆さんが、晴天の日は今日は天気がよい、つまらん〳〵と云うて泣き、雨天の日には又今日雨降りでつまらん〳〵と云うて泣く。なぜ天気でも雨降りでも泣いているのかと尋ねると、この婆さんには二人の息子があって、一人は傘屋をしているので、天気が続くと傘が売れまいと思うと悲しくて〳〵、又もう一人は草履屋をしているので雨降りだと草履が売れないだろうと思い悲しくなって泣くのですとの答え、これを聞いた人が、それは婆さん間違いだ、天気には草履屋の息子の繁昌を喜び、雨降りには傘屋の売れるのを喜ぶのがほんとうでしょう。……婆さんこれを聞いてなるほどと合点したとの話がありますが、人間の心に苦を感ずることは事実だが、同じことを苦と感ぜず感謝の心、喜びの心を以て迎えることも出来る。こゝに苦の実体はない……苦もまた因縁和合の上の事であります。故に又因果によって無くすることが出来る。であるから決定して苦があるのではない。

同様にすべて因縁和合で出来ているものですから、其本体はきまって有るのでないから空である。空であるから、そこに因縁がある。因縁があるから苦集滅道の道理も成り立つ。然し苦と云い、集と云い、滅と云い、道と云うも、別々に其物があるのでなく因縁による一心中のはたらきと云うことになるのであります。ここが心経に、苦集滅道と云われる處なのであります。

第九回　無智亦無得以無所得

無智亦無得以無所得故菩提薩埵依般若波羅蜜多故心無罣礙無罣礙故無有恐怖遠離一切顛倒夢想究境涅槃

（智も無く亦得もなし無所得を以ての故に、菩提薩埵般若波羅蜜多に依るが故に心罣礙なし、心罣礙なきが故に恐怖なることなし一切の顛倒夢想を遠離して涅槃を究竟す）

この無智即ち智もなくと云うのは、普通一般に智とは知識のことでありますが、知識は差別分別から始まり、事物について、これは有るこれは無い、これは生、これは滅と云うように分って説明するのが知識であるが、般若の実智は空を悟った智、平等の法性に立った智であるから、実際は言葉で分別して説くことは出来ない。又理智不二と申しまして、知識と道理を説明するものであるが、この智も法性なれば理も法性である。知られるものと知るものとの分別がない。要するに悟りの智恵は差別的な言葉で現わすことが出来ない。平等の内に差別の姿を現じ、差別の内に平等の理が働いている。これを解り易く十界一如と云う道理からお話してみましょう。

十界と云うのは、地獄、餓鬼、畜生、修羅、人、天、声聞、縁覚、菩薩、仏の十の世界であります。地獄は最も罪業深きものの落ちる世界で、餓鬼は其次、……仏が最上完全の世界である。けれ共、特に地獄だの餓鬼だのと云う世界は地図を拡げて見ても見当たらない。恐らく霊界のことだろう。處が十界互具と云ふて、十界には各々十界を具すと云う。例えば人間を取って考えると、人間の内に地獄から仏界まで含まっている。性分から云えば皆お互いに十界の全部を具へているのである。たゞ仏陀はこの十界の性を思いのまゝに動かしていられるのであるが、他のものは其一部の性に囚えられていると云うことになるのです。故に分別して言葉の上で知識として十界を一応説くけれ共、真実の姿では十界一如である。故に知識は月をさす手の指の如きもので月そのものは知識では述べることは出来ぬ。即ち智恵が徹底から動くと却て所謂知識として説くことの出来ぬ活動中道の内に入っていることになる。……これが無智であり又これが般若波羅蜜多と云うことになるのであります。また「得なし」と云うのは本来平等の理が法性に具はっているのであるから、別に得るものはないのである。悟りの智恵と云うも一切の徳も、本来法性本具のものが現われ出でたのは外ならない。と云うことであります。

次に「無所得を以ての故に」と云うのは、既に度々説いた如く本来空であり無我であるが故に所得あるのではない。因縁の道によって変化して行く処に安住して執着せないのが所得なき事を悟ったもの、態度と云うことになるのであります。この無所得を以ての故に、智もなく得もなしと云うことになるのであります。

次の文「菩提薩埵」と云うのは初めにもお話し申しました通り、菩薩の事であって、菩提とは覚、又は道と訳し、薩埵は有情又は人である。即ち道人であり、仏道を修行する人である。仏道を修行する菩提心を有するものは皆菩薩で、我々も一分の菩薩である。たゞ観自在菩薩の如く仏が衆生済度の為に菩薩の身を現じたような大菩薩でなく、人と菩薩との間に登ったり下ったりしている。小菩薩であり、観不自在の菩薩位の處なのであります。この仏道をまなぶ菩薩は般若波羅蜜多による故に――大智恵に徹底している故に心にさわりや、わだかまりがない。心自由自在であるから恐れる處がない。

　こんな話がある。或る處にさみしい奥深い森の中にお寺がある。その寺の和尚さん夜になってもこの森の中を提燈を持たず平気でお寺に帰られる。ある日のこと、村の青年がこの和尚を驚かしてやろうと垂れ下がった森の枝に登って待っていると、和尚さんたゞ一人静かに闇の内をこの下を通られる。青年は木の上からヌッと手を出してツル〱の和尚さんの頭をグッと押へた。恐らく和尚さんはギャッと驚くだろうと思ったのに、案に相違して和尚は黙って立留まって石のようにチッとも動かない。却って青年の方で気味悪くなって手を放すと、和尚さんはスーッと行ってしまった。二三日して此青年がお寺へ行って和尚さんを尋ね世間話の末、「此頃、お寺の森に何か怪物が出ると云う風評がありますが、和尚様等夜更けてお帰りの時、何か変わったものでも出ませんか」「別に変わったものと云って出ないようだ。そう〱此間一度出たね」「へエ何が出ましたか」「俺がのう、此間森の下を通ると俄かに木の枝から俺の頭を押さへたものがある。その手はツル〱で一向毛が生えていなかったので獣類でもない、人間だと思ったので、立止まってジッと様子を考えてみた。すると又急に手をはなしたので俺は寺に帰って寝たよ。村の青年位のいたずらじゃないかね」と云ってニヤリと笑っていられたので、青年は恐れ入ってソコ〱に寺を辞して帰ったと云うことであります。

　まことに心さわやかで無我無所得の境界には恐怖はないのであります。かゝる心地に安住すると、一切の顛倒夢想を遠離する。

　顛倒とはさかさまに倒れること、夢想とは夢の考え、何が顛倒か夢想かと云うと、汚いものを美しいと思ったり、苦しいことを楽しいと思ったり、真には我が為にならぬことを我ためと思ったり、夢の中での考えの如く無きものを有るごとく思ったりすることであります。無常の世界を常住の世界だと思ったり、一切皆空の諸法を実有の如く思ったりして、事物に執着して苦しむ。これが顛倒夢想であります。かゝる顛倒夢想を遠く離れて涅槃を究竟するのであります。

　涅槃とは梵語であって、滅度とか、円寂とか云う意味であります。滅するとは何が滅するのか、盛にもえている煩悩の炎が消える。生死の苦しみがなくなるのであって、そこはごく円寂な平静な状態である。即ち悟りの境界、自由自在の境界に到着するのであります。究竟するは究め竟る。この悟りの境界を究めつくすことになるのであります。

　普通涅槃と云えば二月十五日のお釈迦様のお涅槃会を思い浮かべる。涅槃に入られたとは仏が遷化されたと云う意味に考えている様であります。勿論これも滅に入られたのであるから一種の涅槃に相違ないのであるが、だれでも肉体が死んだから涅槃に入るとは云えず、また生きている間にも涅槃に入り得るのであります。

　仏教では有餘涅槃、無餘涅槃の二種の涅槃を説くのでありまして、有餘涅槃とは悟りを得た時であり、此時一切の煩悩がなくなり苦しみがなくなるので、すでに涅槃に入ったのであるが、未だ寒熱飢渇を感ずる――勿論、寒熱飢渇に患らい苦しむことはないが――感ずる肉体を有するので有餘涅槃と云い、この肉体を滅した滅度の時を無餘涅槃と名けるのであります。けれ共精神的に見れば、一切の煩悩をなくし囚われない自由の境地に入っているのであるから、結局二つのものは同一内容の涅槃であると云わねばなりません。この境界に到達することが涅槃を究竟することなのであります。

第10回　三世諸仏依般若波羅蜜多

三世諸仏依般若波羅蜜多故得阿耨多羅三藐三菩提
（三世の諸仏は般若波羅蜜多によるが故に阿耨多羅三藐三菩提を得）

　三世の諸仏とは、三世は即ち過去・現在・未来の事であって、過去に於ける諸〱の仏、現在に於ける多くの仏、未来に於ける種々の仏、あらゆる仏様の事を云ったのであって、これ等の仏様方は皆般若波羅蜜多によって仏となられたのであります。即ち甚深の智恵、根本の智恵によって此苦悩迷妄の人生より解脱し、理想の境地に到られたのである。仏母般若等と云う言葉がありますが、智恵より仏を産み出す、智恵が仏の母であると云うことになる。勿論此智恵は世間の小さな智恵ではなく、根本の道理、平等空の理を悟り一切を抱擁する大智恵であって、智情意と分かった智ではなく、此大智恵の内には無縁の大悲も、不動の力も含まっている根本的な叡智であります。

　大体仏とは、例えばお釈迦様について考えるにお釈迦様は歴史的には二千五百年前に、天竺でお生まれになり浄飯王、摩耶夫人と云うご両親がいられた。決して現実的には般若と云うお母さんもお父さんもいない。然しお経の内には、「自分（仏）は今初めて仏になったのではない。過去無量劫の昔から仏である。又肉身は滅を示すが、未来いつまでも仏である。信心渇仰する人の前に姿を現じて法を説くのである」と述べられてある。されば浄飯王、摩耶夫人は悉達太子（釈尊の幼名）の産みの親には相違ないが、釈迦牟尼仏の産みの親ではないこの仏の産みの親は仏母般若である――宇宙根本の智体、法身であると云うことになるのであります。故に三世の諸仏と申しますが、唯一法性法身よりの顕現となるのであります。

こゝに「般若波羅蜜多によるが故に阿耨多羅三藐三菩提」を得ると云う。阿耨以下は何の意味かと云うと、これは梵語であって、これを訳しますと、「阿は此に無と云うなり、耨多羅は上なり、三藐は正なり、三は遍なり等なり、菩提は覚なり、総じて無上正等覚と云う」と恵苑音義にもありまして、即ち仏の悟りの事であって、仏の悟りよりすぐれたるものなき故、無上であり、其悟りは真正にして知らざる処ないから正等覚と云うのであります。

かくの如く般若には広大無辺の徳が具わっているのであるから、次の文に、

故知般若波羅蜜多是大神呪是大明呪是無上呪是無等々呪

（故に知る般若波羅蜜多は是れ大神呪なり是れ大明呪なり是れ無上呪なり是れ無等々呪なり）

と云われています。この内に呪と云う文字が四字ありますが、これは般若の四徳を挙げたものであります。この呪と云う言葉は、真言或は陀羅尼の意味であって、密教に於ては非常にこれを尊重するのであって、これを真言と云い、陀羅尼と云い、密呪と云い、明呪と云い、神呪と云い、また単に明或は呪とも云うのであります。

真言と云うのは如何なる意味かと云いますと、真言とは神聖なる言葉という意味で、仏の徳を讃歎した言葉や、不意議の力を有する言葉であって、真性にして偽りなき語の意味であります。そして不思議の力を有するものなるが故に、密呪と云い又、煩悩の暗を破る言葉なるが故に明呪と云い、神通力を生ずる言葉なるが故に神呪とも云うのであります。

今最初の「故に知る、般若波羅密多は是大神呪なり」と云うのは四徳中の第一を挙げたのであって、大神呪とは煩悩の魔障を悉く降伏する絶大の威力あることを示したもので、三世の諸仏はこの威力を以て無上の悟りを開かれたものであると讃歎せられたのであります。

次に「是大明呪なり」とあるのは、明とは光明の暗を照らすごとく心中の無明の煩悩を照破する徳があることを示されたものであります。

次に「是無上呪なり」とあるのは、般若は一切諸仏を生ずる大智恵であるから、最も尊とび至理にして最上無上の法なることを云うのであります。

次に「是無等々呪なり」とあるのは、無等にして而も等しき呪、即ち般若は無上甚深にしてこれに比すべき智恵はないが、此智恵は又一面平等のもので、一切諸仏の依らるべき法であり、否仏性を有する一切十界の衆生に発現する一切に遍満すべき法なることを示されたものであります。

即ち般若の徳たるや、魔障を降伏する絶大の威力と、無明煩悩を照破する明徳と、最尊至理の徳と、無類平等遍法界の徳と具えているのであります。そこで次の文を以て、

能除一切苦真実不虚

（能く一切の苦を除き真実にして虚しからず）

と結ばれたのであって、かくの如き大神呪大明呪無上呪無等々呪であるから、よく一切の苦みを除いて安穏不動の境界に入らしむるのであって、上来説き来った般若の教えは疑うてはならない。真実の道理真実の智恵があって、決してうそ偽りはないのであるから、如来の教えを信ぜねばならない。信仰と智恵とが般若に於てよく一致して説かれているのであります。

であるから般若経の道理に通ずることは勿論結構であるが、般若の学者となるだけでは充分でないので、般若経の有難味を感じ、よく専念読誦し、その功徳によって仏に通じ秘密の内に御利益を頂く般若経の行者、信者とならねばならないのであります。

そこで最後に、

故説般若波羅蜜多呪即説呪曰掲諦掲諦波羅掲諦波羅僧掲諦菩提薩婆訶

故に般若波羅蜜多の呪を説く、即ち呪を説いて曰く、ギャティ、ギャティ、ハラギャティ、ハラソウギャティ、ボウヂ、ソワカ

と般若経の秘密呪を説かれたのであります。これは陀羅尼であって天竺の梵語であるが、梵語をそのまゝ訳さずに置くについては、五種不翻と云うことがあると云う詳しい事は最初にお話し申しました通り、言葉の音調そのものに有難みがあり、又種々の意味を含むから原語のまゝ用いるとか、秘密の故に其機根でないから、甚深の意味のものであるから其まゝ読み信ずる方がよいとか、古風にそのまゝ唱える方がよいからとか、日本の言葉では現わせぬからとか、種々の意味から、梵語のまゝで用いられているのであって、古来訳されずに信誦することが慣例となっているのでありますが、今は講話であるから、翻訳して申し上げます。

掲諦と云うのは「往け」、次の掲諦も「往け」、波羅掲諦は「彼岸に往け」、波羅僧掲諦は「彼岸に到達せよ」、菩提は「覚れ」、薩婆訶は結尾語なのであります。この同じ意味の言葉を二度ずつ挙げたのは、一歩一歩着々と修行して現実の苦界をはなれ、理想の彼岸に到着することを示したもので、現実に仏国土を建設する覚りの心であります。

これで般若心経の本文のお話は終わりました。大体この経は空理を説き最後に信

仰に引入するものでありまして、空の道理を知ったと云うのみでは哲学的であって宗教ではありません。この空理を悟って無我の心地に入り、法界遍満する法性に冥合して、無我の大我の実践となり、自己の色心全体が般若の霊光となり、自己を救い、世を利益し、現世をして仏国たらしむる様努力せねばならないのであります。
　以上十回に亘っての心経の講話は、勿論到らぬ処も御座いましょうが、これを以て一応終わりと致します。

4. 善光寺本『般若心経』

般若心経講話と同じ唐三蔵玄奘の般若心経が長野の善光寺でも読まれている。次に善光寺本般若心経を紹介します。

摩訶般若波羅蜜多心経

観自在菩薩。行深般若波羅蜜多時。照見五蘊皆空。度一切苦厄。舎利子。色不異空。空不異色。色即是空。空即是色。受想行識。亦復如是。舎利子。是諸法空相。不生不滅。不垢不浄不増不減。是故空中。無色無受想行識。無眼耳鼻舌身意。無色声香味触法。無眼界乃至無意識界。無無明亦。無無明尽。乃至無老死亦無老死尽。無苦集滅道。無智亦無得。以無所得故。菩提薩埵。依般若波羅密多故。心無罣礙。無罣礙故。無有恐怖。遠離一切顛倒夢想。究竟涅槃。三世諸仏。依般若波羅密多故。得阿褥多羅三藐三菩提。故知般若波羅密多。是大神呪。是大明呪。是無上呪。是無等等呪。能除一切苦真実不虚。故説般若波羅密多呪。即説呪曰

羯諦羯諦。波羅羯諦。波羅僧羯諦。菩提娑薩訶。

般若心経。

5. チベットの般若心経

チベットには昔の仏教経典が残っていると言われている。日本の能海　寛は明治元年島根県那賀郡波佐村の浄蓮寺で生まれた。チベット探検を志し、支那語・梵語を学習研究し、明治三一年一一月、西京丸にて神戸港を出発す。その後、消息や報告が兄弟親友に四三通あった。明治三四年四月一一日、支那雲南大理府劉川州発の報告を最後とする。明治三六年一二月チベット国界で横死と報もある。
　能海　寛はチベット語の般若心経を直訳し、それに漢訳をそえているので紹介する。漢訳般若心経は罽賓国三蔵般若共利言訳に符合するとある。罽賓国は玄奘の『大唐西域記三』に、

行三千里、至迦湿弥羅国、旧日罽賓、訛也、北印度境、迦湿弥羅国、周七千餘里、四境負山、山極悄峻。

とある。罽賓国は今の北インドのカシミール地方である。
　能海　寛はこの般若心経を明治三三年三月二六日に当時の清国四川省で発信している。

凝念讃絶智慧到彼岸不生不滅虚空ノ性

　般若波羅密多心経
　沙門般若奉詔訳

各々自明智慧境界三世仏母ニ帰命ス
印度語婆伽嚩底般若波羅密多非哩陀耶西蔵語世尊（勝者）智慧ノ彼岸ニ到ルコトノ心（呪）也
世尊智慧ノ彼岸ニ到ルコトニ帰命ス
如是我ハ聞ケリ一時ニ於テ
　如レ是我聞一時
世尊ヘ王舎城鷲峰山中ニ比丘ノ大弟子ト菩薩（覚有情）ノ大弟子と倶ニ住シ給ヒキ
　仏在二王舎城耆闍崛山中一与二大比丘衆及大菩薩衆一倶
彼ノ時世尊ハ深キ光耀ト名クル法門ノ三昧ニ寂定ニ住シ給ヘリ又彼ノ時菩薩摩訶薩
　時仏世尊即入二三昧一名二広大甚深一爾時衆中菩薩摩訶薩
聖観自在ハ智慧ノ彼岸ニ到ル深キ行ヲ完全ニ見給ヒ彼五蘊等ハ亦自性ニ由テ空ナリト
　名二観自在一行二般若波羅密多一時照二見五蘊皆空一離二諸苦厄一
完全ニ見給ヘリ爾時覚者（仏）ノ威力ニ由テ具壽ナル舎利子ハ菩薩摩訶薩聖観自在
　即時舎利子承二仏威力一合掌恭敬白二観自在菩薩摩訶薩一

ニ是ノ如ク白シキ善家ノ男子ヨ若シ智慧ノ彼岸ニ到ル深キ行ヲ行セント欲スル彼ヘ云何ニ教ヘラルベキヤ

言善男子若有下欲レ学二甚深般若波羅蜜多行一者上云何修行

是ノ如ク言ヒケレバ菩薩摩訶薩聖観自在ハ具壽ナル舎利子ニ

如レ是問已爾時観自在菩薩摩訶薩告二具壽舎利弗一

是ノ如ク告ケ給ヘリ舎利子ヨ善家ノ男子若ハ善家ノ女子ハ若シ智慧ノ彼岸ニ到ル深キ行ヲ行セント欲スル

言舎利子若善男子善女人欲レ学二甚深般若波羅蜜多行一者

彼ハ是ノ如ク完全ニ見ルベシ彼五蘊等ハ亦自性ニ由テ空ナリト清浄ニ（随テ）見ザルベカラズ色ハ空也

応レ観二五蘊性空一舎利子色不レ異レ空

空即（其者ハ）亦色也色ヨリ亦空其者（即）ハ別ニ無有也空其者ヨリ亦色ハ別ニ無有也是ノ如ク

空不レ異レ色色即是空空即是色

受ト想ト行ト識等ハ空也舎利子ヨ是ノ故ニ一切法ハ空其者ニシテ相其者ハ無シ

受想行識亦復如レ是舎利子是諸法空相

不生不滅垢無ク垢ノ除クモノ無ク減無ク増無キ也舎利子ヨ是ノ故ニ空其者ノ中ニ色

不生不滅不垢不浄不増不減是故空中無レ色

無ク受無ク想無ク行無ク識無ク眼無ク耳無ク鼻無ク舌無ク身無ク意無ク

無二受想行識一無二眼耳鼻舌身意一

色無ク声無ク香無ク味無ク触無ク法無キ也眼ノ界無ク乃至意ノ界無ク意ノ識

無二色声香味触法一無二眼界一乃至無二意識界一

ノ界ニ至ルマテ亦無キ也無明無ク無明尽無ク乃至老死無ク老死尽ニ至ルマデ亦無キ也

無二無明一亦無二無明尽一乃至無二老死一亦無二老死尽一

是ノ如ク苦ト集ト滅ト道無ク智無ク得無ク非得モ亦無キ也舎利子ヨ

無二苦集滅道一無レ智亦無レ得以レ無二所得一

是ノ故ニ諸覚有情ハ得無キガ故ニ智慧ノ彼岸ニ到ルコトヲ持住シテ心ニ暗無クシテ

故菩提薩埵依二般若波羅蜜多一故心無二罣礙一

怖畏無ク顛倒ヲ真ニ脱シテ大苦悩ヨリ脱スルコト（大涅槃）ノ究竟ニ到ル也三世ニ安住セル一切覚

無二罣礙一故無レ有二恐怖一遠二離一切顛倒夢想一究竟涅槃

者（仏）モ亦智慧ノ彼岸ニ到ルコトヲ持シテ無上清浄円満ノ覚（菩提）ヲ明カニ成就セル

三世諸仏依二般若波羅蜜多一故得二阿耨多羅三藐三菩提一

覚者トナリ給ヘリ此ノ故ニ真実ニ知ルベキ也智慧ノ彼岸ニ到ル所ノ呪大明ノ呪無上

故知般若波羅蜜多是大神呪是大明呪是無上呪

ノ呪無等等ノ呪一切苦ヲ能ク除スベキノ呪譃ラズシテ真実ニ知ル

是無等等呪能除二一切苦一真実不レ虚

可キ也智慧ノ彼岸ニ到ルコトノ呪ヲ説テ曰ク達陀耶多唵掲諦掲諦波羅掲諦波羅僧掲諦菩提娑婆訶

故説二般若波羅蜜多呪一即説レ呪曰

掲諦掲諦波羅掲諦波羅僧掲諦菩提娑婆訶

舎利子ヨ菩薩摩訶薩ニ由テ是ノ如ク深キ智慧ノ彼岸ニ到ルコトヲ行セザル可ラズ爾時世

如レ是舎利子諸菩薩摩訶薩於二甚深般若波羅密多行一応二如レ是行一如レ是説已爾時

尊ハ定ヨリ起キテ菩薩摩訶薩聖観自在ニ善哉ト

世尊従二広大甚深三摩地一起讃二観自在菩薩摩訶薩一

称讃シ給ヘリ善哉善哉善家ノ男子ヨ其ハ其ノ如シ其ハ其ノ如シ云何ニ汝ニ由テノ教ハ其ノ如シ

言善哉善哉善男子如レ是汝所レ説

智慧ノ深キ智慧到彼岸ヲ行ズベキ也諸如来ハ亦随喜シ給ヘリ世尊ハ是ノ如ク告ケ給ヒ

甚深般若波羅蜜多行応二如レ是行一如レ是行
時一切如来皆悉随喜爾時世尊説二是語一已

シニヨリ具壽ナル舎利子ト菩薩摩訶薩聖観自在ト彼等一切ノ衆会

具壽舎利弗大喜充遍観自在菩薩摩訶薩亦
大歓喜時彼衆会

ト天ト人ト阿修羅ト乾闥婆ト倶ナル世間ハ喜ビツ世尊ノ（ニ由テ）説ヲ明カニ称讃セリ

天人阿修羅乾闥婆等聞二仏所説一皆大歓喜
信受奉行

世尊智慧ノ彼岸ニ到ルコトノ心（呪）ト名クル大乗ノ経完結ス

6. 地蔵菩薩

隔月月刊誌『修験　第九四号』（昭和十四年一月号）に宮城信雅先生の「地蔵菩薩について」があるので、それを紹介する。

　地蔵菩薩と云えば恐らく皆様、すでに何回となく拝みなさった事でしょう。地蔵様をおまつりしてある地蔵堂は随分到る処にございますし、又石地蔵の御容は到る処におまつりしてあって、地蔵まつり、地蔵盆は各地の年中行事として子供達の快楽の日となっているのであります。

　地蔵菩薩のお名前については、大地が堅固であって、一切のものをこの内に蔵めている様に、広大なる徳のあることを示したものでありました。この大地に包蔵せる徳を衆生に従って成就せしむる菩薩であります。究竟一乗宝性論という書物に、「仏性に二種あって、一には地蔵の御徳、二には樹果の如くである」と云い、衆生には地中にその種を蔵せるように本来内面に自性清浄心を持っており、これが開発して立派な樹果を生ずる――と云うていますが、この地中の蔵という喩の意味から、地蔵の御名も出たのでありましょう。地蔵様に関するお経の内に、この意味が見えておりますので、一寸ご紹介しておきましょう。

『大方広十輪経』に、

　[*1]此の善男子（地蔵菩薩）は是の如き不思議の功徳の伏蔵を成就す

と云い、また同経に、

　[*2]能く堅固大悲の伏蔵を発して一切衆生の心願を満せしむ

と云い、また大日経義釈第七に、

　地蔵菩薩は金剛不可壊行境三昧に位すとは猶ほ金剛地輪の如く極堅固にして壊すべからざるを以ての故に、能く万物に住持して傾動せざらしむ。又大地より種々の珍宝伏蔵を出生して窮尽あることなく、一切の種子を含蔵して朽敗せざらしめ漸次滋栄するが如く、今此の三昧も亦是の如く能く法界衆生の善根の種子を持し、無量億劫を経るも終に敗亡せず、実性の功徳を出生して窮尽あることなし

などと説かれています。

＊1　『大方広十輪経巻　第一』に次のようにある。

若有二衆生一造二作諸悪十不善業一。能称二地蔵菩薩名号一一心帰依者。一切結使煩悩消滅。遠二離十悪一成二就十善一。於二諸衆生一起二慈悲心一興二利益心一。是善男子。以二精進力一於二一食頃一。無量阿僧祇諸仏世界於二一一仏国一以二一食頃一。度二脱無量恒河沙阿僧祇衆生一。以二是相貌一令レ脱二諸悪一。皆悉成二就不可思議功徳一。

＊2　同じく＊1に続いて次のようにある。

是菩薩諸法之母。向大涅槃無上商主善男子。弥勒・文殊・観世音・普賢等而為二上首一如是等恒河沙諸大菩薩。若人於二百劫中一。礼敬供養欲レ求二所願一。不如下於二一食頃礼拝供養地蔵菩薩上。功徳甚多所願速得皆悉満足。何以故此地蔵菩薩。於二一切衆生能大饒益為二如意宝一故。此族姓子。若欲レ成二熟衆生一故。能発二堅固大悲伏蔵一。令レ満二一切衆生心願一。是故善男子善女人応三当供二養地蔵菩薩一。

　地蔵菩薩の功徳を説いたお経を見ますと、色々と衆生の苦をすくい楽を与えることが出ていますが、これによると、地蔵菩薩は過去の大悲誓願力によって、種々の身をあらわし、特にこの娑婆世界に苦しんでいる衆生をあわれみ、あらゆる災難を除き、求める所の福利をあたえ、衆生の心にもっている善根を成就せしめられる大菩薩であります。

『地蔵菩薩本願経』に、

　[*1]地蔵菩薩は過去に小国の王であり、自ら十善を行ずるも国内の人民は色々と悪をつくる。そこで此の王は、この罪苦の衆生を度して安楽を得せしめ、彼れ菩提を得ずんば、自ら成仏せずと誓願を立てた。

と云っているのでありまして、六道罪苦の衆生を教化するのがその本願であり、又、特に地獄に陥つるものを救ふと云われるのであります。

＊1『地蔵菩薩本願経巻上』に次のようにある。

其仏寿命六万劫。未㆓出家㆒時為㆓小国王㆒。與㆓一隣国王㆒為㆑友。同行㆓十善㆒饒㆓益衆生㆒。其隣国内所有人民多造㆓衆悪㆒。二王議計広設㆓方便㆒。一王発願早成㆓仏道㆒。当㆘度㆓是輩㆒令㆗使無㆖餘。一王発願若不㆔先度㆓罪苦㆒。令㆘是安楽得㆖至㆓菩提㆒。我終未㆑願㆓成仏㆒。仏告㆓定自在王菩薩㆒。一王発願早成仏者。即一切智成就如来是。一王発願永度㆓罪苦衆生㆒。未㆑願㆓成仏㆒者即地蔵菩提是。

また、この文に続いてこの地蔵菩薩の前生に於ては或は一婆羅女となり、母を悪趣より度脱せしめしことを説き、或は光目女となりて母の夭死して再び悪趣に向はんことを救ったことなどを説いている。

この六道罪苦の衆生を教化済度せられる誓願から六地蔵の信仰も現われて来ます。地蔵菩薩秘記には、

一、檀陀地蔵　二、宝珠地蔵　三、宝印地蔵　四、地持地蔵
五、除蓋障地蔵　六、日光地蔵

であって、地獄、餓鬼、畜生、修羅、人間、天道の六道をそれぞれ救われることが書かれています。六地蔵について『元亨釈書　惟高伝』にある話に、

周防の国の惟高と云う神官は、仏教に帰依して地蔵菩薩を信仰していたが、長徳四（九九八）年四月病にかかり、六日目にわかに気絶して、忽ち広い〳〵野原に迷うて道がわからない。その時に、六人の坊さんが静かにその前にあらわれた。一人は手に香炉をもち、一人は合掌し、一人は宝珠を持ち、一人は錫杖を持ち、一人は華宮を持ち、一人は念珠を持っている。そして香炉をもった坊さんの云うのには、「お前は我等を知ってるかどうか。我等は六地蔵である。六道の衆生を救わんが為に六種の姿を現わす。汝は久しく我に帰依しているので、本土に還って我像を造り、恭敬をいたせよ」と。惟高再び本復して六地蔵を造ったと云われています。

こゝで皆様に一寸申し上げて置きます。仏教の菩薩のお姿は皆髪冠を戴き瓔珞をつけたお姿でありますが、地蔵菩薩に限って、お坊さんの姿であります。ですから仏様のうちでは地蔵様はすぐ見分けがつくのであります。たゞ密教胎蔵界曼荼羅の地蔵院の中尊地蔵のみは、他の菩薩と同じく頭に髪冠を戴き瓔珞をつけていられます。そして右手は施無畏印をなし、左手に蓮華を執り、蓮華の上に宝幢を竪てゝいます。

胎蔵界の地蔵院は蓮華部でありまして、観音院の脇に位し慈悲摂受の方面で観音様と最も深い関係があるのであります。胎蔵界曼荼羅以外のお姿は殆ど僧形であります。これにも色々あって、右手を施無畏印とし、左手に蓮華をもてるもの、右手を與願の印とし、左手に宝珠を持ち、右脚を垂れて蓮座に座せるもの、左手宝珠、右手施無畏のもの等もありますが、最も多くまつられているのは、左手に宝珠を持ち、右手に錫杖を持っていられるお姿であります。地蔵様は内に菩薩の行を蔵し、外に声聞の形を現わしていられるので、六つの輪の錫杖を持っていられるのは、六波羅密の菩薩行を現わしていられるのであります。

この地蔵菩薩の信仰は、我国に於ても古くから中々盛んであって、地蔵講、地蔵会、地蔵祭、地蔵盆等と唱えて都鄙の一風習をなし、法悦と児童の縁日となって来たのであります。『今昔物語』の中に、

今は昔、京都に祇陀林寺という寺があった。その寺に仁康という坊様が住まっていた。この人は比叡山横川の慈恵大僧正の弟子であったが、よく仏につかえ因果を信じ、身に行をつつしみ、世の人々を憐れんでいた。然るに、治安三（一〇二三）年の四月、京都の地ならびに四方に疫病が起こって死ぬ人が多く、道ばたに死屍が横はっていると云う様な有様で、上下の人々空を仰いで歎息していた。その時に仁康和尚の夢の内の一人の形うるわしい小僧があらわれて神康に云うに、「汝世の無常なる事を観ずるや否や」と、仁康答えて云く、「昨日見た人も今日は見えず、朝に見たものも夕にはなくなった。ことに、これは近日の事である」と云うと、小僧は笑って云うに、「世の無常今始めて愁えてはならぬ。汝常にこの事を思って、速かに地蔵菩薩の像を造って、その功徳を讃歎すべし。然らば近くは現在の姿に迷ふ輩を救い、遠くは地獄餓鬼畜生の三悪道に苦しむものを救わう」と云われた……そこで夢からさめて後、仏師康生にはかって、地蔵菩薩の像をつくり、開眼供養して地蔵講を始めて行った處、遠近の道俗男女が集まって来て礼拝した。それより悪疫の災難やみ、その後地蔵講がいよ〳〵盛んになったと云われています。その後、恵信僧都は地蔵菩薩を信仰されて地蔵講式をつくり、覚鑁上人や、解脱上人も亦地蔵講式を作られまして、笠置寺には解脱上人の書かれた地蔵講式が国宝となって残っているのであります。：かくて地蔵祭――地蔵盆は七月二十四日（あるいは八月二十四日）各地で盛んに行われ、ことに京阪の地は最もよく行われることになった。『難波鑑』の七月二十四日の条にも、

洛下童児地蔵祭、洛下児童各香華を供え、街衢の石地蔵に於て之を祭る。

『羇旅漫録』の中にも、

七月二十二日より二十四にいたり、京の町々地蔵祭あり、一町一組、家主年寄

の家に幕を張り、地蔵菩薩を安置し、いろ〲の供え物をかざり、前には燈明
提灯を出し、家の前には手すりをつけ、仏像の前に通夜して酒もりあそべり、
年中町内のいい合わせもこの日にするといふ。

等ともありまして、京阪の年中行事となり、町内和楽の日ともなったのでありまして、殊に児童の和楽喜戯の日となったもので、あの柔和な地蔵様と子供の和楽と結びついて来たことは、宗教情緒の育成にもまことに結構なことと云わねばなりません。子供と地蔵様で思い出すのは賽の河原のことであります。幼な子が父母の恩を報ずる時なく、死して賽の河原で石をはこびて塔塚をつくりて功徳を積むとき、獄卒の打砕くを、地蔵菩薩によって救われるのでありまして、まことに衆生縁の深い仏様であります。

お正月にお盆の話となりましたが、お正月にもお地蔵様にしめかざり、お餅を供えておまいりをし、お祈りすることは、ゆかしい事であります。

7．大灌頂光真言（略して光明真言）

真言宗にて唱うる陀羅尼（呪文）の一。

光明真言は唐の菩提流志（五七二？—七二七）訳の『不空羂索神変真言経』と、不空（七〇五—七七四）訳の『不空羂索毘盧遮那仏大灌頂光真言経』に出ている。また、訳者未詳の『毘盧遮那仏説金剛頂経光明真言儀軌一巻』にはその功徳を説いている。

不空訳で光明真言を示すと、

唵、阿謨伽、尾盧左曩、摩訶母捺囉、麼抳、鉢納麼、入縛攞、鉢囉韈哆野、吽

となる。また、ローマ字で表記すると次のようになる。

oṁ amogha vairacana mahāmudra maṇi padma jvara bravaritaya huṁ

また、梵字文漢字文を並記すると次のようになる。

唵阿謨伽尾嚧左曩摩賀母捺
囉二合麼抳鉢納麼二合入嚩二合攞
鉢囉二合韈哆野吽

これらの句義は、「唵」は帰命の義、三身*の義である。最後の「吽」と共に、どの陀羅尼にも用いられる。「阿謨伽」は不空、「尾盧左曩」は大日遍照如来、「摩訶母捺囉」は大印、「麼抳」は宝珠、「鉢納麼」は蓮華、「入縛攞」は光明、「鉢囉韈哆野」は行者の身に転成せよ。「吽」は金剛不壊の意を表する秘密の言葉である。従って、光明真言は、不空大日如来の大印（大きなしるし）は、宝珠・蓮華・光明等の多くの徳をともに持っておられる。これらの多くの御徳を行者自身の体に充満させて下さいとの意となる。

不空訳の『不空羂索毘盧遮那仏大灌頂光真言一巻』には、この光真言の功徳として次のようにある。

若有衆生。随処得聞此大灌頂光真言。二三七遍経耳根者。即得除滅一切罪障。若諸衆生具造十悪五逆四重諸罪。猶如微塵満斯世界。身壊命終堕諸悪道。以是真言加持土沙一百八遍。尸陀林中散亡者尸骸上。或散墓上。遇皆散之。彼所亡者。若地獄中若餓鬼中。若修羅中若傍生中。以一切不空如来不空毘盧遮那如来真実本願大灌頂光真言神通威力加持土沙之力。応時即得光明及身除諸罪報捨所苦身。往於西方極楽浄土。蓮華化生乃至菩提更不堕落。

これは、およそ次のように味わえる。

もし衆生ありて、どこででも、この光明真言を二度、三度、七回と自身の耳で聞くことによって、その人の犯してきた今までの一切の罪障が消滅する。また、臨終時に、光明真言を一百八遍加持をした土砂を、亡者の遺骸に散じたり、また遺骸を埋葬した墓上に散ずれば。光明がその遺骸に達し、生前の諸罪障を除き、苦しむ所の身を捨てて霊魂が西方極楽国土に行き、蓮花から化生し、菩提に至り再び地獄に堕落することはない。

続いて更には、

現世にあってはこの光明真言は病気、鬼嬈（もののけ・たたり等）、眼病、毒蛇・さそり・病虫等の害を除くとある。

平仮名で光明真言を通して書くと、

おん・あぼきゃ・べいろしゃなう・まかぼだら・まに・はんどま・じんばら・はらはりたや・うん

となる。

＊三身とは仏身を三種に分けたもので、法身・報身・応身のこと。

8．随求陀羅尼

随求陀羅尼は大随求菩薩の陀羅尼（真言・呪文）である。この菩薩は一切衆生の希

望の一〇〇%を満足させていただく菩薩である。

大随求菩薩は梵音では、Mahā-pratisarā（マハー・プラティサラー）。漢訳音写では、摩訶ー鉢羅底薩落という。異名としては随求菩薩、随求大明王がある。胎蔵界曼荼羅の観音院にあられ、密号を與願金剛と呼ばれる。形像は図の通りであって、八臂（腕）がある。右手の四本には五股杵・鉞斧・剱・戟を持ち、左手の四本には蓮華輪・梵篋・宝幢・索を持っておられる。これらの物を持ったお姿を大随求八印という。

原名のMahā-pratisarāは法術・護符・僕婢などの意味があり、この菩薩の陀羅尼を唱えれば、衆生の願いにしたがい施しが与えられるので、随求菩薩となった。大随求菩薩の陀羅尼（呪文・真言）を唱えることで息災、滅罪が得られるという。特に子供が授かることの功能が大きいので。平安時代以来尊ばれてきた。今日、真言宗や天台宗等密教の塔婆にはほとんど、随求菩薩のシンボルマークの梵字が記され、亡者の霊魂があの世で救われ、浄土に導かれるよう念じられている。

図82　大随求菩薩

日本では唐の大広智大興善寺三蔵沙門不空訳の『金剛頂瑜伽最勝秘密成仏随求即得神変加持成就陀羅尼儀軌』中の随求陀羅尼（心中真言）が唱えられて来たようである。次に示す。

心中真言曰

唵引跋囉跋囉三去跋囉三去跋囉如来智心利益衆生印捺哩二合野尾戍駄顊吽引吽嚕嚕左初引心仏及衆生是三無差別娑婆二合賀引

唵引跋羅跋羅三去跋羅三去跋羅印捺哩二合野尾戍引駄寧吽引吽引嚕嚕左黎引娑縛二合引賀

随求陀羅尼

（東京美術刊『梵字貴重資料集成　図版篇』より）

この随求陀羅尼に極めて似たものが京都の東寺（教王護国寺）にあるので、次に示す。これは、平安時代中期の書写とある。

随求陀羅尼の威力・霊力について、不空訳の『陀羅尼儀軌』に次のようにある。

若至心持念人何罪有小許。以是真言名随求即得成仏自在也。求福徳自在。求七宝自在也。因斯有七名。一者心仏心真言。毘盧遮那如来心智之中之智心故。二者一切仏心印真言。諸仏甚深智心印故。三者潅頂真言。潅頂持念者故。四者潅頂印真言。洗煩悩印菩提故。五者結界真言。除罪障避除諸魔故。六者仏心真言。仏之真実心智故。七者心中。無勝此法故。持念者亦復如是。如仏為諸法王最為第一。滅悪趣。此真言能救一切衆生者。此真言能令一切衆生離諸苦悩。此真言能饒益一切衆生。充満其願。如仏能救一切苦悩衆生。如寒者得火。如裸者得衣。如孤子得母。如度者得船。如病得医。如闇得燈。如貧得宝。如炬除闇。此真言亦復如是。能令衆生離一切苦一切病悩。能解一切生死之縛。則為閻浮提人病之良薬。若人有病。得聞是真言。病即消滅。若有善男子善女人。暫聞此真言。所有一切罪障悉得消滅、若雖為一切女人婬犯。不受胎生苦。所以者何。持真言者親近供養。若男若女皆備仏身故。若能持念者。当知是人即是金剛身。火不能焼。当知如来以神通力擁護是人。当知是人是如来身。当知是人毘盧遮那如来身。当知是人是如来蔵。当知是人是如来眼。当知是人被金剛甲冑。当知是人是光明身。当知是人是不壊身。当知是人是能摧伏一切怨敵。当知是人所有罪障悉皆消滅。当知是真言能除地獄苦。

（以下略）

また、カシミール国三蔵宝思惟訳『仏説随求即得大自在陀羅尼神呪経』には次のようにある。

①大王当知有大神呪名随求即得。王可如法書写與大夫人。繋其頸下即当得子。時王覚已至於明旦。即如法書写此大神呪。與夫人帯応時有胎。日月満足生一童子。色相具足端厳殊勝見者歓喜。

②若凡人帯者。唯当書写此呪帯之。仏告大梵若諸人等。能如法書写持帯之者。常得安楽。所為之事皆得成就。現世受楽後生天上。所有罪障悉得消滅。常受持者恒為諸仏菩薩之所護念。於夜夢中常得見仏。亦得一切之所尊敬。

また、不空訳『普遍光明清浄熾盛如意宝印心無能勝大明王大随求陀羅尼経巻上』に次のようにある。

大梵此大随求陀羅尼。依法書写繋於臂上。及在頸下。当知是人是一切如来之所加持。当知是人等同一切如来身。当知是人是金剛堅固之身。当知是人是一切如来蔵身。当知是人是一切如来眼。当知是人是一切如来熾盛光明身。当知是人是不壊甲冑。当知是人能摧一切怨敵。当知是人能焼一切罪障（以下略）

いま一度、随求陀羅尼を書きます。

（唵・跛囉跛囉・三跛囉三跛囉・印捺哩野・尾戌駄顊・吽吽・嚕嚕・左初・娑婆賀）

9．三陀羅尼

『立山信仰の源流と変遷』（佐伯幸長）第四章　第八節　山麓勤行法式には、

嫗堂の毎月一日、十日、十六日、二十四日、二十八日の御縁日には、衆徒社人沐浴出勤して、御堂には大ローソク三丁を、外には小ローソク、四十八の油灯、灯籠八基に灯をともし荘厳に挙行された。

式次第としては先法華経、次般若経、次自我偈、次三陀羅尼、次諸真言、次神号、次中臣大祓、次神楽、次祈念

と続いたとある。

また、年中、行者日日勤行の作法中にも三陀羅尼がある。

この三陀羅尼とは何か?

龍樹菩薩造『大智度論巻五』には、陀羅尼は多種あるが聞持陀羅尼・分別陀羅尼・入音声陀羅尼を三陀羅尼というとある。また、同書巻二十八では聞持陀羅尼・入音声陀羅尼・字入門陀羅尼が三陀羅尼とある。

法華経普賢菩薩勧発品第二十八には一陀羅尼が示され、この陀羅尼には旋陀羅尼・百千万億旋陀羅尼・法音方便陀羅尼の三つの名があるという。そしてこの陀羅尼を得ると、非人の能く破壊する者あること無けん。また女人に惑乱せられじ、我が身もまた自ら常に是の人を護らんと。また、この陀羅尼を聞くことを得ん者は普賢神通の力なりなどとある。

しかし、立山信仰の開祖は役行者のゆかりである。それで『修験三時勤行式』や『真言諸経要集』を見ると、『三陀羅尼』として、

・仏頂尊勝陀羅尼
・一切如来心秘密全身舎利宝篋印陀羅尼
・阿弥陀如来根本陀羅尼

が列挙してある。

次に、この三陀羅尼を紹介する。その手順として次のようにする。

A　陀羅尼表記・片仮名表記（『梵習悉曇種子類聚全』を底本とした）
B　漢字表記・平仮名表記

C　句義
D　解説
(1)　仏頂尊勝陀羅尼

A

ナウ ボウ① バ ギャ バ テイ② タレイ ロ キャ③ ハラ チ ビ シ
シュタ ヤ④ ボ ダ ヤ⑤ バ ギャ バ テイ⑥ タ ニャ タ⑦ オン⑧
ビ シュ ダ ヤ ク⑨ サン マ ク サン マン ダ バ バ
シャ⑩ ソハ ラン ダ⑪ ギャ チ ギャ カ ナウ⑫ ソハ ハム バ ビ
シュ デイ⑬ ア ビ シン ジャ ト マン⑭ ソ ギャ タ⑮ バ ラ
バ シャ ナウ⑯ ア ミリ タ ビ セイ ケイ⑰ マ カ マン タラ
ハ ダイ⑱ ア カ ラ ク⑲ ア ユ サン ダ ラ ニ⑳ シュ
ダ ヤ ク㉑ ギャ ギャ ナウ ビ シュ デイ㉒ ウ シュニ シャ㉓ ビ
ジャ ヤ ビ シュ デイ㉔ サ カ サラ アラ シンメイ㉕ サン ソ ジ
テイ㉖ サ ラバ タ タ ギャ タ㉗ バ ロ キャ ニ㉘ シャ タハ
ラ ミ タ㉙ ハ リ ホ ラ ニ㉚ サ ラバ タ タ ギャ
タ㉛ キリ ダ ヤ㉜ デ シュタ ナウ ヂ シュチ テイ㉝ マ カ ボ
ダレイ㉞ バ ザラ キャ ヤ㉟ ソウ カ タ ナウ ビ シュ デイ㊱ サ
ラバ バ ラ ダ バ ヤ ド ラギャ チ ハ リ ビ シュ

デイ㊲ ハラ チ ニ バ リタ ヤ ア ヨク シュ デイ㊳ サン マ
ヤ ヂ シュテ テイ㊴ マ ニ ク㊵ マ カ マ ニ㊶ タ タ
タ ボ ダ ク チ ハ リ シュ デイ㊷ ビ ソホ タ ボ
チ シュ デイ㊸ ジャ ヤ ク㊹ ビ ジャ ヤ ク㊺ サムマ ラ ク㊻
サ ラバ ボ ダ ヂ シュチ タ シュ デイ㊼ バ ジリ㊽ バ ザラ
ギャ ラベイ㊾ バ ザラン バム バ ト㊿ マ マ 随事求請 シャ
リ ラン(51) サ ラバ サ トバ ナン シャ キャ ヤ ハ リ ビ
シュ デイ(52) サ ラバ ギャ チ ハ リ シュ デイ(53) ナ ラバ タ
タ ギャ タ(54) シッシャ メイ サム マ ジムバ サ エン ドウ(55) サ ラバ
タ タ ギャ タ(56) サン マ ジムバ サ ヂ シュテ テイ(57) ホウ ヂヤ
ク ビ ボウ ヂヤ ク(58) ボウ ダ ヤ ク ビ ボウ ダ ヤ
ク(59) サン マム ダ(60) ハ リ シュ デイ(61) サ ラバ タ タ ギャ
タ(62) キリ ダ ヤア ヂ シュタ ナウ ヂ シュテ テイ(63) マ カ ボ
ダレイ(64) ソワ カ(65)

B

曩謨①婆誐嚩帝②怛喇路枳也③鉢羅底尾始瑟吒野④没駄野⑤婆誐嚩帝⑥怛儞也他⑦唵⑧尾戍駄野⑨娑麼娑麼三満哆嚩婆娑⑩娑頗囉拏⑪蘖底誐賀曩⑫娑嚩婆嚩尾秫弟⑬阿鼻詵左覩給⑭素蘖多⑮嚩囉嚩左曩⑯阿密哩哆鼻曬罽⑰摩賀曼怛囉播乃⑱阿賀囉

阿賀囉⑲阿臾散駄囉梍⑳戍駄野戍駄野㉑誐誐曩尾秫弟㉒鄔瑟膩灑㉓尾惹野尾秫弟㉔娑賀娑囉囉湿銘㉕散嗉儞帝㉖薩嚩怛他蘖哆㉗嚩路迦顭㉘殺播囉弭哆㉙跛哩布囉捉㉚薩嚩怛他蘖哆㉛紇哩娜野㉜地瑟姹曩地瑟耻跢㉝摩賀母捺哩㉞嚩日囉迦野㉟僧賀跢曩尾秫弟㊱薩嚩嚩囉拏跛野訥蘖帝跛哩尾秫弟㊲鉢囉底囉韈跢野阿欲秫弟㊳三摩野地瑟耻帝㊴麽梍麽梍㊵摩賀麽梍㊶怛闥哆部跢句致跛哩秫弟㊷尾窣普吒没地秫弟㊸惹野惹野㊹尾惹野尾惹野㊺娑麽囉㊻薩嚩没駄地瑟耻哆秫弟㊼嚩日哩㊽嚩日囉蘖陛㊾嚩日囕婆嚩覩㊿麽麽舎哩囕(51)薩嚩薩怛嚩難左迦野尾秫弟(52)薩嚩誐帝跛哩秫弟(53)薩嚩怛他蘖哆(54)三麽湿嚩娑演都(55)薩嚩怛他蘖哆(56)三麽湿嚩娑地瑟耻帝(57)没地野没地野尾没地野(58)冒駄野冒駄野尾冒駄野尾冒駄野(59)三満哆(60)跛哩秫弟(61)薩嚩怛他蘖哆(62)紇哩娜野地瑟姹曩地瑟耻哆(63)摩賀母捺𡃤(64)娑嚩賀(65)

C

帰命①世尊②三世③最殊勝④大覚⑤世尊⑥所謂⑦唵（三身具足。或は一切法不生。或は無見頂相）⑧清浄⑨普遍照燿⑩舒遍⑪六趣稠林⑫自然清浄⑬引潅頂我⑭善逝⑮殊勝教⑯甘露潅頂⑰解脱法身⑱唯願摂受唯願摂受（或は又、遍攘災難脱諸苦悩の意）⑲堅住持寿命⑳浄浄㉑如虚空清浄㉒仏頂㉓最勝清浄㉔千光明㉕驚覚㉖一切如来㉗観察㉘六度㉙円融㉚一切如来㉛心㉜神力加持㉝大契印㉞金剛鉤㉟鎖身清浄㊱一切障清浄㊲寿命皆得清浄㊳誓願加持㊴宝珠㊵大宝珠㊶遍浄㊷顕現智慧㊸勝利㊹最勝最勝㊺念持定慧相応㊻一切諸仏加持清浄㊼金剛㊽金剛蔵㊾願成如金剛㊿是我の義(51)一切有情身得清浄(52)一切趣皆清浄(53)一切如来(54)皆共護持(55)一切如来(56)安慰令得加持(57)所覚所覚(58)能令覚悟能令有情速得覚悟(59)普遍(60)清浄(61)一切如来(62)神力所持(63)大契印(64)吉祥(65)

D．唐法崇『仏頂尊勝陀羅尼教跡義記』によると、次の十門に分けているという。

第一　帰敬尊徳門　三世殊勝の大覚世尊に帰命す。

第二　章表法身門　謂う所は三身具足、無見頂相尊よ。

第三　浄除悪趣門　清浄至徳の尊よ、その光明は普く平等に照耀し、六趣稠林に浸透して自然に清浄ならしめん。

第四　善明潅頂門　引接して我に潅頂し給え、甘露の大法を以て解脱法身に至らしめ給え。唯、願わくは、法に住すること堅固にして寿命を受持し給え。

第五　神力加持門　浄めよ、虚空の如く清浄なる仏頂尊勝清浄尊。その千光明を以て一切衆生を驚覚せしめ、一切如来を観、六波羅蜜の行を完成し、一切如来の心位に安立し、神力を以て衆生の成仏の大契印を加持し、金剛身を集成せる清浄の尊よ、一切の障礙を清浄ならしめ給え。

第六　寿命増長門　寿命清浄の尊よ、宝珠の中の大宝珠の尊よ、その本誓により加持したまえ。

第七　定慧相応門　真実遍浄にして仏智を顕現せる尊よ、諸々の障礙を催破し給え。憶念受持して定慧相応せしめ給え。

第八　金剛供養門　一切諸仏の加持の力を持つ清浄の尊よ。金剛の尊、金剛蔵の尊よ。願わくは、我等を衆生と、皆ともに金剛身を成就せしめ給え。

第九　普証清浄門　一切の有情身に清浄なるを得せしめ、一切の悪趣を皆清浄ならしむる尊よ。一切如来とみな共に、我等を護持し給え。一切如来が安慰して加持を得せしむる尊よ。成覚せしめよ、成覚せしめよ。よく成覚せしめよ。よく有情をして速やかに正覚を得せしめ給え。普遍清浄にして一切如来の神力の故に衆生成仏の大契印を所持する尊よ。

第十　成就涅槃門　吉祥であれ。

(2)　一切如来心秘密全身舎利宝篋印陀羅尼

A

B

娜莫悉①怛哩野地尾迦南薩婆怛他蘖多南②唵③部尾婆嚩娜嚩嚟④嚩者嚟⑤嚩者蘇⑥祖嚕祖嚕駄囉駄囉⑦薩嚩怛佗蘖多駄都駄嚟⑧鉢蹋䈎婆嚩底⑨惹也嚩犁⑩畝怛犁⑪薩麼囉⑫怛佗蘖多達摩斫迦囉鉢囉靺嘌哆娜嚩日哩⑬冒地満拏⑭楞迦囉⑮楞訖哩諦⑯薩嚩怛他蘖多地瑟耻諦⑰冒駄野冒駄野⑱冒地冒地⑲没䭾没䭾⑳参冒駄儞参冒駄野㉑者攞者攞㉒者懶都㉓薩嚩嚩囉拏儞㉔薩嚩播波尾蘖諦㉕戸嚕戸嚕㉖薩嚩戍迦弭蘖帝㉗薩嚩怛他蘖多紇哩那野嚩日哩抳㉘参婆囉参婆囉㉙薩嚩怛他蘖多虁呬野駄囉抳畝涅犁㉚没悌蘇没悌㉛薩嚩怛他蘖多地瑟耻多㉜駄覩蘖陛㉝娑嚩訶㉞参摩耶地瑟耻帝㉟娑嚩訶㊱薩嚩怛他蘖多紇哩那野駄都畝捺嚟㊲娑嚩訶㊳蘇鉢囉底瑟耻多薩覩閉㊴怛他蘖多地瑟耻帝㊵戸嚕戸嚕吽吽㊶娑嚩訶㊷唵㊸薩嚩怛佗蘖多塢瑟抳沙駄覩畝掩囉尼㊹薩嚩怛他蘖單娑駄都尾部使多地瑟耻帝㊺吽吽㊻娑嚩訶㊼

C

帰命①三世一切如来②唵（供養の意義）③安立心地④宣説⑤能弁⑥諦聴諦聴受持受持⑦一切如来界奉持⑧蓮華発生⑨摧伏最妙⑩印母尊⑪憶念⑫如来法輪転金剛⑬菩提道場⑭荘厳作⑮荘厳所作⑯一切如来加持⑰覚覚⑱開悟開悟⑲大覚大覚⑳覚知成大妙覚㉑遷流遷流㉒捐滅㉓一切悪趣消滅㉔一切罪業断除㉕除去除去㉖一切衆苦断除㉗一切如来心金剛㉘満足満足㉙一切如来秘密総持印㉚覚妙覚㉛一切如来加持㉜舎利蔵（宝篋）㉝成就㉞三昧加持㉟成就㊱一切如来心界印㊲成就㊳勝妙建立塔㊴如来加持㊵除去除去・吽吽（擁護の意義）㊶成就㊷唵㊸一切如来仏頂総持印㊹一切如来界荘厳加持㊺吽吽（擁議の意義）㊻成就㊼

D

『一切如来心秘密全身舎利宝篋印陀羅尼経（一巻）』は唐の不空訳である。この陀羅尼を書写し、読誦し、またこの陀羅尼を納入した宝篋印塔を礼拝しながらめぐると、無量の罪障が消滅し三途の苦を免れ、また寿命長遠、無量の功徳を得ると説いてある。その大意は以下のようである。

三世の一切の如来に帰命す。心地に安立する宝篋の尊様よ、宣説し給え、能弁の尊様よ、諦聴し受持します。一切如来界に奉持する尊様よ、蓮華発生の尊様よ、最勝者（摧伏最妙）である尊様よ、印母尊様よ、憶念し給え。如来法輪を転ずる金剛の尊様よ、菩提道場荘厳に厳飾されたる尊様よ、一切如来に加持されたる尊様よ、覚らしめ妙覚を成ぜしめよ。遷流せよ、捐滅せよ、一切の悪趣を消滅し、一切の罪業を断除せよ。除去せよ除去せよ。一切の衆苦を断除せよ。一切如来心の金剛の尊様よ、満足させて下さい。一切如来の秘密の総持よ印よ、覚知よ妙覚知よ、一切如来に加持せられたる舎利蔵（宝篋）よ、三昧の加持よ。一切如来心界の大印の尊様よ、勝妙に建立されたる宝塔よ、如来加持の宝篋よ、苦を除去して下さい。一切如来仏頂総持の印よ、一切如来界の荘厳にて加持せられたる宝篋よ、守護して下さい。吉祥でありたい。

(3) 阿弥陀如来根本陀羅尼

A

ナウボウ①アラタンナウタラヤアヤ②ナウマク③アリヤ④ミタバヤ⑤タタギャタヤ⑥アラカテイ⑦サンミャクサンボダヤ⑧タニヤタ⑨オン⑩アミリテイ⑪アミリトウドバムベイ⑫アミリタサンバベイ⑬アミリタギャラベイ⑭アミリタシツデイ⑮アミリタテイゼイ⑯アミリタビキリンテイ⑰アミリタビキリンタギャミネイ⑱アミリタギャギャナウキチキャレイ⑲アミリタドンドビソバレイ⑳サラバラタサダネイ㉑サラバキャラマ㉒キレイシャ㉓キシャヤウキャレイ㉔ソハカ㉕

B

曩謨①囉怛曩怛羅夜耶②娜莫③阿唎野④弭跢婆耶⑤怛他蘗多耶⑥囉曷帝⑦三藐三勃陀耶⑧怛儞也他⑨唵⑩阿蜜㗚帝⑪阿蜜㗚妬納婆吠⑫阿蜜㗚多三婆吠⑬阿蜜㗚多蘗吠⑭阿蜜㗚多悉帝⑮阿蜜㗚多帝際⑯阿蜜㗚多尾訖磷帝⑰阿蜜㗚多尾訖磷多誐弭寧⑱阿蜜㗚多誐誐曩吉迦隷⑲阿蜜㗚多嫩拏枇娑嚩隷⑳薩縛羅陀薩陀寧㉑薩縛羯磨㉒訖礼捨㉓乞灑孕迦隷㉔莎訶㉕

C

帰命①三宝②敬礼③聖④無量光⑤如来⑥応供⑦正等覚⑧所謂⑨唵（三身具足の意味）⑩甘露⑪甘露発生⑫甘露生⑬甘露蔵⑭甘露成就⑮甘露威光⑯甘露神変⑰甘露騰躍⑱甘露等虚空作⑲甘露好音⑳一切義利成就㉑一切業㉒煩悩㉓尽滅㉔成就㉕

D

阿弥陀如来陀羅尼には阿弥陀小咒と阿弥陀大咒とがある。阿弥陀小咒の金剛界の観自在王如来の真言は Oṁ lokeśvarāja hrīḥ、また胎蔵界の無量寿如来の真言は南麼三曼多勃駄喃糝索莎訶である。

ここの阿弥陀如来根本陀羅尼は阿弥陀大咒と呼ばれるものである。無量寿儀軌に出ている。また、諸経讃真言要集にある。ここの阿弥陀如来根本陀羅尼は無量寿仏根本陀羅尼、十甘露咒とも呼ばれ、真言宗三陀羅尼の一である。およそ次のような意味という。

三宝に帰依す。聖無量光如来応供正等覚、所謂、三身具足の甘露の尊様、甘露を出生し、甘露を能く生じ、甘露を胎蔵し、甘露を成就し、甘露の威光を具足し、甘露神変の威力を具足し、甘露の勇健の用を具し、甘露の虚空に等しき作をなし、甘露の美好音を具足せる尊様に帰依敬礼します。一切の義利を成就し、一切の悪業煩悩を尽滅せしめ給え。との意である。

最後に「甘露」について記します。甘露とは不死の神薬であり、天上の霊薬である。梵語の阿弭唎多（amrita）の訳語である。阿弭唎多とは不死の義。古くより道教では甘露を貴び、神仙の住む天上より降される霊薬とし、承露盤を高く造って受けるべしと伝えられていたとある。それは、下界は汚気で充満しているからである。印度でも支那と同様に貴ばれていた。

阿弭唎多の語は諸神の異名としたり、また天上の楽土、また蘇摩酒あるいは養分を豊富に含む飲料食物の名としていた。大日経疏巻十三に「能く身心の熱悩を除き、これを服すれば不老不死なり」とあり、金光明経文句巻五には「甘露は諸天の不死の神薬なり、食する者は命長く、身安く力大に、体光る」とあるという。また、甘露は諸天の用いる酒であって、そのこること脂の如く、また飴の如しとし、食すれば飢をいやし、飲めば渇をとき、薬としては病気を治すとある。

大無量寿経巻上に「八功徳水、湛然盈満、清浄香潔、味如甘露」とあり、維摩詰所説経巻上に「深信堅固、猶若金剛、法宝普照、而雨甘露、於衆言音、微妙第一」とある。また、法華経薬草喩品第五に「我為世尊　無能及者、安穏衆生　故現於世　為大衆説　甘露浄法」（我は為れ世尊なり　能く及ぶ者無し　衆生を安穏ならしめんとして　故に世に現じて　大衆の為に　甘露の浄法を説く）などとある。

☆補遺二

1．来拝山の名称

明治四二年版参謀本部陸地測量部五万分の一「五百石」には「来拝田山」がある。これは『伊呂波字類抄　十巻本』に

（前略）下山ののち慈興は山麓寺院の創建につとめた。すなわち、その師薬勢上人の建立は大河より南で上は本宮、中は光明山、下は報恩寺の三所。慈興上人は北の三所で上は葦峅寺根本中宮、横安楽寺、また高禅寺、また上厳山の頂禅光寺千柿なり（後略）

とある。ここの高禅寺を来拝山に建立し、そこで毎日、神仏体山の立山を遥拝して、立山権現様を奉斎していたのであろう。立山は立山権現様の本殿であり、高禅寺が拝殿であった。このように、立山権現様の拝殿があった山であるので「礼拝殿山」と言われた。それが後に当て字の「来拝田山」となった。関連は一四ページ。

図83．明治42年版　5万分の1「五百石」（部分）

2．浄土山　浄土山には古くより阿弥陀堂と浄土山社（祭神天日鷲命・長白羽命）があった。富山職芸学院の上野幸夫教授が中心となり、六三ページ、六五ページの堂社の復原図が作成された。関連は六一・六三・六四ページ。

3．三陀羅尼について

(1)仏頂尊勝陀羅尼　最初に訳したのは唐仏陀波利。『仏頂尊勝陀羅尼経　一巻』。この経は善住天子の為に攘災延寿の法を説き、尊勝陀羅尼の霊験を示したもの。経序には、唐高宗の儀鳳元（六七六）年、罽賓（インド・カシミール）の仏陀波利が来て、五台山に入り、生身の文殊菩薩を礼拝したく祈願した所、一老翁が示現し尊勝陀羅尼を将来しなさい要求した。それで仏陀波利は帰国してこの経の梵本を携えて来たので永淳二（六八三）年、日照三蔵・杜行顗等が勅を奉じて訳出した。

仏頂尊勝陀羅尼経の漢訳には、杜行顗訳、地婆訶羅訳、義浄訳、不空訳、法天訳等がある。

(2)一切如来心秘密全身舎利宝篋印陀羅尼　これは唐不空訳『一切如来心秘密全身舎利宝篋印陀羅尼経　一巻』にある。無垢妙光婆羅門の請に応じて彼家に至る道中に朽塔があり、その塔上で大光明が放たれた。そしてこの朽塔は如来の全身舎利塔であると述べ、次にこの塔の功徳及び陀羅尼心呪を説いたもの。この経は宝篋印陀羅尼法の本軌として尊崇されている。世にある宝篋印塔はこの経説によって

写真181．浄土山社跡

写真182．阿弥陀堂跡

建立されているという。別訳の不空訳『一切如来心秘密全身宝篋印陀羅尼経』では、この塔はマガダ国豊財園中の古朽塔の所現として、その功徳を説いている。例えば「是塔は一切如来の授記する所、若し是塔所在之處は大功勲あり大威徳を具し能く一切の吉慶を満す」（原文「是塔一切如来之所授記。若是塔所在之處。有大功勲具大威徳能満一切吉慶」）、「即ち一切如来の神力護る所たり、若し仏の形像中に於て安置し、及び一切卒堵波中に於て此経を安置すれば、其像即ち七宝所成たり、其卒堵波亦七宝となる。傘蓋・珠網・露槃は徳字を交結し、鈴鐸は純ら七宝となる」（原文「即為一切如来神力所護。若於仏形像中安置。及於一切窣塔波中。安置此経者。其像即為七宝所成。其卒堵波亦為七宝傘蓋。珠網露槃交結徳字鈴鐸純為七宝」）などとある。

C．阿弥陀如来根本陀羅尼　この陀羅尼は無量寿根本陀羅尼・阿弥陀大咒・十甘露咒とも呼ばれ、唐大広智大興善寺三蔵沙門不空訳『無量寿如来観行供養儀軌』に出ている。

　この教法を正念修行をすれば、極楽世界上品上生に生まれることが決定するとある。そして、三密加持を始めるには即成清浄内心澡浴、対本尊前端身正立、蓮花合掌閉目運心、想在極楽世界。そして五体投地。その後

○普礼真言　○仏部三昧耶真言　○蓮花部三昧耶真言　○金剛部三昧耶真言　○一切諸魔不敢障難・護身真言等々の手順を経て阿弥陀如来根本陀羅尼へと続いている。

　そして、この無量寿如来陀羅尼をただ一遍誦えるだけで、すぐに身中の十悪四重五無間罪が消滅し、また一切業障がことごとくみな消滅する。また七回誦えると身も心も清浄になる。一万遍も誦えると獲得した菩提心は廃忘しない三摩地に至り、その菩提心が身中に顕現する……等とある。

4．岩峅寺の名称について

　四〇ページの図一三には地主刀尾天神社及同拝殿、湯起釜、十一面観音堂、永泉坊・般若院等八坊がある。これらの建造物は安政五年の大土石流で流失した。流失した建造物は常願寺川の河床礫層上に建造されていたのではなく、おそらくは第三紀堆積岩の音川累層上に建立されていた。この音川累層の岩盤こそ社殿の岩座（いわくら）・磐座（いわくら）なのである。岩峅寺の名称はこれによる。関連一二四ページ。

5．楊柳嶽と小山の写真　関連九二ページ。

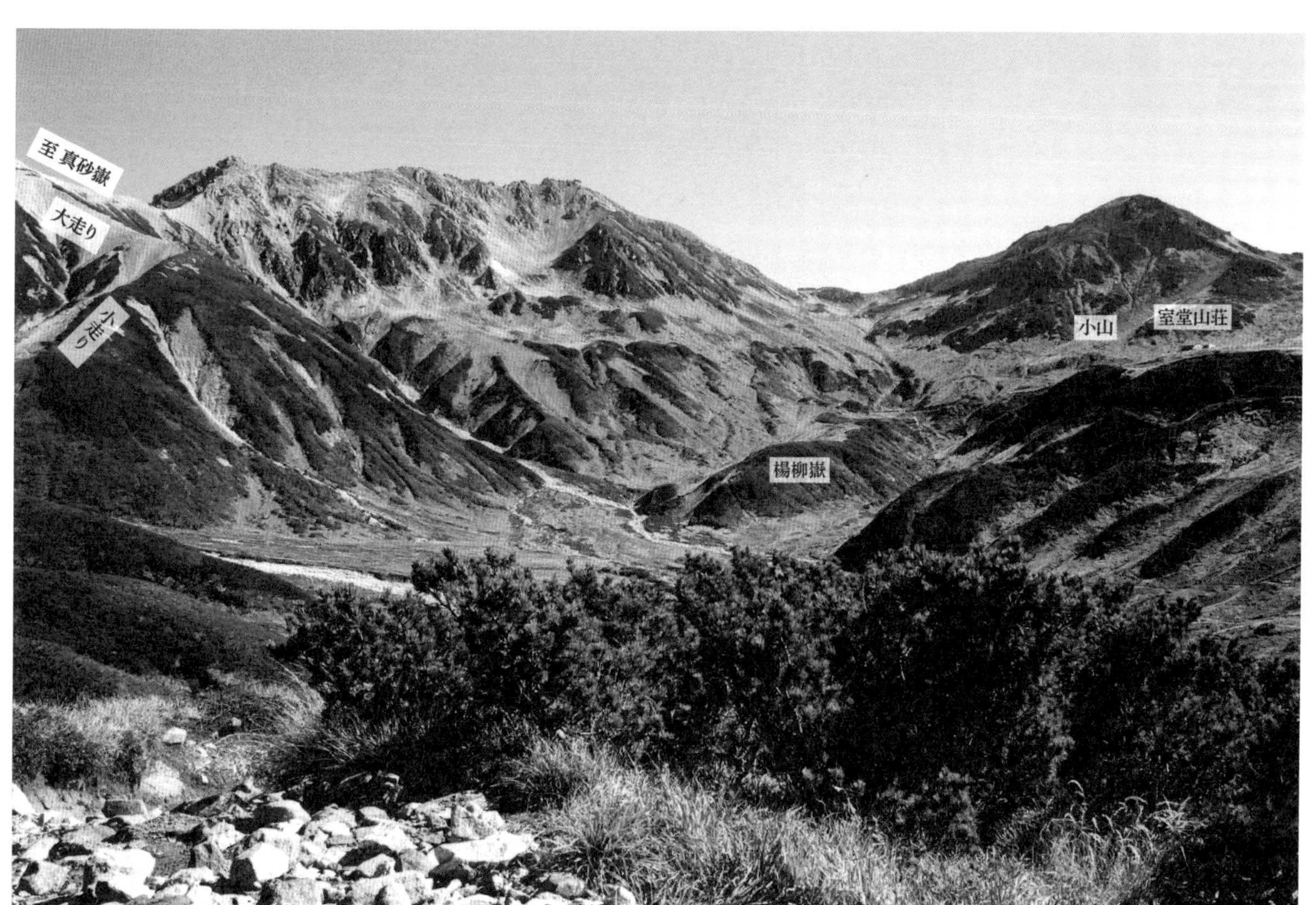

あとがき

六根の意味もわからずに、中学生の時に「六根清浄」と立山に登ったことがなつかしく思われます。この拙著『立山御案内』を計画して初めて、この立山が「仏様」「阿弥陀様」であることを知りました。そしてこの立山に登ったり、眺めたり、思ったりする限りなく数多くの衆生に対し、後に示す絵因果経の図柄のようにして、日々清く正しく生き生かされ、心豊かになるように説法をされ、常にその力を与えて下さっていることも知りました。

この絵因果経をよく見ると、布施・忍辱・造善や慳貧・瞋恚・愚癡等と書かれています。お釈迦様はこの法座でこれらのことに関する法話をしていると思に、須菩提を筆頭とする一二五〇人もの大衆に対して説かれた次の般若経を書いて、「あとがき」とさせていただきます。

令和四年三月十四日

三鍋久雄
合掌

『写仏飛天百態　安達原玄』より

仏説五十頌聖般若波羅蜜多経

西天訳経三蔵朝散大夫試鴻臚卿伝法大師臣施護奉　詔訳

如是我聞。一時仏在王舎城鷲峯山中。與大苾芻衆千二百五十人倶。皆得阿羅漢。諸漏已尽無復煩悩。心善解脱通達智慧。如大龍王断諸有結。去除重担所作已辦。逮得已利心得自在。

爾時仏告尊者須菩提。若有善男子善女人及声聞縁覚。愛楽修学無上菩提者。汝等之人。於此般若波羅蜜経。聴受読誦分別演説速獲正覚。須菩提。此般若波羅蜜経。具足方便通達一切。諸仏菩薩甚深包蔵応如是学如是修行。須菩提。若有菩薩摩訶薩。於此般若波羅蜜経。随喜聴聞受持読誦。応如是学如是修行。何以故。此経広説一切諸仏菩薩阿耨多羅三藐三菩提甚深法蔵。須菩提。又此般若波羅蜜経。所有声聞法縁覚法菩薩法菩提分法。及一切諸仏一切般若波羅蜜法。聚集摂受平等如一。爾時須菩提白仏言。世尊。云何所有声聞法縁覚法菩薩法菩提分法。及一切諸仏一切般若波羅蜜法。聚集摂受平等如一。仏告須菩提。所有布施波羅蜜。持戒波羅蜜。忍辱波羅蜜。精進波羅蜜。禅定波羅蜜。智慧波羅蜜。内空。外空。内外空。大空。勝義空。有為空。無為空。無変異空。無相空。自相空。有際空。無際空。性空。本性空。無性空。自性空。無性自性空。一切法空。四念処。四正断。四神足。五根。五力。七覚支。八聖道。四聖諦。四無色。八解脱。九分法。空解脱門。無相解脱門。無願解脱門。一切三摩地総持門。四智。五通。一切如来十力。四無所畏。大慈。大悲。十八不共法。須陀洹果。斯陀含果。阿那含果。阿羅漢果。縁覚果。菩薩一切道智。如是一切善法。一切般若波羅蜜。悉皆聚集平等摂受。如一無異。爾時須菩提。聞仏所説。白世尊言。今此経典。聚集摂受一切善法。一切般若波羅蜜多。平等如一。甚深微妙。意趣深遠。難解難知。仏言須菩提。如是如是。如汝所説。須菩提。若有不種善根諸悪朋友。鈍根解怠。無智愚癡。少解少聞。初学浅識。及楽小乗。智慧狭劣者。於此般若波羅経。難解難入。而不信受。汝等当知。復次須菩提。若有善男子善女人。於此般若波羅蜜経。随喜聴受。読誦演説。如持過去未来現在諸仏。不久速成阿耨多羅三藐三菩提。仏説是経巳。尊者須菩提。及諸菩薩。天人阿修羅等。聞仏所説。皆大歓喜。信受奉行。

受作此言已即便捨
水尒時世尊嘿然受
之説偈呪願
若人能布施　斷除於慳貪
若人能忍辱　永離於瞋恚
若人能造善　則遠於愚癡
能具此三行　速至般涅槃
若有貧窮之　无財可布施
見他脩施時　而生随喜心
随喜之福報　與施等无異
釈迦牟尼仏（世尊）説法図（東京芸術大学本　絵図果経小屏風より）

編著者プロフィール

三鍋　久雄（みなべ　ひさお）

一九三五年生れ

現住所　〒九三〇－〇二〇四
　富山県中新川郡立山町寺田一五八

一九五八年　富山大学教育学部（理科）卒

一九五八～一九九七年　上東中学・雄山・富山女子・富山東高校教諭

現在　富山地学会、日本山岳会、立山町文化財保護審議委員会

著書　報告書・北ボルネオ踏査隊（一九六八年）、立山町史上巻（一九七七年）、立山町史別冊（一九八四年）、越中の百山（一九七三年・北日本新聞社）、とやま百川（一九七六年・北日本新聞社）、山雄会二五年史（一九八九年）、とやまの巨木探訪（二〇〇五年・桂書房）、富山県大百科事典（一九七六年・富山新聞社）、富山地学紀行（二〇一二年・桂書房）等分担執筆。落雁三鍋菓子屋（一九九八年）、萬葉集　歌の山旅（二〇一〇年）、勅撰和歌八代集　心旅（二〇一九）

立山御案内

定価　三、〇〇〇円＋税

発行　二〇二二年四月二一日

編著者　三鍋　久雄

発行所　桂書房
〒930-0103　富山市北代三六八三－一一
TEL　〇七六－四三四－四六〇〇
FAX　〇七六－四三四－四六一七

印刷　株式会社シナノ

地方小出版流通センター扱い

剱御前山
奥大日岳
大日岳
立山
浄土山
龍王岳
鬼岳
獅子岳
大辻山
鷲岳
鳶山

2019 年 12 月、常願寺川・新常願寺橋で森 壽信が撮影した写真を合成した。晩秋に、黄金色に稔る稲穂に浮かぶ立山を思って配色をした。表紙内側も同じ。関連は 1 ・80・92 ページ。